现代服务业财务综合真账实训

（全面支持营改增）

实训指导手册

刘桂玲 齐灶娥 邹扬虎 主编

人 民 邮 电 出 版 社
北 京

图书在版编目（CIP）数据

现代服务业财务综合真账实训 ：全面支持营改增 ：实训指导手册 / 刘桂玲，齐灶娥，邹扬虎主编. -- 北京：人民邮电出版社，2016.8
（互联网+真账实训）
ISBN 978-7-115-43282-7

Ⅰ. ①现… Ⅱ. ①刘… ②齐… ③邹… Ⅲ. ①服务业一财务管理一手册 Ⅳ. ①F719-62

中国版本图书馆CIP数据核字(2016)第180358号

内 容 提 要

本书是校企合作开发的现代服务业财务综合真账实训教材，采用真实的凭证，并根据酒店、餐饮、娱乐等综合服务业常见的会计业务处理过程组织教材内容，真正体现了“工学结合”。

本书以现代服务业增值税一般纳税人企业的财务综合业务为实际案例，让学习者以任务驱动的形式系统学习该行业的财务基本知识和操作方法，从而帮助学习者系统掌握财务综合管理软件的基本工作原理和财务业务全部工作过程。

本实训指导手册配套了 3 个月原始凭证单据包。单据包是以一家集酒店、餐饮、娱乐等综合服务业为一体的企业为实例，完整展现一家现代服务业增值税一般纳税人企业从财务综合业务处理，到最后编制会计报表和纳税申报的经营全过程。

本书可作为应用型本科、高职高专院校经济管理类专业的技能课程教材，也可作为财会人员的培训教材及会计从业人员的自学参考书。

◆ 主　　编　刘桂玲　齐灶娥　邹扬虎
责任编辑　刘　琦
执行编辑　韩　琰
责任印制　杨林杰

◆ 人民邮电出版社出版发行　　北京市丰台区成寿寺路 11 号
邮编　100164　　电子邮件　315@ptpress.com.cn
网址　http://www.ptpress.com.cn
北京隆昌伟业印刷有限公司印刷

◆ 开本：787×1092　1/16
印张：5.75　　2016 年 8 月第 1 版
字数：122 千字　　2016 年 8 月北京第 1 次印刷

定价：70.00 元

读者服务热线：(010) 81055256　印装质量热线：(010) 81055316
反盗版热线：(010) 81055315

序言

2015 年 7 月，国务院印发了《关于积极推进“互联网+”行动的指导意见》，“互联网+”新经济形态初步形成，“互联网+”成为经济社会创新发展的重要驱动力量。在“互联网+”政策的引领下，我们迎来了“工业 4.0”时代，实现了“互联网+供应链”“互联网+金融”“互联网+交通”“互联网+民生”“互联网+医疗”等与我们生活息息相关的变化。与此同时，我国高等教育和职业教育也迎来了教育 4.0 时代——“互联网+教育”，建立创新型人才培养模式是在“互联网+”时代下对高等教育和职业教育提出的又一新要求，而“互联网+”模式下的动态数据、跨专业、跨领域，教学做一体化，是教学改革的又一新方向。

戴柏华在 2015 年中国财会高峰论坛上提到“会计工作的许多方面也与互联网开始深入融合，网络代理记账、在线财务管理咨询、云会计与云审计服务等第三方会计审计服务模式初现端倪；以会计信息化应用为基础的财务一体化进程不断提速……在线联机考试、远程培训教育等已成为会计人才培养重要的方式。”“互联网+”时代的来临，不仅给会计行业带来了一场前所未有的变革，同时也要求会计教学领域能与时俱进，努力探索出适应时代发展变化的新型人才培养模式。人民邮电出版社这次策划出版的“互联网+真账实训”系列丛书正是对会计实训实践课程改革做了有益的尝试，这套书在 3 个方面做到了创新：首先，构建了基于互联网的全套课程解决方案，通过“软件平台+教学数据资源包+实训指导材料”的组合，可以让学习者在平台构建的真实行业工作环境下，完成全盘账务处理（手工账+电脑账）、在线考核、在线评价等全部学习流程；其次，提供了基于工作岗位的全真实训数据，现有的实训教材缺乏系统、全面的实训单据资料，这套书提供的实训数据包完全来自于真实的企业数据，反映了企业的全真业务流程，可以说就是岗前培训材料；再次，配套了线上线下一体的教学指导材料，这套书在设计时充分考虑了互联网在教学中的作用，提供了在线的实训操作微课视频、在线题库以及在线教学培训等教学指导材料。

会计实训课程是学习者将知识技能向职业能力转化的重要过渡，可以实现从学校课堂到职业岗位的对接，希望这套“互联网+真账实训”系列丛书能够为提高学习者职业能力，弥补会计人才与岗位要求差距，提高学习者从业竞争力作出贡献。

梁伟祥

2016 年 7 月

前言

经济越发展，会计越重要。随着当今社会经济的飞速发展，各行各业对合格会计人才的需求越来越多。对于在校的财会专业类学生来说，所学的财会理论知识若不能与实际相结合，他们就不能真正胜任未来的会计工作；对于有志于从事财会工作的人员而言，怎样才能用专业技能去应聘会计岗位也一直是困扰着他们的一个问题。

本书为“互联网+真账实训”系列丛书之一。本书以华问国际酒店有限公司为主体，设计了对酒店、餐饮、娱乐等综合服务业“营改增”后的业务认知、会计政策的掌握、企业管理制度的了解，以及 3 个月日常业务单据处理、成本归集核算、管理报表编制等一套现代服务业常见的会计业务处理过程。学习者通过对整套单据业务处理的学习，能够加深对会计实际应用操作的理解和认知，迅速积累一定的工作经验，更好地就业。

华问教育从事企业会计信息化及会计职业教育 10 余年，积累了大量各行业会计处理的业务案例。在真账实操培训中，华问教育按会计培训规律，理论联系实际，学以致用、学用结合，以真单、真账开展形象的教学和实操训练，使形式与内容达到完美结合，同时将会计实操与企业管理结合起来，为社会培养了大批复合型会计人才。编者相信“互联网+真账实训”系列教材是会计教学的理想教材，是会计初学者的自学良师，也是在岗会计规范化做账和继续提高业务水平的必备指南。

书中所涉及的业务单位和人员均为虚构，如有雷同纯属巧合；所涉及行政事业单位的票据和印章均为实现单据真实化而编制，如有不妥请及时告知，我们将及时做出修正。由于编者水平有限，书中不足、遗漏之处在所难免，敬请批评指正。

作者邮箱为 135141@qq.com，学习交流 QQ 群为 195557887。

编者

2016 年 6 月

目 录

第一部分 企业开办工商注册流程 …… 1

一、办理执照需要准备的材料清单 …… 1

二、营业执照办理流程 …… 1

（一）名称预先核准申请书 …… 1

（二）内资公司设立登记申请表 …… 6

（三）公司章程 …… 18

（四）企业名称预先核准通知书 …… 22

（五）股东资格证明 …… 23

（六）指定委托书 …… 25

（七）住所使用证明 …… 27

（八）补充信息登记表 …… 29

第二部分 企业基本信息 …… 31

一、企业背景资料 …… 31

二、部门档案信息 …… 32

三、人员档案信息 …… 33

四、客户档案信息 …… 33

五、供应商档案信息 …… 33

六、酒店业务流程 …… 34

第三部分 酒店财务管理制度 …… 35

一、概述 …… 35

（一）部门的重要性 …… 35

（二）财务部的基本任务 …… 35

二、财务部组织结构和职位介绍 …… 36

（一）财务部经理 …… 36

（二）查核员 …… 37

（三）收银员 …… 37

（四）主办会计 …… 38

（五）出纳员 …… 39

（六）成本会计 …… 39

（七）收货员、仓管员 …… 40

三、工作程序及标准 …… 42

（一）查核 …… 42

（二）现金“装投放”及交接程序 …… 44

（三）保证金的收取和退还程序 …… 44

（四）发票管理制度与程序 …… 45

（五）关于延迟退房及前台杂项扣减的规定 …… 45

（六）关于挂账的控制规定与程序 …… 46

（七）旅行社订房和凌晨入住划分时间的规定 …… 48

（八）客人入住办理签单房卡的操作程序 …… 48

（九）夜间审计工作程序及标准 …… 48

四、财务管理制度 …… 55

（一）财务计划管理规定 …… 56

（二）会计核算管理规定 …… 56

（三）资金管理规定 …… 59

（四）现金管理规定 …… 59

（五）资产管理制度 …… 60

（六）采购管理 …… 61

（七）物品管理及报损、报废制度 …… 61

（八）合同管理 …… 62

（九）印章管理 …… 63

（十）商品、原材料采购管理 …… 63

（十一）财务部人事管理制度 …… 65

第四部分　经济业务原始单据及操作指南··································67

一、1月份经济业务··································67

二、2月份经济业务··································73

三、3月份经济业务··································77

第五部分　实训任务导航··································82

第一部分

企业开办工商注册流程

一、办理执照需要准备的材料清单

办理执照需要准备的材料清单如表 1-1 所示。

表 1-1　　有限责任公司设立登记一次性告知单

序号	材料	提示
1	《内资公司设立登记申请表》	由法定代表人亲笔签署
2	公司章程	全体股东共同签署，其中自然人股东亲笔签字，法人股东加盖公章
3	《企业名称预先核准通知书》	通过北平市工商局网站进行网上申办预先名称登记的，可以不领取纸质《企业名称预先核准通知书》
4	股东资格证明	自然人股东提交身份证复印件，企业法人股东提交加盖公章的营业执照复印件（其他类别股东资格证明的提交方式请参见《投资办照通用指南及风险提示》中“如何准备投资人（股东）资格证明文件”的详细说明）
5	《指定委托书》	应由全体股东共同签署
6	住所使用证明	产权人签字或盖章的房产复印件。产权人为自然人的应亲笔签字，产权人为单位的应加盖公章
7	许可项目审批文件	仅限经营项目涉及前置许可的，如危险化学品经营、快递业务等
8	《补充信息登记表》	

二、营业执照办理流程

（一）名称预先核准申请书

名称预先核准申请书

敬　告

1. 请您认真阅读本表内容和有关注意事项。在申办登记过程中如有疑问，请您登录“北平工商”网站（www.BAIC.gov.cn）→“网上办事”→“登记注册”模块查询相关内容，或直接到工商部门现场咨询。

2. 提交申请前，请您了解相关法律、法规，确知所享有的权利和应承担的义务。

3. 请您如实反映情况，确保申请材料的真实性。

4. 本申请书的电子版可通过上述网址获取。

5. 本申请书请使用正楷字体手填或打印填写。选择手工填写的，请您使用蓝黑或黑色墨水，保持字迹工整，避免涂改。选择打印填写的，请您填好后使用A4纸打印，按申请书完整页码顺序装订成册。

北平市工商行政管理局

BEIIPIING ADMINISTRATION FOR INDUSTRY AND COMMERCE

（2018 第二版）

本人<u>　王云林　</u>，接受投资人（合伙人）委托，现向登记机关申请名称预先核准，并郑重承诺：如实向登记机关提交有关材料，反映真实情况，并对申请材料实质内容的真实性负责。

委托人（投资人或合伙人之一）[①]

（签字或盖章）

申请人（被委托人）[②]

（签字）王云林

联系电话：<u>　011-86663915　</u>邮政编码：<u>　100000　</u>

通信地址：<u>　北平市迎丰中路98号　</u>

申请日期：2019 年 01 月 04 日

说明：① 委托人可以是本申请书第 3 页“投资人（合伙人）名录”表中载明的任一投资人（合伙人）。委托人是自然人的，由本人亲笔签字；委托人为非自然人的，加盖其公章；委托人为外方非自然人的，由其法定代表人签字。

② 申请人（被委托人）是指受投资人委托到登记机关办理名称预先核准的自然人，也可以是投资人（合伙人）中的自然人，由后者亲自办理的，无需委托人签字。

名称预先核准申请表如表 1-2 所示。

表 1-2　　名称预先核准申请表

<table>
<tr><td>申请名称</td><td colspan="4">北平华问国际酒店有限公司</td></tr>
<tr><td rowspan="3">备选字号</td><td>1</td><td></td><td>4</td><td></td></tr>
<tr><td>2</td><td></td><td>5</td><td></td></tr>
<tr><td>3</td><td></td><td>6</td><td></td></tr>
<tr><td>主营业务①</td><td colspan="4">从事酒店及其相关配套设施的经营，包括客房、餐饮、健身娱乐（不含游戏、游艺等娱乐经营项目）、医疗保健等相关配套服务，食品、饮料和烟酒的零售，工艺品、日用品的销售</td></tr>
<tr><td rowspan="3">企业类型②</td><td colspan="4">内资：
公司制　☑有限责任公司　□股份有限公司
非公司制：□全民所有制企业　□集体所有制企业　□股份合作
□合伙企业（□普通合伙　□有限合伙　□特殊普通合伙）
□个人独资企业　□农民专业合作组织　□个体工商户</td></tr>
<tr><td colspan="4">外资：□外资企业（全部由外国投资者投资）　□合资经营企业
□合作经营企业　□股份有限公司
□合伙企业（□普通合伙　□有限合伙　□特殊普通合伙）
□港澳台个体工商户</td></tr>
<tr><td colspan="4">□分支机构</td></tr>
<tr><td>字号许可方式
（无此项可不填写）</td><td colspan="2">□投资人字号/姓名许可
□商标授权许可
□非投资人字号许可</td><td>许可方名称（姓名）
及证照或证件号码</td><td></td></tr>
<tr><td>注册资本（金）或资金数额或出资额（营运资金）</td><td colspan="4">（小写）<u>3 000</u>万元（如为外币请注明币种）</td></tr>
<tr><td>备注说明</td><td colspan="4"></td></tr>
</table>

注：①“主营业务”是指企业所从事的主要经营项目。例如：信息咨询、科技开发等。企业名称中的行业用语表述应当与其“主营业务”一致。主营业务包括两项及以上的，以第一项主营业务确定行业用语。

② 填写“企业类型”栏目时，请在相应选项对应的“□”内画“√”。“√”选“分支机构”类型的，请对其所从属企业的类型也进行“√”选。例如：北平华达贸易有限公司分公司的“企业类型”请选择有限责任公司和分支机构两种类型。

③ 本申请表中所称企业均包括个体工商户。

④ 本页填写不下的可另复印填写。

投资人（合伙人）名录如表 1-3 所示。

表 1-3　投资人（合伙人）名录[①]

序号	投资人（合伙人）[②]名称或姓名	投资人（合伙人）证照或身份证件号码	投资人[③]（合伙人）类型	拟投资额（出资额）（万元）	国别[④]（地区）或省市（县）
1	北平华问金属制品有限公司	91110168MA008ULDHW	有限责任公司	1800	北平
2	华问集团有限公司	916666087398813177	有限责任公司	1200	北平
3					
4					
5					
6					

注：① 请您认真阅读《投资办照通用指南及风险提示》中有关投资人资格的说明，避免后期更换投资人给您带来不便。

② 投资人（合伙人）名称或姓名应当与资格证明文件上的名称或身份证明文件的姓名一致，境外投资人（合伙人）名称或姓名应翻译成中文，填写准确无误。申请设立分支机构，请在“投资人（合伙人）名称或姓名”栏目中填写所隶属企业名称。

③ “投资人（合伙人）类型”栏，填自然人、企业法人、事业法人、社团法人或其他经济组织。

④ “国别（地区）或省市（县）”栏内，外资企业的投资人（合伙人）填写其所在国别（地区），内资企业投资人（合伙人）填写证照核发机关所在省、市（县）。

⑤ 本页填写不下的可另复印填写。

一次性告知记录

您提交的文件、证件还需要进一步修改或补充，请您按照第______号一次性告知单中的提示部分准备相应文件，此外，还应提交下列文件：

被委托人：　　　　受理人：　　　　年　　月　　日

（二）内资公司设立登记申请表

内资公司设立登记申请书

公司名称：北平华问国际酒店有限公司

敬　告

1. 请您认真阅读本表内容和有关注意事项。在申办登记过程中如有疑问，请您登录“北平工商”网站（www.BAIC.gov.cn）→“网上办事”→“登记注册”模块查询相关内容，或直接到工商部门现场咨询。

2. 提交申请前，请您了解相关法律、法规，确知所享有的权利和应承担的义务。

3. 请您如实反映情况，确保申请材料的真实性。

4. 本申请书的电子版可通过上述网址获取。

5. 本申请书请使用正楷字体手填或打印填写。选择手工填写的，请您使用蓝黑或黑色墨水，保持字迹工整，避免涂改。选择打印填写的，请您填好后使用A4纸打印，按申请书完整页码顺序装订成册。

北平市工商行政管理局

BEIPING ADMINISTRATION FOR INDUSTRY AND COMMERCE

（2018 第二版）

郑 重 承 诺

本人　王晓华　拟任　北平华问国际酒店有限公司　（公司名称）的法定代表人，现向登记机关提出公司设立申请，并就如下内容郑重承诺：

1. 如实向登记机关提交有关材料，反映真实情况，并对申请材料实质内容的真实性负责。

2. 经营范围涉及照后审批事项的，在领取营业执照后，将及时到相关审批部门办理审批手续，在取得审批前不从事相关经营活动。需要开展未经登记的后置审批事项经营的，将在完成经营范围变更登记后，及时办理相应审批手续，未取得审批前不从事相关经营活动。

3. 本人不存在《公司法》第 146 条所规定的不得担任法定代表人的情形。

4. 本公司一经设立将自觉参加年度报告，依法主动公示信息，对报送和公示信息的真实性、及时性负责。

5. 本公司一经设立将依法纳税，自觉履行法定纳税义务，严格遵守有关法律法规的规定，诚实守信经营。

法定代表人签字： 王晓华

2019 年 01 月 04 日

登记基本信息表如表 1-4 所示。

表 1-4　　　登记基本信息表

公司名称	北平华问国际酒店有限公司		
住　　所[①]	北平市迎丰中路 98 号		
生产经营地[②]	北平市迎丰中路 98 号		
法定代表人[③]	王晓华	注册资本[④]	3 000 万元
公司类型	有限责任公司		
经营范围	从事酒店及其相关配套设施的经营，包括客房、餐饮、健身娱乐。		
营业期限	长期/10 年	申请副本数	1 份
股东（发起人）名称或姓名	北平华问金属制品有限公司		
	华问集团有限公司		

注：① 填写住所时请列明详细地址，精确到门牌号或房间号，如“北平市××区××路（街）××号××室”。

② 生产经营地用于核实税源，请如实填写详细地址；如不填写，视为与住所一致。发生变化的，由企业向税务主管机关申请变更。

③ 公司“法定代表人”指依据章程确定的董事长（执行董事或经理）。

④ “注册资本”有限责任公司为在公司登记机关登记的全体股东认缴的出资额；发起设立的股份有限公司为在公司登记机关登记的全体发起人认购的股本总额；募集设立的股份有限公司为在公司登记机关登记的实收股本总额。

⑤ 本页不够填的，可复印续填。

法定代表人、董事、经理、监事信息表如表 1-5 所示。

股东在本表上盖章或签字视为对下列人员职务的确认。如可另行提交下列人员的任职文件，则无需股东在本表上盖章或签字。

表 1-5　　法定代表人、董事、经理、监事信息表

姓名	现居所②	职务信息			是否为法定代表人⑤	法定代表人移动电话
		职务③	任职期限	产生方式④		
王晓华	北平	总经理	3 年	选举	√	
蔡寿权	北平	监事	3 年	选举		

全体股东盖章（签字）⑥：

注：① 本页不够填的，可复印续填。

② “现居所”栏，中国公民填写户籍登记住址，非中国公民填写居住地址。

③ “职务”指董事长（执行董事）、副董事长、董事、经理、监事会主席、监事。上市股份有限公司设置独立董事的应在“职务”栏内注明。

④ “产生方式”按照章程规定填写，董事、监事一般应为“选举”或“委派”；经理一般应为“聘任”。

⑤ 担任公司法定代表人的人员，请在对应的“是否为法定代表人”栏内画“√”，其他人员勿填此栏。

⑥ “全体股东盖章（签字）”处，股东为自然人的，由股东签字；股东为非自然人的，加盖股东单位公章。不能在此页盖章（签字）的，应另行提交有关选举、聘用的证明文件。

请将董事、经理、监事人员的身份证件复印件粘贴在本页，本页如不够粘贴可复印使用。

姓名 王晓华
性别 男 民族 汉
出生 1970 年 05 月 06 日
住址 北京市朝阳区安华西里一区
17号楼2306号
公民身份证号码 430512197005061367

中华人民共和国
居民身份证
与原件一致
签发机关
县公安局
有效期限 2013.03.05-2023.03.05

姓名 蔡寿权
性别 男 民族 汉
出生 1966 年 12 月 20 日
住址 北京市西城区广成街4号金宸
公寓1幢1032
公民身份证号码 430512196612205876

中华人民共和国
居民身份证
与原件一致
签发机关
县公安局
有效期限 2013.03.05-2023.03.05

身份证件复印件粘贴处（请正反面粘贴）

住所证明如表 1-6 所示。

表 1-6　　住所证明

公司名称	北平华问国际酒店有限公司
住所[1]	北平市迎丰中路 98 号
产权人证明[2]	**同意将上述地址提供给该公司使用。** 产权人盖章（签字）： 2019 年 01 月 04 日
需要证明情况[3]	上述住所产权人为 北平茂苑物业管理有限公司 ，房屋用途为 商用 。 特此证明。 证明单位公章： 证明单位负责人签字： 2019 年 01 月 04 日

注：① 请在“住所”一栏写清详细地址，精确到门牌号或房间号，如“北平市××区××路（街）××号××室”。

② 产权人为单位的，应在“产权人证明”一栏内加盖公章；产权人为自然人的，由产权人亲笔签字。同时需提交由产权人盖章或签字的《房屋所有权证》复印件。

③ 若住所暂未取得《房屋所有权证》，可由有关部门在“需要证明情况”一栏盖章，视为对该房屋权属、用途合法性的确认。具体可出证的情况请参见《投资办照通用指南及风险提示》。

自然人股东（发起人）身份证明粘贴页

请将自然人股东的身份证件复印件粘贴在本页，本页如不够粘贴可复印使用。

身份证件复印件粘贴处（请正反面粘贴）	
身份证件复印件粘贴处（请正反面粘贴）	
身份证件复印件粘贴处（请正反面粘贴）	

非自然人股东（发起人）资格证明夹页如图 1-1 所示。

请将非自然人股东（发起人）的资格证明①复印件夹在 A 面和 B 面之间

（复印件大小控制在 A4 页面之内）

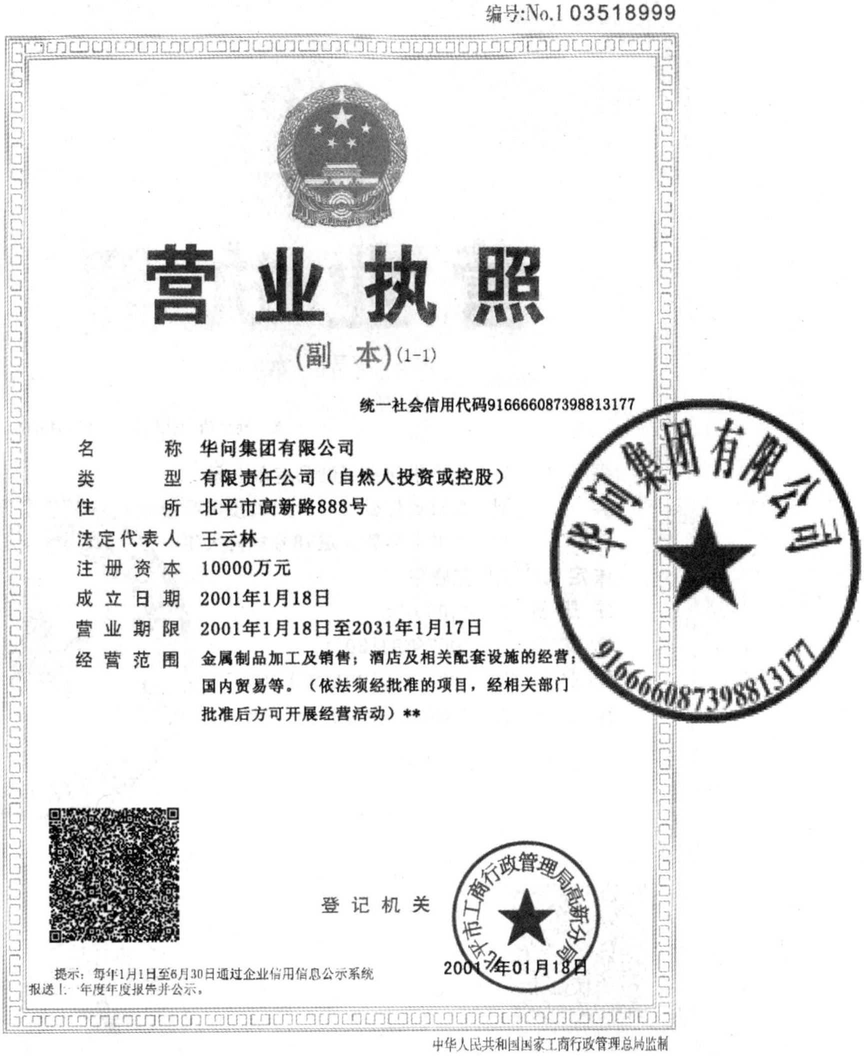

编号:No.1 03518999

营业执照

(副　本)(1-1)

统一社会信用代码916666087398813177

名　　　称　华问集团有限公司

类　　　型　有限责任公司（自然人投资或控股）

住　　　所　北平市高新路888号

法定代表人　王云林

注 册 资 本　10000万元

成 立 日 期　2001年1月18日

营 业 期 限　2001年1月18日至2031年1月17日

经 营 范 围　金属制品加工及销售；酒店及相关配套设施的经营；国内贸易等。（依法须经批准的项目，经相关部门批准后方可开展经营活动）**

华问集团有限公司
916666087398813177

登 记 机 关

北平市工商行政管理局高新分局

2001年01月18日

提示：每年1月1日至6月30日通过企业信用信息公示系统报送上一年度年度报告并公示。

中华人民共和国国家工商行政管理总局监制

注：① 非自然人股东（发起人）资格证明有关要求参见《投资办照通用指南及风险提示》以及相应的设立登记一次性告知单。

图 1-1　非自然人股东（发起人）资格证明

非自然人股东（发起人）资格证明夹页如图 1-2 所示。

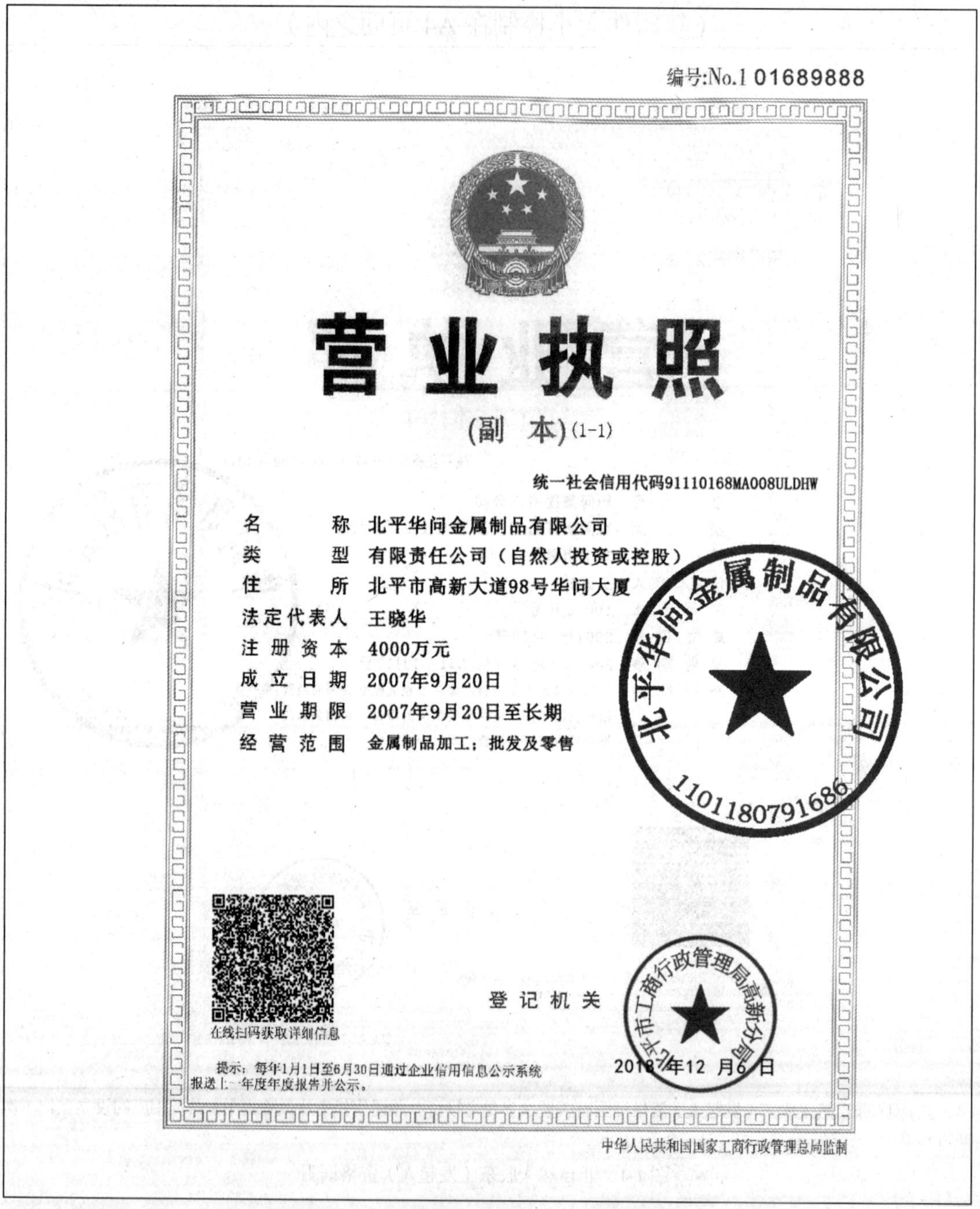

编号:No.1 01689888

营业执照

(副　本)(1-1)

统一社会信用代码91110168MA008ULDHW

名　　　称　北平华问金属制品有限公司

类　　　型　有限责任公司（自然人投资或控股）

住　　　所　北平市高新大道98号华问大厦

法定代表人　王晓华

注 册 资 本　4000万元

成 立 日 期　2007年9月20日

营 业 期 限　2007年9月20日至长期

经 营 范 围　金属制品加工；批发及零售

在线扫码获取详细信息

登 记 机 关

2018年12 月6 日

提示：每年1月1日至6月30日通过企业信用信息公示系统报送上一年度年度报告并公示。

中华人民共和国国家工商行政管理总局监制

图 1-2　非自然人股东（发起人）资格证明

财务负责人信息①

姓　　名	徐向明	移动电话	13072806312

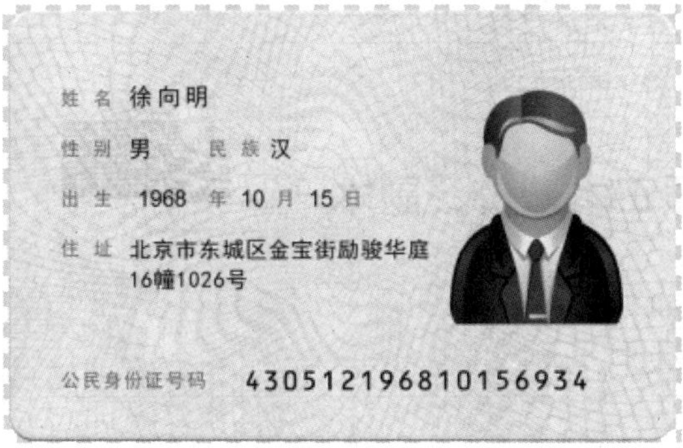

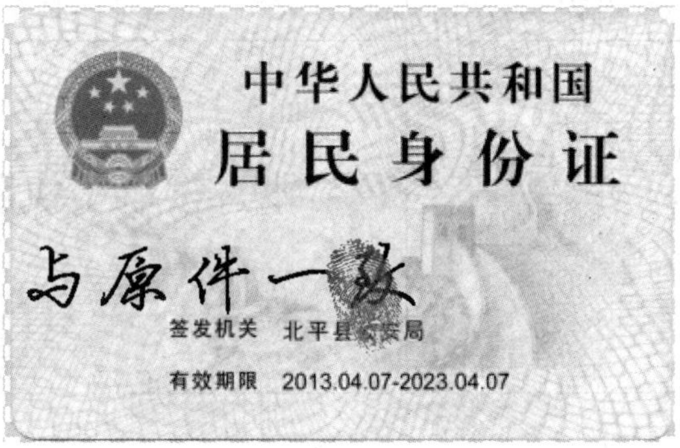

企业联系人信息②

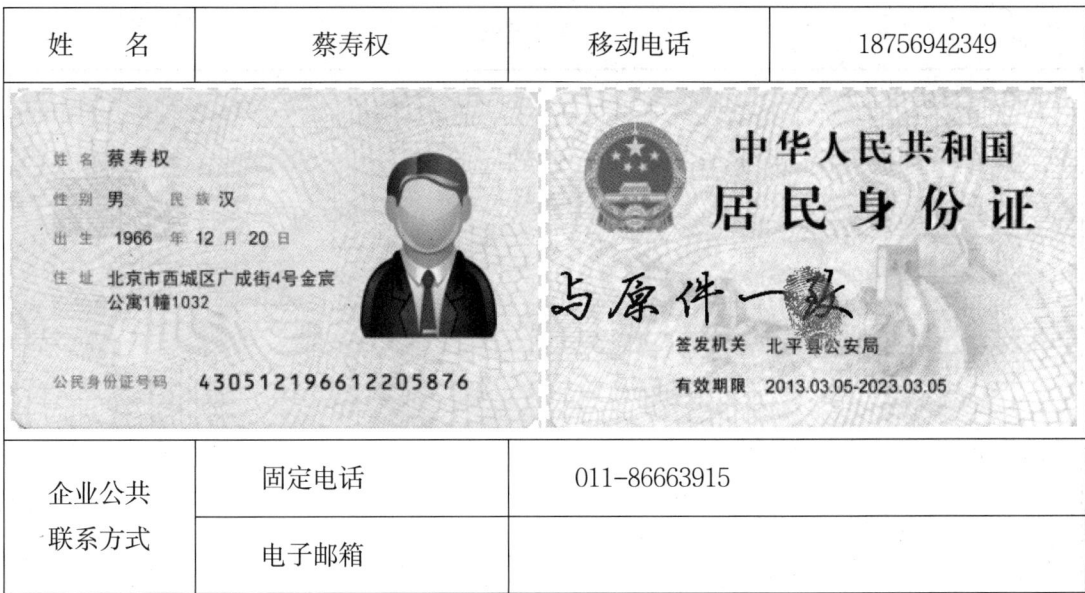

姓　　名	蔡寿权	移动电话	18756942349

姓名 蔡寿权
性别 男 民族 汉
出生 1966 年 12 月 20 日
住址 北京市西城区广成街4号金宸公寓1幢1032
公民身份证号码 430512196612205876

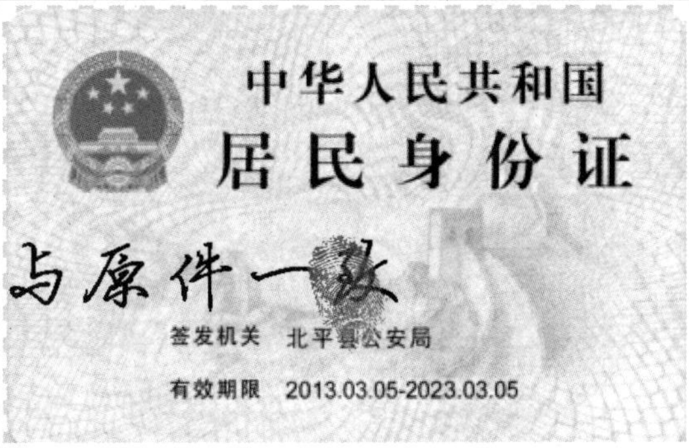

企业公共联系方式	固定电话	011-86663915
	电子邮箱	

敬请留意：

① 财务负责人：一般由总会计师或财务总监担任，全面负责企业的财务管理、会计核算与监督工作。发生变化的，由企业向税务主管机关申请变更。

② 企业联系人：负责本企业与工商等部门的联系沟通，及时转达工商部门对企业传达的信息及相关的法律、法规、规章及政策性意见；向工商部门反映企业的需求或意见。联系人凭本人个人信息登录企业信用信息公示系统依法向社会公示本企业有关信息。联系人应了解登记相关法规和企业信息公示有关规定，熟悉操作企业信用信息公示系统。企业联系人一经确认应当保持相对稳定，发生变化的，可以在企业申办变更登记时向登记机关进行备案。

③ 以上各项为必填项，请据实填写。

核发营业执照情况

发照人员签字		发照日期	年 月 日
领执照情况	本人领取了执照正本一份，副本 份。 签字： 年 月 日		
备 注			

一次性告知记录

您提交的文件、证件还需要进一步修改或补充，请您按照第______号一次性告知单中的提示部分准备相应文件，此外，还应提交下列文件： 被委托人： 受理人： 年 月 日

一次性告知记录

<table>
<tr><td>您提交的文件、证件还需要进一步修改或补充，请您按照第______号一次性告知单中的提示部分准备相应文件，此外，还应提交下列文件：

被委托人：　　　　受理人：　　　　年　月　日</td></tr>
<tr><td>您提交的文件、证件还需要进一步修改或补充，请您按照第______号一次性告知单中的提示部分准备相应文件，此外，还应提交下列文件：

被委托人：　　　　受理人：　　　　年　月　日</td></tr>
</table>

（三）公司章程

北平华问国际酒店有限公司章程

第一章　总　　则

第一条　依据《中华人民共和国公司法》（以下简称《公司法》）及有关法律、法规的规定，由北平华问金属制品有限公司和华问集团有限公司双方共同出资，设立北平华问国际酒店有限公司（以下简称华问国际酒店），特制定本章程。

第二条　本章程中的各项条款与法律、法规、规章不符的，以法律、法规、规章的规定为准。

第二章　公司名称和住所

第三条　公司名称：北平华问国际酒店有限公司。

第四条　住所：北平市迎丰中路98号。

第三章　公司经营范围

第五条　公司经营范围：从事酒店及其相关配套设施的经营，包括客房、餐饮、健身娱乐（不含游戏、游艺等娱乐经营项目）、医疗保健等相关配套服务，食品、饮料和烟酒的零售，工艺品、日用品的零售。

第四章　公司注册资本及股东的姓名（名称）、出资额、出资时间、出资方式

第六条　公司注册资本：<u>3 000</u>万元人民币。

第七条　股东的姓名（名称）、认缴的出资额、出资时间、出资方式如表1-7所示。

表1-7

股东姓名或名称	认缴情况		
	认缴出资额	出资时间	出资方式
北平华问金属制品有限公司	1 800万元	2019年1月6日	货币
华问集团有限公司	1 200万元	2019年1月6日	货币
合计	3 000万元		货币

第五章　公司的机构及其产生办法、职权、议事规则

第八条　股东会由全体股东组成，是公司的权力机构，行使下列职权：

（一）决定公司的经营方针和投资计划；

（二）选举和更换非由职工代表担任的执行董事、监事，决定有关执行董事、监事的报酬

事项；

（三）审议批准执行董事的报告；

（四）审议批准监事会的报告；

（五）审议批准公司的年度财务预算方案、决算方案；

（六）审议批准公司的利润分配方案和弥补亏损的方案；

（七）对公司增加或者减少注册资本做出决议；

（八）对发行公司债券做出决议；

（九）对公司合并、分立、解散、清算或者变更公司形式做出决议；

（十）修改公司章程。

第九条　股东会的首次会议由出资最多的股东召集和主持。

第十条　股东会会议由股东按照出资比例行使表决权。

第十一条　股东会会议分为定期会议和临时会议。

召开股东会会议，应当于会议召开 5 日以前通知全体股东。

定期会议按年定时召开。代表 1/10 以上表决权的股东，执行董事，监事会提议召开临时会议的，应当召开临时会议。

第十二条　股东会会议由执行董事会召集和主持。

执行董事不能履行或者不履行召集股东会会议职责的，由监事召集和主持；监事不召集和主持的，代表 1/10 以上表决权的股东可以自行召集和主持。

第十三条　股东会会议做出修改公司章程、增加或者减少注册资本的决议，以及公司合并、分立、解散或者变更公司形式的决议，必须经代表 2/3 以上表决权的股东通过。

第十四条 公司不设董事会，设执行董事一人，由股东会选举产生。执行董事任期 3 年，任期届满，可连选连任。

第十五条　执行董事行使下列职权：

（一）负责召集股东会，并向股东会议报告工作；

（二）执行股东会的决议；

（三）审定公司的经营计划和投资方案；

（四）制订公司的年度财务预算方案、决算方案；

（五）制订公司的利润分配方案和弥补亏损方案；

（六）制订公司增加或者减少注册资本以及发行公司债券的方案；

（七）制订公司合并、分立、变更公司形式、解散的方案；

（八）决定公司内部管理机构的设置；

（九）决定聘任或者解聘公司经理及其报酬事项，并根据经理的提名决定聘任或者解聘公司副经理、财务负责人及其报酬事项；

（十）制定公司的基本管理制度。

第十六条　公司设经理，由董事会决定聘任或者解聘。经理对董事会负责，行使下列职权：

（一）主持公司的生产经营管理工作，组织实施股东会决议；

（二）组织实施公司年度经营计划和投资方案；

（三）拟订公司内部管理机构设置方案；

（四）拟订公司的基本管理制度；

（五）制定公司的具体规章；

（六）提请聘任或者解聘公司副经理、财务负责人；

（七）决定聘任或者解聘除应由股东会决定聘任或者解聘以外的负责管理人员；

（八）股东会授予的其他职权。

经理列席董事会会议。

第十七条 公司不设监事会，设监事一人，由股东会选举产生。

第十八条 监事会或者监事行使下列职权：

（一）检查公司财务；

（二）对执行董事、高级管理人员执行公司职务的行为进行监督，对违反法律、行政法规、公司章程或者股东会决议的执行董事、高级管理人员提出罢免的建议；

（三）当执行董事、高级管理人员的行为损害公司的利益时，要求执行董事、高级管理人员予以纠正；

（四）提议召开临时股东会会议，在执行董事不履行本法规定的召集和主持股东会会议职责时召集和主持股东会会议；

（五）向股东会会议提出提案；

（六）依照《公司法》第 152 条的规定，对执行董事、高级管理人员提起诉讼。

第六章 公司的法定代表人

第十九条 经理为公司的法定代表人。

第七章 股东会会议认为需要规定的其他事项

第二十条 股东之间可以相互转让其部分或全部出资。

第二十一条 股东向股东以外的人转让股权，应当经其他过半数股东同意。股东应就其股权转让事项书面通知其他股东并征求同意，其他股东自接到书面通知之日起满 30 日未答复的，视为同意转让。其他股东半数以上不同意转让的，不同意的股东应当购买该转让的股权；不购买的，视为同意转让。

经股东同意转让的股权，在同等条件下，其他股东有优先购买权。两个以上股东主张行使优先购买权的，协商确定各自的购买比例；协商不成的，按照转让时各自的出资比例行使优先购买权。

第二十二条 公司的营业期限为 10 年，自公司营业执照签发之日起计算。

第二十三条 有下列情形之一的，公司清算组应当自公司清算结束之日起 30 日内向原公司登记机关申请注销登记：

（一）公司被依法宣告破产；

（二）公司章程规定的营业期限届满或者公司章程规定的其他解散事由出现，但公司通过修改公司章程而存续的除外；

（三）股东会决议解散或者一人有限责任公司的股东决议解散；

（四）依法被吊销营业执照、责令关闭或者被撤销；

（五）人民法院依法予以解散；

（六）法律、行政法规规定的其他解散情形。

第八章　附　　则

第二十四条　公司登记事项以公司登记机关核定的为准。

第二十五条　本章程一式四份，并报公司登记机关一份。

全体股东亲笔签字、盖公章：

2019 年 01 月 04 日

（四）企业名称预先核准通知书

受理号：105201510100056

企业名称预先核准通知书

【平高】名称预核（内）字【2019】第 0057894 号

王晓华：

根据《企业名称登记管理规定》《企业名称登记管理实施办法》及有关法律、行政法规规定，准予预先核准下列由两个投资人出资设立的企业名称为：北平华问国际酒店有限公司

投资人姓名或名称：

北平华问金属制品有限公司

华问集团有限公司

以上预先核准的企业名称有效期 6 个月，至 2019 年 06 月 01 日有效期届满自动失效。在有效期届满前 30 日，申请人可向登记机关申请延长有效期，有效期延长不超过 6 个月。

预先核准的企业名称不得用于经营活动，不得转让。经登记机关设立登记，颁发营业执照后企业名称正式生效。

核准日期：2019 年 01 月 08 日

注：① 本通知书不作为对出资人出资资格的确认文件，申请人应当认真阅读《一次性告知单》有关投资人出资资格的规定。投资人应符合法定出资资格，不具备出资资格的应当更换出资人。

② 设立登记时，有关事项与本通知书不一致的，登记机关不得以本通知书预先核准的企业名称登记。

③ 企业名称涉及法律、行政法规规定的必须报经审批，未能提交审批文件的，登记机关不得以预先核准的企业名称登记注册。

（五）股东资格证明

股东资格证明如图 1-3 和图 1-4 所示。

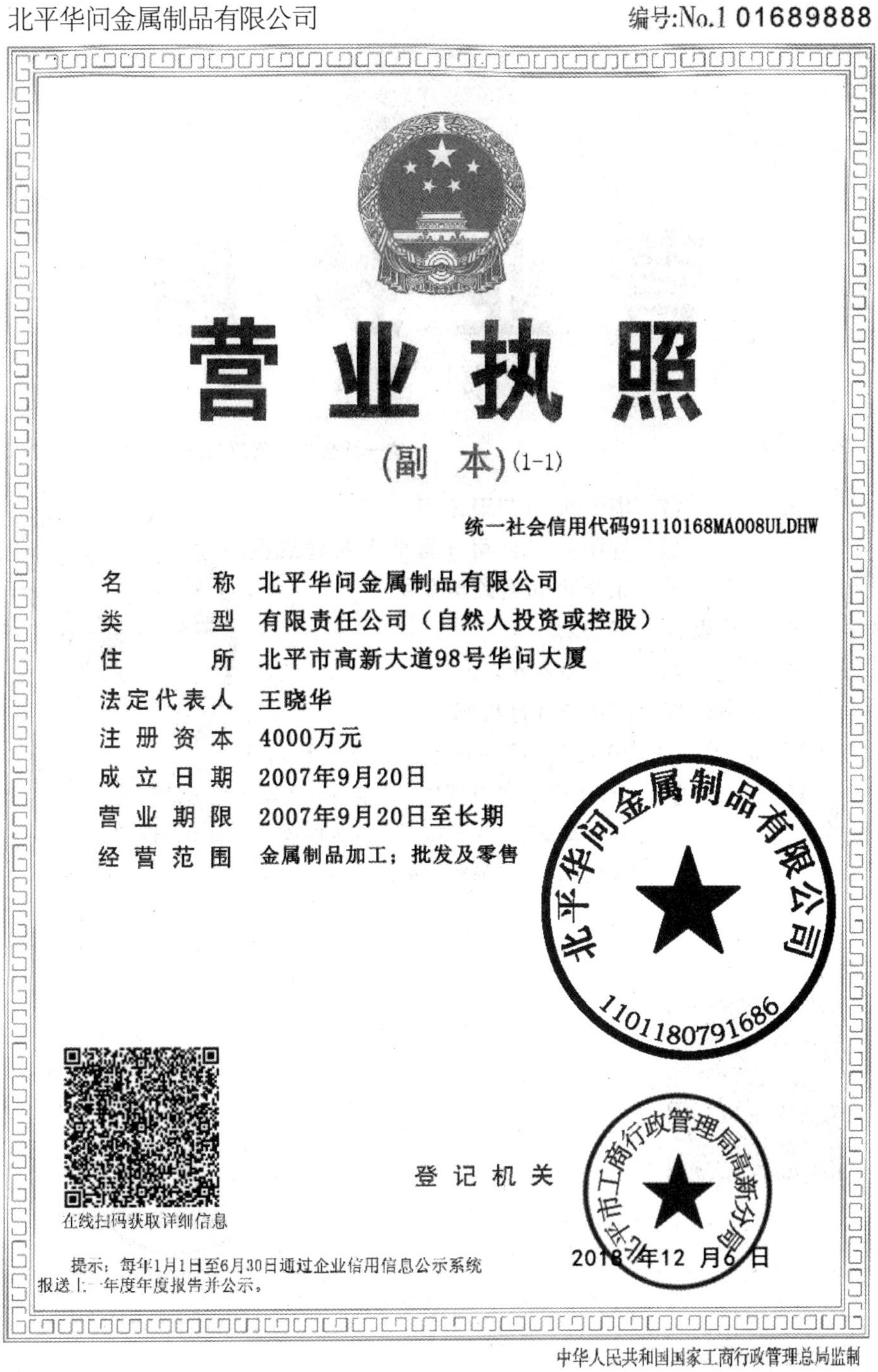

北平华问金属制品有限公司　　编号:No.1 01689888

营业执照

（副　本）(1-1)

统一社会信用代码91110168MA008ULDHW

名　　称　北平华问金属制品有限公司

类　　型　有限责任公司（自然人投资或控股）

住　　所　北平市高新大道98号华问大厦

法定代表人　王晓华

注册资本　4000万元

成立日期　2007年9月20日

营业期限　2007年9月20日至长期

经营范围　金属制品加工；批发及零售

北平华问金属制品有限公司 1101180791686

在线扫码获取详细信息

登记机关　北平市工商行政管理局高新分局

2018年12月6日

提示：每年1月1日至6月30日通过企业信用信息公示系统报送上一年度年度报告并公示。

中华人民共和国国家工商行政管理总局监制

图 1-3　股东资格证明（一）

华问集团有限公司　　　　编号:No.1 03518999

营业执照

（副　本）(1-1)

统一社会信用代码916666087398813177

名　　　称　华问集团有限公司

类　　　型　有限责任公司（自然人投资或控股）

住　　　所　北平市高新路888号

法定代表人　王云林

注 册 资 本　10000万元

成 立 日 期　2001年1月18日

营 业 期 限　2001年1月18日至2031年1月17日

经 营 范 围　金属制品加工及销售；酒店及相关配套设施的经营；国内贸易等。（依法须经批准的项目，经相关部门批准后方可开展经营活动）**

华问集团有限公司
916666087398813177

登 记 机 关

北平市工商行政管理局高新分局

2001年01月18日

提示：每年1月1日至6月30日通过企业信用信息公示系统报送上一年度年度报告并公示。

中华人民共和国国家工商行政管理总局监制

图1-4　股东资格证明（二）

（六）指定委托书

提请注意：填写本文件之前，请您仔细阅读背面“注意事项”。

指定（委托）书

兹指定（委托）<u>王云林　　</u>（代表或代理人姓名①②）向工商行政管理机关办理<u>北平华问国际有限公司　</u>（单位名称）的登记注册（备案）手续。

委托期限自<u>2019</u>年<u>1</u>月<u>4</u>日至<u>2019</u>年<u>3</u>月<u>31</u>日。委托事项：（请在以下选项□内画“√”）

☑报送登记文件　☑领取营业执照和有关文书　□其他事项：请确认代表或代理人更正下列内容的权限：（请在以下选项□内画“√”）

1. 修改文件材料中的文字错误：　　同意☑　　不同意□
2. 修改表格的填写错误：　　同意☑　　不同意□

指定（委托）人签字或加盖公章③：________________

代表或代理人郑重承诺：本人了解办理工商登记的相关法律、政策及规定，确认本次申请中所提交申请材料真实，有关证件签字、盖章属实，不存在协助申请人伪造或出具虚假文件、证件，提供非法或虚假住所（经营场所）等违法行为，否则将依法承担相应责任。

代表或代理人签字：<u>王云林</u>

2019年01月04日

北平市工商行政管理局

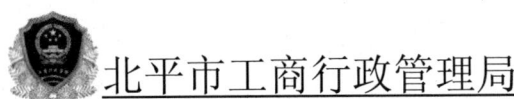

BEIPING ADMINISTRATION FOR INDUSTRY AND COMMERCE

注意事项：

① 代表或代理人是指受申请人指定（委托）到工商机关办理工商登记手续的自然人。

② 办理外国企业常驻代表机构登记注册手续的代表或代理人应当是机构代表或雇员。

③ “指定（委托）人签字或加盖公章”处，按以下要求填写。

a. 办理内资企业（股份有限公司除外）设立登记的，由全体股东（投资人、合伙人）签字或盖章，其中自然人股东（自然人投资者、合伙人）由本人签字，法人股东（法人投资者）加盖本单位公章。

b. 办理股份有限公司设立登记的，由董事会成员签字。

c. 办理外商投资企业设立的，自然人投资者由本人签字，中方法人投资者加盖单位公章，外方法人投资者由其法定代表人签字。

d. 办理外国企业常驻代表机构设立的，由首席代表签字。

e. 办理个体工商户开业的，由经营者或主持经营者签字。

f. 办理农民专业合作社设立的，由全体设立人签字或盖章。

g. 办理各类企业分支机构设立的，加盖所从属企业公章。

h. 办理变更登记、注销登记或申请备案的，可加盖本单位公章或由法定代表人（投资人、执行事务合伙人或委派代表、个体工商户经营者）亲笔签字。

④ 委托登记注册代理机构办理登记注册的，不使用本委托书，应提交代理机构专用委托书。

（七）住所使用证明

住所使用证明如图 1-5 所示。

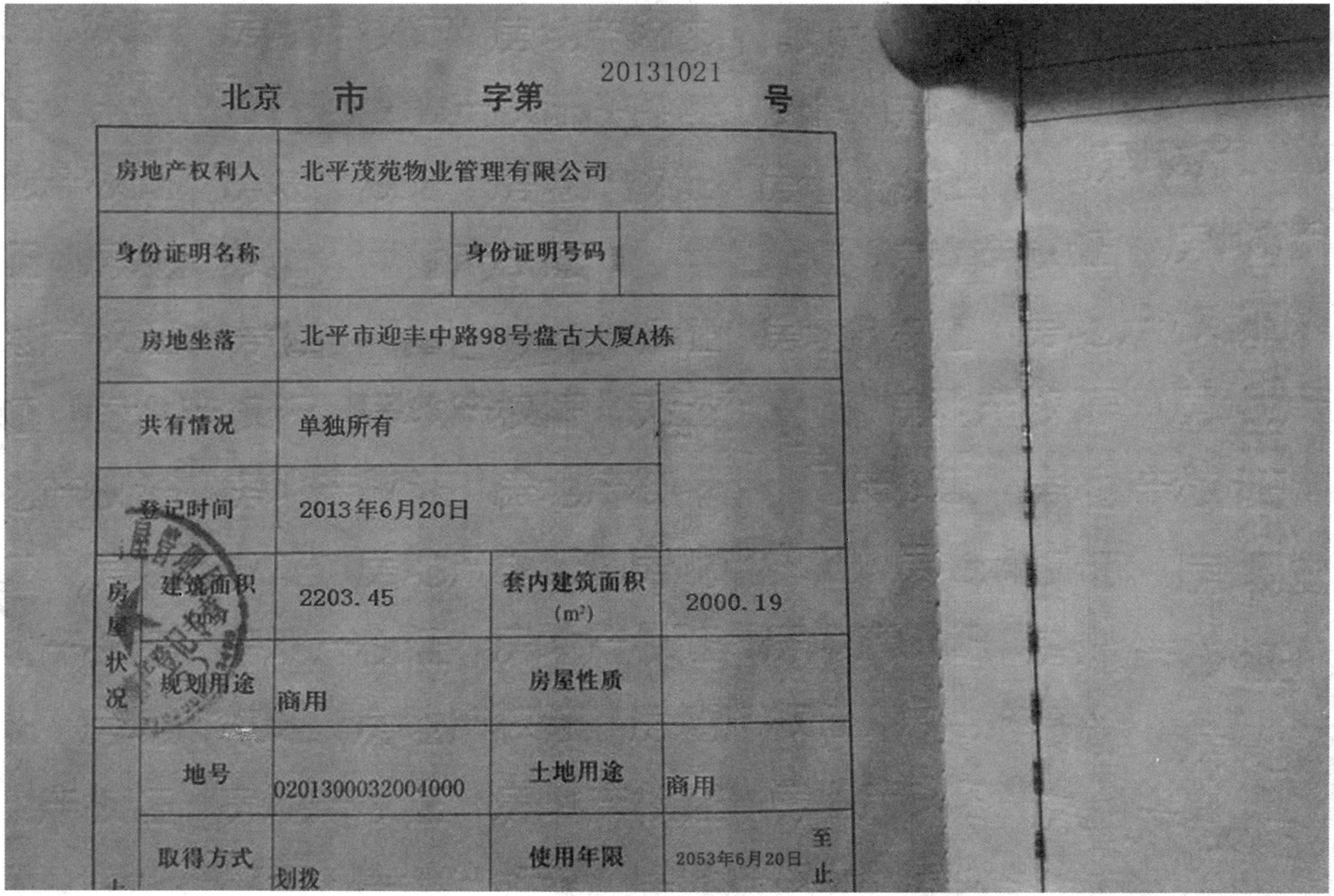

北京 市 字第 20131021 号

房地产权利人	北平茂苑物业管理有限公司		
身份证明名称		身份证明号码	
房地坐落	北平市迎丰中路98号盘古大厦A栋		
共有情况	单独所有		
登记时间	2013年6月20日		
房屋状况 建筑面积	2203.45	套内建筑面积（m²）	2000.19
房屋状况 规划用途	商用	房屋性质	
地号	0201300032004000	土地用途	商用
取得方式	划拨	使用年限	2053年6月20日 至 止

图 1-5 住所使用证明

房屋租赁合同

出租方（甲方）：北平茂苑物业管理有限公司

承租方（乙方）：王晓华

甲、乙双方就房屋租赁事宜，达成如下协议：

一、甲方将位于 北平市迎丰中路 98 号盘古大厦 A 栋 的房屋出租给乙方使用，租赁期限自 2018 年 07 月 01 日至 2028 年 06 月 30 日，计 120 个月。

二、本房屋月租金为人民币 277 500.00 元，按月交。每月月初 15 日内，乙方向甲方支付全月租金，租金每年递增 5%。

三、乙方租赁期间，水费、电费、取暖费、燃气费、电话费以及其他由乙方使用而产生的费用由乙方负担。租赁结束时，乙方须交清欠费。

四、租赁期满后，如乙方要求继续租赁，则须提前 1 个月向甲方提出，甲方收到乙方要求后 7 天内答复。如同意继续租赁，则续签租赁合同。同等条件下，乙方享有优先租赁的权利。

五、租赁期间，任何一方提出终止合同，需提前 1 个月书面通知对方，经双方协商后签订终止合同书。若一方强行中止合同，须向另一方支付违约金 5 000 000.00 元。

六、发生争议，甲、乙双方友好协商解决。协商不成时，提请由当地人民法院仲裁。

七、因北平华问酒店有限公司尚在注册中，待公司成立之后，由北平华问国际酒店有限公司代王晓华履行合同中的权利义务。

八、本合同连一式两份，甲、乙双方各执一份，自双方签字之日起生效。

甲方：张明　　　　乙方：王晓华

北平茂苑物业管理有限公司 92680318CF008RPFLX　　　　北平华问国际酒店有限公司 91110168MC001YLDRN

日期：2018 年 7 月 1 日　　　　日期：2018 年 7 月 1 日

（八）补充信息登记表

补充信息表

申请人：您好！请如实填写本表内容。属于选择填写的，请在对应的□内画“√”。

企业（个体工商户）名称：北平华问国际酒店有限公司

名称预核准号或营业执照注册号或统一社会信用代码：91110168MC001YIDHV

一、企业是否属于以下类型：

□总部企业　□研发中心　□投资人为上年度世界 500 强企业　☑其他

二、投资人中是否含中央单位：

☑否

□是（选择“是”请继续填写，投资人性质：□中央企业　□中央国家机关或事业单位　□驻北平部队　□其他中央单位）

三、经营面积：

使用面积 2203.45m^2，提供方式＿租赁＿，使用期限＿2＿年。

四、党员（含预备党员）人数：＿＿人

法定代表人（负责人、执行合伙事务人、投资人）是否党员：□是　☑否

（注：“法定代表人”指代表企业法人行使职权的主要负责人，公司为依据章程确定的董事长（执行董事或经理）；全民、集体企业的厂长（经理）；集体所有制（股份合作）企业的董（理）事长（执行董事）；“负责人”指各类企业分支机构的负责人；“执行事务合伙人”指合伙企业的执行事务合伙人；“投资人”指个人独资企业的投资人。）

是否建立党组织：□是　☑否　**（选择“是”请继续填写下列党建情况）**

党组织建制：□党委　□党总支　□党支部　□其他

党组织组建方式：□单独组建　□联合组建　□挂靠　□其他

党组织是否本年度组建：□是　□否

法定代表人（负责人、执行合伙事务人、投资人、经营者）是否担任党组织书记：□是　☑否

五、是否建立团组织：□是　☑否　团员人数：＿＿人

是否建立工会组织：□是　☑否　工会会员人数：＿＿人

六、从业人数：＿69＿人：

其中，本市人数：＿20＿人　外地人数：＿49＿人

安置下岗失业人数：＿9＿人　女性从业人数：＿32＿人

七、投资人中是否有本年度应届高校毕业生：

☐否　☑是（选择“是”请继续填写：该毕业生是否为北平生源：☑是　☐否）

八、企业是否实施股权激励：

☑否　☐是（选择“是”请继续填写：

股权激励方式：☐科技成果入股　☐科技成果折股　☐股权奖励

☐股权出售　☐股票期权　股权激励金额：____万元）

九、以下仅由个体工商户填写：经营地所处

地域：☐城镇地区　☐农村地区

经营地与经营者户籍地关系：☐同一区（县）　☐本市其他区（县）　☐其他省（区、市）　☐境外

十、以下仅由外国（地区）企业在中国境内从事生产经营活动企业填写：

境外住所：________________________________

境外注册资本：__________万美元（折合）

境外经营范围：________________________________

第二部分

企业基本信息

一、企业背景资料

北平华问国际酒店有限公司（以下简称：华问国际大酒店）是一家新成立的集客房、餐饮、娱乐等经营业务于一体的现代服务业企业，公司是增值税一般纳税人，其法定代表人为王晓华。

开户银行：招商银行北平市支行；

银行账号：362117211290009；

统一社会信用代码：91110168MC001YIDHV；

地址：北平市迎丰中路 98 号。

华问国际大酒店是严格按照五星级标准装修的豪华大型酒店。酒店位于北平市商业区核心地段——迎丰中路 98 号，其地理位置优越，交通非常便利。酒店主楼 10 层，内设大型停车场，共有车位 100 个。客房拥有豪华套房及商务客房等 210 间（套）。所有客房均由名家设计，布置细致完善、设施齐备高档、风格温馨典雅、环境舒适自由。房间里均设有中央空调、冷热饮设备、私人保险箱，电话留言系统、卫星闭路电视、国际/国内直拨电话、多媒体宽带网络、迷你吧、电子门匙系统等，令客人起居倍感愉悦。

酒店餐厅共有近 200 个餐位，人性化的设计风格可迎合客人的不同需求和自由选择。餐厅能为客人提供正宗鱼翅、燕窝、海鲜等。所有美食均由名厨烹饪，让客人全方位品味中西饮食文化精粹，倍感轻松惬意。

酒店另设有桑拿室，使客人在闲暇时候充分享受无微不至的呵护。酒店设有行政人事部、财务部、采购部、工程部、保安部、客房部、餐饮部、桑拿部、商超部，在职员工 60 余人。酒店倡导“以人为本”的管理模式，引进全新管理服务理念，由资深酒店管理专家管理，拥有一支敬业精神强，专业素质高的员工队伍。“成就至尊服务，打造行业品牌”为酒店的服务宗旨，也是酒店不懈努力的目标，更是对所有客人的郑重承诺。我们将用积极的态度、求实的精神、高效的行动来经营酒店，使之在北平地区成为有口皆碑的名牌酒店。

企业营业执照如图 2-1 所示。

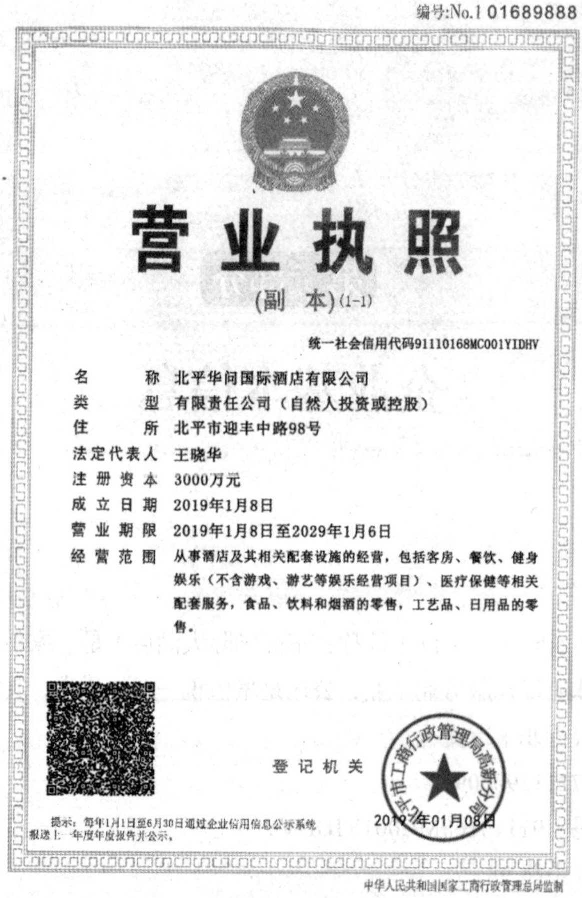

编号:No.1 01689888

营业执照

(副 本)(1-1)

统一社会信用代码91110168MC001YIDHV

名 称 北平华间国际酒店有限公司

类 型 有限责任公司（自然人投资或控股）

住 所 北平市迎丰中路98号

法定代表人 王晓华

注册资本 3000万元

成立日期 2019年1月8日

营业期限 2019年1月8日至2029年1月6日

经营范围 从事酒店及其相关配套设施的经营，包括客房、餐饮、健身娱乐（不含游戏、游艺等娱乐经营项目）、医疗保健等相关配套服务，食品、饮料和烟酒的零售，工艺品、日用品的零售。

登记机关

北平市工商行政管理局高新分局

2019年01月08日

提示：每年1月1日至6月30日通过企业信用信息公示系统报送上一年度年度报告并公示。

中华人民共和国国家工商行政管理总局监制

图 2-1 营业执照

二、部门档案信息

部门档案信息如表 2-1 所示。

表 2-1 部门档案

部门编码	部门名称
01	办公室
02	餐饮部
03	客房部
04	商超部
05	桑拿部

三、人员档案信息

人员档案信息如表 2-2 所示。

表 2-2　　人员档案

人员编码	姓名	部门	职位
01	王晓华	办公室	总经理
02	徐向明	办公室	副总经理
03	郑武	办公室	副总经理
04	余慧	办公室	副总经理
05	李小路	办公室	副总经理
06	段菲	办公室	经理
07	蔡寿权	办公室	经理
08	刘云萍	餐饮部	经理
09	陈文佳	客房部	经理
10	郑国平	桑拿部	经理
11	徐娇	商超部	收银员
12	张小佳	餐饮部	收银员
13	王芳	客房部	收银员
14	李丽	桑拿部	收银员

四、客户档案信息

客户档案信息如表 2-3 所示。

表 2-3　　客户档案

客户编码	客户名称	统一社会信用代码	住所	电话	开户银行	银行账号
112201	北京易彩旅行社	911127220000587036	北京市东城区安定门东大街 58 号	010-61972414	工商银行安定门支行	6010260106550802301
112202	光明科技有限公司	913604008520806627	江西省九江市南湖支路 16 号景丰大厦	0792-60573679	九江银行滨江支行	6223077201000175859

五、供应商档案信息

供应商档案信息如表 2-4 所示。

表 2-4　　供应商档案

供应商编码	供应商名称	统一社会信用代码	住所	电话	开户银行	银行账号
220201	北平昌盛食品有限公司	91110167MA2MQB846G	北平市火炬大街 796 号	011-83122222	中国银行青湖支行	401678654611
220202	北平仲祥商贸有限公司	91110166MA5K90EF6D	北平市南京东路 166 号	011-80671846	建设银行恒茂花园分理处	44031840360223565059

续表

供应商编码	供应商名称	统一社会信用代码	住所	电话	开户银行	银行账号
220203	北平诚泰商贸有限公司	911101690055409270	北平市顺外路8号	011-83837931	邮政储蓄顺外支行	91300637134295142
220204	北平永盛水产有限公司	91110168MA6R87FE5K	北平市鑫维大道99号	011-2052923	交通银行小蓝开发区支行	310066663099113201696
220205	北平丰盛果蔬批发部	91110168581625817K	北平市朱桥东路2号	011-62971834	农业银行佛塔分理处	60003789504462133

六、酒店业务流程

酒店业务流程如图2-2所示。

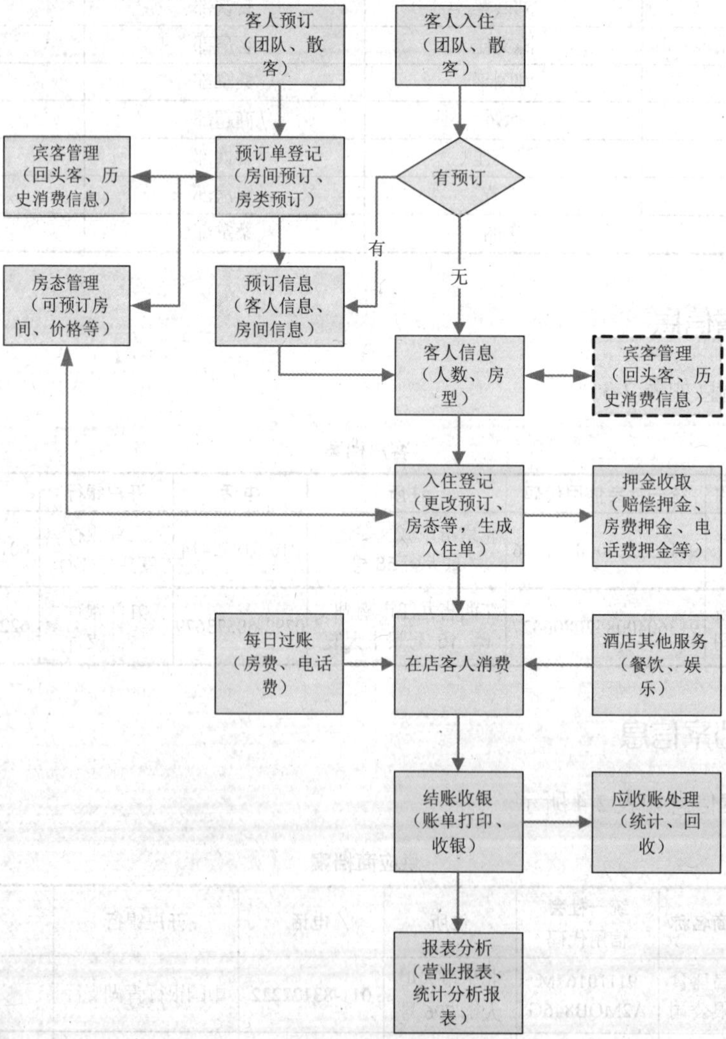

图2-2 酒店业务流程

第三部分

酒店财务管理制度

一、概述

财务部是酒店的核算和监督机构，负责日常收支管理和成本控制工作。财务部根据《会计法》的规定，结合酒店的实际情况，设置会计科目和会计报表，组织会计核算，包括资产核算、负债核算、所有者权益核算、营业收入核算、成本核算、费用和税金核算以及利润和利润分配核算。

（一）部门的重要性

任何企业都离不开财务工作，无论是经营性企业还是非经营性企业。因为每个企业都是社会经济活动的细胞，没有资金，组织就不能存在，而有了资金，就有了财务工作。酒店作为一个实行独立核算的经济实体，其财务工作就尤为重要。企业经营的最终目的是以最少的投入获取最大的经济效益，要达到这个目的均离不开财会工作。

（二）财务部的基本任务

财务部的基本任务是遵循国家的方针政策和会计制度，依据酒店经营运作规律，合理组织各项财务活动，正确处理财务关系，加强资金计划管理和经济核算，促进规范服务质量，降低成本，改善经营管理，提高经济效益，加强财务监督，保护酒店财产，维护财经纪律，具体有以下内容。

（1）正确、及时、完整地核算和反映酒店经济活动和经营成果，为管理人员提供准确可靠的财务会计信息资料。

（2）加强资金计划管理，认真编制年度财务计划，做好财务预算和各项经济指标的分解。

（3）加强成本费用的核算，做好各项指标控制工作，降低成本和费用，多创收，多创汇。

（4）加强财务分析，考核各项经营指标的内外情况，反映经营管理现状，通过深入实际的调查研究，总结经验教训，揭露矛盾，促进酒店改善经营管理。

（5）筹集和管理分配、运用资金、积累资金、监督资金的运用情况，加速资金周转，以尽量少的资金占用，取得较大的经济效益。

（6）坚持会计监督，维护财会纪律，保障酒店利益。

（7）协助指导各部门做好节支开源工作，加强成本核算。

（8）确保各部门的经营活动正常开展，做好服务工作。

二、财务部组织结构和职位介绍

（一）财务部经理

1. 工作关系

上级：直属总经理室领导，向总经理负责。

下级：统领财务部、采购部及部属人员。

2. 岗位职责

（1）在总经理领导下，认真贯彻执行《会计法》和有关的法律、法规、制度。监督考核酒店有关部门的财务收支、资金使用和财产管理等计划的执行情况及其效果，保护酒店财产，维护财经纪律，对本酒店的财务状况负责。

（2）领导财务部的全体人员认真落实岗位责任制，健全和严格实施经济责任制，建立良好的财务工作秩序，并对其工作负责。

（3）有权向下级下达工作和生产任务，向他们发送指示和进行工作策划。根据本部的实际情况和工作需要，有权增减员工和调动他们的工作。

（4）负责财务部、采购部的全面工作。加强财务部队伍的建设，制订各级人员培训计划，提高财务部全体员工的业务素质，拟订财务部各部门机构设置和人员配备方案，并实施各级人员的任免和奖惩方案。

（5）控制预算案，指导制定酒店经营政策。根据董事会下达的任务和酒店领导要求测算和制订经营责任制方案。

（6）管理现金流量、货款及货币兑换。

（7）审查和批示各部门的营业报表和工作报告。

（8）协调与酒店各部门的关系，并负责与财政、银行、税务等机构联系。

（9）参加总经理召开的部门经理例会、业务协调会议，建立良好的工作关系。定期向总经理如实反映酒店经济活动和财务收支情况，正确及时地提供管理信息，作为改善酒店经营管理决策的依据。

3. 素质要求

（1）财务经理属于酒店高层管理人员，要求对酒店业务特别是财会、采购、仓库管理方面的业务非常熟悉。

（2）熟悉和掌握会计的基本理论及实际工作方面的知识。

（3）熟悉经济法、酒店法及本地的法律及法规。

（4）了解和掌握酒店经济活动的情况。

（二）查核员

1. 工作关系

上级：财务部经理。

下级：无。

2. 岗位职责

（1）在财务部经理的指导下，负责酒店收银结算查核等具体管理工作。

（2）督导查核员遵守有关财务规定和结算查核程序，保证酒店的资金安全。

（3）合理排班，遇有员工休假，主管必须顶班或对班次进行调整，并做好考勤。

（4）积极参加培训，遵守酒店规章制度，完成上级分配的其他工作。

3. 素质要求

（1）熟练掌握酒店会计的基本理论及实际工作方面的知识。

（2）熟悉酒店收银管理的计算机系统，并能熟练操作。

（3）熟悉经济法、酒店法及本地的法律、法规。

（4）忠诚酒店事业，维护酒店利益。

4. 工作内容

（1）认真复核各收银点的营业报表、账单，发现错误，加以纠正，以保证酒店营业收入账目准确，对已复核过的报表，都必须签字，以示负责。

（2）复核夜班完成的收入晨报表：主要核对开房率、房租收入、散客和团体的平均房价是否正确，每个餐厅的平均消费、人数、总数是否正确，并签名确认。

（3）审核汇总前一天的营业收入情况，编制收入日报表，及时将日报呈送酒店领导。

（4）复核早班所核的单据。

（5）对所属员工进行培训，以确保工作正常运转。

（在遵循“不相容职位分离”的原则下，查核员岗位不强制单人单岗，可一人多岗。）

（三）收银员

1. 工作关系

上级：查核员。

下级：无。

2. 岗位职责

（1）负责客人在酒店消费的结算工作。

（2）遵守有关财务规定和结算程序，保证酒店的资金安全。

（3）积极参加培训，遵守酒店规章制度，完成上级分配的其他工作。

3. 素质要求

（1）熟练掌握酒店会计的基本理论及收银结算程序。

（2）熟悉酒店收银管理的计算机系统，并能熟练操作。

（3）忠诚酒店事业，维护酒店利益。

4. 工作内容

（1）工作前检查收银设备，保证其工作正常。

（2）准确打印各项收费账单、发票。及时、快捷收妥客人应付费用。对各种外币必须认真验明真伪，切实按酒店公布的外汇牌价折算。对签单结账的客人，必须要对照预留的签名模式。

（3）对每日收入的现金，执行“长缴短补”的规定，发现长款或短款，如实向领导汇报。

（4）前厅收银还须按规定做好客用保险箱服务工作，按规定做好外币兑换服务，管好备用金。

（5）客人付信用卡时，按银行规定程序执行，确保无差错。

（6）负责打印有关报表，整理营业单据，移交查核员审核。将当天所收现金投放在酒店指定的保险箱后方可下班。

（四）主办会计

1. 工作关系

上级：财务部经理。

下级：会计员、出纳员。

2. 岗位职责

（1）对财务经理负责，全面负责会计部具体核算的业务管理。

（2）控制预算案，指导制定政策、程序、合约等。

（3）管理现金流量，管理贷款、货币兑换及结算。

（4）管理会计部事务、费用、收入核算业务等。

（5）就财务的政策和法律问题与董事长和总经理研究和磋商。

（6）按时完成上级交办的其他工作，随时解答财务经理提出的问题，正确、及时地提供一切数据资料。

3. 素质要求

（1）熟练掌握酒店会计的基本理论及实际工作方面的知识，包括熟悉会计的基本原理、常规、假定、标准、原则及限制等方面的基础知识。

（2）熟悉经济法、酒店法及本地的法律、法规。

（3）掌握会计理论及实际工作的发展动向，忠诚酒店事业，维护酒店利益。

4. 工作内容

（1）审核检查全部记账凭证和原始凭证是否合理、合法、正确、有效，审核其手续是否完整，列支科目是否正确。

（2）核对总账与各明细账的计算机账，确保无误后进入总账，对所需调整的账项要附有凭证及说明，经财务部经理批准后方可调整。

（3）督促检查各种财务报告的及时性、正确性，做好月、年度财务决算，按时向酒店领导呈报会计报表。

（4）督促检查各项税金的计算申报，加强与财税部门的业务联系，协调外部关系，取得有关信息。

（5）督促检查应付账款金额是否正确，挂账是否准确，账务处理是否及时。

（6）及时检查银行存款未达账项余款调节表的编制情况，发现问题及时查找并纠正。

（7）及时检查各明细账项，督促检查应收账款的核对与催收。

（8）审核检查所有对外编报的数据及财务报表，确保无误后方可报出。

（9）督促检查会计档案的妥善保管与存档，做到存档有记录，调档有手续，并做好经济资料的保密工作。

（10）督导酒店固定资产、低值易耗品的核算、管理。

（11）督导正确核算员工的薪金、费用及按规定划分各部门的工资、税金和费用，全面实施经营责任制和工效挂钩的绩效考核制度。

（五）出纳员

1. 工作关系

上级：主办会计。

下级：无。

2. 岗位职责

（1）遵守有关财务规定和工作程序，确保酒店的财产安全。

（2）积极参加培训，遵守酒店规章制度，完成上级分配的其他工作。

3. 素质要求

（1）熟练掌握酒店会计的基本理论及实际工作方面的知识。

（2）熟悉经济法、酒店法及本地的法律、法规。

（3）了解酒店经济活动情况及银行业务的操作规程，忠诚酒店事业，维护酒店利益。

4. 工作内容

（1）计算、汇集及验收收银员每天的现金收款总金额。

（2）负责收入现金、支票并将每天营业收存入银行，不得积压。

（3）使用计算机登记的现金日记账和银行存款日记账，要按记账规定结出每日发生额和当天余额，做到日清月结。

（六）成本会计

1. 工作关系

上级：财务部经理。

下级：无。

2. 岗位职责

（1）负责酒店餐饮成本、物品成本控制的具体管理工作。

（2）监控酒店各经营部门的食品、饮料、客用品的消耗情况，为酒店领导及部门提供信息，杜绝浪费及遗失。

（3）遵守有关财务规定，按酒店制订的成本控制程序开展工作，以保证酒店财产安全。

（4）审核收货、发货、仓存情况，以保证各部门成本核算的准确性。

（5）向会计部门提供相关数据，以保证会计核算准确。

（6）积极参加培训，遵守酒店规章制度，完成上级分配的其他工作。

3. 素质要求

（1）熟练掌握酒店会计的基本理论及实际工作方面的知识。

（2）基本了解酒店所需各种物资的名称、型号、规格、单价、用途和产地。

（3）了解同类产品不同供应商提供物资的质量及价格差异。

（4）熟悉酒店成本控制的方法，了解本酒店物资消耗的基本情况。

（5）忠诚酒店事业，维护酒店利益。

4. 工作内容

（1）了解副食品市场行情和仓库收货质量及价格。

（2）负责检查各部门酒吧、布草、生产器具的明细账，经常核对数量，正确计算内部调拨。

（3）及时反映仓库物品存量，控制补仓量，协助财务部经理控制储备资金周转。

（4）定期做好食谱成本估价表，根据销售价，估算毛利。

（5）每月负责盘点食品饮料、客用品、印刷品等，及时调整本月合理消耗，正确计算成本，编制盘点表和转账凭证。

（6）负责将每天的收、发单输入计算机，每月对仓库盘点一次，做到账物相符，并编写盘点报告。

（7）查核每日仓库申领单，并按成本项目汇集计算各部门领货成本，编制转账凭证。

（8）整理记录市场采购价格变动情况。

（9）查看领料单、入库单与收银报告表，编制餐饮成本日报表。

（10）每月编制各部门领用物品报表，收、发、存表和存货报表。

（七）收货员、仓管员

1. 工作关系

上级：成本会计。

下级：无。

2. 岗位职责

（1）负责酒店物资验收、发放、仓存等工作。

（2）认真执行酒店各项制度、操作程序和要求，以保证酒店财产安全。

（3）严格把好收货、保管关，将损耗降至最低限度及月底盘点工作。

（4）积极参加培训，遵守酒店规章制度，完成上级分配的其他工作。

3. 素质要求

（1）了解酒店会计的基本理论及实际工作方面的知识。

（2）基本了解酒店所需各种物资的名称、型号、规格、单价、用途和产地。

（3）熟悉酒店物质管理的方法，了解本酒店物资消耗的基本情况。

（4）忠诚酒店事业，维护酒店利益。

4. 工作内容

• 物品库

（1）严格遵守酒店各项规章制度，特别物品库工作程序和物品库安全消防管理要求。

（2）确保所负责的库房干净、整齐，每天都要检查水、电、气是否有跑漏现象，处理不了的应立即向上级主管反映，一定要把事故消灭在萌芽状态中。

（3）对库房物品的使用要做到心中有数，量少的要及时补充，对不用的物品（长期积压的）及时提出处理意见，供主管考虑。对于质量次价格高的物品或与订货不符的物品要拒绝入库。

（4）出库时，一律凭领料单，没有领料单的不予发货。

• 食品库领班

（1）食品入库要严格把好质量关。根据批准的采购申请表验收入库。

（2）认真检查入库的食品、饮料的品名、数量、外观包装、生产厂家是否相符，杜绝假货入库。

（3）对入库的货物，要堆放整齐，安全摆放。

（4）出库要做到先进先出。

（5）食品、饮料入库和出库都要及时在登记卡上记录，随时做到账物相符。

（6）每天打印收货、发货汇总表报送成本会计。

• 仓管员

（1）随时检查库房各种物资的品名、数量，如库房物资存量不够，要填写采购单，写明库存量、月用量、申购量，到货期限，确认无误后交成本控制经理。

（2）物品、食品、饮料到货入库必须严格检查，要根据申购的数量及规格，检查货物有效期、数量、质量，符合要求后方可入库。

（3）物品、食品、饮料到货入库后要及时登记，准确无误。

（4）发货时要根据规章制度办事，领货手续不全不发货，如有特殊原因需得到有关领导审批后方可办理。

（5）经常与使用部门保持联系，如有积压，要提醒各部门，以防浪费。

（6）积极配合成本部门做好每月的盘点工作，做到账物相符。

（7）下班前要对库房进行安全检查，切断电源，锁好库房。

三、工作程序及标准

（一）查核

1. 前台收银基本运作程序

前台收银基本运作程序如图 3-1 所示。

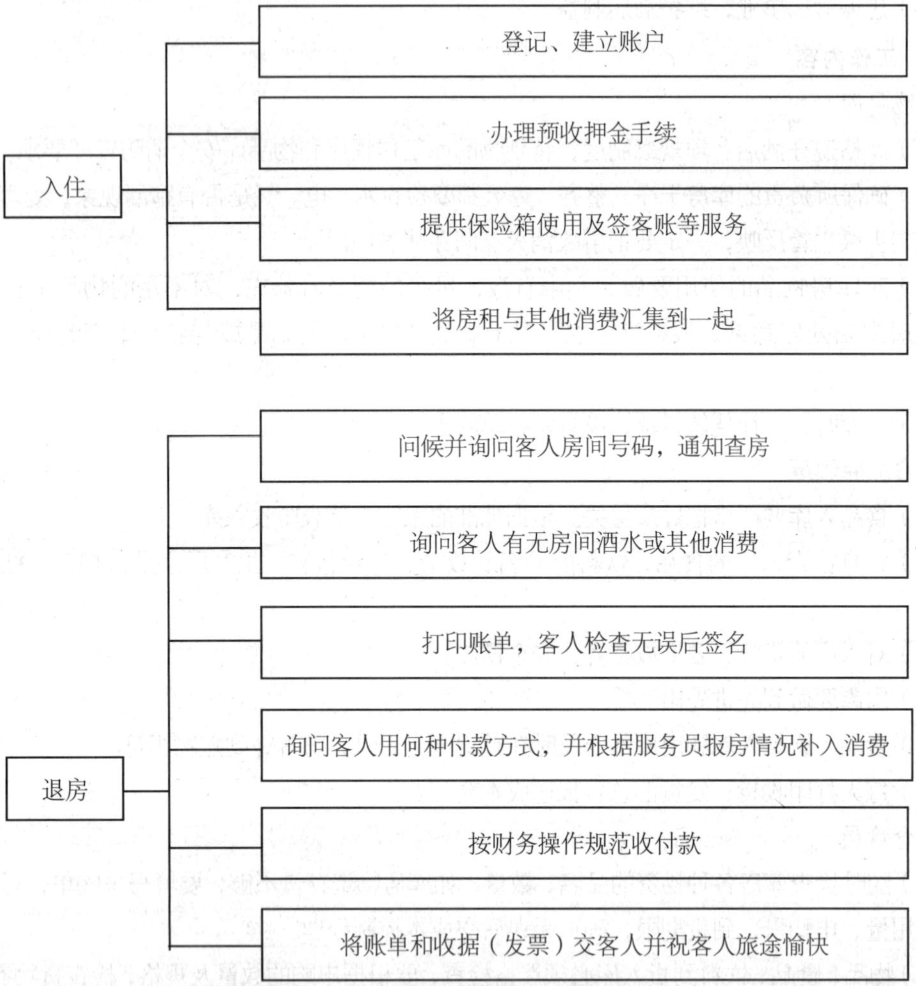

图 3-1　前台收银基本运作程序

2. 前台结账程序

散客结账

（1）核对账目及确认

① 当客人到前台结账时，确认客人姓名是否正确，并准确称呼客人的姓名。

② 收款人员主动收取房间钥匙，并询问客人是否在近段时间内有其他的消费。

③ 客人结账的同时，收款人员要及时与客房服务中心联系，检查客房内酒水的使用情况。

④ 清楚打印客人账单，交由客人检查核对，经其认可后在账单上签字，确认付费方式。

⑤ 在结计算机账的同时要清理客人账袋，将入住登记单及各种单据整理，与账单一并钉好以备查（注：如客人需要消费明细单可交由客人保存）。

⑥ 客人要求提前清付账目，但要晚些离店时，收款人员应特别注意客人的消费情况，待客人离店时应再通知客房服务中心。

（2）结账

① 在客人结账时要查看计算机中所注明的特殊注意事项。

② 确认一切手续，如无特殊情况，应在两分钟内完成结账手续。

③ 有礼貌地为客人迅速准确办理离店手续，并表示欢迎客人再次光临本酒店，祝其旅途愉快。

（3）付款方式及方法

① 现金结算：前台不直接收取外币和旅行支票，客人需换取人民币现钞，然后再付清自己的账目。

② 信用卡结算：应有礼貌地请客人出示信用卡及有关证件。

a. 验卡。

• 辨别信用卡的真伪：检查信用卡的整体状况是否完整无缺，有无任何挖补、涂改的痕迹；检查防伪反光标记的状况；检查信用卡号码是否有改动的痕迹。

• 检查信用卡的有效日期及适用范围。

• 检查信用卡号码是否在被取消名单之列。

b. 收受。

• 检查持卡人的消费总额是否超过该信用卡的最高限额，如超过规定限额，应向银行申请授权。申请授权时向银行或信用卡公司详述以下资料：特别单位号码和编号、持卡人姓名和卡号、信用卡有效期、消费总额、持卡人证件号码。

• 压印签购单：要求将信用卡上全部资料清楚地压印在每联签购单上。或直接通过 POS 机刷卡。

• 填写签购单：按签购单上的各项要求进行填写，做到字迹清楚，数字准确。

• 请客人签名：将签购单上的名字与信用卡背面的签样进行核对，如不符，可以请客人再签一次，如还不相符可向银行查询。

• 将持卡人一联连同账单和发票一起放入信封交给客人。

③ 支票结算。

a. 检查支票的真伪：注意辨别那些银行已发出通知停止使用的旧版转账支票。

b. 检查支票是否过期，金额是否超过其限额，支票有效期自出票之日起 10 日内有效。

c. 检查支票上的印鉴是否清楚完整。

d. 请客人留下联系电话和地址，并请客人签名，如有怀疑请及时与出票单位联系核实，必要时请当班主管人员解决。

e. 设立支票登记簿，将有关资料登记入册以备查。

团队结账

将结账团队的名称、团号通知客房服务中心，以便检查客房酒水的使用情况。

查看团队预订单上的付款方式以及是否有特殊要求，做到公付、自付分开。

计算机操作：

（1）使用团队结账程序，打印该团队所有客人账目。

（2）为有账目的客人打印账单、收款。

（3）客房消费的酒水应及时输入计算机，并打印账单。

注意：

（1）结账过程中，如出现账目上的争议，及时请客房部经理协助解决。

（2）收银员应保证在任何情况下，不得将团队房价泄露给客人，客人若要求自付房费，应按当日门市价收取。

（3）团队延时离店，需客房部经理批准，否则按当日房价收取。

（4）凡不允许挂账的旅行社，其团队费用一律到店前现付。

（5）团队陪同无权私自将未经旅行社认可的账目转由旅行社支付。

（二）现金“装投放”及交接程序

（1）每天所有的收银员及其他负责现金交款的人员应将所收到的现金放入现金袋中，并在收银袋上写明日期、班次、收银场所及收银员姓名。

（2）将现金装入收银袋封口前，应由第二位收银员清点现金金额是否和收银袋上注明金额一致，如果一致，将收银袋封口后，双方均在封口上签名。负责投款的收银员将收银袋送至大堂夜审办公室，在“收银员入账项目日报表”上填写清楚上面所规定的项目（由前台收银员见证），将收银袋投入保险箱内。见证人也要在“收银员入账项目日报表”上签名。

（3）收银员或交款员应将各自的交款情况记录在现金袋投放登记报表上，登记报表应包含下列栏目：日期、营业点、时间、投款金额。收银员姓名及签章、见证人姓名及签字。

（4）次日上班后，出纳应在有其他见证人在场监督下，清点列在“现金袋投入登记报表”上的现金袋数目。

（5）出纳应确保实收现金袋数目与列在“现金袋投入登记报表”上的现金袋总数相吻合。

（6）出纳应在收银主管在场监督下，打开所有的现金袋。

（三）保证金的收取和退还程序

缴纳保证金是为了保障酒店的权益不受损害而向客人预收的款项。

1. 保证金的收取（根据客人结账方式选择）

（1）现金

现金计算方式：应收保证金=（房费+杂费）×房间数×天数

（2）支票

前台收款处一般不存放支票，凡以支票抵押，需经请示财务部经理，方可收受。

（3）信用卡

客人最终以信用卡结账，请客人出示信用卡，预先过 POS 机获取授权，并将卡面压印在“客人入住登记表”上，然后将卡纸和 RC 订在一起放入资料袋中。

（4）免收保证金

免收保证金的客人，需经有关人员进行担保，在入住登记单上签字。

保证金的结算：结算的原则是“多退少补”，如客人的保证金不足以清偿在酒店的消费，应向客人收取补付的部分；如客人的保证金在清偿费用后尚有余额，应退给客人。

2. 保证金的退出

（1）退款的原则：收现金退现金，收支票通过银行退款（不到支票起点金额可退现金）。

（2）如需退给客人保证金，收款员应收回所押保证金收据，并请客人在账单上签名。按实际消费额开据正式发票。如遇收据丢失，请客人出示身份证件复印后，由客人在上面注明押金已退。

（3）退支票应在收入支票 5 天以后。

（4）计算机入账。

（四）发票管理制度与程序

（1）每月根据发票使用量由会计人员前往税局购买。

（2）根据所购入的发票进行登记管理，以便发票核销时的核对，保管好发票存根及购发票的单据以备税务局查阅。

（3）严禁收银有多开、少开的行为出现。

（五）关于延迟退房及前台杂项扣减的规定

1. 延迟退房

（1）酒店规定的退房时间为 12:00。12:00～18:00 退房按半日收取半日租，下午 18:00 之后退房按全日租收取客人房费。

（2）但根据客人退房的实际情况，若是在 13:00 之前退房的客人，前台收银可以免收客人半日租，同时应该委婉地提醒客人酒店规定的退房时间。

（3）凡是超过 13:00 退房的客人，前台收银应向客人收取半日租，半日租按客人住酒店房费的一半来收取。

（4）凡是超过 18:00 退房的客人，前台收银应向客人收取全日租，全日租按客人入住酒店的实际房费来收取。

（5）客房部经理可以签署延迟退房的权限为 15:30 之前。

（6）免全日租必须经过客房部经理及以上人员批准同意后，才能减免。

（7）所有超过规定时间退房的客人，若有上述授权人签署的“延迟退房通知书”，前台收银员可以免收客人的半日租或全日租。若无授权，则按规定收取客人房费。

（8）若上述规定与酒店某些关于“延迟退房”营销政策的有相抵触的情况，则按营销政策执行。

2. 杂项扣减

（1）对于住店客人退房时的投诉，客服部经理可以根据实际情况对客人的费用进行一定限额的减免。

（2）所有客人投诉要求减免费用，必须在认真调查之后，确认属酒店内部原因造成客人的不满意，方可扣减。

（3）客房部经理除上述扣减权限外可以根据实际情况，对客人的房费给予一定的扣减，扣减房费金额每间房不得超过100.00元人民币。

（4）超过上述扣减权限，必须经过酒店总经理的同意，方可进行。

（5）在同意上述扣减费用后，前台收银员应开具“杂项扣减单”，注明扣减原因，并由授权人在扣减单上签名。

（6）由于员工操作原因或工作失误等造成空过，多过房租等情况，一概按20%由当事员工负责赔偿，余额用“杂项扣减单”扣除并由所属部门经理签字。

请各部门严格按此规定执行，若有任何违反规定的行为而造成酒店的损失，将由当事人自行赔偿。

（六）关于挂账的控制规定与程序

1. 规定

挂账申请均由总经理、副总经理、财务经理和挂账人员组成的挂账委员会检查、评审。

销售合同的签署必须在确保无任何法律争议的前提下进行，并由双方签署后发文。

客人应收款必须遵守财务规定。

应使外结和挂账的损失降到最低点，并使销售获得更大的利润。

2. 程序

（1）控制住店客人账。

挂账组管理人员有责任回顾当日如下报告及整改意见。

① 散客入住名单。

a. 此名单由日审、夜审提供，提示这些客人预先无预定。

b. 挂账管理人员应证明客人是否使用现金押金或被酒店允许使用的信用卡付款单。如不行，挂账管理人员应与客人联系商讨预付部分款项。

② 欠款最高限额报告。

当日欠款最高限额报告由夜审提供，由挂账管理人员检查，最高限额欠款挂账的账户是指挂账限额超过5 000元人民币者。

根据此报告，查核员对预先未能安排的挂账应特别注意。为了决定未来是否延期挂账，客人将被要求面谈，并检查如下数据。

- 预定的来源。

- 客史。
- 银行个人存款。
- 护照和其他旅行证件。

如客人挂账款额令人质疑或不满，查核员将要求客人立即支付。如客人不能现付其他有效付款凭证，个人旅行证件将被扣押，但执行前，应先通告财务经理。

如客人拒绝，则通过财务经理，经总经理批准，双重封存客人房间的客人物品。所有相关部门领导都应被通告此决定，并依此执行。

（2）外客账控制（商业账）。

① 挂账组同意有信誉的商业公司和机构延期挂账是很普遍的。这些公司的名单应由总经理、副总经理、财务经理和挂账委员会决定。

② 为加强挂账控制，接受一个新的申请人时，应由挂账委员会评估。

如果客人认为旅行社的价格对他有利，在旅行社办理入住手续时，一定要出示旅行社凭证。客人如不愿意出示这些凭证，则按满价付款。但凭证出示后，客人将按满价办理离店手续之后，再按旅行社认可的价格办理入住手续。延住、超过凭证上天数，应按满价付款。

- 如旅行社遇到团队经营者，应提前 30 天付一夜押金，根据合同条款，余额将在离店时全部付清。
- 如团队取消并未事先通知酒店，需支付 100%押金费，提前离店的通知期需在合同中限定。

（3）挂账回顾的会议。

挂账回顾会议至少每月一次，由财务经理主持研究。

① 累计应收账报告。

② 累计账情况及解决方式、方法（一件接一件）。

③ 销售挂账的平均挂账天数。

过去 4 个月总应收账和总挂账额天数逐月、逐年比较。

有质疑的账应采取的法律程序或由外结人员帮助。

对挂账控制制度及程序的执行情况洽谈；此会议总经理、副总经理、财务经理和挂账管理人员均应参加。

（4）跟踪挂账。

如果店内客人账目余额在欠款报告中超过他的挂账限额，应通知客人。但此类事宜，应首先征得财务经理的同意。

① 此信函应抄发副总经理。

② 在发函前，应通过客房部经理，经客房部经理帮助，根据每一情况进行数额估算，通过电话或面谈的形式已经得到解决的，可免除信函。

③ 如外来客账过期未付，应发催收款信函。

④ 如与挂账超期客人保持个人电话或面谈往来，这样可免除信函通知。住处应集中记录在过期账单统计内，如需加紧外结，应要求各部各组的帮助。

⑤ 过期账，在考虑是否能结回之前，应依据拖欠数额及程度转交法律顾问或结账公司处理。

（5）处理坏账。

① 当挂账管理人员按程序催收时（包括指定催账公司），他们应预先通知财务经理，应考虑该账已成为“坏账”。

② 财务经理检查文件证据后，将此款转交总经理审批。

③ 如果总经理同意注销此账，这笔欠款将被转入外来客账的特殊部分下：“坏账”之后，入“应收挂账”，并借“呆账”保留。

④ 被注销的未收账款由酒店业主签批，以上所有签批都收到后，此账挂在外来客账内。

（6）不接收个人支票。

（七）旅行社订房和凌晨入住划分时间的规定

为了加强酒店内部控制，自即日起，所有旅行社订房必须有旅行社传真的订房单附在“客人入住登记表”后，方可按旅行社合约价给客人办理入住。若有违反规定的行为，将按目前酒店推广价与旅行社合约价的差额由当事人赔偿损失。

另外关于客人凌晨入住酒店房费收取问题，凡在早晨06:00以前入住的，按昨日入住计算，夜审前入住的由计算机自动过房租，夜审后入住的由前台收银手工补入房费；早晨06:00以后入住的客人，按当日入住办理手续。

（八）客人入住办理签单房卡的操作程序

为了完善住店客人使用房卡在酒店各营业场所签单挂房账的操作程序，避免投诉，现特此做出如下规定。

（1）前厅接待员在发放钥匙卡的同时，应发放欢迎卡给客人。欢迎卡上必须清楚地注明“住客姓名”“房间号码”“住宿日期”“房租”及“住客签名”。对于刷卡或交了足够杂费押金的客人，应在欢迎卡上盖“可挂账”的印章，办理入住手续的员工必须在印章旁签上自己的中文签名，以便餐厅收银在账单上备注发签单卡员工姓名。特别注意的是，欢迎卡上的“住客签名”必须同“住客签名表”上的签名一致。

（2）住店客人在餐厅或其他场所消费后若出示欢迎卡要求入房账，服务员应及时将房卡交给收银员结账。

（3）收银员收到欢迎卡后，迅速打出账单，同时检查此欢迎卡的有效性，然后将账单交服务员送客人签名。住客签名后，收银员应认真核对签名是否和欢迎卡上的签名式样一致，确认后，在账单上注明发放欢迎卡的接待员姓名，然后用“客账”项目平账，同时将欢迎卡交服务员退还客人。

（4）各部必须严格按此操作程序执行，若日后再发生客人由于签房账不顺利而造成投诉，财务部将对当事人做出处罚。

（九）夜间审计工作程序及标准

夜间审计作为酒店每日收入的查核和统计岗位，必须严格按下面的工作程序和标准执行。

1. 前台收入的审核

（1）打印 POS 机交易记录，并与前台收银贷方明细表中信用卡记录核对。核对无误后将前台所有 POS 机日结。日结应在凌晨 00:00 以后才做。

（2）在计算机系统中，打开当班收银的贷方明细表与该收银打印的报表核对是否一致，并审核收银账单明细项目，如房价、房类、团队资料，特别是现付的旅行团队，再进行分类，重点是信用卡和街账，必须逐一核对。

（3）核对餐饮部借方明细逐一核对。

（4）核对桑拿部账单和借方明细报表是否一致。

（5）打印所有前台借方明细核对杂项收入账单。

（6）将当天入住的团队资料记录在汇总表，并核对所有团房的房价是否正确。

在接待报表中打印《免费房报告》，核对所有免费房是否有完善的手续。

（7）核查杂项扣减报表，对每一笔收入的扣减都要查明原因并由可批准人签名。

（8）打印《客房占用表》，分出非自动租内的散客和商务客户。

（9）确认房租正确后过房租到每一间在住店房内，然后将电话系统和前台系统做日结。

（10）日结后在审计报表中打出《每日收入晨报表》，为做客房收入的晨报提供相关数据。

（11）打印《收银员入账项目日报表》给前台收银。

2. 会计核算

零用金主要用于支付急需的小金额付款。关于零用金的规定和程序如下。

（1）规定。

① 零用金用于支付不超过 1 000 元人民币的单笔费用或成本支出。

② 零用金付款应得到酒店财务经理或指定代理人的同意。

③ 超过 1 000 元人民币的支出，一律不允许用零用金支付，而只能通过正常的付款程序用支票支付，并填写好适当的贷方科目。

④ 任何个人不得以个人名义或为个人的利益批准零用金凭证。任何上级领导不得让其下属提出零用金凭证。酒店总经理是唯一例外。

（2）程序。

① 由出纳保存零用金总额为 20 000 元人民币，但备用金变动需由酒店财务经理和总经理商量后确定。

② 零用金的支付应有零用金传票做依据，并由出纳保存零用金传票。

③ 在支付零用金前，应得到前面所述领导的批准。

④ 每星期五和月底，出纳准备好备用金，规定用零用金支付的时间一般为：每天 13:30～15:30。医药费：每周二、周五下午。特殊情况，需特批。

⑤ 所有的付款应付有相应的凭证：销售摘要（除交通）、在外用餐、钟点工工资。

⑥ 对于交通费，应注明距离和目的地，且应由部门经理签字。

⑦ 通常可由零用金支付的项目有：医疗费、交通、在外用餐、钟点工工资、餐饮部装饰项目、取证费、客用品、外方员工房费、厨房用具及其他非正常支付项目，应由财务经理同意后方

可支付。

⑧ 用零用金采购文具须由财务经理同意。

⑨ 对于大批采购的项目：如餐饮部装饰项目、工服、化装品、客用品、房费和厨餐具，当数额超过一定限额时，应通过采购部购买。

3. 总账工作程序

总账会计工作主要负责酒店的账务处理及发票管理工作，认真处理每笔会计分录，熟练掌握酒店会计的基本理论及实际工作方面的知识，包括熟悉会计的基本原理、常规、假定、标准、原则及限制等方面的基础知识，以确保对财务报表的正确性、真实性，从而使各个部门对自己的财务状况更加明晰，使酒店领导更能掌握本月的经营状况，从而发现不足，尽快加以研究进行改进。

账务处理一般是在月末结算，日常工作程序如下。

（1）月末进行结算之前先把本月所做的凭证检查一遍，以确保所做的凭证与原始单据一致性及及时性，发现所做凭证有错应及时通知对方或做调整分录。

（2）检查所录入凭证，看是否应进行费用的分摊，应分摊的根据所录入凭证的有关数据按应摊的月份分摊到各部门，以确保各部门每月每笔费用的真实性及准确性。

（3）月末在进行结算之前，检查其他资产当月是否有新的购入，没有新购入的按上月的标准进行摊销应摊的资产，有新购入时，在上月的标准上加上本月购入一起摊销。

（4）检查各部门当月所发生的各项费用，如发现当月应有的费用，因各种因素未入账时，根据上月数据或有关资料先预提该项费用后冲账。

（5）在以上有关凭证及数据录入后，编制餐饮分摊费用表、员工餐厅费用表等按相关部门进行费用的分摊。

（6）对于其他部门每月月结应提供的资料，若其他部门不能按时提供要负责催收，查核提供日审及晨报，成本提供出库数据，并负责提供其他相关数据给其他部门，如提供收入数给成本。

（7）督促相关人员将所有入账凭证在结账前及时完成，不得影响结账工作，凭证录入完毕后输入金蝶财务总账，打出后报会计部经理审核签字，结账并出财务报表。

（8）财务报表出具之前，应先将当月报表上的预算及上年本月的有关数据录入，以便对比相关数据；积累总结各项指标完成情况的资料，随时回答上级提出的问题。

（9）月末按时编制财务报表，将所出报表上的数据与账务上的相关数据进行核对，做到账表相符，发现问题及时调整。调整账项要依据真实资料，并附有说明，保证所出财务报表的准确性、真实性，最后编写财务分析。按规定打印报表，按顺序装订成册，并按要求发放到各领导、各部门。

（10）每月出财务报表后，填写报税表按规定时间内到税务局报税，并保管好报税表。

（11）每月账务处理完毕后，根据内部往来明细账出据转账通知单给集团、物业、时代广场等往来单位对账，出对账明细表。

（12）负责保管一切会计档案，保证会计资料完整，装订成册，登记管理，未经上级批准，不得外借，并做好经济资料的保密工作。

（13）完成本职工作的同时，积极认真地接受上级领导安排的其他工作。

4. 工资核算工作程序及要求

工资核算需要花费大量的人力和时间，工资核算涉及公司的所有组织机构和每位员工，同时又是成本的组成部分，故工资核算是公司一项重要的工作并且涉及面广、数据量大、精确性高。工资核算包括工资的计算、汇总、分配与发放。作为工资员不论什么时候都应热情、耐心对待来查询有关问题的每位员工，不仅要做好工资，还要管酒店的固定资产。管好、用好固定资产，减少资产的成本，对于节约资金具有重要的意义。

工资核算的工作程序具体包括以下几个方面。

（1）首先根据人事部门每月提供的新员工入职名单，做一份申请新员工开户表，盖好公章后送到银行开户。

（2）再根据人事部提供的员工工资表，核对工资表中的奖罚、转正、入职、水电费、部门调职、查询应收和出纳是否有挂员工账及扣款资料，并一一输入计算机。正确计算每个员工的工资，准确、及时扣除应扣和计算应补款项。

（3）对于新开户的员工，到银行取回存折后，分部门准确无误地输入相应的存折账号。

（4）核对工资输入是否正确，并打印各部门工资表和工资汇总表装订成册。

（5）经经理审核后根据审核后的工资表和工资汇总表，填写结算申请单申请发放工资，将财务经理及酒店总经理审批签名的结算申请单交予应付部门开转账支票，按规定时间将应发工资存入软盘后与支票一并送交银行，由银行输入员工存款账户。

（6）及时清点未发出的员工工资，并办理有关退款手续。

（7）离职人员办理工资结算时，根据其部门及人事部审批的离职申请表，并由应收部门出具证明有无员工账后，再给予办理结算工资，仔细、正确计算应补、应扣、应退款项，并认真填写结算申请单。

（8）管理层人员在办理离职手续时，必须检查其有无附上资产交接清单，并核对无误后才给予办理工资结算手续。

（9）离职结算办理完毕，将离职人员的姓名删除，以免发放工资时出现错误。

5. 应付账程序

应付账工作主要负责酒店应付账款的审核及结算，正确核算各项费用，遵守酒店有关财务制度和付款程序，合理调配酒店资金。日常工作程序如下。

（1）做好和供应商的核对账目工作，收货单一式四联，财务联为会计记账联，供应商联为结账联。在结账时，采购部填写付款申请单，附发票。结账联，并注明付款方式，交至应付处，应付人员应仔细与酒店挂账联核对申请付款金额是否与挂账金额一致，收货单所购物品之品种，数量与申购表是否一致，有无需要抵扣款项，如借款，代扣税金，抵消费款等，如一致则登记报批，如不一致则退回采购部，待查明原因后再报批。

（2）每日付款时必须根据酒店实际情况合理安排资金，每付一笔款必须检查审批手续是否完备，发票及验收单和结算单的金额是否一致。另外，如结算单中所注明转账名称和实际供应商名不相符时必须要求供应商出示有效的委托书方可付款，每天依照付款计划进行付款开出支票及进账单交出纳去银行办理，做好每日付款记录将付款单位、金额、用途、支票号登记清楚以便随时查阅。

（3）每天早上网银查询各个账户的当日银行存款余额、收集每日营业收入（现金）、出纳现金支出情况，根据相关资料准确无误地编制每日银行及现金余额表报送各级领导。

（4）完成本职工作的同时，积极认真地接受上级领导安排的其他工作。

6. 仓库工作程序

（1）收货部工作程序。

① 验货前，严格按照有效的PR单（订货单）、市场订购单和厨房加单纸的内容收货，拒绝无单收货。首先检验食品饮料申购单：单子是否有经理签字，经手人签字是否齐全，同时凭符合签字手续的市场单、申购单验收货物。

② 报价单要有采购员、主办会计及财务经理签字。同时蔬菜、水果每半个月必须报价一次，严格控制成本。若价格过高，超过报价单订的价格，或与报价不符，应坚决拒收。

③ 验货前首先查验供货单位有无三证（经营执照、卫生许可证、个人证明），验收进口食品时，必须要有中文标志和卫生检疫标志。验收肉类须要审查是否有卫生检疫证明，同时，还要有当天市场肉类复检单。

④ 验收水产、肉类、蔬菜类时，要保证新鲜、干净、无腐烂、变质，无过期成分和其他杂物。特别是鱼类。虾肉、鸡肉等须先解冻，用水冲掉多余的冰，然后称其净物，每一箱都要过称。

⑤ 验收干货、罐头时，必须要审核货物的生产日期、保质期、厂家、商标、外观包装等，符合要求方能收货。

⑥ 验收物品时应严格按照PR单规定，审核货物的品种、数量、规格、价格是否相符，同时与酒店要求相符合。

⑦ 凡符合收货要求的要认真保证无差错。填写收货单，分别由供应商、财务（收货）、仓库、收货部和领用部门保存，双方签字加盖收货专用章后方可生效。

⑧ 在收货过程中遇到问题应及时与用货部门、采购部沟通并解决。

⑨ 验收员每日认真整理收货单，计算、核对并填写每日验收日报表，要做到货物、数量、金额无误。同时整理当天的收货单分送至各用货部门，请各部门负责人签名确认。每月底要合订日报表、PR单封存备查。

⑩ 取回签好的收货单送到采购部，由采购员核实单价并签名。按市场订货单将各用货部门第二天所需货品按不同的供应商抄在收货单上，以便第二天收货。

⑪ 完成花单。若临时有收货任务，应随到随收。

（2）物品入库工作程序。

① 入库：库管员接到收货部到货通知后，到收货部与验收员一起验货。

a. 清点数量。

b. 检查货物是否与酒店所订货物相符。

c. 贵重物品要一一清点。

d. 金额数量大的按比例抽查，待检查全部合格后方可入库。

② 出库：凡是酒店领用物品部门，必须填写“酒店物品申领单”一式三份，使用部门填写

好申领单后送本部门经理签字，再送财务部成本控制经理签字，待手续齐全后，方可领货。库管员要严格按照出库单进行发货，双方清点无误后领货人、发货人签字，出库单一式三份，一份送交财务部，一份领用部门存留，一份库房保留。

③ 订货：库管员在每天发放的基础上，清点数量，发现有该补充的物品马上填写 PR 单，在 PR 单上要写清楚订货的品名、库存数量、月用量、订购量、到货日期，确认无误后交成本控制经理签字后，经审查后交采购部。

④ 物品入库后，要分类码放整齐，保证库存物品完好无损，物品入库后凭入库单及时入账登记。

⑤ 发货时，库管员按制度办事，做到先进先出，手续不齐全不发放，如有特殊情况，需财务经理批准后方可办理。

⑥ 凡是办公用品一律星期二、星期五 14:00～17:00 发放，其他物品星期一至星期日 8:30～17:00 正常发放。

⑦ 积极配合成本部门做好每月盘点工作，做到账物相符，账卡相符。

⑧ 下班之前，库管员要认真检查库房是否存在不安全因素，特别是水、电是否有跑漏的现象，电源插头是否拔掉，待一切检查合格后将门锁好，钥匙封存交前台收银保存。

（3）食品库工作程序。

① 凡需在库房领用食品，必须填写食品领料单，并分别由总厨或部门负责，待领货人和发货人签字后，方能领取食品。库管员发货时要认真审核食品单，符合填写规定后，严格按规定填写的品名、数量发放货物。

② 食品领料单一式三份，一联由大厨保存，一联交财务部成本组，一联由库管员减账后每月底封存备查，每月底要认真盘点，核对账务并认真如实填报库存盘点表和长时间（一个月以上）未发的食品积压登记表。

③ 库管员每日认真填写冷库、鲜货每日市场单。对于干货食品每周填写一次干货食品目录表，及时反映库房存货情况，做出进货计划，使食品不断档。同时要防止食品积压。经常检查库存食品是否有变质、过期的情况。

④ 要经常保证食品库的清洁卫生和安全。

（4）酒水库工作程序。

① 库房所有存放在饮品都需分别建账、建卡，做到食品入库和出库要及时入账和减账，使其账物相符合，每月底要认真盘点，如实填报库存表及长时间不用饮品积压表。

② 凡需在库房领用饮品必须填写饮品领料单并且分别由总厨、部门负责人、领货人和发货人签字后，方能领取饮品。

③ 饮品领料单一式四份，两份交给财务部成本控制组，一份交给领货部门；另一份由库管员减账后，每月底封存备查。

④ 库存饮品要保证一定库存量，及时做出计划，同时向餐饮部及时预报数量，使其做到心中有数，及时和采购部门取得联系，确保库房饮品的供应。

⑤ 收货入库时要严格检验，把好质量关，根据收货单认真检查饮品、品名、外观、包装、

厂家、商标、出厂日期和保质期，凡不符合要求的，严禁饮品收入库。

⑥ 要经常保持库房及饮品的卫生。

⑦ “洋酒”中文标识清楚，厂家明确，生产日期、防伪标志必须具备收货。

（5）百货库工作程序。

① 每天上班时，应首先查看一遍整个仓库，巡视是否有异常情况发生。如：漏水，化学物品外溢现象等，发现问题即使报告，及时处理。

② 收货时应按申购单上的品名、数量、型号验收，收货部开好入库单，确认数量后签字，把物品分类摆放，及时登卡。危险品、化学品及易燃品应与其他物品分开存放。印刷品应附原样品，经使用部门签字确认后方可收货。

③ 领料单需经使用部门经理、财务经理审批后方可发货，发货时要认真负责，核查数量，不多发，不少给。当天的单当天结清，做到账、物、卡相符。

④ 每周二、周五发货，其他时间为进货及整理仓库。

⑤ 每周定期检查一次百货仓库的物品保存情况，防止发霉、潮湿等现象。

⑥ 每月末配合好成本控制部的盘点工作。根据盘点结存数，按月用量的 3 倍填写申购单，由成本部审批，并跟进到货日期，确保不断货。

⑦ 每日下班时，要仔细检查仓库，确保安全后，方可下班。

（6）工程库工作程序。

① 每天上班时，应首先查看一遍整个仓库，巡视是否有异常情况发生。如：漏水，化学物品外溢现象等，发现问题即使报告，及时处理。

② 严格按申购单上的品名、数量和规格入库，入库材料要看是否有生产厂家、合格证；贵重设备或配件，要由工程部专业人员同时验收方可入库。

③ 办理好入库手续后，把货物分门别类摆放整齐，及时登卡。

④ 领货单应注明用途，并经使用部门经理及成本部经理同时批准后，方可发货。发货数量必须用大写。

⑤ 每周检查一次各库存物品是否有腐蚀、生锈的现象。

⑥ 每月配合成本部的盘点工作，盘点后，按月用量的两倍及库存现况补仓。申购表上应注明上次单价、平均月用量、现存量等明细资料。

⑦ 每日做好仓库的清洁卫生，防止安全隐患。

（7）入库及自动补库的规定。

库房是为保证酒店的正常经营而设置的，根据保存物品的不同种类，库房分为食品库、酒水库和总库。为使库房能以有限空间、合理地进行资产运转，充分为酒店经营效益发挥最好作用，特做以下规定。

① 入库物品必须是酒店运转所必需的，运转时间为半个月，有较大批量，经常使用的物品。

② 所有入库物品必须是库房现有储存条件能达到其存储要求的非特殊物品。

③ 如无使用部门特别要求，所有在库物品由仓库根据自动补仓规定程序负责补仓。

④ 应遵守酒店做出的其他关于库房入库及自动补仓的条款。

（8）仓库领用及鲜活申购审批程序。

酒店已开业，为了配合各营业部门的正常运作，仓库领用审批程序按营业部门的实际情况现规定如下。

① 食品领用程序。

a. 厨房领用一般货品（指日常用料，不包括行政办公用品）先由申请人填写，经部门总厨审批后才可到仓库领用。

b. 厨房领用贵价货品（指鱼翅、燕窝、鲍鱼、鱼膘、辽参、海参等。）先由申请人填写，到总厨或副总经理审批，最后经财务经理同意才可到仓库领用。

② 酒水领用程序。

a. 酒吧领用一般酒水先由申请人填写，大堂经理审批才可到仓库领用。

b. 酒吧领用名贵瓶酒（价格每瓶在 1 000 元人民币以上）先由大堂经理签核，经财务经理同意才可到仓库领用。

③ 酒店工程维修材料领用程序。

如部门需维修，先填维修通知单交到工程部，由工程部填写领料单经副总经理审批后工程人员才可到仓库领用货品。

④ 其他用品（包括房间客用品、印刷品、办公用品等）领用程序：

其他用品领用由部门负责人审批后，经财务经理同意才可到仓库领用。以上规定请各部门定可领用有效签署人签名式样交到成本控制以作核实。

⑤ 厨房每天申购鲜活审批程序。

a. 厨房每天申购已定价鲜活原料先由部门总厨签名审核，交到采购部经手人签名才可采购。

b. 厨房采购鲜活单必须用指定的申购表填写。

c. 采购员接到厨房不是定价物料必须经过财务经理审批才可采购。

（9）成本核算程序。

① 每日将收货部填写的收货日报审核后，将无发票收货记录送计财务部付款；根据每日收货单所记载的情况，直接计入各厨房的成本中，作为库房入库。

② 每月底到各厨房、酒吧进行盘点，如实反映期末在产，保证成本的准确性。

③ 餐饮制品的成本核算方法为：实地盘存制成本核算法，即：

本月餐饮制品成本=月初结存原材料成本+本月购进原材料成本−月末原材料盘存成本

计算后得到各餐厅的成本，每月出成本报告。

④ 酒店每半年进行一次低值易耗品的盘点，将餐厅的餐具、瓷器、玻璃器皿、银器、棉织品彻底盘点。根据期末金额倒推低值易耗品的消耗成本。

四、财务管理制度

本制度的制定，是为使酒店各部门以及全体员工在经营活动和行政业务工作中有所遵循，使酒店的各项工作和经营活动均能按制度化来开展和进行。

（一）财务计划管理规定

酒店财务计划确定，须结合总经理对酒店经营活动的安排，区域内客源、货源、内外价格等市场变化情况，以及报告期内计划执行情况，预计完成计划情况，做出详细分析和充分估计来审定。

依据总经理审定的计划，按各业务部门的不同经营范围，计划期的诸多因素和历史资料，参考年初自编计划，分摊各部计划指标，下达给各业务部门。计划一经确定下达，一般上半年不予变动，确因特殊原因，亦须在半年后调整。

任务计划分为年度、季度计划，各计划的编报时间为：

年度计划：财务部于每年 12 月下旬，各业务部门为每年 11 月下旬。

季度计划：财务部于季末最后 1 月下旬，各业务部门为后 1 月中旬。

各业务部门还应根据上报酒店审查批复后的季度计划指标，结合本部门的具体情况，按月分解季度任务指标作为本部门季内各月指标检查尺度，酒店对各业务部门的计划检查按季进行，全年清算。

这样才能使酒店的经营管理和收支标准符合总经理的要求，做到增收节支，强调按计划办事。

确定财务计划应包括以下内容。

财务部应编制：流动资金计划、营业计划、费用计划和利润计划、偿还债务计划及利润分配计划、基建计划。

其他各部门应编制以下内容。

销售部及前台部：客源计划（包括外联部分及公寓出租）、费用计划、营业计划、利润计划。

客房部：备品使用计划（含耗用品）、费用计划、设备维修更新及购置计划。

餐饮部：营业计划、利润计划、费用计划、食品原材料及商品采购计划、设备维修更新及购置计划。

桑拿部：营业计划、利润计划、费用计划、设备保养计划、耗用品购进计划。

商超部：营业计划、利润计划、费用计划、耗用品购进计划。

人事部：人事招聘计划、职工饭堂收支计划、费用计划。

各部门将编报的计划，送财务部汇总。

（二）会计核算管理规定

（1）会计核算以权责发生制为基础，采用借贷记账法记账，并统一使用计算机记账。

（2）会计年度采用历年制，自公历本年 1 月 1 日起至 12 月 31 日止为一个会计年度。

（3）记账用的货币单位为人民币。凭证、账簿、报表，均用中文书写。

（4）会计科目。使用国家财政部颁布的《2007 新会计准则（企业）》规定的会计科目。

（5）会计凭证。使用自制原始凭证和外来原始凭证两种。

① 自制原始凭证：指进货验收单、领料单、出仓单、差旅费报销单、费用支出证明单、调拨单、收款收据、借款单、结算单等。

② 外来原始凭证：指我单位与其他单位或个人发生业务、劳务关系时，由对方开给本单位的凭证、发票、收据等。

③ 会计凭证保管期限为 15 年，酒店内部管理的单据保管期限为 2 年。保管期满需销毁时，须开列清单，报批准后才可销毁。

（6）会计报表：按国家财政部颁布的《2007 新会计准则（企业）》规定和酒店实际需要编制。

（7）会计人员离职时，必须办清交接手续，并注明交接日期，由主管人员监督，并由交接双方签章。未按规定办清交接手续的财务人员，不得离职。

（8）其他。

① 一切会计凭证、账簿、报表等会计记录，都必须根据实际发生的经济业务进行登记，做到手续齐备，摘要简明，内容完整，准确及时。有关会计处理方法，前后期必须一致，不得任意改变。

② 酒店的各项资产，应按历史成本计价，不论市价是否变动，一般不调整账面价值。

③ 正确划清资本性支出和收益性支出的界限，不能相互混淆。

④ 固定资产折旧采用年限平均法，按规定的折旧年限和残值率计提折旧，各类固定资产的使用寿命、预计净残值、年折旧率如表 3-1 所示。

表 3-1　固定资产使用寿命、预计净残值、年折旧率

固定资产类别	预计净残值率（%）	预计使用年限（年）	年折旧率（%）
电子设备	5	3～5	19.00～31.67
机器设备	5	4～28	3.40～23.75
运输设备	5	4～18	5.28～23.75
器具、家具及工具	5	5	19.00

⑤ 存货采用先进先出法核算。应收账款计提坏账准备采用备抵法，根据期末应收账余额计提。

⑥ 建立稽核制度，对款项的收付，债权债务的发生与清算各项经济业务，都要有明确的经济责任，有合法的凭证，并经授权人员审核签章。

⑦ 会计核算，根据酒店实际情况，主要项目为：货币资产及往来款项、存货、固定资产、成本和费用、营业收入和利润等项目的核算。

（9）薪酬、社保计提核算方法。

① 职工薪酬。

职工薪酬主要包括工资、奖金、津贴和补贴、职工福利费、社会保险费及住房公积金、工会经费和职工教育经费等其他与获得职工提供的服务相关的支出。

本公司在职工提供服务的会计期间，将应付的职工薪酬确认为负债，并根据职工提供服务的受益对象计入相关资产成本和费用。因解除与职工的劳动关系而给予的补偿，计入当期损益。

② 社会保险费用。

本教材社会保险费用是按北平市的缴费比例缴纳。

养老保险：按本市2018年度在岗职工月平均工资3 650元的60%（2190元）至300%为基数，（基数不能低于平均工资的60%，即3 650×60%，最高不能高于平均工资的3倍，即3 650×3），其中单位缴纳20%，个人缴纳8%。最低基数按3 650×60%缴纳，即2 190元/月；

医疗保险：缴费比例根据养老保险基数缴纳，其中单位缴纳6%、个人缴纳2%。

失业保险：缴费比例为缴费单位按其参加失业保险的全部职工工资总额的2%缴纳失业保险费，缴费个人按照本人工资总额的1%缴纳失业保险费。

工伤保险：由单位缴纳，比例为0.8%。

生育保险：由单位缴纳，比例为0.8%。

住房公积金：月缴存额上限为2 600元（含单位、个人两部分），下限260元（含单位、个人两部分），住房公积金缴存比例统一按照单位、个人各8%执行。

根据要求，用人单位以上年度工资总额为基数缴纳社会保险费，工资总额包含计时、计件工资、各项津补贴、加班加点工资、奖金、特殊情况下支付的工资等。

（10）税费核算方法。

① 增值税。本公司为增值税一般纳税人，增值税应纳税额为当期销项税额抵减可以抵扣的进项税额后的余额，增值税的销项税率为6%。

② 城市维护建设税、教育费附加、地方教育附加。城市维护建设税按实际缴纳流转税额的7%计缴；教育费附加按实际缴纳流转税额的3%计缴；地方教育费附加按实际缴纳流转税额的2%计缴。

③ 企业所得税。本公司所得税的会计核算采用资产负债表债务法。本公司在取得资产、负债时，确定其计税基础。资产、负债的账面价值与其计税基础存在的暂时性差异，按照《企业会计准则第18号——所得税》有关规定，确认所产生的递延所得税资产或递延所得税负债。本公司根据主管税务机关核定，所得税采取分季预缴汇算清缴方式，在年终汇算清缴时，少缴的所得税税额，在下一年度内缴纳；多缴纳的所得税税额，在下一年度内抵缴。按应纳税所得额的25%计缴。

④ 个人所得税。月薪酬收入3 500元以上的部分为应纳税所得额，各级税率如表3-2所示。

表3-2　各级税率

级数	全月应纳所税得额	税率（%）	速算扣除数
1	不超过1 500元	3	0
2	超过1 500元至4 500元的部分	10	105
3	超过4 500元至9 000元的部分	20	555
4	超过9 000至35 000元的部分	25	1 005
5	超过35 000元至55 000元的部分	30	2 755
6	超过55 000至80 000元的部分	35	5 505
7	超过80 000元的部分	45	13 505

（11）水费、电费的分配方法。

各月水费、电费分别按固定比例分摊。若实际消耗情况发生较大变化，则修改分摊比例。水费、电费的分配方法如表3-3所示。

表 3-3　　水费、电费分配方法

分摊部门	水费	电费
办公室	5%	6%
餐饮部	30%	35%
客房部	40%	45%
桑拿部	25%	14%

注：商超部在水电费分配方面比例太小，所以归入办公室共同计算。

（三）资金管理规定

1. 流动资金管理规定

管理原则：流动资金既要保证需要又要节约使用，在保证按批准计划供应营业活动正常需要的前提下，以较少的占用资金，取得较大的经济效果。因此，要求各业务部门在编制资金计划时，严格控制库存商品，物料原材料的占用资金不得超过比例规定。超储物资、商品，须报总经理特别批准。

使用的基本要求：加速资金周转、扩大经营、减少资金占用。对商品资金的占用，应本着勤俭节约的精神，尽量压缩。要抓紧委托银行收款结算工作，加快应收款的回收，减少流动资金的占用。

2. 固定资金管理规定

固定资金的占用直接影响酒店资金的运转，必须严格掌控固定资金的购置。

各部门须充分利用已置备的固定资产，为酒店创造最大的经济效益。

3. 货币资金管理规定

（四）现金管理规定

根据酒店业务范围和经营活动的特点，库存现金按一定的额度留取，包括人民币和外币现金（备用找零即周转金），超过限额部分，当天存入银行，除规定范围和特殊情况下支出外，不得在业务收的现金中直接坐支。各业务部门的库存现金限额，由业务部门提出意见，报财务部复核批准。

1. 现金支出范围

发放员工工资、补贴、福利补助、支付出差人员必须携带的差旅费用暂借款。

向不能转账的单位购买物品和向农贸市场购买酒店必须的鲜活商品可以支付零星劳务报酬。

转账金额起点以下的零星支出。

2. 现金收付的手续和规定

在收付现金时必须认真、详细审核现金收付凭证是否符合规定手续，必须审核开支是否符合制度规定，领导是否已批准开支，凭证是否有主管人员审核，是否已由经办人和证明人签字，是否有齐全、合法的原始凭证。

所收付的现金，必须认真清点，还要确立复核制度，以防差错。一线营业人员及收银员在面对顾客收付现金时，还唱收唱付。

严禁在营业期间在柜台上点收现金，收银员交接班或送缴出纳的现金，必须在柜台内点数，以防意外发生。

出纳人员必须每天核对现金数额，检查库存现金情况，保证现金的账存与实际库存数相符，严禁以白条抵库，严禁挪用库存现金，发现库存现金的长余和短缺，应及时做好记录，并应查明原因，向领导汇报，按酒店规定的审核权限核批处理。

3. 银行存款的规定

送交银行的款项，应填写“银行现金缴款书”连同现金或结算凭证、转账票据等送存银行。并将“银行现金缴款书”或“银行进账单”据以填制记账凭证入账。

以银行提取款项或转出款项时，应开出银行支票或其他结算凭证，并及时将支票存根、结算凭证付款联，填制记账凭证并据以出账。

酒店在银行开立的存款账户，不准外单位或个人借用来进行结算。

出纳人员不得发出空白支票。

出纳人员应每月底与银行核对存款余额。在收到银行对账单后，应逐笔核对借贷发生额和余额。发现记账错误，要立即更正。属银行的差错，要及时通知银行更正。发现有未达账款，可采用“余额查找法”进行查对，并编制“银行存款余额调整表”来确定收付的未过账，对核实的未达账款，要加强管理，经常检查，如发现有账款未清，应认真查明原因及时处理。

（五）资产管理制度

为了维护酒店投资者利益，规范和强化酒店资产的管理，保证资产的完整和有效性，避免资产的不正当损耗和流失，特制定以下资产管理的程序与制度。

1. 本制度“资产”所指范畴

凡酒店管辖范围内的所有固定资产和低值易耗品。

2. 资产管理的总原则

酒店资产管理实行“归口分级责任制”，就是在酒店总经理的统一领导下，按照资产的类别和所属部门，由相关部门负责归口管理。并根据资产的具体使用情况，进一步落实到分部、班组和个人负责，做到权责分明，层层负责，使用有权限，管理有责任，奖罚有标准。

3. 对各部门在资产管理过程中的要求

（1）酒店所属各部门应设立资产管理员（由各部门分配人员），对所属部门的固定资产及低值易耗品应负保管责任。

（2）各部门应设立账册，清楚记录固定资产及低值易耗品的明细。

（3）部门增减固定资产及低值易耗品，都应将单据收存备查，摆放位置及去向要随时记录。

（4）每月部门的资产管理员应对所属管理的固定资产及低值易耗品进行账物对照，逐一核对检查。

（5）如果财产需要跨部门流动使用时，一定要做好借用登记及收回记录。

（6）对人为造成资产的损坏行为，应及时制止，并知会部门经理追究其责任，并将损坏的资产报工程部维修，以保证资产的正常使用。

（7）各部门如更换资产管理员，应列表做好资产的清点、移交和核对工作，并相互签名确认留档存查。

（8）各部门的资产管理人员应切实按管理制度执行，部门主管、经理更应重视此项工作，督导落实具体细节，配合财务部共同把资产管理工作做好。

（六）采购管理

1. 原材料及其他物品采购管理

（1）由各部门主管根据预定单及库存，提出采买计划。

（2）将采购计划送交财务部审核。

（3）由财务部填制请购单送总经理批准后交由采购部。

（4）采购员要负责将价格真实、准确、清楚地记录于请购单上。

（5）采购员购买后，将原材料直接拨入厨房和仓库，由保管员协同厨师长及仓管员共同验收并签字。

（6）验收后采购员将签字的请购单连同内部调拨单、采购发票送交保管员、经理、总经理审批。

（7）采购员持内部调拨单、采购发票到财务报账。

2. 采购工作质量标准

（1）严格执行经批准的酒店采购计划，并按计划要求按时、按质、按量完成采购任务。

（2）每项采购品做到以质量、价格、服务三要素进行货比三家，以达到降低酒店成本之目的。

（3）批量订货时，应先与供应商签订购销合同，注明品名、规格、型号、等级、颜色、数量、单价、金额、交货期、交货地点、方式、质量标准、验收标准、方法、付款方式等具体条款。

（4）对专业要求高的物品采购，应会同使用部门共同实施采购任务。

（5）物品采购后，验收员应按规定手续严格验货，如有质量问题或其他问题，应及时与供货厂商联系换货或办理退货手续。

（6）物品验收入库后，应将有关票据交财务会计部审核后予以或负责同意采购的部门及单位付款。

（7）凡部门采购物品必须要有部门主管及经理签字审批。

（七）物品管理及报损、报废制度

为有效控制物品报损报废，特制定以下物品报损报废制度。

需办理报废手续的物品包括瓷器、工程工具、电器、机械设备、电子（计算机）设备及其他高值耐用物品等固定资产和低值易耗品（以部门存档的固定资产清单、财务部每月发送各部门的新增变动固定资产及低值易耗品清单为准），以及食品酒水类等酒店所用物品。

（1）使用部门发现物品不能使用需要报损报废时，需立即填写物品报废申请单（见附表），据实填写完毕后报部门经理审批。各种物品报损报废除得到部门总监的批准外，还必须得到鉴定部门的批准。各种物品的鉴定部门分别为：

食品酒水——餐饮部、财务成本控制部

电子（计算机）设备——工程部

工程工具、机械设备、各类电器——工程部

其他物品——工程部

（2）部门申请报废单审核完毕后，送财务部审核，财务部将调查具体报损报废原因，分客观因素及人为因素，对人为因素将不执行报损报废程序，并责成相关人员承担相应责任，对确实需要报损报废的，财务部据调查结果，报呈总经理。经总经理审批后，报损报废方生效。

（3）未经批准的报损报废物品，各部门不得擅自处理。

（4）报损报废物品如缺少主要零配件，或残余部分少于整体的60%、或拼凑而成的，将不予报废。

（5）因申请报损报废部门和财务部工作疏忽、怠慢，导致需赔偿人员在办理离职手续时，没有进行相应的扣款，此经济损失由部门主要负责人承担责任。

（6）批准报损报废物品处理办法。

① 食品、酒水：交送财务成本控制销毁，或财务成本控制人员到物品存放地点销毁。

② 工程工具、机械设备、各类电器：经工程部确认仍有残余价值，交工程部处理，否则交仓库销毁。

③ 电子（计算机）设备：经财务计算机房确认仍有残余价值，交财务计算机房处理，否则交仓库销毁。

④ 其他物品同②。

③ 凡与废品处理制度相冲突的情况，以本制度为准。

（7）凡经总经理审批后的报损报废物品，财务部做好账目削减及补仓工作。

（八）合同管理

1. 管理的规定

各部门管理人员要提高对合同重要性的认识，组织下属学习合同法规，建立本部门合同管理的规定。

财务部为酒店的合同管理机构，与酒店相关的经济合同都须交一份给财务部管理存档。

签订经济合同必须采用书面形式。如：购销合同、建筑工程合同、加工承揽合同、仓储保管合同、联营合同、承包合同、租赁合同、借款合同、财产保险合同、货物运输合同，以及电、水供用合同。

合同草拟原则上由本酒店人员完成，并交法律部门审核，报总经理批准后，方可签订执行。

劳务合同的管理仍由人事培训部按有关规定办理。

各部门必须加强对合同档案管理，按文件管理规定做好合同的分类保管工作，以便对合同进行监督，落实合同的履行。

各部门发生的合同纠纷，应及时报告总经理，安排与对方协商、谈判，或提起仲裁、诉讼。

2. 签订合同程序

酒店各部门必须征得酒店总经理的批准，且合同经办人必须同时持有《法人授权委托证明书》，方可对外签订合同。

各部门所签订经济合同，必须加盖酒店的合同专用章后方可生效。合同签订后，须将合同正本一份交财务部保管，财务部定期将合同签订执行情况列表上报总经理。

凡涉及金额巨大或非常重要的合同，必须由酒店法人代表本人签订。

（九）印章管理

1. 印章的管理

（1）酒店公章由行政办主任保管。

（2）酒店各部门公章由各部门经理保管。

（3）酒店合同专用章由财务部经理保管。

（4）酒店财务专用章及法人印鉴章分别由财务部经理和总出纳保管。

2. 下列情况可以使用酒店印章

（1）以酒店名义对外发出的公文。

（2）以酒店名义对外联系、商洽业务工作的介绍信、证明信等。

（3）以酒店名义与有关单位签署的合同、协议等。

（4）本单位职工办理私事，确需酒店出具的证明信等。

（5）经总经理批准其他需要使用印章之信函。

凡以上情况需使用酒店公章，须经总经理书面同意批准交行政办盖章；使用部门公章须经部门经理书面批准方可使用。

凡与外单位签订有关合同需使用合同专用章时，在合同上须经法人代表签字后交财务部盖章。

3. 其他事项

（1）各部门因工作需要刻制印章，应事先提出书面申请，经部门经理签字同意，报财务部经理及总经理批准后，统一刻制（申请中必须注明印章名称、形状、规格、用途），刻制完成后交行政办留底。

（2）印章必须妥善保管，随用随取，用后立即放回原处，及时上锁。

（3）作废印章要及时上交行政办查存。

（4）未经主管领导批准，印章保管人员不得委托他人代为保管及使用印章，不得将印章携出办公室。

（十）商品、原材料采购管理

1. 采购计划的制订及审批程序

由各部门根据每年物资的消耗率、损耗率和对来年的预测，在每年的 12 月中旬前编制采购计划和预算报财务部审核。

计划外采购或临时增加的项目，也要制订计划报财务部审核。

采购计划一式四份，自存一份，三份交财务部。

财务部将各部门的采购计划和报告汇总进行审核。

财务部根据今年的营业实绩，物资的消耗、损耗率，明年的营业预测及营业指标进行采购物资的预算。

将汇总的采购计划和预算报告总经理审批。

经批准的计划交财务部经理监督实施。对计划未经批准的采购要求，财务部有权拒绝付款。

采购审批程序：使用部门（申购部门）根据采购计划填写物资申购表，由所在部门负责人签字报总经理室，经总经理批准后转采购部，由采购部进行询价、洽淡，必要时请使用部门或有关专业人员配合询价，询价后的报价或认购意向书送财务部审价，财务部签字后报总经理批准购买，采购部接单后方可进行采购。

2. 物资采购

采购员根据核准的采购计划，按照物品的名称、规格、型号、单位、数量适时进行采购，保证供应。

大宗用品长期需用的物资，根据核准的计划可向有关的工厂、公司、商店签订长期的供货协议，以保证物品的质量、数量、品种、规格和供货要求。

计划外和临时少量急需品经总经理或总经理授权有关部门经理批准后可采购以保证需要。

饮食部用的食品、餐料、油味料、酒、饮品等，由行政总厨、大厨或宴会部下单采购部，采购人员要按计划或下单进行采购，以保证供应。

3. 物资验收入库

采购员采购的物资，无论是直拨还是入库的都必须经仓管员验收。

仓管员验收是根据订货的样板，按质、按量、对发票验收。验收完后要在发票上签名或发给验收单，然后对物资需要直拨的按手续直拨，需入库的按规定入库。

4. 报销及付款

（1）付款。

采购员采购物资的付款，大宗的要经财务部经理审核确认是否经批准，经确认批准后方可付款。

付款方式按银行和酒店财会制度规定付款。

支票结账一般由出纳根据采购员提供的准确数字或单据填制支票。若由采购员领空白支票与对方结账者，金额必须限制在一定的范围内。

要求付现金时，必须经财务部经理审查批准后方可付款，而且现金还必须在一定的限额内。

（2）报销。

采购员报销必须凭验收员签字的发票或连同验收单，经出纳审核是否经批准或在计划预算内，经核准后方可给予报销。

采购员从农民或个体户处购买的商品可通过税务部门开票。因急需而卖方又无发票者，应由卖方写出售货证明签名盖章、有采购员两人以上的证明及验收员的验收证明，经部门经理批准后方可给予报销。

（十一）财务部人事管理制度

为了加强财务部内部管理机制的完善，提高财务人员的工作效率和责任心，使财务工作日趋规范化，特制定以下制度。

1. 学习及培训制度

（1）财务人员4条基本要求：忠诚、责任、细致、专业。

（2）财务人员要不断更新知识，培养学习热情，提高业务素质，以良好的精神面貌，较强的工作能力服务于酒店。

（3）财务人员要熟练掌握岗位职责及工作程序。

（4）财务人员应积极参加酒店或部门组织的各项业务培训，提高业务技能。

（5）吸收行业好的财务管理方法，不断完善本酒店的财务工作。

2. 考勤制度

（1）财务人员必须按酒店规定的时间按时打卡上班。如因加班、疾病、事假、公差、外勤等原因未能打卡，应向所在部门主管报告，以便核查。不得私自涂卡，不得帮他人或托人打卡，否则，按人事部《考勤管理制度》处罚。

（2）财务办公室所有工作人员由财务部文员考勤，收银员由收银主管考勤，仓库由仓库主管考勤，采购部由文员考勤，计算机房由计算机主管考勤。

（3）在工作时间，未经部门主管批准，不得无故离开工作岗位或早退。

（4）每日工作不得少于8小时。

（5）迟到、早退、旷工等违纪情况按人事部《考勤管理制度》的相关规定处理。

3. 请假制度

（1）财务人员无论何种原因需请假时，必须填写假期申请表，并逐级审批备案后方能有效，凡无请假单休假者，一律按旷工处理。

（2）财务人员请假，不可借用其他员工的公假，否则后果自负。对于请假者，无特殊原因有超假的，一律按旷工或自动离职处理。

（3）原则上不准擅自调休，如有特殊情况需经部门主管同意，调整班次方可。

（4）如果休假遇到特殊情况，不能按时上班，应事先电话报请，然后再补办事假等有关手续。

（5）一天内请假由部门主管批准，两天内假期由部门经理批准，两天以上假期需人事部批准。

4. 工作及奖罚制度

（1）认真审核各类账单、报表、单据、凭证，发现异常情况及时向上司汇报；否则，造成的一切损失由当事财务人员负责。

（2）按公司规定各有关部门办理好单据交接登记手续，否则，发生单据遗失等情况，由当事财务人员负责。

（3）业务不熟，又不请示上司，擅自作主，给公司造成损失，处罚损失金额的两倍；情节严重的，予以辞退。

（4）工作不负责，致使不法分子钻漏成功，给公司造成经济损失，处罚损失金额的两倍；情节严重的予以解雇。

（5）作弊、包庇作弊，串通作弊者，予以辞退，情节严重的报公安机关处置。

（6）不服从上司工作安排，自我主张，一经发现，第一次口头警告，第二次书面警告，第三次严重警告并通告批评，情节严重的，予以辞退。

（7）上班时间不得串岗到其他部门闲谈搞笑，屡教不改的予以书面警告。

（8）不得以权谋私，损公肥私；不得随意接受供货商或客户的吃请；不得非法行贿、索贿、受贿，不得私藏小费，不得私自兑换外币等，否则，视情节轻重严肃处理。

（9）凡被签黄单警告者，每次罚款30元，月累计被签单3次以上者，予以辞退。

（10）对于财务人员，工作积极努力者；拾金不昧者；举报违章乱纪者；为本部门提出良好建议被采纳者；为公司增收节支、减少成本、费用开支做出突出贡献者，上报公司予以嘉奖。

第四部分

经济业务原始单据及操作指南

一、1月份经济业务

1 月份经济业务如表 4-1 所示。

表 4-1　　　　　　　　　　1 月份经济业务

业务日期	凭证号	凭证总金额	业务说明	附件明细		操作指导	附单据数
				票据	金额		
2019-01-08	记-0001	30 000 000.00	收到投资款	招行-收款单-华问集团	12 000 000.00	总账业务	3
				招行-收款单-北平华问金属制品有限公司	18 000 000.00		
				投资协议	—		
2019-01-08	记-0002	7 200 000.00	支付装修款	招行-付款单-尚品装饰装修有限公司	7 200 000.00	总账业务	3
				增值税专用发票 1434295#	7 200 000.00		
				装修合同	—		
2019-01-08	记-0003	3 545 114.00	购入固定资产一批	招行-付款单-科美威环保机电设备有限公司	410 000.00	资产业务	20
				招行-付款单-科美威环保机电设备有限公司	100 000.00		
				招行-付款单-北平瑞丰汽车销售有限公司	216 921.00		
				招行-付款单-北平瑞丰汽车销售有限公司	469 000.00		
				招行-付款单-江西用友有限责任公司	80 000.00		
				招行-付款单-北平中港厨具有限公司	14 143.00		
				招行-付款单-北平亚泰电器有限公司	697 850.00		
				招行-付款单-北平宜嘉家具有限公司	922 750.00		
				招行-付款单-北平宜嘉家具有限公司	499 170.00		

续表

业务日期	凭证号	凭证总金额	业务说明	附件明细		操作指导	附单据数
				票据	金额		
2019-01-08	记-0003	3 545 114.00	购入固定资产一批	招行-付款单-北平宜嘉家具有限公司	115 600.00	资产业务	
				招行-付款单-北平宜嘉家具有限公司	8 000.00		
				招行-付款单-北平乐彩办公设备有限公司	11 680.00		
				增值税专用发票 4357886#、4026087#、2155685#、4216287#、3267784#、3210389#、3107198#、	—		
				北平宜嘉家具有限公司销售单 0000768#	—		
2019-01-08	记-0004	43 503.30	采购低耗品一批	招行-付款单-鑫益酒店用品有限公司	43 503.30	总账业务	5
				增值税专用发票 2327804#	43 503.30		
				鑫益酒店用品有限公司送货单 0000786#、0000787#、0000788#	—		
2019-01-13	记-0004	69 000.00	提取备用金	招行-现金支票存根 90077041#	69 000.00	总账业务	1
2019-01-13	记-0006	3 800.00	支付购买开业烟花、礼花费用	增值税普通发票 1314708#	3 800.00	总账业务	1
2019-01-13	记-0007	23 536.00	支付筹办期间水电费	增值税专用发票 1021842#、1321814#	—	总账业务	4
				招行-付款单-北平水业集团有限责任公司	3 736.00		
				招行-付款单-国家电网北平供电总公司	19 800.00		
2019-01-13	记-0008	277 500.00	支付 1 月份租金	增值税专用发票 3125786#	277 500.00	总账业务	2
				招行-付款单-北平茂苑物业管理有限公司	277 500.00		
2019-01-13	记-0009	42 418.70	采购菜金	增值税专用发票 2201435#、1134078#、2857091#、4158117#、3569078#	—	总账业务	36
				昌盛销货单 1100253#、1100254#、1100255#、1100274#、1100285#、1100296#、1100308#	—		
				诚泰销货单 000301#、000302#、000315#、000327#、000338#、000349#	—		
				丰盛销货单 9 张	—		
				永盛销货单 110136#、110137#、110148#、110159#、110170#、110179#	—		
				仲祥销货单 11878903#、11878904#、11878905#	—		
2019-01-13	记-0010	6 000.00	拨付备用金（客房部 3000，餐饮部 1000，商超部 1000，桑拿部 1000）	备用金拨付单	6 000.00	总账业务	1
2019-01-13	记-0011	116 000.00	收到客房押金	收银员入账项目日报表	116 000.00	总账业务	5
2019-01-13	记-0012	8 834.00	退押金	附件见 0011#	8 834.00	总账业务	

续表

业务日期	凭证号	凭证总金额	业务说明	附件明细		操作指导	附单据数
				票据	金额		
2019-01-13	记-0013	185 508.00	01-09 至 01-13 收入	每日收入晨报表	161 148.00	总账业务	6
				增值税专用发票 2100013#	24 360.00		
2019-01-13	记-0014	2 000.00	支付广告费	增值税普通发票 2125617#	2 000.00	总账业务	2
				招行-付款单-真彩文化有限公司	2 000.00		
2019-01-13	记-0015	100.00	餐饮部现金短款	现金盘点单	100.00	总账业务	1
2019-01-13	记-0016	100.00	赔偿餐饮部现金短款	库存现金盘点报告单	100.00	总账业务	1
2019-01-13	记-0017	600.00	购买办公用品	增值税普通发票 4012483#	600.00	总账业务	1
2019-01-13	记-0018	2 000.00	郑武借支差旅费	借款单-总经办-郑武	2 000.00	总账业务	1
2019-01-13	记-0019	1 800.00	支付餐饮部消毒服务费	增值税普通发票 3134112#	1 800.00	总账业务	2
				招行-付款单-长谐企业管理服务有限公司	1 800.00		
2019-01-13	记-0020	790.00	购玻璃、水及拖把等	增值税普通发票 3451102#	790.00	总账业务	1
2019-01-13	记-0021	420.00	支付餐饮部维修材料费	增值税普通发票 2140529#	420.00	总账业务	1
2019-01-13	记-0022	39 866.00	现金存入银行	招行-现金单	39 866.00	总账业务	2
2019-01-20	记-0023	70 000.00	提取备用金	招行-现金支票存根 90077042#	70 000.00	总账业务	1
2019-01-20	记-0024	85 300.00	收到客房押金	收银员入账项目日报表	85 300.00	总账业务	7
2019-01-20	记-0025	1 000.00	收到酒席押金	华问国际酒店有限公司收据 NO.001888	1 000.00	总账业务	1
2019-01-20	记-0026	9 054.00	退押金	附件见 0024#	9 054.00	总账业务	
2019-01-02	记-0027	271 374.00	01-14 至 01-20 收入	每日收入晨报表	188 934.00	总账业务	9
				增值税专用发票 2100014#、2100015#	82 440.00		
2019-01-20	记-0028	28 050.67	采购菜金	增值税专用发票 2201438#、1134088#、2857097#、4158123#	—	总账业务	32
				昌盛销货单 1100319#、1100327#、1100340#、1100352#、1100364#、1100377#、1100389#	—		
				诚泰销货单 000354#、000368#、000379#、000385#、000397#、000409#、000420#	—		
				丰盛销货单 7 张	—		
				永盛销货单 110188#、110198#、110206#、110216#、110225#、110236#、110245#	—		

续表

业务日期	凭证号	凭证总金额	业务说明	附件明细		操作指导	附单据数
				票据	金额		
2019-01-20	记-0029	2 218.00	报销差旅费	差旅费报销单-郑武	2 218.00	总账业务	1
2019-01-20	记-0030	5 094.90	支付电话费	增值税专用发票 1240780#、1240781#、1240782#、1240783#、1240784#	5 094.90	总账业务	5
2019-01-20	记-0031	24 360.00	收到易彩旅行社账款	招行-收款单-易彩旅行社	24 360.00	总账业务	1
2019-01-20	记-0032	1 200.00	支付交通违章罚款	北平市代收罚没收入票据	1 200.00	总账业务	1
2019-01-20	记-0033	21 900.00	采购员工劳保用品一批	增值税普通发票 3157113#	21 900.00	总账业务	2
				招行-付款单-北平玄艺服装有限公司	21 900.00		
2019-01-20	记-0034	46 130.00	商超部采购商品一批	增值税专用发票 1120987#	46 130.00	总账业务	4
				福泰瓷器销售单 0001201#、0001202#	—		
				招行-付款单-福泰日用瓷器有限公司	46 130.00		
2019-01-20	记-0035	1 000.00	没收押金转收入	—	1 000.00	总账业务	
2019-01-20	记-0036	2 000.00	支付加油费	北平市国家税务局通用机打发票	2 000.00	总账业务	1
2019-01-20	记-0037	3 150.00	支付招待费	增值税普通发票 1103213#	3 150.00	总账业务	1
2019-01-20	记-0038	37 595.15	支付汽车保险费	增值税专用发票 4107392#、4107393#	—	总账业务	3
				招行-付款单-中国平安财产保险股份有限公司北平分公司	36 115.89		
2019-01-20	记-0039	285.00	购药品一批	北平市国家税务局通用机打发票	285.00	总账业务	1
2019-01-20	记-0040	1 449.00	支付员工办理健康证费用	北平市非税收入一般缴款书	1 449.00	总账业务	1
2019-01-20	记-0041	1 449.00	计提福利费	—	1 449.00	总账业务	
2019-01-20	记-0042	299.00	餐饮部采购一台电磁炉	增值税普通发票 1022683#	299.00	总账业务	1
2019-01-20	记-0043	596.00	员工报销医药费	北平市医院住院费（结算）收据	596.00	总账业务	1
2019-01-20	记-0044	596.00	计提员工福利费	—	596.00	总账业务	
2019-01-20	记-0045	420.00	支付餐饮部维修费	增值税普通发票 2140541#	420.00	总账业务	1
2019-01-20	记-0046	101 344.00	现金存入银行	招行-现金单	101 344.00	总账业务	5
2019-01-27	记-0047	105 100.00	收到客房押金	收银员入账项目日报表	105 100.00	总账业务	7

续表

业务日期	凭证号	凭证总金额	业务说明	附件明细		操作指导	附单据数
				票据	金额		
2019-01-27	记-0048	9 732.00	退押金	附件见 0047#	9 732.00	总账业务	
2019-01-27	记-0049	319 712.00	01-21 至 01-27 收入	每日收入晨报表	260 789.00	总账业务	9
				增值税专用发票 2100016#、2100017#	58 923.00		
2019-01-27	记-0050	79 440.00	收到易彩旅行社账款	招行-收款单-易彩旅行社	79 440.00	总账业务	1
2019-01-27	记-0051	23 213.18	采购菜金	增值税专用发票 2201438#、1134088#、2857097#、4158123#	—	总账业务	31
				昌盛销货单 1100399#、1100410#、1100425#、1100437#、1100449#、1100458#、1100470#	—		
				诚泰销货单 000435#、000447#、000455#、000467#、000478#、000489#、000495#	—		
				丰盛销货单 7 张	—		
				永盛销货单 110256#、110266#、110277#、110286#、110299#、110308#	—		
2019-01-27	记-0052	71 880.00	商超部采购商品一批	增值税专用发票 1121102#	71 880.00	总账业务	4
				福泰瓷器销售单 0002203#、0002204#	—		
				招行-付款单-福泰日用瓷器有限公司	71 880.00		
2019-01-27	记-0053	3 000.00	支付律师咨询费	增值税普通发票 4157982#	3 000.00	总账业务	2
				招行-付款单-北平京师律师事务所	3 000.00		
2019-01-27	记-0054	3 500.00	支付员工聚餐费	增值税普通发票 3116224#	3 500.00	总账业务	1
2019-01-27	记-0055	3 500.00	计提员工福利费	—	3 500.00	总账业务	
2019-01-27	记-0056	40 000.00	提取备用金	招行-现金支票存根 90077043#	40 000.00	总账业务	1
2019-01-27	记-0057	53 928.00	收到易彩旅行社账款	招行-收款单-易彩旅行社	53 928.00	总账业务	1
2019-01-27	记-0058	2 000.00	支付消防罚款	北平市代收罚没收入票据	2 000.00	总账业务	1
2019-01-27	记-0059	58 392.00	现金存入银行	招行-现金单	58 392.00	总账业务	5
2019-01-31	记-0060	259.50	支付银行手续费	招行-收费回单	259.50	总账业务	19
2019-01-31	记-0061	65 800.00	收到客房押金	收银员入账项目日报表	65 800.00	总账业务	4
2019-01-31	记-0062	6 798.00	退押金	附件见 0061#	6 798.00	总账业务	
2019-01-31	记-0063	89 317.00	01-28 至 01-31 收入	每日收入晨报表	89 317.00	总账业务	4

续表

业务日期	凭证号	凭证总金额	业务说明	附件明细		操作指导	附单据数
				票据	金额		
2019-01-31	记-0064	15 608.42	采购菜金	增值税专用发票 2201479#、1134127#、2857124#、4158147#、3569099#	—	总账业务	23
				昌盛销货单 1100482#、1100494#、1100511#、1100524#、1100525#	—		
				诚泰销货单 000509#、000520#、000536#、000548#	—		
				丰盛销货单 4 张	—		
				永盛销货单 110319#、110330#、110342#	—		
				仲祥销货单 11878925#、11878926#	—		
2019-01-31	记-0065	20 286.00	支付 1 月份客房部洗涤费	增值税普通发票 2125576#	20 286.00	总账业务	2
				招行-付款单-北平玉洁洗涤有限公司	20 286.00		
2019-01-31	记-0066	4 600.00	支付 1 月份餐饮部清洗费	增值税普通发票 4137082#	4 600.00	总账业务	2
				招行-付款单-奥康餐具清洁有限公司	4 600.00		
2019-01-31	记-0067	8 876.64	POS 机手续费	招行-收费回单	8 876.64	总账业务	1
2019-01-31	记-0068	130 774.00	现金存入银行	招行-现金单	130 774.00	总账业务	5
2019-01-31	记-0069	203 100.00	计提 1 月份工资	工资汇总表	203 100.00	总账业务	1
2019-01-31	记-0070	27 303.78	代扣个人应缴个人所得税、社会保险费、住房公积金	附件见 0069#	27 303.78	总账业务	
2019-01-31	记-0071	30 222.00	计提本月基本养老保险	社会保险及住房公积金计算汇总表	30 222.00	总账业务	1
2019-01-31	记-0072	9 066.60	计提本月基本医疗保险	附件见 0071#	9 066.60	总账业务	
2019-01-31	记-0073	3 022.20	计提本月失业保险	附件见 0071#	3 022.20	总账业务	
2019-01-31	记-0074	1 208.88	计提本月工伤保险	附件见 0071#	1 208.88	总账业务	
2019-01-31	记-0075	1 208.88	计提本月生育保险	附件见 0071#	1 208.88	总账业务	
2019-01-31	记-0076	8 970.00	计提本月住房公积金	附件见 0071#	8 970.00	总账业务	
2019-01-31	记-0077	9 579.49	计提 1 月份水费	自制-水费分摊表	9 579.49	总账业务	1
2019-01-31	记-0078	50 769.22	计提 1 月份电费	自制-电费分摊表	50 769.22	总账业务	1
2019-01-31	记-0079	108 443.38	开办费摊销	—	108 443.38	总账业务	

续表

业务日期	凭证号	凭证总金额	业务说明	附件明细		操作指导	附单据数
				票据	金额		
2019-01-31	记-0080	72 069.67	结转餐饮部成本	盘点表	—	总账业务	3
				自制-结转餐饮部成本表	72 069.67		
2019-01-31	记-0081	44 102.56	结转商超部商品成本	北平华问国际酒店有限公司销货单	116 068.38	总账业务	1
				自制-结转商超部商品成本表	44 102.56		
2019-01-31	记-0082	805 852.35	结转期间损益	—	805 852.35	总账业务	
2019-01-31	记-0083	954 526.17	结转期间损益	—	954 526.17	总账业务	

二、2月份经济业务

2 月份经济业务如表 4-2 所示。

表 4-2　　2 月份经济业务

业务日期	凭证号	凭证总金额	业务说明	附件明细		操作指导	附件单数
				票据	金额		
2019-02-03	记-0001	50 800.00	收到客房押金	收银员入账项目日报表	50 800.00	总账业务	3
2019-02-03	记-0002	19 006.00	退押金	附件见 0001#	19 006.00	总账业务	
2019-02-03	记-0003	65 122.00	02-01 至 02-03 收入	每日收入晨报表	65 122.00	总账业务	3
2019-02-03	记-0004	10 676.25	采购菜金	增值税专用发票 2860271#、1654011#、1203411#、1145022#	10 676.25	总账业务	15
				昌盛销货单 1100275#、1100264#			
				诚泰销货单 000560#、000578#、000589#			
				丰盛销货单 3 张			
				永盛销货单 110357#、110365#、110374#			
2019-02-03	记-0005	8 304.00	现金存入银行	招行-现金单	8 304.00	总账业务	1
2019-02-03	记-0006	4 995.00	收到光明公司账款	招行-收款单-光明科技有限公司	4 995.00	总账业务	1
2019-02-03	记-0007	66 872.27	支付货款	招行-付款单-北平昌盛食品有限公司	66 872.27	总账业务	5
				招行-付款单-北平仲祥商贸有限公司			
				招行-付款单-北平永盛水产有限公司			
				招行-付款单-北平丰盛果蔬批发部			
				招行-付款单-北平诚泰商贸有限公司			
2019-02-10	记-0008	679 000.00	收到客房押金	收银员入账项目日报表	67 900.00	总账业务	7
2019-02-10	记-0009	10 232.00	退押金	附件见 0008#	10 232.00	总账业务	
2019-02-10	记-0010	127 142.00	02-04 至 02-10 收入	每日收入晨报表	127 142.00	总账业务	7

续表

业务日期	凭证号	凭证总金额	业务说明	附件明细		操作指导	附件单数
				票据	金额		
2019-02-10	记-0011	33 965.06	采购菜金	增值税专用发票 1202422#、1145053#、1654042#、2860282#、2308461# 昌盛销货单 1100286#、1100297#、1100308#、1100319#、1100328#、1100339#、1100348# 诚泰销货单 000597#、000612#、000628#、000639#、000650#、000666#、000680# 丰盛销货单 7 张 永盛销货单 110385#、110399#、110410#、110422#、110434#、110455# 仲祥销货单 11878911#、11878923#、11878934#、11878945#	33 965.06	总账业务	36
2019-02-10	记-0012	−9 579.49	冲销 1 月份计提水费	—	−9 579.49	总账业务	
2019-02-10	记-0013	11 208.00	支付及分摊 1 月份水费	增值税专用发票 2021611# 招行-付款单-北平水业集团有限责任公司	11 208.00	总账业务	2
2019-02-10	记-0014	−50 769.22	冲销 1 月份计提电费	—	−50 769.22	总账业务	
2019-02-10	记-0015	59 400.00	支付及分摊 1 月份电费	增值税专用发票 2131636# 招行-付款单-国家电网北平供电总公司	59 400.00	总账业务	2
2019-02-10	记-0016	300.00	购买办公室用品	增值税普通发票 5110267#	300.00	总账业务	1
2019-02-10	记-0017	46 118.00	现金存入银行	招行-现金单	46 118.00	总账业务	5
2019-02-10	记-0018	277 500.00	支付 2 月份租金	增值税专用发票 4230146# 招行-付款单-北平茂苑物业管理有限公司	277 500.00	总账业务	2
2019-02-17	记-0019	287 900.00	收到客房押金	收银员入账项目日报表	287 900.00	总账业务	7
2019-02-17	记-0020	47 718.00	退押金	附件见 0019#	47 718.00	总账业务	
2019-02-17	记-0021	305 594.00	02-11 至 02-17 收入	每日收入晨报表	305 594.00	总账业务	7
2019-02-17	记-0022	31 951.71	采购菜金	增值税专用发票 1145064#、1650243#、2860293#、2308552#、1202433# 昌盛销货单 1100359#、1100370#、1100381#、1100390#、1104001#、1104012#、1104023# 诚泰销货单 000696#、000709#、000718#、000729#、000735#、000748#、000759# 丰盛销货单 8 张 永盛销货单 110467#、110478#、110486#、110498#、110511#、110523#、110534# 仲祥销货单 11878956#、11878967#、11878978#、11878989#	31 951.71	总账业务	38

续表

业务日期	凭证号	凭证总金额	业务说明	附件明细		操作指导	附件单数
				票据	金额		
2019-02-17	记-0023	175 796.22	支付 1 月份工资	招行转账支票存根 招行-进账单	175 796.22	总账业务	2
2019-02-17	记-0024	58 932.90	支付 1 月份养老、医疗、失业保险	同城特约委托收款 01605073#	58 932.90	总账业务	1
2019-02-17	记-0025	2 417.76	支付 1 月份工伤、生育保险	同城特约委托收款 01605074#	2 417.76	总账业务	1
2019-02-17	记-0026	17 940.00	支付 1 月份住房公积金	同城特约委托收款 01605075#	17 940.00	总账业务	1
2019-02-17	记-0027	100.00	收到 1 月份短款赔偿款	华间国际酒店有限公司收据	100.00	总账业务	1
2019-02-17	记-0028	1 800.00	支付餐饮部消毒服务费	招行-付款回单-北平长谐企业管理服务有限公司 增值税普通发票 2225038#	1 800.00	总账业务	2
2019-02-17	记-0029	15 772.80	1 月份返佣金	增值税普通发票 4231054# 招行-付款单-北平易彩旅行社	15 772.80	总账业务	2
2019-02-17	记-0030	125 521.00	现金存入银行	招行-现金单	125 521.00	总账业务	5
2019-02-17	记-0031	1 711.68	缴纳个人所得税	地税单据	1 711.68	总账业务	1
2019-02-24	记-0032	231 700.00	收到客房押金	收银员入账项目日报表	231 700.00	总账业务	7
2019-02-24	记-0033	44 658.00	退押金	附件见 0032#	44 658.00	总账业务	
2019-02-24	记-0034	318 128.40	02-18 至 2-24 收入	每日收入晨报表	318 128.40	总账业务	7
2019-02-24	记-0035	29 559.15	采购菜金	增值税专用发票 2860314#、1650254#、1145075#、1202344# 增值税普通发票 2140123# 昌盛销货单 1104032#、1104044#、1104056#、1104066#、1104075#、1104086#、1104097# 诚泰销货单 000770#、000784#、000795#、000809#、000818#、000829#、000840# 丰盛销货单 8 张 永盛销货单 110556#、110571#、110585#、110597#、110609#、110615# 仲祥销货单 11878810#、11878822#	29 559.15	总账业务	35
2019-02-24	记-0036	134 493.00	现金存入银行	招行-现金单	134 493.00	总账业务	5
2019-02-24	记-0037	56.00	支付市内交通费	出租车发票	56.00	总账业务	1

续表

业务日期	凭证号	凭证总金额	业务说明	附件明细		操作指导	附件单数
				票据	金额		
2019-02-28	记-0038	26.50	支付银行手续费	招行-收费单-北平华问国际酒店有限公司 招行-收费单-北平华问国际酒店有限公司 招行-收费单-北平华问国际酒店有限公司	26.50	总账业务	3
2019-02-28	记-0039	102 900.00	收到客房押金	收银员入账项目日报表	102 900.00	总账业务	4
2019-02-28	记-0040	18 888.00	退押金	附件见 0039#	18 888.00	总账业务	
2019-02-28	记-0041	117 376.00	02-25 至 2-28 收入	每日收入晨报表	117 376.00	总账业务	4
2019-02-28	记-0042	7 211.66	采购菜金	增值税专用发票 1202356#、1145086#、1650265#、2860325# 昌盛销货单 1105016#、1105027#、1105039# 诚泰销货单 000855#、000867#、000876# 丰盛销货单 4 张 永盛销货单 110627#、110635#	7 211.66	总账业务	16
2019-02-28	记-0043	174 849.40	现金存入银行	招行-现金单	174 849.40	总账业务	5
2019-02-28	记-0044	8 934.62	支付 POS 机手续费	招行-收费回单-北平华问国际酒店有限公司	8 934.62	总账业务	1
2019-02-28	记-0045	24 696.00	支付 2 月份客房部洗涤费	增值税普通发票 2126049# 招行-付款回单-北平市玉洁洗涤有限公司	24 696.00	总账业务	2
2019-02-28	记-0046	4 900.00	支付 2 月份餐饮部清洗费	增值税普通发票 4264053# 招行-付款回单-奥康餐具清洁有限工资	4 900.00	总账业务	2
2019-02-28	记-0047	202 683.34	计提 2 月份工资	工资汇总表	202 683.34	总账业务	1
2019-02-28	记-0048	27 293.78	代扣个人所得税及社保费	附件见 0047#	27 293.78	总账业务	
2019-02-28	记-0049	30 222.00	计提养老保险	社会保险及住房公积金计算汇总表	30 222.00	总账业务	1
2019-02-28	记-0050	9 066.60	计提医疗保险	附件见 0049#	9 066.60	总账业务	
2019-02-28	记-0051	3 022.20	计提失业保险	附件见 0049#	3 022.20	总账业务	
2019-02-28	记-0052	1 208.88	计提工伤保险	附件见 0049#	1 208.88	总账业务	
2019-02-28	记-0053	1 208.88	计提生育保险	附件见 0049#	1 208.88	总账业务	
2019-02-28	记-0054	8 970.00	计提住房公积金	附件见 0049#	8 970.00	总账业务	
2019-02-28	记-0055	6 257.25	计提 2 月份水费	自制-水费分摊表	6 257.25	总账业务	1

续表

业务日期	凭证号	凭证总金额	业务说明	附件明细		操作指导	附件单数
				票据	金额		
2019-02-28	记-0056	64 013.38	计提 2 月份电费	自制-电费分摊表	64 013.38	总账业务	1
2019-02-28	记-0057	108 443.38	开办费摊销	—	108 443.38	总账业务	
2019-02-28	记-0058	94 192.69	结转餐饮部成本	盘点表	—	总账业务	3
				自制-结转餐饮部成本表	94 192.69		
2019-02-28	记-0059	17 427.30	结转商超部商品成本	自制-结转商超部商品成本表	17 427.30	总账业务	2
				北平华问国际酒店有限公司销货单	47 488.38		
2019-02-28	记-0060	47 954.90	计提折旧/摊销	自制-固定资产折旧表	47 954.90	资产业务	1
2019-02-28	记-0061	875 602.53	结转期间损益	—	875 602.53	总账业务	
2019-02-28	记-0062	901 156.72	结转期间损益	—	901 156.72	总账业务	

三、3月份经济业务

3 月份经济业务如表 4-3 所示。

表 4-3　　3 月份经济业务

业务日期	凭证号	凭证总金额	业务说明	附件明细		操作指导	附单据数
				票据	金额		
2019-03-10	记-0001	425 200.00	收到客房押金	收银员入账项目日报表	425 200.00	总账业务	10
2019-03-10	记-0002	68 614.00	退押金	附件见 0001#	68 614.00	总账业务	
2019-03-10	记-0003	486 036.60	03-01 至 03-10 收入	每日收入晨报表	486 036.60	总账业务	10
2019-03-10	记-0004	34154.71	采购菜金	增值税专用发票 1203214#、1146012#、1654611#、2860458#、2307361#	34 154.71	总账业务	43
				昌盛销货单 1105041#、1105042#、1105043#、1105052#、1105063#、1105075#、1105083#、1105092#、1106011#、1106023#、1106032#、1106041#			
				诚泰销货单 000888#、000897#、000902#、000913#、000924#、000935#、000946#、000957#、000968#			
				丰盛销货单 10 张			
				永盛销货单 110659#、110666#、110674#、110686#、110699#、110711#			
				仲祥销货单 11878882#			
2019-03-10	记-0005	176 656.00	现金存入银行	招行-现金单	176 656.00	总账业务	5
2019-03-10	记-0006	790.00	采购低耗品一批	增值税普通发票 2601090#	790.00	总账业务	1

续表

业务日期	凭证号	凭证总金额	业务说明	附件明细		操作指导	附单据数
				票据	金额		
2019-03-10	记-0007	113 363.83	支付货款	招行-付款单-北平昌盛食品有限公司	42 513.31	总账业务	5
				招行-付款单-北平仲祥商贸有限公司	6 047.49		
				招行-付款单-北平诚泰商贸有限公司	33 164.38		
				招行-付款单-北平永盛水产有限公司	12 688.32		
				招行-付款单-北平丰盛果蔬批发部	18 950.33		
2019-03-10	记-0008	32 850.30	商超部采购商品一批	增值税专用发票 1120987#	32 850.30	总账业务	4
				福泰瓷器销售单 0001205#、0001206#	—		
				招行-付款单-福泰日用瓷器有限公司	32 850.30		
2019-03-17	记-0009	316 700.00	收到客房押金	收银员入账项目日报表	316 700.00	总账业务	7
2019-03-17	记-0010	54 652.00	退押金	附件见 0008#	54 652.00	总账业务	
2019-03-17	记-0011	324 987.00	03-11 至 03-17 收入	每日收入晨报表	324 987.00	总账业务	7
2019-03-17	记-0012	21 630.69	采购菜金	增值税专用发票 1374214#、1148451#、1254821#、2860198#	21 630.69	总账业务	32
				昌盛销货单 1106052#、1106064#、1106075#、1106086#、1106095#、1107012#、1107023#			
				诚泰销货单 000979#、000985#、000996#、001009#、001019#、001035#、001046#			
				丰盛销货单 7 张			
				永盛销货单 110723#、110736#、110745#、110757#、110766#、110778#、110789#			
2019-03-17	记-0013	−6 257.25	冲销 2 月份计提水费	—	−6 257.25	总账业务	
2019-03-17	记-0014	7 320.98	支付及分摊 2 月份水费	增值税专用发票 2206847#	7 320.98	总账业务	2
				招行-付款单-北平水业集团有限责任公司	7 320.98		
2019-03-17	记-0015	−64 013.38	冲销 2 月份计提电费	—	−64 013.38	总账业务	
2019-03-17	记-0016	74 895.65	支付及分摊 2 月份电费	增值税专用发票 2160129#	74 895.65	总账业务	2
				招行-付款单-国家电网北平供电总公司	74 895.65		
2019-03-17	记-0017	280.00	购买办公用品	增值税普通发票 6201348#	280.00	总账业务	1
2019-03-17	记-0018	187 399.00	现金存入银行	招行-现金单	187 399.00	总账业务	5
2019-03-17	记-0019	277 500.00	支付 3 月份租金	增值税专用发票 4230173#	277 500.00	总账业务	2
				招行-付款单-北平茂苑物业管理有限公司	277 500.00		
2019-03-17	记-0020	175 389.56	支付 2 月份工资	招行-转账支票存根 02781357#	175 389.56	总账业务	2
				招行-进账单	175 389.56		

续表

业务日期	凭证号	凭证总金额	业务说明	附件明细		操作指导	附单据数
				票据	金额		
2019-03-17	记-0021	58 932.90	支付 2 月份养老、医疗、失业保险	同城特约委托收款 01605203#	58 932.90	总账业务	1
2019-03-17	记-0022	2 417.76	支付 2 月份工伤、生育保险	同城特约委托收款 01605204#	2 417.76	总账业务	1
2019-03-17	记-0023	17 940.00	支付住房公积金	同城特约委托收款 01605205#	17 940.00	总账业务	1
2019-03-17	记-0024	1 701.68	缴纳个人所得税	地税单据	1 701.68	总账业务	1
2019-03-24	记-0025	291 400.00	收到客房押金	收银员入账项目日报表	291 400.00	总账业务	7
2019-03-24	记-0026	49 502.00	退押金	附件见 0024#	49 502.00	总账业务	
2019-03-24	记-0027	344 934.00	03-18 至 03-24 收入	每日收入晨报表	344 934.00	总账业务	7
2019-03-24	记-0028	22 393.44	采购菜金	增值税专用发票 1363414#、1148312#、1641221#、3780278# 昌盛销货单 1107035#、1107047#、1107051#、1107065#、1107073#、1107086#、1107098# 诚泰销货单 001057#、001068#、001079#、001089#、001100#、001111#、001124# 丰盛销货单 7 张 永盛销货单 110794#、110808#、110821#、110836#、110850#	22 393.44	总账业务	30
2019-03-24	记-0029	179 617.00	现金存入银行	招行-现金单	179 617.00	总账业务	5
2019-03-31	记-0030	283 200.00	收到客房押金	收银员入账项目日报表	283 200.00	总账业务	7
2019-03-31	记-0031	47 824.00	退押金	附件见 0030#	47 824.00	总账业务	
2019-03-31	记-0032	298 943.00	03-25 至 03-31 收入	每日收入晨报表	298 943.00	总账业务	7
2019-03-31	记-0033	13 839.12	采购菜金	增值税专用发票 1363443#、1588312#、1742221#、3802638# 昌盛销货单 1108013#、1108025# 诚泰销货单 001135#、001146#、001157#、001168#、001179#、001190#、001208# 丰盛销货单 7 张 永盛销货单 110864#、110876#、110884#、110897#、110910#、110926	13 839.12	总账业务	26
2019-03-31	记-0034	165 707.00	现金存入银行	招行-现金单	165 707.00	总账业务	5

续表

业务日期	凭证号	凭证总金额	业务说明	附件明细		操作指导	附单据数
				票据	金额		
2019-03-31	记-0035	32.00	支付市内交通费	北平市国家税务局通用机打发票28102517#	32.00	总账业务	1
2019-03-31	记-0036	1 600.00	支付汽车加油费	北平市国家税务局通用机打发票10312019#	1 600.00	总账业务	1
2019-03-31	记-0037	27 342.00	支付3月份客房部洗涤费	增值税普通发票3127041#	27 342.00	总账业务	2
				招行-付款单-北平玉洁洗涤有限公司	27 342.00		
2019-03-31	记-0038	4 725.00	支付3月份餐饮部清洗费	增值税普通发票4157082#	4 725.00	总账业务	2
				招行-付款单-奥康餐具清洁有限公司	4 725.00		
2019-03-31	记-0039	21.00	支付银行手续费	招行收费回单	21.00	总账业务	2
2019-03-31	记-0040	13 408.71	支付POS机手续费	招行收费回单	13 408.71	总账业务	1
2019-03-31	记-0041	201 408.34	计提3月份工资	工资汇总表	201 408.34	总账业务	1
2019-03-31	记-0042	26 932.88	代扣个人应缴个人所得税、社会保险费、住房公积金	附件见0041#	26 932.88	总账业务	
2019-03-31	记-0043	29 784.00	计提本月基本养老保险	社会保险及住房公积金计算汇总表	29 784.00	总账业务	1
2019-03-31	记-0044	8 935.20	计提本月基本医疗保险	附件见0043#	8 935.20	总账业务	
2019-03-31	记-0045	2 978.40	计提本月失业保险	附件见0043#	2 978.40	总账业务	
2019-03-31	记-0046	1 191.36	计提本月工伤保险	附件见0043#	1 191.36	总账业务	
2019-03-31	记-0047	1 191.36	计提本月生育保险	附件见0043#	1 191.36	总账业务	
2019-03-31	记-0048	8 840.00	计提本月住房公积金	附件见0043#	8 840.00	总账业务	
2019-03-31	记-0049	6 927.71	计提3月份水费	自制-水费分摊表	6 927.71	总账业务	1
2019-03-31	记-0050	57 818.54	计提3月份电费	自制-电费分摊表	57 818.54	总账业务	1
2019-03-31	记-0051	108 443.38	开办费摊销	—	108 443.38	总账业务	
2019-03-31	记-0052	88 351.24	结转餐饮部成本	盘点表	—	总账业务	3
				自制-结转餐饮部成本表	88 351.24		
2019-03-31	记-0053	26 230.97	结转商超部商品成本	自制-结转商超部商品成本表	26 230.97	总账业务	2
				北平华问国际酒店有限公司销货单	70 303.08		

续表

业务日期	凭证号	凭证总金额	业务说明	附件明细		操作指导	附单据数
				票据	金额		
2019-03-31	记-0054	47 954.90	计提折旧/摊销	自制-固定资产折旧表	47 954.90	资产业务	1
2019-03-31	记-0055	1 365 252.14	结转期间损益	—	1 365 252.14	总账业务	
2019-03-31	记-0056	888 254.11	结转期间损益	—	888 254.11	总账业务	
2019-03-31	记-0057	75 692.51	计提所得税费用	—	75 692.51	总账业务	
2019-03-31	记-0058	75 692.51	结转期间损益	—	75 692.51	总账业务	

第五部分

实训任务导航

用友畅捷通 T+电算化实训任务导航			
课程名称	二维码	课程名称	二维码
实训一　系统档案设置　课时：1			
任务 1　新增用户并设置用户权限		任务 2　新增部门	
任务 3　新增员工		任务 4　新增科目	
实训二　资产业务处理　课时：1			
任务 1　完成固定资产相关的科目设置		任务 2　新增固定资产业务处理	
任务 3　固定资产折旧业务处理。			

续表

用友畅捷通 T+电算化实训任务导航			
课程名称	二维码	课程名称	二维码
实训三　会计账务处理　　课时：1			
任务 1　收入业务处理		任务 2　成本业务处理	
任务 3　其他业务处理			
实训四　财务期末业务的处理　　课时：1			
任务 1　凭证审核		任务 2　出纳签字	
任务 3　记账		任务 4　结转业务处理	
任务 5　对账、结账		任务 6　出具财务报表	
实训五　网上纳税申报　　课时：1			
任务 1　完成 12 月份网上纳税申报		任务 2　整理与装订凭证、报表及各项会计资料	

套书使用说明

本书可供学习者进行企业入职前的上岗学习，能帮助学习者尽快了解企业财务工作流程，掌握企业相关会计政策及财务相关文件。

在线视频使用方法

1. 扫描二维码，安装“随堂”APP 应用。

2. 普通用户注册登录“随堂”APP 后，在“我的”栏目里选择“我的支付”，填写随书配送刮刮卡的激活码（见本书封底，也可以凭刮刮卡号和密码直接登录），充值后可免费观看视频指导 1 个月（购买了会计实训数据资源包的用户可以登录后台 http://learn.huawn.com/teacher/，批量导入学生信息，即可开通“随堂”微课）。

“随堂”APP

3. 用“随堂”APP 扫描本书第五部分实训任务导航中各任务对应的二维码，即可对照视频内容进行相关业务操作。

增值服务获取方式

1. 模拟防伪税控开票系统、网上报税系统：登录 http://learn.huawn.com/student/，即可浏览到相关系统获取方式。

2. 会计电算化实训评分系统：购买配套数据资源包即可支持在线实训评分，该资源包支持用友畅捷通 T+、T3、U8 等平台产品。

产品服务咨询

配套产品咨询：010-62390139/62390138

华问服务热线：400-8605646

畅捷通咨询热线：400-6600566

实训 QQ 交流群：195557887

网址：www.huawn.com

华问教育官方微信

每日收入晨报

营业日期：2019-02-27 公司：华问国际酒店

房间收入

项目	房数			出租率			出租数			平均房价			房费收入		
	本日	本月	本年	本日	本月	本年	本日	本月	本年	本日	本月	本年	本日	本月	本年
豪华大床房	90	2430	4500	21.11%	21.44%	25.44%	19	521	1145	268.00	268.00	245.55	5092.00	139628.00	281152.00
豪华双人房	103	2781	5150	54.37%	61.92%	62.19%	56	1722	3203	238.00	238.00	227.12	13328.00	409836.00	727454.00
商务客房	16	432	800	18.75%	14.81%	13.75%	3	64	110	318.00	318.00	318.00	954.00	20352.00	34980.00
商务套房	6	162	300	33.33%	15.43%	13.00%	2	25	39	498.00	498.00	498.00	996.00	12450.00	19422.00
休闲客房															
休闲套房															
合计	215	5805	10750	37.21%	40.17%	41.83%	80	2332	4497	254.63	249.69	236.38	20370.00	582266.00	1063008.00

其它部门收入

部门资源	人数			人均消费			开台数			消费数			挂酒店帐		
	本日	本月	本年	本日	本月	本年	本日	本月	本年	本日	本月	本年	本日	本月	本年
餐饮大厅	80	2426	4399	60.60	73.47	67.31	10	319	568	4848.00	178246.00	296092.00	0	0	0
餐饮包厢			424			63.56			43			26951.00	0	0	0
餐饮小计	80	2426	4823	60.60	73.47	66.98	10	319	611	4848.00	178246.00	323043.00	0	0	0

客房其它收入

项目	本日	本月	本年	项目	本日	本月	本年	项目	本日	本月	本年
客房破损赔偿费				客房杂项				客房小商品		55561.40	191361.40
客房其它				客房其它服务费				客房其它折扣			
其它服务费（尾数）				其它折扣（尾数）				会议室收入			3000.00
休闲消费	3168.00	82632.00	184204.00	休闲包厢费				休闲服务费			
客房电话收入				公用电话收入				合计	3168.00	138193.40	378565.40
								酒店总收入	28386.00	898705.40	1764616.40

收款方式信息

项目	现金收入			POS收入			合计		
	本日	本月	本年	本日	本月	本年	本日	本月	本年
餐饮收入	1926.00	76608.00	143134.00	2922.00	101638.00	176674.00	4848.00	178246.00	319808.00
桑拿收入	3168.00	82632.00	153668.00	0.00	0.00	28776.00	3168.00	82632.00	182444.00
商超收入	0.00	55561.40	68041.40	0.00	0.00	123320.00	0.00	55561.40	191361.40
合计	5094.00	214801.40	364843.40	2922.00	101638.00	328770.00	8016.00	316439.40	693613.40

每日收入晨报

营业日期：2019-02-23 公司：华问国际酒店

房间收入

项目	房数			出租率			出租数			平均房价			房费收入		
	本日	本月	本年	本日	本月	本年	本日	本月	本年	本日	本月	本年	本日	本月	本年
豪华大床房	90	2070	4140	28.89%	21.64%	25.89%	26	448	1072	268.00	268.00	244.02	6968.00	120064.00	261588.00
豪华双人房	103	2369	4738	83.50%	62.09%	62.30%	86	1471	2952	238.00	238.00	226.19	20468.00	350098.00	667716.00
商务客房	16	368	736	31.25%	14.13%	13.32%	5	52	98	318.00	318.00	318.00	1590.00	16536.00	31164.00
商务套房	6	138	276	33.33%	15.94%	13.04%	2	22	36	498.00	498.00	498.00	996.00	10956.00	17928.00
休闲客房															
休闲套房															
合计	215	4945	9890	55.35%	40.30%	42.04%	119	1993	4158	252.29	249.70	235.30	30022.00	497654.00	978396.00

其它部门收入

部门资源	人数			人均消费			开台数			消费数			挂酒店帐		
	本日	本月	本年	本日	本月	本年	本日	本月	本年	本日	本月	本年	本日	本月	本年
餐饮大厅	148	2110	4083	91.09	73.91	67.06	19	277	526	13481.00	155941.00	273787.00	0	0	0
餐饮包厢			424			63.56			43			26951.00	0	0	0
餐饮小计	148	2110	4507	91.09	73.91	66.73	19	277	569	13481.00	155941.00	300738.00	0	0	0

客房其它收入

项目	本日	本月	本年	项目	本日	本月	本年	项目	本日	本月	本年
客房破损赔偿费				客房杂项				客房小商品			135800.00
客房其它				客房其它服务费				客房其它折扣			
其它服务费（尾数）				其它折扣（尾数）				会议室收入			3000.00
休闲消费	3520.00	70400.00	171972.00	休闲包厢费				休闲服务费			
客房电话收入				公用电话收入				合计	3520.00	70400.00	310772.00
								酒店总收入	47023.00	723995.00	1589906.00

收款方式信息

项目	现金收入			POS收入			合计		
	本日	本月	本年	本日	本月	本年	本日	本月	本年
餐饮收入	3182.00	64302.00	130828.00	10299.00	91639.00	166675.00	13481.00	155941.00	297503.00
桑拿收入	3520.00	70400.00	141436.00	0.00	0.00	28776.00	3520.00	70400.00	170212.00
商超收入	0.00	P	12480.00	0.00	0.00	123320.00	0.00	#VALUE!	135800.00
合计	6702.00	134702.00	284744.00	10299.00	91639.00	318771.00	17001.00	226341.00	603515.00

每日收入晨报

营业日期：2019-02-26 公司：华问国际酒店

房间收入

项目	房数			出租率			出租数			平均房价			房费收入		
	本日	本月	本年	本日	本月	本年	本日	本月	本年	本日	本月	本年	本日	本月	本年
豪华大床房	90	2340	4410	22.22%	21.45%	25.53%	20	502	1126	268.00	268.00	245.17	5360.00	134536.00	276060.00
豪华双人房	103	2678	5047	48.54%	62.21%	62.35%	50	1666	3147	238.00	238.00	226.92	11900.00	396508.00	714126.00
商务客房	16	416	784	25.00%	14.66%	13.65%	4	61	107	318.00	318.00	318.00	1272.00	19398.00	34026.00
商务套房	6	156	294	0.00%	14.74%	12.59%	0	23	37	498.00	498.00	498.00	0.00	11454.00	18426.00
休闲客房															
休闲套房															
合计	215	5590	10535	34.42%	40.29%	41.93%	74	2252	4417	250.43	249.51	236.05	18532.00	561896.00	1042638.00

其它部门收入

部门资源	人数			人均消费			开台数			消费数			挂酒店帐		
	本日	本月	本年	本日	本月	本年	本日	本月	本年	本日	本月	本年	本日	本月	本年
餐饮大厅	80	2346	4319	56.81	73.91	67.43	10	309	558	4545.00	173398.00	291244.00	0	0	0
餐饮包厢			424			63.56			43			26951.00	0	0	0
餐饮小计	80	2346	4743	56.81	73.91	67.09	10	309	601	4545.00	173398.00	318195.00	0	0	0

客房其它收入

项目	本日	本月	本年	项目	本日	本月	本年	项目	本日	本月	本年
客房破损赔偿费				客房杂项				客房小商品		55561.40	191361.40
客房其它				客房其它服务费				客房其它折扣			
其它服务费（尾数）				其它折扣（尾数）				会议室收入			3000.00
休闲消费	2904.00	79464.00	181036.00	休闲包厢费				休闲服务费			
客房电话收入				公用电话收入				合计	2904.00	135025.40	375397.40
								酒店总收入	25981.00	870319.40	1736230.40

收款方式信息

项目	现金收入			POS收入			合计		
	本日	本月	本年	本日	本月	本年	本日	本月	本年
餐饮收入	2655.00	74682.00	141208.00	1890.00	98716.00	173752.00	4545.00	173398.00	314960.00
桑拿收入	2904.00	79464.00	150500.00	0.00	0.00	28776.00	2904.00	79464.00	179276.00
商超收入	0.00	55561.40	68041.40	0.00	0.00	123320.00	0.00	55561.40	191361.40
合计	5559.00	209707.40	359749.40	1890.00	98716.00	325848.00	7449.00	308423.40	685597.40

每日收入晨报

营业日期：2019-02-02 公司：华问国际酒店

房间收入

项目	房数			出租率			出租数			平均房价			房费收入		
	本日	本月	本年	本日	本月	本年	本日	本月	本年	本日	本月	本年	本日	本月	本年
豪华大床房	90	180	2250	7.78%	7.22%	28.31%	7	13	637	268.00	268.00	227.64	1876.00	3484.00	145008.00
豪华双人房	103	206	2575	52.43%	51.46%	61.63%	54	106	1587	238.00	238.00	216.03	12852.00	25228.00	342846.00
商务客房	16	32	400	6.25%	9.38%	12.25%	1	3	49	318.00	318.00	318.00	318.00	954.00	15582.00
商务套房	6	12	150	16.67%	16.67%	10.67%	1	2	16	498.00	498.00	498.00	498.00	996.00	7968.00
休闲客房															
休闲套房															
合计	215	430	5375	29.30%	28.84%	42.59%	63	124	2289	246.73	247.27	223.42	15544.00	30662.00	511404.00

其它部门收入

部门资源	人数			人均消费			开台数			消费数			挂酒店帐		
	本日	本月	本年	本日	本月	本年	本日	本月	本年	本日	本月	本年	本日	本月	本年
餐饮大厅	63	127	2100	73.95	65.73	59.76	10	18	267	4659.00	8348.00	126194.00	0	0	0
餐饮包厢			424			68.13			43			26951.00	0	0	0
餐饮小计	64	517	2524	73.95	68.28	61.17	10	57	310	4659.00	8348.00	153145.00	0	0	0

客房其它收入

项目	本日	本月	本年	项目	本日	本月	本年	项目	本日	本月	本年
客房破损赔偿费				客房杂项				客房商品			135800.00
客房其它				客房其它服务费				客房其它折扣			
其它服务费（尾数）				其它折扣（尾数）				会议室收入			3000.00
休闲消费	2816.00	5456.00	107028.00	休闲包厢费				休闲服务费			
客房电话收入				公用电话收入				合计	2816.00	5456.00	245828.00
								酒店总收入	23019.00	44466.00	910377.00

收款方式信息

项目	现金收入			POS收入			合计		
	本日	本月	本年	本日	本月	本年	本日	本月	本年
餐饮收入	2207.00	4579.00	71105.00	2452.00	3769.00	78805.00	4659.00	8348.00	149910.00
桑拿收入	2816.00	5456.00	76492.00	0.00	0.00	28776.00	2816.00	5456.00	105268.00
商超收入	0.00	0.00	12480.00	0.00	0.00	123320.00	0.00	0.00	135800.00
合计	5023.00	10035.00	160077.00	2452.00	3769.00	230901.00	7475.00	13804.00	390978.00

每日收入晨报

营业日期：2019-02-05 公司：华问国际酒店

房间收入

项目	房数			出租率			出租数			平均房价			房费收入		
	本日	本月	本年	本日	本月	本年	本日	本月	本年	本日	本月	本年	本日	本月	本年
豪华大床房	90	450	2520	0.00%	3.78%	25.44%	0	17	641	268.00	268.00	227.89	0.00	4556.00	146080.00
豪华双人房	103	515	2884	5.83%	30.87%	56.87%	6	159	1640	238.00	238.00	216.74	1428.00	37842.00	355460.00
商务客房	16	80	448	0.00%	3.75%	10.94%	0	3	49	318.00	318.00	318.00	0.00	954.00	15582.00
商务套房	6	30	168	0.00%	6.67%	9.52%	0	2	16	498.00	498.00	498.00	0.00	996.00	7968.00
休闲客房															
休闲套房															
合计	215	1075	6020	2.79%	16.84%	38.97%	6	181	2346	238.00	245.02	223.82	1428.00	44348.00	525090.00

其它部门收入

部门资源	人数			人均消费			开台数			消费数			挂酒店帐		
	本日	本月	本年	本日	本月	本年	本日	本月	本年	本日	本月	本年	本日	本月	本年
餐饮大厅	81	432	2405	67.23	76.93	69.16	11	58	307	5446.00	33233.00	151079.00	0	0	0
餐饮包厢			424			68.13			43			26951.00	0	0	0
餐饮小计	81	432	2829	67.23	76.93	69.01	11	58	350	5446.00	33233.00	178030.00	0	0	0

客房其它收入

项目	本日	本月	本年	项目	本日	本月	本年	项目	本日	本月	本年
客房破损赔偿费				客房杂项				客房商品			135800.00
客房其它				客房其它服务费				客房其它折扣			
其它服务费（尾数）				其它折扣（尾数）				会议室收入			3000.00
休闲消费	2728.00	13816.00	115388.00	休闲包厢费				休闲服务费			
客房电话收入				公用电话收入				合计	2728.00	13816.00	254188.00
								酒店总收入	9602.00	91397.00	957308.00

收款方式信息

项目	现金收入			POS收入			合计		
	本日	本月	本年	本日	本月	本年	本日	本月	本年
餐饮收入	3310.00	14056.00	80582.00	2136.00	19177.00	94213.00	5446.00	33233.00	174795.00
桑拿收入	2728.00	13816.00	84852.00	0.00	0.00	28776.00	2728.00	13816.00	113628.00
商超收入	0.00	0.00	12480.00	0.00	0.00	123320.00	0.00	0.00	135800.00
合计	6038.00	27872.00	177914.00	2136.00	19177.00	246309.00	8174.00	47049.00	424223.00

每日收入晨报

营业日期：2019-02-17 公司：华问国际酒店

房间收入

项目	房数			出租率			出租数			平均房价			房费收入		
	本日	本月	本年	本日	本月	本年	本日	本月	本年	本日	本月	本年	本日	本月	本年
豪华大床房	90	1530	3600	50.00%	20.46%	26.03%	45	313	937	268.00	268.00	240.56	12060.00	83884.00	225408.00
豪华双人房	103	1751	4120	99.03%	55.91%	59.71%	102	979	2460	238.00	238.00	223.83	24276.00	233002.00	550620.00
商务客房	16	272	640	18.75%	11.03%	11.88%	3	30	76	318.00	318.00	318.00	954.00	9540.00	24168.00
商务套房	6	102	240	33.33%	13.73%	11.67%	2	14	28	498.00	498.00	498.00	996.00	6972.00	13944.00
休闲客房															
休闲套房															
合计	215	3655	8600	70.70%	36.55%	40.71%	152	1336	3501	251.88	249.55	232.54	38286.00	333398.00	814140.00

其它部门收入

部门资源	人数			人均消费			开台数			消费数			挂酒店帐		
	本日	本月	本年	本日	本月	本年	本日	本月	本年	本日	本月	本年	本日	本月	本年
餐饮大厅	87	1514	3487	60.08	74.80	66.27	12	195	444	5227.00	113244.00	231090.00	0	0	0
餐饮包厢			424			63.56			43			26951.00	0	0	0
餐饮小计	87	1514	3911	60.08	74.80	65.98	12	195	487	5227.00	113244.00	258041.00	0	0	0

客房其它收入

项目	本日	本月	本年	项目	本日	本月	本年	项目	本日	本月	本年
客房破损赔偿费				客房杂项				客房小商品			135800.00
客房其它				客房其它服务费				客房其它折扣			
其它服务费（尾数）				其它折扣（尾数）				会议室收入			3000.00
休闲消费	3520.00	51216.00	152788.00	休闲包厢费				休闲服务费			
客房电话收入				公用电话收入				合计	3520.00	51216.00	291588.00
								酒店总收入	47033.00	497858.00	1363769.00

收款方式信息

项目	现金收入			POS收入			合计		
	本日	本月	本年	本日	本月	本年	本日	本月	本年
餐饮收入	2363.00	47857.00	114383.00	2864.00	65387.00	140423.00	5227.00	113244.00	254806.00
桑拿收入	3520.00	51216.00	122252.00	0.00	0.00	28776.00	3520.00	51216.00	151028.00
商超收入	0.00	0.00	12480.00	0.00	0.00	123320.00	0.00	0.00	135800.00
合计	5883.00	99073.00	249115.00	2864.00	65387.00	292519.00	8747.00	164460.00	541634.00

每日收入晨报

营业日期:2019-02-14 公司:华问国际酒店

房间收入

项目	房数			出租率			出租数			平均房价			房费收入		
	本日	本月	本年	本日	本月	本年	本日	本月	本年	本日	本月	本年	本日	本月	本年
豪华大床房	90	1260	3330	64.44%	16.98%	25.17%	58	214	838	268.00	268.00	237.32	15544.00	57352.00	198876.00
豪华双人房	103	1442	3811	95.15%	47.09%	56.68%	98	679	2160	238.00	238.00	221.86	23324.00	161602.00	479220.00
商务客房	16	224	592	31.25%	8.93%	11.15%	5	20	66	318.00	318.00	318.00	1590.00	6360.00	20988.00
商务套房	6	84	222	50.00%	13.10%	11.26%	3	11	25	498.00	498.00	498.00	1494.00	5478.00	12450.00
休闲客房															
休闲套房															
合计	215	3010	7955	76.28%	30.70%	38.83%	164	924	3089	255.80	249.77	230.34	41952.00	230792.00	711534.00

其它部门收入

部门资源	人数			人均消费			开台数			消费数			挂酒店帐		
	本日	本月	本年	本日	本月	本年	本日	本月	本年	本日	本月	本年	本日	本月	本年
餐饮大厅	80	1211	3184	62.35	75.54	65.74	10	156	405	4988.00	91473.00	209319.00	0	0	0
餐饮包厢			424			63.56			43			26951.00	0	0	0
餐饮小计	80	1211	3608	62.35	75.54	65.49	10	156	448	4988.00	91473.00	236270.00	0	0	0

客房其它收入

项目	本日	本月	本年	项目	本日	本月	本年	项目	本日	本月	本年
客房破损赔偿费				客房杂项				客房小商品			135800.00
客房其它				客房其它服务费				客房其它折扣			
其它服务费（尾数）				其它折扣（尾数）				会议室收入			3000.00
休闲消费	3168.00	40832.00	142404.00	休闲包厢费				休闲服务费			
客房电话收入				公用电话收入				合计	3168.00	40832.00	281204.00
								酒店总收入	50108.00	363097.00	1229008.00

收款方式信息

项目	现金收入			POS收入			合计		
	本日	本月	本年	本日	本月	本年	本日	本月	本年
餐饮收入	2808.00	40335.00	106861.00	2180.00	51138.00	126174.00	4988.00	91473.00	233035.00
桑拿收入	3168.00	40832.00	111868.00	0.00	0.00	28776.00	3168.00	40832.00	140644.00
商超收入	0.00	0.00	12480.00	0.00	0.00	123320.00	0.00	0.00	135800.00
合计	5976.00	81167.00	231209.00	2180.00	51138.00	278270.00	8156.00	132305.00	509479.00

每日收入晨报

营业日期：2019-02-01 公司：华问国际酒店

房间收入

项目	房数			出租率			出租数			平均房价			房费收入		
	本日	本月	本年	本日	本月	本年	本日	本月	本年	本日	本月	本年	本日	本月	本年
豪华大床房	90	90	2160	6.67%	6.67%	29.17%	6	6	630	268.00	268.00	227.19	1608.00	1608.00	143132.00
豪华双人房	103	103	2472	50.49%	50.49%	62.01%	52	52	1533	238.00	238.00	215.26	12376.00	12376.00	329994.00
商务客房	16	16	384	12.50%	12.50%	12.50%	2	2	48	318.00	318.00	318.00	636.00	636.00	15264.00
商务套房	6	6	144	16.67%	16.67%	10.42%	1	1	15	498.00	498.00	498.00	498.00	498.00	7470.00
休闲客房															
休闲套房															
合计	215	215	5160	28.37%	28.37%	43.14%	61	61	2226	247.84	247.84	222.76	15118.00	15118.00	495860.00

其它部门收入

部门资源	人数			人均消费			开台数			消费数			挂酒店帐		
	本日	本月	本年	本日	本月	本年	本日	本月	本年	本日	本月	本年	本日	本月	本年
餐饮大厅	64	64	2037	57.64	57.64	59.32	8	8	257	3689.00	3689.00	121535.00	0	0	0
餐饮包厢			424			68.13			43			26951.00	0	0	0
餐饮小计	64	454	2461	57.64	67.49	60.84	8	47	300	3689.00	3689.00	148486.00	0	0	0

客房其它收入

项目	本日	本月	本年	项目	本日	本月	本年	项目	本日	本月	本年
客房破损赔偿费				客房杂项				客房商品			135800.00
客房其它				客房其它服务费				客房其它折扣			
其它服务费（尾数）				其它折扣（尾数）				会议室收入			3000.00
休闲消费	2640.00	2640.00	104212.00	休闲包厢费				休闲服务费			
客房电话收入				公用电话收入				合计	2640.00	2640.00	243012.00
								酒店总收入	21447.00	21447.00	887358.00

收款方式信息

项目	现金收入			POS收入			合计		
	本日	本月	本年	本日	本月	本年	本日	本月	本年
餐饮收入	2372.00	2372.00	68898.00	1317.00	1317.00	76353.00	3689.00	3689.00	145251.00
桑拿收入	2640.00	2640.00	73676.00	0.00	0.00	28776.00	2640.00	2640.00	102452.00
商超收入	0.00	0.00	12480.00	0.00	0.00	123320.00	0.00	0.00	135800.00
合计	5012.00	5012.00	155054.00	1317.00	1317.00	228449.00	6329.00	6329.00	383503.00

每日收入晨报

营业日期:2019-02-24 公司:华问国际酒店

房间收入

项目	房数			出租率			出租数			平均房价			房费收入		
	本日	本月	本年	本日	本月	本年	本日	本月	本年	本日	本月	本年	本日	本月	本年
豪华大床房	90	2160	4230	21.11%	21.62%	25.79%	19	467	1091	268.00	268.00	244.44	5092.00	125156.00	266680.00
豪华双人房	103	2472	4841	75.73%	62.66%	62.59%	78	1549	3030	238.00	238.00	226.50	18564.00	368662.00	686280.00
商务客房	16	384	752	18.75%	14.32%	13.43%	3	55	101	318.00	318.00	318.00	954.00	17490.00	32118.00
商务套房	6	144	282	16.67%	15.97%	13.12%	1	23	37	498.00	498.00	498.00	498.00	11454.00	18426.00
休闲客房															
休闲套房															
合计	215	5160	10105	46.98%	40.58%	42.15%	101	2094	4259	248.59	249.65	235.62	25108.00	522762.00	1003504.00

其它部门收入

部门资源	人数			人均消费			开台数			消费数			挂酒店帐		
	本日	本月	本年	本日	本月	本年	本日	本月	本年	本日	本月	本年	本日	本月	本年
餐饮大厅	86	2196	4169	93.79	74.68	67.61	12	289	538	8066.00	164007.00	281853.00	0	0	0
餐饮包厢			424			63.56			43			26951.00	0	0	0
餐饮小计	86	2196	4593	93.79	74.68	67.23	12	289	581	8066.00	164007.00	308804.00	0	0	0

客房其它收入

项目	本日	本月	本年	项目	本日	本月	本年	项目	本日	本月	本年
客房破损赔偿费				客房杂项				客房小商品	55561.40	55561.40	191361.40
客房其它				客房其它服务费				客房其它折扣			
其它服务费（尾数）				其它折扣（尾数）				会议室收入			3000.00
休闲消费	3256.00	73656.00	175228.00	休闲包厢费				休闲服务费			
客房电话收入				公用电话收入				合计	58817.40	129217.40	369589.40
								酒店总收入	91991.40	815986.40	1681897.40

收款方式信息

项目	现金收入			POS收入			合计		
	本日	本月	本年	本日	本月	本年	本日	本月	本年
餐饮收入	5452.00	69754.00	136280.00	2614.00	94253.00	169289.00	8066.00	164007.00	305569.00
桑拿收入	3256.00	73656.00	144692.00	0.00	0.00	28776.00	3256.00	73656.00	173468.00
商超收入	55561.40	55561.40	68041.40	0.00	0.00	123320.00	55561.40	55561.40	191361.40
合计	64269.40	198971.40	349013.40	2614.00	94253.00	321385.00	66883.40	293224.40	670398.40

每日收入晨报

营业日期：2019-02-28 公司：华问国际酒店

房间收入

项目	房数			出租率			出租数			平均房价			房费收入		
	本日	本月	本年	本日	本月	本年	本日	本月	本年	本日	本月	本年	本日	本月	本年
豪华大床房	90	2520	4590	25.56%	21.59%	25.45%	23	544	1168	268.00	268.00	245.99	6164.00	145792.00	287316.00
豪华双人房	103	2884	5253	60.19%	61.86%	62.15%	62	1784	3265	238.00	238.00	227.32	14756.00	424592.00	742210.00
商务客房	16	448	816	50.00%	16.07%	14.46%	8	72	118	318.00	318.00	318.00	2544.00	22896.00	37524.00
商务套房	6	168	306	50.00%	16.67%	13.73%	3	28	42	498.00	498.00	498.00	1494.00	13944.00	20916.00
休闲客房															
休闲套房															
合计	215	6020	10965	44.65%	40.33%	41.89%	96	2428	4593	259.98	250.09	236.87	24958.00	607224.00	1087966.00

其它部门收入

部门资源	人数			人均消费			开台数			消费数			挂酒店帐		
	本日	本月	本年	本日	本月	本年	本日	本月	本年	本日	本月	本年	本日	本月	本年
餐饮大厅	88	2514	4487	72.22	73.43	67.41	11	330	579	6355.00	184601.00	302447.00	0	0	0
餐饮包厢			424			63.56			43			26951.00	0	0	0
餐饮小计	88	2514	4911	72.22	73.43	67.07	11	330	622	6355.00	184601.00	329398.00	0	0	0

客房其它收入

项目	本日	本月	本年	项目	本日	本月	本年	项目	本日	本月	本年
客房破损赔偿费				客房杂项				客房小商品		55561.40	191361.40
客房其它				客房其它服务费				客房其它折扣			
其它服务费（尾数）				其它折扣（尾数）				会议室收入			3000.00
休闲消费	3344.00	85976.00	187548.00	休闲包厢费				休闲服务费			
客房电话收入				公用电话收入				合计	3344.00	141537.40	381909.40
								酒店总收入	34657.00	933362.40	1799273.40

收款方式信息

项目	现金收入			POS收入			合计		
	本日	本月	本年	本日	本月	本年	本日	本月	本年
餐饮收入	3562.00	80170.00	146696.00	2793.00	104431.00	179467.00	6355.00	184601.00	326163.00
桑拿收入	3344.00	85976.00	157012.00	0.00	0.00	28776.00	3344.00	85976.00	185788.00
商超收入	0.00	55561.40	68041.40	0.00	0.00	123320.00	0.00	55561.40	191361.40
合计	6906.00	221707.40	371749.40	2793.00	104431.00	331563.00	9699.00	326138.40	703312.40

每日收入晨报

营业日期：2019-02-20 公司：华问国际酒店

房间收入

项目	房数			出租率			出租数			平均房价			房费收入		
	本日	本月	本年	本日	本月	本年	本日	本月	本年	本日	本月	本年	本日	本月	本年
豪华大床房	90	1800	3870	20.00%	21.00%	25.89%	18	378	1002	268.00	268.00	242.34	4824.00	101304.00	242828.00
豪华双人房	103	2060	4429	73.79%	60.05%	61.37%	76	1237	2718	238.00	238.00	225.17	18088.00	294406.00	612024.00
商务客房	16	320	688	18.75%	13.44%	12.94%	3	43	89	318.00	318.00	318.00	954.00	13674.00	28302.00
商务套房	6	120	258	0.00%	15.00%	12.40%	0	18	32	498.00	498.00	498.00	0.00	8964.00	15936.00
休闲客房															
休闲套房															
合计	215	4300	9245	45.12%	38.98%	41.55%	97	1676	3841	246.04	249.61	234.08	23866.00	418348.00	899090.00

其它部门收入

部门资源	人数			人均消费			开台数			消费数			挂酒店帐		
	本日	本月	本年	本日	本月	本年	本日	本月	本年	本日	本月	本年	本日	本月	本年
餐饮大厅	81	1760	3733	72.78	72.56	65.78	11	231	480	5895.00	127712.00	245558.00	0	0	0
餐饮包厢			424			63.56			43			26951.00	0	0	0
餐饮小计	81	1760	4157	72.78	72.56	65.55	11	231	523	5895.00	127712.00	272509.00	0	0	0

客房其它收入

项目	本日	本月	本年	项目	本日	本月	本年	项目	本日	本月	本年
客房破损赔偿费				客房杂项				客房小商品			135800.00
客房其它				客房其它服务费				客房其它折扣			
其它服务费（尾数）				其它折扣（尾数）				会议室收入			3000.00
休闲消费	3168.00	60368.00	161940.00	休闲包厢费				休闲服务费			
客房电话收入				公用电话收入				合计	3168.00	60368.00	300740.00
								酒店总收入	32929.00	606428.00	1472339.00

收款方式信息

项目	现金收入			POS收入			合计		
	本日	本月	本年	本日	本月	本年	本日	本月	本年
餐饮收入	4071.00	57493.00	124019.00	1824.00	70219.00	145255.00	5895.00	127712.00	269274.00
桑拿收入	3168.00	60368.00	131404.00	0.00	0.00	28776.00	3168.00	60368.00	160180.00
商超收入	0.00	0.00	12480.00	0.00	0.00	123320.00	0.00	0.00	135800.00
合计	7239.00	117861.00	267903.00	1824.00	70219.00	297351.00	9063.00	188080.00	565254.00

每日收入晨报

营业日期：2019-02-22 公司：华问国际酒店

房间收入

项目	房数			出租率			出租数			平均房价			房费收入		
	本日	本月	本年	本日	本月	本年	本日	本月	本年	本日	本月	本年	本日	本月	本年
豪华大床房	90	1980	4050	26.67%	21.31%	25.83%	24	422	1046	268.00	268.00	243.42	6432.00	113096.00	254620.00
豪华双人房	103	2266	4635	77.67%	61.12%	61.83%	80	1385	2866	238.00	238.00	225.84	19040.00	329630.00	647248.00
商务客房	16	352	720	12.50%	13.35%	12.92%	2	47	93	318.00	318.00	318.00	636.00	14946.00	29574.00
商务套房	6	132	270	33.33%	15.15%	12.59%	2	20	34	498.00	498.00	498.00	996.00	9960.00	16932.00
休闲客房															
休闲套房															
合计	215	4730	9675	50.23%	39.62%	41.75%	108	1874	4039	250.96	249.54	234.80	27104.00	467632.00	948374.00

其它部门收入

部门资源	人数			人均消费			开台数			消费数			挂酒店帐		
	本日	本月	本年	本日	本月	本年	本日	本月	本年	本日	本月	本年	本日	本月	本年
餐饮大厅	128	1962	3935	75.07	72.61	66.15	16	258	507	9609.00	142460.00	260306.00	0	0	0
餐饮包厢			424			63.56			43			26951.00	0	0	0
餐饮小计	128	1962	4359	75.07	72.61	65.90	16	258	550	9609.00	142460.00	287257.00	0	0	0

客房其它收入

项目	本日	本月	本年	项目	本日	本月	本年	项目	本日	本月	本年
客房破损赔偿费				客房杂项				客房小商品			135800.00
客房其它				客房其它服务费				客房其它折扣			
其它服务费（尾数）				其它折扣（尾数）				会议室收入			3000.00
休闲消费	3432.00	66880.00	168452.00	休闲包厢费				休闲服务费			
客房电话收入				公用电话收入				合计	3432.00	66880.00	307252.00
								酒店总收入	40145.00	676972.00	1542883.00

收款方式信息

项目	现金收入			POS收入			合计		
	本日	本月	本年	本日	本月	本年	本日	本月	本年
餐饮收入	1116.00	61120.00	127646.00	8493.00	81340.00	156376.00	9609.00	142460.00	284022.00
桑拿收入	3432.00	66880.00	137916.00	0.00	0.00	28776.00	3432.00	66880.00	166692.00
商超收入	0.00	0.00	12480.00	0.00	0.00	123320.00	0.00	0.00	135800.00
合计	4548.00	128000.00	278042.00	8493.00	81340.00	308472.00	13041.00	209340.00	586514.00

每日收入晨报

营业日期：2019-02-09 公司：华问国际酒店

房间收入

项目	房数			出租率			出租数			平均房价			房费收入		
	本日	本月	本年	本日	本月	本年	本日	本月	本年	本日	本月	本年	本日	本月	本年
豪华大床房	90	810	2880	6.67%	4.32%	22.88%	6	35	659	268.00	268.00	228.99	1608.00	9380.00	150904.00
豪华双人房	103	927	3296	40.78%	27.72%	52.73%	42	257	1738	238.00	238.00	217.94	9996.00	61166.00	378784.00
商务客房	16	144	512	6.25%	3.47%	9.96%	1	5	51	318.00	318.00	318.00	318.00	1590.00	16218.00
商务套房	6	54	192	16.67%	5.56%	8.85%	1	3	17	498.00	498.00	498.00	498.00	1494.00	8466.00
休闲客房															
休闲套房															
合计	215	1935	6880	23.26%	15.50%	35.83%	50	300	2465	248.40	245.43	224.90	12420.00	73630.00	554372.00

其它部门收入

部门资源	人数			人均消费			开台数			消费数			挂酒店帐		
	本日	本月	本年	本日	本月	本年	本日	本月	本年	本日	本月	本年	本日	本月	本年
餐饮大厅	80	736	2709	75.20	73.94	63.59	10	96	345	6016.00	54417.00	172263.00	0	0	0
餐饮包厢			424			63.56			43			26951.00	0	0	0
餐饮小计	80	736	3133	75.20	73.94	63.59	10	96	388	6016.00	54417.00	199214.00	0	0	0

客房其它收入

项目	本日	本月	本年	项目	本日	本月	本年	项目	本日	本月	本年
客房破损赔偿费				客房杂项				客房小商品			135800.00
客房其它				客房其它服务费				客房其它折扣			
其它服务费（尾数）				其它折扣（尾数）				会议室收入			3000.00
休闲消费	3080.00	25344.00	126916.00	休闲包厢费				休闲服务费			
客房电话收入				公用电话收入				合计	3080.00	25344.00	265716.00
								酒店总收入	21516.00	153391.00	1019302.00

收款方式信息

项目	现金收入			POS收入			合计		
	本日	本月	本年	本日	本月	本年	本日	本月	本年
餐饮收入	1900.00	23677.00	90203.00	4116.00	30740.00	105776.00	6016.00	54417.00	195979.00
桑拿收入	3080.00	25344.00	96380.00	0.00	0.00	28776.00	3080.00	25344.00	125156.00
商超收入	0.00	0.00	12480.00	0.00	0.00	123320.00	0.00	0.00	135800.00
合计	4980.00	49021.00	199063.00	4116.00	30740.00	257872.00	9096.00	79761.00	456935.00

每日收入晨报

营业日期：2019-02-07 公司：华问国际酒店

房间收入

项目	房数			出租率			出租数			平均房价			房费收入		
	本日	本月	本年	本日	本月	本年	本日	本月	本年	本日	本月	本年	本日	本月	本年
豪华大床房	90	630	2700	4.44%	3.65%	23.96%	4	23	647	268.00	268.00	228.27	1072.00	6164.00	147688.00
豪华双人房	103	721	3090	17.48%	25.94%	53.98%	18	187	1668	238.00	238.00	217.10	4284.00	4506.00	362124.00
商务客房	16	112	480	0.00%	2068.00%	10.21%	0	3	49	318.00	318.00	318.00	0.00	954.00	15582.00
商务套房	6	42	180	0.00%	4.76%	8.89%	0	2	16	498.00	498.00	498.00	0.00	996.00	7968.00
休闲客房															
休闲套房															
合计	215	1505	6450	10.23%	14.29%	36.90%	22	215	2380	243.45	244.74	224.10	5356.00	52620.00	533362.00

其它部门收入

部门资源	人数			人均消费			开台数			消费数			挂酒店帐		
	本日	本月	本年	本日	本月	本年	本日	本月	本年	本日	本月	本年	本日	本月	本年
餐饮大厅	64	576	2549	73.14	74.15	68.97	8	76	325	4681.00	42710.00	160556.00	0	0	0
餐饮包厢			424			68.13			43			26951.00	0	0	0
餐饮小计	64	576	2973	73.14	74.15	68.85	8	76	368	4681.00	42710.00	187507.00	0	0	0

客房其它收入

项目	本日	本月	本年	项目	本日	本月	本年	项目	本日	本月	本年
客房破损赔偿费				客房杂项				客房商品			135800.00
客房其它				客房其它服务费				客房其它折扣			
其它服务费（尾数）				其它折扣（尾数）				会议室收入			3000.00
休闲消费	2640.00	19448.00	121020.00	休闲包厢费				休闲服务费			
客房电话收入				公用电话收入				合计	2640.00	19448.00	259820.00
								酒店总收入	12677.00	114778.00	980689.00

收款方式信息

项目	现金收入			POS收入			合计		
	本日	本月	本年	本日	本月	本年	本日	本月	本年
餐饮收入	1619.00	18774.00	85300.00	3062.00	23936.00	98972.00	4681.00	42710.00	184272.00
桑拿收入	2640.00	19448.00	90484.00	0.00	0.00	28776.00	2640.00	19448.00	119260.00
商超收入	0.00	0.00	12480.00	0.00	0.00	123320.00	0.00	0.00	135800.00
合计	4259.00	38222.00	188264.00	3062.00	23936.00	251068.00	7321.00	62158.00	439332.00

每日收入晨报

营业日期：2019-02-04 公司：华问国际酒店

房间收入

项目	房数			出租率			出租数			平均房价			房费收入		
	本日	本月	本年	本日	本月	本年	本日	本月	本年	本日	本月	本年	本日	本月	本年
豪华大床房	90	360	2430	1.11%	4.72%	26.38%	1	17	641	268.00	268.00	227.89	268.00	4556.00	146080.00
豪华双人房	103	412	2781	6.80%	37.14%	58.76%	7	153	1634	238.00	238.00	216.67	1666.00	36414.00	354032.00
商务客房	16	64	432	0.00%	4.69%	11.34%	0	3	49	318.00	318.00	318.00	0.00	954.00	15582.00
商务套房	6	24	162	0.00%	8.33%	9.88%	0	2	16	498.00	498.00	498.00	0.00	996.00	7968.00
休闲客房															
休闲套房															
合计	215	860	5805	3.72%	20.35%	40.31%	8	175	2340	241.75	245.26	223.79	1934.00	42920.00	523662.00

其它部门收入

部门资源	人数			人均消费			开台数			消费数			挂酒店帐		
	本日	本月	本年	本日	本月	本年	本日	本月	本年	本日	本月	本年	本日	本月	本年
餐饮大厅	122	351	2324	97.01	79.17	69.23	15	47	296	11835.00	27787.00	145633.00	0	0	0
餐饮包厢			424			68.13			43			26951.00	0	0	0
餐饮小计	122	351	2748	97.01	79.17	69.06	15	47	339	11835.00	27787.00	172584.00	0	0	0

客房其它收入

项目	本日	本月	本年	项目	本日	本月	本年	项目	本日	本月	本年
客房破损赔偿费				客房杂项				客房商品			135800.00
客房其它				客房其它服务费				客房其它折扣			
其它服务费（尾数）				其它折扣（尾数）				会议室收入			3000.00
休闲消费	2904.00	11088.00	112660.00	休闲包厢费				休闲服务费			
客房电话收入				公用电话收入				合计	2904.00	11088.00	251460.00
								酒店总收入	16673.00	81795.00	947706.00

收款方式信息

项目	现金收入			POS收入			合计		
	本日	本月	本年	本日	本月	本年	本日	本月	本年
餐饮收入	4117.00	10746.00	77272.00	7718.00	17041.00	92077.00	11835.00	27787.00	169349.00
桑拿收入	2904.00	11088.00	82124.00	0.00	0.00	28776.00	2904.00	11088.00	110900.00
商超收入	0.00	0.00	12480.00	0.00	0.00	123320.00	0.00	0.00	135800.00
合计	7021.00	21834.00	171876.00	7718.00	17041.00	244173.00	14739.00	38875.00	416049.00

2019年2月社会保险费及住房公积金计算汇总表

序号	部门	姓名	企业						个人				合计					
			养老保险	失业保险	医疗保险	工伤保险	生育保险	住房公积金	养老保险	失业保险	医疗保险	住房公积金	养老保险	失业保险	医疗保险	工伤保险	生育保险	住房公积金
1	办公室	王晓华	438.00	43.80	131.40	17.52	17.52	130.00	175.20	21.90	43.80	130.00	613.20	65.70	175.20	17.52	17.52	260.00
2	办公室	徐向明	438.00	43.80	131.40	17.52	17.52	130.00	175.20	21.90	43.80	130.00	613.20	65.70	175.20	17.52	17.52	260.00
3	办公室	郑武	438.00	43.80	131.40	17.52	17.52	130.00	175.20	21.90	43.80	130.00	613.20	65.70	175.20	17.52	17.52	260.00
4	办公室	余慧	438.00	43.80	131.40	17.52	17.52	130.00	175.20	21.90	43.80	130.00	613.20	65.70	175.20	17.52	17.52	260.00
5	办公室	李小路	438.00	43.80	131.40	17.52	17.52	130.00	175.20	21.90	43.80	130.00	613.20	65.70	175.20	17.52	17.52	260.00
6	人事部	段菲	438.00	43.80	131.40	17.52	17.52	130.00	175.20	21.90	43.80	130.00	613.20	65.70	175.20	17.52	17.52	260.00
7	人事部	潘娇	438.00	43.80	131.40	17.52	17.52	130.00	175.20	21.90	43.80	130.00	613.20	65.70	175.20	17.52	17.52	260.00
8	财务部	蔡寿权	438.00	43.80	131.40	17.52	17.52	130.00	175.20	21.90	43.80	130.00	613.20	65.70	175.20	17.52	17.52	260.00
9	财务部	陈科	438.00	43.80	131.40	17.52	17.52	130.00	175.20	21.90	43.80	130.00	613.20	65.70	175.20	17.52	17.52	260.00
10	财务部	陈美娇	438.00	43.80	131.40	17.52	17.52	130.00	175.20	21.90	43.80	130.00	613.20	65.70	175.20	17.52	17.52	260.00
11	财务部	李义	438.00	43.80	131.40	17.52	17.52	130.00	175.20	21.90	43.80	130.00	613.20	65.70	175.20	17.52	17.52	260.00
12	财务部	罗志远	438.00	43.80	131.40	17.52	17.52	130.00	175.20	21.90	43.80	130.00	613.20	65.70	175.20	17.52	17.52	260.00
13	采购部	程冬冬	438.00	43.80	131.40	17.52	17.52	130.00	175.20	21.90	43.80	130.00	613.20	65.70	175.20	17.52	17.52	260.00
14	采购部	朱裕	438.00	43.80	131.40	17.52	17.52	130.00	175.20	21.90	43.80	130.00	613.20	65.70	175.20	17.52	17.52	260.00
15	工程部	熊虎	438.00	43.80	131.40	17.52	17.52	130.00	175.20	21.90	43.80	130.00	613.20	65.70	175.20	17.52	17.52	260.00
16	工程部	万斌	438.00	43.80	131.40	17.52	17.52	130.00	175.20	21.90	43.80	130.00	613.20	65.70	175.20	17.52	17.52	260.00
17	保安部	何建	438.00	43.80	131.40	17.52	17.52	130.00	175.20	21.90	43.80	130.00	613.20	65.70	175.20	17.52	17.52	260.00
18	保安部	吴根生	438.00	43.80	131.40	17.52	17.52	130.00	175.20	21.90	43.80	130.00	613.20	65.70	175.20	17.52	17.52	260.00
19	餐饮部	刘云萍	438.00	43.80	131.40	17.52	17.52	130.00	175.20	21.90	43.80	130.00	613.20	65.70	175.20	17.52	17.52	260.00
20	餐饮部	王芬芬	438.00	43.80	131.40	17.52	17.52	130.00	175.20	21.90	43.80	130.00	613.20	65.70	175.20	17.52	17.52	260.00
21	餐饮部	欧华	438.00	43.80	131.40	17.52	17.52	130.00	175.20	21.90	43.80	130.00	613.20	65.70	175.20	17.52	17.52	260.00
22	餐饮部	张小佳	438.00	43.80	131.40	17.52	17.52	130.00	175.20	21.90	43.80	130.00	613.20	65.70	175.20	17.52	17.52	260.00
23	餐饮部	张志远	438.00	43.80	131.40	17.52	17.52	130.00	175.20	21.90	43.80	130.00	613.20	65.70	175.20	17.52	17.52	260.00
24	餐饮部	李小川	438.00	43.80	131.40	17.52	17.52	130.00	175.20	21.90	43.80	130.00	613.20	65.70	175.20	17.52	17.52	260.00
25	餐饮部	林志晶	438.00	43.80	131.40	17.52	17.52	130.00	175.20	21.90	43.80	130.00	613.20	65.70	175.20	17.52	17.52	260.00
26	餐饮部	王宏达	438.00	43.80	131.40	17.52	17.52	130.00	175.20	21.90	43.80	130.00	613.20	65.70	175.20	17.52	17.52	260.00
27	餐饮部	邵军明	438.00	43.80	131.40	17.52	17.52	130.00	175.20	21.90	43.80	130.00	613.20	65.70	175.20	17.52	17.52	260.00
28	餐饮部	陈建舟	438.00	43.80	131.40	17.52	17.52	130.00	175.20	21.90	43.80	130.00	613.20	65.70	175.20	17.52	17.52	260.00
29	餐饮部	刘川	438.00	43.80	131.40	17.52	17.52	130.00	175.20	21.90	43.80	130.00	613.20	65.70	175.20	17.52	17.52	260.00
30	餐饮部	赖涛	438.00	43.80	131.40	17.52	17.52	130.00	175.20	21.90	43.80	130.00	613.20	65.70	175.20	17.52	17.52	260.00
31	餐饮部	汪斌	438.00	43.80	131.40	17.52	17.52	130.00	175.20	21.90	43.80	130.00	613.20	65.70	175.20	17.52	17.52	260.00
32	餐饮部	李旺旺	438.00	43.80	131.40	17.52	17.52	130.00	175.20	21.90	43.80	130.00	613.20	65.70	175.20	17.52	17.52	260.00
33	餐饮部	程义	438.00	43.80	131.40	17.52	17.52	130.00	175.20	21.90	43.80	130.00	613.20	65.70	175.20	17.52	17.52	260.00
34	餐饮部	石梦	438.00	43.80	131.40	17.52	17.52	130.00	175.20	21.90	43.80	130.00	613.20	65.70	175.20	17.52	17.52	260.00
35	餐饮部	王江川	438.00	43.80	131.40	17.52	17.52	130.00	175.20	21.90	43.80	130.00	613.20	65.70	175.20	17.52	17.52	260.00
36	餐饮部	万小兵	438.00	43.80	131.40	17.52	17.52	130.00	175.20	21.90	43.80	130.00	613.20	65.70	175.20	17.52	17.52	260.00
37	餐饮部	谢泽刚	438.00	43.80	131.40	17.52	17.52	130.00	175.20	21.90	43.80	130.00	613.20	65.70	175.20	17.52	17.52	260.00
38	餐饮部	汪海洋	438.00	43.80	131.40	17.52	17.52	130.00	175.20	21.90	43.80	130.00	613.20	65.70	175.20	17.52	17.52	260.00
39	餐饮部	欧俊杰	438.00	43.80	131.40	17.52	17.52	130.00	175.20	21.90	43.80	130.00	613.20	65.70	175.20	17.52	17.52	260.00
40	餐饮部	朱义江	438.00	43.80	131.40	17.52	17.52	130.00	175.20	21.90	43.80	130.00	613.20	65.70	175.20	17.52	17.52	260.00
41	餐饮部	胡伟强	438.00	43.80	131.40	17.52	17.52	130.00	175.20	21.90	43.80	130.00	613.20	65.70	175.20	17.52	17.52	260.00
42	客房部	陈文佳	438.00	43.80	131.40	17.52	17.52	130.00	175.20	21.90	43.80	130.00	613.20	65.70	175.20	17.52	17.52	260.00
43	客房部	王芳	438.00	43.80	131.40	17.52	17.52	130.00	175.20	21.90	43.80	130.00	613.20	65.70	175.20	17.52	17.52	260.00
44	客房部	杨欢	438.00	43.80	131.40	17.52	17.52	130.00	175.20	21.90	43.80	130.00	613.20	65.70	175.20	17.52	17.52	260.00
45	客房部	张媛	438.00	43.80	131.40	17.52	17.52	130.00	175.20	21.90	43.80	130.00	613.20	65.70	175.20	17.52	17.52	260.00
46	客房部	李香妹	438.00	43.80	131.40	17.52	17.52	130.00	175.20	21.90	43.80	130.00	613.20	65.70	175.20	17.52	17.52	260.00
47	客房部	李晨	438.00	43.80	131.40	17.52	17.52	130.00	175.20	21.90	43.80	130.00	613.20	65.70	175.20	17.52	17.52	260.00
48	客房部	杨文琦	438.00	43.80	131.40	17.52	17.52	130.00	175.20	21.90	43.80	130.00	613.20	65.70	175.20	17.52	17.52	260.00
49	客房部	徐兰	438.00	43.80	131.40	17.52	17.52	130.00	175.20	21.90	43.80	130.00	613.20	65.70	175.20	17.52	17.52	260.00
50	客房部	徐芳	438.00	43.80	131.40	17.52	17.52	130.00	175.20	21.90	43.80	130.00	613.20	65.70	175.20	17.52	17.52	260.00
51	桑拿部	郑国平	438.00	43.80	131.40	17.52	17.52	130.00	175.20	21.90	43.80	130.00	613.20	65.70	175.20	17.52	17.52	260.00
52	桑拿部	李丽	438.00	43.80	131.40	17.52	17.52	130.00	175.20	21.90	43.80	130.00	613.20	65.70	175.20	17.52	17.52	260.00
53	桑拿部	吴美玲	438.00	43.80	131.40	17.52	17.52	130.00	175.20	21.90	43.80	130.00	613.20	65.70	175.20	17.52	17.52	260.00
54	桑拿部	欧阳杰	438.00	43.80	131.40	17.52	17.52	130.00	175.20	21.90	43.80	130.00	613.20	65.70	175.20	17.52	17.52	260.00
55	桑拿部	魏杨	438.00	43.80	131.40	17.52	17.52	130.00	175.20	21.90	43.80	130.00	613.20	65.70	175.20	17.52	17.52	260.00
56	桑拿部	彭俊杰	438.00	43.80	131.40	17.52	17.52	130.00	175.20	21.90	43.80	130.00	613.20	65.70	175.20	17.52	17.52	260.00
57	桑拿部	许强	438.00	43.80	131.40	17.52	17.52	130.00	175.20	21.90	43.80	130.00	613.20	65.70	175.20	17.52	17.52	260.00
58	桑拿部	高文斌	438.00	43.80	131.40	17.52	17.52	130.00	175.20	21.90	43.80	130.00	613.20	65.70	175.20	17.52	17.52	260.00
59	桑拿部	刘伟	438.00	43.80	131.40	17.52	17.52	130.00	175.20	21.90	43.80	130.00	613.20	65.70	175.20	17.52	17.52	260.00
60	桑拿部	王俊豪	438.00	43.80	131.40	17.52	17.52	130.00	175.20	21.90	43.80	130.00	613.20	65.70	175.20	17.52	17.52	260.00
61	桑拿部	刘昊	438.00	43.80	131.40	17.52	17.52	130.00	175.20	21.90	43.80	130.00	613.20	65.70	175.20	17.52	17.52	260.00
62	桑拿部	张涛	438.00	43.80	131.40	17.52	17.52	130.00	175.20	21.90	43.80	130.00	613.20	65.70	175.20	17.52	17.52	260.00
63	桑拿部	黄勇	438.00	43.80	131.40	17.52	17.52	130.00	175.20	21.90	43.80	130.00	613.20	65.70	175.20	17.52	17.52	260.00
64	桑拿部	林荣平	438.00	43.80	131.40	17.52	17.52	130.00	175.20	21.90	43.80	130.00	613.20	65.70	175.20	17.52	17.52	260.00
65	桑拿部	向阳	438.00	43.80	131.40	17.52	17.52	130.00	175.20	21.90	43.80	130.00	613.20	65.70	175.20	17.52	17.52	260.00
66	桑拿部	何平	438.00	43.80	131.40	17.52	17.52	130.00	175.20	21.90	43.80	130.00	613.20	65.70	175.20	17.52	17.52	260.00
67	桑拿部	何军	438.00	43.80	131.40	17.52	17.52	130.00	175.20	21.90	43.80	130.00	613.20	65.70	175.20	17.52	17.52	260.00
68	桑拿部	赵强	438.00	43.80	131.40	17.52	17.52	130.00	175.20	21.90	43.80	130.00	613.20	65.70	175.20	17.52	17.52	260.00
69	商超部	徐娇	438.00	43.80	131.40	17.52	17.52	130.00	175.20	21.90	43.80	130.00	613.20	65.70	175.20	17.52	17.52	260.00
	合计		30222.00	3022.20	9066.60	1208.88	1208.88	8970.00	12088.80	1511.10	3022.20	8970.00	42310.80	4533.30	12088.80	1208.88	1208.88	17940.00

2019年2月份工资汇总表

序号	部门	姓名	基本工资	岗位工资	福利补贴	加班	考勤扣款	应发合计	养老保险	失业保险	医疗保险	住房公积金	个人所得税	实发工资
1	办公室	王晓华	8000.00	2,000.00				10000.00	175.20	21.90	43.80	130.00	670.82	8958.28
2	办公室	徐向明	5600.00	1,400.00				7000.00	175.20	21.90	43.80	130.00	207.91	6421.19
3	办公室	郑武	5600.00	1,400.00				7000.00	175.20	21.90	43.80	130.00	207.91	6421.19
4	办公室	余慧	5600.00	1,400.00				7000.00	175.20	21.90	43.80	130.00	207.91	6421.19
5	办公室	李小路	5600.00	1,400.00				7000.00	175.20	21.90	43.80	130.00	207.91	6421.19
6	人事部	段菲	4000.00	1,000.00				5000.00	175.20	21.90	43.80	130.00	33.87	4595.23
7	人事部	潘娇	1600.00	400.00		50.00		2050.00	175.20	21.90	43.80	130.00		1679.10
8	财务部	蔡寿权	4000.00	1,000.00				5000.00	175.20	21.90	43.80	130.00	33.87	4595.23
9	财务部	陈科	2800.00	700.00				3500.00	175.20	21.90	43.80	130.00		3129.10
10	财务部	陈美娇	2240.00	560.00		175.00		2975.00	175.20	21.90	43.80	130.00		2604.10
11	财务部	李义	1760.00	440.00				2200.00	175.20	21.90	43.80	130.00		1829.10
12	财务部	罗志远	1600.00	400.00		50.00		2050.00	175.20	21.90	43.80	130.00		1679.10
13	采购部	程冬冬	1600.00	400.00				2000.00	175.20	21.90	43.80	130.00		1629.10
14	采购部	朱裕	1600.00	400.00				2000.00	175.20	21.90	43.80	130.00		1629.10
15	工程部	熊虎	2800.00	700.00				3500.00	175.20	21.90	43.80	130.00		3129.10
16	工程部	万斌	2800.00	700.00				3500.00	175.20	21.90	43.80	130.00		3129.10
17	保安部	何建	1440.00	360.00				1800.00	175.20	21.90	43.80	130.00		1429.10
18	保安部	吴根生	1440.00	360.00				1800.00	175.20	21.90	43.80	130.00		1429.10
19	餐饮部	刘云萍	4000.00	1,000.00			333.33	4666.67	175.20	21.90	43.80	130.00	23.87	4271.90
20	餐饮部	王芬芬	1600.00	400.00				2000.00	175.20	21.90	43.80	130.00		1629.10
21	餐饮部	欧华	1600.00	400.00				2000.00	175.20	21.90	43.80	130.00		1629.10
22	餐饮部	张小佳	1760.00	440.00				2200.00	175.20	21.90	43.80	130.00		1829.10
23	餐饮部	张志远	1600.00	400.00				2000.00	175.20	21.90	43.80	130.00		1629.10
24	餐饮部	李小川	1600.00	400.00				2000.00	175.20	21.90	43.80	130.00		1629.10
25	餐饮部	林志晶	1600.00	400.00				2000.00	175.20	21.90	43.80	130.00		1629.10
26	餐饮部	王宏达	1600.00	400.00				2000.00	175.20	21.90	43.80	130.00		1629.10
27	餐饮部	邵军明	1600.00	400.00				2000.00	175.20	21.90	43.80	130.00		1629.10
28	餐饮部	陈建舟	1600.00	400.00				2000.00	175.20	21.90	43.80	130.00		1629.10
29	餐饮部	刘川	1600.00	400.00			66.67	1933.33	175.20	21.90	43.80	130.00		1562.43
30	餐饮部	赖涛	1600.00	400.00				2000.00	175.20	21.90	43.80	130.00		1629.10
31	餐饮部	汪斌	4000.00	1,000.00	200.00			5200.00	175.20	21.90	43.80	130.00	39.87	4789.23
32	餐饮部	李旺旺	2800.00	700.00	200.00			3700.00	175.20	21.90	43.80	130.00		3329.10
33	餐饮部	程义	2800.00	700.00	200.00			3700.00	175.20	21.90	43.80	130.00		3329.10
34	餐饮部	石梦	2800.00	700.00	200.00			3700.00	175.20	21.90	43.80	130.00		3329.10
35	餐饮部	王江川	2400.00	600.00	200.00			3200.00	175.20	21.90	43.80	130.00		2829.10
36	餐饮部	万小兵	2400.00	600.00	200.00			3200.00	175.20	21.90	43.80	130.00		2829.10
37	餐饮部	谢泽刚	1600.00	400.00	200.00			2200.00	175.20	21.90	43.80	130.00		1829.10
38	餐饮部	汪海洋	1600.00	400.00	200.00			2200.00	175.20	21.90	43.80	130.00		1829.10
39	餐饮部	欧俊杰	1200.00	300.00	200.00			1700.00	175.20	21.90	43.80	130.00		1329.10
40	餐饮部	朱义江	1200.00	300.00	200.00			1700.00	175.20	21.90	43.80	130.00		1329.10
41	餐饮部	胡伟强	1200.00	300.00	200.00			1700.00	175.20	21.90	43.80	130.00		1329.10
42	客房部	陈文佳	4000.00	1,000.00				5000.00	175.20	21.90	43.80	130.00	33.87	4595.23
43	客房部	王芳	1760.00	440.00				2200.00	175.20	21.90	43.80	130.00		1829.10
44	客房部	杨欢	1600.00	400.00				2000.00	175.20	21.90	43.80	130.00		1629.10
45	客房部	张媛	1600.00	400.00				2000.00	175.20	21.90	43.80	130.00		1629.10
46	客房部	李香妹	1600.00	400.00				2000.00	175.20	21.90	43.80	130.00		1629.10
47	客房部	李晨	1600.00	400.00				2000.00	175.20	21.90	43.80	130.00		1629.10
48	客房部	杨文琦	1600.00	400.00				2000.00	175.20	21.90	43.80	130.00		1629.10
49	客房部	徐兰	1600.00	400.00				2000.00	175.20	21.90	43.80	130.00		1629.10
50	客房部	徐芳	1600.00	400.00				2000.00	175.20	21.90	43.80	130.00		1629.10
51	桑拿部	郑国平	4000.00	1,000.00				5000.00	175.20	21.90	43.80	130.00	33.87	4595.23
52	桑拿部	李丽	1760.00	440.00				2200.00	175.20	21.90	43.80	130.00		1829.10
53	桑拿部	吴美玲	1600.00	400.00				2000.00	175.20	21.90	43.80	130.00		1629.10
54	桑拿部	欧阳杰	2800.00	700.00				3500.00	175.20	21.90	43.80	130.00		3129.10
55	桑拿部	魏杨	2800.00	700.00				3500.00	175.20	21.90	43.80	130.00		3129.10
56	桑拿部	彭俊杰	2400.00	600.00		50.00		3050.00	175.20	21.90	43.80	130.00		2679.10
57	桑拿部	许强	2400.00	600.00				3000.00	175.20	21.90	43.80	130.00		2629.10
58	桑拿部	高文斌	2400.00	600.00				3000.00	175.20	21.90	43.80	130.00		2629.10
59	桑拿部	刘伟	1600.00	400.00				2000.00	175.20	21.90	43.80	130.00		1629.10
60	桑拿部	王俊豪	1600.00	400.00		25.00		2025.00	175.20	21.90	43.80	130.00		1654.10
61	桑拿部	刘昊	1600.00	400.00			200.00	1800.00	175.20	21.90	43.80	130.00		1429.10
62	桑拿部	张涛	1600.00	400.00			133.33	1866.67	175.20	21.90	43.80	130.00		1495.77
63	桑拿部	黄勇	1600.00	400.00				2000.00	175.20	21.90	43.80	130.00		1629.10
64	桑拿部	林荣平	1600.00	400.00				2000.00	175.20	21.90	43.80	130.00		1629.10
65	桑拿部	向阳	1600.00	400.00			33.33	1966.67	175.20	21.90	43.80	130.00		1595.77
66	桑拿部	何平	1600.00	400.00				2000.00	175.20	21.90	43.80	130.00		1629.10
67	桑拿部	何军	1600.00	400.00				2000.00	175.20	21.90	43.80	130.00		1629.10
68	桑拿部	赵强	1600.00	400.00				2000.00	175.20	21.90	43.80	130.00		1629.10
69	商超部	徐娇	1760.00	440.00				2200.00	175.20	21.90	43.80	130.00		1829.10
	合计		160,720.00	40,180.00	2,200.00	350.00	766.66	202,683.34	12088.80	1511.10	3022.20	8970.00	1701.68	175389.56

折旧/摊销统计表

期间:

资产类别	资产	规格型号	入账日期	使用年限	净残值率	原值	累计折旧	净值	折旧/摊销金额
生产设备	中央空调		2019年1月	10年	5%				
生产设备	排烟工程		2019年1月	10年	5%				
器具工具家具	服务台		2019年1月	5年	5%				
器具工具家具	工作台		2019年1月	5年	5%				
器具工具家具	双头炉灶		2019年1月	5年	5%				
器具工具家具	蒸柜		2019年1月	5年	5%				
器具工具家具	冰箱	六门	2019年1月	5年	5%				
器具工具家具	餐桌椅		2019年1月	5年	5%				
器具工具家具	消毒柜		2019年1月	5年	5%				
器具工具家具	沙发	新坐标真皮	2019年1月	5年	5%				
器具工具家具	洗衣机	三洋	2019年1月	5年	5%				
器具工具家具	电视	创维	2019年1月	5年	5%				
器具工具家具	冰箱	富信	2019年1月	5年	5%				
器具工具家具	组合床		2019年1月	5年	5%				
器具工具家具	沙发	贵妃椅	2019年1月	5年	5%				
器具工具家具	卫浴	华帝	2019年1月	5年	5%				
器具工具家具	热水器		2019年1月	5年	5%				
器具工具家具	衣柜		2019年1月	5年	5%				
器具工具家具	马桶		2019年1月	5年	5%				
器具工具家具	洗漱台		2019年1月	5年	5%				
器具工具家具	货柜		2019年1月	5年	5%				
运输工具	小轿车	上海大众帕萨特	2019年1月	4年	5%				
运输工具	商务车	美国通用别克	2019年1月	4年	5%				
电子设备	电脑	联想	2019年1月	3年	5%				
电子设备	打印机	爱普生TM-U220B	2019年1月	3年	5%				
电子设备	打印机	惠普	2019年1月	3年	5%				
电子设备	复印件	佳能	2019年1月	3年	5%				
电子设备	财务软件		2019年1月	3年	5%				
合计:									

制表人:

材料盘点表

2019年02月28日

物料编码	物料名称	规格	计量单位	盘存数量	单价	金额	物料编码	物料名称	规格	计量单位	盘存数量	单价	金额
0900012	2S北极贝		盒	2.38	170.00	404.60	0301021	优果粉		斤	3.90	3.00	11.70
0900005	16-20青虾仁(全干)		斤	6.05	18.00	108.90	0105002	优果糖	1*2000G	瓶	3.13	45.00	140.85
0900006	31-40青虾仁		斤	8.00	22.00	176.00	0301019	糯米粉	1*20*500G	包	21.80	5.00	109.00
0900050	进口青口贝		斤	7.00	55.00	385.00	0203002	美玫面粉	45斤	斤	64.10	2.40	153.84
0700053	三文鱼		斤	6.00	34.00	204.00	0403144	南韩幼砂糖	1*60	袋	0.76	192.00	145.92
0900011	大鲜鱿鱼		斤	10.40	7.00	72.80	0403153	三花淡奶		瓶	16.60	6.00	99.60
0700026	中鲜鱿		斤	15.00	26.00	390.00	0403007	15kg海天酱油	15kg	桶	4.30	96.00	412.80
0700041	大红蟹		斤	3.00	35.00	105.00	0403067	佛手味精	2.25KG	桶	2.30	120.00	276.00
0700009	桂鱼		斤	14.60	33.00	481.80	0201001	东北大米	1*50	斤	275.60	3.00	826.80
0700007	多宝鱼		斤	6.00	36.00	216.00	0403010	山胡椒油		瓶	47.00	5.00	235.00
0700051	基围虾		斤	10.00	22.00	220.00	0403001	鲁花花生油		桶	18.00	101.30	1823.40
0700037	羔蟹		斤	2.00	136.00	272.00	0301014	西米	1*60	包	10.44	1.50	15.67
0700043	龙虾仔		斤	2.00	120.00	240.00	0303003	碎干贝		斤	1.92	110.00	211.20
0700008	鲈鱼		斤	21.10	10.00	211.00	0301044	玉兰片		斤	11.40	18.00	205.20
0700031	水鱼		斤	21.00	20.00	420.00	0600092	真空鲜百合		包	13.20	4.80	63.36
0700056	鱼头王		斤	55.00	7.00	385.00	0107008	观音王		克	1000.00	0.24	240.00
0900036	玉米粒		斤	29.00	4.50	130.50	0302015	虫草花		斤	2.00	120.00	240.00
0600121	攸县香干		斤	14.50	15.00	217.50	0303004	海马		斤	1.42	950.00	1349.00
0600041	长豆角		斤	16.00	4.00	64.00	0303005	雪蛤		斤	0.67	1280.00	857.60
0600133	白豆腐		斤	8.00	4.00	32.00	0301055	花旗参		斤	1.80	130.00	234.00
0403111	白辣椒		斤	8.40	3.50	29.40	0107005	甜贡菊		克	1211.20	0.05	60.56
0301040	干豆角		斤	10.20	10.96	111.84	0107010	普洱茶		坨	17.50	2.80	49.00
0403112	干椒节		斤	12.60	4.74	59.78	0107007	普通绿茶		克	4074.20	0.04	162.94
0600039	菠菜		斤	26.00	3.00	78.00	0600134	鲜花		把	11.00	2.67	29.37
0600042	花菜		斤	6.20	2.80	17.36	0900120	土仔鸡		斤	11.80	8.50	100.30
0600065	金针菇斤)		斤	7.00	3.50	24.50	0900113	黑土鸡		斤	17.40	14.00	243.60
0301056	腐竹		斤	7.60	20.00	152.00	0900153	鸡腿		斤	12.00	6.80	81.60
0301042	闽笋		斤	13.00	21.75	282.75	0900116	老母鸡		斤	18.00	10.00	180.00
0600063	鲜口菇		斤	5.60	5.50	30.80	0900124	老水鸭		斤	53.00	16.50	874.41

0600091	芋头		斤	26.80	1.60	42.88	0900060	毛肚		斤	8.00	14.50	116.00
0600018	茄子		斤	17.80	1.80	32.04	0900025	无骨凤爪		斤	20.50	14.00	287.00
0600011	朝天椒		斤	10.00	7.00	70.00	0900104	牛腩		斤	4.60	17.50	80.50
0600111	大青尖椒		斤	14.20	2.00	28.40	0900130	牛肉		斤	12.40	20.00	248.00
0600012	青美人椒		斤	14.00	4.50	63.00	0900139	野鸭		斤	23.00	21.00	483.00
0600013	红美人椒		斤	44.00	5.00	220.00	0900086	猪大肠		斤	25.00	8.50	212.50
0600015	大红椒		斤	9.60	6.50	62.40	0900083	猪肚		斤	20.60	16.00	329.60
0600024	日本青瓜仔		斤	33.00	4.00	132.00	0900089	猪耳(新鲜)		斤	17.00	14.00	238.00
0600079	蒜苗		斤	10.00	3.30	33.00	0900076	猪皮		斤	8.80	5.00	44.00
0600005	蒜肉		斤	42.80	1.30	55.64	0900138	猪肘		斤	72.50	9.00	652.50
0600004	葱肉		斤	7.60	3.00	22.80	0900072	赤肉		斤	15.00	11.00	165.00
0301029	大黑木耳		斤	18.30	12.00	219.60	0900074	肉排		斤	9.40	14.00	131.60
0900059	腊肠		斤	23.90	38.00	908.20	0900075	五花肉		斤	48.80	11.00	536.80
0301003	河南粉皮		斤	21.20	6.50	137.80	0900081	一字梅肉		斤	4.05	11.00	44.55
0203009	乾中细米粉	500克/包	包	33.50	5.00	167.50	0900135	野猪		斤	12.00	13.60	163.20
0800011	大熟木瓜		斤	9.58	3.20	30.63	0105015	1升蒙牛奶		瓶	10.00	7.00	70.00
0800010	九头木瓜		斤	18.00	4.00	72.00	0105017	1.25升雪碧		瓶	92.00	4.00	368.00
0800029	进口黄柠檬		个	7.00	2.00	14.00	0105025	大可口可乐	125ML	瓶	75.00	4.00	300.00
0800007	国产橙		斤	14.10	1.80	25.38	0105019	厅可口可乐		厅	62.00	1.70	105.40
0800013	台农芒果		斤	7.20	5.50	39.60	0105018	厅雪碧		厅	46.00	1.70	78.20
0800003	无籽西瓜		斤	76.50	3.00	229.50	0105021	王老吉		瓶	87.00	3.00	261.00
0800036	有籽西瓜		斤	61.00	3.00	183.00	0105012	旺仔牛奶	145ML*20	瓶	52.00	3.00	156.00
0800015	香蕉		斤	10.80	1.50	16.20	0105016	红牛		厅	29.00	3.50	101.50
0800028	榴莲		斤	9.40	7.00	65.80	0101002	小百威	330ML	瓶	102.00	6.00	612.00
0105001	木瓜汁	1*2000G	瓶	1.33	58.00	77.14	0102015	小红星二锅头		瓶	79.00	3.00	237.00
0403082	新的橙汁		瓶	15.45	30.00	463.50	0102014	小劲酒		瓶	60.00	7.00	420.00
0403081	新的柠檬汁		瓶	8.64	30.00	259.20	0101004	青岛纯生		瓶	108.00	6.00	648.00
0403184	调料包		包	679.40	2.50	1698.50	0103013	烟台：长城赤霞珠		瓶	28.00	32.00	896.00
0403125	食盐		包	131.00	0.97	127.03	0102002	五粮液		瓶	4.00	465.00	1860.00

会盘人：陈美娇　　　　盘点人：程义

收发存月报表

部门： 年 月

物料编码	物料名称	计量单位	期初结存			本期入库			本期出库			期末结存		
			数量	单价	金额	数量	单价	金额	数量	单价	金额	数量	单价	金额
0105002	优果糖	瓶												
0301019	糯米粉	包												
0203002	美玫面粉	斤												
0403144	南韩幼砂糖	袋												
0403153	三花淡奶	瓶												
0403007	15kg海天酱油	桶												
0403067	佛手味精	桶												
0201001	东北大米	斤												
0403010	山胡椒油	瓶												
0403001	鲁花花生油	桶												
0301014	西米	包												
0303003	碎干贝	斤												
0301044	玉兰片	斤												
	合计													
0600092	真空鲜百合	包												
0107008	观音王	克												
0302015	虫草花	斤												
0303004	海马	斤												
0303005	雪蛤	斤												
0301055	花旗参	斤												
0107005	甜贡菊	克												
0107010	普洱茶	坨												
0107007	普通绿茶	克												
0600134	鲜花	把												
0900120	土仔鸡	斤												
0900113	黑土鸡	斤												
0900153	鸡腿	斤												
0900116	老母鸡	斤												
0900124	老水鸭	斤												
0900060	毛肚	斤												

收发存月报表

部门：　　　　　　　　　　　　　　　　　　　　　　　　　　　　　　年　　月

物料编码	物料名称	计量单位	期初结存			本期入库			本期出库			期末结存		
			数量	单价	金额	数量	单价	金额	数量	单价	金额	数量	单价	金额
0900025	无骨凤爪	斤												
0900104	牛腩	斤												
0900130	牛肉	斤												
0900139	野鸭	斤												
0900086	猪大肠	斤												
0900083	猪肚	斤												
0900089	猪耳(新鲜)	斤												
0900076	猪皮	斤												
0900138	猪肘	斤												
0900072	赤肉	斤												
0900074	肉排	斤												
0900075	五花肉	斤												
0900081	一字梅肉	斤												
0900135	野猪	斤												
0105015	1升蒙牛奶	瓶												
0105017	1.25升雪碧	瓶												
0105025	大可口可乐	瓶												
0105019	听可口可乐	听												
0105018	听雪碧	听												
0105021	王老吉	瓶												
	合计													
0105012	旺仔牛奶	瓶												
0105016	红牛	听												
0101002	小百威	瓶												
0102015	小红星二锅头	瓶												
0102014	小劲酒	瓶												
0101004	青岛纯生	瓶												
0103013	烟台：长城赤霞珠	瓶												
0102002	五粮液	瓶												
	合计													

收发存月报表

部门：　　　　　　　　　　　　　　　　　　　　　　　　　　　　　　　　年　　月

商品名称	计量单位	期初结存			本期入库			本期出库			期末结存		
		数量	单价	金额	数量	单价	金额	数量	单价	金额	数量	单价	金额
窑变花瓶三件套	套												
青瓷手绘三件套	套												
青花瓷三件套山水花瓶	套												
现代中式储物罐三件套	套												
水点桃花三件套花瓶 盘子	套												
手绘荷花异形尖口三件套	套												
高档仿古官窑开片花瓶	套												
喜鹊盘+龙架	套												
孔雀盘+龙架	套												
金边和字盘+龙架	套												
百福盘+龙架	套												
60头骨质瓷餐具	套												
60头骨质瓷餐具	套												
60头骨质瓷餐具	套												
60头骨质瓷餐具	套												
60头骨质瓷餐具	套												
56头骨质瓷餐具	套												
合计													

每日收入晨报

营业日期：2019-02-08 公司：华问酒店

房间收入

项目	房数			出租率			出租数			平均房价			房费收入		
	本日	本月	本年	本日	本月	本年	本日	本月	本年	本日	本月	本年	本日	本月	本年
豪华大床房	90	720	2790	6.67%	4.03%	23.41%	6	29	653	268.00	268.00	228.63	1608.00	7772.00	149296.00
豪华双人房	103	824	3193	27.18%	26.09%	53.12%	28	215	1696	238.00	238.00	217.45	6664.00	51170.00	368788.00
商务客房	16	128	496	6.25%	3.13%	10.08%	1	4	50	318.00	318.00	318.00	318.00	1272.00	15900.00
商务套房	6	48	186	0.00%	4.17%	8.60%	0	2	16	498.00	498.00	498.00	0.00	996.00	7968.00
休闲客房															
休闲套房															
合计	215	1720	6665	16.28%	14.53%	36.23%	35	250	2415	245.43	244.84	224.41	8590.00	61210.00	541952.00

其它部门收入

部门资源	人数			人均消费			开台数			消费数			挂酒店帐		
	本日	本月	本年	本日	本月	本年	本日	本月	本年	本日	本月	本年	本日	本月	本年
餐饮大厅	80	656	2629	71.14	73.78	69.04	10	86	335	5691.00	48401.00	166247.00	0	0	0
餐饮包厢			424			68.13			43			26951.00	0	0	0
餐饮小计	80	656	3053	71.14	73.78	68.91	10	86	378	5691.00	48401.00	193198.00	0	0	0

客房其它收入

项目	本日	本月	本年	项目	本日	本月	本年	项目	本日	本月	本年
客房破损赔偿费				客房杂项				客房小商品			135800.00
客房其它				客房其它服务费				客房其它折扣			
其它服务费（尾数）				其它折扣（尾数）				会议室收入			3000.00
休闲消费	2816.00	22264.00	123836.00	休闲包厢费				休闲服务费			
客房电话收入				公用电话收入				合计	2816.00	22264.00	262636.00
								酒店总收入	17097.00	131875.00	997786.00

收款方式信息

项目	现金收入			POS收入			合计		
	本日	本月	本年	本日	本月	本年	本日	本月	本年
餐饮收入	3003.00	21777.00	88303.00	2688.00	26624.00	101660.00	5691.00	48401.00	189963.00
桑拿收入	2816.00	22264.00	93300.00	0.00	0.00	28776.00	2816.00	22264.00	122076.00
商超收入	0.00	0.00	12480.00	0.00	0.00	123320.00	0.00	0.00	135800.00
合计	5819.00	44041.00	194083.00	2688.00	26624.00	253756.00	8507.00	70665.00	447839.00

每日收入晨报

营业日期：2019-02-12 公司：华问国际酒店

房间收入

项目	房数			出租率			出租数			平均房价			房费收入		
	本日	本月	本年	本日	本月	本年	本日	本月	本年	本日	本月	本年	本日	本月	本年
豪华大床房	90	1080	3150	28.89%	11.20%	23.65%	26	121	745	268.00	268.00	233.49	6968.00	32428.00	173952.00
豪华双人房	103	1236	3605	90.29%	38.75%	54.37%	93	479	1960	238.00	238.00	220.21	22134.00	114002.00	431620.00
商务客房	16	192	560	25.00%	6.25%	10.36%	4	12	58	318.00	318.00	318.00	1272.00	3816.00	18444.00
商务套房	6	72	210	33.33%	9.72%	10.00%	2	7	21	498.00	498.00	498.00	996.00	3486.00	10458.00
休闲客房															
休闲套房															
合计	215	2580	7525	58.14%	23.99%	37.00%	125	619	2784	250.96	248.36	227.90	31370.00	153732.00	634474.00

其它部门收入

部门资源	人数			人均消费			开台数			消费数			挂酒店帐		
	本日	本月	本年	本日	本月	本年	本日	本月	本年	本日	本月	本年	本日	本月	本年
餐饮大厅	88	1035	3008	73.61	77.42	65.81	11	134	383	6478.00	80125.00	197971.00	0	0	0
餐饮包厢			424			63.56			43			26951.00	0	0	0
餐饮小计	88	1035	3432	73.61	77.42	65.54	11	134	426	6478.00	80125.00	224922.00	0	0	0

客房其它收入

项目	本日	本月	本年	项目	本日	本月	本年	项目	本日	本月	本年
客房破损赔偿费				客房杂项				客房小商品			135800.00
客房其它				客房其它服务费				客房其它折扣			
其它服务费（尾数）				其它折扣（尾数）				会议室收入			3000.00
休闲消费	3344.00	34408.00	135980.00	休闲包厢费				休闲服务费			
客房电话收入				公用电话收入				合计	3344.00	34408.00	274780.00
								酒店总收入	41192.00	268265.00	1134176.00

收款方式信息

项目	现金收入			POS收入			合计		
	本日	本月	本年	本日	本月	本年	本日	本月	本年
餐饮收入	2768.00	33485.00	100011.00	3710.00	46640.00	121676.00	6478.00	80125.00	221687.00
桑拿收入	3344.00	34408.00	105444.00	0.00	0.00	28776.00	3344.00	34408.00	134220.00
商超收入	0.00	0.00	12480.00	0.00	0.00	123320.00	0.00	0.00	135800.00
合计	6112.00	67893.00	217935.00	3710.00	46640.00	273772.00	9822.00	114533.00	491707.00

每日收入晨报

营业日期:2019-02-15 公司：华问国际酒店

房间收入

项目	房数			出租率			出租数			平均房价			房费收入		
	本日	本月	本年	本日	本月	本年	本日	本月	本年	本日	本月	本年	本日	本月	本年
豪华大床房	90	1350	3420	35.56%	18.22%	25.44%	32	246	870	268.00	268.00	238.45	8576.00	65928.00	207452.00
豪华双人房	103	1545	3914	100.00%	50.61%	57.82%	103	782	2263	238.00	238.00	222.60	24514.00	186116.00	503734.00
商务客房	16	240	608	12.50%	9.17%	11.18%	2	22	68	318.00	318.00	318.00	636.00	6996.00	21624.00
商务套房	6	90	228	16.67%	13.33%	11.40%	1	12	26	498.00	498.00	498.00	498.00	5976.00	12948.00
休闲客房															
休闲套房															
合计	215	3225	8170	64.19%	32.93%	39.50%	138	1062	3227	248.00	249.54	231.10	34224.00	265016.00	745758.00

其它部门收入

部门资源	人数			人均消费			开台数			消费数			挂酒店帐		
	本日	本月	本年	本日	本月	本年	本日	本月	本年	本日	本月	本年	本日	本月	本年
餐饮大厅	104	1315	3288	91.71	76.81	66.56	13	169	418	9538.00	101011.00	218857.00	0	0	0
餐饮包厢			424			63.56			43			26951.00	0	0	0
餐饮小计	104	1315	3712	91.71	76.81	66.22	13	169	461	9538.00	101011.00	245808.00	0	0	0

客房其它收入

项目	本日	本月	本年	项目	本日	本月	本年	项目	本日	本月	本年
客房破损赔偿费				客房杂项				客房小商品			135800.00
客房其它				客房其它服务费				客房其它折扣			
其它服务费（尾数）				其它折扣（尾数）				会议室收入			3000.00
休闲消费	3432.00	44264.00	145836.00	休闲包厢费				休闲服务费			
客房电话收入				公用电话收入				合计	3432.00	44264.00	284636.00
								酒店总收入	47194.00	410291.00	1276202.00

收款方式信息

项目	现金收入			POS收入			合计		
	本日	本月	本年	本日	本月	本年	本日	本月	本年
餐饮收入	2560.00	42895.00	109421.00	6978.00	58116.00	133152.00	9538.00	101011.00	242573.00
桑拿收入	3432.00	44264.00	115300.00	0.00	0.00	28776.00	3432.00	44264.00	144076.00
商超收入	0.00	0.00	12480.00	0.00	0.00	123320.00	0.00	0.00	135800.00
合计	5992.00	87159.00	237201.00	6978.00	58116.00	285248.00	12970.00	145275.00	522449.00

每日收入晨报

营业日期：2019-02-19 公司：华问国际酒店

房间收入

项目	房数			出租率			出租数			平均房价			房费收入		
	本日	本月	本年	本日	本月	本年	本日	本月	本年	本日	本月	本年	本日	本月	本年
豪华大床房	90	1710	3780	22.22%	21.05%	26.03%	20	360	984	268.00	268.00	241.87	5360.00	96480.00	238004.00
豪华双人房	103	1957	4326	81.55%	59.33%	61.07%	84	1161	2642	238.00	238.00	224.81	19992.00	276318.00	593936.00
商务客房	16	304	672	12.50%	13.16%	12.80%	2	40	86	318.00	318.00	318.00	636.00	12720.00	27348.00
商务套房	6	114	252	16.67%	15.79%	12.70%	1	18	32	498.00	498.00	498.00	498.00	8964.00	15936.00
休闲客房															
休闲套房															
合计	215	4085	9030	49.77%	38.65%	41.46%	107	1579	3744	247.53	249.83	233.77	26486.00	394482.00	875224.00

其它部门收入

部门资源	人数			人均消费			开台数			消费数			挂酒店帐		
	本日	本月	本年	本日	本月	本年	本日	本月	本年	本日	本月	本年	本日	本月	本年
餐饮大厅	84	1679	3652	48.42	72.55	65.63	13	220	469	4067.00	121817.00	239663.00	0	0	0
餐饮包厢			424			63.56			43			26951.00	0	0	0
餐饮小计	84	1679	4076	48.42	72.55	65.41	13	220	512	4067.00	121817.00	266614.00	0	0	0

客房其它收入

项目	本日	本月	本年	项目	本日	本月	本年	项目	本日	本月	本年
客房破损赔偿费				客房杂项				客房小商品			135800.00
客房其它				客房其它服务费				客房其它折扣			
其它服务费（尾数）				其它折扣（尾数）				会议室收入			3000.00
休闲消费	3168.00	57200.00	158772.00	休闲包厢费				休闲服务费			
客房电话收入				公用电话收入				合计	3168.00	57200.00	297572.00
								酒店总收入	33721.00	573499.00	1439410.00

收款方式信息

项目	现金收入			POS收入			合计		
	本日	本月	本年	本日	本月	本年	本日	本月	本年
餐饮收入	2958.00	53422.00	119948.00	1109.00	68395.00	143431.00	4067.00	121817.00	263379.00
桑拿收入	3168.00	57200.00	128236.00	0.00	0.00	28776.00	3168.00	57200.00	157012.00
商超收入	0.00	0.00	12480.00	0.00	0.00	123320.00	0.00	0.00	135800.00
合计	6126.00	110622.00	260664.00	1109.00	68395.00	295527.00	7235.00	179017.00	556191.00

每日收入晨报

营业日期：2019-02-18 公司：华问国际酒店

房间收入

项目	房数			出租率			出租数			平均房价			房费收入		
	本日	本月	本年	本日	本月	本年	本日	本月	本年	本日	本月	本年	本日	本月	本年
豪华大床房	90	1620	3690	30.00%	20.99%	26.12%	27	340	964	268.00	268.00	241.33	7236.00	91120.00	232644.00
豪华双人房	103	1854	4223	95.15%	58.09%	60.57%	98	1077	2558	238.00	238.00	224.37	23324.00	256326.00	573944.00
商务客房	16	288	656	50.00%	13.19%	12.80%	8	38	84	318.00	318.00	318.00	2544.00	12084.00	26712.00
商务套房	6	108	246	50.00%	15.74%	12.60%	3	17	31	498.00	498.00	498.00	1494.00	8466.00	15438.00
休闲客房															
休闲套房															
合计	215	3870	8815	63.26%	38.04%	41.26%	136	1472	3637	254.40	250.00	233.36	34598.00	367996.00	848738.00

其它部门收入

部门资源	人数			人均消费			开台数			消费数			挂酒店帐		
	本日	本月	本年	本日	本月	本年	本日	本月	本年	本日	本月	本年	本日	本月	本年
餐饮大厅	81	1595	3568	55.63	73.82	66.03	12	207	456	4506.00	117750.00	235596.00	0	0	0
餐饮包厢			424			63.56			43			26951.00	0	0	0
餐饮小计	81	1595	3992	55.63	73.82	65.77	12	207	499	4506.00	117750.00	262547.00	0	0	0

客房其它收入

项目	本日	本月	本年	项目	本日	本月	本年	项目	本日	本月	本年
客房破损赔偿费				客房杂项				客房小商品			135800.00
客房其它				客房其它服务费				客房其它折扣			
其它服务费（尾数）				其它折扣（尾数）				会议室收入			3000.00
休闲消费	2816.00	54032.00	155604.00	休闲包厢费				休闲服务费			
客房电话收入				公用电话收入				合计	2816.00	54032.00	294404.00
								酒店总收入	41920.00	539778.00	1405689.00

收款方式信息

项目	现金收入			POS收入			合计		
	本日	本月	本年	本日	本月	本年	本日	本月	本年
餐饮收入	2607.00	50464.00	116990.00	1899.00	67286.00	142322.00	4506.00	117750.00	259312.00
桑拿收入	2816.00	54032.00	125068.00	0.00	0.00	28776.00	2816.00	54032.00	153844.00
商超收入	0.00	0.00	12480.00	0.00	0.00	123320.00	0.00	0.00	135800.00
合计	5423.00	104496.00	254538.00	1899.00	67286.00	294418.00	7322.00	171782.00	548956.00

每日收入晨报

营业日期：2019-02-11 公司：华问国际酒店

房间收入

项目	房数			出租率			出租数			平均房价			房费收入		
	本日	本月	本年	本日	本月	本年	本日	本月	本年	本日	本月	本年	本日	本月	本年
豪华大床房	90	990	3060	31.11%	9.60%	23.50%	28	95	719	268.00	268.00	232.24	7504.00	25460.00	166984.00
豪华双人房	103	1133	3502	69.90%	34.07%	53.31%	72	386	1867	238.00	238.00	219.33	17136.00	91868.00	409486.00
商务客房	16	176	544	12.50%	4.55%	9.93%	2	8	54	318.00	318.00	318.00	636.00	2544.00	17172.00
商务套房	6	66	204	16.67%	7.58%	9.31%	1	5	19	498.00	498.00	498.00	498.00	2490.00	9462.00
休闲客房															
休闲套房															
合计	215	2365	7310	47.91%	20.89%	36.37%	103	494	2659	250.23	247.70	226.82	25774.00	122362.00	603104.00

其它部门收入

部门资源	人数			人均消费			开台数			消费数			挂酒店帐		
	本日	本月	本年	本日	本月	本年	本日	本月	本年	本日	本月	本年	本日	本月	本年
餐饮大厅	83	947	2920	78.11	77.77	65.58	11	123	372	6483.00	73647.00	191493.00	0	0	0
餐饮包厢			424			63.56			43			26951.00	0	0	0
餐饮小计	83	947	3344	78.11	77.77	65.32	11	123	415	6483.00	73647.00	218444.00	0	0	0

客房其它收入

项目	本日	本月	本年	项目	本日	本月	本年	项目	本日	本月	本年
客房破损赔偿费				客房杂项				客房小商品			135800.00
客房其它				客房其它服务费				客房其它折扣			
其它服务费（尾数）				其它折扣（尾数）				会议室收入			3000.00
休闲消费	2552.00	31064.00	132636.00	休闲包厢费				休闲服务费			
客房电话收入				公用电话收入				合计	2552.00	31064.00	271436.00
								酒店总收入	34809.00	227073.00	1092984.00

收款方式信息

项目	现金收入			POS收入			合计		
	本日	本月	本年	本日	本月	本年	本日	本月	本年
餐饮收入	3178.00	30717.00	97243.00	3305.00	42930.00	117966.00	6483.00	73647.00	215209.00
桑拿收入	2552.00	31064.00	102100.00	0.00	0.00	28776.00	2552.00	31064.00	130876.00
商超收入	0.00	0.00	12480.00	0.00	0.00	123320.00	0.00	0.00	135800.00
合计	5730.00	61781.00	211823.00	3305.00	42930.00	270062.00	9035.00	104711.00	481885.00

每日收入晨报

营业日期：2019-02-16 公司：华问国际酒店

房间收入

项目	房数			出租率			出租数			平均房价			房费收入		
	本日	本月	本年	本日	本月	本年	本日	本月	本年	本日	本月	本年	本日	本月	本年
豪华大床房	90	1440	3510	24.44%	18.61%	25.41%	22	268	892	268.00	268.00	239.18	5896.00	71824.00	213348.00
豪华双人房	103	1648	4017	92.23%	53.22%	58.70%	95	877	2358	238.00	238.00	223.22	22610.00	208726.00	526344.00
商务客房	16	256	624	31.25%	10.55%	11.70%	5	27	73	318.00	318.00	318.00	1590.00	8586.00	23214.00
商务套房	6	96	234	0.00%	12.50%	11.11%	0	12	26	498.00	498.00	498.00	0.00	5976.00	12948.00
休闲客房															
休闲套房															
合计	215	3440	8385	56.74%	34.42%	39.94%	122	1184	3349	246.69	249.25	231.67	30096.00	295112.00	775854.00

其它部门收入

部门资源	人数			人均消费			开台数			消费数			挂酒店帐		
	本日	本月	本年	本日	本月	本年	本日	本月	本年	本日	本月	本年	本日	本月	本年
餐饮大厅	112	1427	3400	62.55	75.70	66.43	14	183	432	7006.00	108017.00	225863.00	0	0	0
餐饮包厢			424			63.56			43			26951.00	0	0	0
餐饮小计	112	1427	3824	62.55	75.70	66.11	14	183	475	7006.00	108017.00	252814.00	0	0	0

客房其它收入

项目	本日	本月	本年	项目	本日	本月	本年	项目	本日	本月	本年
客房破损赔偿费				客房杂项				客房小商品			135800.00
客房其它				客房其它服务费				客房其它折扣			
其它服务费（尾数）				其它折扣（尾数）				会议室收入			3000.00
休闲消费	3432.00	47696.00	149268.00	休闲包厢费				休闲服务费			
客房电话收入				公用电话收入				合计	3432.00	47696.00	288068.00
								酒店总收入	40534.00	450825.00	1316736.00

收款方式信息

项目	现金收入			POS收入			合计		
	本日	本月	本年	本日	本月	本年	本日	本月	本年
餐饮收入	2599.00	45494.00	112020.00	4407.00	62523.00	137559.00	7006.00	108017.00	249579.00
桑拿收入	3432.00	47696.00	118732.00	0.00	0.00	28776.00	3432.00	47696.00	147508.00
商超收入	0.00	0.00	12480.00	0.00	0.00	123320.00	0.00	0.00	135800.00
合计	6031.00	93190.00	243232.00	4407.00	62523.00	289655.00	10438.00	155713.00	532887.00

每日收入晨报

营业日期：2019-02-21 公司：华问国际酒店

房间收入

项目	房数			出租率			出租数			平均房价			房费收入		
	本日	本月	本年	本日	本月	本年	本日	本月	本年	本日	本月	本年	本日	本月	本年
豪华大床房	90	1890	3960	22.22%	21.06%	25.81%	20	398	1022	268.00	268.00	242.85	5360.00	106664.00	248188.00
豪华双人房	103	2163	4532	66.02%	60.33%	61.47%	68	1305	2786	238.00	238.00	225.49	16184.00	310590.00	628208.00
商务客房	16	336	704	12.50%	13.39%	12.93%	2	45	91	318.00	318.00	318.00	636.00	14310.00	28938.00
商务套房	6	126	264	0.00%	14.29%	12.12%	0	18	32	498.00	498.00	498.00	0.00	8964.00	15936.00
休闲客房															
休闲套房															
合计	215	4515	9460	41.86%	39.11%	41.55%	90	1766	3931	246.44	249.45	234.36	22180.00	440528.00	921270.00

其它部门收入

部门资源	人数			人均消费			开台数			消费数			挂酒店帐		
	本日	本月	本年	本日	本月	本年	本日	本月	本年	本日	本月	本年	本日	本月	本年
餐饮大厅	74	1834	3807	69.45	72.44	65.85	11	242	491	5139.00	132851.00	250697.00	0	0	0
餐饮包厢			424			63.56			43			26951.00	0	0	0
餐饮小计	74	1834	4231	69.45	72.44	65.62	11	242	534	5139.00	132851.00	277648.00	0	0	0

客房其它收入

项目	本日	本月	本年	项目	本日	本月	本年	项目	本日	本月	本年
客房破损赔偿费				客房杂项				客房小商品			135800.00
客房其它				客房其它服务费				客房其它折扣			
其它服务费（尾数）				其它折扣（尾数）				会议室收入			3000.00
休闲消费	3080.00	63448.00	165020.00	休闲包厢费				休闲服务费			
客房电话收入				公用电话收入				合计	3080.00	63448.00	303820.00
								酒店总收入	30399.00	636827.00	1502738.00

收款方式信息

项目	现金收入			POS收入			合计		
	本日	本月	本年	本日	本月	本年	本日	本月	本年
餐饮收入	2511.00	60004.00	126530.00	2628.00	72847.00	147883.00	5139.00	132851.00	274413.00
桑拿收入	3080.00	63448.00	134484.00	0.00	0.00	28776.00	3080.00	63448.00	163260.00
商超收入	0.00	0.00	12480.00	0.00	0.00	123320.00	0.00	0.00	135800.00
合计	5591.00	123452.00	273494.00	2628.00	72847.00	299979.00	8219.00	196299.00	573473.00

每日收入晨报

营业日期：2019-02-10 公司：华问国际酒店

房间收入

项目	房数			出租率			出租数			平均房价			房费收入		
	本日	本月	本年	本日	本月	本年	本日	本月	本年	本日	本月	本年	本日	本月	本年
豪华大床	90	900	2970	35.56%	7.44%	23.27%	32	67	691	268.00	268.00	230.80	8576.00	17956.00	159480.00
豪华双人	103	1030	3399	55.34%	30.49%	52.81%	57	314	1795	238.00	238.00	218.58	13566.00	74732.00	392350.00
商务客房	16	160	528	6.25%	3.75%	9.85%	1	6	52	318.00	318.00	318.00	318.00	1908.00	16536.00
商务套房	6	60	198	16.67%	6.67%	9.09%	1	4	18	498.00	498.00	498.00	498.00	1992.00	8964.00
休闲客房															
休闲套房															
合计	215	2150	7095	42.33%	18.19%	36.03%	91	391	2556	252.29	247.03	225.87	22958.00	96588.00	577330.00

其它部门收入

部门资源	人数			人均消费			开台数			消费数			挂酒店帐		
	本日	本月	本年	本日	本月	本年	本日	本月	本年	本日	本月	本年	本日	本月	本年
餐饮大厅	128	864	2837	99.59	77.74	65.21	16	112	361	12747.00	67164.00	185010.00	0	0	0
餐饮包厢			424			63.56			43			26951.00	0	0	0
餐饮小计	128	864	3261	99.59	77.74	65.00	16	112	404	12747.00	67164.00	211961.00	0	0	0

客房其它收入

项目	本日	本月	本年	项目	本日	本月	本年	项目	本日	本月	本年
客房破损赔偿费				客房杂项				客房小商品			135800.00
客房其它				客房其它服务费				客房其它折扣			
其它服务费（尾数）				其它折扣（尾数）				会议室收入			3000.00
休闲消费	3168.00	28512.00	130084.00	休闲包厢费				休闲服务费			
客房电话收入				公用电话收入				合计	3168.00	28512.00	268884.00
								酒店总收入	38873.00	192264.00	1058175.00

收款方式信息

项目	现金收入			POS收入			合计		
	本日	本月	本年	本日	本月	本年	本日	本月	本年
餐饮收入	3862.00	27539.00	94065.00	8885.00	39625.00	114661.00	12747.00	67164.00	208726.00
桑拿收入	3168.00	28512.00	99548.00	0.00	0.00	28776.00	3168.00	28512.00	128324.00
商超收入	0.00	0.00	12480.00	0.00	0.00	123320.00	0.00	0.00	135800.00
合计	7030.00	56051.00	206093.00	8885.00	39625.00	266757.00	15915.00	95676.00	472850.00

每日收入晨报

营业日期:2019-02-25 公司:华问国际酒店

房间收入

项目	房数			出租率			出租数			平均房价			房费收入		
	本日	本月	本年	本日	本月	本年	本日	本月	本年	本日	本月	本年	本日	本月	本年
豪华大床房	90	2250	4320	16.67%	21.42%	25.60%	15	482	1106	268.00	268.00	244.76	4020.00	129176.00	270700.00
豪华双人房	103	2575	4944	65.05%	62.76%	62.64%	67	1616	3097	238.00	238.00	226.74	15946.00	384608.00	702226.00
商务客房	16	400	768	12.50%	14.25%	13.41%	2	57	103	318.00	318.00	318.00	636.00	18126.00	32754.00
商务套房	6	150	288	0.00%	15.33%	12.85%	0	23	37	498.00	498.00	498.00	0.00	11454.00	18426.00
休闲客房															
休闲套房															
合计	215	5375	10320	39.07%	40.52%	42.08%	84	2178	4343	245.26	249.48	235.81	20602.00	543364.00	1024106.00

其它部门收入

部门资源	人数			人均消费			开台数			消费数			挂酒店帐		
	本日	本月	本年	本日	本月	本年	本日	本月	本年	本日	本月	本年	本日	本月	本年
餐饮大厅	70	2266	4239	69.23	74.52	67.63	10	299	548	4846.00	168853.00	286699.00	0	0	0
餐饮包厢			424			63.56			43			26951.00	0	0	0
餐饮小计	70	2266	4663	69.23	74.52	67.26	10	299	591	4846.00	168853.00	313650.00	0	0	0

客房其它收入

项目	本日	本月	本年	项目	本日	本月	本年	项目	本日	本月	本年
客房破损赔偿费				客房杂项				客房小商品		55561.40	191361.40
客房其它				客房其它服务费				客房其它折扣			
其它服务费（尾数）				其它折扣（尾数）				会议室收入			3000.00
休闲消费	2904.00	76560.00	178132.00	休闲包厢费				休闲服务费			
客房电话收入				公用电话收入				合计	2904.00	132121.40	372493.40
								酒店总收入	28352.00	844338.40	1710249.40

收款方式信息

项目	现金收入			POS收入			合计		
	本日	本月	本年	本日	本月	本年	本日	本月	本年
餐饮收入	2273.00	72027.00	138553.00	2573.00	96826.00	171862.00	4846.00	168853.00	310415.00
桑拿收入	2904.00	76560.00	147596.00	0.00	0.00	28776.00	2904.00	76560.00	176372.00
商超收入	0.00	55561.40	68041.40	0.00	0.00	123320.00	0.00	55561.40	191361.40
合计	5177.00	204148.40	354190.40	2573.00	96826.00	323958.00	7750.00	300974.40	678148.40

每日收入晨报

营业日期：2019-02-06 公司：华问国际酒店

房间收入

项目	房数			出租率			出租数			平均房价			房费收入		
	本日	本月	本年	本日	本月	本年	本日	本月	本年	本日	本月	本年	本日	本月	本年
豪华大床房	90	540	2610	2.22%	3.52%	24.64%	2	19	643	268.00	268.00	228.02	536.00	5092.00	146616.00
豪华双人房	103	618	2987	9.71%	27.35%	55.24%	10	169	1650	238.00	238.00	216.87	2380.00	40222.00	357840.00
商务客房	16	96	464	0.00%	3.13%	10.56%	0	3	49	318.00	318.00	318.00	0.00	954.00	15582.00
商务套房	6	36	174	0.00%	5.56%	9.20%	0	2	16	498.00	498.00	498.00	0.00	996.00	7968.00
休闲客房															
休闲套房															
合计	215	1290	6235	5.58%	14.96%	37.82%	12	193	2358	243.00	244.89	223.92	2916.00	47264.00	528006.00

其它部门收入

部门资源	人数			人均消费			开台数			消费数			挂酒店帐		
	本日	本月	本年	本日	本月	本年	本日	本月	本年	本日	本月	本年	本日	本月	本年
餐饮大厅	80	512	2485	59.95	74.28	68.87	10	68	317	4796.00	38029.00	155875.00	0	0	0
餐饮包厢			424			68.13			43			26951.00	0	0	0
餐饮小计	80	512	2909	59.95	74.28	68.76	10	68	360	4796.00	38029.00	182826.00	0	0	0

客房其它收入

项目	本日	本月	本年	项目	本日	本月	本年	项目	本日	本月	本年
客房破损赔偿费				客房杂项				客房商品			135800.00
客房其它				客房其它服务费				客房其它折扣			
其它服务费（尾数）				其它折扣（尾数）				会议室收入			3000.00
休闲消费	2992.00	16808.00	118380.00	休闲包厢费				休闲服务费			
客房电话收入				公用电话收入				合计	2992.00	16808.00	257180.00
								酒店总收入	10704.00	102101.00	968012.00

收款方式信息

项目	现金收入			POS收入			合计		
	本日	本月	本年	本日	本月	本年	本日	本月	本年
餐饮收入	3099.00	17155.00	83681.00	1697.00	20874.00	95910.00	4796.00	38029.00	179591.00
桑拿收入	2992.00	16808.00	87844.00	0.00	0.00	28776.00	2992.00	16808.00	116620.00
商超收入	0.00	0.00	12480.00	0.00	0.00	123320.00	0.00	0.00	135800.00
合计	6091.00	33963.00	184005.00	1697.00	20874.00	248006.00	7788.00	54837.00	432011.00

每日收入晨报

营业日期：2019-02-13 公司:华问国际酒店

房间收入

项目	房数			出租率			出租数			平均房价			房费收入		
	本日	本月	本年	本日	本月	本年	本日	本月	本年	本日	本月	本年	本日	本月	本年
豪华大床房	90	1170	3240	38.89%	13.33%	24.07%	35	156	780	268.00	268.00	235.04	9380.00	41808.00	183332.00
豪华双人房	103	1339	3708	99.03%	43.39%	55.61%	102	581	2062	238.00	238.00	221.09	24276.00	138278.00	455896.00
商务客房	16	208	576	18.75%	7.21%	10.59%	3	15	61	318.00	318.00	318.00	954.00	4770.00	19398.00
商务套房	6	78	216	16.67%	10.26%	10.19%	1	8	22	498.00	498.00	498.00	498.00	3984.00	10956.00
休闲客房															
休闲套房															
合计	215	2795	7740	65.58%	27.19%	37.79%	141	760	2925	248.99	248.47	228.92	35108.00	188840.00	669582.00

其它部门收入

部门资源	人数			人均消费			开台数			消费数			挂酒店帐		
	本日	本月	本年	本日	本月	本年	本日	本月	本年	本日	本月	本年	本日	本月	本年
餐饮大厅	96	1131	3104	66.25	76.47	65.83	12	146	395	6360.00	86485.00	204331.00	0	0	0
餐饮包厢			424			63.56			43			26951.00	0	0	0
餐饮小计	96	1131	3528	66.25	76.47	65.56	12	146	438	6360.00	86485.00	231282.00	0	0	0

客房其它收入

项目	本日	本月	本年	项目	本日	本月	本年	项目	本日	本月	本年
客房破损赔偿费				客房杂项				客房小商品			135800.00
客房其它				客房其它服务费				客房其它折扣			
其它服务费（尾数）				其它折扣（尾数）				会议室收入			3000.00
休闲消费	3256.00	37664.00	139236.00	休闲包厢费				休闲服务费			
客房电话收入				公用电话收入				合计	3256.00	37664.00	278036.00
								酒店总收入	44724.00	312989.00	1178900.00

收款方式信息

项目	现金收入			POS收入			合计		
	本日	本月	本年	本日	本月	本年	本日	本月	本年
餐饮收入	4042.00	37527.00	104053.00	2318.00	48958.00	123994.00	6360.00	86485.00	228047.00
桑拿收入	3256.00	37664.00	108700.00	0.00	0.00	28776.00	3256.00	37664.00	137476.00
商超收入	0.00	0.00	12480.00	0.00	0.00	123320.00	0.00	0.00	135800.00
合计	7298.00	75191.00	225233.00	2318.00	48958.00	276090.00	9616.00	124149.00	501323.00

每日收入晨报

营业日期：2019-02-03 公司：华问国际酒店

房间收入

项目	房数			出租率			出租数			平均房价			房费收入		
	本日	本月	本年	本日	本月	本年	本日	本月	本年	本日	本月	本年	本日	本月	本年
豪华大床房	90	270	2340	3.33%	5.93%	27.35%	3	16	640	268.00	268.00	227.83	804.00	4288.00	145812.00
豪华双人房	103	309	2678	38.83%	47.25%	60.75%	40	146	1627	238.00	238.00	216.57	9520.00	34748.00	352366.00
商务客房	16	48	416	0.00%	6.25%	11.78%	0	3	49	318.00	318.00	318.00	0.00	954.00	15582.00
商务套房	6	18	156	0.00%	11.11%	10.26%	0	2	16	498.00	498.00	498.00	0.00	996.00	7968.00
休闲客房															
休闲套房															
合计	215	645	5590	20.00%	25.89%	41.72%	43	167	2332	240.09	245.43	223.73	10324.00	40986.00	521728.00

其它部门收入

部门资源	人数			人均消费			开台数			消费数			挂酒店帐		
	本日	本月	本年	本日	本月	本年	本日	本月	本年	本日	本月	本年	本日	本月	本年
餐饮大厅	102	229	2202	74.55	69.66	60.45	14	32	281	7604.00	15952.00	133798.00	0	0	0
餐饮包厢			424			68.13			43			26951.00	0	0	0
餐饮小计	102	619	2626	74.55	69.31	61.69	14	71	324	7604.00	15952.00	160749.00	0	0	0

客房其它收入

项目	本日	本月	本年	项目	本日	本月	本年	项目	本日	本月	本年
客房破损赔偿费				客房杂项				客房商品			135800.00
客房其它				客房其它服务费				客房其它折扣			
其它服务费（尾数）				其它折扣（尾数）				会议室收入			3000.00
休闲消费	2728.00	8184.00	109756.00	休闲包厢费				休闲服务费			
客房电话收入				公用电话收入				合计	2728.00	8184.00	248556.00
								酒店总收入	20656.00	65122.00	931033.00

收款方式信息

项目	现金收入			POS收入			合计		
	本日	本月	本年	本日	本月	本年	本日	本月	本年
餐饮收入	2050.00	6629.00	73155.00	5554.00	9323.00	84359.00	7604.00	15952.00	157514.00
桑拿收入	2728.00	8184.00	79220.00	0.00	0.00	28776.00	2728.00	8184.00	107996.00
商超收入	0.00	0.00	12480.00	0.00	0.00	123320.00	0.00	0.00	135800.00
合计	4778.00	14813.00	164855.00	5554.00	9323.00	236455.00	10332.00	24136.00	401310.00

收发存月报表

部门：　　　　　　　　　　　　　　　　　　　　　　　　　　　　　　年　　月

物料编码	物料名称	计量单位	期初结存			本期入库			本期出库			期末结存		
			数量	单价	金额	数量	单价	金额	数量	单价	金额	数量	单价	金额
0900012	2S北极贝	盒												
0900005	16-20青虾仁(全干)	斤												
0900006	31-40青虾仁	斤												
0900050	进口青口贝	斤												
0700053	三文鱼	斤												
0900011	大鲜鱿鱼	斤												
0700026	中鲜鱿	斤												
0700041	大红蟹	斤												
0700009	桂鱼	斤												
0700007	多宝鱼	斤												
0700051	基围虾	斤												
0700037	羔蟹	斤												
0700043	龙虾仔	斤												
0700008	鲈鱼	斤												
0700031	水鱼	斤												
0700056	鱼头王	斤												
0900036	玉米粒	斤												
0600121	攸县香干	斤												
0600041	长豆角	斤												
0600133	白豆腐	斤												
0403111	白辣椒	斤												
0301040	干豆角	斤												
0403112	干椒节	斤												
0600039	菠菜	斤												
0600042	花菜	斤												
0600065	金针菇斤)	斤												
0301056	腐竹	斤												
0301042	闽笋	斤												
0600063	鲜口菇	斤												
0600091	芋头	斤												

收发存月报表

部门：　　　　　　　　　　　　　　　　　　　　　　　　　　　　年　　月

物料编码	物料名称	计量单位	期初结存			本期入库			本期出库			期末结存		
			数量	单价	金额	数量	单价	金额	数量	单价	金额	数量	单价	金额
0600018	茄子	斤												
0600011	朝天椒	斤												
0600111	大青尖椒	斤												
0600012	青美人椒	斤												
0600013	红美人椒	斤												
0600015	大红椒	斤												
	合计													
0600024	日本青瓜仔	斤												
0600079	蒜苗	斤												
0600005	蒜肉	斤												
0600004	葱肉	斤												
0301029	大黑木耳	斤												
0900059	腊肠	斤												
0301003	河南粉皮	斤												
0203009	乾中细米粉	包												
0800011	大熟木瓜	斤												
0800010	九头木瓜	斤												
0800029	进口黄柠檬	个												
0800007	国产橙	斤												
0800013	台农芒果	斤												
0800003	无籽西瓜	斤												
0800036	有籽西瓜	斤												
0800015	香蕉	斤												
0800028	榴莲	斤												
0105001	木瓜汁	瓶												
0403082	新的橙汁	瓶												
0403081	新的柠檬汁	瓶												
0403184	调料包	包												
0403125	食盐	包												
0301021	优果粉	斤												

记账凭证

核算单位 Unit

摘要 Summary	会计科目 Account	借方 Debit	贷方 Credit
合计 Total			

附单据数（　　）张 Number of Notes

记账人 Recorded by　　复核人 Checkde by　　制单人 Produced by

華問 HUAWEN 单据　金额记账凭证 KPJ101

金额记账凭证

记账凭证

核算单位 Unit

摘要 Summary	会计科目 Account	借方 Debit	贷方 Credit
合计 Total			

附单据数（　　）张 Number of Notes

记账人 Recorded by　　复核人 Checkde by　　制单人 Produced by

華問 HUAWEN 单据　金额记账凭证 KPJ101

金额记账凭证

记账凭证

核算单位 Unit

摘 要 Summary	会计科目 Account	借 方 Debit	贷 方 Credit
合 计 Total			

记账人 Recorded by　　复核人 Checkde by　　制单人 Produced by

附单据数（　）张 Number of Notes

金额记账凭证

金额记账凭证 KPJ101

華聞 HUAWEN 单据

记账凭证

核算单位 Unit

摘 要 Summary	会计科目 Account	借 方 Debit	贷 方 Credit
合 计 Total			

记账人 Recorded by　　复核人 Checkde by　　制单人 Produced by

附单据数（　）张 Number of Notes

金额记账凭证

金额记账凭证 KPJ101

華聞 HUAWEN 单据

记账凭证

核算单位 Unit

摘要 Summary	会计科目 Account	借方 Debit	贷方 Credit
合计 Total			

记账人 Recorded by　　复核人 Checkde by　　制单人 Produced by

附单据数（　　）张 Number of Notes

金额记账凭证

金额记账凭证 KPJ101

華問 HUAWEN 单据

记账凭证

核算单位 Unit

摘要 Summary	会计科目 Account	借方 Debit	贷方 Credit
合计 Total			

记账人 Recorded by　　复核人 Checkde by　　制单人 Produced by

附单据数（　　）张 Number of Notes

金额记账凭证

金额记账凭证 KPJ101

華問 HUAWEN 单据

记账凭证

核算单位 Unit

摘要 Summary	会计科目 Account	借方 Debit	贷方 Credit
合计 Total			

记账人 Recorded by　　复核人 Checkde by　　制单人 Produced by

附单据数（　）张 Number of Notes

金额记账凭证 KPJ101

華問 HUAWEN 单据

记账凭证

核算单位 Unit

摘要 Summary	会计科目 Account	借方 Debit	贷方 Credit
合计 Total			

记账人 Recorded by　　复核人 Checkde by　　制单人 Produced by

附单据数（　）张 Number of Notes

金额记账凭证 KPJ101

華問 HUAWEN 单据

记账凭证

核算单位 Unit

摘 要 Summary	会计科目 Account	借 方 Debit	贷 方 Credit
合 计 Total			

附单据数（ ）张 Number of Notes

记账人 Recorded by　　复核人 Checkde by　　制单人 Produced by

華問 HUAWEN 单据　金额记账凭证 KPJ101

金额记账凭证

记账凭证

核算单位 Unit

摘 要 Summary	会计科目 Account	借 方 Debit	贷 方 Credit
合 计 Total			

附单据数（ ）张 Number of Notes

记账人 Recorded by　　复核人 Checkde by　　制单人 Produced by

華問 HUAWEN 单据　金额记账凭证 KPJ101

金额记账凭证

记 账 凭 证

核算单位 Unit

摘 要 Summary	会计科目 Account	借 方 Debit	贷 方 Credit
合 计 Total			

附单据数（ ）张 Number of Notes

记账人 Recorded by　　复核人 Checkde by　　制单人 Produced by

金额记账凭证 KPJ101

華聞 HUAWEN 单据

金额记账凭证

记 账 凭 证

核算单位 Unit

摘 要 Summary	会计科目 Account	借 方 Debit	贷 方 Credit
合 计 Total			

附单据数（ ）张 Number of Notes

记账人 Recorded by　　复核人 Checkde by　　制单人 Produced by

金额记账凭证 KPJ101

華聞 HUAWEN 单据

金额记账凭证

记账凭证

核算单位 Unit

摘 要 Summary	会计科目 Account	借 方 Debit	贷 方 Credit
合 计 Total			

附单据数（ ）张 Number of Notes

记账人 Recorded by 复核人 Checkde by 制单人 Produced by

记账凭证

核算单位 Unit

摘 要 Summary	会计科目 Account	借 方 Debit	贷 方 Credit
合 计 Total			

附单据数（ ）张 Number of Notes

记账人 Recorded by 复核人 Checkde by 制单人 Produced by

華問 HUAWEN 单据 金额记账凭证 KPJ101

金额记账凭证

华问 HUAWEN 单据

金额记账凭证 KPJ101

记账凭证

核算单位 Unit

摘 要 Summary	会计科目 Account	借 方 Debit	贷 方 Credit
合 计 Total			

附单据数（ ）张 Number of Notes

金额记账凭证

记账人 Recorded by　　复核人 Checkde by　　制单人 Produced by

华问 HUAWEN 单据

金额记账凭证 KPJ101

记账凭证

核算单位 Unit

摘 要 Summary	会计科目 Account	借 方 Debit	贷 方 Credit
合 计 Total			

附单据数（ ）张 Number of Notes

金额记账凭证

记账人 Recorded by　　复核人 Checkde by　　制单人 Produced by

记账凭证

核算单位 Unit

摘要 Summary	会计科目 Account	借方 Debit	贷方 Credit
合计 Total			

记账人 Recorded by　　复核人 Checkde by　　制单人 Produced by

附单据数（　）张 Number of Notes

金额记账凭证

金额记账凭证 KPJ101

華問 HUAWEN 单据

记账凭证

核算单位 Unit

摘要 Summary	会计科目 Account	借方 Debit	贷方 Credit
合计 Total			

记账人 Recorded by　　复核人 Checkde by　　制单人 Produced by

附单据数（　）张 Number of Notes

金额记账凭证

金额记账凭证 KPJ101

華問 HUAWEN 单据

记 账 凭 证

核算单位 Unit

摘 要 Summary	会计科目 Account	借 方 Debit	贷 方 Credit
合 计 Total			

附单据数（ ）张 Number of Notes

记账人 Recorded by　　复核人 Checkde by　　制单人 Produced by

金额记账凭证 KPJ101

華問 HUAWEN 单据

金额记账凭证

记 账 凭 证

核算单位 Unit

摘 要 Summary	会计科目 Account	借 方 Debit	贷 方 Credit
合 计 Total			

附单据数（ ）张 Number of Notes

记账人 Recorded by　　复核人 Checkde by　　制单人 Produced by

金额记账凭证 KPJ101

華問 HUAWEN 单据

金额记账凭证

记账凭证

核算单位 Unit

摘 要 Summary	会计科目 Account	借 方 Debit	贷 方 Credit
合 计 Total			

记账人 Recorded by　　复核人 Checkde by　　制单人 Produced by

附单据数（　　）张 Number of Notes

金额记账凭证

金额记账凭证 KPJ101

華問单据 HUAWEN

记账凭证

核算单位 Unit

摘 要 Summary	会计科目 Account	借 方 Debit	贷 方 Credit
合 计 Total			

记账人 Recorded by　　复核人 Checkde by　　制单人 Produced by

附单据数（　　）张 Number of Notes

金额记账凭证

金额记账凭证 KPJ101

華問单据 HUAWEN

记账凭证

核算单位 Unit

摘 要 Summary	会计科目 Account	借 方 Debit	贷 方 Credit
合 计 Total			

附单据数（ ）张 Number of Notes

记账人 Recorded by　　复核人 Checkde by　　制单人 Produced by

金额记账凭证 KPJ101

華問 HUAWEN 单据

金额记账凭证

记账凭证

核算单位 Unit

摘 要 Summary	会计科目 Account	借 方 Debit	贷 方 Credit
合 计 Total			

附单据数（ ）张 Number of Notes

记账人 Recorded by　　复核人 Checkde by　　制单人 Produced by

金额记账凭证 KPJ101

華問 HUAWEN 单据

金额记账凭证

记账凭证

核算单位 Unit

摘要 Summary	会计科目 Account	借方 Debit	贷方 Credit
合计 Total			

附单据数（ ）张 Number of Notes

记账人 Recorded by　　复核人 Checkde by　　制单人 Produced by

华闻单据 HUAWEN　金额记账凭证 KPJ101

记账凭证

核算单位 Unit

摘要 Summary	会计科目 Account	借方 Debit	贷方 Credit
合计 Total			

附单据数（ ）张 Number of Notes

记账人 Recorded by　　复核人 Checkde by　　制单人 Produced by

华闻单据 HUAWEN　金额记账凭证 KPJ101

记账凭证

核算单位 Unit

摘要 Summary	会计科目 Account	借方 Debit	贷方 Credit
合计 Total			

附单据数（ ）张 Number of Notes

记账人 Recorded by　　复核人 Checkde by　　制单人 Produced by

金额记账凭证 KPJ101

華問 HUAWEN 单据

金额记账凭证

记账凭证

核算单位 Unit

摘要 Summary	会计科目 Account	借方 Debit	贷方 Credit
合计 Total			

附单据数（ ）张 Number of Notes

记账人 Recorded by　　复核人 Checkde by　　制单人 Produced by

金额记账凭证 KPJ101

華問 HUAWEN 单据

金额记账凭证

记账凭证

核算单位 Unit

摘 要 Summary	会计科目 Account	借 方 Debit	贷 方 Credit
合 计 Total			

记账人 Recorded by　　复核人 Checkde by　　制单人 Produced by

附单据数（　）张 Number of Notes

金额记账凭证

華聞 HUAWEN 单据　金额记账凭证 KPJ101

记账凭证

核算单位 Unit

摘 要 Summary	会计科目 Account	借 方 Debit	贷 方 Credit
合 计 Total			

记账人 Recorded by　　复核人 Checkde by　　制单人 Produced by

附单据数（　）张 Number of Notes

金额记账凭证

華聞 HUAWEN 单据　金额记账凭证 KPJ101

记账凭证

核算单位 Unit

摘 要 Summary	会计科目 Account	借 方 Debit	贷 方 Credit
合 计 Total			

记账人 Recorded by　　复核人 Checkde by　　制单人 Produced by

附单据数（　　）张 Number of Notes

金额记账凭证

華聞 HUAWEN 单据 金额记账凭证 KPJ101

记账凭证

核算单位 Unit

摘 要 Summary	会计科目 Account	借 方 Debit	贷 方 Credit
合 计 Total			

记账人 Recorded by　　复核人 Checkde by　　制单人 Produced by

附单据数（　　）张 Number of Notes

金额记账凭证

華聞 HUAWEN 单据 金额记账凭证 KPJ101

记账凭证

核算单位 Unit

摘要 Summary	会计科目 Account	借方 Debit	贷方 Credit
合计 Total			

记账人 Recorded by　　复核人 Checkde by　　制单人 Produced by

附单据数（　　）张 Number of Notes

金额记账凭证

華問 HUAWEN 单据　金额记账凭证 KPJ101

记账凭证

核算单位 Unit

摘要 Summary	会计科目 Account	借方 Debit	贷方 Credit
合计 Total			

记账人 Recorded by　　复核人 Checkde by　　制单人 Produced by

附单据数（　　）张 Number of Notes

金额记账凭证

華問 HUAWEN 单据　金额记账凭证 KPJ101

记账凭证

核算单位 Unit

摘 要 Summary	会计科目 Account	借 方 Debit	贷 方 Credit
合 计 Total			

记账人 Recorded by　　复核人 Checkde by　　制单人 Produced by

附单据数（　　）张 Number of Notes

金额记账凭证

金额记账凭证 KPJ101

華問 HUAWEN 单据

记账凭证

核算单位 Unit

摘 要 Summary	会计科目 Account	借 方 Debit	贷 方 Credit
合 计 Total			

记账人 Recorded by　　复核人 Checkde by　　制单人 Produced by

附单据数（　　）张 Number of Notes

金额记账凭证

金额记账凭证 KPJ101

華問 HUAWEN 单据

记 账 凭 证

核算单位 Unit

摘 要 Summary	会计科目 Account	借 方 Debit	贷 方 Credit
合 计 Total			

记账人 Recorded by　　复核人 Checkde by　　制单人 Produced by

附单据数（　　）张 Number of Notes

金额记账凭证 KPJ101

華問 HUAWEN 单据

记 账 凭 证

核算单位 Unit

摘 要 Summary	会计科目 Account	借 方 Debit	贷 方 Credit
合 计 Total			

记账人 Recorded by　　复核人 Checkde by　　制单人 Produced by

附单据数（　　）张 Number of Notes

金额记账凭证 KPJ101

華問 HUAWEN 单据

记账凭证

核算单位 Unit

摘要 Summary	会计科目 Account	借方 Debit	贷方 Credit
合计 Total			

记账人 Recorded by　　复核人 Checkde by　　制单人 Produced by

附单据数（ ）张 Number of Notes

金额记账凭证 KPJ101

華問 HUAWEN 单据

金额记账凭证

记账凭证

核算单位 Unit

摘要 Summary	会计科目 Account	借方 Debit	贷方 Credit
合计 Total			

记账人 Recorded by　　复核人 Checkde by　　制单人 Produced by

附单据数（ ）张 Number of Notes

金额记账凭证 KPJ101

華問 HUAWEN 单据

金额记账凭证

记账凭证

核算单位 Unit

摘要 Summary	会计科目 Account	借方 Debit	贷方 Credit
合计 Total			

附单据数（ ）张 Number of Notes

记账人 Recorded by　　复核人 Checkde by　　制单人 Produced by

金额记账凭证

華問 HUAWEN 单据　金额记账凭证 KPJ101

记账凭证

核算单位 Unit

摘要 Summary	会计科目 Account	借方 Debit	贷方 Credit
合计 Total			

附单据数（ ）张 Number of Notes

记账人 Recorded by　　复核人 Checkde by　　制单人 Produced by

金额记账凭证

華問 HUAWEN 单据　金额记账凭证 KPJ101

记账凭证

核算单位 Unit

摘要 Summary	会计科目 Account	借方 Debit	贷方 Credit
合计 Total			

附单据数（ ）张 Number of Notes

金额记账凭证

记账人 Recorded by　　复核人 Checkde by　　制单人 Produced by

记账凭证

核算单位 Unit

摘要 Summary	会计科目 Account	借方 Debit	贷方 Credit
合计 Total			

附单据数（ ）张 Number of Notes

金额记账凭证

记账人 Recorded by　　复核人 Checkde by　　制单人 Produced by

華聞 HUAWEN 单据 金额记账凭证 KPJ101

華問 HUAWEN 单据

金额记账凭证 KPJ101

记账凭证

核算单位 Unit

摘要 Summary	会计科目 Account	借方 Debit	贷方 Credit
合计 Total			

附单据数（ ）张 Number of Notes

金额记账凭证

记账人 Recorded by　　复核人 Checkde by　　制单人 Produced by

華問 HUAWEN 单据

金额记账凭证 KPJ101

记账凭证

核算单位 Unit

摘要 Summary	会计科目 Account	借方 Debit	贷方 Credit
合计 Total			

附单据数（ ）张 Number of Notes

金额记账凭证

记账人 Recorded by　　复核人 Checkde by　　制单人 Produced by

记账凭证

核算单位 Unit

摘要 Summary	会计科目 Account	借方 Debit	贷方 Credit
合计 Total			

记账人 Recorded by　　复核人 Checkde by　　制单人 Produced by

附单据数（ ）张 Number of Notes

金额记账凭证

華聞 HUAWEN 单据　金额记账凭证 KPJ101

记账凭证

核算单位 Unit

摘要 Summary	会计科目 Account	借方 Debit	贷方 Credit
合计 Total			

记账人 Recorded by　　复核人 Checkde by　　制单人 Produced by

附单据数（ ）张 Number of Notes

金额记账凭证

華聞 HUAWEN 单据　金额记账凭证 KPJ101

记账凭证

核算单位 Unit

摘 要 Summary	会计科目 Account	借 方 Debit	贷 方 Credit
合 计 Total			

记账人 Recorded by　　复核人 Checkde by　　制单人 Produced by

附单据数（　　）张 Number of Notes

金额记账凭证 KPJ101

華問单据 HUAWEN

金额记账凭证

记账凭证

核算单位 Unit

摘 要 Summary	会计科目 Account	借 方 Debit	贷 方 Credit
合 计 Total			

记账人 Recorded by　　复核人 Checkde by　　制单人 Produced by

附单据数（　　）张 Number of Notes

金额记账凭证 KPJ101

華問单据 HUAWEN

金额记账凭证

记 账 凭 证

核算单位 Unit

摘 要 Summary	会计科目 Account	借 方 Debit	贷 方 Credit
合 计 Total			

记账人 Recorded by　　复核人 Checkde by　　制单人 Produced by

附单据数（　　）张 Number of Notes

金额记账凭证

金额记账凭证 KPJ101

華問 HUAWEN 单据

记 账 凭 证

核算单位 Unit

摘 要 Summary	会计科目 Account	借 方 Debit	贷 方 Credit
合 计 Total			

记账人 Recorded by　　复核人 Checkde by　　制单人 Produced by

附单据数（　　）张 Number of Notes

金额记账凭证

金额记账凭证 KPJ101

華問 HUAWEN 单据

记账凭证

核算单位 Unit

摘要 Summary	会计科目 Account	借方 Debit	贷方 Credit
合计 Total			

附单据数（ ）张 Number of Notes

记账人 Recorded by　　复核人 Checkde by　　制单人 Produced by

金额记账凭证 KPJ101

華聞单据 HUAWEN

金额记账凭证

记账凭证

核算单位 Unit

摘要 Summary	会计科目 Account	借方 Debit	贷方 Credit
合计 Total			

附单据数（ ）张 Number of Notes

记账人 Recorded by　　复核人 Checkde by　　制单人 Produced by

金额记账凭证 KPJ101

華聞单据 HUAWEN

金额记账凭证

记账凭证

核算单位 Unit

摘要 Summary	会计科目 Account	借方 Debit	贷方 Credit
合计 Total			

记账人 Recorded by　　复核人 Checkde by　　制单人 Produced by

附单据数（ ）张 Number of Notes

金额记账凭证

金额记账凭证 KPJ101

華聞 HUAWEN 单据

记账凭证

核算单位 Unit

摘要 Summary	会计科目 Account	借方 Debit	贷方 Credit
合计 Total			

记账人 Recorded by　　复核人 Checkde by　　制单人 Produced by

附单据数（ ）张 Number of Notes

金额记账凭证

金额记账凭证 KPJ101

華聞 HUAWEN 单据

记账凭证

核算单位 Unit

摘要 Summary	会计科目 Account	借方 Debit	贷方 Credit
合计 Total			

附单据数（ ）张 Number of Notes

记账人 Recorded by　　复核人 Checkde by　　制单人 Produced by

华问单据 HUAWEN　金额记账凭证 KPJ101

记账凭证

核算单位 Unit

摘要 Summary	会计科目 Account	借方 Debit	贷方 Credit
合计 Total			

附单据数（ ）张 Number of Notes

记账人 Recorded by　　复核人 Checkde by　　制单人 Produced by

华问单据 HUAWEN　金额记账凭证 KPJ101

记账凭证

核算单位 Unit

摘要 Summary	会计科目 Account	借方 Debit	贷方 Credit
合计 Total			

附单据数（　　）张 Number of Notes

记账人 Recorded by　　复核人 Checkde by　　制单人 Produced by

華聞单据 HUAWEN　金额记账凭证 KPJ101

金额记账凭证

记账凭证

核算单位 Unit

摘要 Summary	会计科目 Account	借方 Debit	贷方 Credit
合计 Total			

附单据数（　　）张 Number of Notes

记账人 Recorded by　　复核人 Checkde by　　制单人 Produced by

華聞单据 HUAWEN　金额记账凭证 KPJ101

金额记账凭证

记 账 凭 证

核算单位 Unit

摘 要 Summary	会计科目 Account	借 方 Debit	贷 方 Credit
合 计 Total			

记账人 Recorded by 复核人 Checkde by 制单人 Produced by

附单据数（ ）张 Number of Notes

金额记账凭证 KPJ101

华闻单据 HUAWEN

记 账 凭 证

核算单位 Unit

摘 要 Summary	会计科目 Account	借 方 Debit	贷 方 Credit
合 计 Total			

记账人 Recorded by 复核人 Checkde by 制单人 Produced by

附单据数（ ）张 Number of Notes

金额记账凭证 KPJ101

华闻单据 HUAWEN

记账凭证

核算单位 Unit

摘 要 Summary	会计科目 Account	借 方 Debit	贷 方 Credit
合 计 Total			

记账人 Recorded by　　复核人 Checkde by　　制单人 Produced by

附单据数（　　）张 Number of Notes

金额记账凭证

金额记账凭证 KPJ101

華問 HUAWEN 单据

记账凭证

核算单位 Unit

摘 要 Summary	会计科目 Account	借 方 Debit	贷 方 Credit
合 计 Total			

记账人 Recorded by　　复核人 Checkde by　　制单人 Produced by

附单据数（　　）张 Number of Notes

金额记账凭证

金额记账凭证 KPJ101

華問 HUAWEN 单据

记账凭证

核算单位 Unit

摘要 Summary	会计科目 Account	借方 Debit	贷方 Credit
合计 Total			

附单据数（　　）张 Number of Notes

记账人 Recorded by　　复核人 Checkde by　　制单人 Produced by

華問 HUAWEN 单据　金额记账凭证 KPJ101

金额记账凭证

记账凭证

核算单位 Unit

摘要 Summary	会计科目 Account	借方 Debit	贷方 Credit
合计 Total			

附单据数（　　）张 Number of Notes

记账人 Recorded by　　复核人 Checkde by　　制单人 Produced by

華問 HUAWEN 单据　金额记账凭证 KPJ101

金额记账凭证

记账凭证

核算单位 Unit

摘 要 Summary	会计科目 Account	借 方 Debit	贷 方 Credit
合 计 Total			

记账人 Recorded by　　复核人 Checkde by　　制单人 Produced by

附单据数（　　）张 Number of Notes

金额记账凭证

華聞 HUAWEN 单据

金额记账凭证 KPJ101

记账凭证

核算单位 Unit

摘 要 Summary	会计科目 Account	借 方 Debit	贷 方 Credit
合 计 Total			

记账人 Recorded by　　复核人 Checkde by　　制单人 Produced by

附单据数（　　）张 Number of Notes

金额记账凭证

華聞 HUAWEN 单据

金额记账凭证 KPJ101

记账凭证

核算单位 Unit

摘要 Summary	会计科目 Account	借方 Debit	贷方 Credit
合计 Total			

附单据数（ ）张 Number of Notes

记账人 Recorded by　　复核人 Checkde by　　制单人 Produced by

金额记账凭证 KPJ101　華問 HUAWEN 单据

记账凭证

核算单位 Unit

摘要 Summary	会计科目 Account	借方 Debit	贷方 Credit
合计 Total			

附单据数（ ）张 Number of Notes

记账人 Recorded by　　复核人 Checkde by　　制单人 Produced by

金额记账凭证 KPJ101　華問 HUAWEN 单据

记账凭证

核算单位 Unit

摘要 Summary	会计科目 Account	借方 Debit	贷方 Credit
合计 Total			

附单据数（　　）张 Number of Notes

记账人 Recorded by　　复核人 Checkde by.　　制单人 Produced by

金额记账凭证 KPJ101

華閎 HUAWEN 单据

金额记账凭证

记账凭证

核算单位 Unit

摘要 Summary	会计科目 Account	借方 Debit	贷方 Credit
合计 Total			

附单据数（　　）张 Number of Notes

记账人 Recorded by　　复核人 Checkde by　　制单人 Produced by

金额记账凭证 KPJ101

華閎 HUAWEN 单据

金额记账凭证

记账凭证

核算单位 Unit

摘要 Summary	会计科目 Account	借方 Debit	贷方 Credit
合计 Total			

附单据数（ ）张 Number of Notes

记账人 Recorded by　复核人 Checkde by　制单人 Produced by

金额记账凭证 KPJ101

華問单据 HUAWEN

记账凭证

核算单位 Unit

摘要 Summary	会计科目 Account	借方 Debit	贷方 Credit
合计 Total			

附单据数（ ）张 Number of Notes

记账人 Recorded by　复核人 Checkde by　制单人 Produced by

金额记账凭证 KPJ101

華問单据 HUAWEN

记账凭证

核算单位 Unit

摘要 Summary	会计科目 Account	借方 Debit	贷方 Credit
合计 Total			

附单据数（　　）张 Number of Notes

记账人 Recorded by　　复核人 Checkde by　　制单人 Produced by

華問 HUAWEN 单据　金额记账凭证 KPJ101

金额记账凭证

记账凭证

核算单位 Unit

摘要 Summary	会计科目 Account	借方 Debit	贷方 Credit
合计 Total			

附单据数（　　）张 Number of Notes

记账人 Recorded by　　复核人 Checkde by　　制单人 Produced by

華問 HUAWEN 单据　金额记账凭证 KPJ101

金额记账凭证

记账凭证

核算单位 Unit

摘要 Summary	会计科目 Account	借方 Debit	贷方 Credit
合计 Total			

记账人 Recorded by　　复核人 Checkde by　　制单人 Produced by

附单据数（　　）张 Number of Notes

金额记账凭证

華聞 HUAWEN 单据　金额记账凭证 KPJ101

记账凭证

核算单位 Unit

摘要 Summary	会计科目 Account	借方 Debit	贷方 Credit
合计 Total			

记账人 Recorded by　　复核人 Checkde by　　制单人 Produced by

附单据数（　　）张 Number of Notes

金额记账凭证

華聞 HUAWEN 单据　金额记账凭证 KPJ101

华闻单据 HUAWEN

金额记账凭证 KPJ101

记账凭证

核算单位 Unit

摘要 Summary	会计科目 Account	借方 Debit	贷方 Credit
合计 Total			

附单据数（ ）张 Number of Notes

金额记账凭证

记账人 Recorded by　　复核人 Checkde by　　制单人 Produced by

华闻单据 HUAWEN

金额记账凭证 KPJ101

记账凭证

核算单位 Unit

摘要 Summary	会计科目 Account	借方 Debit	贷方 Credit
合计 Total			

附单据数（ ）张 Number of Notes

金额记账凭证

记账人 Recorded by　　复核人 Checkde by　　制单人 Produced by

记账凭证

核算单位 Unit

摘 要 Summary	会计科目 Account	借 方 Debit	贷 方 Credit
合 计 Total			

附单据数（ ）张 Number of Notes

金额记账凭证

记账人 Recorded by　　复核人 Checkde by　　制单人 Produced by

金额记账凭证 KPJ101

華問 HUAWEN 单据

记账凭证

核算单位 Unit

摘 要 Summary	会计科目 Account	借 方 Debit	贷 方 Credit
合 计 Total			

附单据数（ ）张 Number of Notes

金额记账凭证

记账人 Recorded by　　复核人 Checkde by　　制单人 Produced by

金额记账凭证 KPJ101

華問 HUAWEN 单据

记账凭证

核算单位 Unit

摘要 Summary	会计科目 Account	借方 Debit	贷方 Credit
合计 Total			

记账人 Recorded by　　复核人 Checkde by　　制单人 Produced by

附单据数（　）张 Number of Notes

金额记账凭证

華問单据 HUAWEN　金额记账凭证 KPJ101

记账凭证

核算单位 Unit

摘要 Summary	会计科目 Account	借方 Debit	贷方 Credit
合计 Total			

记账人 Recorded by　　复核人 Checkde by　　制单人 Produced by

附单据数（　）张 Number of Notes

金额记账凭证

華問单据 HUAWEN　金额记账凭证 KPJ101

记账凭证

核算单位 Unit

摘要 Summary	会计科目 Account	借方 Debit	贷方 Credit
合计 Total			

记账人 Recorded by　　复核人 Checkde by　　制单人 Produced by

附单据数（　）张 Number of Notes

金额记账凭证

金额记账凭证 KPJ101

華問 HUAWEN 单据

记账凭证

核算单位 Unit

摘要 Summary	会计科目 Account	借方 Debit	贷方 Credit
合计 Total			

记账人 Recorded by　　复核人 Checkde by　　制单人 Produced by

附单据数（　）张 Number of Notes

金额记账凭证

金额记账凭证 KPJ101

華問 HUAWEN 单据

记账凭证

核算单位 Unit

摘 要 Summary	会计科目 Account	借 方 Debit	贷 方 Credit
合 计 Total			

记账人 Recorded by　　复核人 Checkde by　　制单人 Produced by

附单据数（ ）张 Number of Notes

金额记账凭证

金额记账凭证 KPJ101

華聞单据 HUAWEN

记账凭证

核算单位 Unit

摘 要 Summary	会计科目 Account	借 方 Debit	贷 方 Credit
合 计 Total			

记账人 Recorded by　　复核人 Checkde by　　制单人 Produced by

附单据数（ ）张 Number of Notes

金额记账凭证

金额记账凭证 KPJ101

華聞单据 HUAWEN

记账凭证

核算单位 Unit

摘要 Summary	会计科目 Account	借方 Debit	贷方 Credit
合计 Total			

附单据数（ ）张 Number of Notes

记账人 Recorded by　　复核人 Checkde by　　制单人 Produced by

华闻单据 HUAWEN　金额记账凭证 KPJ101

金额记账凭证

记账凭证

核算单位 Unit

摘要 Summary	会计科目 Account	借方 Debit	贷方 Credit
合计 Total			

附单据数（ ）张 Number of Notes

记账人 Recorded by　　复核人 Checkde by　　制单人 Produced by

华闻单据 HUAWEN　金额记账凭证 KPJ101

金额记账凭证

记账凭证

核算单位 Unit

摘 要 Summary	会计科目 Account	借 方 Debit	贷 方 Credit
合 计 Total			

记账人 Recorded by　　复核人 Checkde by　　制单人 Produced by

附单据数（ ）张 Number of Notes

金额记账凭证

金额记账凭证 KPJ101

華問 HUAWEN 单据

记账凭证

核算单位 Unit

摘 要 Summary	会计科目 Account	借 方 Debit	贷 方 Credit
合 计 Total			

记账人 Recorded by　　复核人 Checkde by　　制单人 Produced by

附单据数（ ）张 Number of Notes

金额记账凭证

金额记账凭证 KPJ101

華問 HUAWEN 单据

记账凭证

核算单位 Unit

摘 要 Summary	会计科目 Account	借 方 Debit	贷 方 Credit
合 计 Total			

附单据数（　）张 Number of Notes

记账人 Recorded by　　复核人 Checkde by　　制单人 Produced by

金额记账凭证 KPJ101　華問单据 HUAWEN

金额记账凭证

记账凭证

核算单位 Unit

摘 要 Summary	会计科目 Account	借 方 Debit	贷 方 Credit
合 计 Total			

附单据数（　）张 Number of Notes

记账人 Recorded by　　复核人 Checkde by　　制单人 Produced by

金额记账凭证 KPJ101　華問单据 HUAWEN

金额记账凭证

華閎单据 HUAWEN

金额记账凭证 KPJ101

记账凭证

核算单位 Unit

摘要 Summary	会计科目 Account	借方 Debit	贷方 Credit
合计 Total			

附单据数（ ）张 Number of Notes

金额记账凭证

记账人 Recorded by　　复核人 Checkde by　　制单人 Produced by

華閎单据 HUAWEN

金额记账凭证 KPJ101

记账凭证

核算单位 Unit

摘要 Summary	会计科目 Account	借方 Debit	贷方 Credit
合计 Total			

附单据数（ ）张 Number of Notes

金额记账凭证

记账人 Recorded by　　复核人 Checkde by　　制单人 Produced by

金额记账凭证 KPJ101

華聞单据 HUAWEN

记账凭证

核算单位 Unit

摘 要 Summary	会计科目 Account	借 方 Debit	贷 方 Credit
合 计 Total			

附单据数（ ）张 Number of Notes

金额记账凭证

记账人 Recorded by 复核人 Checkde by 制单人 Produced by

金额记账凭证 KPJ101

華聞单据 HUAWEN

记账凭证

核算单位 Unit

摘 要 Summary	会计科目 Account	借 方 Debit	贷 方 Credit
合 计 Total			

附单据数（ ）张 Number of Notes

金额记账凭证

记账人 Recorded by 复核人 Checkde by 制单人 Produced by

记账凭证

核算单位 Unit

摘要 Summary	会计科目 Account	借方 Debit	贷方 Credit
合计 Total			

记账人 Recorded by　　复核人 Checkde by　　制单人 Produced by

附单据数（ ）张 Number of Notes

金额记账凭证 KPJ101

華聞 HUAWEN 单据

金额记账凭证

记账凭证

核算单位 Unit

摘要 Summary	会计科目 Account	借方 Debit	贷方 Credit
合计 Total			

记账人 Recorded by　　复核人 Checkde by　　制单人 Produced by

附单据数（ ）张 Number of Notes

金额记账凭证 KPJ101

華聞 HUAWEN 单据

金额记账凭证

金额记账凭证 KPJ101

華聞 HUAWEN 单据

记账凭证

核算单位 Unit

摘要 Summary	会计科目 Account	借方 Debit	贷方 Credit
合计 Total			

附单据数（ ）张 Number of Notes

金额记账凭证

记账人 Recorded by　　复核人 Checkde by　　制单人 Produced by

金额记账凭证 KPJ101

華聞 HUAWEN 单据

记账凭证

核算单位 Unit

摘要 Summary	会计科目 Account	借方 Debit	贷方 Credit
合计 Total			

附单据数（ ）张 Number of Notes

金额记账凭证

记账人 Recorded by　　复核人 Checkde by　　制单人 Produced by

记账凭证

核算单位 Unit

摘要 Summary	会计科目 Account	借方 Debit	贷方 Credit
合计 Total			

附单据数（　　）张 Number of Notes

记账人 Recorded by　　复核人 Checkde by　　制单人 Produced by

金额记账凭证 KPJ101

華問单据 HUAWEN

记账凭证

核算单位 Unit

摘要 Summary	会计科目 Account	借方 Debit	贷方 Credit
合计 Total			

附单据数（　　）张 Number of Notes

记账人 Recorded by　　复核人 Checkde by　　制单人 Produced by

金额记账凭证 KPJ101

華問单据 HUAWEN

记账凭证

核算单位 Unit

摘要 Summary	会计科目 Account	借方 Debit	贷方 Credit
合计 Total			

记账人 Recorded by　　复核人 Checkde by　　制单人 Produced by

附单据数（　）张 Number of Notes

金额记账凭证

华問单据 HUAWEN 金额记账凭证 KPJ101

记账凭证

核算单位 Unit

摘要 Summary	会计科目 Account	借方 Debit	贷方 Credit
合计 Total			

记账人 Recorded by　　复核人 Checkde by　　制单人 Produced by

附单据数（　）张 Number of Notes

金额记账凭证

華問单据 HUAWEN 金额记账凭证 KPJ101

金额记账凭证 KPJ101

華問 HUAWEN 单据

记账凭证

核算单位 Unit

摘要 Summary	会计科目 Account	借方 Debit	贷方 Credit
合计 Total			

附单据数（ ）张 Number of Notes

金额记账凭证

记账人 Recorded by　　复核人 Checkde by　　制单人 Produced by

金额记账凭证 KPJ101

華問 HUAWEN 单据

记账凭证

核算单位 Unit

摘要 Summary	会计科目 Account	借方 Debit	贷方 Credit
合计 Total			

附单据数（ ）张 Number of Notes

金额记账凭证

记账人 Recorded by　　复核人 Checkde by　　制单人 Produced by

记账凭证

核算单位 Unit

摘要 Summary	会计科目 Account	借方 Debit	贷方 Credit
合计 Total			

附单据数（ ）张 Number of Notes

记账人 Recorded by　　复核人 Checkde by　　制单人 Produced by

金额记账凭证 KPJ101

華聞 HUAWEN 单据

金额记账凭证

记账凭证

核算单位 Unit

摘要 Summary	会计科目 Account	借方 Debit	贷方 Credit
合计 Total			

附单据数（ ）张 Number of Notes

记账人 Recorded by　　复核人 Checkde by　　制单人 Produced by

金额记账凭证 KPJ101

華聞 HUAWEN 单据

金额记账凭证

记账凭证

核算单位 Unit

摘要 Summary	会计科目 Account	借方 Debit	贷方 Credit
合计 Total			

记账人 Recorded by　　复核人 Checkde by　　制单人 Produced by

附单据数（　　）张 Number of Notes

金额记账凭证

华闻单据 HUAWEN　金额记账凭证 KPJ101

记账凭证

核算单位 Unit

摘要 Summary	会计科目 Account	借方 Debit	贷方 Credit
合计 Total			

记账人 Recorded by　　复核人 Checkde by　　制单人 Produced by

附单据数（　　）张 Number of Notes

金额记账凭证

华闻单据 HUAWEN　金额记账凭证 KPJ101

记账凭证

核算单位 Unit

摘要 Summary	会计科目 Account	借方 Debit	贷方 Credit
合计 Total			

记账人 Recorded by　　复核人 Checkde by　　制单人 Produced by

附单据数（　　）张 Number of Notes

金额记账凭证 KPJ101

華問 HUAWEN 单据

金额记账凭证

记账凭证

核算单位 Unit

摘要 Summary	会计科目 Account	借方 Debit	贷方 Credit
合计 Total			

记账人 Recorded by　　复核人 Checkde by　　制单人 Produced by

附单据数（　　）张 Number of Notes

金额记账凭证 KPJ101

華問 HUAWEN 单据

金额记账凭证

记账凭证

核算单位 Unit

摘要 Summary	会计科目 Account	借方 Debit	贷方 Credit
合计 Total			

附单据数（　　）张 Number of Notes

记账人 Recorded by　　复核人 Checkde by　　制单人 Produced by

金额记账凭证 KPJ101

華問单据 HUAWEN

记账凭证

核算单位 Unit

摘要 Summary	会计科目 Account	借方 Debit	贷方 Credit
合计 Total			

附单据数（　　）张 Number of Notes

记账人 Recorded by　　复核人 Checkde by　　制单人 Produced by

金额记账凭证 KPJ101

華問单据 HUAWEN

记账凭证

核算单位 Unit

摘要 Summary	会计科目 Account	借方 Debit	贷方 Credit
合计 Total			

附单据数（　　）张 Number of Notes

记账人 Recorded by　　复核人 Checkde by　　制单人 Produced by

金额记账凭证 KPJ101

華問单据 HUAWEN

金额记账凭证

记账凭证

核算单位 Unit

摘要 Summary	会计科目 Account	借方 Debit	贷方 Credit
合计 Total			

附单据数（　　）张 Number of Notes

记账人 Recorded by　　复核人 Checkde by　　制单人 Produced by

金额记账凭证 KPJ101

華問单据 HUAWEN

金额记账凭证

记账凭证

核算单位 Unit

摘要 Summary	会计科目 Account	借方 Debit	贷方 Credit
合计 Total			

记账人 Recorded by　　复核人 Checkde by　　制单人 Produced by

附单据数（　　）张 Number of Notes

金额记账凭证

金额记账凭证 KPJ101

華問 HUAWEN 单据

记账凭证

核算单位 Unit

摘要 Summary	会计科目 Account	借方 Debit	贷方 Credit
合计 Total			

记账人 Recorded by　　复核人 Checkde by　　制单人 Produced by

附单据数（　　）张 Number of Notes

金额记账凭证

金额记账凭证 KPJ101

華問 HUAWEN 单据

记账凭证

核算单位 Unit

摘要 Summary	会计科目 Account	借方 Debit	贷方 Credit
合计 Total			

记账人 Recorded by　　复核人 Checkde by　　制单人 Produced by

附单据数（ ）张 Number of Notes

金额记账凭证

金额记账凭证 KPJ101

華問单据 HUAWEN

记账凭证

核算单位 Unit

摘要 Summary	会计科目 Account	借方 Debit	贷方 Credit
合计 Total			

记账人 Recorded by　　复核人 Checkde by　　制单人 Produced by

附单据数（ ）张 Number of Notes

金额记账凭证

金额记账凭证 KPJ101

華問单据 HUAWEN

记账凭证

核算单位 Unit

摘要 Summary	会计科目 Account	借方 Debit	贷方 Credit
合计 Total			

记账人 Recorded by　　复核人 Checkde by　　制单人 Produced by

附单据数（　）张 Number of Notes

金额记账凭证

金额记账凭证 KPJ101

華聞 HUAWEN 单据

记账凭证

核算单位 Unit

摘要 Summary	会计科目 Account	借方 Debit	贷方 Credit
合计 Total			

记账人 Recorded by　　复核人 Checkde by　　制单人 Produced by

附单据数（　）张 Number of Notes

金额记账凭证

金额记账凭证 KPJ101

華聞 HUAWEN 单据

记账凭证

核算单位 Unit

摘要 Summary	会计科目 Account	借方 Debit	贷方 Credit
合计 Total			

附单据数（ ）张 Number of Notes

记账人 Recorded by　复核人 Checkde by　制单人 Produced by

金额记账凭证

華聞单据 HUAWEN 金额记账凭证 KPJ101

记账凭证

核算单位 Unit

摘要 Summary	会计科目 Account	借方 Debit	贷方 Credit
合计 Total			

附单据数（ ）张 Number of Notes

记账人 Recorded by　复核人 Checkde by　制单人 Produced by

金额记账凭证

華聞单据 HUAWEN 金额记账凭证 KPJ101

记账凭证

核算单位 Unit

摘要 Summary	会计科目 Account	借方 Debit	贷方 Credit
合计 Total			

记账人 Recorded by　　复核人 Checkde by　　制单人 Produced by

附单据数（　）张 Number of Notes

金额记账凭证

金额记账凭证 KPJ101

華問 HUAWEN 单据

记账凭证

核算单位 Unit

摘要 Summary	会计科目 Account	借方 Debit	贷方 Credit
合计 Total			

记账人 Recorded by　　复核人 Checkde by　　制单人 Produced by

附单据数（　）张 Number of Notes

金额记账凭证

金额记账凭证 KPJ101

華問 HUAWEN 单据

记账凭证

核算单位 Unit

摘 要 Summary	会计科目 Account	借 方 Debit	贷 方 Credit
合 计 Total			

记账人 Recorded by　　复核人 Checkde by　　制单人 Produced by

附单据数（　　）张 Number of Notes

金额记账凭证 KPJ101　華問单据 HUAWEN

记账凭证

核算单位 Unit

摘 要 Summary	会计科目 Account	借 方 Debit	贷 方 Credit
合 计 Total			

记账人 Recorded by　　复核人 Checkde by　　制单人 Produced by

附单据数（　　）张 Number of Notes

金额记账凭证 KPJ101　華問单据 HUAWEN

记账凭证

核算单位 Unit

摘 要 Summary	会计科目 Account	借 方 Debit	贷 方 Credit
合 计 Total			

附单据数（ ）张 Number of Notes

记账人 Recorded by　　复核人 Checkde by　　制单人 Produced by

金额记账凭证 KPJ101

華問单据 HUAWEN

金额记账凭证

记账凭证

核算单位 Unit

摘 要 Summary	会计科目 Account	借 方 Debit	贷 方 Credit
合 计 Total			

附单据数（ ）张 Number of Notes

记账人 Recorded by　　复核人 Checkde by　　制单人 Produced by

金额记账凭证 KPJ101

華問单据 HUAWEN

金额记账凭证

记账凭证

核算单位 Unit

摘 要 Summary	会计科目 Account	借 方 Debit	贷 方 Credit
合 计 Total			

附单据数（ ）张 Number of Notes

记账人 Recorded by　　复核人 Checkde by　　制单人 Produced by

金额记账凭证 KPJ101

華閏 HUAWEN 单据

金额记账凭证

记账凭证

核算单位 Unit

摘 要 Summary	会计科目 Account	借 方 Debit	贷 方 Credit
合 计 Total			

附单据数（ ）张 Number of Notes

记账人 Recorded by　　复核人 Checkde by　　制单人 Produced by

金额记账凭证 KPJ101

華閏 HUAWEN 单据

金额记账凭证

记账凭证

核算单位 Unit

摘 要 Summary	会计科目 Account	借 方 Debit	贷 方 Credit
合 计 Total			

记账人 Recorded by　　复核人 Checkde by　　制单人 Produced by

附单据数（　　）张 Number of Notes

金额记账凭证 KPJ101

華問 HUAWEN 单据

记账凭证

核算单位 Unit

摘 要 Summary	会计科目 Account	借 方 Debit	贷 方 Credit
合 计 Total			

记账人 Recorded by　　复核人 Checkde by　　制单人 Produced by

附单据数（　　）张 Number of Notes

金额记账凭证 KPJ101

華問 HUAWEN 单据

金额记账凭证 KPJ101

華問 HUAWEN 单据

记账凭证

核算单位 Unit

摘要 Summary	会计科目 Account	借方 Debit	贷方 Credit
合计 Total			

附单据数（ ）张 Number of Notes

金额记账凭证

记账人 Recorded by　　复核人 Checkde by　　制单人 Produced by

金额记账凭证 KPJ101

華問 HUAWEN 单据

记账凭证

核算单位 Unit

摘要 Summary	会计科目 Account	借方 Debit	贷方 Credit
合计 Total			

附单据数（ ）张 Number of Notes

金额记账凭证

记账人 Recorded by　　复核人 Checkde by　　制单人 Produced by

记账凭证

核算单位 Unit

摘要 Summary	会计科目 Account	借方 Debit	贷方 Credit
合计 Total			

记账人 Recorded by　　复核人 Checkde by　　制单人 Produced by

附单据数（　　）张 Number of Notes

金额记账凭证

金额记账凭证 KPJ101

華問 HUAWEN 单据

记账凭证

核算单位 Unit

摘要 Summary	会计科目 Account	借方 Debit	贷方 Credit
合计 Total			

记账人 Recorded by　　复核人 Checkde by　　制单人 Produced by

附单据数（　　）张 Number of Notes

金额记账凭证

金额记账凭证 KPJ101

華問 HUAWEN 单据

记账凭证

核算单位 Unit

摘要 Summary	会计科目 Account	借方 Debit	贷方 Credit
合计 Total			

附单据数（ ）张 Number of Notes

金额记账凭证

记账人 Recorded by　　复核人 Checkde by　　制单人 Produced by

華問单据 HUAWEN　金额记账凭证 KPJ101

记账凭证

核算单位 Unit

摘要 Summary	会计科目 Account	借方 Debit	贷方 Credit
合计 Total			

附单据数（ ）张 Number of Notes

金额记账凭证

记账人 Recorded by　　复核人 Checkde by　　制单人 Produced by

華問单据 HUAWEN　金额记账凭证 KPJ101

记账凭证

核算单位 Unit

摘要 Summary	会计科目 Account	借方 Debit	贷方 Credit
合计 Total			

记账人 Recorded by　　复核人 Checkde by　　制单人 Produced by

附单据数（　　）张 Number of Notes

金额记账凭证 KPJ101

華聞 HUAWEN 单据

金额记账凭证

记账凭证

核算单位 Unit

摘要 Summary	会计科目 Account	借方 Debit	贷方 Credit
合计 Total			

记账人 Recorded by　　复核人 Checkde by　　制单人 Produced by

附单据数（　　）张 Number of Notes

金额记账凭证 KPJ101

華聞 HUAWEN 单据

金额记账凭证

记账凭证

核算单位 Unit

摘 要 Summary	会计科目 Account	借 方 Debit	贷 方 Credit
合 计 Total			

记账人 Recorded by　　复核人 Checkde by　　制单人 Produced by

附单据数（　　）张 Number of Notes

金额记账凭证

华闻单据 HUAWEN　金额记账凭证 KPJ101

记账凭证

核算单位 Unit

摘 要 Summary	会计科目 Account	借 方 Debit	贷 方 Credit
合 计 Total			

记账人 Recorded by　　复核人 Checkde by　　制单人 Produced by

附单据数（　　）张 Number of Notes

金额记账凭证

华闻单据 HUAWEN　金额记账凭证 KPJ101

记账凭证

核算单位 Unit

摘 要 Summary	会计科目 Account	借 方 Debit	贷 方 Credit
合 计 Total			

记账人 Recorded by　　复核人 Checkde by　　制单人 Produced by

附单据数（ ）张 Number of Notes

金额记账凭证 KPJ101

華聞单据 HUAWEN

记账凭证

核算单位 Unit

摘 要 Summary	会计科目 Account	借 方 Debit	贷 方 Credit
合 计 Total			

记账人 Recorded by　　复核人 Checkde by　　制单人 Produced by

附单据数（ ）张 Number of Notes

金额记账凭证 KPJ101

華聞单据 HUAWEN

记账凭证

核算单位 Unit

摘要 Summary	会计科目 Account	借方 Debit	贷方 Credit
合计 Total			

附单据数（ ）张 Number of Notes

记账人 Recorded by　　复核人 Checkde by　　制单人 Produced by

记账凭证

核算单位 Unit

摘要 Summary	会计科目 Account	借方 Debit	贷方 Credit
合计 Total			

附单据数（ ）张 Number of Notes

记账人 Recorded by　　复核人 Checkde by　　制单人 Produced by

華問单据 HUAWEN 金额记账凭证 KPJ101

记账凭证

核算单位 Unit

摘 要 Summary	会计科目 Account	借 方 Debit	贷 方 Credit
合 计 Total			

附单据数（ ）张 Number of Notes

记账人 Recorded by 复核人 Checkde by 制单人 Produced by

金额记账凭证 KPJ101

華問单据 HUAWEN

金额记账凭证

记账凭证

核算单位 Unit

摘 要 Summary	会计科目 Account	借 方 Debit	贷 方 Credit
合 计 Total			

附单据数（ ）张 Number of Notes

记账人 Recorded by 复核人 Checkde by 制单人 Produced by

金额记账凭证 KPJ101

華問单据 HUAWEN

金额记账凭证

记账凭证

核算单位 Unit

摘要 Summary	会计科目 Account	借方 Debit	贷方 Credit
合计 Total			

记账人 Recorded by　　复核人 Checkde by　　制单人 Produced by

附单据数（　）张 Number of Notes

金额记账凭证

金额记账凭证 KPJ101

華問 HUAWEN 单据

记账凭证

核算单位 Unit

摘要 Summary	会计科目 Account	借方 Debit	贷方 Credit
合计 Total			

记账人 Recorded by　　复核人 Checkde by　　制单人 Produced by

附单据数（　）张 Number of Notes

金额记账凭证

金额记账凭证 KPJ101

華問 HUAWEN 单据

记账凭证

核算单位 Unit

摘要 Summary	会计科目 Account	借方 Debit	贷方 Credit
合计 Total			

记账人 Recorded by　　复核人 Checkde by　　制单人 Produced by

附单据数（　　）张 Number of Notes

金额记账凭证

金额记账凭证 KPJ101

華聞 HUAWEN 单据

记账凭证

核算单位 Unit

摘要 Summary	会计科目 Account	借方 Debit	贷方 Credit
合计 Total			

记账人 Recorded by　　复核人 Checkde by　　制单人 Produced by

附单据数（　　）张 Number of Notes

金额记账凭证

金额记账凭证 KPJ101

華聞 HUAWEN 单据

记账凭证

核算单位 Unit

摘要 Summary	会计科目 Account	借方 Debit	贷方 Credit
合计 Total			

记账人 Recorded by　　复核人 Checkde by　　制单人 Produced by

附单据数（　）张 Number of Notes

金额记账凭证

金额记账凭证 KPJ101

華問单据 HUAWEN

记账凭证

核算单位 Unit

摘要 Summary	会计科目 Account	借方 Debit	贷方 Credit
合计 Total			

记账人 Recorded by　　复核人 Checkde by　　制单人 Produced by

附单据数（　）张 Number of Notes

金额记账凭证

金额记账凭证 KPJ101

華問单据 HUAWEN

记账凭证

核算单位 Unit

摘 要 Summary	会计科目 Account	借 方 Debit	贷 方 Credit
合 计 Total			

附单据数（ ）张 Number of Notes

记账人 Recorded by　　复核人 Checkde by　　制单人 Produced by

金额记账凭证 KPJ101

華聞 HUAWEN 单据

金额记账凭证

记账凭证

核算单位 Unit

摘 要 Summary	会计科目 Account	借 方 Debit	贷 方 Credit
合 计 Total			

附单据数（ ）张 Number of Notes

记账人 Recorded by　　复核人 Checkde by　　制单人 Produced by

金额记账凭证 KPJ101

華聞 HUAWEN 单据

金额记账凭证

记账凭证

核算单位 Unit

摘要 Summary	会计科目 Account	借方 Debit	贷方 Credit
合计 Total			

附单据数（ ）张 Number of Notes

记账人 Recorded by　　复核人 Checkde by　　制单人 Produced by

金额记账凭证 KPJ101

華問单据 HUAWEN

记账凭证

核算单位 Unit

摘要 Summary	会计科目 Account	借方 Debit	贷方 Credit
合计 Total			

附单据数（ ）张 Number of Notes

记账人 Recorded by　　复核人 Checkde by　　制单人 Produced by

金额记账凭证 KPJ101

華問单据 HUAWEN

记账凭证

核算单位 Unit

摘要 Summary	会计科目 Account	借方 Debit	贷方 Credit
合计 Total			

记账人 Recorded by　　复核人 Checkde by　　制单人 Produced by

附单据数（　）张 Number of Notes

金额记账凭证 KPJ101

華問单据 HUAWEN

记账凭证

核算单位 Unit

摘要 Summary	会计科目 Account	借方 Debit	贷方 Credit
合计 Total			

记账人 Recorded by　　复核人 Checkde by　　制单人 Produced by

附单据数（　）张 Number of Notes

金额记账凭证 KPJ101

華問单据 HUAWEN

记账凭证

核算单位 Unit

摘要 Summary	会计科目 Account	借方 Debit	贷方 Credit
合计 Total			

附单据数（ ）张 Number of Notes

记账人 Recorded by　复核人 Checkde by　制单人 Produced by

华闻单据 HUAWEN 金额记账凭证 KPJ101

金额记账凭证

记账凭证

核算单位 Unit

摘要 Summary	会计科目 Account	借方 Debit	贷方 Credit
合计 Total			

附单据数（ ）张 Number of Notes

记账人 Recorded by　复核人 Checkde by　制单人 Produced by

华闻单据 HUAWEN 金额记账凭证 KPJ101

金额记账凭证

记账凭证

核算单位 Unit

摘要 Summary	会计科目 Account	借方 Debit	贷方 Credit
合计 Total			

附单据数（　）张 Number of Notes

记账人 Recorded by　　复核人 Checkde by　　制单人 Produced by

金额记账凭证 KPJ101　華問单据 HUAWEN　金额记账凭证

记账凭证

核算单位 Unit

摘要 Summary	会计科目 Account	借方 Debit	贷方 Credit
合计 Total			

附单据数（　）张 Number of Notes

记账人 Recorded by　　复核人 Checkde by　　制单人 Produced by

金额记账凭证 KPJ101　華問单据 HUAWEN　金额记账凭证

记账凭证

核算单位 Unit

摘要 Summary	会计科目 Account	借方 Debit	贷方 Credit
合计 Total			

记账人 Recorded by　复核人 Checkde by　制单人 Produced by

附单据数（　）张 Number of Notes

金额记账凭证

华闻单据 HUAWEN 金额记账凭证 KPJ101

记账凭证

核算单位 Unit

摘要 Summary	会计科目 Account	借方 Debit	贷方 Credit
合计 Total			

记账人 Recorded by　复核人 Checkde by　制单人 Produced by

附单据数（　）张 Number of Notes

金额记账凭证

华闻单据 HUAWEN 金额记账凭证 KPJ101

金额记账凭证 KPJ101

華問 HUAWEN 单据

记账凭证

核算单位 Unit

摘要 Summary	会计科目 Account	借方 Debit	贷方 Credit
合计 Total			

附单据数（　　）张 Number of Notes

金额记账凭证

记账人 Recorded by　　复核人 Checkde by　　制单人 Produced by

金额记账凭证 KPJ101

華問 HUAWEN 单据

记账凭证

核算单位 Unit

摘要 Summary	会计科目 Account	借方 Debit	贷方 Credit
合计 Total			

附单据数（　　）张 Number of Notes

金额记账凭证

记账人 Recorded by　　复核人 Checkde by　　制单人 Produced by

记账凭证

核算单位 Unit

摘 要 Summary	会计科目 Account	借 方 Debit	贷 方 Credit
合 计 Total			

附单据数（ ）张 Number of Notes

记账人 Recorded by　　复核人 Checkde by　　制单人 Produced by

金额记账凭证 KPJ101

華問 HUAWEN 单据

金额记账凭证

记账凭证

核算单位 Unit

摘 要 Summary	会计科目 Account	借 方 Debit	贷 方 Credit
合 计 Total			

附单据数（ ）张 Number of Notes

记账人 Recorded by　　复核人 Checkde by　　制单人 Produced by

金额记账凭证 KPJ101

華問 HUAWEN 单据

金额记账凭证

记账凭证

核算单位 Unit

摘要 Summary	会计科目 Account	借方 Debit	贷方 Credit
合计 Total			

记账人 Recorded by　　复核人 Checkde by　　制单人 Produced by

附单据数（　）张 Number of Notes

金额记账凭证

金额记账凭证 KPJ101

華聞单据 HUAWEN

记账凭证

核算单位 Unit

摘要 Summary	会计科目 Account	借方 Debit	贷方 Credit
合计 Total			

记账人 Recorded by　　复核人 Checkde by　　制单人 Produced by

附单据数（　）张 Number of Notes

金额记账凭证

金额记账凭证 KPJ101

華聞单据 HUAWEN

记 账 凭 证

核算单位 Unit

摘 要 Summary	会计科目 Account	借 方 Debit	贷 方 Credit
合 计 Total			

附单据数（ ）张 Number of Notes

金额记账凭证

记账人 Recorded by 复核人 Checkde by 制单人 Produced by

华闻单据 HUAWEN 金额记账凭证 KPJ101

记 账 凭 证

核算单位 Unit

摘 要 Summary	会计科目 Account	借 方 Debit	贷 方 Credit
合 计 Total			

附单据数（ ）张 Number of Notes

金额记账凭证

记账人 Recorded by 复核人 Checkde by 制单人 Produced by

华闻单据 HUAWEN 金额记账凭证 KPJ101

记账凭证

核算单位 Unit

摘要 Summary	会计科目 Account	借方 Debit	贷方 Credit
合计 Total			

记账人 Recorded by　　复核人 Checkde by　　制单人 Produced by

附单据数（　　）张 Number of Notes

金额记账凭证

華問 HUAWEN 单据 金额记账凭证 KPJ101

记账凭证

核算单位 Unit

摘要 Summary	会计科目 Account	借方 Debit	贷方 Credit
合计 Total			

记账人 Recorded by　　复核人 Checkde by　　制单人 Produced by

附单据数（　　）张 Number of Notes

金额记账凭证

華問 HUAWEN 单据 金额记账凭证 KPJ101

记账凭证

核算单位 Unit

摘 要 Summary	会计科目 Account	借 方 Debit	贷 方 Credit
合 计 Total			

记账人 Recorded by　　复核人 Checkde by　　制单人 Produced by

附单据数（ ）张 Number of Notes

金额记账凭证

金额记账凭证 KPJ101

華聞单据 HUAWEN

记账凭证

核算单位 Unit

摘 要 Summary	会计科目 Account	借 方 Debit	贷 方 Credit
合 计 Total			

记账人 Recorded by　　复核人 Checkde by　　制单人 Produced by

附单据数（ ）张 Number of Notes

金额记账凭证

金额记账凭证 KPJ101

華聞单据 HUAWEN

记账凭证

核算单位 Unit

摘 要 Summary	会计科目 Account	借 方 Debit	贷 方 Credit
合 计 Total			

记账人 Recorded by　　复核人 Checkde by　　制单人 Produced by

附单据数（　）张 Number of Notes

金额记账凭证

華聞 HUAWEN 单据　金额记账凭证 KPJ101

记账凭证

核算单位 Unit

摘 要 Summary	会计科目 Account	借 方 Debit	贷 方 Credit
合 计 Total			

记账人 Recorded by　　复核人 Checkde by　　制单人 Produced by

附单据数（　）张 Number of Notes

金额记账凭证

華聞 HUAWEN 单据　金额记账凭证 KPJ101

记账凭证

核算单位 Unit

摘 要 Summary	会计科目 Account	借 方 Debit	贷 方 Credit
合 计 Total			

记账人 Recorded by　　复核人 Checkde by　　制单人 Produced by

附单据数（　）张 Number of Notes

金额记账凭证 KPJ101

華問 HUAWEN 单据

记账凭证

核算单位 Unit

摘 要 Summary	会计科目 Account	借 方 Debit	贷 方 Credit
合 计 Total			

记账人 Recorded by　　复核人 Checkde by　　制单人 Produced by

附单据数（　）张 Number of Notes

金额记账凭证 KPJ101

華問 HUAWEN 单据

记账凭证

核算单位 Unit

摘要 Summary	会计科目 Account	借方 Debit	贷方 Credit
合计 Total			

记账人 Recorded by　　复核人 Checkde by　　制单人 Produced by

附单据数（　　）张 Number of Notes

金额记账凭证

金额记账凭证 KPJ101

华闻单据 HUAWEN

记账凭证

核算单位 Unit

摘要 Summary	会计科目 Account	借方 Debit	贷方 Credit
合计 Total			

记账人 Recorded by　　复核人 Checkde by　　制单人 Produced by

附单据数（　　）张 Number of Notes

金额记账凭证

金额记账凭证 KPJ101

华闻单据 HUAWEN

记账凭证

核算单位 Unit

摘要 Summary	会计科目 Account	借方 Debit	贷方 Credit
合计 Total			

附单据数（　　）张 Number of Notes

记账人 Recorded by　　复核人 Checkde by　　制单人 Produced by

金额记账凭证 KPJ101

華問单据 HUAWEN

金额记账凭证

记账凭证

核算单位 Unit

摘要 Summary	会计科目 Account	借方 Debit	贷方 Credit
合计 Total			

附单据数（　　）张 Number of Notes

记账人 Recorded by　　复核人 Checkde by　　制单人 Produced by

金额记账凭证 KPJ101

華問单据 HUAWEN

金额记账凭证

记账凭证

核算单位 Unit

摘要 Summary	会计科目 Account	借方 Debit	贷方 Credit
合计 Total			

记账人 Recorded by　　复核人 Checkde by　　制单人 Produced by

附单据数（　）张 Number of Notes

金额记账凭证

華問 HUAWEN 单据　金额记账凭证 KPJ101

记账凭证

核算单位 Unit

摘要 Summary	会计科目 Account	借方 Debit	贷方 Credit
合计 Total			

记账人 Recorded by　　复核人 Checkde by　　制单人 Produced by

附单据数（　）张 Number of Notes

金额记账凭证

華問 HUAWEN 单据　金额记账凭证 KPJ101

记账凭证

核算单位 Unit

摘要 Summary	会计科目 Account	借方 Debit	贷方 Credit
合计 Total			

附单据数（ ）张 Number of Notes

记账人 Recorded by　　复核人 Checkde by　　制单人 Produced by

金额记账凭证 KPJ101

華問单据 HUAWEN

记账凭证

核算单位 Unit

摘要 Summary	会计科目 Account	借方 Debit	贷方 Credit
合计 Total			

附单据数（ ）张 Number of Notes

记账人 Recorded by　　复核人 Checkde by　　制单人 Produced by

金额记账凭证 KPJ101

華問单据 HUAWEN

记账凭证

核算单位 Unit

摘要 Summary	会计科目 Account	借方 Debit	贷方 Credit
合计 Total			

记账人 Recorded by　　复核人 Checkde by　　制单人 Produced by

附单据数（　　）张 Number of Notes

金额记账凭证

金额记账凭证 KPJ101

華問 HUAWEN 单据

记账凭证

核算单位 Unit

摘要 Summary	会计科目 Account	借方 Debit	贷方 Credit
合计 Total			

记账人 Recorded by　　复核人 Checkde by　　制单人 Produced by

附单据数（　　）张 Number of Notes

金额记账凭证

金额记账凭证 KPJ101

華問 HUAWEN 单据

记账凭证

核算单位 Unit

摘要 Summary	会计科目 Account	借方 Debit	贷方 Credit
合计 Total			

附单据数（ ）张 Number of Notes

记账人 Recorded by　　复核人 Checkde by　　制单人 Produced by

金额记账凭证

金额记账凭证 KPJ101

華問单据 HUAWEN

记账凭证

核算单位 Unit

摘要 Summary	会计科目 Account	借方 Debit	贷方 Credit
合计 Total			

附单据数（ ）张 Number of Notes

记账人 Recorded by　　复核人 Checkde by　　制单人 Produced by

金额记账凭证

金额记账凭证 KPJ101

華問单据 HUAWEN

记账凭证

核算单位 Unit

摘 要 Summary	会计科目 Account	借 方 Debit	贷 方 Credit
合 计 Total			

附单据数（ ）张 Number of Notes

记账人 Recorded by　　复核人 Checkde by　　制单人 Produced by

华闻单据 HUAWEN　金额记账凭证 KPJ101

记账凭证

核算单位 Unit

摘 要 Summary	会计科目 Account	借 方 Debit	贷 方 Credit
合 计 Total			

附单据数（ ）张 Number of Notes

记账人 Recorded by　　复核人 Checkde by　　制单人 Produced by

华闻单据 HUAWEN　金额记账凭证 KPJ101

记账凭证

核算单位 Unit

摘要 Summary	会计科目 Account	借方 Debit	贷方 Credit
合计 Total			

附单据数（　　）张 Number of Notes

记账人 Recorded by　　复核人 Checkde by　　制单人 Produced by

華問单据 HUAWEN　金额记账凭证 KPJ101

记账凭证

核算单位 Unit

摘要 Summary	会计科目 Account	借方 Debit	贷方 Credit
合计 Total			

附单据数（　　）张 Number of Notes

记账人 Recorded by　　复核人 Checkde by　　制单人 Produced by

華問单据 HUAWEN　金额记账凭证 KPJ101

记账凭证

核算单位 Unit

摘 要 Summary	会计科目 Account	借 方 Debit	贷 方 Credit
合 计 Total			

附单据数（ ）张 Number of Notes

记账人 Recorded by　　复核人 Checkde by　　制单人 Produced by

金额记账凭证 KPJ101

華問 HUAWEN 单据

记账凭证

核算单位 Unit

摘 要 Summary	会计科目 Account	借 方 Debit	贷 方 Credit
合 计 Total			

附单据数（ ）张 Number of Notes

记账人 Recorded by　　复核人 Checkde by　　制单人 Produced by

金额记账凭证 KPJ101

華問 HUAWEN 单据

记账凭证

核算单位 Unit

摘要 Summary	会计科目 Account	借方 Debit	贷方 Credit
合计 Total			

附单据数（ ）张 Number of Notes

记账人 Recorded by　　复核人 Checkde by　　制单人 Produced by

金额记账凭证 KPJ101

華問 HUAWEN 单据

金额记账凭证

记账凭证

核算单位 Unit

摘要 Summary	会计科目 Account	借方 Debit	贷方 Credit
合计 Total			

附单据数（ ）张 Number of Notes

记账人 Recorded by　　复核人 Checkde by　　制单人 Produced by

金额记账凭证 KPJ101

華問 HUAWEN 单据

金额记账凭证

记账凭证

核算单位 Unit

摘要 Summary	会计科目 Account	借方 Debit	贷方 Credit
合计 Total			

记账人 Recorded by　　复核人 Checkde by　　制单人 Produced by

附单据数（　　）张 Number of Notes

金额记账凭证 KPJ101

華問 单据 HUAWEN

金额记账凭证

记账凭证

核算单位 Unit

摘要 Summary	会计科目 Account	借方 Debit	贷方 Credit
合计 Total			

记账人 Recorded by　　复核人 Checkde by　　制单人 Produced by

附单据数（　　）张 Number of Notes

金额记账凭证 KPJ101

華問 单据 HUAWEN

金额记账凭证

记账凭证

核算单位 Unit

摘 要 Summary	会计科目 Account	借 方 Debit	贷 方 Credit
合 计 Total			

附单据数（ ）张 Number of Notes

记账人 Recorded by　　复核人 Checkde by　　制单人 Produced by

金额记账凭证 KPJ101

華問单据 HUAWEN

金额记账凭证

记账凭证

核算单位 Unit

摘 要 Summary	会计科目 Account	借 方 Debit	贷 方 Credit
合 计 Total			

附单据数（ ）张 Number of Notes

记账人 Recorded by　　复核人 Checkde by　　制单人 Produced by

金额记账凭证 KPJ101

華問单据 HUAWEN

金额记账凭证

记账凭证

核算单位 Unit

摘 要 Summary	会计科目 Account	借 方 Debit	贷 方 Credit
合 计 Total			

记账人 Recorded by 复核人 Checkde by 制单人 Produced by

附单据数（ ）张 Number of Notes

金额记账凭证

金额记账凭证 KPJ101

華問 HUAWEN 单据

记账凭证

核算单位 Unit

摘 要 Summary	会计科目 Account	借 方 Debit	贷 方 Credit
合 计 Total			

记账人 Recorded by 复核人 Checkde by 制单人 Produced by

附单据数（ ）张 Number of Notes

金额记账凭证

金额记账凭证 KPJ101

華問 HUAWEN 单据

记账凭证

核算单位 Unit

摘 要 Summary	会计科目 Account	借 方 Debit	贷 方 Credit
合 计 Total			

记账人 Recorded by　　复核人 Checkde by　　制单人 Produced by

附单据数（ ）张 Number of Notes

金额记账凭证

金额记账凭证 KPJ101

華聞单据 HUAWEN

记账凭证

核算单位 Unit

摘 要 Summary	会计科目 Account	借 方 Debit	贷 方 Credit
合 计 Total			

记账人 Recorded by　　复核人 Checkde by　　制单人 Produced by

附单据数（ ）张 Number of Notes

金额记账凭证

金额记账凭证 KPJ101

華聞单据 HUAWEN

记账凭证

核算单位 Unit

摘 要 Summary	会计科目 Account	借 方 Debit	贷 方 Credit
合 计 Total			

附单据数（ ）张 Number of Notes

记账人 Recorded by　　复核人 Checkde by　　制单人 Produced by

金额记账凭证 KPJ101 華問单据 HUAWEN

记账凭证

核算单位 Unit

摘 要 Summary	会计科目 Account	借 方 Debit	贷 方 Credit
合 计 Total			

附单据数（ ）张 Number of Notes

记账人 Recorded by　　复核人 Checkde by　　制单人 Produced by

金额记账凭证 KPJ101 華問单据 HUAWEN

记账凭证

核算单位 Unit

摘要 Summary	会计科目 Account	借方 Debit	贷方 Credit
合计 Total			

记账人 Recorded by　　复核人 Checkde by　　制单人 Produced by

附单据数（　　）张 Number of Notes

金额记账凭证

华闻单据 HUAWEN

金额记账凭证 KPJ101

记账凭证

核算单位 Unit

摘要 Summary	会计科目 Account	借方 Debit	贷方 Credit
合计 Total			

记账人 Recorded by　　复核人 Checkde by　　制单人 Produced by

附单据数（　　）张 Number of Notes

金额记账凭证

华闻单据 HUAWEN

金额记账凭证 KPJ101

记账凭证

核算单位 Unit

摘要 Summary	会计科目 Account	借方 Debit	贷方 Credit
合计 Total			

附单据数（ ）张 Number of Notes

记账人 Recorded by　　复核人 Checkde by　　制单人 Produced by

金额记账凭证

金额记账凭证 KPJ101

華問 HUAWEN 单据

记账凭证

核算单位 Unit

摘要 Summary	会计科目 Account	借方 Debit	贷方 Credit
合计 Total			

附单据数（ ）张 Number of Notes

记账人 Recorded by　　复核人 Checkde by　　制单人 Produced by

金额记账凭证

金额记账凭证 KPJ101

華問 HUAWEN 单据

记账凭证

核算单位 Unit

摘要 Summary	会计科目 Account	借方 Debit	贷方 Credit
合计 Total			

附单据数（ ）张 Number of Notes

记账人 Recorded by　　复核人 Checkde by　　制单人 Produced by

金额记账凭证 KPJ101

華問 HUAWEN 单据

金额记账凭证

记账凭证

核算单位 Unit

摘要 Summary	会计科目 Account	借方 Debit	贷方 Credit
合计 Total			

附单据数（ ）张 Number of Notes

记账人 Recorded by　　复核人 Checkde by　　制单人 Produced by

金额记账凭证 KPJ101

華問 HUAWEN 单据

金额记账凭证

華問单据 HUAWEN 金额记账凭证 KPJ101

记账凭证

核算单位 Unit

摘要 Summary	会计科目 Account	借方 Debit	贷方 Credit
合计 Total			

附单据数（ ）张 Number of Notes

金额记账凭证

记账人 Recorded by　　复核人 Checkde by　　制单人 Produced by

華問单据 HUAWEN 金额记账凭证 KPJ101

记账凭证

核算单位 Unit

摘要 Summary	会计科目 Account	借方 Debit	贷方 Credit
合计 Total			

附单据数（ ）张 Number of Notes

金额记账凭证

记账人 Recorded by　　复核人 Checkde by　　制单人 Produced by

记账凭证

核算单位 Unit

摘要 Summary	会计科目 Account	借方 Debit	贷方 Credit
合计 Total			

附单据数（ ）张 Number of Notes

记账人 Recorded by　　复核人 Checkde by　　制单人 Produced by

金额记账凭证

华闻单据 HUAWEN 金额记账凭证 KPJ101

记账凭证

核算单位 Unit

摘要 Summary	会计科目 Account	借方 Debit	贷方 Credit
合计 Total			

附单据数（ ）张 Number of Notes

记账人 Recorded by　　复核人 Checkde by　　制单人 Produced by

金额记账凭证

华闻单据 HUAWEN 金额记账凭证 KPJ101

记账凭证

核算单位 Unit

摘要 Summary	会计科目 Account	借方 Debit	贷方 Credit
合计 Total			

记账人 Recorded by　　复核人 Checkde by　　制单人 Produced by

附单据数（　　）张 Number of Notes

金额记账凭证 KPJ101

華問单据 HUAWEN

金额记账凭证

记账凭证

核算单位 Unit

摘要 Summary	会计科目 Account	借方 Debit	贷方 Credit
合计 Total			

记账人 Recorded by　　复核人 Checkde by　　制单人 Produced by

附单据数（　　）张 Number of Notes

金额记账凭证 KPJ101

華問单据 HUAWEN

金额记账凭证

记账凭证

核算单位 Unit

摘要 Summary	会计科目 Account	借方 Debit	贷方 Credit
合计 Total			

记账人 Recorded by　　复核人 Checkde by　　制单人 Produced by

附单据数（　）张 Number of Notes

金额记账凭证 KPJ101

華問单据 HUAWEN

记账凭证

核算单位 Unit

摘要 Summary	会计科目 Account	借方 Debit	贷方 Credit
合计 Total			

记账人 Recorded by　　复核人 Checkde by　　制单人 Produced by

附单据数（　）张 Number of Notes

金额记账凭证 KPJ101

華問单据 HUAWEN

记 账 凭 证

核算单位 Unit

摘 要 Summary	会计科目 Account	借 方 Debit	贷 方 Credit
合 计 Total			

记账人 Recorded by　　复核人 Checkde by　　制单人 Produced by

附单据数（　　）张 Number of Notes

金额记账凭证

華問 HUAWEN 单据　金额记账凭证 KPJ101

记 账 凭 证

核算单位 Unit

摘 要 Summary	会计科目 Account	借 方 Debit	贷 方 Credit
合 计 Total			

记账人 Recorded by　　复核人 Checkde by　　制单人 Produced by

附单据数（　　）张 Number of Notes

金额记账凭证

華問 HUAWEN 单据　金额记账凭证 KPJ101

记 账 凭 证

核算单位 Unit

摘 要 Summary	会计科目 Account	借 方 Debit	贷 方 Credit
合 计 Total			

附单据数（ ）张 Number of Notes

记账人 Recorded by 复核人 Checkde by 制单人 Produced by

金额记账凭证 KPJ101

華問单据 HUAWEN

金额记账凭证

记 账 凭 证

核算单位 Unit

摘 要 Summary	会计科目 Account	借 方 Debit	贷 方 Credit
合 计 Total			

附单据数（ ）张 Number of Notes

记账人 Recorded by 复核人 Checkde by 制单人 Produced by

金额记账凭证 KPJ101

華問单据 HUAWEN

金额记账凭证

记账凭证

核算单位 Unit

摘要 Summary	会计科目 Account	借方 Debit	贷方 Credit
合计 Total			

附单据数（　　）张 Number of Notes

记账人 Recorded by　　复核人 Checkde by　　制单人 Produced by

華聞单据 HUAWEN　金额记账凭证 KPJ101

记账凭证

核算单位 Unit

摘要 Summary	会计科目 Account	借方 Debit	贷方 Credit
合计 Total			

附单据数（　　）张 Number of Notes

记账人 Recorded by　　复核人 Checkde by　　制单人 Produced by

華聞单据 HUAWEN　金额记账凭证 KPJ101

记账凭证

核算单位 Unit

摘要 Summary	会计科目 Account	借方 Debit	贷方 Credit
合计 Total			

记账人 Recorded by　　复核人 Checkde by　　制单人 Produced by

附单据数（　　）张 Number of Notes

金额记账凭证

华問单据 HUAWEN

金额记账凭证 KPJ101

记账凭证

核算单位 Unit

摘要 Summary	会计科目 Account	借方 Debit	贷方 Credit
合计 Total			

记账人 Recorded by　　复核人 Checkde by　　制单人 Produced by

附单据数（　　）张 Number of Notes

金额记账凭证

华問单据 HUAWEN

金额记账凭证 KPJ101

记账凭证

核算单位 Unit

摘要 Summary	会计科目 Account	借方 Debit	贷方 Credit
合计 Total			

记账人 Recorded by　　复核人 Checkde by　　制单人 Produced by

附单据数（　　）张 Number of Notes

金额记账凭证

华闻 HUAWEN 单据　金额记账凭证 KPJ101

记账凭证

核算单位 Unit

摘要 Summary	会计科目 Account	借方 Debit	贷方 Credit
合计 Total			

记账人 Recorded by　　复核人 Checkde by　　制单人 Produced by

附单据数（　　）张 Number of Notes

金额记账凭证

华闻 HUAWEN 单据　金额记账凭证 KPJ101

金额记账凭证 KPJ101

華問 HUAWEN 单据

记账凭证

核算单位 Unit

摘要 Summary	会计科目 Account	借方 Debit	贷方 Credit
合计 Total			

附单据数（ ）张 Number of Notes

金额记账凭证

记账人 Recorded by　　复核人 Checkde by　　制单人 Produced by

金额记账凭证 KPJ101

華問 HUAWEN 单据

记账凭证

核算单位 Unit

摘要 Summary	会计科目 Account	借方 Debit	贷方 Credit
合计 Total			

附单据数（ ）张 Number of Notes

金额记账凭证

记账人 Recorded by　　复核人 Checkde by　　制单人 Produced by

记账凭证

核算单位 Unit

摘 要 Summary	会计科目 Account	借 方 Debit	贷 方 Credit
合 计 Total			

记账人 Recorded by　　复核人 Checkde by　　制单人 Produced by

附单据数（　　）张 Number of Notes

金额记账凭证 KPJ101

華問单据 HUAWEN

金额记账凭证

记账凭证

核算单位 Unit

摘 要 Summary	会计科目 Account	借 方 Debit	贷 方 Credit
合 计 Total			

记账人 Recorded by　　复核人 Checkde by　　制单人 Produced by

附单据数（　　）张 Number of Notes

金额记账凭证 KPJ101

華問单据 HUAWEN

金额记账凭证

记账凭证

核算单位 Unit

摘要 Summary	会计科目 Account	借方 Debit	贷方 Credit
合计 Total			

记账人 Recorded by　　复核人 Checkde by　　制单人 Produced by

附单据数（　）张 Number of Notes

金额记账凭证

金额记账凭证 KPJ101

華聞 HUAWEN 单据

记账凭证

核算单位 Unit

摘要 Summary	会计科目 Account	借方 Debit	贷方 Credit
合计 Total			

记账人 Recorded by　　复核人 Checkde by　　制单人 Produced by

附单据数（　）张 Number of Notes

金额记账凭证

金额记账凭证 KPJ101

華聞 HUAWEN 单据

记账凭证

核算单位 Unit

摘要 Summary	会计科目 Account	借方 Debit	贷方 Credit
合计 Total			

附单据数（　）张 Number of Notes

记账人 Recorded by　　复核人 Checkde by　　制单人 Produced by

金额记账凭证 KPJ101

華聞单据 HUAWEN

金额记账凭证

记账凭证

核算单位 Unit

摘要 Summary	会计科目 Account	借方 Debit	贷方 Credit
合计 Total			

附单据数（　）张 Number of Notes

记账人 Recorded by　　复核人 Checkde by　　制单人 Produced by

金额记账凭证 KPJ101

華聞单据 HUAWEN

金额记账凭证

记账凭证

核算单位 Unit

摘 要 Summary	会计科目 Account	借 方 Debit	贷 方 Credit
合 计 Total			

附单据数（ ）张 Number of Notes

金额记账凭证

记账人 Recorded by　　复核人 Checkde by　　制单人 Produced by

记账凭证

核算单位 Unit

摘 要 Summary	会计科目 Account	借 方 Debit	贷 方 Credit
合 计 Total			

附单据数（ ）张 Number of Notes

金额记账凭证

记账人 Recorded by　　复核人 Checkde by　　制单人 Produced by

金额记账凭证 KPJ101
華問单据 HUAWEN

永盛水产 销货清单

110467

客户名称：华问大酒店　　　　09年02月11日

产品名称	单位	数量	单价	金额
进口青口贝	斤	5	62.15	310.75

合计：310.75

合计人民币（大写）：零万零仟叁佰壹拾零元柒角伍分

第二版 第二联 客户（红）

核准：李岩　　　　收货人：王江川

经营范围：鲜冻水产　　　　订货电话：011-63472283

永盛水产　销货清单

110455

客户名称：华向大酒店　　　　09 年 02 月 10 日

产品名称	单位	数量	单价	金额
2S 北极贝	盒	1	192.1	192.1
16-20 青虾仁（全干）	斤	5	20.34	101.7
三文鱼	斤	3	38.42	115.26
大鲜鱿鱼	斤	5	7.91	39.55
中鲜鱿	斤	5	29.38	146.9
桂鱼	斤	12	37.29	447.48
基围虾	斤	5	24.86	124.3
鲈鱼	斤	21	11.3	237.3
鱼头王	斤	20	7.91	158.2
合计人民币（大写）：零万壹仟伍佰陆拾贰元柒角玖分				

第二版　第二联　客户（红）

核准：李岩　　　　收货人：王江川　合计：1562.79

经营范围：鲜冻水产　　　　订货电话：011-63472283

永盛水产 销货清单

110478

客户名称：华同大酒店　　09年02月12日

产品名称	单位	数量	单价	金额
31-40青虾仁	斤	5	24.86	124.3
大鲜鱿鱼	斤	5	7.91	39.55
水鱼	斤	10	22.6	226
鱼头王	斤	20	7.91	158.2
		合计：548.05		

合计人民币（大写）：零万零仟伍佰肆拾捌元零角伍分

第二版　第二联　客户（红）

核准：李岩　　收货人：王江川

经营范围：鲜冻水产　　订货电话：011-63472283

永盛水产 销货清单

110486

客户名称：华间大酒店　　　　09 年 02 月 13 日

产品名称	单位	数量	单价	金额
三文鱼	斤	3	38.42	115.26
水鱼	斤	10	22.6	226

合计：341.26

合计人民币（大写）：零万零仟叁佰肆拾壹元贰角陆分

第二版　第二联　客户（红）

核准：李岩　　　　收货人：王江川

经营范围：鲜冻水产　　　　订货电话：011-63472283

永盛水产 销货清单

110585

客户名称：华向大酒店　　09 年 02 月 21 日

产品名称	单位	数量	单价	金额
三文鱼	斤	3	38.42	115.26
桂鱼	斤	13	37.29	484.77
鲈鱼	斤	16.9	11.3	190.97
鱼头王	斤	20	7.91	158.2
		合计：949.2		
合计人民币（大写）：零万零仟玖佰肆拾玖元贰角零分				

第二版　第二联　客户（红）

核准：李岩　　收货人：王江川

经营范围：鲜冻水产　　订货电话：011-63472283

永盛水产 销货清单

110571

客户名称：华向大酒店　　　　09 年 02 月 20 日

产品名称	单位	数量	单价	金额
大鲜鲩鱼	斤	5	7.91	39.55

合计：39.55

合计人民币（大写）：零万零仟零佰叁拾玖元伍角伍分

第二版　第二联　客户（红）

核准：李岩　　　　收货人：王江川

经营范围：鲜冻水产　　　　订货电话：011-63472283

永盛水产 销货清单

110556

客户名称：华问大酒店　　09 年02月18日

产品名称	单位	数量	单价	金额
三文鱼	斤	3	38.42	115.26
鲈鱼	斤	22.8	11.3	257.64
		合计：372.9		

合计人民币（大写）：零万零仟叁佰柒拾贰元玖角零分

第二版　第二联　客户（红）

核准：李岩　　收货人：王江川

经营范围：鲜冻水产　　订货电话：011-63472283

永盛水产 销货清单

110615

客户名称：华同大酒店　　　　09 年 02 月 24 日

产品名称	单位	数量	单价	金额
31-40青虾仁	斤	5	24.86	124.3
中鲜鱿	斤	5	29.38	146.9

合计：271.2

合计人民币（大写）：零万零仟贰佰柒拾壹元贰角零分

第二版　第二联　客户（红）

核准：李岩　　　　收货人：王江川

经营范围：鲜冻水产　　　　订货电话：011-63472283

永盛水产 销货清单

110534

客户名称：华向大酒店　　09 年 02 月 17 日

产品名称	单位	数量	单价	金额
水鱼	斤	10	22.6	226
		合计：226		
合计人民币（大写）：零万零仟贰佰贰拾陆元零角零分				

第二版 第二联 客户（红）

核准：李岩　　收货人：王江川

经营范围：鲜冻水产　　订货电话：011-63472283

永盛水产 销货清单

110609

客户名称：华间大酒店　　09 年02月23日

产品名称	单位	数量	单价	金额
25北极贝	盒	1	192.1	192.1
进口青口贝	斤	5	62.15	310.75
大鲜鱿鱼	斤	5	7.91	39.55
基围虾	斤	5	24.86	124.3
			合计：666.7	
合计人民币（大写）：零万零仟陆佰陆拾陆元柒角零分				

第二版 第二联 客户（红）

核准：李岩　　收货人：王江川

经营范围：鲜冻水产　　订货电话：011-63472283

北平伸祥商贸有限公司

地址：北平市南京东路 166 号　　　　NO. 11878911

电话：011-80671846

客户：北平华间国际酒店有限公司　　　　日期：2019 年 02 月 04 日

货　名	单位	数量	单价	金　额
雪碧(1.25L)	瓶	96	4.68	449.28
红牛	厅	48	4.10	196.56
合　计		144		645.84
大写金额（人民币）陆佰肆拾伍元捌角肆分				

第三联　客户（红）

核准：王思佳　　　　收货人：张小佳

如有质量问题，请七天内调换，逾期无效，谢谢合作

北平仲祥商贸有限公司

地址：北平市南京东路 166 号　　NO. 11878956

电话：011-80671846

客户：北平华问国际酒店有限公司　　日期：2019 年 02 月 11 日

货　名	单位	数量	单价	金　额
可口可乐(1.25L)	瓶	72	4.68	336.96
合　计		72		336.96
大写金额（人民币）叁佰叁拾陆元玖角陆分				

第二联　客户（红）

核准：王思佳　　收货人：张小佳

如有质量问题，请七天内调换，逾期无效，谢谢合作

北平仲祥商贸有限公司

地址：北平市南京东路166号　　NO. 11878810

电话：011-80671846

客户：北平华间国际酒店有限公司　　日期：2019年02月20日

货　名	单位	数量	单价	金　额
蒙牛奶(1L)	瓶	6	7.00	42.00
合　计		6		42.00
大写金额（人民币）肆拾贰元				

第二联　客户（红）

核准：王思佳　　收货人：张小佳

如有质量问题，请七天内调换，逾期无效，谢谢合作

北平仲祥商贸有限公司

地址：北平市南京东路 166 号　　　　NO. 11878822

电话： 011-80671846

客户：北平华问国际酒店有限公司　　　　日期：2019 年 02 月 23 日

货　名	单位	数量	单价	金　额
蒙牛奶(1L)	瓶	6	7.00	42.00
合　计		6		42.00
大写金额（人民币）肆拾贰元				

第二联　客户（红）

核准：王思佳　　　　收货人：张小佳

如有质量问题，请七天内调换，逾期无效，谢谢合作

北平伸祥商贸有限公司

地址：北平市南京东路 166 号　　　　NO. 11878923

电话：011-80671846

客户：北平华间国际酒店有限公司　　　　日期：2019 年 02 月 08 日

货　名	单位	数量	单价	金　额
旺仔牛奶(145ML)	瓶	60	3.51	210.60
合　计		60		210.60
大写金额（人民币）贰佰壹拾元陆角				

第三联　客户（红）

核准：王思佳　　　　收货人：张小佳

如有质量问题，请七天内调换，逾期无效，谢谢合作

北平仲祥商贸有限公司

地址：北平市南京东路 166 号　　　　NO.11878978

电话：011-80671846

客户：北平华间国际酒店有限公司　　　　日期：2019 年 02 月 15 日

货　　名	单位	数量	单价	金　额
长城赤霞珠	瓶	30	37.44	1,123.2
合　　计		30		1,123.2
大写金额（人民币）壹仟壹佰贰拾叁元贰角				

第二联　客户（红）

核准：王思佳　　　　收货人：张小佳

如有质量问题，请七天内调换，逾期无效，谢谢合作

北平仲祥商贸有限公司

地址：北平市南京东路 166 号　　　　NO. 11878967

电话：011-80671846

客户：北平华问国际酒店有限公司　　　　日期：2019 年 02 月 14 日

货　　名	单位	数量	单价	金　额
王老吉	瓶	72	3.51	252.72
合　　计		72		252.72
大写金额（人民币）贰佰伍拾贰元柒角贰分				

第二联　客户（红）

核准：王思佳　　　　收货人：张小佳

如有质量问题，请七天内调换，逾期无效，谢谢合作

永盛水产 销货清单

110523

客户名称：华问大酒店　　　　09 年 02 月 16 日

产品名称	单位	数量	单价	金额
中鲜鱿	斤	5	29.38	146.9
鱼头王	斤	20	7.91	158.2
		合计：305.1		
合计人民币（大写）：零万零仟叁佰零拾伍元壹角零分				

第二版 第二联 客户（红）

核准：李岩　　　　收货人：王江川

经营范围：鲜冻水产　　　　订货电话：011-63472283

永盛水产 销货清单

110422

客户名称：华向大酒店　　09 年 02 月 08 日

产品名称	单位	数量	单价	金额
三文鱼	斤	3	38.42	115.26
大鲜鱿鱼	斤	5	7.91	39.55
基围虾	斤	5	24.86	124.3

合计：279.11

合计人民币（大写）：零万零仟贰佰柒拾玖元壹角壹分

第二版　第二联　客户（红）

核准：李岩　　收货人：王江川

经营范围：鲜冻水产　　订货电话：011-63472283

永盛水产 销货清单

110410

客户名称：华同大酒店　　09年02月07日

产品名称	单位	数量	单价	金额
桂鱼	斤	9.8	37.29	365.44
鲈鱼	斤	20.5	11.3	231.65
鱼头王	斤	20	7.91	158.2

合计：755.29

合计人民币（大写）：零万零仟柒佰伍拾伍元贰角玖分

第二版 第二联 客户（红）

核准：李岩　　收货人：王江川

经营范围：鲜冻水产　　订货电话：011-63472283

永盛水产 销货清单

110635

客户名称：华问大酒店　　09 年 02 月 27 日

产品名称	单位	数量	单价	金额
鱼头王	斤	20	7.91	158.2

合计：158.2

合计人民币（大写）：零万零仟壹佰伍拾捌元贰角零分

核准：李岩　　收货人：王江川

经营范围：鲜冻水产　　订货电话：011-63472283

第二版　第二联　客户（红）

永盛水产 销货清单

110365

客户名称：华问大酒店　　　　09 年02月02日

产品名称	单位	数量	单价	金额
中鲜鱿	斤	5	29.38	146.9
基围虾	斤	5	24.86	124.3
水鱼	斤	10	22.6	226
合计人民币（大写）：零万零仟肆佰玖拾柒元贰角零分				

合计：497.2

第二版　第二联　客户（红）

核准：李岩　　　　收货人：王江川

经营范围：鲜冻水产　　　　订货电话：011-63472283

永盛水产 销货清单

110627

客户名称：华问大酒店　　09 年 02 月 25 日

产品名称	单位	数量	单价	金额
三文鱼	斤	3	38.42	115.26
鲈鱼	斤	14	11.3	158.2
水鱼	斤	10	22.6	226

合计：499.46

合计人民币（大写）：零万零仟肆佰玖拾玖元肆角陆分

第二版　第二联　客户（红）

核准：李岩　　收货人：王江川

经营范围：鲜冻水产　　订货电话：011-63472283

永盛水产　销货清单

110374

客户名称：华问大酒店　　　　09 年 02 月 03 日

产品名称	单位	数量	单价	金额
三文鱼	斤	3	38.42	115.26
基围虾	斤	5	24.86	124.3
鱼头王	斤	20	7.91	158.2
		合计：397.76		
合计人民币（大写）：零万零仟叁佰玖拾柒元柒角陆分				

第二版　第二联　客户（红）

核准：李岩　　　　收货人：王江川

经营范围：鲜冻水产　　　　订货电话：011-63472283

永盛水产 销货清单

110357

客户名称：华问大酒店　　09 年 02 月 01 日

产品名称	单位	数量	单价	金额
桂鱼	斤	13.5	37.29	503.42
鱼头王	斤	20	7.91	158.2

合计：661.62

合计人民币（大写）：零万零仟陆佰陆拾壹元陆角贰分

第二版　第二联　客户（红）

核准：李岩　　收货人：王江川

经营范围：鲜冻水产　　订货电话：011-63472283

永盛水产 销货清单

110434

客户名称：华问大酒店　　09 年 02 月 09 日

产品名称	单位	数量	单价	金额
三文鱼	斤	3	38.42	115.26
水鱼	斤	10	22.6	226
		合计：341.26		

合计人民币（大写）：零万零仟叁佰肆拾壹元贰角陆分

第二版 第二联 客户（红）

核准：李岩　　收货人：王江川

经营范围：鲜冻水产　　订货电话：011-63472283

永盛水产 销货清单

110385

客户名称：华问大酒店　　　　09 年02月 04日

产品名称	单位	数量	单价	金额
2S北极贝	盒	1	192.1	192.1
进口青口贝	斤	5	62.15	310.75
三文鱼	斤	3	38.42	115.26
大鲜鱿鱼	斤	5	7.91	39.55
鲈鱼	斤	18.8	11.3	212.44
水鱼	斤	10	22.6	226
鱼头王	斤	20	7.91	158.2

合计：1254.30

合计人民币（大写）：零万壹仟贰佰伍拾肆元叁角零分

第二版 第二联 客户（红）

核准：李岩　　　　收货人：王江川

经营范围：鲜冻水产　　　　订货电话：011-63472283

永盛水产 销货清单

110399

客户名称：华问大酒店　　　　09 年 02 月 06 日

产品名称	单位	数量	单价	金额
16-20 青虾仁(全干)	斤	5	20.34	101.7
31-40 青虾仁	斤	5	24.86	124.3
中鲜鱿	斤	5	29.38	146.9
		合计：372.9		

合计人民币（大写）：零万零仟叁佰柒拾贰元玖角零分

第二版　第二联　客户（红）

核准：李岩　　　　收货人：王江川

经营范围：鲜冻水产　　　　订货电话：011-63472283

110511

永盛水产 销货清单

客户名称：华问大酒店　　　　09 年 02 月 15 日

产品名称	单位	数量	单价	金额
三文鱼	斤	3	38.42	115.26
大鲜鱿鱼	斤	5	7.91	39.55
基围虾	斤	5	24.86	124.3
		合计：279.11		
合计人民币（大写）：零万零仟贰佰柒拾玖元壹角壹分				

第二版　第二联　客户（红）

核准：李岩　　　　收货人：王江川

经营范围：鲜冻水产　　　　订货电话：011-63472283

永盛水产 销货清单

110498

客户名称：华问大酒店　　09 年02月14日

产品名称	单位	数量	单价	金额
桂鱼	斤	15.9	37.29	592.91
鲈鱼	斤	19.8	11.3	223.74
鱼头王	斤	20	7.91	158.2

合计：974.85

合计人民币（大写）：零万零仟玖佰柒拾肆元捌角伍分

第二版　第二联　客户（红）

核准：李岩　　收货人：王江川

经营范围：鲜冻水产　　订货电话：011-63472283

永盛水产 销货清单

110597

客户名称：华同大酒店　　09 年 02 月 22 日

产品名称	单位	数量	单价	金额
三文鱼	斤	3	38.42	115.26
基围虾	斤	5	24.86	124.3
水鱼	斤	10	22.6	226
鱼头王	斤	20	7.91	158.2
			合计：623.76	

合计人民币（大写）：零万零仟陆佰贰拾叁元柒角陆分

第二版　第二联　客户（红）

核准：李岩　　收货人：王江川

经营范围：鲜冻水产　　订货电话：011-63472283

诚泰商贸 销货单

NO:000718

客户名称：华冈大酒店　　　　19 年 02月 13 日

品名型号	单位	数量	单价	金额
鸡腿	斤	5	7.68	38.42
老水鸭	斤	20	18.65	372.9
牛肉	斤	10	22.6	226
野鸭	斤	20	23.73	474.6
猪肚	斤	10	18.08	180.8
猪肘	斤	20	10.17	203.4
赤肉	斤	5	12.43	62.15
肉排	斤	10	15.82	158.2
五花肉	斤	20	12.43	248.6
			合计：1965.07	
合计人民币（大写）：零万壹仟玖佰陆拾伍元零角柒分				

第二版

第二联

客户（红）

核准：李帆　　　　收货人：石梅

订货电话：011-83837931

诚泰商贸 销货单

NO:000709

客户名称：华问大酒店　　　　19 年 02月 12日

品名型号	单位	数量	单价	金额
毛肚	斤	5	16.39	81.93
无骨凤爪	斤	10	15.82	158.2
猪大肠	斤	10	9.61	96.05
猪肘	斤	20	10.17	203.4
赤肉	斤	5	12.43	62.15
肉排	斤	10	15.82	158.2
五花肉	斤	20	12.43	248.6
			合计：1008.53	
合计人民币（大写）：零万壹仟零佰零拾捌元伍角叁分				

第二版

第二联　客户（红）

核准：李帆　　　　收货人：石梦

订货电话：011-83837931

诚泰商贸 销货单

NO:000696

客户名称：华间大酒店　　　　19 年 02月 11 日

品名型号	单位	数量	单价	金额
土仔鸡	斤	10	9.61	96.05
黑土鸡	斤	10	15.82	158.2
老水鸭	斤	20	18.65	372.9
野鸭	斤	20	23.73	474.6
猪耳(新鲜)	斤	10	15.82	158.2
猪肘	斤	20	10.17	203.4
肉排	斤	10	15.82	158.2
五花肉	斤	20	12.43	248.6
			合计：	1870.15
合计人民币（大写）：零万壹仟捌佰柒拾零元壹角伍分				

第二版　第二联　客户（红）

核准：李帆　　　　收货人：石梦

订货电话：011-83837931

诚泰商贸 销货单

NO:000680

客户名称：华问大酒店　　19 年 02 月 10 日

品名型号	单位	数量	单价	金额
芦花鸡	斤	10	11.3	113
无骨凤爪	斤	10	15.82	158.2
牛腩	斤	6	19.78	118.65
牛肉	斤	10	22.6	226
猪皮	斤	10	5.65	56.5
猪肘	斤	20	10.17	203.4
五花肉	斤	20	12.43	248.6
			合计：	1124.35

合计人民币（大写）：零万壹仟壹佰贰拾肆元叁角伍分

第二版

第二联 客户（红）

核准：李帆　　收货人：石梦

订货电话：011-83837931

诚泰商贸 销货单

NO:000666

客户名称：华闽大酒店　　　　19 年 02 月 09 日

品名型号	单位	数量	单价	金额
土仔鸡	斤	10	9.61	96.05
黑土鸡	斤	10	15.82	158.2
鸡腿	斤	5	7.68	38.42
茶水鸭	斤	20	18.65	372.9
毛肚	斤	5	16.39	81.93
猪大肠	斤	10	9.61	96.05
猪肘	斤	20	10.17	203.4
赤肉	斤	10	12.43	124.3
五花肉	斤	20	12.43	248.6
一字梅肉	斤	3	12.43	37.29
野猪	斤	10	15.37	153.68
			合计：	1610.82
合计人民币（大写）：零万壹仟陆佰壹拾零元捌角贰分				

第二版

第二联　客户（红）

核准：李帆　　　　收货人：石梦

订货电话：011-83837931

诚泰商贸 销货单

NO:000650

客户名称：华问大酒店　　　　19 年 02月 08 日

品名型号	单位	数量	单价	金额
黑土鸡	斤	10	15.82	158.2
老水鸭	斤	20	18.65	372.9
无骨凤爪	斤	10	15.82	158.2
野鸭	斤	20	23.73	474.6
猪大肠	斤	10	9.61	96.05
赤肉	斤	5	12.43	62.15
肉排	斤	10	15.82	158.2
五花肉	斤	20	12.43	248.6
			合计：	1728.9
合计人民币（大写）：零万壹仟柒佰贰拾捌元玖角零分				

第二版　第二联　客户（红）

核准：李帆　　　　收货人：石梦

订货电话：011-83837931

诚泰商贸 销货单

NO:000639

客户名称：华网大酒店　　　　19 年 02 月 07 日

品名型号	单位	数量	单价	金额
黑土鸡	斤	10	15.82	158.2
猪大肠	斤	10	9.61	96.05
猪耳(新鲜)	斤	10	15.82	158.2
赤肉	斤	5	12.43	62.15
五花肉	斤	20	12.43	248.6

合计：723.2

合计人民币（大写）：零万零仟柒佰贰拾叁元贰角零分

第二版

第二联　客户（红）

核准：李帆　　　　收货人：石梦

订货电话：011-83837931

诚泰商贸 销货单

NO:000628

客户名称：华同大酒店　　　　19 年 02月 06 日

品名型号	单位	数量	单价	金额
黑土鸡	斤	10	15.82	158.2
老水鸭	斤	20	18.65	372.9
无骨凤爪	斤	10	15.82	158.2
牛肉	斤	10	22.6	226
猪肚	斤	10	18.08	180.8
肉排	斤	10	15.82	158.2
合计人民币（大写）：零万壹仟贰佰伍拾肆元叁角零分				

总计：1254.3

核准：李帆　　　　收货人：石磐

订货电话：011-83837931

第二版

第二联 客户（红）

诚泰商贸 销货单

NO:000612

客户名称：华闽大酒店　　　　19 年 02月 05 日

品名型号	单位	数量	单价	金额
黑土鸡	斤	10	15.82	158.2
牛腩	斤	6	19.78	118.65
猪肚	斤	10	18.08	180.8
猪肘	斤	20	10.17	203.4
五花肉	斤	20	12.43	248.6
合计人民币（大写）：零万零仟玖佰零拾玖元陆角伍分				

合计：909.65

第二版

第二联　客户（红）

核准：李帆　　　　收货人：石攀

订货电话：011-83837931

诚泰商贸 销货单

NO:000597

客户名称：华同大酒店　　　　19 年 02月 04日

品名型号	单位	数量	单价	金额
黑土鸡	斤	10	15.82	158.2
老母鸡	斤	10	11.3	113
老水鸭	斤	20	18.65	372.9
无骨凤爪	斤	10	15.82	158.2
牛肉	斤	5	22.6	113
猪肚	斤	10	18.08	180.8
猪耳(新鲜)	斤	10	15.82	158.2
猪肘	斤	20	10.17	203.4
赤肉	斤	5	12.43	62.15
肉排	斤	10	15.82	158.2
五花肉	斤	20	12.43	248.6
				1926.65
			合计：	
合计人民币（大写）：零万壹仟玖佰贰拾陆元陆角伍分				

核准：李帆　　　　收货人：石梦

订货电话:011-83837931

第二版

第二联 客户（红）

诚泰商贸 销货单

NO:000589

客户名称：华同大酒店　　　　19 年 02 月 03 日

品名型号	单位	数量	单价	金额
黑土鸡	斤	10	15.82	158.2
老水鸭	斤	20	18.65	372.9
猪肘	斤	20	10.17	203.4
赤肉	斤	5	12.43	62.15
肉排	斤	10	15.82	158.2
五花肉	斤	20	12.43	248.6

总计：1203.45

合计人民币（大写）：零万壹仟贰佰零拾叁元肆角伍分

第二版

第二联　客户（红）

核准：李帆　　　　收货人：石梦

订货电话：011-83837931

诚泰商贸 销货单 NO:000578

客户名称：华向大酒店　　19 年 02月 02日

品名型号	单位	数量	单价	金额
老母鸡	斤	10	11.3	113
老水鸭	斤	20	18.65	372.9
猪大肠	斤	10	9.61	96.05
五花肉	斤	20	12.43	248.6

合计：830.55

合计人民币（大写）：零万零仟捌佰叁拾零元伍角伍分

第二版　第二联　客户（红）

核准：李帆　　收货人：石梦

订货电话：011-83837931

诚泰商贸 销货单

NO:000560

客户名称：华闵大酒店　　　　19 年 02月 01 日

品名型号	单位	数量	单价	金额
土仔鸡	斤	10	9.61	96.05
黑土鸡	斤	10	15.82	158.2
无骨凤爪	斤	10	15.82	158.2
牛肉	斤	5	22.6	113
野鸭	斤	20	23.73	474.6
猪肘	斤	10	10.17	101.7
五花肉	斤	20	12.43	248.6
			合计：1350.35	
合计人民币（大写）：零万壹仟叁佰伍拾零元叁角伍分				

第二版

第二联　客户（红）

核准：李帆　　　　收货人：石梦

订货电话：011-83837931

北平昌盛食品有限公司 销货单

地址：北平市火炬大街 796 号

电话：011-83122222

No. 1104001

2019 年 02 月 15 日

名称	规格	单位	数量	单价	金额
调料包		包	500.00	2.83	1412.50
真空鲜百合		包	10.00	5.42	54.24
甜贡菊		克	1000.00	0.06	56.50
合计人民币	（大写）零萬 壹 仟 伍 佰 贰 拾 叁 元 贰 角 肆 分				¥: 1523.24

②客户

开单：黄维德　　核准：李维嘉　　收货人签字：程义

北平昌盛食品有限公司　　销货单

地址：北平市火炬大街796号

电话：011-83122222

No. 1100339

2019年02月09日

名　　称	规 格	单 位	数 量	单 价	金 额
调料包		包	500.00	2.83	1412.50
三胡椒油		瓶	10.00	5.65	56.50
真空鲜百合		包	10.00	5.42	54.24
花旗参		斤	1.00	146.90	146.90
合计人民币（大写）零萬 壹 仟 陆 佰 柒 拾 零 元 壹 角 肆 分					￥：1670.14

②客户

开单：黄维德　　核准：李维嘉　　收货人签字：程义

北平昌盛食品有限公司　　销货单

地址：北平市火炬大街796号　　No. 1100370

电话：011-83122222　　2019年02月12日

名　称	规格	单位	数量	单价	金额
调料包		包	500.00	2.83	1412.50
真空鲜百合		包	10.00	5.42	54.24
西米	1*60	包	10.00	1.70	16.95
玉兰片		斤	10.00	20.34	203.40
普通绿茶		克	2000	0.05	90.40
合计人民币	（大写）零萬 壹 仟 柒 佰 柒 拾 柒 元 肆 角 玖 分				¥：1777.49

②客户

开单：黄维德　　核准：李维嘉　　收货人签字：程义

北平昌盛食品有限公司　　销货单

地址：北平市火炬大街 796 号

电话：011-83122222

No. 1104012

2019 年 02 月 16 日

名　称	规 格	单 位	数 量	单 价	金 额
调料包		包	500.00	2.83	1412.50
真空鲜百合		包	10.00	5.42	54.24
山胡椒油		瓶	10.00	5.65	56.50
合计人民币	（大写）零萬 壹 仟 伍 佰 贰 拾 叁 元 贰 角 肆 分				￥： 1523.24

开单： 黄维德　　核准： 李维嘉　　收货人签字： 程义

②客户

北平昌盛食品有限公司　　销货单

地址：北平市火炬大街796号　　No. 1100297

电话：011-83122222　　2019年02月05日

名　　称	规格	单位	数量	单价	金额
调料包		包	500.00	2.83	1412.50
合计人民币（大写）零萬壹仟肆佰壹拾贰元伍角零分					¥：1412.50

开单：黄维德　　核准：李维嘉　　收货人签字：程义

②客户

北平昌盛食品有限公司　　销货单

地址：北平市火炬大街796号　　No. 1100348

电话：011-83122222　　2019年02月10日

名　称	规格	单位	数量	单价	金额
调料包		包	500.00	2.83	1412.50
合计人民币	（大写）零萬壹仟肆佰壹拾贰元伍角零分			¥：1412.50	

②客户

开单：黄维德　　核准：李维嘉　　收货人签字：程义

北平昌盛食品有限公司　　销货单

地址：北平市火炬大街 796 号

电话：011-83122222

No. 1100359

2019 年 02 月 11 日

名　　称	规格	单位	数量	单价	金额
调料包		包	500.00	2.83	1412.50
真空鲜百合		包	10.00	5.42	54.24
合计人民币（大写）零萬 壹 仟 肆 佰 陆 拾 陆 元 柒 角 肆 分					￥: 1466.74

开单：黄维德　　核准：李维嘉　　收货人签字：程义

②客户

北平昌盛食品有限公司　销货单

地址：北平市火炬大街796号　No. 1104023

电话：011-83122222　2019年02月17日

名　称	规格	单位	数量	单价	金额
调料包		包	500.00	2.83	1412.50
真空鲜百合		包	10.00	5.42	54.24
合计人民币	（大写）零萬 壹 仟 肆 佰 陆 拾 陆 元 柒 角 肆 分				￥：1466.74

开单：黄维德　核准：李维嘉　收货人签字：程义

②客户

北平昌盛食品有限公司　　销货单

地址：北平市火炬大街796号

电话：011-83122222

No. 1100308

2019年02月06日

名　称	规格	单位	数量	单价	金额
调料包		包	500.00	2.83	1412.50
合计人民币	（大写）零萬 壹 仟 肆 佰 壹 拾 贰 元 伍 角 零 分				¥：1412.50

开单：黄维德　　核准：李维嘉　　收货人签字：程义

②客户

北平昌盛食品有限公司　　销货单

地址：北平市火炬大街796号　　No. 1100328

电话：011-83122222　　2019年02月08日

名　称	规格	单位	数量	单价	金额
调料包		包	500.00	2.83	1412.50
合计人民币	（大写）零萬 壹 仟 肆 佰 壹 拾 贰 元 伍 角 零 分				¥：1412.50

开单：黄维德　　核准：李维嘉　　收货人签字：程义

②客户

北平昌盛食品有限公司　　销货单

地址：北平市火炬大街796号

电话：011-83122222

No. 1100381

2019年02月13日

名　　称	规 格	单 位	数 量	单 价	金 额
调料包		包	500.00	2.83	1412.50
合计人民币（大写）零萬 壹 仟 肆 佰 壹 拾 贰 元 伍 角 零 分					¥：1412.50

开单：黄维德　　核准：李维嘉　　收货人签字：程义

②客户

北平昌盛食品有限公司　销货单

地址：北平市火炬大街 796 号

电话：011-83122222

No. 1105039

2019 年 02 月 27 日

名　称	规格	单位	数量	单价	金额
真空鲜百合		包	10.00	5.42	54.24
合计人民币（大写）零萬 零仟零 佰伍拾 肆元贰 角肆分					￥：54.24

开单：黄维德　　核准：李维嘉　　收货人签字：程义

②客户

北平华问国际酒店有限公司

收据

NO.001896

日期 2019 年 02月 17日

交款单位 张小佳　　收款方式 现金

人民币（大写）壹佰元整　　¥ 100.00

收款事由 系付01.13日现金短缺赔款

收款单位：（章）北平华问国际酒店有限公司财务专用章

未加盖财务专用章无效

收款人 李义

第三联 财务

華問 HUAWEN 北平华问国际酒店有限公司

销货单

发货单号：19020001　发货日期：2019-02-28　出库类型：销售出库　部　门：商超部

客户名称：个人　备　注：

收款记录	编　码	商品名称	型号规格	单位	数　量	含税单价	价税合计
		窑变花瓶三件套	GD-013	套	3.00	511.97	1,535.91
		青瓷手绘三件套	SH-267	套	4.00	511.97	2,047.88
		青花瓷三件套山水花瓶	SJT-139	套	3.00	511.97	1,535.91
		现代中式储物罐三件套	CWG-258	套	4.00	511.97	2,047.88
		水点桃花三件套花瓶	SJT-140	套	5.00	511.97	2,559.85
		手绘荷花异形尖口三件套	SH-331	套	3.00	511.97	1,535.91
		高档仿古官窑开片花瓶	FG-015	套	6.00	341.03	2,046.18
		喜鹊盘+龙架	35cm	套	13.00	255.56	3,322.28
		孔雀盘+龙架	35cm	套	9.00	255.56	2,300.04
		金边和字盘+龙架	35cm	套	10.00	255.56	2,555.60
		百福盘+龙架	35cm	套	12.00	255.56	3,066.72
		60头骨质瓷餐具	疏影系列	套	7.00	682.91	4,780.37
		60头骨质瓷餐具	芸阙系列	套	5.00	682.91	3,414.55
		60头骨质瓷餐具	金边系列	套	3.00	682.91	2,048.73
		60头骨质瓷餐具	百合系列	套	3.00	682.91	2,048.73
		60头骨质瓷餐具	鸢尾花系列	套	6.00	682.91	4,097.46
		56头骨质瓷餐具	青花系列	套	10.00	654.44	6,544.38
合　计					106.00		47,488.38

记　账：　复　核：　仓库保管：　销售员：徐娇

華問 HUAWEN 400-8605646 v6.0版

招商银行 CHINA MERCHANTS BANK

收费回单

日期：2019年02月27日　　业务类型：企业银行扣费　　流水号：G46759W523NBTGP

扣费账号：362117211290009

户名：北平华问国际酒店有限公司

开户行：招商银行北平市支行

实收金额：CNY10.50

摘要：网银汇款手续费

收费时段：20190227-20190227

第1次打印　　20190227

回单编号：2019022735648　　回单验证码：547TRU849DE864T34

提示：1.电子回单验证码相同表示同一笔业务回单，请勿重复记账使用。

2.已在银行柜台领用业务回单的单位，请注意核对，请勿重复记账使用。

打印时间：2019-02-27　11:11:11

招商银行股份有限公司
电子回单专用章

招商银行
CHINA MERCHANTS BANK

收 款 回 单

流水号：33EG265162872

日期：2019年02月03日
收款账号：362117211290009
户名：北平华问国际酒店有限公司
开户行：招商银行北平支行
金额（大写）：人民币肆仟玖佰玖拾伍元整
（小写）：CNY4,995.00
付款账号：6223077201000175859
付款人户名：光明科技有限公司
付款人开户行：九江银行滨江支行
摘要：收到光明公司账款
33EG265162872

经办：G16287

第1次打印： 20190203

回单编号：2019020316287 回单验证码：16CFD62C4256BD66

提示：1.电子回单验证码相同表示同一笔业务回单，请勿重复记账使用。
2.已在银行柜台领用业务回单的单位，请注意核对，请勿重复记账使用。

招商银行股份有限公司
电子回单专用章

打印时间：2019-02-03 09:28:20

招商银行
CHINA MERCHANTS BANK

收费回单

日期：2019年02月28日　　业务类型：企业银行扣费　　流水号：G46759W523NBTGP

扣费账号：362117211290009

户名：北平华问国际酒店有限公司

开户行：招商银行北平市支行

实收金额：CNY10.50

摘要：网银汇款手续费

收费时段：20190228-20190228

第1次打印　　20190228

回单编号：2019022845796　　回单验证码：457RU849DE864R13

提示：1.电子回单验证码相同表示同一笔业务回单，请勿重复记账使用。

2.已在银行柜台领用业务回单的单位，请注意核对，请勿重复记账使用。

打印时间：2019-02-28　10:18:11

招商银行股份有限公司
电子回单专用章

招商银行
CHINA MERCHANTS BANK

收费回单

日期：2019年02月28日　　业务类型：企业银行扣费　　流水号：G46745W524NBTGN

扣费账号：362117211290009

户名：北平华问国际酒店有限公司

开户行：招商银行北平市支行

实收金额：CNY8,934.62

摘要：网银汇款手续费

收费时段：20190201-20190228

第1次打印　　20190228

回单编号：2019022846745　　回单验证码：458RU849DE864T45

提示：1.电子回单验证码相同表示同一笔业务回单，请勿重复记账使用。

2.已在银行柜台领用业务回单的单位，请注意核对，请勿重复记账使用。

打印时间：2019-02-28　9:22:39

招商银行股份有限公司
电子回单专用章

招商银行
CHINA MERCHANTS BANK

收费回单

日期：2019年02月17日　　业务类型：企业银行扣费　　流水号：G46759W523NBTGP

扣费账号：362117211290009

户名：北平华问国际酒店有限公司

开户行：招商银行北平市支行

实收金额：CNY5.50

摘要：网银汇款手续费

收费时段：20190217-20190217

第1次打印　　20190217

招商银行股份有限公司
电子回单专用章

回单编号：2019021746759　　回单验证码：457RU849DE864T22

提示： 1.电子回单验证码相同表示同一笔业务回单，请勿重复记账使用。
　　　2.已在银行柜台领用业务回单的单位，请注意核对，请勿重复记账使用。

打印时间：2019-02-17　9:18:15

北平昌盛食品有限公司

销货单

地址：北平市火炬大街796号

No. 1105016

电话：011-83122222

2019年02月25日

名　称	规格	单位	数量	单价	金额
调料包		包	500.00	2.83	1412.50
真空鲜百合		包	10.00	5.42	54.24
虫草花		斤	1.00	135.60	135.60
合计人民币（大写）零萬 壹 仟陆 佰 零 拾 贰 元 叁 角 肆 分					¥：1602.34

②客户

开单：黄维德　　核准：李维嘉　　收货人签字：程义

北平昌盛食品有限公司　销货单

地址：北平市火炬大街796号　　No. 1104032

电话：011-83122222　　2019年02月18日

名　称	规格	单位	数量	单价	金额
调料包		包	500.00	2.83	1412.50
合计人民币（大写）零萬 壹 仟 肆 佰 壹 拾 贰 元 伍 角 零 分					¥：1412.50

开单：黄维德　　核准：李维嘉　　收货人签字：程义

②客户

北平昌盛食品有限公司　　销货单

地址：北平市火炬大街796号　　No. 1100264

电话：011-83122222　　2019年02月01日

名　称	规格	单位	数量	单价	金额
糯米粉	1*20*500G	包	20.00	5.65	113.00
美玫面粉	45斤	斤	45.00	2.71	122.04
海天酱油	15kg	桶	4.00	108.48	433.92
鲁花花生油		桶	20.00	114.47	2289.38
合计人民币（大写）零萬贰仟玖佰伍拾捌元叁角肆分					¥：2958.34

②客户

开单：黄维德　　核准：李维嘉　　收货人签字：程义

北平昌盛食品有限公司　　销货单

地址：北平市火炬大街 796 号

电话：011-83122222

No. 1100390

2019 年 02 月 14 日

名　　称	规 格	单 位	数 量	单 价	金 额
调料包		包	500.00	2.83	1412.50
合计人民币	（大写）零萬 壹 仟 肆 佰 壹 拾 贰 元 伍 角 零 分				￥： 1412.50

开单：黄维德　　核准：李维嘉　　收货人签字：程义

②客户

北平昌盛食品有限公司　　销货单

地址：北平市火炬大街796号

电话：011-83122222

No. 1104056

2019年02月20日

名　称	规格	单位	数量	单价	金额
调料包		包	500.00	2.83	1412.50
真空鲜百合		包	10.00	5.42	54.24
鲜花		把	10.00	3.02	30.17
合计人民币（大写）零萬壹仟肆佰玖拾陆元玖角壹分					￥：1496.91

开单：黄维德　　核准：李维嘉　　收货人签字：程义

②客户

北平昌盛食品有限公司　　销货单

地址：北平市火炬大街 796 号

电话：011-83122222

No. 1104075

2019 年 02 月 22 日

名　　称	规 格	单 位	数 量	单 价	金 额
调料包		包	500.00	2.83	1412.50
东北大米	1*50	斤	300.00	3.39	1017.00
真空鲜百合		包	10.00	5.42	54.24
海马		斤	1.00	1073.50	1073.50
合计人民币	（大写）零萬 叁 仟 伍 佰 伍 拾 柒 元 贰 角 肆 分				¥: 3557.24

②客户

开单：黄维德　　核准：李维嘉　　收货人签字：程义

北平昌盛食品有限公司　　销货单

地址：北平市火炬大街796号

电话：011-83122222

No. 1100275

2019年02月03日

名　称	规格	单位	数量	单价	金额
调料包		包	500.00	2.83	1412.50
山胡椒油		斤	10.00	5.65	56.50
合计人民币（大写）零萬贰仟肆佰陆拾玖元零角零分					¥：1469.00

②客户

开单：黄维德　　核准：李维嘉　　收货人签字：程义

北平昌盛食品有限公司　　销货单

地址：北平市火炬大街796号　　No. 1104097

电话：011-83122222　　2019年02月24日

名　　称	规　格	单　位	数　量	单　价	金　额
调料包		包	500.00	2.83	1412.50
山胡椒油		瓶	20.00	5.65	113.00
合计人民币（大写）零萬 壹 仟 伍 佰 贰 拾 伍 元 伍 角 零 分					¥： 1525.50

开单：黄维德　　核准：李维嘉　　收货人签字：程义

②客户

北平昌盛食品有限公司 销货单

地址：北平市火炬大街796号

电话：011-83122222

No. 1100286

2019年02月04日

名　称	规格	单位	数量	单价	金额
调料包		包	1000.00	2.83	2825.00
鲜花		把	10.00	3.02	30.17
合计人民币（大写）零萬 贰 仟 捌 佰 伍 拾 伍 元 壹 角 柒 分					￥：2855.17

②客户

开单：黄维德　　核准：李维嘉　　收货人签字：程义

北平昌盛食品有限公司　　销货单

地址：北平市火炬大街 796 号

电话：011-83122222

No. 1104086

2019 年 02 月 23 日

名　　称	规格	单位	数量	单价	金额
调料包		包	500.00	2.83	1412.50
观音王		克	500.00	0.27	135.60
真空鲜百合		包	10.00	5.42	54.24
合计人民币（大写）零萬 壹 仟陆 佰 零 拾 贰 元 叁 角 肆 分					¥: 1602.34

②客户

开单：黄维德　　核准：李维嘉　　收货人签字：程义

北平昌盛食品有限公司　　销货单

地址：北平市火炬大街796号

电话：011-83122222

No. 1104066

2019年02月21日

名　　称	规 格	单 位	数 量	单 价	金 额
调料包		包	500.00	2.83	1412.50
山胡椒油		瓶	20.00	5.65	113.00
碎干贝		斤	1.00	124.30	124.30
合计人民币（大写）零萬 壹 仟 肆 佰 陆 拾 玖 元 捌 角 零 分					¥：1649.80

②客户

开单：黄维德　　核准：李维嘉　　收货人签字：程义

北平昌盛食品有限公司　　销货单

地址：北平市火炬大街796号

电话：011-83122222

No. 1105027

2019年02月26日

名　称	规格	单位	数量	单价	金额
调料包		包	500.00	2.83	1412.50
佛手味精		桶	1.00	135.60	135.60
合计人民币（大写）零萬 壹 仟 伍 佰 肆 拾 捌 元 壹 角 零 分					¥：1548.10

②客户

开单：黄维德　　核准：李维嘉　　收货人签字：程义

销货清单

单位：华问大酒店　　　　　　　　　　2019年 02月01日

编号	品名	单位	数量	单价	金额
1	长豆角	斤	10	4.52	45.20
2	白豆腐	斤	10	4.52	45.20
3	菠菜	斤	10	3.39	33.90
4	花菜	斤	10	3.16	31.64
5	大青尖椒	斤	5	2.26	11.30
6	蒜苗	斤	5	3.73	18.65
7	国产橙	斤	10	2.03	20.34
8	无籽西瓜	斤	68	3.39	230.52
9					
10					
11					
12					
13					
14					
15					
合计金额（大写）	肆佰叁拾陆元柒角伍分				436.75

校验：李文华　　　　　　　　签收：王文川

销货清单

单位：华问大酒店　　　　2019年 02月 13日

编号	品名	单位	数量	单价	金额
1	长豆角	斤	10	4.52	45.20
2	攸县香干	斤	5	16.95	84.75
3	白豆腐	斤	10	4.52	45.20
4	菠菜	斤	15	3.39	50.85
5	花菜	斤	10	3.16	31.64
6	芋头	斤	10	1.81	18.08
7	大青尖椒	斤	5	2.26	11.30
8	红美人椒	斤	10	5.65	56.50
9	日本青瓜仔	斤	20	4.52	90.40
10	大熟木瓜	斤	9	3.62	32.54
11					
12					
13					
14					
15					
合计金额（大写）	肆佰陆拾陆元肆角陆分			466.46	

校验：李文华　　　　签收：王文川

北平仲祥商贸有限公司

地址：北平市南京东路 166 号　　NO. 11878934

电话：011-80671846

客户：北平华间国际酒店有限公司　　日期：2019 年 02 月 09 日

货　名	单位	数量	单价	金　额
蒙牛奶(1L)	瓶	6	8.19	49.14
合　计		6		49.14
大写金额（人民币）肆拾玖元壹角肆分				

第二联　客户（红）

核准：王思佳　　收货人：张小佳

如有质量问题，请七天内调换，逾期无效，谢谢合作

北平仲祥商贸有限公司

地址：北平市南京东路166号　　　　NO.11878989

电话：011-80671846

客户：北平华间国际酒店有限公司　　　　日期：2019年02月17日

货　名	单位	数量	单价	金　额
百威(330ML)	瓶	96	7.02	673.92
红星二锅头(小)	瓶	60	3.51	210.6
劲酒(小)	瓶	60	8.19	491.4
合　计		216		1,375.92
大写金额（人民币）壹仟叁佰柒拾伍元玖角贰分				

第二联　客户（红）

核准：王思佳　　　　收货人：张小佳

如有质量问题，请七天内调换，逾期无效，谢谢合作

北平仲祥商贸有限公司

地址：北平市南京东路 166 号　　NO. 11878945

电话： 011-80671846

客户：北平华问国际酒店有限公司　　日期：2019 年 02 月 10 日

货　名	单位	数量	单价	金　额
青岛纯生	瓶	48	7.02	336.96
五粮液	瓶	3	544.05	1,632.15
合　计		51		1,969.11
大写金额（人民币）壹仟玖佰陆拾玖元壹角壹分				

第二联　客户（红）

核准：王思佳　　收货人：张小佳

如有质量问题，请七天内调换，逾期无效，谢谢合作

销货清单

单位：华问大酒店　　　　2019年 02月 12日

编号	品名	单位	数量	单价	金额
1	长豆角	斤	10	4.52	45.20
2	攸县香干	斤	5	16.95	84.75
3	白辣椒	斤	10	3.96	39.55
4	菠菜	斤	15	3.39	50.85
5	花菜	斤	10	3.16	31.64
6	闽笋	斤	6	24.58	147.47
7	茄子	斤	10	2.03	20.34
8	大青尖椒	斤	5	2.26	11.30
9	青美人椒	斤	10	5.09	50.85
10	红美人椒	斤	10	5.65	56.50
11	大红椒	斤	5	7.35	36.73
12	腊肠	斤	10	42.94	429.40
13	国产橙	斤	10	2.03	20.34
14					
15					
合计金额（大写）	壹仟零贰拾肆元玖角贰分				1024.92

校验：李文华　　　　签收：王文川

销 货 清 单

单位：华问大酒店 2019年 02月 02日

编号	品名	单位	数量	单价	金额
1	菠菜	斤	15	3.39	50.85
2	花菜	斤	10	3.16	31.64
3	闽笋	斤	6	24.58	147.47
4	日本青瓜仔	斤	20	4.52	90.40
5	无籽西瓜	斤	72	3.39	244.08
6					
7					
8					
9					
10					
11					
12					
13					
14					
15					
合计金额（大写）	伍佰陆拾肆元肆角肆分				564.44

校验：李文华 签收：王文川

销货清单

单位：华问大酒店　　　　2019年 02月 03日

编号	品名	单位	数量	单价	金额
1	菠菜	斤	15	3.39	50.85
2	花菜	斤	10	3.16	31.64
3	芋头	斤	10	1.81	18.08
4	茄子	斤	10	2.03	20.34
5	大青尖椒	斤	5	2.26	11.30
6	日本青瓜仔	斤	20	4.52	90.40
7	国产橙	斤	10	2.03	20.34
8	九头木瓜	斤	10	4.52	45.20
9	蒜苗	斤	5	3.73	18.65
10					
11					
12					
13					
14					
15					
合计金额（大写）	叁佰零陆元柒角玖分			306.79	

校验：李文华　　　　签收：王文川

销货清单

单位：华冈大酒店　　　　　　　　2019年 02月 11 日

编号	品名	单位	数量	单价	金额
1	长豆角	斤	10	4.52	45.20
2	攸县香干	斤	5	16.95	84.75
3	白豆腐	斤	10	4.52	45.20
4	玉米粒	斤	20	5.09	101.70
5	干豆角	斤	10	12.39	123.85
6	干椒节	斤	10	5.36	53.56
7	菠菜	斤	10	3.39	33.90
8	闽笋	斤	6	24.58	147.47
9	芋头	斤	10	1.81	18.08
10	日本青瓜仔	斤	20	4.52	90.40
11	大青尖椒	斤	5	2.26	11.30
12	蒜肉	斤	20	1.47	29.38
13					
14					
15					
合计金额（大写）	柒佰捌拾肆元柒角玖分				784.79

校验：李文华　　　　　　签收：王文川

销货清单

单位：华问大酒店　　　　2019年 02月 10日

编号	品名	单位	数量	单价	金额
1	长豆角	斤	10	4.52	45.20
2	攸县香干	斤	5	16.95	84.75
3	白豆腐	斤	10	4.52	45.20
4	菠菜	斤	10	3.39	33.90
5	花菜	斤	10	3.16	31.64
6	金针菇	斤	5	3.96	19.77
7	阉笋	斤	6	24.58	147.46
8	茄子	斤	10	2.03	20.34
9	大青尖椒	斤	5	2.26	11.30
10	青美人椒	斤	10	5.09	50.85
11	蒜苗	斤	5	3.73	18.65
12	九头木瓜	斤	10	4.52	45.20
13	台农芒果	斤	6	6.21	37.28
14	香蕉	斤	6	1.70	10.17
15					
合计金额（大写）	陆佰零壹元陆角玖分				601.69

校验：李文华　　　　签收：王文川

销货清单

单位：华问大酒店　　　　　　　　　　　　2019年 02月 04日

编号	品名	单位	数量	单价	金额
1	长豆角	斤	10	4.52	45.20
2	白豆腐	斤	10	4.52	45.20
3	攸县香干	斤	5	16.95	84.75
4	菠菜	斤	15	3.39	50.85
5	花菜	斤	10	3.16	31.64
6	金针菇	斤	5	3.96	19.78
7	闽笋	斤	6	24.58	147.47
8	芋头	斤	10	1.81	18.08
9	茄子	斤	10	2.03	20.34
10	大青尖椒	斤	5	2.26	11.30
11	青美人椒	斤	10	5.09	50.85
12	蒜苗	斤	5	3.73	18.65
13	腊肠	斤	10	42.94	429.40
14	无籽西瓜	斤	56	3.39	189.84
15					
合计金额（大写）	壹仟壹佰陆拾叁元叁角伍分				1163.35

校验：李文华　　　　　　　　签收：王文川

销 货 清 单

单位：华向大酒店　　　　2019年 02月05日

编号	品名	单位	数量	单价	金额
1	玉米粒	斤	20	5.09	101.70
2	菠菜	斤	15	3.39	50.85
3	花菜	斤	10	3.16	31.64
4	芋头	斤	10	1.81	18.08
5	日本青瓜仔	斤	20	4.52	90.40
6	香蕉	斤	6	1.70	10.17
7					
8					
9					
10					
11					
12					
13					
14					
15					
合计金额（大写）	叁佰零贰元捌角肆分				302.84

校验：李文华　　　　签收：王文川

销货清单

单位：华问大酒店　　　　2019年 02月09日

编号	品名	单位	数量	单价	金额
1	白豆腐	斤	10	4.52	45.20
2	菠菜	斤	15	3.39	50.85
3	花菜	斤	10	3.16	31.64
4	闽笋	斤	6	24.58	147.47
5	芋头	斤	10	1.81	18.08
6	茄子	斤	10	2.03	20.34
7	鲜口菇	斤	3	6.22	18.65
8	青美人椒	斤	10	5.09	50.85
9	大青尖椒	斤	5	2.26	11.30
10	日本青瓜仔	斤	20	4.52	90.40
11	朝天椒	斤	10	7.91	79.10
12	大黑木耳	斤	10	13.56	135.60
13	河南粉皮	斤	10	7.35	73.45
14	乾中细米粉	包	10	5.65	56.50
15	国产橙	斤	10	2.03	20.34
合计金额（大写）	捌佰肆拾玖元柒角柒分				849.77

校验：李文华　　　　签收：王文川

销货清单

单位：华问大酒店　　　　2019年 02月08日

编号	品名	单位	数量	单价	金额
1	长豆角	斤	10	4.52	45.20
2	白豆腐	斤	10	4.52	45.20
3	玉米粒	斤	20	5.09	101.70
4	攸县香干	斤	5	16.95	84.75
5	菠菜	斤	10	3.39	33.90
6	花菜	斤	10	3.16	31.64
7	大青尖椒	斤	5	2.26	11.30
8	进口黄柠檬	个	10	2.26	22.60
9	腊肠	斤	10	42.94	429.40
10	无籽西瓜	斤	63	3.39	213.57
11	榴莲	斤	9	7.91	71.19
12					
13					
14					
15					
合计金额（大写）	壹仟零玖拾元肆角伍分				1090.45

校验：李文华　　　　签收：王文川

销 货 清 单

单位：华问大酒店　　　　2019年 02月 14日

编号	品名	单位	数量	单价	金额
1	玉米粒	斤	20	5.09	101.70
2	攸县香干	斤	5	16.95	84.75
3	白豆腐	斤	10	4.52	45.20
4	菠菜	斤	10	3.39	33.90
5	花菜	斤	10	3.16	31.64
6	闽笋	斤	10	24.58	245.78
7	茄子	斤	10	2.03	20.34
8	红美人椒	斤	10	5.65	56.50
9	青美人椒	斤	10	5.09	50.85
10	大青尖椒	斤	5	2.26	11.30
11					
12					
13					
14					
15					
合计金额（大写）	陆佰捌拾壹元玖角陆分			681.96	

校验：李文华　　　　签收：王文川

销 货 清 单

单位：华问大酒店　　　　2019年 02月 15日

编号	品　　　名	单　位	数 量	单 价	金 额
1	九头木瓜	斤	10	4.52	45.20
2	国产橙	斤	10	2.03	20.34
3	无籽西瓜	斤	55	3.39	186.45
4	香蕉	斤	6	1.70	10.17
5					
6					
7					
8					
9					
10					
11					
12					
13					
14					
15					
合计金额（大写）	壹仟贰佰壹拾元贰角肆分				1210.24

校验：李文华　　　　签收：王文川

销 货 清 单

单位：华问大酒店　　2019年 02月 07日

编号	品名	单位	数量	单价	金额
1	攸县香干	斤	5	16.95	84.75
2	白豆腐	斤	5	4.52	22.60
3	菠菜	斤	10	3.39	33.90
4	闽笋	斤	6	24.58	147.47
5	芋头	斤	10	1.81	18.08
6	茄子	斤	10	2.03	20.34
7	大青尖椒	斤	5	2.26	11.30
8	青美人椒	斤	10	5.09	50.85
9	红美人椒	斤	10	5.65	56.50
10	日本青瓜仔	斤	20	4.52	90.40
11	蒜苗	斤	5	3.73	18.65
12	无籽西瓜	斤	51	3.39	172.89
13	新的橙汁	瓶	20	33.9	678
14					
15					
合计金额（大写）	壹仟肆佰零伍元柒角叁分				1405.73

校验：李文华　　签收：王文川

销 货 清 单

单位：华问大酒店　　　　　　　　2019年 02月 15日

编号	品　　名	单　位	数　量	单　价	金　额
1	长豆角	斤	10	4.52	45.20
2	攸县香干	斤	5	16.95	84.75
3	菠菜	斤	15	3.39	50.85
4	阉笋	斤	10	24.58	245.78
5	芋头	斤	10	1.81	18.08
6	茄子	斤	10	2.03	20.34
7	朝天椒	斤	10	7.91	79.10
8	大青尖椒	斤	5	2.26	11.30
9	青美人椒	斤	10	5.09	50.85
10	日本青瓜仔	斤	20	4.52	90.40
11	蒜苗	斤	5	3.73	18.65
12	蒜肉	斤	20	1.47	29.38
13	葱肉	斤	5	3.39	16.95
14	乾中细米粉	包	20	5.65	113
15	河南粉皮	斤	10	7.35	73.45
合计金额（大写）					

校验：李文华　　　　　　　　签收：王文川

诚泰商贸 销货单

NO:000818

客户名称：华冈大酒店　　　　19 年 02 月 22 日

品名型号	单位	数量	单价	金额
鸡腿	斤	5	7.68	38.41
老水鸭	斤	20	18.65	372.9
无骨凤爪	斤	10	15.82	158.2
牛肉	斤	10	22.6	226
野鸭	斤	20	23.73	474.6
猪大肠	斤	10	9.61	96.05
猪耳(新鲜)	斤	10	15.82	158.2
赤肉	斤	5	12.43	62.15
五花肉	斤	30	12.43	372.9
合计：1959.41				
合计人民币（大写）：零万壹仟玖佰伍拾玖元肆角壹分				

第二版

第二联　客户（红）

核准：李帆　　　　收货人：石梦

订货电话：011-83837931

诚泰商贸 销货单

NO:000729

客户名称：华问大酒店　　　　19 年 02 月 14 日

品名型号	单位	数量	单价	金额
老母鸡	斤	10	11.3	113
无骨凤爪	斤	10	15.82	158.2
赤肉	斤	5	12.43	62.15
五花肉	斤	20	12.43	248.6

合计：581.95

合计人民币（大写）：零万零仟伍佰捌拾壹元玖角伍分

第二版

第二联　客户（红）

核准：李帆　　　　收货人：石梦

订货电话：011-83837931

诚泰商贸 销货单

NO:000795

客户名称：华向大酒店　　19 年 02月 20日

品名型号	单位	数量	单价	金额
土仔鸡	斤	10	9.61	96.05
毛肚	斤	5	16.39	81.93
无骨凤爪	斤	10	15.82	158.2
牛肉	斤	10	22.6	226
猪大肠	斤	10	9.61	96.05
猪肘	斤	20	10.17	203.4
五花肉	斤	20	12.43	248.6
			合计：1110.23	
合计人民币（大写）：零万壹仟壹佰壹拾零元贰角叁分				

第二版

第二联 客户（红）

核准：李帆　　收货人：石梦

订货电话：011-83837931

诚泰商贸 销货单

NO:000748

客户名称：华同大酒店　　　　19 年 02 月 16 日

品名型号	单位	数量	单价	金额
土仔鸡	斤	10	9.61	96.05
黑土鸡	斤	10	15.82	158.2
无骨凤爪	斤	10	15.82	158.2
野鸭	斤	20	23.73	474.6
猪肘	斤	20	10.17	203.4
五花肉	斤	20	12.43	248.6
一字梅肉	斤	3	12.43	37.29
合计：1376.34				
合计人民币（大写）：零万壹仟叁佰柒拾陆元叁角肆分				

第二版

第二联　客户（红）

核准：李帆　　　　收货人：石梦

订货电话：011-83837931

诚泰商贸 销货单

NO:000784

客户名称：华同大酒店　　　19 年 02 月 19 日

品名型号	单位	数量	单价	金额
黑土鸡	斤	10	15.82	158.2
老水鸭	斤	20	18.65	372.9
五花肉	斤	20	12.43	248.6
合计：779.7				
合计人民币（大写）：零万零仟柒佰柒拾玖元柒角零分				

第二版

第二联 客户（红）

核准：李帆　　　收货人：石梦

订货电话：011-83837931

诚泰商贸 销货单

NO:000735

客户名称：华阅大酒店　　　　19 年 02 月 15 日

品名型号	单位	数量	单价	金额
老水鸭	斤	20	18.65	372.9
牛腩	斤	6	19.78	118.65
牛肉	斤	10	22.6	226
猪大肠	斤	10	9.61	96.05
猪肘	斤	20	10.17	203.4
肉排	斤	10	15.82	158.2
五花肉	斤	20	12.43	248.6
野猪	斤	10	15.37	153.68
合计人民币（大写）：零万壹仟伍佰柒拾柒元肆角捌分				

合计：1577.48

第二版

第二联　客户（红）

核准：李帆　　　　收货人：石梦

订货电话：011-83837931

诚泰商贸 销货单

NO:000876

客户名称：华问大酒店　　　　19年02月27日

品名型号	单位	数量	单价	金额
黑土鸡	斤	10	15.82	158.2
猪大肠	斤	10	9.61	96.05
合计人民币（大写）：零万零仟贰佰伍拾肆元贰角伍分				

合计：254.25

第二版

第二联

客户（红）

核准：李帆　　　　收货人：石梦

订货电话：011-83837931

诚泰商贸 销货单

NO:000829

客户名称：华问大酒店　　　　19 年 02月 23 日

品名型号	单位	数量	单价	金额
黑土鸡	斤	10	15.82	158.2
老母鸡	斤	10	11.3	113
老水鸭	斤	20	18.65	372.9
毛肚	斤	5	16.39	81.93
猪肚	斤	10	18.08	180.8
肉排	斤	10	15.82	158.2
猪肘	斤	20	10.17	203.4
五花肉	斤	20	12.43	248.6

合计：1517.03

合计人民币（大写）：零万壹仟伍佰壹拾柒元零角叁分

核准：李帆　　　　收货人：石梦

订货电话：011-83837931

第二版

第二联 客户（红）

诚泰商贸 销货单　NO:000759

客户名称：华阅大酒店　　19 年 02 月 17 日

品名型号	单位	数量	单价	金额
鸡腿	斤	5	7.68	38.41
老水鸭	斤	20	18.65	372.9
毛肚	斤	5	16.39	81.93
猪肚	斤	10	18.08	180.8
猪肘	斤	20	10.17	203.4
五花肉	斤	20	12.43	248.6
合计人民币（大写）：零万壹仟壹佰贰拾陆元零角肆分				

合计：1126.04

第二版

第二联　客户（红）

核准：李帆　　收货人：石梦

订货电话：011-83837931

诚泰商贸 销货单

NO:000770

客户名称：华问大酒店 19 年 02 月 18 日

品名型号	单位	数量	单价	金额
老母鸡	斤	10	11.3	113
无骨凤爪	斤	10	15.82	158.2
牛肉	斤	10	22.6	226
赤肉	斤	5	12.43	62.15
肉排	斤	10	15.82	158.2
五花肉	斤	20	12.43	248.6

合计：966.15

合计人民币（大写）：零万零仟玖佰陆拾陆元壹角伍分

第二版

第二联 客户（红）

核准：李帆 收货人：石梦

订货电话：011-83837931

诚泰商贸 销货单

NO:000855

客户名称：华向大酒店　　　　19 年 02月 25日

品名型号	单位	数量	单价	金额
猪大肠	斤	10	9.61	96.05
猪肘	斤	20	10.17	203.4
五花肉	斤	20	12.43	248.6
合计人民币（大写）：零万零仟伍佰肆拾捌元零角伍分				

合计：548.05

核准：李帆　　　　收货人：石芽

订货电话：011-83837931

第二版

第二联 客户（红）

诚泰商贸 销货单

NO:000840

客户名称：华向大酒店　　19年02月24日

品名型号	单位	数量	单价	金额
黑土鸡	斤	10	15.82	158.2
老水鸭	斤	20	18.65	372.9
无骨凤爪	斤	10	15.82	158.2
猪大肠	斤	10	9.61	96.05
猪耳(新鲜)	斤	10	15.82	158.2
赤肉	斤	5	12.43	62.15
肉排	斤	10	15.82	158.2
五花肉	斤	20	12.43	248.6

合计：1412.5

合计人民币（大写）：零万壹仟肆佰壹拾贰元伍角零分

第二版

第二联　客户（红）

核准：李帆　　收货人：石梦

订货电话：011-83837931

诚泰商贸 销货单

NO:000867

客户名称：华问大酒店　　　　19 年 02月 26 日

品名型号	单位	数量	单价	金额
黑土鸡	斤	10	15.82	158.2
老水鸭	斤	20	18.65	372.9
无骨凤爪	斤	10	15.82	158.2
牛肉	斤	10	22.6	226
五花肉	斤	20	12.43	248.6
			合计：1163.9	
合计人民币（大写）：零万壹仟壹佰陆拾叁元玖角零分				

第二版

第二联 客户（红）

核准：李帆　　　　收货人：石梦

订货电话：011-83837931

诚泰商贸 销货单

NO:000809

客户名称：华间大酒店　　　　19 年 02 月 21 日

品名型号	单位	数量	单价	金额
黑土鸡	斤	10	15.82	158.2
老水鸭	斤	20	18.65	372.9
毛肚	斤	5	16.39	81.93
猪肘	斤	20	10.17	203.4
赤肉	斤	5	12.43	62.15
肉排	斤	10	15.82	158.2
五花肉	斤	20	12.43	248.6

合计：1285.38

合计人民币（大写）：零万壹仟贰佰捌拾伍元叁角捌分

第二版

第二联 客户（红）

核准：李帆　　　　收货人：石梦

订货电话：011-83837931

销货清单

单位：华同大酒店　　　　　　2019年 02月 28日

编号	品名	单位	数量	单价	金额
1	白豆腐	斤	10	4.52	45.20
2	菠菜	斤	10	3.39	33.89
3	鲜口菇	斤	3	6.21	18.64
4					
5					
6					
7					
8					
9					
10					
11					
12					
13					
14					
15					
合计金额（大写）	玖拾柒元柒角叁分				97.73

校验：李文华　　　　　　签收：王文川

销货清单

单位：华向大酒店　　　　2019年 02月 27日

编号	品名	单位	数量	单价	金额
1	长豆角	斤	10	4.52	45.20
2	菠菜	斤	10	3.39	33.90
3	闽笋	斤	10	24.58	245.78
4	芋头	斤	10	1.81	18.08
5	大青尖椒	斤	5	2.26	11.30
6	日本青瓜仔	斤	20	4.52	90.40
7					
8					
9					
10					
11					
12					
13					
14					
15					
合计金额（大写）	肆佰肆拾肆元陆角陆分				444.66

校验：李文华　　　　签收：王文川

销货清单

单位：华冈大酒店　　　　2019年 02月 26日

编号	品名	单位	数量	单价	金额
1	长豆角	斤	10	4.52	45.20
2	菠菜	斤	10	3.39	33.90
3	花菜	斤	10	3.16	31.64
4	茄子	斤	10	2.03	20.34
5	蒜苗	斤	5	3.73	18.65
6	蒜肉	斤	20	1.47	29.38
7	香蕉	斤	6	1.70	10.17
8					
9					
10					
11					
12					
13					
14					
15					
合计金额（大写）	壹佰捌拾玖元贰角捌分			189.28	

校验：李文华　　　　签收：王文川

销 货 清 单

单位：华问大酒店　　　　　　　　　　　　　　　　2019年 02月 25日

编号	品名	单位	数量	单价	金额
1	白豆腐	斤	10	4.52	45.20
2	攸县香干	斤	5	16.95	84.75
3	玉米粒	斤	20	5.09	101.70
4	菠菜	斤	10	3.39	33.90
5	闽笋	斤	10	24.58	245.78
6	芋头	斤	10	1.81	18.08
7	大青尖椒	斤	5	2.26	11.30
8	日本青瓜仔	斤	20	4.52	90.40
9	国产橙	斤	10	2.03	20.34
10					
11					
12					
13					
14					
15					
合计金额（大写）	陆佰伍拾壹元肆角伍分				651.45

校验：李文华　　　　　　　　　　　　签收：王文川

销货清单

单位：华问大酒店　　　　　　　　　　2019年 02月24日

编号	品名	单位	数量	单价	金额
1	长豆角	斤	10	4.52	45.20
2	菠菜	斤	10	3.39	33.90
3	花菜	斤	10	3.16	31.63
4	茄子	斤	10	2.03	20.34
5	大青尖椒	斤	5	2.26	11.30
6	青美人椒	斤	10	5.09	50.84
7	红美人椒	斤	10	5.65	56.50
8	大黑木耳	斤	10	13.56	135.60
9					
10					
11					
12					
13					
14					
15					
合计金额（大写）	叁佰捌拾伍元叁角壹分				385.31

校验：李文华　　　　　　　　签收：王文川

销 货 清 单

单位：华向大酒店　　　　　　　　　　　　　　2019年 02月 20日

编号	品　　名	单　位	数　量	单　价	金　额
1	长豆角	斤	10	4.52	45.20
2	玉米粒	斤	20	5.09	101.70
3	菠菜	斤	10	3.39	33.90
4	花菜	斤	10	3.16	31.64
5	闽笋	斤	10	24.58	245.78
6	大青尖椒	斤	5	2.26	11.30
7	红美人椒	斤	10	5.65	56.50
8	蒜肉	斤	20	1.47	29.38
9	国产橙	斤	10	2.03	20.34
10					
11					
12					
13					
14					
15					
合计金额（大写）	伍佰柒拾伍元柒角肆分			575.74	

校验：李文华　　　　　　　　　　　签收：王文川

销 货 清 单

单位：华间大酒店　　　　　　　　2019年 02月 19日

编号	品名	单位	数量	单价	金额
1	攸县香干	斤	5	16.95	84.75
2	白豆腐	斤	10	4.52	45.20
3	菠菜	斤	15	3.39	50.85
4	腐竹	斤	5	22.60	113
5	芋头	斤	10	1.81	18.08
6	大青尖椒	斤	5	2.26	11.30
7	青美人椒	斤	10	5.09	50.85
8	日本青瓜仔	斤	20	4.52	90.40
9	腊肠	斤	10	42.94	429.40
10	香蕉	斤	6	1.70	10.17
11					
12					
13					
14					
15					
合计金额（大写）	玖佰零肆元整				904.00

校验：李文华　　　　　　　　签收：王文川

销 货 清 单

单位：华问大酒店　　　　　　　　　　　　2019年 02月 18日

编号	品　　名	单　位	数 量	单 价	金 额
1	长豆角	斤	10	4.52	45.20
2	攸县香干	斤	5	16.95	84.75
3	菠菜	斤	10	3.39	33.90
4	花菜	斤	10	3.16	31.64
5	闽笋	斤	10	24.58	245.78
6	茄子	斤	10	2.03	20.34
7	大青尖椒	斤	5	2.26	11.30
8	红美人椒	斤	10	5.65	56.50
9					
10					
11					
12					
13					
14					
15					
合计金额（大写）	伍佰贰拾玖元肆角壹分				529.41

校验：李文华　　　　　　　　签收：王文川

销货清单

单位：华向大酒店　　2019年 02月 17日

编号	品名	单位	数量	单价	金额
1	长豆角	斤	10	4.52	45.20
2	攸县香干	斤	5	16.95	84.75
3	白豆腐	斤	10	4.52	45.20
4	菠菜	斤	15	3.39	50.82
5	花菜	斤	10	3.16	31.64
6	芋头	斤	10	1.81	18.08
7	大青尖椒	斤	5	2.26	11.30
8	青美人椒	斤	10	5.09	50.85
9	日本青瓜仔	斤	20	4.52	90.40
10	大黑木耳	斤	10	13.56	135.60
11					
12					
13					
14					
15					
合计金额（大写）	伍佰陆拾叁元捌角肆分			563.84	

校验：李文华　　签收：王文川

销 货 清 单

单位：华问大酒店　　　　　　　　　　　　2019年 02月 16日

编号	品　　名	单　位	数　量	单　价	金　额
1	玉米粒	斤	20	5.09	101.70
2	攸县香干	斤	5	16.95	84.75
3	白豆腐	斤	10	4.52	45.20
4	干椒节	斤	10	5.36	53.56
5	菠菜	斤	10	3.39	33.90
6	花菜	斤	10	3.16	31.64
7	闽笋	斤	10	24.58	245.78
8	茄子	斤	10	2.03	20.34
9	大青实椒	斤	5	2.26	11.30
10	腊肠	斤	10	42.94	429.40
11					
12					
13					
14					
15					
合计金额（大写）	壹仟零伍拾柒元伍角柒分				1057.57

校验：李文华　　　　　　　　签收：王文川

销 货 清 单

单位：华向大酒店　　　　2019年 02月 23日

编号	品　　名	单　位	数 量	单 价	金 额
1	香蕉	斤	6	1.70	10.17
2					
3					
4					
5					
6					
7					
8					
9					
10					
11					
12					
13					
14					
15					
合计金额（大写）	壹仟壹佰伍拾壹元肆角陆分				1151.46

校验：李文华　　　　签收：王文川

销货清单

单位：华问大酒店　　　　2019年 02月 22日

编号	品名	单位	数量	单价	金额
1	白豆腐	斤	10	4.52	45.20
2	攸县香干	斤	5	16.95	84.75
3	玉米粒	斤	20	5.09	101.70
4	菠菜	斤	15	3.39	50.85
5	花菜	斤	10	3.16	31.64
6	闽笋	斤	10	24.58	245.78
7	红美人椒	斤	10	5.65	56.50
8	茄子	斤	10	2.03	20.34
9	大青尖椒	斤	5	2.26	11.30
10	青美人椒	斤	10	5.09	50.85
11	鲜口菇	斤	3	6.22	18.65
12	蒜苗	斤	5	3.73	18.65
13					
14					
15					
合计金额（大写）	柒佰叁拾陆元贰角壹分			736.21	

校验：李文华　　　　签收：王文川

销货清单

单位：华向大酒店　　　　2019年 02月 21日

编号	品名	单位	数量	单价	金额
1	白豆腐	斤	10	4.52	45.20
2	干豆角	斤	10	12.39	123.85
3	干椒节	斤	10	5.36	53.56
4	菠菜	斤	10	3.39	33.90
5	花菜	斤	10	3.16	31.64
6	金针菇	斤	5	3.96	19.78
7	芋头	斤	10	1.81	18.08
8	茄子	斤	10	2.03	20.34
9	大青尖椒	斤	5	2.26	11.30
10	青美人椒	斤	10	5.09	50.85
11	日本青瓜仔	斤	20	4.52	90.40
12	河南粉皮	斤	10	7.35	73.45
13	香蕉	斤	6	1.70	10.17
14					
15					
合计金额（大写）	伍佰捌拾贰元伍角贰分			582.52	

校验：李文华　　　　签收：王文川

招商银行
CHINA MERCHANTS BANK

付 款 回 单

日期：2019年02月10日　　业务类型：网上企业银行支付　　流水号：G24685Q624C8DFE

付款账号：362117211290009

户名：北平华问国际酒店有限公司

开户行：招商银行北平支行

金额（大写）：人民币贰拾柒万柒仟伍佰元整

（小写）：CNY277,500.00

收款人户名：北平茂苑物业管理有限公司

收款人账号：3621172112938468

收款人开户行：招商银行北平市支行

凭证种类：记账凭证　　凭证号码：0018　　业务编号：20190210246858

摘要：支付2月份租金

经办：G24685　　第1次打印：　　20190210

招商银行股份有限公司
电子回单专用章

回单编号：2019021024685　　回单验证码：8A1F2465E6AF8T236

提示：1.电子回单验证码相同表示同一笔业务回单，请勿重复记账使用。
2.已在银行柜台领用业务回单的单位，请注意核对，请勿重复记账使用。

打印时间：2019-02-10　　10:30:52

招商银行
CHINA MERCHANTS BANK

付款回单

日期：2019年02月03日　　业务类型：网上企业银行支付　　流水号：G54328E231C8DHY

付款账号：362117211290009

户名：北平华问国际酒店有限公司

开户行：招商银行北平支行

金额（大写）：人民币叁万壹仟伍佰贰拾壹元零壹分

（小写）：CNY31,521.01

收款人户名：北平昌盛食品有限公司

收款人账号：360226123270008

收款人开户行：招商银行青湖支行

凭证种类：记账凭证　　凭证号码：0007　　业务编号：20190203543285

摘要：支付北平昌盛货款

经办：G54328　　第1次打印：　　20190203

回单编号：2019020354328　　回单验证码：2A3D5320E6AD6F235

招商银行股份有限公司
电子回单专用章

提示：1.电子回单验证码相同表示同一笔业务回单，请勿重复记账使用。
2.已在银行柜台领用业务回单的单位，请注意核对，请勿重复记账使用。

打印时间：2019-02-03　09:18:02

招商银行
CHINA MERCHANTS BANK

付款回单

日期：2019年02月10日　　业务类型：网上企业银行支付　　流水号：G62624R562P2DCT

付款账号：362117211290009

户名：北平华问国际酒店有限公司

开户行：招商银行北平支行

金额（大写）：人民币伍万玖仟肆佰元整

（小写）：CNY59,400.00

收款人户名：国家电网北平供电总公司

收款人账号：1501001119300082012

收款人开户行：招商银行北平支行

凭证种类：记账凭证　　凭证号码：0015　　业务编号：20190210626245

摘要：支付电费

经办：G62624　　第1次打印：　　20190210

回单编号：2019021062624　　回单验证码：8A2D3250E6TD6F153

招商银行股份有限公司
电子回单专用章

提示：1.电子回单验证码相同表示同一笔业务回单，请勿重复记账使用。
2.已在银行柜台领用业务回单的单位，请注意核对，请勿重复记账使用。

打印时间：2019-02-10　　10:22:43

招商银行
CHINA MERCHANTS BANK

付款回单

日期：2019年02月10日　　业务类型：网上企业银行支付　　流水号：G89624R562P2HIJ

付款账号：362117211290009

户名：北平华问国际酒店有限公司

开户行：招商银行北平支行

金额（大写）：人民币壹万壹仟贰佰零捌元整

（小写）：CNY11,208.00

收款人户名：北平水业集团有限责任公司

收款人账号：1501001026300010285

收款人开户行：招商银行北平支行

凭证种类：记账凭证　　凭证号码：0013　　业务编号：20190210896245

摘要：支付水费

经办：G89624　　第1次打印：　　20190210

招商银行股份有限公司
电子回单专用章

回单编号：2019021089624　　回单验证码：8A2D3950E6AD6F228

提示：1.电子回单验证码相同表示同一笔业务回单，请勿重复记账使用。
2.已在银行柜台领用业务回单的单位，请注意核对，请勿重复记账使用。

打印时间：2019-02-10　　09:32:32

招商银行
CHINA MERCHANTS BANK

付款回单

日期：2019年02月28日　　业务类型：网上企业银行支付　　流水号：G24689Q421C8YCG

付款账号：362117211290009

户名：北平华问国际酒店有限公司

开户行：招商银行北平支行

金额（大写）：人民币肆仟玖佰元整

（小写）：CNY4,900.00

收款人户名：奥康餐饮清洁有限公司

收款人账号：310088862045382085138

收款人开户行：交行军工路支行

凭证种类：记账凭证　　凭证号码：0045　　业务编号：20190228624689

摘要：支付餐饮部清洗费

经办：G24689　　第1次打印：　　20190228

招商银行股份有限公司
电子回单专用章

回单编号：2019022824689　　回单验证码：8A2F1465E6AF2W205

提示：1.电子回单验证码相同表示同一笔业务回单，请勿重复记账使用。
2.已在银行柜台领用业务回单的单位，请注意核对，请勿重复记账使用。

打印时间：2019-02-28　　10:32:11

招商银行
CHINA MERCHANTS BANK

付 款 回 单

日期：2019年02月17日　　业务类型：网上企业银行支付　　流水号：G54845W333C8XBN

付款账号：362117211290009

户名：北平华问国际酒店有限公司

开户行：招商银行北平支行

金额（大写）：人民币壹仟捌佰元整

（小写）：CNY15,772.80

收款人户名：北京易彩旅行社

收款人账号：31023722180107

收款人开户行：招商银行安定门支行

凭证种类：记账凭证　　凭证号码：0028　　业务编号：20190217567584

摘要：返佣金

经办：G54845　　第1次打印：　　20190217

回单编号：2019021734198　　回单验证码：4A1F2465E6AF3T985

招商银行股份有限公司
电子回单专用章

提示：1.电子回单验证码相同表示同一笔业务回单，请勿重复记账使用。
2.已在银行柜台领用业务回单的单位，请注意核对，请勿重复记账使用。

打印时间：2019-02-17　　15:20:03

招商银行
CHINA MERCHANTS BANK

付 款 回 单

日期：2019年02月03日　　业务类型：网上企业银行支付　　流水号：G53258E231C8DAD

付款账号：362117211290009

户名：北平华问国际酒店有限公司

开户行：招商银行北平支行

金额（大写）：人民币伍仟伍佰陆拾玖元伍角肆分

（小写）：CNY5,569.54

收款人户名：北平永盛水产有限公司

收款人账号：330066512670206

收款人开户行：招商银行开发区支行

凭证种类：记账凭证　　凭证号码：0007　　业务编号：20190203532586

摘要：支付北平永盛货款

经办：G53258　　第1次打印：　　20190203

回单编号：2019020353258　　回单验证码：2A3D6328E6AD6F156

招商银行股份有限公司
电子回单专用章

提示： 1.电子回单验证码相同表示同一笔业务回单，请勿重复记账使用。
2.已在银行柜台领用业务回单的单位，请注意核对，请勿重复记账使用。

打印时间：2019-02-03　09:42:06

招商银行
CHINA MERCHANTS BANK

付 款 回 单

日期：2019年02月17日　　业务类型：网上企业银行支付　　流水号：G54845W333C8XBN

付款账号：362117211290009

户名：北平华问国际酒店有限公司

开户行：招商银行北平支行

金额（大写）：人民币壹仟捌佰元整

（小写）：CNY1,800.00

收款人户名：北平长谐企业管理服务有限公司

收款人账号：310088862045382085138

收款人开户行：交行军工路支行

凭证种类：记账凭证　　凭证号码：0028　　业务编号：20190217548456

摘要：支付餐饮部消毒服务费

经办：G54845　　第1次打印：　　20190217

招商银行股份有限公司
电子回单专用章

回单编号：2019021754845　　回单验证码：8A1F2465E6AF8T857

提示：1.电子回单验证码相同表示同一笔业务回单，请勿重复记账使用。
2.已在银行柜台领用业务回单的单位，请注意核对，请勿重复记账使用。

打印时间：2019-02-17　　15:18:02

招商银行
CHINA MERCHANTS BANK

付款回单

日期：2019年02月03日　　业务类型：网上企业银行支付　　流水号：G53268E258C8ASE

付款账号：362117211290009

户名：北平华问国际酒店有限公司

开户行：招商银行北平支行

金额（大写）：人民币玖仟陆佰壹拾叁元伍角玖分

（小写）：CNY9,613.59

收款人户名：北平丰盛果蔬批发部

收款人账号：330456211608308

收款人开户行：招商银行佛塔分理处

凭证种类：记账凭证　　凭证号码：0007　　业务编号：20190203532686

摘要：支付北平丰盛果蔬货款

经办：G56326　　第1次打印：　　20190203

回单编号：2019020356268　　回单验证码：2A3D6328E6AD6F349

招商银行股份有限公司
电子回单专用章

提示：1.电子回单验证码相同表示同一笔业务回单，请勿重复记账使用。
2.已在银行柜台领用业务回单的单位，请注意核对，请勿重复记账使用。

打印时间：2019-02-03　　09:59:01

招商银行 CHINA MERCHANTS BANK

现金单 Cash Voucher

☑ 存钱 Deposit　☐ 取现 Withdrawal

日期：2019 年 02 月 11 日
Date ——Year——Month——Day

客户编写 Client write					
客户名称 AJC name	北平华问国际酒店有限公司	账号 AJC name	362117211290009		
开户行 Bank account	招商银行北平市支行	币种 Currency	人民币	金额 Arrolnt	42,695.00
来源用途 Bank account	账款	备注 Remark			

银行填字 Bank fill

收款人账号：362117211290009
收款人户名：北平华问国际酒店有限公司

交易码	收付	金额
115703	收	42,695.00

收入金额：42,695.00　付出金额：
实收金额：42,695.00

交易日期：2019 年 02 月 11 日

经办：021036

招商银行北平市支行
2019.02.11
现金收讫

第二联：客户留存
Second league:Client retained

招商银行 CHINA MERCHANTS BANK

现金单 Cash Voucher

☑ 存钱 Deposit　☐ 取现 Withdrawal

日期：2019 年 02 月 12 日 Date ——Year——Month——Day

客户编写 Client write					
客户名称 AJC name	北平华问国际酒店有限公司	账号 AJC name	362117211290009		
开户行 Bank account	招商银行北平市支行	币种 Currency	人民币	金额 Arrolnt	19,388.00
来源用途 Bank account	账款	备注 Remark			

银行填字 Bank fill

收款人账号：362117211290009

收款人户名：北平华问国际酒店有限公司

交易码	收付	金额
115703	收	19,388.00

收入金额：19,388.00　付出金额：

实收金额：19,388.00

交易日期：2019 年 02 月 12 日

经办：021036

招商银行北平市支行 2019.02.12 现金收讫

第二联：客户留存

Second league:Client retained

招商银行 CHINA MERCHANTS BANK

现金单 Cash Voucher

☑ 存钱 Deposit　☐ 取现 Withdrawal

日期：2019 年 02 月 13 日
Date Year Month Day

客户编写 Client write	客户名称 AJC name	北平华问国际酒店有限公司	账号 AJC name	362117211290009		
	开户行 Bank account	招商银行北平市支行	币种 Currency	人民币	金额 Arrolnt	21,386.00
	来源用途 Bank account	账款	备注 Remark			

银行填字 Bank fill

收款人账号：362117211290009
收款人户名：北平华问国际酒店有限公司

交易码	收付	金额
115703	收	21,386.00

收入金额：21,386.00　付出金额：
实收金额：21,386.00

交易日期：2019 年 02 月 13 日

经办：021036

招商银行北平市支行
2019.02.13
现金收讫

第二联：客户留存
Second league:Client retained

现金单 Cash Voucher ☑ 存钱 Deposit ☐ 取现 Withdrawal

日期：2019 年 02 月 14 日 Date ——Year——Month——Day

招商银行 CHINA MERCHANTS BANK

客户编写 Client write	客户名称 AJC name	北平华问国际酒店有限公司	账号 AJC name	362117211290009		
	开户行 Bank account	招商银行北平市支行	币种 Currency	人民币	金额 Arrolnt	22,068.00
	来源用途 Bank account	账款	备注 Remark			

银行填字 Bank fill

收款人账号：362117211290009

收款人户名：北平华问国际酒店有限公司

交易码	收付	金额
115703	收	22,068.00

收入金额：22,068.00 付出金额：

实收金额：22,068.00

交易日期：2019 年 02 月 14 日

经办：021036

招商银行北平市支行 2019.02.14 现金收讫

第二联：客户留存
Second league:Client retained

现金单 Cash Voucher　☑ 存钱 Deposit　☐ 取现 Withdrawal　日期 Date 2019 年 Year 02 月 Month 15 日 Day

招商银行 CHINA MERCHANTS BANK

客户编写 Client write	客户名称 AJC name	北平华问国际酒店有限公司	账号 AJC name	362117211290009		
	开户行 Bank account	招商银行北平市支行	币种 Currency	人民币	金额 Arrolnt	19,984.00
	来源用途 Bank account	账款	备注 Remark			

银行填字 Bank fill

收款人账号：362117211290009

收款人户名：北平华问国际酒店有限公司

交易码	收付	金额
115703	收	19,984.00

收入金额：19,984.00　付出金额：

实收金额：19,984.00

交易日期：2019 年 02 月 15 日

经办：021036

招商银行北平市支行 2019.02.15 现金收讫

第二联：客户留存

Second league:Client retained

现金单 ☑存钱 Deposit ☐取现 Withdrawal 日期：2019 年 02 月 20 日

Cash Voucher Date ——Year——Month——Day

招商银行 CHINA MERCHANTS BANK

客户编写 Client write	客户名称 AJC name	北平华问国际酒店有限公司	账号 AJC name	362117211290009		
	开户行 Bank account	招商银行北平市支行	币种 Currency	人民币	金额 Arrolnt	18,624.00
	来源用途 Bank account	账款	备注 Remark			
银行填字 Bank fill	收款人账号：362117211290009 收款人户名：北平华问国际酒店有限公司 交易码 收付 金额 115703 收 18,624.00 收入金额：18,624.00 付出金额： 实收金额：18,624.00 交易日期：2019 年 02 月 20 日 经办：021036					

招商银行北平市支行 2019.02.20 现金收讫

第二联：客户留存

Second league:Client retained

现金单 ☑存钱 Deposit ☐取现 Withdrawal 日期：2019年 02 月 18 日 招商银行
Cash Voucher Date ——Year——Month——Day CHINA MERCHANTS BANK

客户编写 Client write	客户名称 AJC name	北平华问国际酒店有限公司	账号 AJC name	362117211290009		
	开户行 Bank account	招商银行北平市支行	币种 Currency	人民币	金额 Arrolnt	62,678.00
	来源用途 Bank account	账款	备注 Remark			

银行填字 Bank fill

收款人账号：362117211290009

收款人户名：北平华问国际酒店有限公司

交易码	收付	金额
115703	收	62,678.00

收入金额：62,678.00 付出金额：

实收金额：62,678.00

交易日期：2019年02月18日

经办：021036

招商银行北平市支行 2019.02.18 现金收讫

第二联：客户留存

Second league:Client retained

现金单 ☑ 存钱 Deposit ☐ 取现 Withdrawal 日期：2019 年 02 月 07 日
Cash Voucher Date ——Year——Month——Day

招商银行 CHINA MERCHANTS BANK

客户编写 Client write	客户名称 AJC name	北平华问国际酒店有限公司	账号 AJC name	362117211290009		
	开户行 Bank account	招商银行北平市支行	币种 Currency	人民币	金额 Arrolnt	7,819.00
	来源用途 Bank account	账款	备注 Remark			

银行填字 Bank fill

收款人账号：362117211290009

收款人户名：北平华问国际酒店有限公司

交易码	收付	金额
115703	收	7,819.00

收入金额：7,819.00 付出金额：

实收金额：7,819.00

交易日期：2019 年 02 月 07 日

经办：021025

招商银行北平市支行 2019.02.07 现金收讫

第二联：客户留存
Second league:Client retained

现金单 ☑ 存钱 Deposit ☐ 取现 Withdrawal　日期：2019 年 02 月 06 日 Date ——Year——Month——Day　招商银行 CHINA MERCHANTS BANK

Cash Voucher

客户编写 Client write	客户名称 AJC name	北平华问国际酒店有限公司	账号 AJC name	362117211290009		
	开户行 Bank account	招商银行北平市支行	币种 Currency	人民币	金额 Arrolnt	7,072.00
	来源用途 Bank account	账款	备注 Remark			
银行填字 Bank fill	收款人账号：362117211290009 收款人户名：北平华问国际酒店有限公司 交易码　收付　金额 115703　收　7,072.00 收入金额：7,072.00　付出金额： 实收金额：7,072.00 交易日期：2019 年 02 月 06 日 经办：021025					

招商银行北平市支行 2019.02.06 现金收讫

第二联：客户留存
Second league:Client retained

现金单 ☑ 存钱 Deposit ☐ 取现 Withdrawal　日期：2019 年 02 月 05 日 Date Year Month Day　招商银行 CHINA MERCHANTS BANK

Cash Voucher

客户编写 Client write	客户名称 AJC name	北平华问国际酒店有限公司	账号 AJC name	362117211290009		
	开户行 Bank account	招商银行北平市支行	币种 Currency	人民币	金额 Arrolnt	6,245.00
	来源用途 Bank account	账款	备注 Remark			

银行填字 Bank fill

收款人账号：362117211290009

收款人户名：北平华问国际酒店有限公司

交易码	收付	金额
115703	收	6,245.00

收入金额：6,245.00　付出金额：

实收金额：6,245.00

交易日期：2019 年 02 月 05 日

经办：021025

招商银行北平市支行 2019.02.05 现金收讫

第二联：客户留存

Second league:Client retained

现金单 ☑ 存钱 Deposit ☐ 取现 Withdrawal　日期：2019 年 02 月 04 日 Date ——Year——Month——Day

Cash Voucher

招商银行 CHINA MERCHANTS BANK

<table>
<tr><td rowspan="3">客户编写
Client write</td><td>客户名称
AJC name</td><td>北平华问国际酒店有限公司</td><td>账 号
AJC name</td><td colspan="3">362117211290009</td></tr>
<tr><td>开户行
Bank account</td><td>招商银行北平市支行</td><td>币 种
Currency</td><td>人民币</td><td>金 额
Arrolnt</td><td>17,807.00</td></tr>
<tr><td>来源用途
Bank account</td><td>账款</td><td>备 注
Remark</td><td colspan="3"></td></tr>
<tr><td>银行填字
Bank fill</td><td colspan="6">收款人账号：362117211290009
收款人户名：北平华问国际酒店有限公司
交易码　收付　金额
115703　收　17,807.00
收入金额：17,807.00　付出金额：
实收金额：17,807.00
交易日期：2019 年 02 月 04 日
经办：021025</td></tr>
</table>

招商银行北平市支行 2019.02.04 现金收讫

第二联：客户留存

Second league:Client retained

现金单 Cash Voucher　☑ 存钱 Deposit　☐ 取现 Withdrawal

日期：2019 年 02 月 01 日
Date ——Year——Month——Day

招商银行 CHINA MERCHANTS BANK

客户编写 Client write					
客户名称 AJC name	北平华问国际酒店有限公司	账号 AJC name	362117211290009		
开户行 Bank account	招商银行北平市支行	币种 Currency	人民币	金额 Arrolnt	8,304.00
来源用途 Bank account	账款	备注 Remark			

银行填字 Bank fill

收款人账号：362117211290009
收款人户名：北平华问国际酒店有限公司

交易码	收付	金额
115703	收	8,304.00

收入金额：8,304.00　付出金额：
实收金额：8,304.00

交易日期：2019 年 02 月 01 日

经办：021021

招商银行北平市支行 2019.02.01 现金收讫

第二联：客户留存
Second league:Client retained

现金单 Cash Voucher ☑ 存钱 Deposit ☐ 取现 Withdrawal

日期：2019 年 02 月 28 日
Date ——Year——Month——Day

招商银行 CHINA MERCHANTS BANK

客户编写 Client write	客户名称 AJC name	北平华间国际酒店有限公司	账号 AJC name	362117211290009	
	开户行 Bank account	招商银行北平市支行	币种 Currency	人民币	金额 Arrolnt 14,126.00
	来源用途 Bank account	账款	备注 Remark		

银行填字 Bank fill

收款人账号：362117211290009
收款人户名：北平华间国际酒店有限公司

交易码	收付	金额
115703	收	14,126.00

收入金额：14,126.00　付出金额：
实收金额：14,126.00

交易日期：2019年02月28日

经办：021052

招商银行北平市支行 2019.02.28 现金收讫

第二联：客户留存
Second league:Client retained

现金单 ☑ 存钱 Deposit ☐ 取现 Withdrawal 日期：2019 年 02 月 25 日 Date Year Month Day

招商银行 CHINA MERCHANTS BANK

Cash Voucher

客户编写 Client write	客户名称 AJC name	北平华问国际酒店有限公司	账号 AJC name	3621172112900009		
	开户行 Bank account	招商银行北平市支行	币种 Currency	人民币	金额 Arrolnt	113501.40
	来源用途 Bank account	账款	备注 Remark			

银行填字 Bank fill

收款人账号：3621172112900009

收款人户名：北平华问国际酒店有限公司

交易码	收付	金额
115703	收	113,501.40

收入金额：113,501.40 付出金额：

实收金额：113,501.40

交易日期：2019 年 02 月 25 日

经办：021052

招商银行北平市支行 2019.02.25 现金收讫

第二联：客户留存

Second league:Client retained

现金单 Cash Voucher

☑ 存钱 Deposit　☐ 取现 Withdrawal

日期：2019 年 02 月 22 日
Date ——Year——Month——Day

招商银行 CHINA MERCHANTS BANK

客户编写 Client write	客户名称 AJC name	北平华问国际酒店有限公司	账号 AJC name	362117211290009	
	开户行 Bank account	招商银行北平市支行	币种 Currency	人民币	金额 Arrolnt 16,057.00
	来源用途 Bank account	账款	备注 Remark		
银行填字 Bank fill	收款人账号：362117211290009 收款人户名：北平华问国际酒店有限公司 交易码　收付　金额 115703　收　16,057.00 收入金额：16,057.00　付出金额： 实收金额：16,057.00 交易日期：2019 年 02 月 22 日 经办：021036				

招商银行北平市支行
2019.02.22
现金收讫

第二联：客户留存
Second league:Client retained

现金单 ☑存钱 Deposit ☐取现 Withdrawal 日期：2019年02月19日

Cash Voucher Date Year Month Day

招商银行 CHINA MERCHANTS BANK

客户编写 Client write	客户名称 AJC name	北平华问国际酒店有限公司	账号 AJC name	362117211290009		
	开户行 Bank account	招商银行北平市支行	币种 Currency	人民币	金额 Arrolnt	19,909.00
	来源用途 Bank account	账款	备注 Remark			

银行填字 Bank fill

收款人账号：362117211290009

收款人户名：北平华问国际酒店有限公司

交易码	收付	金额
115703	收	19,909.00

收入金额：19,909.00 付出金额：

实收金额：19,909.00

交易日期：2019年02月19日

经办：021036

招商银行北平市支行 2019.02.19 现金收讫

第二联：客户留存

Second league:Client retained

现金单 ☑存钱 Deposit ☐取现 Withdrawal　日期：2019 年 02 月 21 日 Date Year Month Day　招商银行 CHINA MERCHANTS BANK

Cash Voucher

客户编写 Client write	客户名称 AJC name	北平华间国际酒店有限公司	账号 AJC name	362117211290009		
	开户行 Bank account	招商银行北平市支行	币种 Currency	人民币	金额 Arrolnt	17,225.00
	来源用途 Bank account	账款	备注 Remark			
银行填字 Bank fill	收款人账号：362117211290009 收款人户名：北平华间国际酒店有限公司 交易码 收付 金额 115703 收 17,225.00 收入金额：17,225.00 付出金额： 实收金额：17,225.00 交易日期：2019 年 02 月 21 日 经办：021036					

招商银行北平市支行 2019.02.21 现金收讫

第二联：客户留存
Second league:Client retained

现金单 Cash Voucher ☑ 存钱 Deposit ☐ 取现 Withdrawal

日期: 2019 年 02 月 26 日 Date ——Year——Month——Day

招商银行 CHINA MERCHANTS BANK

客户编写 Client write	客户名称 AJC name	北平华间国际酒店有限公司	账号 AJC name	362117211290009		
	开户行 Bank account	招商银行北平市支行	币种 Currency	人民币	金额 Arrolnt	14,685.00
	来源用途 Bank account	账款	备注 Remark			

银行填字 Bank fill

收款人账号: 362117211290009

收款人户名: 北平华间国际酒店有限公司

交易码	收付	金额
115703	收	14,685.00

收入金额: 14,685.00　　付出金额:

实收金额: 14,685.00

交易日期: 2019 年 02 月 26 日

经办: 021052

招商银行北平市支行 2019.02.26 现金收讫

第二联: 客户留存
Second league:Client retained

招商银行
CHINA MERCHANTS BANK

现金单 Cash Voucher

☑ 存钱 Deposit　☐ 取现 Withdrawal

日期：2019 年 02 月 27 日
Date ——Year——Month——Day

客户编写 Client write						
	客户名称 AJC name	北平华问国际酒店有限公司	账号 AJC name	362117211290009		
	开户行 Bank account	招商银行北平市支行	币种 Currency	人民币	金额 Arrolnt	13,861.00
	来源用途 Bank account	账款	备注 Remark			

银行填字 Bank fill

收款人账号：362117211290009

收款人户名：北平华问国际酒店有限公司

交易码	收付	金额
115703	收	13,861.00

收入金额：13,861.00　付出金额：

实收金额：13,861.00

交易日期：2019 年 02 月 27 日

经办：021052

招商银行北平市支行
2019.02.27
现金
收讫

第二联：客户留存
Second league:Client retained

现金单 ☑存钱 Deposit ☐取现 Withdrawal 日期：2019 年 02 月 28 日 Date ——Year——Month——Day

Cash Voucher

招商银行 CHINA MERCHANTS BANK

客户编写 Client write	客户名称 AJC name	北平华问国际酒店有限公司	账号 AJC name	362117211290009		
	开户行 Bank account	招商银行北平市支行	币种 Currency	人民币	金额 Arrolnt	18,676.00
	来源用途 Bank account	账款	备注 Remark			

银行填字 Bank fill

收款人账号：362117211290009

收款人户名：北平华问国际酒店有限公司

交易码	收付	金额
115703	收	18,676.00

收入金额：18,676.00　付出金额：

实收金额：18,676.00

交易日期：2019 年 02 月 28 日

经办：021052

招商银行北平市支行 2019.02.28 现金收讫

第二联：客户留存

Second league:Client retained

现金单 Cash Voucher

☑ 存钱 Deposit　☐ 取现 Withdrawal

日期：2019 年 02 月 08 日
Date ——Year——Month——Day

招商银行 CHINA MERCHANTS BANK

客户编写 Client write						
客户名称 AJC name	北平华问国际酒店有限公司	账号 AJC name	362117211290009			
开户行 Bank account	招商银行北平市支行	币种 Currency	人民币	金额 Arrolnt	7,175.00	
来源用途 Bank account	账款	备注 Remark				

银行填字 Bank fill

收款人账号：362117211290009
收款人户名：北平华问国际酒店有限公司

交易码	收付	金额
115703	收	7,175.00

收入金额：7,175.00　付出金额：
实收金额：7,175.00
交易日期：2019 年 02 月 08 日
经办：021025

招商银行北平市支行
2019.02.08
现金收讫

第二联：客户留存
Second league:Client retained

招商银行
CHINA MERCHANTS BANK

付 款 回 单

日期：2019年02月03日　　业务类型：网上企业银行支付　　流水号：G56328E231C8DHT

付款账号：362117211290009

户名：北平华问国际酒店有限公司

开户行：招商银行北平支行

金额（大写）：人民币壹万陆仟壹佰玖拾壹元柒角柒分

（小写）：CNY16,191.77

收款人户名：北平诚泰商贸有限公司

收款人账号：332116322891207

收款人开户行：招商银行顺外支行

凭证种类：记账凭证　　凭证号码：0007　　业务编号：20190203563285

摘要：支付北平诚泰货款

经办：G56328　　第1次打印：　　20190203

招商银行股份有限公司
电子回单专用章

回单编号：2019020356328　　回单验证码：2A3D5320E6AD6F362

提示：1.电子回单验证码相同表示同一笔业务回单，请勿重复记账使用。

2.已在银行柜台领用业务回单的单位，请注意核对，请勿重复记账使用。

打印时间：2019-02-03　09:30:52

招商银行 CHINA MERCHANTS BANK

付款回单

日期：2019年02月28日　　业务类型：网上企业银行支付　　流水号：G68845W333C8XDK

付款账号：362117211290009

户名：北平华问国际酒店有限公司

开户行：招商银行北平支行

金额（大写）：人民币贰万肆仟陆佰玖拾陆元整

（小写）：CNY24,696.00

收款人户名：北平市玉洁洗涤有限公司

收款人账号：4403254653221544 5541

收款人开户行：建行咸宁路支行

凭证种类：记账凭证　　凭证号码：0044　　业务编号：20190228688456

摘要：支付2月份客房部洗涤费

经办：G68845　　第1次打印：　　20190228

招商银行股份有限公司
电子回单专用章

回单编号：2019022868845　　回单验证码：8A1F2465E6AF2W158

提示：1.电子回单验证码相同表示同一笔业务回单，请勿重复记账使用。
2.已在银行柜台领用业务回单的单位，请注意核对，请勿重复记账使用。

打印时间：2019-02-28　　10:11:38

招商银行
CHINA MERCHANTS BANK

付款回单

日期：2019年02月03日　　业务类型：网上企业银行支付　　流水号：G55328E231C8DHY
付款账号：362117211290009
户名：北平华问国际酒店有限公司
开户行：招商银行北平支行
金额（大写）：人民币叁仟玖佰柒拾陆元叁角陆分
（小写）：CNY3,976.36
收款人户名：北平仲祥商贸有限公司
收款人账号：362116322181017
收款人开户行：招商银行恒茂花园分理处
凭证种类：记账凭证　　凭证号码：0007　　业务编号：20190203553285
摘要：支付北平仲祥货款

经办：G55328　　第1次打印：　　20190203

回单编号：2019020355328　　回单验证码：2A3D5320E6AD6F265

招商银行股份有限公司
电子回单专用章

提示：1.电子回单验证码相同表示同一笔业务回单，请勿重复记账使用。
2.已在银行柜台领用业务回单的单位，请注意核对，请勿重复记账使用。

打印时间：2019-02-03　09:22:18

教学票样

同城特约委托收款凭证（回单） 5

第 01605074 号

委托日期 2019年 02月 15日

北平 单位编号：0100004382

付款人	全称	北平华问金属制品有限公司	收款人	全称	高新区社会保险事业管理局
	账号	362117211290009		账号	1107110209024604186
	开户银行	招商银行北平支行		开户银行	北平工行北京西路支行

金额	人民币（大写）贰仟肆佰壹拾柒元柒角陆分	千	百	十	万	千	百	十	元	角	分
					¥	2	4	1	7	7	6

收费项目名称	社会保险费	债务证明种类		所附单证张数	

备注：201901-201901 工伤保险 生育保险

款项内容	人数	单位交	个人交	滞纳金	手续费
工伤保险费	69	1,208.88		0.00	
生育保险费	69	1,208.88		0.00	

中国人民银行北平中心支行结算凭证票样专用章

招商银行 北平市支行 2019.02.15 业务受理章 (21)

此联是付款人开户银行支付款项后给付款人的回单

单位主管 会计 复核 记账 付款人开户银行盖章 年 月 日

教学票样

同城特约委托收款凭证（回单） 5 北平

第 01605073 号

委托日期 2019年 02月 15日　　单位编号：0100004382

付款人	全称	北平华间金属制品有限公司	收款人	全称	高新区社会保险事业管理局
	账号	362117211290009		账号	1107110209024604186
	开户银行	招商银行北平支行		开户银行	北平工行北京西路支行
金额	人民币（大写）	伍万捌仟玖佰叁拾贰元玖角整		千百十万千百十元角分	¥5893290
收费项目名称	社会保险费	债务证明种类		所附单证张数	

备注：201901-201901 养老保险 医疗保险 失业保险

款项内容	人数	单位交	个人交	滞纳金	手续费
养老保险费	69	30,222.00	12,088.80	0.00	
医疗保险费	69	9,066.60	3,022.20	0.00	
失业保险费	69	3,022.20	1,511.10	0.00	

单位主管　　会计　　复核　　记账　　付款人开户银行盖章　　年　月　日

此联是付款人开户银行支付款项后给付款人的回单

（印章：中国人民银行北平中心支行结算凭证票样专用章）

（印章：招商银行 北平市支行 2019.02.15 业务受理章 (21)）

教学票样

同城特约委托收款凭证（回单） 5

第 01605075 号

委托日期 2019年 02月 15日　　北平　单位编号：0100004382

付款人	全称	北平华间金属制品有限公司	收款人	全称	高新区住房公积金管理中心
	账号	362117211290009		账号	11071102090246041863
	开户银行	招商银行北平支行		开户银行	北平工行北京西路支行

金额	人民币（大写）壹万柒仟玖佰肆拾元整	千	百	十	万	千	百	十	元	角	分
				¥	1	7	9	4	0	0	0

收费项目名称	社会保险费	债务证明种类		所附单证张数	

备注：201901-201901 住房公积金

款项内容	人数	单位交	个人交	滞纳金	手续费
住房公积金	69	8,970.00	8,970.00	0.00	

此联是付款人开户银行支付款项后给付款人的回单

单位主管　　会计　　复核　　记账　　付款人开户银行盖章　　年　月　日

（印章：中国人民银行北平中心支行结算凭证票样专用章）

（印章：招商银行 北平市支行 2019.02.15 业务受理章 (21)）

收银员入账项目日报表

开始日期:2019-02-12 00:00:01　　结束日期:2019-02-13 00:00:00　　业态:客房　　公司:华问国际酒店

收银员	项目	笔数	消费金额	结算金额
1005 王芳		**228**	**0.00**	**32774.00**
	01 现金（押金）	68		20800.00
	01 现金（退押金）	103		-5526.00
	01 现金-[小计]	**171**	**0.00**	**15274.00**
	05 信用卡（押金）	57		17500.00
	05 信用卡-[小计]	**57**	**0.00**	**17500.00**
SYSTEM SYSTEM		125	31370.00	0.00
	000101 夜房费	125	31370.00	
	01 现金-[总计]	**171**		**15274.00**
	05 信用卡-[总计]	**57**		**17500.00**
	[总计]	353	31370.00	32774.00

北平国际华问酒店有限公司财务专用章

见证人：杨欢　　查核员：李义　　收银员：王芳

收银员入账项目日报表

开始日期:2019-02-11 00:00:01　结束日期:2019-02-12 00:00:00　业态:客房　公司:华问国际酒店

收银员	项目	笔数	消费金额	结算金额
1005 王芳		**194**	**0.00**	**26658.00**
	01 现金（押金）	60		18300.00
	01 现金（退押金）	91		-4642.00
	01 现金-[小计]	**151**	**0.00**	**13658.00**
	05 信用卡（押金）	43		13000.00
	05 信用卡-[小计]	**43**	**0.00**	**13000.00**
SYSTEM SYSTEM		**103**	**25774.00**	**0.00**
	000101 夜房费	103	25774.00	
	01 现金-[总计]	**151**		**13658.00**
	05 信用卡-[总计]	**43**		**13000.00**
	[总计]	**297**	**25774.00**	**26658.00**

北平国际华问酒店有限公司财务专用章

见证人：杨欢　查核员：李义　收银员：王芳

教学票样

中华人民共和国
税收通用缴款书

地

隶属关系：区属　　　　(20092)北地缴电 02682666 号

注册类型：其他有限责任公司　填发日期：2019年02月15日　征收机关：昭阳区地方税务局

缴款单位(人)	代码	91110168MC001YIDHV	预算科目	编码	101060109
	全称	北平华问国际酒店有限公司		名称	个人所得税
	开户银行	招商银行北平市支行		级次	区级
	账号	362117211290009	收款国库		北平市高新区支库

税款所属时期　2019年01月01至31日　税款限缴时期　2019年02月15日

品目名称	课税数量	计税金额或销售收入	税率或单位税额	已缴或扣除额	实缴金额
个人所得税					1,711.68
金额合计	（大写）壹仟柒佰壹拾壹元陆角捌分				￥1,711.68

缴款单位(人)（盖章）经办人（章）	税务机关（盖章）填票人（章）	上列款项已收妥并划转收款单位账户。国库(银行)盖章　年　月　日	备注：

北平华问国际酒店有限公司财务专用章

北平市高新区地税局 (26) 征税专用章 陈菊平

招商银行 北平市支行 2019.02.15 业务受理章

逾期不缴按税法规定加收滞纳金。

无银行收旋章无效

第一联（收据）国库（银行）收款盖章后退缴款单位（人）作完税凭证

收银员入账项目日报表

开始日期:2019-02-15 00:00:01　　结束日期:2019-02-16 00:00:00　　业态:客房　　公司:华问国际酒店

收银员	项目	笔数	消费金额	结算金额
1005 王芳		**302**	**0.00**	**33452.00**
	01 现金（押金）	72		21900.00
	01 现金（退押金）	164		-8348.00
	01 现金-[小计]	**236**	**0.00**	**13552.00**
	05 信用卡（押金）	66		19900.00
	05 信用卡-[小计]	**66**	**0.00**	**19900.00**
SYSTEM SYSTEM		**138**	**34224.00**	**0.00**
	000101 夜房费	138	34224.00	
	01 现金-[总计]	**236**		**13552.00**
	05 信用卡-[总计]	**66**		**19900.00**
	[总计]	**440**	**34224.00**	**33452.00**

财务专用章　北平华问国际酒店有限公司

见证人： 杨欢　　**查核员：** 李义　　**收银员：** 王芳

收银员入账项目日报表

开始日期:2019-02-16 00:00:01　　结束日期:2019-02-17 00:00:00　　业态:客房　　公司:华问国际酒店

收银员	项目	笔数	消费金额	结算金额
1005 王芳		**260**	**0.00**	**29524.00**
	01 现金（押金）	68		20500.00
	01 现金（退押金）	138		-7576.00
	01 现金-[小计]	**206**	**0.00**	**12924.00**
	05 信用卡（押金）	54		16600.00
	05 信用卡-[小计]	**54**	**0.00**	**16600.00**
SYSTEM SYSTEM		**122**	**30096.00**	**0.00**
	000101 夜房费	122	30096.00	
	01 现金-[总计]	206		12924.00
	05 信用卡-[总计]	54		16600.00
	[总计]	382	30096.00	29524.00

北平国际酒店有限公司财务专用章

见证人：杨欢　　查核员：李义　　收银员：王芳

收银员入账项目日报表

开始日期:2019-02-17 00:00:01　　结束日期:2019-02-18 00:00:00　　业态:客房　　公司:华问国际酒店

收银员	项目	笔数	消费金额	结算金额
1005 王芳		**274**	**0.00**	**39296.00**
	01 现金（押金）	83		25300.00
	01 现金（退押金）	122		-7004.00
	01 现金-[小计]	**205**	**0.00**	**18296.00**
	05 信用卡（押金）	69		21000.00
	05 信用卡-[小计]	**69**	**0.00**	**21000.00**
SYSTEM SYSTEM		**152**	**38286.00**	**0.00**
	000101 夜房费	152	38286.00	
	01 现金-[总计]	**205**		**18296.00**
	05 信用卡-[总计]	**69**		**21000.00**
	[总计]	**426**	**38286.00**	**39296.00**

北平国际酒店有限公司财务专用章

见证人： 杨欢　　**查核员：** 李义　　**收银员：** 王芳

收银员入账项目日报表

开始日期:2019-02-18 00:00:01　结束日期:2019-02-19 00:00:00　业态:客房　公司:华问国际酒店

收银员	项目	笔数	消费金额	结算金额
1005 王芳		**288**	**0.00**	**34186.00**
	01 现金（押金）	73		22500.00
	01 现金（退押金）	152		-8014.00
	01 现金-[小计]	**225**	**0.00**	**14486.00**
	05 信用卡（押金）	63		19700.00
	05 信用卡-[小计]	**63**	**0.00**	**19700.00**
SYSTEM SYSTEM		**136**	**34598.00**	**0.00**
	000101 夜房费	136	34598.00	
	01 现金-[总计]	**225**		**14486.00**
	05 信用卡-[总计]	**63**		**19700.00**
	[总计]	**424**	**34598.00**	**34186.00**

北平华问国际酒店有限公司财务专用章

见证人：杨欢　查核员：李义　收银员：王芳

收银员入账项目日报表

开始日期:2019-02-13 00:00:01　　结束日期:2019-02-14 00:00:00　　业态:客房　　公司:华问国际酒店

收银员	项目	笔数	消费金额	结算金额
1005 王芳		**266**	**0.00**	**35870.00**
	01 现金（押金）	71		21700.00
	01 现金（退押金）	125		-6930.00
	01 现金-[小计]	**196**	**0.00**	**14770.00**
	05 信用卡（押金）	70		21100.00
	05 信用卡-[小计]	**70**	**0.00**	**21100.00**
SYSTEM SYSTEM		**141**	**35108.00**	**0.00**
	000101 夜房费	141	35108.00	
	01 现金-[总计]	**196**		**14770.00**
	05 信用卡-[总计]	**70**		**21100.00**
	[总计]	407	35108.00	35870.00

北平国际酒店有限公司财务专用章

见证人：杨欢　　查核员：李义　　收银员：王芳

收银员入账项目日报表

开始日期:2019-02-21 00:00:01　　结束日期:2019-02-22 00:00:00　　业态:客房　　公司:华问国际酒店

收银员	项目	笔数	消费金额	结算金额
1005 王芳		**187**	**0.00**	**21666.00**
	01 现金（押金）	53		16000.00
	01 现金（退押金）	97		-5534.00
	01 现金-[小计]	**150**	**0.00**	**10466.00**
	05 信用卡（押金）	37		11200.00
	05 信用卡-[小计]	**37**	**0.00**	**11200.00**
SYSTEM SYSTEM		**90**	**22180.00**	**0.00**
	000101 夜房费	90	22180.00	
	01 现金-[总计]	**150**		**10466.00**
	05 信用卡-[总计]	**37**		**11200.00**
	[总计]	277	22180.00	21666.00

北平国际华问酒店有限公司财务专用章

见证人：杨欢　　查核员：李义　　收银员：王芳

收银员入账项目日报表

开始日期:2019-02-20 00:00:01　　结束日期:2019-02-21 00:00:00　　业态:客房　　公司:华问国际酒店

收银员	项目	笔数	消费金额	结算金额
1005 王芳		**204**	**0.00**	**23386.00**
	01 现金（押金）	53		16000.00
	01 现金（退押金）	107		-6014.00
	01 现金-[小计]	**160**	**0.00**	**9986.00**
	05 信用卡（押金）	44		13400.00
	05 信用卡-[小计]	**44**	**0.00**	**13400.00**
SYSTEM SYSTEM		**97**	**23866.00**	**0.00**
	000101 夜房费	97	23866.00	
	01 现金-[总计]	**160**		**9986.00**
	05 信用卡-[总计]	**44**		**13400.00**
	[总计]	301	23866.00	23386.00

北平国际酒店有限公司财务专用章

见证人：杨欢　　查核员：李义　　收银员：王芳

收银员入账项目日报表

开始日期:2019-02-25 00:00:01　　结束日期:2019-02-26 00:00:00　　业态:客房　　公司:华问国际酒店

收银员	项目	笔数	消费金额	结算金额
1005 王芳		**185**	**0.00**	**19708.00**
	01 现金（押金）	50		15200.00
	01 现金（退押金）	101		-5692.00
	01 现金-[小计]	**151**	**0.00**	**9508.00**
	05 信用卡（押金）	34		10200.00
	05 信用卡-[小计]	**34**	**0.00**	**10200.00**
SYSTEM SYSTEM		84	20602.00	0.00
	000101 夜房费	84	20602.00	
	01 现金-[总计]	151		9508.00
	05 信用卡-[总计]	34		10200.00
	[总计]	269	20602.00	19708.00

北平国际有限公司华问酒店财务专用章

见证人：杨欢　　查核员：李义　　收银员：王芳

收银员入账项目日报表

开始日期:2019-02-22 00:00:01　　结束日期:2019-02-23 00:00:00　　业态:客房　　公司:华问国际酒店

收银员	项目	笔数	消费金额	结算金额
1005 王芳		**198**	**0.00**	**27980.00**
	01 现金（押金）	54		16500.00
	01 现金（退押金）	90		-5020.00
	01 现金-[小计]	**144**	**0.00**	**11480.00**
	05 信用卡（押金）	54		16500.00
	05 信用卡-[小计]	**54**	**0.00**	**16500.00**
SYSTEM SYSTEM		**108**	**27104.00**	**0.00**
	000101 夜房费	108	27104.00	
	01 现金-[总计]	**144**		**11480.00**
	05 信用卡-[总计]	**54**		**16500.00**
	[总计]	306	27104.00	27980.00

北平华问国际酒店有限公司财务专用章

见证人：杨欢　　查核员：李义　　收银员：王芳

收银员入账项目日报表

开始日期:2019-02-14 00:00:01　　结束日期:2019-02-15 00:00:00　　业态:客房　　公司:华问国际酒店

收银员	项目	笔数	消费金额	结算金额
1005 王芳		**305**	**0.00**	**42608.00**
	01 现金（押金）	71		21700.00
	01 现金（退押金）	141		-7692.00
	01 现金-[小计]	**212**	**0.00**	**14008.00**
	05 信用卡（押金）	93		28600.00
	05 信用卡-[小计]	**93**	**0.00**	**28600.00**
SYSTEM SYSTEM		**164**	**41952.00**	**0.00**
	000101 夜房费	164	41952.00	
	01 现金-[总计]	**212**		**14008.00**
	05 信用卡-[总计]	**93**		**28600.00**
	[总计]	**469**	**41952.00**	**42608.00**

北平国际华问酒店有限公司财务专用章

见证人：杨欢　　查核员：李义　　收银员：王芳

收银员入账项目日报表

开始日期:2019-02-19 00:00:01　　结束日期:2019-02-20 00:00:00　　业态:客房　　公司:华问国际酒店

收银员	项目	笔数	消费金额	结算金额
1005 王芳		**243**	**0.00**	**24898.00**
	01 现金（押金）	66		20100.00
	01 现金（退押金）	136		-7602.00
	01 现金-[小计]	**202**	**0.00**	**12498.00**
	05 信用卡（押金）	41		12400.00
	05 信用卡-[小计]	**41**	**0.00**	**12400.00**
SYSTEM SYSTEM		**107**	**26486.00**	**0.00**
	000101 夜房费	107	26486.00	
	01 现金-[总计]	**202**		**12498.00**
	05 信用卡-[总计]	**41**		**12400.00**
	[总计]	**350**	**26486.00**	**24898.00**

北平华问国际酒店有限公司财务专用章

见证人： 杨欢　　**查核员：** 李义　　**收银员：** 王芳

收银员入账项目日报表

开始日期:2019-02-23 00:00:01　　结束日期:2019-02-24 00:00:00　　业态:客房　　公司:华问国际酒店

收银员	项目	笔数	消费金额	结算金额
1005 王芳		**227**	**0.00**	**30704.00**
	01 现金（押金）	62		19100.00
	01 现金（退押金）	108		-5896.00
	01 现金-[小计]	**170**	**0.00**	**13204.00**
	05 信用卡（押金）	57		17500.00
	05 信用卡-[小计]	**57**	**0.00**	**17500.00**
SYSTEM SYSTEM		**119**	**30022.00**	**0.00**
	000101 夜房费	119	30022.00	
	01 现金-[总计]	**170**		**13204.00**
	05 信用卡-[总计]	**57**		**17500.00**
	[总计]	**346**	**30022.00**	**30704.00**

北平华问国际酒店有限公司财务专用章

见证人：杨欢　　查核员：李义　　收银员：王芳

收银员入账项目日报表

开始日期:2019-02-24 00:00:01　　结束日期:2019-02-25 00:00:00　　业态:客房　　公司:华问国际酒店

收银员	项目	笔数	消费金额	结算金额
1005 王芳		**220**	**0.00**	**24222.00**
	01 现金（押金）	62		19000.00
	01 现金（退押金）	119		-6578.00
	01 现金-[小计]	**181**	**0.00**	**12422.00**
	05 信用卡（押金）	39		11800.00
	05 信用卡-[小计]	**39**	**0.00**	**11800.00**
SYSTEM SYSTEM		101	25108.00	0.00
	000101 夜房费	101	25108.00	
	01 现金-[总计]	181		12422.00
	05 信用卡-[总计]	39		11800.00
	[总计]	321	25108.00	24222.00

北平华问国际酒店有限公司财务专用章

见证人：杨欢　　查核员：李义　　收银员：王芳

收银员入账项目日报表

开始日期:2019-02-07 00:00:01　结束日期:2019-02-08 00:00:00　业态:客房　公司:华问国际酒店

收银员	项目	笔数	消费金额	结算金额
1005 王芳		**34**	**0.00**	**5916.00**
	01 现金（押金）	12		3600.00
	01 现金（退押金）	12		-684.00
	01 现金-[小计]	**24**	**0.00**	**2916.00**
	05 信用卡（押金）	10		3000.00
	05 信用卡-[小计]	**10**	**0.00**	**3000.00**
SYSTEM SYSTEM		**22**	**5356.00**	**0.00**
	000101 夜房费	22	5356.00	
	01 现金-[总计]	**24**		**2916.00**
	05 信用卡-[总计]	**10**		**3000.00**
	[总计]	56	5356.00	5916.00

北平华问国际酒店有限公司财务专用章

见证人：杨欢　查核员：李义　收银员：王芳

收银员入账项目日报表

开始日期:2019-02-27 00:00:01　　结束日期:2019-02-28 00:00:00　　业态:客房　　公司:华问国际酒店

收银员	项目	笔数	消费金额	结算金额
1005 王芳		**154**	**0.00**	**20632.00**
	01 现金（押金）	43		13100.00
	01 现金（退押金）	74		-4068.00
	01 现金-[小计]	**117**	**0.00**	**9032.00**
	05 信用卡（押金）	37		11600.00
	05 信用卡-[小计]	**37**	**0.00**	**11600.00**
SYSTEM SYSTEM		**80**	**20370.00**	**0.00**
	000101 夜房费	80	20370.00	
	01 现金-[总计]	**117**		**9032.00**
	05 信用卡-[总计]	**37**		**11600.00**
	[总计]	234	20370.00	20632.00

北平华问国际酒店有限公司财务专用章

见证人：杨欢　　查核员：李义　　收银员：王芳

收银员入账项目日报表

开始日期:2019-02-26 00:00:01　　结束日期:2019-02-27 00:00:00　　业态:客房　　公司:华问国际酒店

收银员	项目	笔数	消费金额	结算金额
1005 王芳		**158**	**0.00**	**17802.00**
	01 现金（押金）	43		13100.00
	01 现金（退押金）	84		-4798.00
	01 现金-[小计]	**127**	**0.00**	**8302.00**
	05 信用卡（押金）	31		9500.00
	05 信用卡-[小计]	**31**	**0.00**	**9500.00**
SYSTEM SYSTEM		**74**	**18532.00**	**0.00**
	000101 夜房费	74	18532.00	
	01 现金-[总计]	**127**		**8302.00**
	05 信用卡-[总计]	**31**		**9500.00**
	[总计]	232	18532.00	17802.00

北平国际酒店有限公司财务专用章

见证人：杨欢　　查核员：李义　　收银员：王芳

收银员入账项目日报表

开始日期:2019-02-08 00:00:01　　结束日期:2019-02-09 00:00:00　　业态:客房　　公司:华问国际酒店

收银员	项目	笔数	消费金额	结算金额
1005 王芳		**57**	**0.00**	**9356.00**
	01 现金（押金）	19		5800.00
	01 现金（退押金）	22		-1244.00
	01 现金-[小计]	**41**	**0.00**	**4556.00**
	05 信用卡（押金）	16		4800.00
	05 信用卡-[小计]	**16**	**0.00**	**4800.00**
SYSTEM SYSTEM		**35**	**8590.00**	**0.00**
	000101 夜房费	35	8590.00	
	01 现金-[总计]	**41**		**4556.00**
	05 信用卡-[总计]	**16**		**4800.00**
	[总计]	92	8590.00	9356.00

北平国际酒店有限公司财务专用章

华问酒店公司章

见证人：杨欢　　查核员：李义　　收银员：王芳

收银员入账项目日报表

开始日期:2019-02-04 00:00:01　　结束日期:2019-02-05 00:00:00　　业态:客房　　公司:华问国际酒店

收银员	项目	笔数	消费金额	结算金额
1005 王芳		**51**	**0.00**	**-176.00**
	01 现金（押金）	6		1800.00
	01 现金（退押金）	43		-2576.00
	01 现金-[小计]	**49**	**0.00**	**-776.00**
	05 信用卡（押金）	2		600.00
	05 信用卡-[小计]	**2**	**0.00**	**600.00**
SYSTEM SYSTEM		8	**1934.00**	**0.00**
	000101 夜房费	8	1934.00	
	01 现金-[总计]	**49**		**-776.00**
	05 信用卡-[总计]	**2**		**600.00**
	[总计]	**59**	**1934.00**	**-176.00**

北平华问国际酒店有限公司财务专用章

见证人： 杨欢　　**查核员：** 李义　　**收银员：** 王芳

收银员入账项目日报表

开始日期:2019-02-03 00:00:01　　结束日期:2019-02-04 00:00:00　　业态:客房　　公司:华问国际酒店

收银员	项目	笔数	消费金额	结算金额
1005 王芳		**106**	**0.00**	**9244.00**
	01 现金（押金）	20		6000.00
	01 现金（退押金）	63		-3656.00
	01 现金-[小计]	**83**	**0.00**	**2344.00**
	05 信用卡（押金）	23		6900.00
	05 信用卡-[小计]	**23**	**0.00**	**6900.00**
SYSTEM SYSTEM		**43**	**10324.00**	**0.00**
	000101 夜房费	43	10324.00	
	01 现金-[总计]	**83**		**2344.00**
	05 信用卡-[总计]	**23**		**6900.00**
	[总计]	**149**	**10324.00**	**9244.00**

北平国际酒店有限公司财务专用章

见证人：杨欢　　查核员：李义　　收银员：王芳

收银员入账项目日报表

开始日期:2019-02-01 00:00:01　　结束日期:2019-02-02 00:00:00　　业态:客房　　公司:华问国际酒店

收银员	项目	笔数	消费金额	结算金额
1005 王芳		**189**	**0.00**	**6932.00**
	01 现金（押金）	26		8200.00
	01 现金（退押金）	128		-11768.00
	01 现金-[小计]	**154**	**0.00**	**-3568.00**
	05 信用卡（押金）	35		10500.00
	05 信用卡-[小计]	**35**	**0.00**	**10500.00**
SYSTEM SYSTEM		**61**	**15118.00**	**0.00**
	000101 夜房费	61	15118.00	
	01 现金-[总计]	**154**		**-3568.00**
	05 信用卡-[总计]	**35**		**10500.00**
	[总计]	**250**	**15118.00**	**6932.00**

北平华问国际酒店有限公司财务专用章

见证人： 杨欢　　查核员：李义　　收银员：王芳

收银员入账项目日报表

开始日期:2019-02-05 00:00:01　　结束日期:2019-02-06 00:00:00　　业态:客房　　公司:华问国际酒店

收银员	项目	笔数	消费金额	结算金额
1005 王芳		**14**	**0.00**	**1334.00**
	01 现金（押金）	5		1500.00
	01 现金（退押金）	8		-466.00
	01 现金-[小计]	**13**	**0.00**	**1034.00**
	05 信用卡（押金）	1		300.00
	05 信用卡-[小计]	**1**	**0.00**	**300.00**
SYSTEM SYSTEM		**6**	**1428.00**	**0.00**
	000101 夜房费	6	1428.00	
	01 现金-[总计]	**13**		**1034.00**
	05 信用卡-[总计]	**1**		**300.00**
	[总计]	20	1428.00	1334.00

北平国际酒店有限公司财务专用章

见证人：杨欢　　查核员：李义　　收银员：王芳

收银员入账项目日报表

开始日期:2019-02-09 00:00:01　　结束日期:2019-02-10 00:00:00　　业态:客房　　公司:华问国际酒店

收银员	项目	笔数	消费金额	结算金额
1005 王芳		**85**	**0.00**	**13290.00**
	01 现金（押金）	33		10200.00
	01 现金（退押金）	35		-2010.00
	01 现金-[小计]	**68**	**0.00**	**8190.00**
	05 信用卡（押金）	17		5100.00
	05 信用卡-[小计]	**17**	**0.00**	**5100.00**
SYSTEM SYSTEM		50	12420.00	0.00
	000101 夜房费	50	12420.00	
	01 现金-[总计]	68		8190.00
	05 信用卡-[总计]	17		5100.00
	[总计]	135	12420.00	13290.00

北平华问国际酒店有限公司财务专用章

见证人：杨欢　　查核员：李义　　收银员：王芳

收银员入账项目日报表

开始日期:2019-02-10 00:00:01　　结束日期:2019-02-11 00:00:00　　业态:客房　　公司:华问国际酒店

收银员	项目	笔数	消费金额	结算金额
1005 王芳		**141**	**0.00**	**24720.00**
	01 现金（押金）	49		15000.00
	01 现金（退押金）	50		-2880.00
	01 现金-[小计]	**99**	**0.00**	**12120.00**
	05 信用卡（押金）	42		12600.00
	05 信用卡-[小计]	**42**	**0.00**	**12600.00**
SYSTEM SYSTEM		**91**	**22958.00**	**0.00**
	000101 夜房费	91	22958.00	
	01 现金-[总计]	**99**		**12120.00**
	05 信用卡-[总计]	**42**		**12600.00**
	[总计]	232	22958.00	24720.00

北平国际华问酒店有限公司财务专用章

见证人：杨欢　　查核员：李义　　收银员：王芳

收银员入账项目日报表

开始日期:2019-02-06 00:00:01　　结束日期:2019-02-07 00:00:00　　业态:客房　　公司:华问国际酒店

收银员	项目	笔数	消费金额	结算金额
1005 王芳		**18**	**0.00**	**3228.00**
	01 现金（押金）	7		2100.00
	01 现金（退押金）	6		-372.00
	01 现金-[小计]	**13**	**0.00**	**1728.00**
	05 信用卡（押金）	5		1500.00
	05 信用卡-[小计]	**5**	**0.00**	**1500.00**
SYSTEM SYSTEM		**12**	**2916.00**	**0.00**
	000101 夜房费	12	2916.00	
	01 现金-[总计]	**13**		**1728.00**
	05 信用卡-[总计]	**5**		**1500.00**
	[总计]	30	2916.00	3228.00

北平国际华问酒店有限公司财务专用章

见证人：杨欢　　查核员：李义　　收银员：王芳

收银员入账项目日报表

开始日期:2019-02-02 00:00:01　　结束日期:2019-02-03 00:00:00　　业态:客房　　公司:华问国际酒店

收银员	项目	笔数	消费金额	结算金额
1005 王芳		**124**	**0.00**	**15618.00**
	01 现金（押金）	25		7800.00
	01 现金（退押金）	61		-3582.00
	01 现金-[小计]	**86**	**0.00**	**4218.00**
	05 信用卡（押金）	38		11400.00
	05 信用卡-[小计]	**38**	**0.00**	**11400.00**
SYSTEM SYSTEM		**63**	**15544.00**	**0.00**
	000101 夜房费	63	15544.00	
	01 现金-[总计]	**86**		**4218.00**
	05 信用卡-[总计]	**38**		**11400.00**
	[总计]	187	15544.00	15618.00

北平国际酒店有限公司财务专用章

见证人： 杨欢　　**查核员：** 李义　　**收银员：** 王芳

收银员入账项目日报表

开始日期:2019-02-28 00:00:01　结束日期:2019-03-01 00:00:00　业态:客房　公司:华问国际酒店

收银员	项目	笔数	消费金额	结算金额
1005 王芳		**176**	**0.00**	**25870.00**
	01 现金（押金）	51		16100.00
	01 现金（退押金）	80		-4330.00
	01 现金-[小计]	**131**	**0.00**	**11770.00**
	05 信用卡（押金）	45		14100.00
	05 信用卡-[小计]	**45**	**0.00**	**14100.00**
SYSTEM SYSTEM		**96**	**24958.00**	**0.00**
	000101 夜房费	96	24958.00	
	01 现金-[总计]	**131**		**11770.00**
	05 信用卡-[总计]	**45**		**14100.00**
	[总计]	**272**	**24958.00**	**25870.00**

北平国际华问酒店有限公司财务专用章

见证人： 杨欢　**查核员：** 李义　**收银员：** 王芳

教学票样

2101191120

北平增值税普通发票

发票联

№ 2126049

校验码 97558 56564 30090 64789

开票日期：2019-02-28

购买方	名　　称：北平华问国际酒店有限公司 纳税人识别号：91110168MC001YIDHV 地址、电话：北平洪城路134号 011-89740526 开户行及账号：招商银行北平市支行 362117 211290 009	密码区	>>30564*+2172571317441*9314876>1/<863>*29-*5<>885013424>686231/541++76/*49>1098<>><>

货物或应税劳务名称	规格型号	单位	数量	单价	金额	税率	税额
洗涤费			1	23,976.70	23,976.70	3%	719.30
合　计					¥23,976.70		¥719.30
价税合计（大写）	※贰万肆仟陆佰玖拾陆元整				（小写）¥24,696.00		

销售方	名　　称：北平玉洁洗涤有限公司 纳税人识别号：9390RW1219685694XG 地址、电话：北平市咸宁东路232号 010-83569498 开户行及账号：建设银行咸宁路支行 440325 465322 15445541	备注	

收款人：李娜　　复核：谢枫　　开票人：于佳鑫　　销售方：（章）

第二联：发票联　购买方记账凭证

北平玉洁洗涤有限公司 9390RW1219685694XG 发票专用章

全国统一票样监制章 北平 华问教育实训中心

400-8605646

华问教育实训中心研发 V6.0版

華問 HUAWEN

教学票样

2101191130　　**北平增值税专用发票**　　№ 1203411

抵扣联

校验码 57652 57684 52345 87684　　开票日期：2019-02-03

购买方	名称：北平华问国际酒店有限公司 纳税人识别号：91110168MC001YIDHV 地址、电话：北平市迎丰中路98号 011-86663915 开户行及账号：招商银行北平市支行 362117 211290 009	密码区	>>14675*+3181571479352*931573 3>1/<863>*19-*4<>506312324>23 8179/641++54/*49>1217<>><>

货物或应税劳务名称	规格型号	单位	数量	单价	金额	税率	税额
粮油调料		批	1	3,918.00	3,918.00	13%	509.34
合计					¥ 3,918.00		¥ 509.34
价税合计（大写）	※肆仟肆佰贰拾柒元叁角肆分				（小写）¥ 4,427.34		

销售方	名称：北平昌盛食品有限公司 纳税人识别号：91110167MA2MQB846G 地址、电话：北平市火炬大街796号 011-83122222 开户行及账号：中国银行青湖支行 4016 7865 4611	备注	

收款人：万里云　　复核：毛柯　　开票人：李毅　　销售方：（章）

第二联：抵扣联 购买方扣税凭证

华问 HUAWEN

400-8605646

华问教育实训中心研发 V6.0版

教学票样

2101191130

北平增值税专用发票

发票联

№ 1145075

开票日期： 2019-02-24

校验码 95578 56564 30090 64568

购买方	名称：北平华问国际酒店有限公司 纳税人识别号：91110168MC001YIDHV 地址、电话：北平市迎丰中路98号 011-86663915 开户行及账号：招商银行北平市支行 362117 211290 009				密码区	>>27175*+1181571479552*931573 3>1/<863>*39-*5<>18481324>23 8179/151++64/*49>1018<>><>	
货物或应税劳务名称	规格型号	单位	数量	单价	金额	税率	税额
禽肉		批	1	7,991.50	7,991.50	13%	1,038.90
合计					¥ 7,991.50		¥ 1,038.90
价税合计（大写）	※玖仟零叁拾肆角整				（小写）¥ 9,030.40		
销售方	名称：北平诚泰商贸有限公司 纳税人识别号：911101690055409270 地址、电话：北平市顺外路8号 011-83837931 开户行及账号：邮政储蓄顺外支行 913006 371342 95142				备注		

收款人：李芬芳　　复核：毛方圆　　开票人：方淮　　销售方：（章）

第三联：发票联 购买方记账凭证

北平诚泰商贸有限公司 911101690055409270 发票专用章

全国统一票样监制章 北平 华问教育实训中心

教学票样

2101191130

北平增值税专用发票

№ 2860293

抵扣联

全国统一票样监制章 北平 华问教育实训中心

开票日期： 2019-02-17

校验码 98300 58934 30090 66368

购买方	名称：北平华问国际酒店有限公司 纳税人识别号：91110168MC001YIDHV 地址、电话：北平市迎丰中路98号 011-86663915 开户行及账号：招商银行北平市支行 362117 211290 009	密码区	>>52056*+238257131935 2*931573 3>3/<813>*18-*4<>556012324>28 3167/581++51/*49>2128<>><>

货物或应税劳务名称	规格型号	单位	数量	单价	金额	税率	税额
海鲜		批	1	2,641.70	2,641.70	13%	343.42
合计					¥ 2,641.70		¥ 343.42
价税合计（大写）	※贰仟玖佰捌拾伍元壹角贰分				（小写）¥ 2,985.12		

销售方	名称：北平永盛水产有限公司 纳税人识别号：91110168MA6R87FE5K 地址、电话：北平市鑫维大道99号 011-20502923 开户行及账号：交通银行小蓝开发区支行 310066 663099 113201696	备注	北平永盛水产有限公司 91110168MA6R87FE5K 发票专用章

收款人：张莉　　复核：周秀禾　　开票人：于宇　　销售方：（章）

第二联：抵扣联 购买方扣税凭证

教学票样

2101191120

北平增值税普通发票

№ 5110267

全国统一票样监制章 北平 华问教育实训中心

发票联

开票日期：2019-02-10

校验码 98300 58912 34490 58904

购买方	名称：北平华问国际酒店有限公司 纳税人识别号：91110168MC001YIDHV 地址、电话：北平市迎丰中路98号 011-86663915 开户行及账号：招商银行北平市支行 362117 211290 009	密码区	>>36164*+0392571319352*9315855>1/<863>*19-*4<>457010324>475310/672++54/*49>3098<>><>

货物或应税劳务名称	规格型号	单位	数量	单价	金额	税率	税额
金旗舰 复印纸	A4 70G	包	6	24.76	148.54	3%	4.45
晨光 中性笔K-35	0.5	盒	7	20.39	142.73	3%	4.28
合计					¥291.27		¥8.73
价税合计（大写）	※叁佰元整				（小写）¥300.00		

现金付讫

销售方	名称：欧树实业有限公司 纳税人识别号：91160501457485671K 地址、电话：北平市子安路211号 011-62571012 开户行及账号：工商银行沿江支行 422006 183614 5879708	备注	

欧树实业有限公司 91160501457485671K 发票专用章

收款人：李博浩 复核：方振杰 开票人：张芳华 销售方：（章）

第二联：发票联 购买方记账凭证

华问 HUAWEN 400-8605646

华问教育实训中心监制 V6.0版

教学票样

2101161680

北平增值税专用发票

全国统一票样监制章 北平 华问教育实训中心

发票联

№ 2021611

开票日期： 2019-02-10

校验码 73329 58912 34490 58234

购买方	名　　称：北平华间国际酒店有限公司 纳税人识别号： 91110168MC001YIDHV 地址、电话：北平市迎丰中路98号 电话011-86663915 开户行及账号：招商银行北平市支行 362117 211290 009	密码区	>>02675*+4592576669352*920245 5>1/<863>*19-*5<>446012324>47 5310/421++54/*49>3-98<>><>

货物或应税劳务名称	规格型号	单位	数量	单价	金额	税率	税额
水费		吨	7,095.92	1.35	9,579.49	17%	1,628.51
合　　计					¥ 9,579.49		¥ 1,628.51
价税合计（大写）	※壹万壹仟贰佰零捌元整				（小写）¥ 11,208.00		

销售方	名　　称：北平水业集团有限责任公司 纳税人识别号： 96010000077316855Q 地址、电话：北平市灌婴路99号 96166 开户行及账号：招行北平支行150100 102630 0010285	备注	

北平水业集团有限责任公司 96010000077316855Q 发票专用章

華問 HUAWEN

收款人：程学东　　复核：周方方　　开票人：钱小样　　销售方：（章）

第三联：发票联　购买方记账凭证

華問 HUAWEN 400-8605646

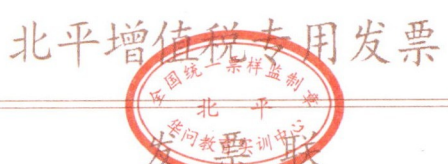

华问教育实训中心印制 V6.0%

教学票样

北平增值税专用发票

2101191130　　№ 1202433

发票联

开票日期：2019-02-17

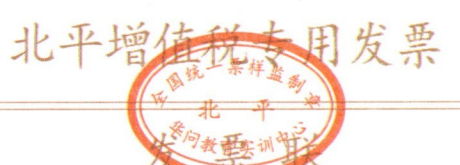

校验码 98300 58934 30090 66366

购买方	名称：北平华问国际酒店有限公司 纳税人识别号：91110168MC001YIDHV 地址、电话：北平市迎丰中路98号 011-86663915 开户行及账号：招商银行北平市支行 362117 211290 009	密码区	>>06675*+318157146935 2*931573 3>1/<863>*39-*4<>512012324>23 8179/641++54/*49>1217<>><>

货物或应税劳务名称	规格型号	单位	数量	单价	金额	税率	税额
粮油调料		批	1	8,800.00	8,800.00	13%	1,144.00
干货		批	1	565.00	565.00	13%	73.45
合计					¥ 9,365.00		¥ 1,217.45
价税合计（大写）	※壹万零伍佰捌拾贰元肆角伍分				（小写）¥ 10,582.45		

销售方	名称：北平昌盛食品有限公司 纳税人识别号：91110167MA2MQB846G 地址、电话：北平市火炬大街796号 011-83122222 开户行及账号：中国银行青湖支行 4016 7865 4611	备注	

收款人：万里云　　复核：毛柯　　开票人：李毅　　销售方：（章）

第三联：发票联　购买方记账凭证

北平昌盛食品有限公司 91110167MA2MQB846G 发票专用章

全国统一票样监制章 北平 华问教育实训中心

華問 HUAWEN

400-8605646

华问教育实训中心研发 V6.0版

教学票样

2101161680

北平增值税专用发票

发票联

№ 2131636

校验码 98329 58912 34490 58907

开票日期：2019-02-10

购买方	名称：北平华问国际酒店有限公司 纳税人识别号：91110168MC001YIDHV 地址、电话：北平市迎丰中路98号 电话011-86663915 开户行及账号：招商银行北平市支行 362117 211290 009	密码区	>>62345*+239257131935 2*931585 5>1/<763>*19-*4<>556012324>47 5320/461++54/*49>3298<>><>

货物或应税劳务名称	规格型号	单位	数量	单价	金额	税率	税额
电费		KW/h	51,282.04	0.99	50,769.22	17%	8,630.78
合计					¥ 50,769.22		¥ 8,630.78
价税合计（大写）	※伍万玖仟肆佰元整				（小写）¥ 59,400.00		

销售方	名称：国家电网北平供电总公司 纳税人识别号：960110000893015S1A 地址、电话：北平市丰和中大道2号 011-81058866 开户行及账号：招行北平支行 150100 111930 0081012	备注	

收款人：孙凯　　复核：周子瑜　　开票人：李开芯　　销售方：（章）

第三联：发票联 购买方记账凭证

全国统一票样监制章 北平 华问教育实训中心

国家电网北平供电总公司 960110000893015S1A 发票专用章

華問 HUAWEN

400-8605646

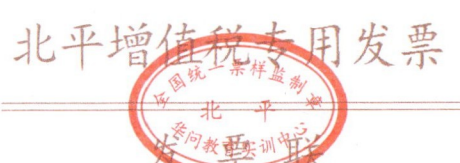

华问教育实训中心制发 V6.0版

教学票样

北平增值税专用发票

2101191130 № 2308552

发票联

开票日期：2019-02-17

校验码 98300 58934 30090 66369

购买方	名　　称：北平华问国际酒店有限公司 纳税人识别号：91110168MC001YIDHV 地 址、电 话：北平市迎丰中路98号 011-86663915 开户行及账号：招商银行北平市支行 362117 211290 009	密码区	>>17685*+318153147 7352*842469 7>1/<843>*19-*4<>117812424>23 8179/041++13/*49>2018<>><>

货物或应税劳务名称	规格型号	单位	数量	单价	金额	税率	税额
饮料		批	1	2,640.00	2,640.00	17%	448.80
合　　计					¥ 2,640.00		¥ 448.80
价税合计（大写）	※叁仟零捌拾捌元捌角整				（小写）¥ 3,088.80		

销售方	名　　称：北平仲祥商贸有限公司 纳税人识别号：91110166MA5K90EF6D 地 址、电 话：北平市南京东路166号 011-80671846 开户行及账号：建行恒茂花园分理处 440318 403602 23565059	备注	

收款人：陈慧娟　　复核：吕智森　　开票人：秦楚　　销售方：（章）

第三联：发票联　购买方记账凭证

教学票样

2101191120

北京增值税普通发票

№ 4231054

发票联

开票日期：2019-02-17

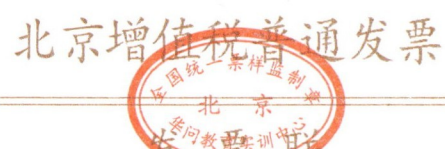

校验码 98300 56934 30090 63567

购买方	名称：北平华问国际酒店有限公司 纳税人识别号：91110168MC001YIDHV 地址、电话：北平市迎丰中路98号 011-86663915 开户行及账号：招商银行北平市支行 362117 211290 009			密码区	>>131415*+1392571319352*9315855>1/<863>*19-*4<>656012324>475310/581++38/*49>3298<>><>		
货物或应税劳务名称	规格型号	单位	数量	单价	金额	税率	税额
佣金			1	14,880.00	14,880.00	6%	892.80
合计					¥ 14,880.00		¥ 892.80
价税合计（大写）	※壹万伍仟柒佰柒拾贰元捌角				（小写）¥ 15,772.80		
销售方	名称：北京易彩旅行社 纳税人识别号：911127220000587036 地址、电话：北京市东城区安定门东大街58号 010-61972414 开户行及账号：工商银行安定门支行 601026 010655 0802301			备注			

收款人：陈慧娟　　复核：吕智森　　开票人：秦楚　　销售方：（章）

第二联：发票联 购买方记账凭证

全国统一发票监制章 北京 华问教育实训中心

北京易彩旅行社 961027220000587036 发票专用章

華問 HUAWEN 400-8605646

华问教育实训中心研发 V6.0版

教学票样

2101191130

北平增值税专用发票

全国统一票样监制章 北平 华问教育实训中心

发票联

№ 2860293

开票日期： 2019-02-17

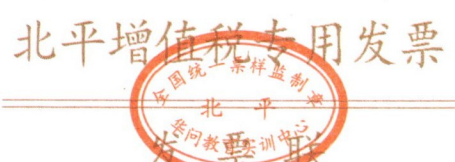

校验码 98300 58934 30090 66368

购买方	名　　称：北平华问国际酒店有限公司 纳税人识别号：91110168MC001YIDHV 地址、电话：北平市迎丰中路98号 011-86663915 开户行及账号：招商银行北平市支行 362117 211290 009	密码区	>>52056*+2382571319352*931573 3>3/<813>*18-*4<>556012324>28 3167/581++51/*49>2128<>><>

货物或应税劳务名称	规格型号	单位	数量	单价	金额	税率	税额
海鲜		批	1	2,641.70	2,641.70	13%	343.42
合　　计					¥ 2,641.70		¥ 343.42
价税合计（大写）	※贰仟玖佰捌拾伍元壹角贰分				（小写）¥ 2,985.12		

销售方	名　　称：北平永盛水产有限公司 纳税人识别号：91110168MA6R87FE5K 地址、电话：北平市鑫维大道99号 011-20502923 开户行及账号：交通银行小蓝开发区支行 310066 663099 113201696	备注	北平永盛水产有限公司 91110168MA6R87FE5K 发票专用章

收款人：张莉　　复核：周秀禾　　开票人：于宇　　销售方：（章）

第三联：发票联　购买方记账凭证

華問 HUAWEN 400-8605646

华问教育实训中心研发 V6.0版

教学票样

2101161680

北平增值税专用发票

№ 2131636

抵扣联

开票日期： 2019-02-10

校验码 98329 58912 34490 58907

购买方	名　　称：北平华问国际酒店有限公司 纳税人识别号：91110168MC001YIDHV 地址、电话：北平市迎丰中路98号 电话011-86663915 开户行及账号：招商银行北平市支行 362117 211290 009	密码区	>>62345*+2392571319352*931585 5>1/<763>*19-*4<>556012324>47 5320/461++54/*49>3298<>><>

货物或应税劳务名称	规格型号	单位	数量	单价	金额	税率	税额
电费		KW/h	51,282.04	0.99	50,769.22	17%	8,630.78
合计					¥ 50,769.22		¥ 8,630.78
价税合计（大写）	※伍万玖仟肆佰元整				（小写）¥ 59,400.00		

销售方	名　　称：国家电网北平供电总公司 纳税人识别号：96011000089301551A 地址、电话：北平市丰和中大道2号 011-81058866 开户行及账号：招行北平支行 150100 111930 0081012	备注	

收款人：孙凯　　复核：周子瑜　　开票人：李开芯　　销售方：（章）

第二联：抵扣联 购买方扣税凭证

全国统一票样监制章 北平 华问教育实训中心

国家电网北平供电总公司 96011000089301551A 发票专用章

华问 HUAWEN 400-8605646

教学票样

2101191130

北平增值税专用发票

全国统一票样监制章 北平 华问教育实训中心

抵扣联

№ 4230146

开票日期：2019-02-10

校验码 98300 58912 34490 66678

购买方	名称：北平华问国际酒店有限公司 纳税人识别号：91110168MC001YIDHV 地址、电话：北平市迎丰中路98号 011-86663915 开户行及账号：招商银行北平市支行 362117 211290 009			密码区	>>35876*+2362571419352*931573 3>1/<863>*16-*4<>556012324>52 8310/581++56/*79>2298<>><>		
货物或应税劳务名称	规格型号	单位	数量	单价	金额	税率	税额
租金			1	250,000.00	250,000.00	11%	27,500.00
合计					¥250,000.00		¥27,500.00
价税合计（大写）	※贰拾柒万柒仟伍佰元整				（小写）¥277,500.00		
销售方	名称：北平茂苑物业管理有限公司 纳税人识别号：92680318QF008RPFLX 地址、电话：北平市迎丰路280号 011-86967126 开户行及账号：招商银行北平市支行 362117 211293 8468			备注			

北平茂苑物业管理有限公司 92680318QF008RPFLX 发票专用章

华問 HUAWEN

收款人：李伟　　复核：周丽丽　　开票人：钱方圆　　销售方：（章）

第二联：抵扣联 购买方扣税凭证

华問 HUAWEN 400-8605646 华问教育实训中心研发 V6.0版

教学票样

2101191130

北平增值税专用发票

（印章：全国统一票样监制章 北平 华问教育实训中心）

发票联

№ 2308461

开票日期：2019-02-10

校验码 73329 58912 34490 57869

购买方	名称：北平华问国际酒店有限公司 纳税人识别号：91110168MC001YIDHV 地址、电话：北平市迎丰中路98号 011-86663915 开户行及账号：招商银行北平市支行 362117 211290 009	密码区	>>17685*+3181571479352*842469 7>1/<843>*19-*4<>117812324>23 8179/041++13/*49>2018<>><>

货物或应税劳务名称	规格型号	单位	数量	单价	金额	税率	税额
饮料		批	1	2,457.00	2,457.00	17%	417.69
合计					¥ 2,457.00		¥ 417.69
价税合计（大写）	※贰仟捌佰柒拾肆元陆角玖分				（小写）¥ 2,874.69		

销售方	名称：北平仲祥商贸有限公司 纳税人识别号：91110166MA5K90EF6D 地址、电话：北平市南京东路166号 011-80671846 开户行及账号：建行恒茂花园分理处 440318 403602 23565059	备注	

（印章：北平仲祥商贸有限公司 91110166MA5K90EF6D 发票专用章）

華問 HUAWEN

收款人：陈慧娟　　复核：吕智森　　开票人：秦楚　　销售方：（章）

第三联：发票联 购买方记账凭证

教学票样

2101191130

北平增值税专用发票

№ 1650265

全国统一票样监制章 北平 华问教育实训中心

发票联

开票日期：2019-02-28

校验码 97778 56564 30090 64567

购买方	名　　称：北平华问国际酒店有限公司 纳税人识别号：91110168MC001YIDHV 地址、电话：北平市迎丰中路98号 011-86663915 开户行及账号：招商银行北平市支行 362117 211290 009	密码区	>>22675*+2112571479352*931573 3>2/<863>*14-*4<>556012324>23 8119/325++41/*49>1128<>><>

货物或应税劳务名称	规格型号	单位	数量	单价	金额	税率	税额
鲜蔬		批	1	1,197.00	1,197.00	13%	155.61
水果		批	1	27.00	27.00	13%	3.51
合计					¥ 1,224.00		¥159.12
价税合计（大写）	※壹仟叁佰捌拾叁元壹角贰分				（小写）¥ 1,383.12		

销售方	名　　称：北平丰盛果蔬批发部 纳税人识别号：91110168581625817K 地址、电话：北平市朱桥东路2号 011-62971834 开户行及账号：农行佛塔分理处 600037 895044 62133	备注	

北平丰盛果蔬批发部 91110168581625817K 发票专用章

华问 HUAWEN

收款人：张志远　　复核：朱军　　开票人：汪洋　　销售方：（章）

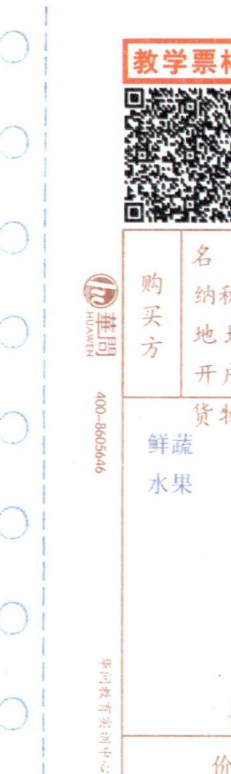

第三联：发票联 购买方记账凭证

教学票样

2101191130

北平增值税专用发票

№ 2860282

抵扣联

开票日期：2019-02-10

校验码 73329 58912 34490 53675

购买方	名　　称：北平华问国际酒店有限公司 纳税人识别号：91110168MC001YIDHV 地址、电话：北平市迎丰中路98号 011-86663915 开户行及账号：招商银行北平市支行 362117 211290 009	密码区	>>12056*+2382571319352*931573 3>1/<813>*18-*4<>556012324>28 3197/581++51/*49>2128<>><>

货物或应税劳务名称	规格型号	单位	数量	单价	金额	税率	税额
海鲜		批	1	4,040.40	4,040.40	13%	525.25
合　　计					¥ 4,040.40		¥ 525.25
价税合计（大写）	※肆仟伍佰陆拾伍元陆角伍分				（小写）¥ 4,565.65		

销售方	名　　称：北平永盛水产有限公司 纳税人识别号：91110168MA6R87FE5K 地址、电话：北平市鑫维大道99号 011-20502923 开户行及账号：交通银行小蓝开发区支行 310066 663099 113201696	备注	北平永盛水产有限公司 91110168MA6R87FE5K 发票专用章

收款人：张莉　　复核：周秀禾　　开票人：于宇　　销售方：（章）

第二联：抵扣联　购买方扣税凭证

华问 HUAWEN 400-8605646 华问教育实训中心研发 V6.0版

教学票样

2101191130

北平增值税专用发票

抵扣联

№ 1202433

开票日期：2019-02-17

校验码 98300 58934 30090 66366

购买方	名称：北平华问国际酒店有限公司 纳税人识别号：91110168MC001YIDHV 地址、电话：北平市迎丰中路98号 011-86663915 开户行及账号：招商银行北平市支行 362117 211290 009				密码区	>>06675*+318157146 9352*931573 3>1/<863>*39-*4<>512012324>23 8179/641++54/*49>1217<>><>	
货物或应税劳务名称	规格型号	单位	数量	单价	金额	税率	税额
粮油调料		批	1	8,800.00	8,800.00	13%	1,144.00
干货		批	1	565.00	565.00	13%	73.45
合计					¥ 9,365.00		¥ 1,217.45
价税合计（大写）	※壹万零伍佰捌拾贰元肆角伍分				（小写）¥ 10,582.45		
销售方	名称：北平昌盛食品有限公司 纳税人识别号：91110167MA2MQB846G 地址、电话：北平市火炬大街796号 011-83122222 开户行及账号：中国银行青湖支行 4016 7865 4611				备注		

收款人：万里云　　复核：毛柯　　开票人：李毅　　销售方：（章）

第二联：抵扣联 购买方扣税凭证

教学票样

2101191130

北平增值税专用发票

№ 1145053

抵扣联

校验码 73329 58912 34490 53124

开票日期: 2019-02-10

购买方	名　　称: 北平华问国际酒店有限公司 纳税人识别号: 91110168MC001YIDHV 地址、电话: 北平市迎丰中路98号 011-86663915 开户行及账号: 招商银行北平市支行 362117 211290 009	密码区	>>27175*+3181571479352*931573 3>1/<863>*39-*4<>184812324>23 8179/051++54/*49>1018<>><>

货物或应税劳务名称	规格型号	单位	数量	单价	金额	税率	税额
禽肉		批	1	8,210.50	8,210.50	13%	1,067.37
合计					¥ 8,210.50		¥ 1,067.37
价税合计（大写）	※玖仟贰佰柒拾柒元捌角柒分				（小写）¥ 9,277.87		

销售方	名　　称: 北平诚泰商贸有限公司 纳税人识别号: 911101690055409270 地址、电话: 北平市顺外路8号 011-83837931 开户行及账号: 邮政储蓄顺外支行 913006 371342 95142	备注	

收款人: 李芬芳　　复核: 毛方圆　　开票人: 方淮　　销售方: （章）

北平诚泰商贸有限公司 911101690055409270 发票专用章

全国统一票样监制章 北平 华问教育实训中心

第二联: 抵扣联 购买方扣税凭证

400-8605646

華問 HUAWEN

教学票样

2101191130

北平增值税专用发票

抵扣联

№ 1654042

开票日期：2019-02-10

校验码 73329 58912 34490 53234

购买方	名称：北平华问国际酒店有限公司 纳税人识别号：91110168MC001YIDHV 地址、电话：北平市迎丰中路98号 011-86663915 开户行及账号：招商银行北平市支行 362117 211290 009			密码区	>>37675*+2512571479352*931573 3>1/<863>*14-*4<>556012324>23 8179/521++51/*49>1128<>><>		
货物或应税劳务名称	规格型号	单位	数量	单价	金额	税率	税额
鲜蔬		批	1	3,658.00	3,658.00	13%	475.54
水果		批	1	1,302.00	1,302.00	13%	169.26
合计					¥4,960.00		¥644.80
价税合计（大写）	※伍仟陆佰零肆元捌角整				（小写）¥5,604.80		
销售方	名称：北平丰盛果蔬批发部 纳税人识别号：91110168581625817K 地址、电话：北平市朱桥东路2号 011-62971834 开户行及账号：农行佛塔分理处 600037 895044 62133			备注			

收款人：张志远　　复核：朱军　　开票人：汪洋　　销售方：（章）

第二联：抵扣联 购买方扣税凭证

華問 HUAWEN 400-8605646

华问教育实训中心研发 V6.0版

全国统一票样监制章 北平 华问教育实训中心

北平丰盛果蔬批发部 91110168581625817K 发票专用章

教学票样

2101191130

北平增值税专用发票

全国统一票样监制章 北平 华问教育实训中心

抵扣联

№ 1145075

开票日期：2019-02-24

校验码 95578 56564 30090 64568

购买方	名　　称：北平华问国际酒店有限公司 纳税人识别号：91110168MC001YIDHV 地址、电话：北平市迎丰中路98号 011-86663915 开户行及账号：招商银行北平市支行 362117 211290 009	密码区	>>27175*+1181571479552*931573 3>1/<863>*39-*5<>184813324>23 8179/151++64/*49>1018<>><>

货物或应税劳务名称	规格型号	单位	数量	单价	金额	税率	税额
禽肉		批	1	7,991.50	7,991.50	13%	1,038.90
合　　计					￥7,991.50		￥1,038.90
价税合计（大写）	※玖仟零叁拾肆角整				（小写）￥9,030.40		

销售方	名　　称：北平诚泰商贸有限公司 纳税人识别号：911101690055409270 地址、电话：北平市顺外路8号 011-83837931 开户行及账号：邮政储蓄顺外支行 913006 371342 95142	备注	

北平诚泰商贸有限公司 911101690055409270 发票专用章

華問 HUAWEN

收款人：李芬芳　　复核：毛方圆　　开票人：方准　　销售方：（章）

第二联：抵扣联 购买方扣税凭证

教学票样

2101191130

北平增值税专用发票

全国统一票样监制章 北平 华问教育实训中心

抵扣联

№ 1202356

开票日期： 2019-02-28

校验码 97778 56564 30090 64599

购买方	名　　称：北平华问国际酒店有限公司 纳税人识别号： 91110168MC001YIDHV 地址、电话： 北平市迎丰中路98号 011-86663915 开户行及账号： 招商银行北平市支行 362117 211290 009			密码区	>>05675*+3181511459362*931573 3>1/<863>*39-*4<>412012324>23 8169/641++54/*49>1217<>><>		
货物或应税劳务名称	规格型号	单位	数量	单价	金额	税率	税额
粮油调料		批	1	2,620.00	2,620.00	13%	340.60
干货		批	1	216.00	216.00	13%	28.08
合　计					¥ 2,836.00		¥ 368.68
价税合计（大写）	※叁仟贰佰零肆元陆角捌分				（小写）¥ 3,204.68		
销售方	名　　称：北平昌盛食品有限公司 纳税人识别号： 91110167MA2MQB846G 地址、电话： 北平市火炬大街796号 011-83122222 开户行及账号： 中国银行青湖支行 4016 7865 4611			备注			

北平昌盛食品有限公司 91110167MA2MQB846G 发票专用章

华問 HUAWEN

收款人：万里云　　复核：毛柯　　开票人：李毅　　销售方：（章）

第二联：抵扣联 购买方扣税凭证

華問 HUAWEN 400-8605646

华问教育实训中心研发 V6.0版

教学票样

2101191130

北平增值税专用发票

抵扣联

№ 1650265

开票日期： 2019-02-28

校验码 97778 56564 30090 64567

购买方	名称：北平华问国际酒店有限公司 纳税人识别号： 91110168MC001YIDHV 地址、电话：北平市迎丰中路98号 011-86663915 开户行及账号：招商银行北平市支行 362117 211290 009	密码区	>>22675*+2112571479352*931573 3>2/<863>*14-*4<>556012324>23 8119/325++41/*49>1128<>><>	

货物或应税劳务名称	规格型号	单位	数量	单价	金额	税率	税额
鲜蔬		批	1	1,197.00	1,197.00	13%	155.61
水果		批	1	27.00	27.00	13%	3.51
合计					¥ 1,224.00		¥159.12
价税合计（大写）	※壹仟叁佰捌拾叁元壹角贰分				（小写）¥ 1,383.12		

销售方	名称：北平丰盛果蔬批发部 纳税人识别号： 91110168581625817K 地址、电话：北平市朱桥东路2号 011-62971834 开户行及账号：农行佛塔分理处 600037 895044 62133	备注	

收款人：张志远　　复核：朱军　　开票人：汪洋　　销售方：（章）

第二联：抵扣联 购买方扣税凭证

（印章：全国统一票样监制章 北平 华问教育实训中心）

（印章：北平丰盛果蔬批发部 91110168581625817K 发票专用章）

400-8605646

华问教育实训中心研发 V6.0版

華問 HUAWEN

教学票样

2101191130

北平增值税专用发票

抵扣联

№ 1145086

校验码 97778 56564 30090 64590

开票日期： 2019-02-28

购买方	名称：北平华问国际酒店有限公司 纳税人识别号：91110168MC001YIDHV 地址、电话：北平市迎丰中路98号 011-86663915 开户行及账号：招商银行北平市支行 362117 211290 009				密码区	>>27275*+1181571479552*931573 3>1/<863>*39-*5<>184813324>23 8179/142++64/*49>1018<>><>	
货物或应税劳务名称	规格型号	单位	数量	单价	金额	税率	税额
禽肉		批	1	1,740.00	1,740.00	13%	226.20
合计					¥ 1,740.00		¥ 226.20
价税合计（大写）	※壹仟玖佰陆拾陆元贰角整				（小写）¥ 1,966.20		
销售方	名称：北平诚泰商贸有限公司 纳税人识别号：911101690055409270 地址、电话：北平市顺外路8号 011-83837931 开户行及账号：邮政储蓄顺外支行 913006 371342 95142				备注		

收款人：李芬芳　　复核：毛方圆　　开票人：方淮　　销售方：（章）

第二联：抵扣联 购买方扣税凭证

（印章：全国统一票样监制章 北平 华问教育实训中心）

（印章：北平诚泰商贸有限公司 911101690055409270 发票专用章）

華問 HUAWEN

400-8605646

华问教育实训中心研发 V6.0版

教学票样

2101191120

北平增值税普通发票

№ 2225038

发票联

开票日期：2019-02-17

校验码 98300 56934 30090 63668

购买方	名称：北平华问国际酒店有限公司 纳税人识别号：91110168MC001YIDHV 地址、电话：北平市迎丰中路98号 011-86663915 开户行及账号：招商银行北平市支行 362117 211290 009	密码区	>>14564*+1362571319352*9315855>1/<86 3>*19-*4<>516013424>595310/672++73/* 49>3090<>><>

货物或应税劳务名称	规格型号	单位	数量	单价	金额	税率	税额
消毒服务费			1	1,747.57	1,747.57	3%	52.43
合计					¥1,747.57		¥52.43
价税合计（大写）	※壹仟捌佰元整				（小写）¥1,800.00		

销售方	名称：长谐企业管理服务有限公司 纳税人识别号：93601065065283875T 地址、电话：北平周家嘴军工路486号 011-80480502 开户行及账号：交通银行军工路支行 310088 862045 382085138	备注	

收款人：万云翔　复核：连志森　开票人：余少华　销售方：（章）

第二联：发票联 购买方记账凭证

全国统一票样监制章 北平 华问教育实训中心

长谐企业管理服务有限公司 93601065065283875T 发票专用章

教学票样

2101191130

北平增值税专用发票

抵扣联

№ 1202344

开票日期： 2019-02-24

校验码 95578 56564 30090 66667

购买方	名称：北平华问国际酒店有限公司 纳税人识别号： 91110168MC001YIDHV 地址、电话：北平市迎丰中路98号 011-86663915 开户行及账号：招商银行北平市支行 362117 211290 009			密码区	>>05675*+3181571469362*931573 3>1/<863>*39-*4<>512012324>23 8169/641++54/*49>1217<>><>		
货物或应税劳务名称	规格型号	单位	数量	单价	金额	税率	税额
粮油调料		批	1	9,850.00	9,850.00	13%	1,280.50
干货		批	1	1,350.70	1,350.70	13%	175.59
合计					¥ 11,200.70		¥ 1,456.09
价税合计（大写）	※壹万贰仟陆佰伍拾陆元柒角玖分				（小写）¥ 12,656.79		
销售方	名称：北平昌盛食品有限公司 纳税人识别号： 91110167MA2MQB846G 地址、电话：北平市火炬大街796号 011-83122222 开户行及账号：中国银行青湖支行 4016 7865 4611			备注			

收款人：万里云　　复核：毛柯　　开票人：李毅　　销售方：（章）

第二联：抵扣联　购买方扣税凭证

400-8605646

华问教育实训中心研发 V6.0版

全国统一票样监制章 北平 华问教育实训中心

北平昌盛食品有限公司 91110167MA2MQB846G 发票专用章

華問 HUAWEN

教学票样

2101191130

北平增值税专用发票

全国统一票样监制章 北平 华问教育实训中心

抵扣联

№ 2860271

开票日期： 2019-02-03

校验码 34589 39103 58490 38573

购买方	名称：北平华问国际酒店有限公司 纳税人识别号： 91110168MC001YIDHV 地址、电话：北平市迎丰中路98号 011-86663915 开户行及账号：招商银行北平市支行 362117 211290 009			密码区	>>12056*+2392571319352*931573 3>1/<813>*19-*4<>556012324>28 3197/581++54/*49>1128<>><>	

货物或应税劳务名称	规格型号	单位	数量	单价	金额	税率	税额
海鲜		批	1	1,377.50	1,377.50	13%	179.08
合计					¥ 1,377.50		¥ 179.08
价税合计（大写）	※壹仟伍佰伍拾陆元伍角捌分				（小写）¥ 1,556.58		

销售方	名称：北平永盛水产有限公司 纳税人识别号： 91110168MA6R87FE5K 地址、电话：北平市鑫维大道99号 011-20502923 开户行及账号：交通银行小蓝开发区支行 310066 663099 113201696	备注	北平永盛水产有限公司 91110168MA6R87FE5K 发票专用章

收款人：张莉　　复核：周秀禾　　开票人：于宇　　销售方：（章）

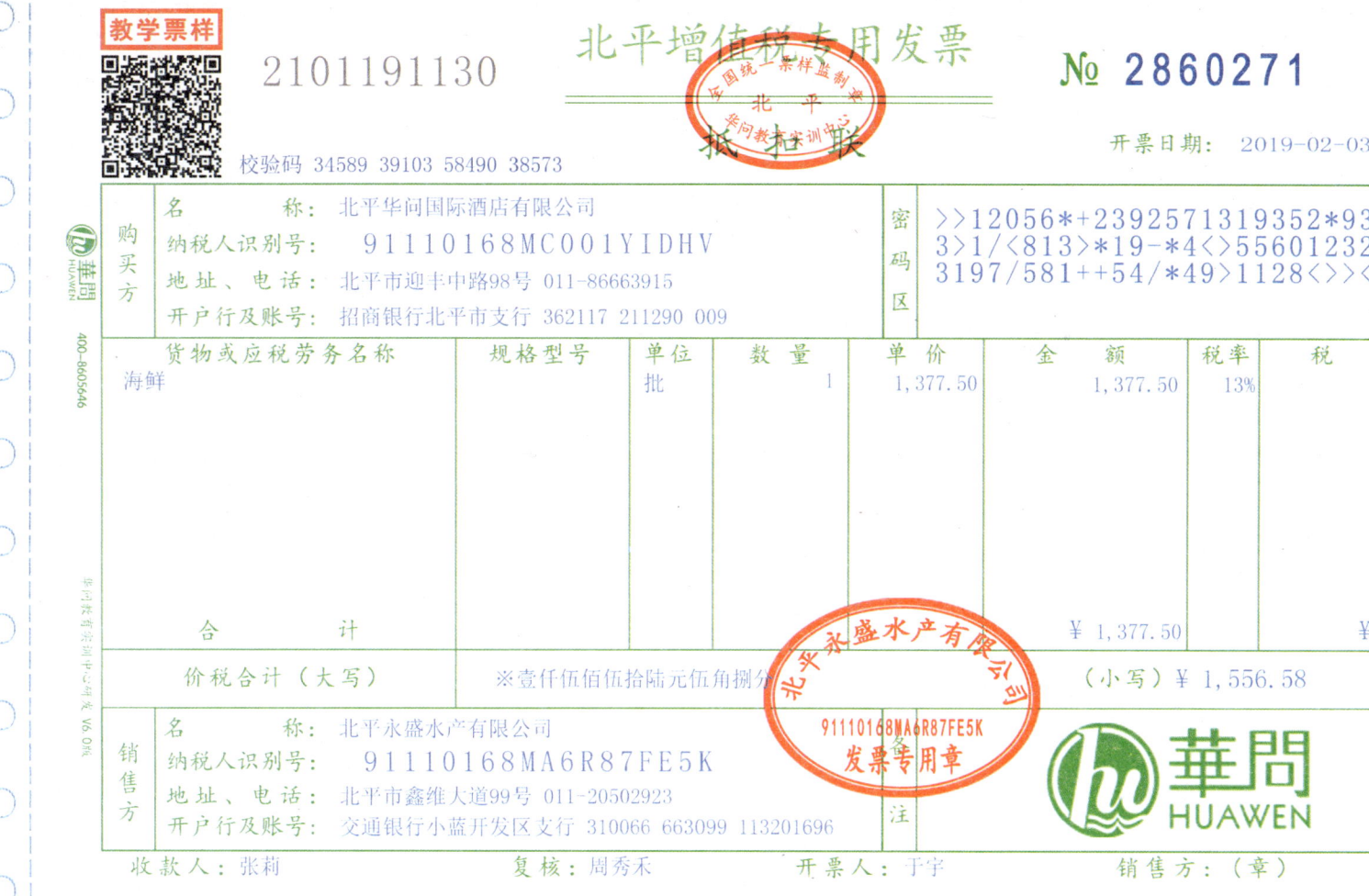

第二联：抵扣联　购买方扣税凭证

教学票样

2101191130

北平增值税专用发票

全国统一票样监制章 北平 华问教育实训中心

抵扣联

№ 2860314

开票日期：2019-02-24

校验码 95578 56564 30090 64666

购买方	名　　称：北平华问国际酒店有限公司 纳税人识别号：91110168MC001YIDHV 地址、电话：北平市迎丰中路98号 011-86663915 开户行及账号：招商银行北平市支行 362117 211290 009	密码区	>>52056*+1382571319352*931573 3>3/<813>*58-*4<>556012324>28 3167/581++51/*49>3116<>><>

货物或应税劳务名称	规格型号	单位	数量	单价	金额	税率	税额
海鲜		批	1	2,587.00	2,587.00	13%	336.31
合计					¥ 2,587.00		¥ 336.31
价税合计（大写）	※贰仟玖佰贰拾叁元叁角壹分				（小写）¥ 2,923.31		

销售方	名　　称：北平永盛水产有限公司 纳税人识别号：91110168MA6R87FE5K 地址、电话：北平市鑫维大道99号 011-20502923 开户行及账号：交通银行小蓝开发区支行 310066 663099 113201696	备注	

北平永盛水产有限公司 91110168MA6R87FE5K 发票专用章

華問 HUAWEN

收款人：张莉　　复核：周秀禾　　开票人：于宇　　销售方：（章）

第二联：抵扣联 购买方扣税凭证

華問 HUAWEN 400-8605646

华问教育实训中心研发 V6.0版

教学票样

2101191130

北平增值税专用发票

抵扣联

№ 1650254

校验码 95578 56564 30090 64565

开票日期：2019-02-24

购买方	名称：北平华问国际酒店有限公司 纳税人识别号：91110168MC001YIDHV 地址、电话：北平市迎丰中路98号 011-86663915 开户行及账号：招商银行北平市支行 362117 211290 009	密码区	>>32675*+2112571479352*931573 3>2/<863>*14-*4<>556012324>23 8129/311++41/*49>1128<>><>

货物或应税劳务名称	规格型号	单位	数量	单价	金额	税率	税额
鲜蔬		批	1	4,088.00	4,088.00	13%	531.44
水果		批	1	217.00	217.00	13%	28.21
合计					¥ 4,305.00		¥559.65
价税合计（大写）	※肆仟捌佰陆拾肆元陆角伍分				（小写）¥ 4,864.65		

销售方	名称：北平丰盛果蔬批发部 纳税人识别号：91110168581625817K 地址、电话：北平市朱桥东路2号 011-62971834 开户行及账号：农行佛塔分理处 600037 895044 62133	备注	

收款人：张志远　　复核：朱军　　开票人：汪洋　　销售方：（章）

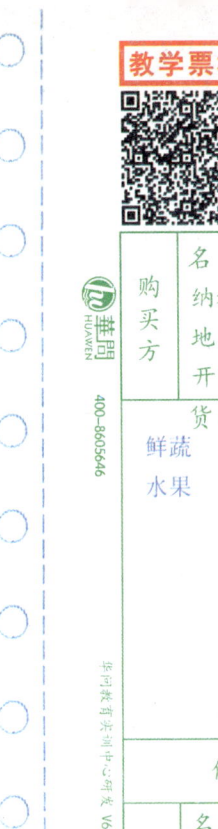

第二联：抵扣联 购买方扣税凭证

北平丰盛果蔬批发部 91110168581625817K 发票专用章

全国统一票样监制章 北平 华问教育实训中心

華問 HUAWEN 400-8605646

华问教育实训中心研发 V6.0版

教学票样

2101191130

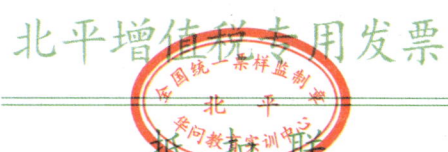

北平增值税专用发票

抵扣联

№ 2308552

校验码 98300 58934 30090 66369

开票日期： 2019-02-17

购买方	名　　称：北平华问国际酒店有限公司 纳税人识别号： 91110168MC001YIDHV 地 址、电 话：北平市迎丰中路98号 011-86663915 开户行及账号：招商银行北平市支行 362117 211290 009
密码区	>>17685*+318153147735 2*842469 7>1/<843>*19-*4<>117812424>23 8179/041++13/*49>2018<>><>

货物或应税劳务名称	规格型号	单位	数量	单价	金额	税率	税额
饮料		批	1	2,640.00	2,640.00	17%	448.80
合　　计					¥ 2,640.00		¥ 448.80
价税合计（大写）	※叁仟零捌拾捌元捌角整				（小写）¥ 3,088.80		

销售方	名　　称：北平仲祥商贸有限公司 纳税人识别号： 91110166MA5K90EF6D 地 址、电 话：北平市南京东路166号 011-80671846 开户行及账号：建行恒茂花园分理处 440318 403602 23565059
备注	

收款人：陈慧娟　　复核：吕智森　　开票人：秦楚　　销售方：（章）

第二联：抵扣联　购买方扣税凭证

全国统一票样监制章 北平 华问教育实训中心

北平仲祥商贸有限公司 91110166MA5K90EF6D 发票专用章

華問 HUAWEN 400-8605646

教学票样

2101191130

北平增值税专用发票

全国统一票样监制章 北平 华问教育实训中心

抵扣联

№ 1650243

开票日期：2019-02-17

校验码 98300 58934 30090 66389

购买方	名　称：北平华问国际酒店有限公司 纳税人识别号：91110168MC001YIDHV 地址、电话：北平市迎丰中路98号 011-86663915 开户行及账号：招商银行北平市支行 362117 211290 009	密码区	>>32675*+2512571479352*931573 3>2/<863>*14-*4<>556012324>23 8129/521++51/*49>1128<>><>

货物或应税劳务名称	规格型号	单位	数量	单价	金额	税率	税额
鲜蔬		批	1	4,844.90	4,844.90	13%	629.84
水果		批	1	278.80	278.80	13%	36.24
合　计					¥ 5,123.70		¥ 666.08
价税合计（大写）	※伍仟柒佰捌拾玖元柒角捌分				（小写）¥ 5,789.78		

销售方	名　称：北平丰盛果蔬批发部 纳税人识别号：91110168581625817K 地址、电话：北平市朱桥东路2号 011-62971834 开户行及账号：农行佛塔分理处 600037 895044 62133	备注	北平丰盛果蔬批发部 91110168581625817K 发票专用章

收款人：张志远　　复核：朱军　　开票人：汪洋　　销售方：（章）

第二联：抵扣联 购买方扣税凭证

華問 HUAWEN

400-8605646

华问教育实训中心研发 V6.0版

教学票样

2101191130

北平增值税专用发票

抵扣联

№ 1654011

开票日期：2019-02-03

校验码 76349 39103 58490 32354

购买方		密码区	
名称：	北平华问国际酒店有限公司		>>37675*+2542571479352*931573
纳税人识别号：	91110168MC001YIDHV		3>1/<863>*16-*4<>556012324>23
地址、电话：	北平市迎丰中路98号 011-86663915		8179/581++55/*49>1128<>><>
开户行及账号：	招商银行北平市支行 362117 211290 009		

货物或应税劳务名称	规格型号	单位	数量	单价	金额	税率	税额
鲜蔬		批	1	661.50	661.50	13%	86.00
水果		批	1	496.00	496.00	13%	64.48
合计					¥ 1,157.50		¥ 150.48
价税合计（大写）	※壹仟叁佰零柒元玖角捌分				（小写）¥ 1,307.98		

销售方		备注
名称：	北平丰盛果蔬批发部	
纳税人识别号：	91110168581625817K	
地址、电话：	北平市朱桥东路2号 011-62971834	
开户行及账号：	农行佛塔分理处 600037 895044 62133	

收款人：张志远　　复核：朱军　　开票人：汪洋　　销售方：（章）

第二联：抵扣联 购买方扣税凭证

全国统一票样监制章 北平 华问教育实训中心

北平丰盛果蔬批发部 91110168581625817K 发票专用章

华问 HUAWEN 400-8605646

华问教育实训中心研发 V6.0版

教学票样

2101191130

北平增值税专用发票

抵扣联

№ 2860325

开票日期：2019-02-28

校验码 97668 56564 30090 64569

购买方	名　　称：北平华间国际酒店有限公司 纳税人识别号：91110168MC001YIDHV 地址、电话：北平市迎丰中路98号 011-86663915 开户行及账号：招商银行北平市支行 362117 211290 009	密码区	>>15256*+1382571319352*931573 3>3/<613>*58-*4<>556012324>28 3167/181++51/*49>3116<>><>

货物或应税劳务名称	规格型号	单位	数量	单价	金额	税率	税额
海鲜		批	1	582.00	582.00	13%	75.66
合计					¥ 582.00		¥ 75.66
价税合计（大写）	※陆佰伍拾柒元陆角陆分				（小写）¥ 657.66		

销售方	名　　称：北平永盛水产有限公司 纳税人识别号：91110168MA6R87FE5K 地址、电话：北平市鑫维大道99号 011-20502923 开户行及账号：交通银行小蓝开发区支行 310066 663099 113201696	备注	

收款人：张莉　　复核：周秀禾　　开票人：于宇　　销售方：（章）

第二联：抵扣联 购买方扣税凭证

全国统一票样监制章 北平 华问教育实训中心

北平永盛水产有限公司 91110168MA6R87FE5K 发票专用章

華問 HUAWEN 400-8605646

华问教育实训中心研发 V6.0版

教学票样

北平增值税专用发票

2101191130　　№ 1145053

发票联

校验码 73329 58912 34490 53124

开票日期：2019-02-10

购买方	名　　称：北平华问国际酒店有限公司 纳税人识别号：91110168MC001YIDHV 地址、电话：北平市迎丰中路98号 011-86663915 开户行及账号：招商银行北平市支行 362117 211290 009	密码区	>>27175*+3181571479352*931573 3>1/<863>*39-*4<>184812324>23 8179/051++54/*49>1018<>><>

货物或应税劳务名称	规格型号	单位	数量	单价	金额	税率	税额
禽肉		批	1	8,210.50	8,210.50	13%	1,067.37
合　　计					¥ 8,210.50		¥ 1,067.37
价税合计（大写）	※玖仟贰佰柒拾柒元捌角柒分				（小写）¥ 9,277.87		

销售方	名　　称：北平诚泰商贸有限公司 纳税人识别号：911101690055409270 地址、电话：北平市顺外路8号 011-83837931 开户行及账号：邮政储蓄顺外支行 913006 371342 95142	备注	

收款人：李芬芳　　复核：毛方圆　　开票人：方准　　销售方：（章）

第三联：发票联　购买方记账凭证

（印章：全国统一票样监制章 北平 华问教育实训中心）

（印章：北平诚泰商贸有限公司 911101690055409270 发票专用章）

華問 HUAWEN 400-8605646

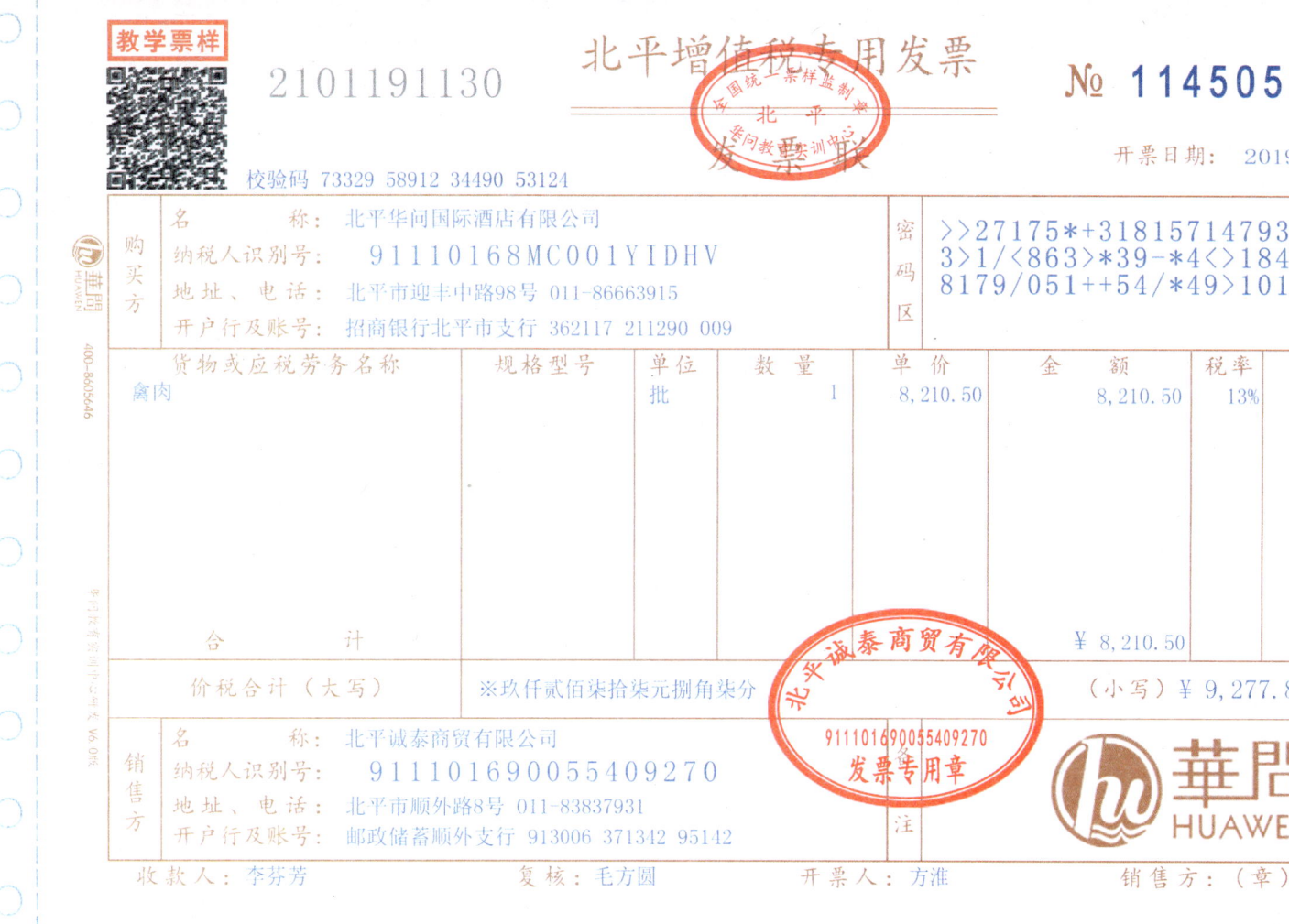

教学票样

2101191130

北平增值税专用发票

发票联

№ 1202344

开票日期：2019-02-24

校验码 95578 56564 30090 66667

购买方	名　　称：北平华问国际酒店有限公司 纳税人识别号：91110168MC001YIDHV 地址、电话：北平市迎丰中路98号 011-86663915 开户行及账号：招商银行北平市支行 362117 211290 009	密码区	>>05675*+318157146362*931573 3>1/<863>*39-*4<>512012324>23 8169/641++54/*49>1217<>><>

货物或应税劳务名称	规格型号	单位	数量	单价	金额	税率	税额
粮油调料		批	1	9,850.00	9,850.00	13%	1,280.50
干货		批	1	1,350.70	1,350.70	13%	175.59
合　计					¥ 11,200.70		¥ 1,456.09
价税合计（大写）	※壹万贰仟陆佰伍拾陆元柒角玖分				（小写）¥ 12,656.79		

销售方	名　　称：北平昌盛食品有限公司 纳税人识别号：91110167MA2MQB846G 地址、电话：北平市火炬大街796号 011-83122222 开户行及账号：中国银行青湖支行 4016 7865 4611	备注	

收款人：万里云　　复核：毛柯　　开票人：李毅　　销售方：（章）

第三联：发票联　购买方记账凭证

北平昌盛食品有限公司 91110167MA2MQB846G 发票专用章

全国统一票样监制章 北平 华问教育实训中心

華問 HUAWEN 400-8605646

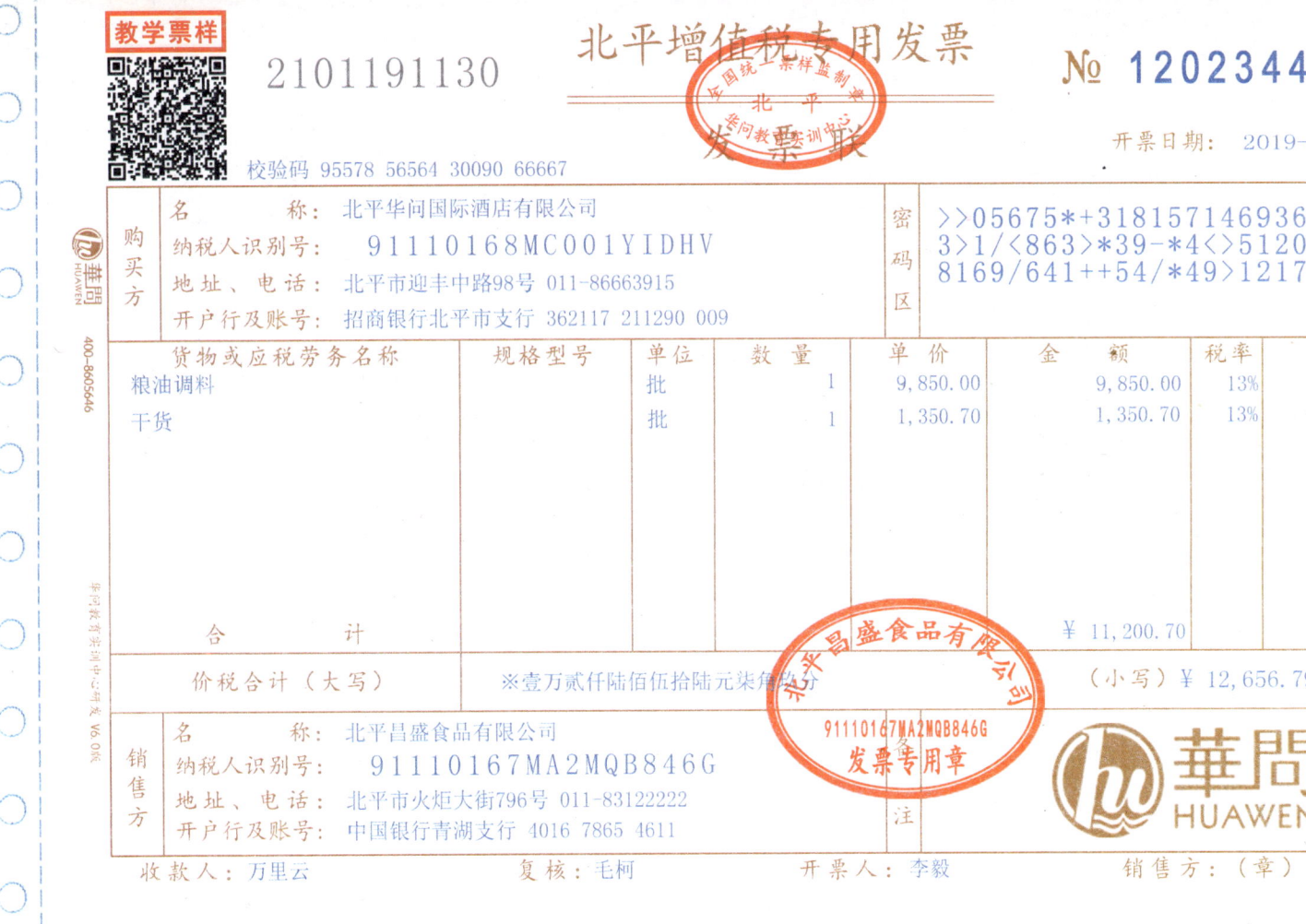

华问教育实训中心研发 V6.0版

教学票样

2101191130

北平增值税专用发票

№ 1202422

抵扣联

开票日期：2019-02-10

校验码 73329 52312 34490 53456

购买方	名称：北平华问国际酒店有限公司 纳税人识别号：91110168MC001YIDHV 地址、电话：北平市迎丰中路98号 011-86663915 开户行及账号：招商银行北平市支行 362117 211290 009	密码区	>>16675*+3181571479352*931573 3>1/<863>*39-*4<>550012324>23 8179/641++54/*49>2217<>><>

货物或应税劳务名称	规格型号	单位	数量	单价	金额	税率	税额
粮油调料		批	1	10,050.00	10,050.00	13%	1,306.50
干货		批	1	252.70	252.70	13%	32.85
合计					¥10,302.70		¥1,339.35
价税合计（大写）	※壹万壹仟陆佰肆拾贰元零伍分				（小写）¥11,642.05		

销售方	名称：北平昌盛食品有限公司 纳税人识别号：91110167MA2MQB846G 地址、电话：北平市火炬大街796号 011-83122222 开户行及账号：中国银行青湖支行 4016 7865 4611	备注	

收款人：万里云　　复核：毛柯　　开票人：李毅　　销售方：（章）

第二联：抵扣联 购买方扣税凭证

华问 HUAWEN 400-8605646

华问教育实训中心研发 V6.0版

（印章：全国统一票样监制章 北平 华问教育实训中心）

（印章：北平昌盛食品有限公司 91110167MA2MQB846G 发票专用章）

教学票样

2101191130 北平增值税专用发票 № 1145022

抵扣联

校验码 53452 57684 54245 87643

开票日期： 2019-02-03

购买方	名　　称：北平华问国际酒店有限公司 纳税人识别号：91110168MC001YIDHV 地址、电话：北平市迎丰中路98号 011-86663915 开户行及账号：招商银行北平市支行 362117 211290 009	密码区	>>17175*+3181571479352*931573 3>1/<863>*19-*4<>114812324>23 8179/051++54/*49>1018<>><>

货物或应税劳务名称	规格型号	单位	数量	单价	金额	税率	税额
禽肉		批	1	2,995.00	2,995.00	13%	389.35
合计					¥ 2,995.00		¥ 389.35
价税合计（大写）	※叁仟叁佰捌拾肆元叁角伍分				（小写）¥ 3,384.35		

销售方	名　　称：北平诚泰商贸有限公司 纳税人识别号：911101690055409270 地址、电话：北平市顺外路8号 011-83837931 开户行及账号：邮政储蓄顺外支行 913006 371342 95142	备注	

收款人：李芬芳　　复核：毛方圆　　开票人：方淮　　销售方：（章）

第二联：抵扣联 购买方扣税凭证

400-8605646

华问教育实训中心研发 V6.0版

全国统一票样监制章 北平 华问教育实训中心

北平诚泰商贸有限公司 911101690055409270 发票专用章

教学票样

2101191130

北平增值税专用发票

发票联

全国统一票样监制章 北平 华问教育实训中心

№ 1654042

开票日期： 2019-02-10

校验码 73329 58912 34490 53234

购买方	名称：北平华问国际酒店有限公司 纳税人识别号：91110168MC001YIDHV 地址、电话：北平市迎丰中路98号 011-86663915 开户行及账号：招商银行北平市支行 362117 211290 009	密码区	>>37675*+2512571479352*931573 3>1/<863>*14-*4<>556012324>23 8179/521++51/*49>1128<>><>

货物或应税劳务名称	规格型号	单位	数量	单价	金额	税率	税额
鲜蔬		批	1	3,658.00	3,658.00	13%	475.54
水果		批	1	1,302.00	1,302.00	13%	169.26
合计					¥ 4,960.00		¥ 644.80
价税合计（大写）	※伍仟陆佰零肆元捌角整				（小写）¥ 5,604.80		

销售方	名称：北平丰盛果蔬批发部 纳税人识别号：911101685816258 17K 地址、电话：北平市朱桥东路2号 011-62971834 开户行及账号：农行佛塔分理处 600037 895044 62133	备注	北平丰盛果蔬批发部 91110168581625817K 发票专用章

收款人：张志远　　复核：朱军　　开票人：汪洋　　销售方：（章）

第三联：发票联 购买方记账凭证

华问 HUAWEN 400-8605646

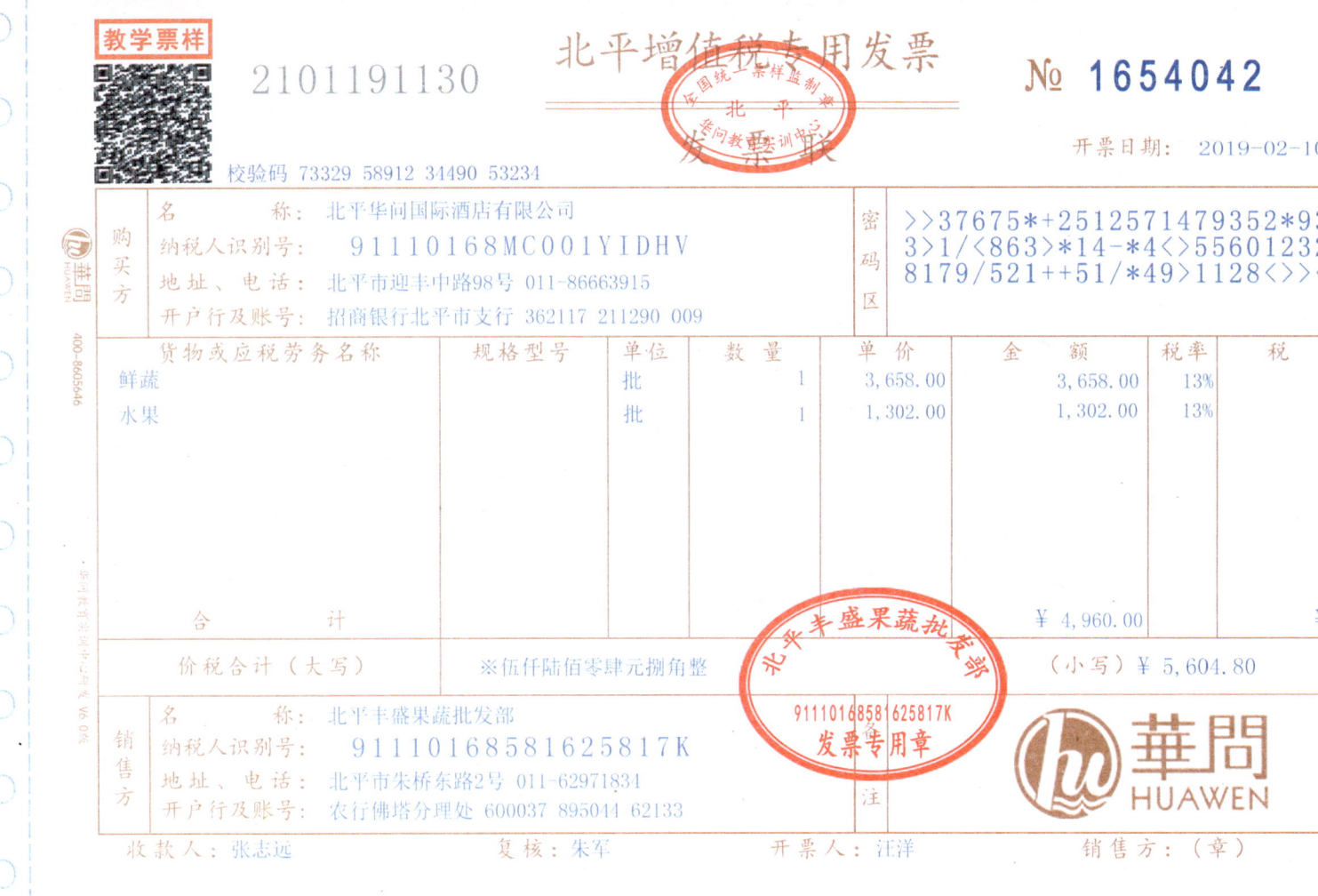

教学票样

2101191130

北平增值税专用发票

№ 2860282

发票联

开票日期：2019-02-10

校验码 73329 58912 34490 53675

购买方	名称：北平华问国际酒店有限公司 纳税人识别号：91110168MC001YIDHV 地址、电话：北平市迎丰中路98号 011-86663915 开户行及账号：招商银行北平市支行 362117 211290 009	密码区	>>12056*+238257131935 2*931573 3>1/<813>*18-*4<>556012324>28 3197/581++51/*49>2128<>><>

货物或应税劳务名称	规格型号	单位	数量	单价	金额	税率	税额
海鲜		批	1	4,040.40	4,040.40	13%	525.25
合计					¥4,040.40		¥525.25
价税合计（大写）	※肆仟伍佰陆拾伍元陆角伍分				（小写）¥4,565.65		

销售方	名称：北平永盛水产有限公司 纳税人识别号：91110168MA6R87FE5K 地址、电话：北平市鑫维大道99号 011-20502923 开户行及账号：交通银行小蓝开发区支行 310066 663099 113201696	备注	

收款人：张莉　　复核：周秀禾　　开票人：于宇　　销售方：（章）

第三联：发票联 购买方记账凭证

北平永盛水产有限公司 91110168MA6R87FE5K 发票专用章

全国统一票样监制章 北平 华问教育实训中心

华问 HUAWEN 400-8605646

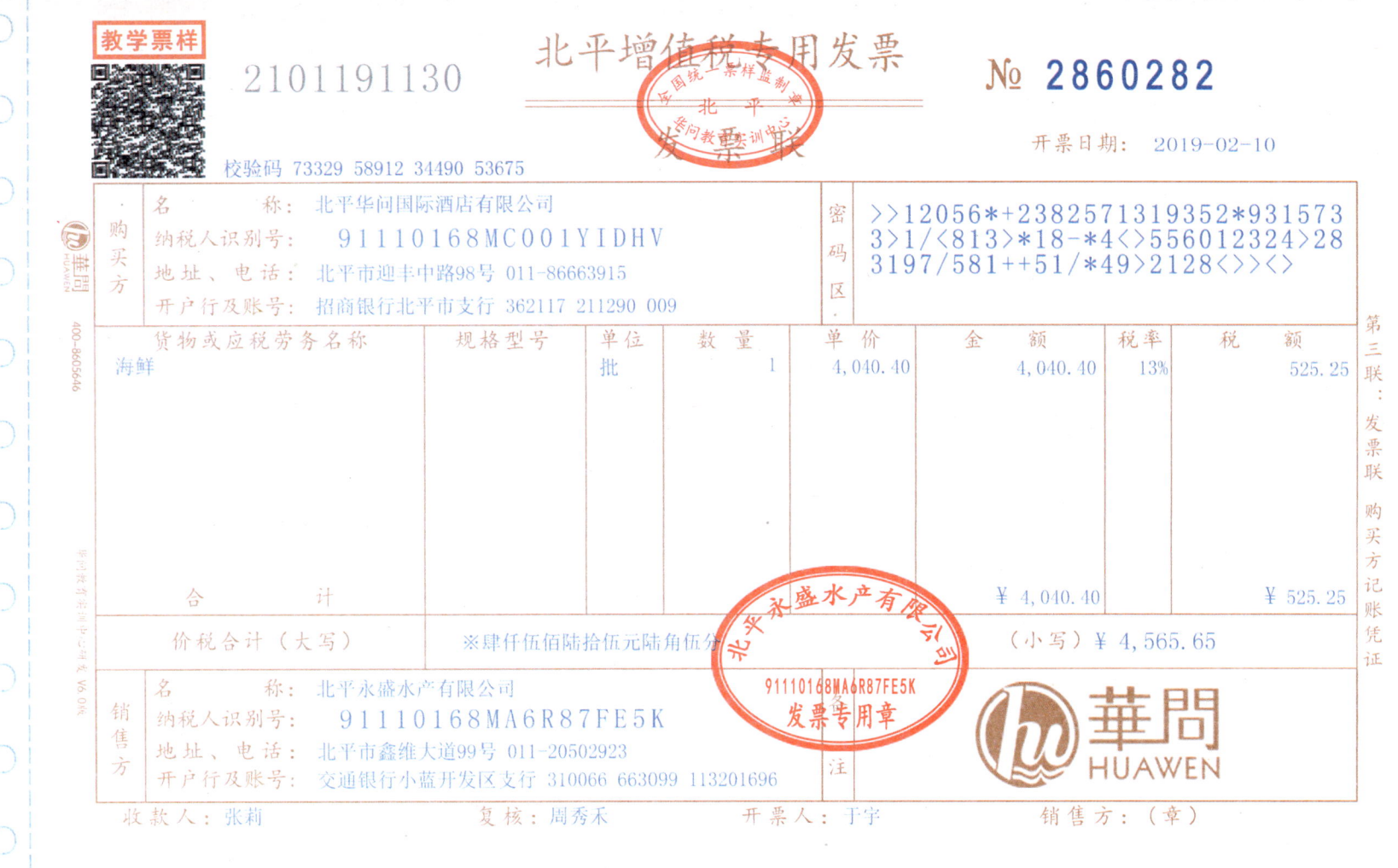

教学票样

2101191130

北平增值税专用发票

№ 1202356

发票联

全国统一票样监制章 北平 华问教育实训中心

开票日期： 2019-02-28

校验码 697778 56564 30090 64599

购买方	名　　称：北平华问国际酒店有限公司 纳税人识别号： 91110168MC001YIDHV 地 址 、电 话：北平市迎丰中路98号 011-86663915 开户行及账号：招商银行北平市支行 362117 211290 009	密码区	>>05675*+3181511459362*931573 3>1/<863>*39-*4<>412012324>23 8169/641++54/*49>1217<>><>

货物或应税劳务名称	规格型号	单位	数量	单价	金额	税率	税额
粮油调料		批	1	2,620.00	2,620.00	13%	340.60
干货		批	1	216.00	216.00	13%	28.08
合　　计					¥ 2,836.00		¥ 368.68
价税合计（大写）	※叁仟贰佰零肆元陆角捌分				（小写）¥ 3,204.68		

销售方	名　　称：北平昌盛食品有限公司 纳税人识别号： 91110167MA2MQB846G 地 址 、电 话：北平市火炬大街796号 011-83122222 开户行及账号：中国银行青湖支行 4016 7865 4611	备注	

北平昌盛食品有限公司 91110167MA2MQB846G 发票专用章

收款人：万里云　　复核：毛柯　　开票人：李毅　　销售方：（章）

第三联：发票联　购买方记账凭证

400-8605646

华问教育实训中心研发 V6.0%

教学票样

2101191130

北平增值税专用发票

№ 1145086

发票联

全国统一票样监制章 北平 华问教育实训中心

校验码 97778 56564 30090 64590

开票日期： 2019-02-28

购买方	名　　称：北平华问国际酒店有限公司 纳税人识别号： 91110168MC001YIDHV 地址、电话：北平市迎丰中路98号 011-86663915 开户行及账号：招商银行北平市支行 362117 211290 009	密码区	>>27275*+1181571479552*931573 3>1/<863>*39-*5<>184813324>23 8179/142++64/*49>1018<>><>

货物或应税劳务名称	规格型号	单位	数量	单价	金额	税率	税额
禽肉		批	1	1,740.00	1,740.00	13%	226.20
合计					¥ 1,740.00		¥ 226.20
价税合计（大写）	※壹仟玖佰陆拾陆元贰角整				（小写）¥ 1,966.20		

销售方	名　　称：北平诚泰商贸有限公司 纳税人识别号： 911101690055409270 地址、电话：北平市顺外路8号 011-83837931 开户行及账号：邮政储蓄顺外支行 913006 371342 95142	备注	

北平诚泰商贸有限公司 911101690055409270 发票专用章

華問 HUAWEN

收款人：李芬芳　　复核：毛方圆　　开票人：方淮　　销售方：（章）

第三联：发票联　购买方记账凭证

教学票样

2101191130

北平增值税专用发票

全国统一票样监制章 北平 华问教育实训中心

发票联

№ 1650243

开票日期：2019-02-17

校验码 98300 58934 30090 66389

购买方	名　　称：北平华问国际酒店有限公司 纳税人识别号：91110168MC001YIDHV 地址、电话：北平市迎丰中路98号 011-86663915 开户行及账号：招商银行北平市支行 362117 211290 009	密码区	>>32675*+2512571479352*931573 3>2/<863>*14-*4<>556012324>23 8129/521++51/*49>1128<>><>

货物或应税劳务名称	规格型号	单位	数量	单价	金额	税率	税额
鲜蔬		批	1	4,844.90	4,844.90	13%	629.84
水果		批	1	278.80	278.80	13%	36.24
合　　计					¥ 5,123.70		¥ 666.08
价税合计（大写）	※伍仟柒佰捌拾玖元柒角捌分				（小写）¥ 5,789.78		

销售方	名　　称：北平丰盛果蔬批发部 纳税人识别号：91110168581625817K 地址、电话：北平市朱桥东路2号 011-62971834 开户行及账号：农行佛塔分理处 600037 895044 62133	备注	

北平丰盛果蔬批发部 91110168581625817K 发票专用章

收款人：张志远　　复核：朱军　　开票人：汪洋　　销售方：（章）

第三联：发票联 购买方记账凭证

教学票样

2101191120

北平增值税普通发票

№ 2140123

发票联

校验码 95578 56564 30090 64443

开票日期：2019-02-24

购买方	名　　称：北平华问国际酒店有限公司 纳税人识别号：91110168MC001YIDHV 地址、电话：北平市迎丰中路98号 011-86663915 开户行及账号：招商银行北平市支行 362117 211290 009	密码区	>>23675*+1392571319352*9315855>1/<86 3>*19-*4<>656012324>475310/581++54/* 49>3298<>><>

货物或应税劳务名称	规格型号	单位	数量	单价	金额	税率	税额
饮料		批	1	71.80	71.80	17%	12.20
合计					¥ 71.80		¥ 12.20
价税合计（大写）	※捌拾肆元整				（小写）¥ 84.00		

销售方	名　　称：北平仲祥商贸有限公司 纳税人识别号：91110166MA5K90EF6D 地址、电话：北平市南京东路166号 011-80671846 开户行及账号：建行恒茂花园分理处 440318 403602 23565059	备注	

收款人：陈慧娟　　复核：吕智森　　开票人：秦楚　　销售方：（章）

第二联：发票联　购买方记账凭证

全国统一票样监制章 北平 华问教育实训中心

北平仲祥商贸有限公司 91110166MA5K90EF6D 发票专用章

華問 HUAWEN

400-8605646

华问教育实训中心研发 V6.0版

教学票样

2101191130

北平增值税专用发票

发票联

№ 1203411

校验码 57652 57684 52345 87684

开票日期： 2019-02-03

购买方	名　　称：北平华问国际酒店有限公司 纳税人识别号： 91110168MC001YIDHV 地址、电话：北平市迎丰中路98号 011-86663915 开户行及账号：招商银行北平市支行 362117 211290 009	密码区	>>14675*+3181571479352*931573 3>1/<863>*19-*4<>506312324>23 8179/641++54/*49>1217<>><>

货物或应税劳务名称	规格型号	单位	数量	单价	金额	税率	税额
粮油调料		批	1	3,918.00	3,918.00	13%	509.34
合　　计					¥ 3,918.00		¥ 509.34
价税合计（大写）	※肆仟肆佰贰拾柒元叁角肆分				（小写）¥ 4,427.34		

销售方	名　　称：北平昌盛食品有限公司 纳税人识别号： 91110167MA2MQB846G 地址、电话：北平市火炬大街796号 011-83122222 开户行及账号：中国银行青湖支行 4016 7865 4611	备注	

收款人：万里云　　复核：毛柯　　开票人：李毅　　销售方：（章）

第三联：发票联 购买方记账凭证

北平昌盛食品有限公司 91110167MA2MQB846G 发票专用章

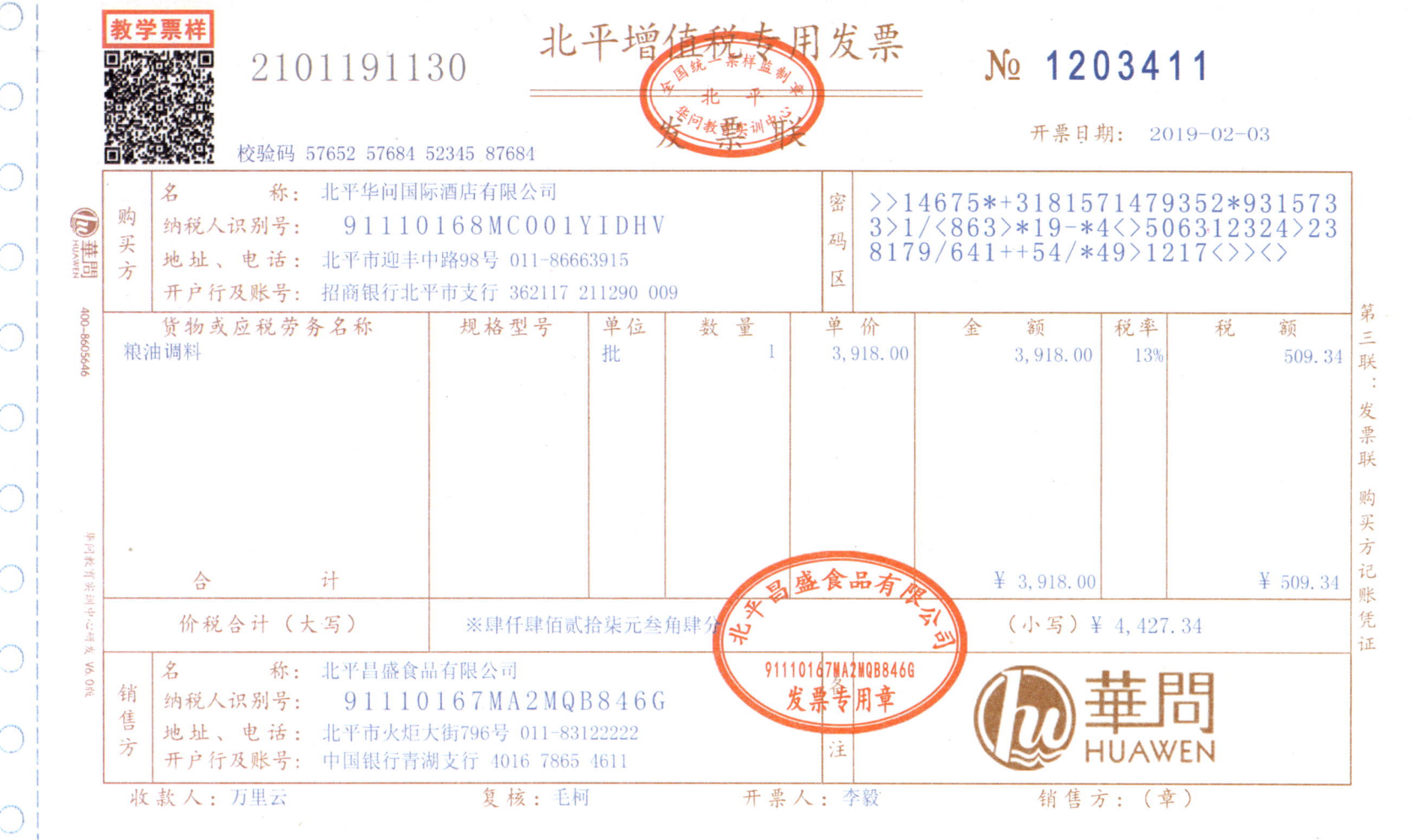

全国统一票样监制章 北平 华问教育实训中心

教学票样

2101191120

北平增值税普通发票

№ 4264053

发票联

校验码 97558 56564 30090 60034

开票日期： 2019-02-28

购买方	名　　称：北平华问国际酒店有限公司 纳税人识别号：91110168MC001YIDHV 地 址、电 话：北平洪城路134号 011-89740526 开户行及账号：招商银行北平市支行 362117 211290 009	密码区	>>24064*+2072571317441*9314876>1/<863>*19-*4<>685013424>686231/541++82/*49>3296<>><>

货物或应税劳务名称	规格型号	单位	数量	单价	金额	税率	税额
清洗费			1	4,757.28	4,757.28	3%	142.72
合　　计					¥ 4,757.28		¥ 142.72
价税合计（大写）	※肆仟玖佰元整				（小写）¥ 4,900.00		

销售方	名　　称：奥康餐具清洁有限公司 纳税人识别号：93601065065361 8KSV 地 址、电 话：北平市广场南路838号 011-83149608 开户行及账号：招商银行广场支行 360121 346290 078	备注	

收款人：吴梅　　复核：朱晨晨　　开票人：蔡思佳　　销售方：（章）

第二联：发票联 购买方记账凭证

奥康餐具清洁有限公司 936010650653618KSV 发票专用章

全国统一票样监制章 北平 华问教育实训中心

華問 HUAWEN 400-8605646

华问教育实训中心研发 V6.0

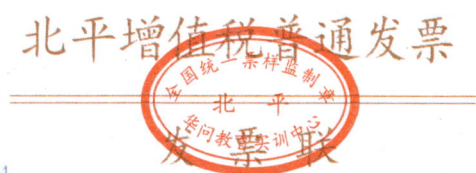

教学票样

2101191130

北平增值税专用发票

№ 2860314

发票联

开票日期：2019-02-24

校验码 95578 56564 30090 64666

购买方	名　　称：北平华问国际酒店有限公司 纳税人识别号：91110168MC001YIDHV 地址、电话：北平市迎丰中路98号 011-86663915 开户行及账号：招商银行北平市支行 362117 211290 009	密码区	>>52056*+1382571319352*931573 3>3/<813>*58-*4<>556012324>28 3167/581++51/*49>3116<>><>

货物或应税劳务名称	规格型号	单位	数量	单价	金额	税率	税额
海鲜		批	1	2,587.00	2,587.00	13%	336.31
合　计					¥ 2,587.00		¥ 336.31
价税合计（大写）	※贰仟玖佰贰拾叁元叁角壹分				（小写）¥ 2,923.31		

销售方	名　　称：北平永盛水产有限公司 纳税人识别号：91110168MA6R87FE5K 地址、电话：北平市鑫维大道99号 011-20502923 开户行及账号：交通银行小蓝开发区支行 310066 663099 113201696	备注	

收款人：张莉　　复核：周秀禾　　开票人：于宇　　销售方：（章）

全国统一票样监制章 北平 华问教育实训中心

北平永盛水产有限公司 91110168MA6R87FE5K 发票专用章

第三联：发票联 购买方记账凭证

教学票样

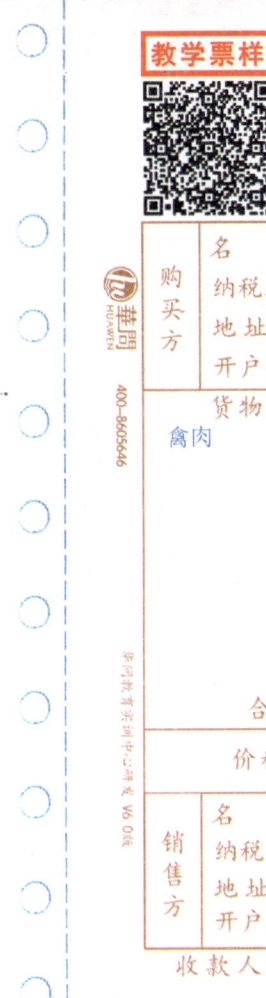

2101191130

北平增值税专用发票

发 票 联

№ 1145064

开票日期：2019-02-17

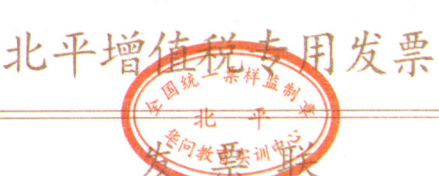

校验码 98300 58934 30090 66356

购买方	名　　称：北平华问国际酒店有限公司 纳税人识别号：91110168MC001YIDHV 地 址、电 话：北平市迎丰中路98号 011-86663915 开户行及账号：招商银行北平市支行 362117 211290 009	密码区	>>27175*+318157147955２*931573 3>1/<863>*39-*5<>18481232４>23 8179/151++54/*49>1018<>><>

货物或应税劳务名称	规格型号	单位	数量	单价	金额	税率	税额
禽肉		批	1	8,412.00	8,412.00	13%	1,093.56
合　　计					¥ 8,412.00		¥ 1,093.56
价税合计（大写）	※玖仟伍佰零伍元伍角陆分				（小写）¥ 9,505.56		

销售方	名　　称：北平诚泰商贸有限公司 纳税人识别号：91110169005540927０ 地 址、电 话：北平市顺外路8号 011-83837931 开户行及账号：邮政储蓄顺外支行 913006 371342 95142	备注	

收款人：李芬芳　　复核：毛方圆　　开票人：方准　　销售方：（章）

第三联：发票联 购买方记账凭证

全国统一票样监制章 北平 华问教育实训中心

北平诚泰商贸有限公司 911101690055409270 发票专用章

華問 HUAWEN 400-8605646

华问教育实训中心研发 V6.0版

教学票样

2101191130

北平增值税专用发票

发票联

№ 1654011

开票日期：2019-02-03

校验码 76349 39103 58490 32354

购买方	名称：北平华问国际酒店有限公司 纳税人识别号：91110168MC001YIDHV 地址、电话：北平市迎丰中路98号 011-86663915 开户行及账号：招商银行北平市支行 362117 211290 009				密码区	>>37675*+2542571479352*931573 3>1/<863>*16-*4<>556012324>23 8179/581++55/*49>1128<>><>	
货物或应税劳务名称	规格型号	单位	数量	单价	金额	税率	税额
鲜蔬		批	1	661.50	661.50	13%	86.00
水果		批	1	496.00	496.00	13%	64.48
合计					¥ 1,157.50		¥ 150.48
价税合计（大写）	※壹仟叁佰零柒元玖角捌分				（小写）¥ 1,307.98		
销售方	名称：北平丰盛果蔬批发部 纳税人识别号：911101685816258 17K 地址、电话：北平市朱桥东路2号 011-62971834 开户行及账号：农行佛塔分理处 600037 895044 62133				备注		

收款人：张志远　　复核：朱军　　开票人：汪洋　　销售方：（章）

第三联：发票联 购买方记账凭证

北平丰盛果蔬批发部 911101685816258 17K 发票专用章

全国统一票样监制章 北平 华问教育实训中心

華問 HUAWEN 400-8605646

教学票样

2101191130

北平增值税专用发票

全国统一票样监制章 北平 华问教育实训中心

发票联

№ 1650254

开票日期： 2019-02-24

校验码 95578 56564 30090 64565

购买方	名　　称：北平华问国际酒店有限公司 纳税人识别号： 91110168MC001YIDHV 地 址 、电 话：北平市迎丰中路98号 011-86663915 开户行及账号：招商银行北平市支行 362117 211290 009	密码区	>>32675*+211257147935 2*931573 3>2/<863>*14-*4<>556012324>23 8129/311++41/*49>1128<>><>

货物或应税劳务名称	规格型号	单位	数量	单价	金额	税率	税额
鲜蔬		批	1	4,088.00	4,088.00	13%	531.44
水果		批	1	217.00	217.00	13%	28.21
合　　计					¥ 4,305.00		¥559.65
价税合计（大写）	※肆仟捌佰陆拾肆元陆角伍分				（小写）¥ 4,864.65		

销售方	名　　称：北平丰盛果蔬批发部 纳税人识别号： 91110168581625817K 地 址 、电 话：北平市朱桥东路2号 011-62971834 开户行及账号：农行佛塔分理处 600037 895044 62133	备注	

北平丰盛果蔬批发部 91110168581625817K 发票专用章

華問 HUAWEN

收款人：张志远　　复核：朱军　　开票人：汪洋　　销售方：（章）

第三联：发票联 购买方记账凭证

華問 HUAWEN 400-8605646

华问教育实训中心研发 V6.0版

教学票样

2101191130

北平增值税专用发票

№ 2860325

发票联

全国统一发票监制章 北平 华问教育实训中心

校验码 97668 56564 30090 64569

开票日期： 2019-02-28

购买方	名　　称：北平华问国际酒店有限公司 纳税人识别号：91110168MC001YIDHV 地址、电话：北平市迎丰中路98号 011-86663915 开户行及账号：招商银行北平市支行 362117 211290 009			密码区	>>15256*+1382571319352*931573 3>3/<613>*58-*4<>556012324>28 3167/181++51/*49>3116<>><>		
货物或应税劳务名称	规格型号	单位	数量	单价	金额	税率	税额
海鲜		批	1	582.00	582.00	13%	75.66
合　计					¥ 582.00		¥ 75.66
价税合计（大写）	※陆佰伍拾柒元陆角陆分				（小写）¥ 657.66		
销售方	名　　称：北平永盛水产有限公司 纳税人识别号：91110168MA6R87FE5K 地址、电话：北平市鑫维大道99号 011-20502923 开户行及账号：交通银行小蓝开发区支行 310066 663099 113201696			备注			

北平永盛水产有限公司 91110168MA6R87FE5K 发票专用章

華問 HUAWEN

收款人：张莉　　复核：周秀禾　　开票人：于宇　　销售方：（章）

第三联：发票联 购买方记账凭证

華問 HUAWEN 400-8605646

华问教育实训中心研发 V6.0版

教学票样

2101191130

北平增值税专用发票

№ 1202422

全国统一票样监制章 北平 华问教育实训中心

发票联

开票日期： 2019-02-10

校验码 73329 52312 34490 53456

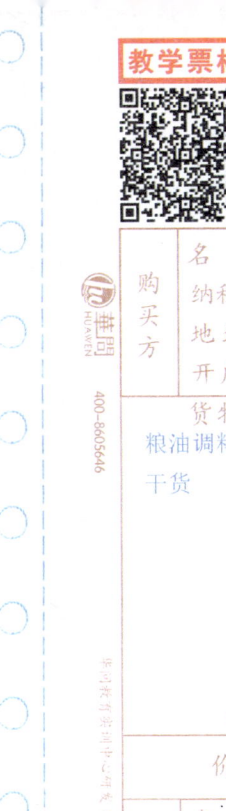

购买方	名　　称：北平华问国际酒店有限公司 纳税人识别号：91110168MC001YIDHV 地址、电话：北平市迎丰中路98号 011-86663915 开户行及账号：招商银行北平市支行 362117 211290 009	密码区	>>16675*+3181571479352*931573 3>1/<863>*39-*4<>550012324>23 8179/641++54/*49>2217<>><>

货物或应税劳务名称	规格型号	单位	数量	单价	金额	税率	税额
粮油调料		批	1	10,050.00	10,050.00	13%	1,306.50
干货		批	1	252.70	252.70	13%	32.85
合计					¥ 10,302.70		¥ 1,339.35
价税合计（大写）	※壹万壹仟陆佰肆拾贰元零伍分				（小写）¥ 11,642.05		

销售方	名　　称：北平昌盛食品有限公司 纳税人识别号：91110167MA2MQB846G 地址、电话：北平市火炬大街796号 011-83122222 开户行及账号：中国银行青湖支行 4016 7865 4611	备注	

北平昌盛食品有限公司 91110167MA2MQB846G 发票专用章

華問 HUAWEN

收款人：万里云　　复核：毛柯　　开票人：李毅　　销售方：（章）

第三联：发票联　购买方记账凭证

400-8605646

华问教育实训中心研发 V6.0

教学票样

2101191130

北平增值税专用发票

发票联

№ 2860271

（印章：全国统一票样监制章 北平 华问教育实训中心）

开票日期：2019-02-03

校验码 34589 39103 58490 38573

购买方	名　　称：北平华问国际酒店有限公司 纳税人识别号：91110168MC001YIDHV 地址、电话：北平市迎丰中路98号 011-86663915 开户行及账号：招商银行北平市支行 362117 211290 009	密码区	>>12056*+2392571319352*931573 3>1/<813>*19-*4<>556012324>28 3197/581++54/*49>1128<><>

货物或应税劳务名称	规格型号	单位	数量	单价	金额	税率	税额
海鲜		批	1	1,377.50	1,377.50	13%	179.08
合　　计					¥ 1,377.50		¥ 179.08
价税合计（大写）	※壹仟伍佰伍拾陆元伍角捌分				（小写）¥ 1,556.58		

销售方	名　　称：北平永盛水产有限公司 纳税人识别号：91110168MA6R87FE5K 地址、电话：北平市鑫维大道99号 011-20502923 开户行及账号：交通银行小蓝开发区支行 310066 663099 113201696	备注	

（印章：北平永盛水产有限公司 91110168MA6R87FE5K 发票专用章）

收款人：张莉　　复核：周秀禾　　开票人：于宇　　销售方：（章）

第三联：发票联 购买方记账凭证

華問 HUAWEN 400-8605646

教学票样

2101191130

北平增值税专用发票

发票联

№ 1145022

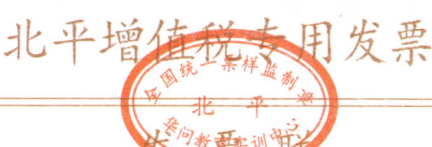

开票日期：2019-02-03

校验码 53452 57684 54245 87643

购买方	名　　称：北平华问国际酒店有限公司 纳税人识别号：91110168MC001YIDHV 地址、电话：北平市迎丰中路98号 011-86663915 开户行及账号：招商银行北平市支行 362117 211290 009	密码区	>>17175*+318157147935 2*931573 3>1/<863>*19-*4<>114812324>23 8179/051++54/*49>1018<>><>

货物或应税劳务名称	规格型号	单位	数量	单价	金额	税率	税额
禽肉		批	1	2,995.00	2,995.00	13%	389.35
合　计					￥2,995.00		￥389.35
价税合计（大写）	※叁仟叁佰捌拾肆元叁角伍分				（小写）￥3,384.35		

销售方	名　　称：北平诚泰商贸有限公司 纳税人识别号：91110169005540927 0 地址、电话：北平市顺外路8号 011-83837931 开户行及账号：邮政储蓄顺外支行 913006 371342 95142	备注	

收款人：李芬芳　　复核：毛方圆　　开票人：方淮　　销售方：（章）

第三联：发票联 购买方记账凭证

全国统一票样监制章 北平 华问教育实训中心

北平诚泰商贸有限公司 911101690055409270 发票专用章

北平昌盛食品有限公司　　销货单

地址：北平市火炬大街796号　　No. 1100319

电话：011-83122222　　2019年02月07日

名称	规格	单位	数量	单价	金额
调料包		包	500.00	2.83	1412.50
真空鲜百合		包	10.00	5.42	54.24
合计人民币（大写）零萬壹仟肆佰陆拾陆元柒角肆分					￥：1466.74

开单：黄维德　　核准：李维嘉　　收货人签字：程义

②客户

招商銀行 北平分行
CHINA MERCHANTS BANK beiping branch

进账单 （回　单）　1

2019年 02月 15日

出票人	全称	北平华阿国际酒店有限公司	收款人	全称	代发工资
	账号	362117211290009		账号	
	开户银行	招商银行北平市支行		开户银行	招商银行北平市支行
金额	人民币（大写）	壹拾柒万伍仟柒佰玖拾陆元贰角贰分		亿千百十万千百十元角分	¥17579622
票据种类	转账支票	票据依据			
票据号码	02781356				
备注：			复核		

此联是开户银行交给持票人的回单

招商银行 北平市支行 2019.02.15 业务受理章

教学票样

華問 HUAWEN

差旅费报销单

报销部门：财务部　　　　填报日期：2019 年 02 月 24 日

姓名	李义	职别	出纳	出差事由	外出办公

出差起止日期自2019年 02 月 24 日起至2019年 02 月 24 日止共 1 天附单据 1 张

日期 月	日期 日	起讫地点	天数	机票费	车船费	市内交通费	住宿费	出差补助	住宿节约补助	其他	小计
02	24	公司至银行	1			56					56.00

现金付讫

总计金额（大写）￥万零仟零佰伍拾陆元零角零分　预支　　元　补助　　元

负责人 王晓华　　会计　　审核 陈美娇　　部门主管　　出差人

北平市国家税务局
通用机打发票

发票联

发票代码:
136011437202
发票号码:
27002516

发票查询网站: www.bp-n-tax.gov.cn
发票查询举报电话: 011-12366
北国税征字（2019）年1月印1012号

机打发票　手写无效 [redacted]

单位	第三出租车
电话	86751789
车号	A-3Y109
证号	32010127
日期	2019年02月24日
[redacted] 上车	10:34
下车	11:02
单价	2.10元/公里
里程	23.81公里
等候	00:10.23
金额	56.03元
卡号	

北平市出租汽车 发票专用章

北平市光辉印刷有限公司

水费分摊

年 02月

分摊部门	办公室	销售部门			应交合计
		餐饮部	客房部	桑拿部	
分摊比率					100%
分摊金额					6,257.25

电费分摊

年 02月

分摊部门	办公室	销售部门			应交合计
		餐饮部	客房部	桑拿部	
分摊比率					100%
分摊金额					64,013.38

教学票样

2101191130

北平增值税专用发票

№ 1145064

抵扣联

校验码 98300 58934 30090 66356

开票日期：2019-02-17

购买方	名称：北平华问国际酒店有限公司 纳税人识别号：91110168MC001YIDHV 地址、电话：北平市迎丰中路98号 011-86663915 开户行及账号：招商银行北平市支行 362117 211290 009	密码区	>>27175*+318157147955 2*931573 3>1/<863>*39-*5<>184812324>23 8179/151++54/*49>1018<>><>

货物或应税劳务名称	规格型号	单位	数量	单价	金额	税率	税额
禽肉		批	1	8,412.00	8,412.00	13%	1,093.56
合计					¥ 8,412.00		¥ 1,093.56
价税合计（大写）	※玖仟伍佰零伍元伍角陆分				（小写）¥ 9,505.56		

销售方	名称：北平诚泰商贸有限公司 纳税人识别号：911101690055409270 地址、电话：北平市顺外路8号 011-83837931 开户行及账号：邮政储蓄顺外支行 913006 371342 95142	备注	

收款人：李芬芳　　复核：毛方圆　　开票人：方淮　　销售方：（章）

第二联：抵扣联 购买方扣税凭证

全国统一票样监制章 北平 华问教育实训中心

北平诚泰商贸有限公司 911101690055409270 发票专用章

華問 HUAWEN 400-8605646

华问教育实训中心研发 V6.0版

教学票样

2101191130

北平增值税专用发票

全国统一票样监制章 北平 华问教育实训中心

抵扣联

№ 2308461

校验码 73329 58912 34490 57869

开票日期： 2019-02-10

购买方	名称：北平华问国际酒店有限公司 纳税人识别号：91110168MC001YIDHV 地址、电话：北平市迎丰中路98号 011-86663915 开户行及账号：招商银行北平市支行 362117 211290 009	密码区	>>17685*+3181571479352*842469 7>1/<843>*19-*4<>117812324>23 8179/041++13/*49>2018<>><>

货物或应税劳务名称	规格型号	单位	数量	单价	金额	税率	税额
饮料		批	1	2,457.00	2,457.00	17%	417.69
合计					¥ 2,457.00		¥ 417.69
价税合计（大写）	※贰仟捌佰柒拾肆元陆角玖分				（小写）¥ 2,874.69		

销售方	名称：北平仲祥商贸有限公司 纳税人识别号：91110166MA5K90EF6D 地址、电话：北平市南京东路166号 011-80671846 开户行及账号：建行恒茂花园分理处 440318 403602 23565059	备注	

北平仲祥商贸有限公司 91110166MA5K90EF6D 发票专用章

华问 HUAWEN

收款人：陈慧娟　　复核：吕智森　　开票人：秦楚　　销售方：（章）

第二联：抵扣联 购买方扣税凭证

华问 HUAWEN 400-8605646

华问教育实训中心研发 V6.0版

教学票样

2101191130

北平增值税专用发票

全国统一票样监制章 北平 华问教育实训中心

发票联

№ 4230146

校验码 98300 58912 34490 66678

开票日期： 2019-02-10

购买方	名　　称：北平华问国际酒店有限公司 纳税人识别号：91110168MC001YIDHV 地址、电话：北平市迎丰中路98号 011-86663915 开户行及账号：招商银行北平市支行 362117 211290 009	密码区	>>35876*+2362571419352*931573 3>1/<863>*16-*4<>556012324>52 8310/581++56/*79>2298<>><>

货物或应税劳务名称	规格型号	单位	数量	单价	金额	税率	税额
租金			1	250,000.00	250,000.00	11%	27,500.00
合　计					￥250,000.00		￥27,500.00
价税合计（大写）	※贰拾柒万柒仟伍佰元整				（小写）￥277,500.00		

销售方	名　　称：北平茂苑物业管理有限公司 纳税人识别号：92680318QF008RPFLX 地址、电话：北平市迎丰路280号 011-86967126 开户行及账号：招商银行北平市支行 362117 211293 8468	备注	

北平茂苑物业管理有限公司 92680318QF008RPFLX 发票专用章

華問 HUAWEN

收款人：李伟　　复核：周丽丽　　开票人：钱方圆　　销售方：（章）

第三联：发票联　购买方记账凭证

华问 HUAWEN 400-8605646

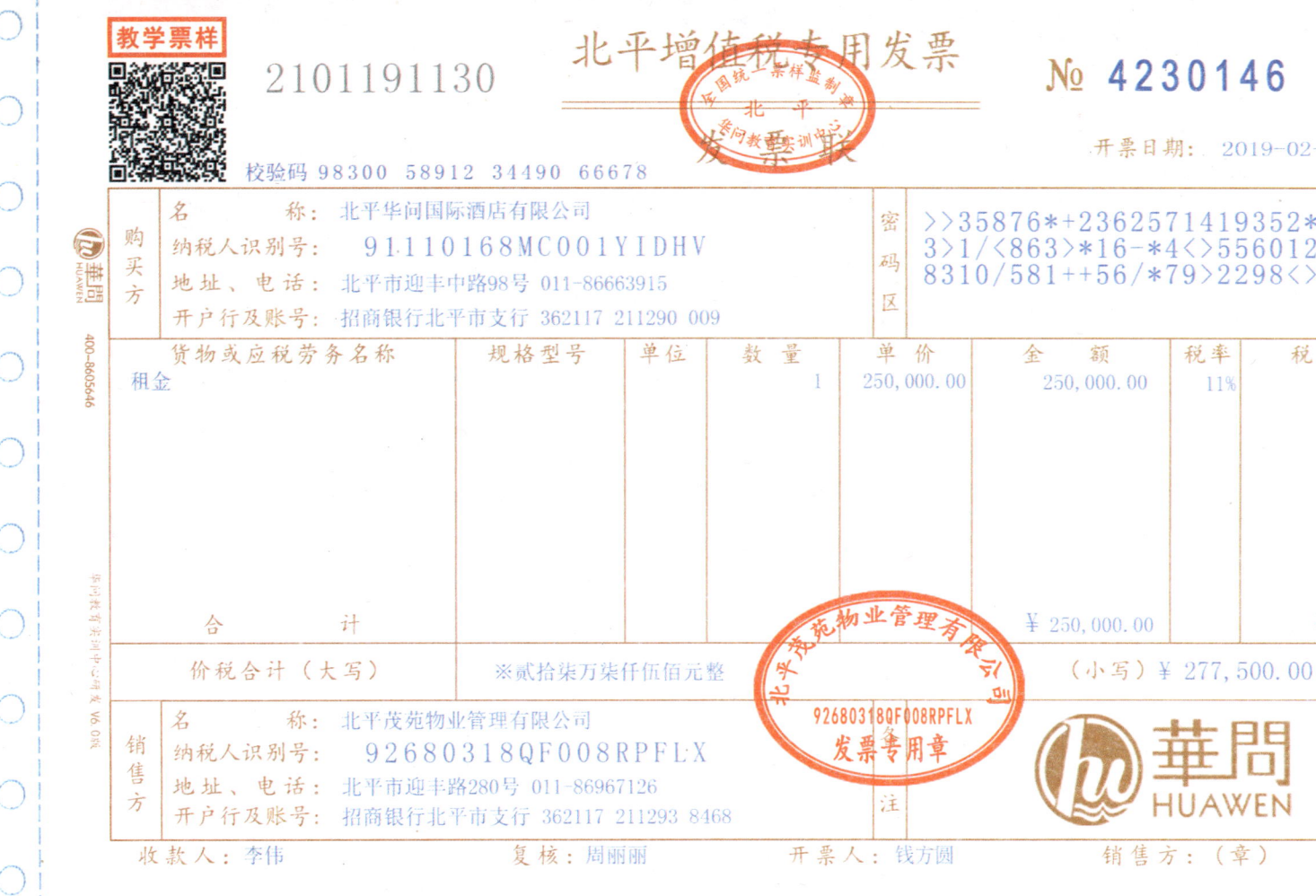

华问教育实训中心研发 V6.0版

教学票样

2101161680

北平增值税专用发票

全国统一票样监制章 北平 华问教育实训中心

抵扣联

№ 2021611

校验码 73329 58912 34490 58234

开票日期：2019-02-10

购买方	名称：北平华问国际酒店有限公司 纳税人识别号：91110168MC001YIDHV 地址、电话：北平市迎丰中路98号 电话011-86663915 开户行及账号：招商银行北平市支行 362117 211290 009				密码区	>>02675*+4592576669352*920245 5>1/<863>*19-*5<>446012324>47 5310/421++54/*49>3-98<>><>	
货物或应税劳务名称	规格型号	单位	数量	单价	金额	税率	税额
水费		吨	7,095.92	1.35	9,579.49	17%	1,628.51
合计					¥ 9,579.49		¥ 1,628.51
价税合计（大写）	※壹万壹仟贰佰零捌元整				（小写）¥ 11,208.00		
销售方	名称：北平水业集团有限责任公司 纳税人识别号：96010000077316855Q 地址、电话：北平市灌婴路99号 96166 开户行及账号：招行北平支行150100 102630 0010285				备注		

北平水业集团有限责任公司 96010000077316855Q 发票专用章

華問 HUAWEN

收款人：程学东 复核：周方方 开票人：钱小样 销售方：（章）

第二联：抵扣联 购买方扣税凭证

華問 HUAWEN 400-8605646

华问教育实训中心研发 V6.0版

北平仲祥商贸有限公司

地址：北平市南京东路 166 号　　NO. 11878904

电话： 011-80671846

客户：北平华问国际酒店有限公司　　日期：2019 年 01 月 09 日

货　　名	单位	数量	单价	金　额
王老吉	瓶	72	3.51	252:72
旺仔牛奶(145ML)	瓶	40	3.51	140.39
红牛	厅	24	4.09	98.27
百威(330ML)	瓶	96	7.02	673.91
红星二锅头(小)	瓶	50	3.51	175.50
合　计		282		1,340.79
大写金额（人民币）壹仟叁佰肆拾元零柒角玖分				

第二联　客户（红）

核准：王思佳　　收货人：张小佳

如有质量问题，请七天内调换，逾期无效，谢谢合作

教学票样

2101191130

北平增值税专用发票

№ 4158117

全国统一票样监制章 北平 华问教育实训中心

发票联

开票日期： 2019-01-13

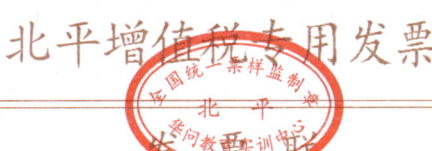

校验码 73329 52312 58490 52765

购买方	名称：北平华问国际酒店有限公司 纳税人识别号：91110168MC001YIDHV 地址、电话：北平市迎丰中路98号 011-86663915 开户行及账号：招商银行北平市支行 362117 211290 009			密码区	>>17675*+239257131935 2*931573 3>1/<863>*19-*4<>556012324>28 3197/581++54/*49>1128<>><>		
货物或应税劳务名称	规格型号	单位	数量	单价	金额	税率	税额
海鲜		批	1	6,022.20	6,022.20	13%	782.90
合计					¥ 6,022.20		¥ 782.90
价税合计（大写）	⊗陆仟捌佰零伍元壹角				（小写）¥ 6,805.10		
销售方	名称：北平永盛水产有限公司 纳税人识别号：91110168MA6R87FE5K 地址、电话：北平市鑫维大道99号 011-20502923 开户行及账号：交通银行小蓝开发区支行 310066 663099 113201696			备注			

现金付讫

北平永盛水产有限公司 91110168MA6R87FE5K 发票专用章

華問 HUAWEN

收款人：张莉　　复核：周秀禾　　开票人：于宇　　销售方：（章）

第三联：发票联 购买方记账凭证

400-8605646

华问教育实训中心研发 V6.0版

教学票样

2101191130

北平增值税专用发票

发票联

№ 2201435

校验码 73329 54312 58490 57389

开票日期： 2019-01-13

购买方	名称：北平华问国际酒店有限公司 纳税人识别号：91110168MC001YIDHV 地址、电话：北平市迎丰中路98号 011-86663915 开户行及账号：招商银行北平市支行 362117 211290 009	密码区	>>17675*+3181571479352*931573 3>1/<863>*19-*4<>556012324>23 8179/641++54/*49>2217<>><>

货物或应税劳务名称	规格型号	单位	数量	单价	金额	税率	税额
粮油调料		批	1	9,323.00	9,323.00	13%	1,212.00
干货		批	1	3,223.40	3,223.40	13%	419.00
合计					¥ 12,546.40		¥ 1,631.00
价税合计（大写）	※壹万肆仟壹佰柒拾柒元肆角				（小写）¥ 14,177.40		

销售方	名称：北平昌盛食品有限公司 纳税人识别号：91110167MA2MQB846G 地址、电话：北平市火炬大街796号 011-83122222 开户行及账号：中国银行青湖支行 4016 7865 4611	备注	

收款人：万里云　　复核：毛柯　　开票人：李毅　　销售方：（章）

第三联：发票联　购买方记账凭证

现金付讫

全国统一票样监制章 北平 华问教育实训中心

北平昌盛食品有限公司 91110167MA2MQB846G 发票专用章

華問 HUAWEN 400-8605646

华问教育实训中心研发 V6.0版

教学票样

2101191130

北平增值税专用发票

№ 2857091

全国统一票样监制章 北平 华问教育实训中心

发票联

开票日期： 2019-01-13

校验码 73329 52312 58490 52398

购买方	名　　称：北平华问国际酒店有限公司 纳税人识别号： 91110168MC001YIDHV 地址、电话：北平市迎丰中路98号 011-86663915 开户行及账号：招商银行北平市支行 362117 211290 009			密码区	>>17675*+2592571479352*931573 3>1/<863>*19-*4<>556012324>23 8179/581++54/*49>1128<>><>		
货物或应税劳务名称	规格型号	单位	数量	单价	金额	税率	税额
鲜蔬		批	1	4,008.20	4,008.20	13%	521.00
水果		批	1	1,860.80	1,860.80	13%	241.90
合计					¥ 5,869.00		¥ 762.90
价税合计（大写）	※陆仟陆佰叁拾壹元玖角				（小写）¥ 6,631.90		
销售方	名　　称：北平丰盛果蔬批发部 纳税人识别号： 91110168581625817K 地址、电话：北平市朱桥东路2号 011-62971834 开户行及账号：农行佛塔分理处 600037 895044 62133			备注			

现金付讫

北平丰盛果蔬批发部 91110168581625817K 发票专用章

華問 HUAWEN

收款人：张志远　　复核：朱军　　开票人：汪洋　　销售方：（章）

第三联：发票联　购买方记账凭证

400-8605646

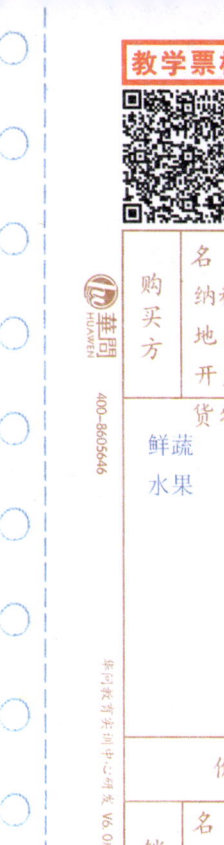

华问教育实训中心研发 V6.0版

教学票样

2101191130

北平增值税专用发票

№ 3569078

全国统一票样监制章 北平 华问教育实训中心

发票联

开票日期： 2019-01-13

校验码 73329 52312 34490 52765

购买方	名　　称：北平华问国际酒店有限公司 纳税人识别号： 91110168MC001YIDHV 地址、电话：北平市迎丰中路98号 011-86663915 开户行及账号：招商银行北平市支行 362117 211290 009	密码区 >>17675*+3181571479352*842469 7>1/<863>*19-*4<>117812324>23 8179/051++13/*49>3018<>><>

货物或应税劳务名称	规格型号	单位	数量	单价	金额	税率	税额
饮料		批	1	5,339.20	5,339.20	17%	907.60
合　计					￥5,339.20		￥907.60
价税合计（大写）	※陆仟贰佰肆拾陆元捌角				（小写）￥6,246.80		

销售方	名　　称：北平仲祥商贸有限公司 纳税人识别号： 91110166MA5K90EF6D 地址、电话：北平市南京东路166号 011-80671846 开户行及账号：建行恒茂花园分理处 440318 403602 23565059	备注

收款人：陈慧娟　　复核：吕智森　　开票人：秦楚　　销售方：（章）

现金付讫

北平仲祥商贸有限公司 91110166MA5K90EF6D 发票专用章

第三联：发票联 购买方记账凭证

華問 HUAWEN

400-8605646

教学票样

2101191130

北平增值税专用发票

全国统一票样监制章 北平 华问教育实训中心

发票联

№ 1134078

开票日期： 2019-01-13

校验码 73329 54312 58490 52356

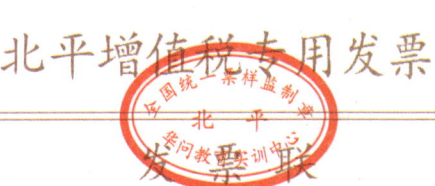

购买方	名称：北平华问国际酒店有限公司 纳税人识别号：91110168MC001YIDHV 地址、电话：北平市迎丰中路98号 011-86663915 开户行及账号：招商银行北平市支行 362117 211290 009	密码区	>>17675*+318157147935 2*931573 3>1/<863>*19-*4<>117812324>23 8179/051++54/*49>3018<>><>

货物或应税劳务名称	规格型号	单位	数量	单价	金额	税率	税额
禽肉		批	1	7,573.00	7,573.00	13%	984.50
合计					¥ 7,573.00		¥ 984.50
价税合计（大写）	※捌仟伍佰伍拾柒元伍角				（小写）¥ 8,557.50		

销售方	名称：北平诚泰商贸有限公司 纳税人识别号：91110169005540927 0 地址、电话：北平市顺外路8号 011-83837931 开户行及账号：邮政储蓄顺外支行 913006 371342 95142	备注	

现金付讫

北平诚泰商贸有限公司 911101690055409270 发票专用章

收款人：李芬芳　　复核：毛方圆　　开票人：方准　　销售方：（章）

第三联：发票联 购买方记账凭证

華問 HUAWEN

400-8605646

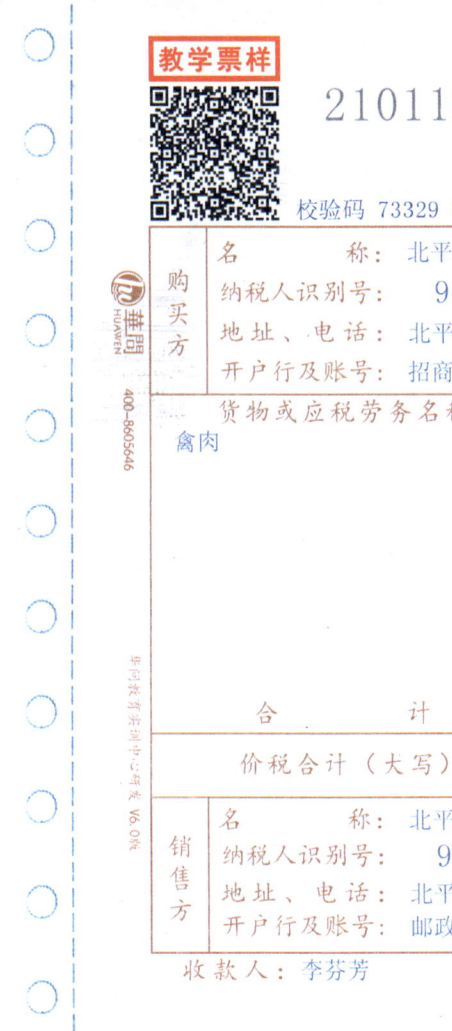

华问教育实训中心研发 V6.0版

鑫益酒店用品有限公司

送货单

No. 0000786

客户： 北平华问国际酒店有限公司　　　　日期:2019-01-08

货品名称	规格	单位	数量	单价	金额
梅花盘	5寸	个	30	3.53	105.90
四方平盘	5寸	个	30	5.86	175.80
梅花盘	12寸	个	30	9.92	297.60
四角正德碗	9寸	个	30	21.34	640.20
长方平底碗	14寸	个	30	22.68	680.40
斜口碗	8寸	个	30	11.78	353.40
荷叶碗	7.25寸	个	30	17.73	531.90
长条碗	15.5寸	个	30	21.38	641.40
五格盘	14寸	个	30	22.80	684.00
三角厚边盘	10寸	个	30	18.00	540.00
金额合计（大写）：肆仟陆佰伍拾元陆角				（小写）：4,650.60	

发单人： 黄思嘉　　　　收货人： 石梦

鑫益酒店用品有限公司

送 货 单

No. 0000787

客户： 北平华问国际酒店有限公司　　日期:2019-01-08

货品名称	规格	单位	数量	单价	金额
鱼盘	16寸	个	30	31.80	954.00
圆平盘	12寸	个	30	19.09	572.70
圣火碗	10寸	个	30	27.20	816.00
南瓜汤锅	12寸	个	30	56.00	1,680.00
辫子碗	8寸	个	30	19.60	588.00
高脚红酒杯	500ml	个	180	29.80	5,364.00
啤酒杯	170ml	个	200	2.50	500.00
白酒杯	30ml	个	200	3.00	600.00
多功能手推车	三层	个	3	290.00	870.00
不锈钢置物架	四层 1.8M	个	2	580.00	1,160.00
金额合计（大写）：壹万叁仟壹佰零肆元柒角整					（小写）：13,104.70

发单人： 黄思嘉　　收货人： 石磐

鑫益酒店用品有限公司

送 货 单

No. 0000788

客户： 北平华问国际酒店有限公司　　　　日期:2019-01-08

货品名称	规格	单位	数量	单价	金额
电子秤	200KG	个	2	125.00	250.00
双耳钢板锅	60cm	个	4	160.00	640.00
铁板锅	60*46	个	2	175.00	350.00
不锈钢汤桶	35cm	个	2	280.00	560.00
砧板	加厚 39*9cm	个	1	420.00	420.00
微波炉	52ml	个	1	1,688.00	1,688.00
热水壶		个	210	59.00	12,390.00
吹风机		个	210	45.00	9,450.00
金额合计（大写）：贰万伍仟柒佰肆拾捌元整				（小写）：25,748.00	

发单人： 黄思嘉　　　　收货人： 石梦

收银员入账项目日报表

开始日期:2019-01-17 00:00:01　　结束日期:2019-01-18 00:00:00　　业态;客房　　**公司:华问国际酒店**

收银员	项目	笔数	消费金额	结算金额
1005 王芳		**52**	**0.00**	**17900.00**
	01 现金（押金）	14		8000.00
	01 现金-[小计]	**40**	**0.00**	**8000.00**
	05 信用卡（押金）	12		9900.00
	05 信用卡-[小计]	**12**	**0.00**	**9900.00**
SYSTEM SYSTEM		**46**	**11438.00**	**0.00**
	000101 夜房费	46	11438.00	
	01 现金-[总计]	**40**		**8000.00**
	05 信用卡-[总计]	**12**		**9900.00**
	[总计]	**98**	**11438.00**	**17900.00**

北平华问国际酒店有限公司财务专用章

见证人： 杨欢　　**查核员：** 李义　　**收银员：** 王芳

收银员入账项目日报表

开始日期:2019-01-09 00:00:01　　结束日期:2019-01-10 00:00:00　　业态:客房　　公司:华问国际酒店

收银员	项目	笔数	消费金额	结算金额
1005 王芳		**94**	**0.00**	**41500.00**
	01 现金（押金）	49		18900.00
	01 现金（备用金）	1		3000.00
	01 现金-[小计]	**51**	**0.00**	**21900.00**
	05 信用卡（押金）	43		19600.00
	05 信用卡-[小计]	**43**	**0.00**	**19600.00**
SYSTEM SYSTEM		**91**	**23348.00**	**0.00**
	000101 夜房费	91	23348.00	
	01 现金-[总计]	**51**		**21900.00**
	05 信用卡-[总计]	**43**		**19600.00**
	[总计]	**185**	**23348.00**	**41500.00**

北平华问国际酒店有限公司财务专用章

见证人: 杨欢　　**查核员:** 李义　　**收银员:** 王芳

销货清单

单位：华向大酒店　　　　2019年01月15日

编号	品名	单位	数量	单价	金额
1	玉米粒	斤	10	5.09	50.85
2	长豆角	斤	15	4.52	67.80
3	白豆腐	斤	10	4.52	45.20
4	菠菜	斤	15	3.39	50.85
5	花菜	斤	20	3.16	63.28
6	闽笋	斤	10	24.58	245.78
7	芋头	斤	10	1.81	18.08
8	茄子	斤	15	2.03	30.51
9	日本青瓜仔	斤	20	4.52	90.40
10	青美人椒	斤	10	5.09	50.85
11	红美人椒	斤	10	5.65	56.50
12	大青尖椒	斤	10	2.26	22.60
13	蒜苗	斤	5	3.73	18.65
14	国产橙	斤	10	2.03	20.34
15					
合计金额（大写）	捌佰叁拾壹元陆角玖分			831.69	

校验：李文华　　　　签收：王文川

销 货 清 单

单位：华阔大酒店　　　　2019年 01月14日

编号	品名	单位	数量	单价	金额
1	玉米粒	斤	10	5.09	50.85
2	攸县香干	斤	10	16.95	169.50
3	菠菜	斤	15	3.39	50.85
4	花菜	斤	20	3.16	63.28
5	芋头	斤	10	1.81	18.08
6	茄子	斤	15	2.03	30.51
7	大青尖椒	斤	10	2.26	22.60
8	青美人椒	斤	10	5.09	50.85
9	日本青瓜仔	斤	20	4.52	90.40
10	无籽西瓜	斤	30	3.39	101.70
11	香蕉	斤	10	1.7	16.95
12					
13					
14					
15					
合计金额（大写）	陆佰陆拾伍元伍角柒分			665.57	

校验：李文华　　　　签收：王文川

销 货 清 单

单位：华同大酒店　　　　2019年 01月 13日

编号	品名	单位	数量	单价	金额
1	攸县香干	斤	7	16.95	118.65
2	菠菜	斤	15	3.39	50.85
3	芋头	斤	10	1.81	18.08
4	青美人椒	斤	10	5.09	50.85
5	日本青瓜仔	斤	20	4.52	90.40
6	蒜苗	斤	5	3.73	18.65
7	蒜肉	斤	20	1.47	29.38
8	葱肉	斤	3	3.39	10.17
9	国产橙	斤	10	2.03	20.34
10	有籽西瓜	斤	22	3.39	74.58
11					
12					
13					
14					
15					
合计金额（大写）	肆佰捌拾壹元玖玖角伍分			481.95	

校验：李文华　　　　签收：王文川

单位：华问大酒店　　　　2019年 01月 12日

编号	品名	单位	数量	单价	金额
1	日本青瓜仔	斤	20	4.52	90.40
2	蒜苗	斤	5	3.73	18.65
3	九头木瓜	斤	10	4.52	45.20
4	国产橙	斤	10	2.03	20.34
5	无籽西瓜	斤	30	3.39	101.70
6	有籽西瓜	斤	10	3.39	33.90
7					
8					
9					
10					
11					
12					
13					
14					
15					
合计金额（大写）	壹仟零捌拾肆元贰角伍分			1084.25	

校验：李文华　　　　签收：王文川

销 货 清 单

单位：华问大酒店　　　　2019年 01月 12日

编号	品名	单位	数量	单价	金额
1	玉米粒	斤	20	5.09	101.70
2	大青尖椒	斤	10	2.26	22.60
3	长豆角	斤	10	4.52	45.2
4	白豆腐	斤	10	4.52	45.2
5	白辣椒	斤	10	3.96	39.55
6	干豆角	斤	15	12.38	185.77
7	青美人椒	斤	10	5.09	50.85
8	菠菜	斤	15	3.39	50.85
9	花菜	斤	15	3.16	47.46
10	金针菇	斤	5	3.96	19.78
11	闽笋	斤	10	24.58	245.78
12	红美人椒	斤	10	5.65	56.50
13	芋头	斤	10	1.81	18.08
14	茄子	斤	15	2.03	30.51
15	朝天椒	斤	5	7.91	39.55
合计金额（大写）					

校验：李文华　　　　签收：王文川

销货清单

单位：华闻大酒店　　　　2019年 01月 10日

编号	品名	单位	数量	单价	金额
1	菠菜	斤	15	3.39	50.85
2	攸县香干	斤	7	16.95	118.65
3	白豆腐	斤	5	4.52	22.60
4	花菜	斤	5	3.16	15.82
5	阁笋	斤	10	24.58	245.78
6	青美人椒	斤	10	5.09	50.85
7	日本青瓜仔	斤	20	4.52	90.40
8	腊肠	斤	10	42.94	429.40
9	无籽西瓜	斤	48	3.39	162.72
10					
11					
12					
13					
14					
15					
合计金额（大写）	壹仟壹佰捌拾柒元零角柒分				1187.07

校验：李文华　　　　签收：王文川

销 货 清 单

单位：华问大酒店　　　　　　2019年 01月 11日

编号	品　　名	单　位	数　量	单　价	金　额
1	玉米粒	斤	10	5.09	50.85
2	长豆角	斤	10	4.52	45.20
3	菠菜	斤	15	3.39	50.85
4	花菜	斤	15	3.16	47.46
5	腐竹	斤	5	22.60	113
6	芋头	斤	10	1.81	18.08
7	茄子	斤	15	2.03	30.51
8	大青尖椒	斤	5	2.26	11.30
9	红美人椒	斤	5	5.65	28.25
10	日本青瓜仔	斤	20	4.52	90.40
11	蒜苗	斤	5	3.73	18.65
12	葱肉	斤	3	3.39	10.17
13	九头木瓜	斤	15	4.52	67.80
14	国产橙	斤	10	2.03	20.34
15	无籽西瓜	斤	62	3.39	210.18
合计金额（大写）					

校验：李文华　　　　　　签收：王文川

销货清单

单位：华问大酒店　　　　2019年 01月 11 日

编号	品名	单位	数量	单价	金额
1	香蕉	斤	10	1.70	16.95
2					
3					
4					
5					
6					
7					
8					
9					
10					
11					
12					
13					
14					
15					
合计金额（大写）	捌佰贰拾玖元玖角玖分			829.99	

校验：李文华　　　　签收：王文川

销货清单

单位：华问大酒店　　　　2019年 01月 30日

编号	品名	单位	数量	单价	金额
1	菠菜	斤	10	3.39	33.90
2	花菜	斤	5	3.16	15.82
3	腐竹	斤	5	22.60	113
4	闽笋	斤	5	24.58	122.89
5	芋头	斤	10	1.81	18.08
6	日本青瓜仔	斤	10	4.52	45.20
7	大黑木耳	斤	5	13.56	67.80
8	进口黄柠檬	个	5	2.26	11.30
9	台农芒果	斤	3	6.22	18.65
10					
11					
12					
13					
14					
15					
合计金额（大写）	肆佰肆拾陆元陆角肆分			446.64	

校验：李文华　　　　签收：王文川

销货清单

单位：华问大酒店　　　　2019年01月31日

编号	品名	单位	数量	单价	金额
1	玉米粒	斤	10	5.09	50.85
2	菠菜	斤	5	3.39	16.95
3	香蕉	斤	5	1.69	8.47
4					
5					
6					
7					
8					
9					
10					
11					
12					
13					
14					
15					
合计金额（大写）	柒拾陆元贰角柒分			76.27	

校验：李文华　　　　签收：王文川

销货清单

单位：华冈大酒店　　　　2019年 01月09日

编号	品名	单位	数量	单价	金额
1	大青尖椒	斤	10	2.26	22.60
2	青美人椒	斤	10	5.09	50.85
3	红美人椒	斤	10	5.65	56.50
4	大红椒	斤	5	7.35	36.73
5	日本青瓜仔	斤	20	4.52	90.40
6	蒜苗	斤	5	3.73	18.65
7	蒜肉	斤	20	1.47	29.38
8	葱肉	斤	5	3.39	16.95
9	大黑木耳	斤	10	13.56	135.60
10	河南粉皮	斤	20	7.35	146.90
11	乾中细米粉	包	30	5.65	169.50
12	大熟木瓜	斤	6.5	3.62	23.50
13	进口黄柠檬	个	10	2.26	22.60
14	国产橙	斤	15	2.03	30.51
15	台农芒果	斤	6	6.22	37.29
合计金额（大写）					

校验：李文华　　　　签收：王文川

销货清单

单位：华向大酒店　　2019年01月17日

编号	品名	单位	数量	单价	金额
1	攸县香干	斤	5	16.95	84.75
2	长豆角	斤	10	4.52	45.20
3	白豆腐	斤	10	4.52	45.20
4	菠菜	斤	15	3.39	50.85
5	花菜	斤	10	3.16	31.64
6	阖笋	斤	10	24.58	245.78
7	茄子	斤	10	2.03	20.34
8	大青尖椒	斤	10	2.26	22.60
9	日本青瓜仔	斤	20	4.52	90.40
10	猪肉	斤	20	1.47	29.38
11	腊肠	斤	5	42.94	214.70
12					
13					
14					
15					
合计金额（大写）	捌佰捌拾元捌角肆分			880.84	

校验：李文华　　签收：王文川

销 货 清 单

单位：华问大酒店　　　　2019年 01月 29日

编号	品名	单位	数量	单价	金额
1	攸县香干	斤	5	16.95	84.75
2	鲜口菇	斤	3	6.22	18.65
3	乾中细米粉	包	10	5.65	56.50
4	无籽西瓜	斤	32.50	3.39	110.18
5					
6					
7					
8					
9					
10					
11					
12					
13					
14					
15					
合计金额（大写）	贰佰柒拾元零角捌分				270.08

校验：李文华　　　　签收：王文川

销货清单

单位：华问大酒店　　　　2019年 01月09日

编号	品名	单位	数量	单价	金额
1	玉米粒	斤	10	5.09	50.85
2	攸县香干	斤	5	16.95	84.75
3	长豆角	斤	10	4.52	45.20
4	白豆腐	斤	10	4.52	45.20
5	白辣椒	斤	10	3.96	39.55
6	干豆角	斤	15	12.38	185.77
7	干椒节	斤	20	5.36	107.12
8	菠菜	斤	15	3.39	50.85
9	花菜	斤	10	3.16	31.64
10	金针菇	斤	10	3.96	39.55
11	腐竹	斤	5	22.6	113
12	鲜口菇	斤	4	6.22	24.86
13	芋头	斤	10	1.81	18.08
14	茄子	斤	15	2.03	30.51
15	朝天椒	斤	10	7.91	79.10
合计金额（大写）					

校验：李文华　　　　签收：王文川

销货清单

单位：华问大酒店　　　　2019年 01月19日

编号	品名	单位	数量	单价	金额
1	玉米粒	斤	10	5.09	50.85
2	长豆角	斤	10	4.52	45.20
3	白豆腐	斤	10	4.52	45.20
4	攸县香干	斤	5	16.95	84.75
5	菠菜	斤	20	3.39	67.80
6	花菜	斤	10	3.16	31.64
7	闽笋	斤	10	24.58	245.78
8	芋头	斤	10	1.81	18.08
9	茄子	斤	10	2.03	20.34
10	青美人椒	斤	10	5.09	50.85
11	红美人椒	斤	5	5.65	28.25
12	日本青瓜仔	斤	10	4.52	45.20
13	蒜苗	斤	5	3.73	18.65
14	大黑木耳	斤	5	13.56	67.80
15	香蕉	斤	5	1.7	8.48
合计金额（大写）	捌佰贰拾捌元捌角柒分				828.87

校验：李文华　　　　签收：王文川

招商银行
CHINA MERCHANTS BANK

付款回单

日期：2019年01月08日　　业务类型：网上企业银行支付　　流水号：G190108Q451A5HLJ

付款账号：362117211290009

户名：北京华问国际酒店有限公司

开户行：招商银行北平市支行

金额（大写）：人民币柒佰贰拾万元整

（小写）：CNY7，200，000，00

收款人户名：尚品装饰装修有限公司

收款人账号：44042750360233565060

收款人开户行：建设银行八一分理处

凭证种类：　　凭证号码：　　业务编号：20190333333

摘要：装修款

经办：G25876　　第1次打印：　　20190108

回单编号：201901083678　　回单验证码：9AID353535868

招商银行股份有限公司
电子回单专用章

提示：1.电子回单验证码相同表示同一笔业务回单，请勿重复记账使用。

2.已在银行柜台领用业务回单的单位，请注意核对，请勿重复记账使用。

打印时间：2019-01-08 11:11:11

招商银行
CHINA MERCHANTS BANK

付款回单

日期：2019年01月08日　　业务类型：网上企业银行支付　　流水号：G12356Q221A5HLP

付款账号：362117211290009

户名：北平华问国际酒店有限公司

开户行：招商银行北平支行

金额（大写）：人民币拾万元整

（小写）：CNY100,000.00

收款人户名：科美威环保机电设备有限公司

收款人账号：818479683478759808

收款人开户行：招商银行朝阳路支行

凭证种类：记账凭证　　凭证号码：0003　　业务编号：20190108185925

摘要：购买固定资产

经办：G12356　　第1次打印：　　20190108

招商银行股份有限公司
电子回单专用章

回单编号：2019010813022　　回单验证码：7AID2770E2AD6F69

提示：1.电子回单验证码相同表示同一笔业务回单，请勿重复记账使用。
2.已在银行柜台领用业务回单的单位，请注意核对，请勿重复记账使用。

打印时间：2019-01-08　　09:09:29

招商银行
CHINA MERCHANTS BANK

收费回单

日期：2019年01月08日　　业务类型：企业银行扣费　　流水号：G36482S2311SVP9

扣费账号：362117211290009

户名：北平华问国际酒店有限公司

开户行：招商银行北平市支行

实收金额：CNY10.50

摘要：网银汇款手续费

收费时段：20190108-20190108

第1次打印　　20190108

回单编号：2019010837105　　回单验证码：348YU8780E9Y6870

提示： 1.电子回单验证码相同表示同一笔业务回单，请勿重复记账使用。
2.已在银行柜台领用业务回单的单位，请注意核对，请勿重复记账使用。

打印时间：2019-01-08 10:03:54

招商银行股份有限公司
电子回单专用章

招商银行
CHINA MERCHANTS BANK

付 款 回 单

日期：2019年01月13日　　业务类型：网上企业银行支付　　流水号：G14626Q311C8DEF

付款账号：362117211290009

户名：北平华问国际酒店有限公司

开户行：招商银行北平支行

金额（大写）：人民币壹仟捌佰元整

（小写）：CNY1,800.00

收款人户名：长谐企业管理服务有限公司

收款人账号：310088862045382085138

收款人开户行：交行军工路支行

凭证种类：记账凭证　　凭证号码：0019　　业务编号：20190113216968

摘要：支付餐饮部消毒服务费

经办：G14626　　第1次打印：　　20190113

招商银行股份有限公司
电子回单专用章

回单编号：2019011315535　　回单验证码：8A2D8950E6AD6F106

提示： 1.电子回单验证码相同表示同一笔业务回单，请勿重复记账使用。
2.已在银行柜台领用业务回单的单位，请注意核对，请勿重复记账使用。

打印时间：2019-01-13　　11:18:52

招商银行
CHINA MERCHANTS BANK

收 费 回 单

日期：2019年01月08日　　业务类型：企业银行扣费　　流水号：G36482S2715S886

扣费账号：362117211290009

户名：北平华问国际酒店有限公司

开户行：招商银行北平市支行

实收金额：CNY20.50

摘要：网银汇款手续费

收费时段：20190108-20190108

第1次打印　　20190108

回单编号：2019010837219　　回单验证码：348YR87800987536

提示：1.电子回单验证码相同表示同一笔业务回单，请勿重复记账使用。
2.已在银行柜台领用业务回单的单位，请注意核对，请勿重复记账使用。

打印时间：2019-01-08 10:06:34

招商银行股份有限公司
电子回单专用章

招商银行
CHINA MERCHANTS BANK

收 费 回 单

日期：2019年01月08日　　业务类型：企业银行扣费　　流水号：G36482S2311SQ18

扣费账号：362117211290009

户名：北平华问国际酒店有限公司

开户行：招商银行北平市支行

实收金额：CNY10.50

摘要：网银汇款手续费

收费时段：20190108-20190108

第1次打印　　20190108

回单编号：2019010837101　　回单验证码：348YU878DE9YV02B

提示： 1.电子回单验证码相同表示同一笔业务回单，请勿重复记账使用。
2.已在银行柜台领用业务回单的单位，请注意核对，请勿重复记账使用。

打印时间：2019-01-08 10:02:12

招商银行股份有限公司
电子回单专用章

招商银行
CHINA MERCHANTS BANK

收费回单

日期：2019年01月08日　　业务类型：企业银行扣费　　流水号：G36482S2B15SV85

扣费账号：362117211290009

户名：北平华问国际酒店有限公司

开户行：招商银行北平市支行

实收金额：CNY10.50

摘要：网银汇款手续费

收费时段：20190108-20190108

第1次打印　　20190108

招商银行股份有限公司
电子回单专用章

回单编号：2019010837110　　回单验证码：348YR8780E9N6873

提示：1.电子回单验证码相同表示同一笔业务回单，请勿重复记账使用。
2.已在银行柜台领用业务回单的单位，请注意核对，请勿重复记账使用。

打印时间：2019-01-08 10:05:04

招商银行
CHINA MERCHANTS BANK

收 费 回 单

日期：2019年01月08日　　业务类型：企业银行扣费　　流水号：G36482S23115607

扣费账号：362117211290009

户名：北平华问国际酒店有限公司

开户行：招商银行北平市支行

实收金额：CNY15.50

摘要：网银汇款手续费

收费时段：20190108-20190108

第1次打印　　20190108

回单编号：2019010837015　　回单验证码：348YU878DE98902B

提示：1.电子回单验证码相同表示同一笔业务回单，请勿重复记账使用。

2.已在银行柜台领用业务回单的单位，请注意核对，请勿重复记账使用。

打印时间：2019-01-08 09:59:58

招商银行股份有限公司
电子回单专用章

招商银行
CHINA MERCHANTS BANK

付 款 回 单

日期：2019年01月27日　　业务类型：网上企业银行支付　　流水号：G24946Q238C1SDG

付款账号：362117211290009

户名：北平华问国际酒店有限公司

开户行：招商银行北平支行

金额（大写）：人民币柒万壹仟捌佰捌拾元整

（小写）：CNY71,880.00

收款人户名：福泰日用瓷器有限公司

收款人账号：4220053915158671832

收款人开户行：工商银行柳泉分理处

凭证种类：记账凭证　　凭证号码：0052　　业务编号：20190127548673

摘要：购买瓷器一批

经办：G24946　　第1次打印：　　20190127

招商银行股份有限公司
电子回单专用章

回单编号：2019012758162　　回单验证码：4A2D8950E6AD6X396

提示：1.电子回单验证码相同表示同一笔业务回单，请勿重复记账使用。

2.已在银行柜台领用业务回单的单位，请注意核对，请勿重复记账使用。

打印时间：2019-01-27　　10:18:25

招商银行
CHINA MERCHANTS BANK

付款回单

日期：2019年01月20日 业务类型：网上企业银行支付 流水号：G18346Q238C1CFJ

付款账号：362117211290009

户名：北平华问国际酒店有限公司

开户行：招商银行北平支行

金额（大写）：人民币肆万陆仟壹佰叁拾元整

（小写）：CNY46,130.00

收款人户名：福泰日用瓷器有限公司

收款人账号：4220053915158671832

收款人开户行：招商银行柳泉分理处

凭证种类：记账凭证 凭证号码：0034 业务编号：20190120156256

摘要：购买瓷器一批

经办：G18346 第1次打印： 20190120

招商银行股份有限公司
电子回单专用章

回单编号：2019012058462 回单验证码：6A2D8950E6AD6F396

提示：1.电子回单验证码相同表示同一笔业务回单，请勿重复记账使用。

2.已在银行柜台领用业务回单的单位，请注意核对，请勿重复记账使用。

打印时间：2019-01-20 11:32:16

招商银行
CHINA MERCHANTS BANK

付款回单

日期：2019年01月08日　　业务类型：网上企业银行支付　　流水号：G17356Q221A5HLP

付款账号：362117211290009

户名：北平华问国际酒店有限公司

开户行：招商银行北平支行

金额（大写）：人民币壹万肆仟壹佰肆拾叁元整

（小写）：CNY14,143.00

收款人户名：北平中港厨具有限公司

收款人账号：44032650360211465092

收款人开户行：招商银行昌东城一品支行

凭证种类：记账凭证　　凭证号码：0003　　业务编号：20190108185980

摘要：购买固定资产

经办：G17356　　第1次打印：　　20190108

招商银行股份有限公司
电子回单专用章

回单编号：2019010813080　　回单验证码：7A1D2650E2AD6F156

提示： 1.电子回单验证码相同表示同一笔业务回单，请勿重复记账使用。
2.已在银行柜台领用业务回单的单位，请注意核对，请勿重复记账使用。

打印时间：2019-01-08　　15:24:18

招商银行
CHINA MERCHANTS BANK

付款回单

日期：2019年01月08日　　业务类型：网上企业银行支付　　流水号：G18348Q221A6HPT
付款账号：362117211290009
户名：北平华问国际酒店有限公司
开户行：招商银行北平支行
金额（大写）：人民币肆万叁仟伍佰零叁元叁角整
（小写）：CNY43,503.30
收款人户名：鑫益酒店用品有限公司
收款人账号：60014678610353211
收款人开户行：农业银行华南支行
凭证种类：记账凭证　　凭证号码：0004　　业务编号：20190108186874
摘要：购买低耗品

经办：G18348　　第1次打印：　　20190108

招商银行股份有限公司
电子回单专用章

回单编号：2019010814026　　回单验证码：8A1D2650E6AD6F158
提示：1.电子回单验证码相同表示同一笔业务回单，请勿重复记账使用。
2.已在银行柜台领用业务回单的单位，请注意核对，请勿重复记账使用。
打印时间：2019-01-08　16:32:17

招商银行
CHINA MERCHANTS BANK

付 款 回 单

日期：2019年01月13日　　业务类型：网上企业银行支付　　流水号：G15328Q341C8DGT

付款账号：362117211290009

户名：北平华问国际酒店有限公司

开户行：招商银行北平支行

金额（大写）：人民币壹万玖仟捌佰元整

（小写）：CNY19,800.00

收款人户名：国家电网北平供电总公司

收款人账号：1501001119300082012

收款人开户行：招行北平支行

凭证种类：记账凭证　　凭证号码：0007　　业务编号：20190113216962

摘要：支付电费

经办：G15328　　第1次打印：　　20190113

招商银行股份有限公司
电子回单专用章

回单编号：2019011315328　　回单验证码：8A2D3950E6AD6F162

提示：1.电子回单验证码相同表示同一笔业务回单，请勿重复记账使用。

2.已在银行柜台领用业务回单的单位，请注意核对，请勿重复记账使用。

打印时间：2019-01-13　　09:22:43

招商银行
CHINA MERCHANTS BANK

付 款 回 单

日期：2019年01月31日　　业务类型：网上企业银行支付　　流水号：G14832Q311C8YJK

付款账号：362117211290009

户名：北平华问国际酒店有限公司

开户行：招商银行北平支行

金额（大写）：人民币肆仟陆佰元整

（小写）：CNY4,600.00

收款人户名：奥康餐具清洁有限公司

收款人账号：310088862045382085138

收款人开户行：交行军工路支行

凭证种类：记账凭证　　凭证号码：0066　　业务编号：20190131546938

摘要：支付餐饮部清洗费

经办：G14832　　第1次打印：　　20190131

回单编号：2019013126421　　回单验证码：6A2D8950E6AD6F239

招商银行股份有限公司
电子回单专用章

提示：1.电子回单验证码相同表示同一笔业务回单，请勿重复记账使用。

2.已在银行柜台领用业务回单的单位，请注意核对，请勿重复记账使用。

打印时间：2019-01-31　　11:18:02

招商银行
CHINA MERCHANTS BANK

付 款 回 单

日期：2019年01月31日　　业务类型：网上企业银行支付　　流水号：G63846Q238C6FRL

付款账号：362117211290009

户名：北平华问国际酒店有限公司

开户行：招商银行北平支行

金额（大写）：人民币贰万零贰佰捌拾陆元整

（小写）：CNY20,286.00

收款人户名：北平玉洁洗涤有限公司

收款人账号：44032546532215445541

收款人开户行：建行咸宁路支行

凭证种类：记账凭证　　凭证号码：0065　　业务编号：20190131553576

摘要：支付1月份客房部洗涤费

经办：G63846　　第1次打印：　　20190131

回单编号：2019013156924　　回单验证码：6A2D1260E6AD6X568

招商银行股份有限公司
电子回单专用章

提示：1.电子回单验证码相同表示同一笔业务回单，请勿重复记账使用。
2.已在银行柜台领用业务回单的单位，请注意核对，请勿重复记账使用。

打印时间：2019-01-31　　10:00:29

现金单 ☑存钱 Deposit ☐取现 Withdrawal　日期：2019 年 01 月 17 日 Date ——Year——Month——Day

Cash Voucher

招商银行 CHINA MERCHANTS BANK

<table>
<tr><td rowspan="3">客户编写 Client write</td><td>客户名称
AJC name</td><td>北平华问国际酒店有限公司</td><td>账号
AJC name</td><td colspan="3">362117211290009</td></tr>
<tr><td>开户行
Bank account</td><td>招商银行北平市支行</td><td>币种
Currency</td><td>人民币</td><td>金额
ArroInt</td><td>5,832.00</td></tr>
<tr><td>来源用途
Bank account</td><td>账款</td><td>备注
Remark</td><td colspan="3"></td></tr>
<tr><td>银行填字 Bank fill</td><td colspan="6">收款人账号：362117211290009
收款人户名：北平华问国际酒店有限公司
交易码　收付　金额
115703　收　5,832.00
收入金额：5,832.00　付出金额：
实收金额：5,832.00
交易日期：2019 年 01 月 17 日
经办：014039
招商银行北平市支行 2019.01.17 现金收讫</td></tr>
</table>

第二联：客户留存

Second league:Client retained

现金单 Cash Voucher　☑ 存钱 Deposit　☐ 取现 Withdrawal　日期：2019 年 01 月 21 日 Date Year Month Day

招商银行 CHINA MERCHANTS BANK

客户编写 Client write	客户名称 AJC name	北平华问国际酒店有限公司	账号 AJC name	362117211290009		
	开户行 Bank account	招商银行北平市支行	币种 Currency	人民币	金额 Arrolnt	20,845.00
	来源用途 Bank account	账款	备注 Remark			
银行填字 Bank fill	收款人账号：362117211290009 收款人户名：北平华问国际酒店有限公司 交易码　收付　金额 116102　收　20,845.00 收入金额：20,845.00　付出金额： 实收金额：20,845.00 交易日期：2019 年 01 月 21 日 经办：014012					

招商银行北平市支行 2019.01.21 现金收讫

第二联：客户留存
Second league:Client retained

招商银行 CHINA MERCHANTS BANK

现金单 Cash Voucher

☑ 存钱 Deposit　☐ 取现 Withdrawal

日期：2019 年 01 月 18 日
Date ——Year——Month——Day

客户编写 Client write	客户名称 AJC name	北平华问国际酒店有限公司	账号 AJC name	362117211290009	
	开户行 Bank account	招商银行北平市支行	币种 Currency	人民币	金额 Arrolnt 12,196.00
	来源用途 Bank account	账款	备注 Remark		

银行填字 Bank fill

收款人账号：362117211290009
收款人户名：北平华问国际酒店有限公司

交易码	收付	金额
115703	收	12,196.00

收入金额：12,196.00　付出金额：

实收金额：12,196.00

交易日期：2019 年 01 月 18 日

经办：014039

招商银行北平市支行 2019.01.18 现金收讫

第二联：客户留存
Second league:Client retained

现金单 Cash Voucher　☑存钱 Deposit　☐取现 Withdrawal　日期：2019 年 01 月 16 日 Date ——Year——Month——Day

招商银行 CHINA MERCHANTS BANK

客户编写 Client write						
	客户名称 AJC name	北平华问国际酒店有限公司	账号 AJC name	362117211290009		
	开户行 Bank account	招商银行北平市支行	币种 Currency	人民币	金额 Arrolnt	7,370.00
	来源用途 Bank account	账款	备注 Remark			

银行填字 Bank fill

收款人账号：362117211290009
收款人户名：北平华问国际酒店有限公司

交易码	收付	金额
115703	收	7,370.00

收入金额：7,370.00　付出金额：

实收金额：7,370.00

交易日期：2019 年 01 月 16 日

经办：014039

招商银行北平市支行 2019.01.16 现金收讫

第二联：客户留存
Second league:Client retained

现金单 ☑存钱 Deposit ☐取现 Withdrawal 日期：2019 年 01 月 15 日
Cash Voucher Date ——Year——Month——Day

招商银行 CHINA MERCHANTS BANK

<table>
<tr><td rowspan="3">客户编写 Client write</td><td>客户名称
AJC name</td><td>北平华问国际酒店有限公司</td><td>账号
AJC name</td><td colspan="3">362117211290009</td></tr>
<tr><td>开户行
Bank account</td><td>招商银行北平市支行</td><td>币种
Currency</td><td>人民币</td><td>金额
Arrolnt</td><td>14,766.00</td></tr>
<tr><td>来源用途
Bank account</td><td>账款</td><td>备注
Remark</td><td colspan="3"></td></tr>
<tr><td>银行填字 Bank fill</td><td colspan="6">收款人账号：362117211290009
收款人户名：北平华问国际酒店有限公司
交易码 收付 金额
115703 收 14,766.00
收入金额：14,766.00 付出金额：
实收金额：14,766.00
交易日期：2019 年 01 月 15 日
经办：014039
招商银行北平市支行 2019.01.15 现金收讫</td></tr>
</table>

第二联：客户留存
Second league:Client retained

现金单 Cash Voucher　☑ 存钱 Deposit　☐ 取现 Withdrawal

日期：2019 年 01 月 14 日
Date ——Year——Month——Day

招商银行 CHINA MERCHANTS BANK

客户编写 Client write	客户名称 AJC name	北平华问国际酒店有限公司	账号 AJC name	362117211290009		
	开户行 Bank account	招商银行北平市支行	币种 Currency	人民币	金额 Arrolnt	61,180.00
	来源用途 Bank account	账款	备注 Remark			

银行填字 Bank fill

收款人账号：362117211290009
收款人户名：北平华问国际酒店有限公司

交易码	收付	金额
115703	收	61,180.00

收入金额：61,180.00　付出金额：
实收金额：61,180.00

交易日期：2019 年 01 月 14 日

经办：014039

招商银行北平市支行 2019.01.14 现金收讫

第二联：客户留存
Second league:Client retained

现金单
Cash Voucher

☑ 存钱 Deposit ☐ 取现 Withdrawal

日期：2019 年 01 月 11 日
Date ——Year——Month——Day

招商银行
CHINA MERCHANTS BANK

客户编写 Client write						
	客户名称 AJC name	北平华问国际酒店有限公司	账号 AJC name	362117211290009		
	开户行 Bank account	招商银行北平市支行	币种 Currency	人民币	金额 Arrolnt	14,738.00
	来源用途 Bank account	账款	备注 Remark			

银行填字 Bank fill

收款人账号：362117211290009

收款人户名：北平华问国际酒店有限公司

交易码	收付	金额
115703	收	14,738.00

收入金额：14,738.00 付出金额：

实收金额：14,738.00

交易日期：2019 年 01 月 11 日

经办：014039

招商银行北平市支行
2019.01.11
现金收讫

第二联：客户留存
Second league:Client retained

现金单
Cash Voucher

☑ 存钱 Deposit　☐ 取现 Withdrawal

日期：2019 年 01 月 10 日
Date ——Year——Month——Day

招商银行
CHINA MERCHANTS BANK

客户编写 Client write					
客户名称 AJC name	北平华问国际酒店有限公司	账号 AJC name	362117211290009		
开户行 Bank account	招商银行北平市支行	币种 Currency	人民币	金额 Arrolnt	25,128.00
来源用途 Bank account	账款	备注 Remark			

银行填字 Bank fill

收款人账号：362117211290009
收款人户名：北平华问国际酒店有限公司

交易码	收付	金额
115703	收	25,128.00

收入金额：25,128.00　付出金额：
实收金额：25,128.00

交易日期：2019 年 01 月 10 日

经办：014039

招商银行北平市支行
2019.01.10
现金收讫

第二联：客户留存
Second league:Client retained

现金单 Cash Voucher　☑ 存钱 Deposit　☐ 取现 Withdrawal

日期：2019 年 01 月 31 日 Date ——Year——Month——Day

招商银行 CHINA MERCHANTS BANK

客户编写 Client write	客户名称 AJC name	北平华问国际酒店有限公司	账号 AJC name	362117211290009		
	开户行 Bank account	招商银行北平市支行	币种 Currency	人民币	金额 Arrolnt	8,928.00
	来源用途 Bank account	账款	备注 Remark			

银行填字 Bank fill

收款人账号：362117211290009

收款人户名：北平华问国际酒店有限公司

交易码	收付	金额
116201	收	8,928.00

收入金额：8,928.00　付出金额：

实收金额：8,928.00

交易日期：2019年01月31日

经办：014021

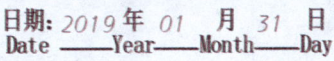

招商银行北平市支行 2019.01.31 现金收讫

第二联：客户留存

Second league:Client retained

现金单 Cash Voucher

☑ 存钱 Deposit　☐ 取现 Withdrawal

日期：2019 年 01 月 31 日
Date ——Year——Month——Day

招商银行 CHINA MERCHANTS BANK

客户编写 Client write						
客户名称 AJC name	北平华问国际酒店有限公司		账号 AJC name	362117211290009		
开户行 Bank account	招商银行北平市支行		币种 Currency	人民币	金额 Arrolnt	68,000.00
来源用途 Bank account	账款		备注 Remark			

银行填字 Bank fill

收款人账号：362117211290009
收款人户名：北平华问国际酒店有限公司

交易码	收付	金额
116201	收	68,000.00

收入金额：68,000.00　付出金额：
实收金额：68,000.00

交易日期：2019 年 01 月 31 日

经办：014021

招商银行北平市支行 2019.01.31 现金收讫

第二联：客户留存
Second league:Client retained

现金单 Cash Voucher ☑存钱 Deposit ☐取现 Withdrawal 日期：2019 年 01 月 30 日 Date ——Year——Month——Day

招商银行 CHINA MERCHANTS BANK

客户编写 Client write	客户名称 AJC name	北平华问国际酒店有限公司	账号 AJC name	362117211290009		
	开户行 Bank account	招商银行北平市支行	币种 Currency	人民币	金额 Arrolnt	4,578.00
	来源用途 Bank account	账款	备注 Remark			

银行填字 Bank fill

收款人账号：362117211290009

收款人户名：北平华问国际酒店有限公司

交易码	收付	金额
116201	收	4,578.00

收入金额：4,578.00 付出金额：

实收金额：4,578.00

交易日期：2019 年 01 月 30 日

经办：014021

招商银行北平市支行 2019.01.30 现金收讫

第二联：客户留存
Second league:Client retained

现金单 Cash Voucher

☑ 存钱 Deposit　☐ 取现 Withdrawal

日期：2019 年 01 月 29 日
Date ——Year——Month——Day

招商银行 CHINA MERCHANTS BANK

客户编写 Client write	客户名称 AJC name	北平华间国际酒店有限公司	账号 AJC name	362117211290009		
	开户行 Bank account	招商银行北平市支行	币种 Currency	人民币	金额 Arrolnt	8,858.00
	来源用途 Bank account	账款	备注 Remark			

银行填字 Bank fill

收款人账号：362117211290009
收款人户名：北平华间国际酒店有限公司

交易码	收付	金额
116201	收	8,858.00

收入金额：8,858.00　　付出金额：

实收金额：8,858.00

交易日期：2019 年 01 月 29 日

经办：014021

招商银行北平市支行
2019.01.29
现金收讫

第二联：客户留存
Second league:Client retained

现金单 Cash Voucher ☑ 存钱 Deposit ☐ 取现 Withdrawal 日期：2019 年 01 月 28 日 Date ——Year——Month——Day

招商银行 CHINA MERCHANTS BANK

<table>
<tr><td rowspan="3">客户编写 Client write</td><td>客户名称 AJC name</td><td>北平华问国际酒店有限公司</td><td>账号 AJC name</td><td colspan="3">362117211290009</td></tr>
<tr><td>开户行 Bank account</td><td>招商银行北平市支行</td><td>币种 Currency</td><td>人民币</td><td>金额 Arrolnt</td><td>40,410.00</td></tr>
<tr><td>来源用途 Bank account</td><td>账款</td><td>备注 Remark</td><td colspan="3"></td></tr>
<tr><td>银行填字 Bank fill</td><td colspan="6">收款人账号：362117211290009
收款人户名：北平华问国际酒店有限公司
交易码 收付 金额
116201 收 40,410.00
收入金额：40,410.00 付出金额：
实收金额：40,410.00
交易日期：2019 年 01 月 28 日
经办：014021
招商银行北平市支行 2019.01.28 现金收讫</td></tr>
</table>

第二联：客户留存
Second league:Client retained

现金单 ☑存钱 Deposit ☐取现 Withdrawal 日期：2019年01月25日
Cash Voucher Date ——Year——Month——Day

招商银行 CHINA MERCHANTS BANK

客户编写 Client write	客户名称 AJC name	北平华问国际酒店有限公司	账号 AJC name	362117211290009		
	开户行 Bank account	招商银行北平市支行	币种 Currency	人民币	金额 Arrolnt	5,383.00
	来源用途 Bank account	账款	备注 Remark			

银行填字 Bank fill

收款人账号：362117211290009

收款人户名：北平华问国际酒店有限公司

交易码	收付	金额
116102	收	5,383.00

收入金额：5,383.00 付出金额：

实收金额：5,383.00

交易日期：2019年01月25日

经办：014012

招商银行北平市支行 2019.01.25 现金收讫

第二联：客户留存
Second league:Client retained

现金单 ☑存钱 Deposit ☐取现 Withdrawal 日期：2019年 01 月 24 日 Date ——Year——Month——Day **招商银行** CHINA MERCHANTS BANK

Cash Voucher

客户编写 Client write	客户名称 AJC name	北平华问国际酒店有限公司	账号 AJC name	362117211290009		
	开户行 Bank account	招商银行北平市支行	币种 Currency	人民币	金额 Arrolnt	14,550.00
	来源用途 Bank account	账款	备注 Remark			
银行填字 Bank fill	收款人账号：362117211290009 收款人户名：北平华问国际酒店有限公司 交易码 收付 金额 116102 收 14,550.00 收入金额：14,550.00 付出金额： 实收金额：14,550.00 交易日期：2019年01月24日 经办：014012					

招商银行北平市支行 2019.01.24 现金收讫

第二联：客户留存
Second league:Client retained

现金单 Cash Voucher ☑存钱 Deposit ☐取现 Withdrawal 日期：2019年01月23日 Date ——Year——Month——Day

招商银行 CHINA MERCHANTS BANK

客户编写 Client write	客户名称 AJC name	北平华问国际酒店有限公司	账号 AJC name	362117211290009	
	开户行 Bank account	招商银行北平市支行	币种 Currency	人民币	金额 Arrolnt 6,698.00
	来源用途 Bank account	账款	备注 Remark		

银行填字 Bank fill

收款人账号：362117211290009
收款人户名：北平华问国际酒店有限公司

交易码	收付	金额
116102	收	6,698.00

收入金额：6,698.00　付出金额：

实收金额：6,698.00

交易日期：2019年01月23日

经办：014012

招商银行北平市支行 2019.01.23 现金收讫

第二联：客户留存
Second league:Client retained

现金单 Cash Voucher

☑ 存钱 Deposit　☐ 取现 Withdrawal

日期：2019 年 01 月 22 日
Date —— Year —— Month —— Day

招商银行 CHINA MERCHANTS BANK

客户编写 Client write	客户名称 AJC name	北平华问国际酒店有限公司	账号 AJC name	362117211290009		
	开户行 Bank account	招商银行北平市支行	币种 Currency	人民币	金额 Arrolnt	10,916.00
	来源用途 Bank account	账款	备注 Remark			

银行填字 Bank fill

收款人账号：362117211290009
收款人户名：北平华问国际酒店有限公司

交易码	收付	金额
116102	收	10,916.00

收入金额：10,916.00　付出金额：
实收金额：10,916.00

交易日期：2019 年 01 月 22 日

经办：014012

招商银行北平市支行
2019.01.22
现金收讫

第二联：客户留存
Second league:Client retained

永盛水产 销货清单

110216

客户名称：华冈大酒店　　09 年 01 月 17 日

产品名称	单位	数量	单价	金额
大鲜鱿鱼	斤	5	7.91	39.55
龙虾仔	斤	1	135.6	135.6

合计：175.15

合计人民币（大写）：零万零仟壹佰柒拾壹元伍角零分

第二版　第二联　客户（红）

核准：李岩　　收货人：王江川

经营范围：鲜冻水产　　订货电话：011-63472283

永盛水产 销货清单

110206

客户名称：华问大酒店　　09 年 01 月 16 日

产品名称	单位	数量	单价	金额
桂鱼	斤	9.8	37.29	365.44
多宝鱼	斤	5	40.68	203.4
基围虾	斤	5	24.86	124.3
鲈鱼	斤	10	11.3	113
鱼头王	斤	10	7.91	79.1
		合计：885.24		
合计人民币（大写）：零万零仟捌佰捌拾伍元贰角肆分				

第二版　第二联　客户（红）

核准：李岩　　收货人：王江川

经营范围：鲜冻水产　　订货电话：011-63472283

永盛水产 销货清单

110198

客户名称：华向大酒店　　　　09 年 01 月 15 日

产品名称	单位	数量	单价	金额
大鲜鱿鱼	斤	5	7.91	39.55
鱼头王	斤	10	7.91	79.1
鲈鱼	斤	14.8	11.3	167.24
合计：285.89				
合计人民币（大写）：零万零仟贰佰捌拾伍元捌角玖分				

第二版　第二联　客户（红）

核准：李岩　　　　收货人：王江川

经营范围：鲜冻水产　　　　订货电话：011-63472283

永盛水产 销货清单

110188

客户名称：华问大酒店 09 年01月14日

产品名称	单位	数量	单价	金额
水鱼	斤	5	22.6	113
鱼头王	斤	10	7.91	79.1

合计：192.1

合计人民币（大写）：零万零仟壹佰玖拾贰元壹角零分

第二版 第二联 客户（红）

核准：李岩 收货人：王江川

经营范围：鲜冻水产 订货电话：011-63472283

永盛水产 销货清单

110179

客户名称：华向大酒店　　　　09 年 01 月 13 日

产品名称	单位	数量	单价	金额
31-40青虾仁	斤	3	24.86	74.59
三文鱼	斤	5	38.42	192.1
鲈鱼	斤	16	11.3	180.8
鱼头王	斤	20	7.91	158.2
		合计：605.69		
合计人民币（大写）：零万零仟陆佰零拾伍元陆角玖分				

第二版　第二联　客户（红）

核准：李岩　　　　收货人：王江川

经营范围：鲜冻水产　　　　订货电话：011-63472283

永盛水产 销货清单

110170

客户名称：华间大酒店　　09 年 01 月 12 日

产品名称	单位	数量	单价	金额
大鲜鱿鱼	斤	10	7.91	79.1
基围虾	斤	10	24.86	248.6
水鱼	斤	5	22.6	113
		合计：440.7		
合计人民币（大写）：零万零仟肆佰肆拾零元柒角零分				

第二版　第二联　客户（红）

核准：李岩　　收货人：王江川

经营范围：鲜冻水产　　订货电话：011-63472283

永盛水产 销货清单

110225

客户名称：华阳大酒店　　09 年01 月 18日

产品名称	单位	数量	单价	金额
2S北极贝	盒	1	192.1	192.1
进口青口贝	斤	5	62.15	310.75
羔蟹	斤	4	153.68	614.72
		合计：1117.57		
合计人民币（大写）：零万壹仟壹佰壹拾柒元伍角柒分				

第二版　第二联　客户（红）

核准：李岩　　收货人：王江川

经营范围：鲜冻水产　　订货电话：011-63472283

永盛水产 销货清单

110236

客户名称：华冈大酒店　　　　09 年 01 月 19 日

产品名称	单位	数量	单价	金额
三文鱼	斤	3	38.42	115.26
鲈鱼	斤	10.2	11.3	115.26
		合计：230.52		
合计人民币（大写）：零万零仟贰佰叁拾零元伍角贰分				

第二版　第二联　客户（红）

核准：李岩　　　　收货人：王江川

经营范围：鲜冻水产　　　　订货电话：011-63472283

永盛水产 销货清单

110245

客户名称：华门大酒店　　09年01月20日

产品名称	单位	数量	单价	金额
水鱼	斤	5	22.6	113
鱼头王	斤	10	7.91	79.1

合计：192.1

合计人民币（大写）：零万零仟壹佰玖拾贰元壹角零分

第二版　第二联　客户（红）

核准：李岩　　收货人：王江川

经营范围：鲜冻水产　　订货电话：011-63472283

永盛水产 销货清单

110256

客户名称：华问大酒店　　09 年 01 月 21 日

产品名称	单位	数量	单价	金额
鲈鱼	斤	15.6	11.3	176.28
		合计：176.28		
合计人民币（大写）：零万零仟壹佰柒拾陆元贰角捌分				

第二版　第二联　客户（红）

核准：李岩　　收货人：王江川

经营范围：鲜冻水产　　订货电话：011-63472283

永盛水产 销货清单

110266

客户名称：华闻大酒店　　09 年 01 月 22 日

产品名称	单位	数量	单价	金额
鱼头王	斤	5	7.91	39.55

合计：39.55

合计人民币（大写）：零万零仟零佰叁拾玖元伍角伍分

第二版 第二联 客户（红）

核准：李岩　　收货人：王江川

经营范围：鲜冻水产　　订货电话：011-63472283

永盛水产 销货清单

110277

客户名称：华向大酒店　　　　09 年01 月23 日

产品名称	单位	数量	单价	金额
鲈鱼	斤	7.9	11.3	89.27
水鱼	斤	5	22.6	113
鱼头王	斤	5	7.91	39.55
		合计：241.82		
合计人民币（大写）：零万零仟贰佰肆拾壹元捌角贰分				

第二版 第二联 客户（红）

核准：李岩　　　　收货人：王江川

经营范围：鲜冻水产　　　　订货电话：011-63472283

永盛水产 销货清单

110286

客户名称：华问大酒店　　09 年 01 月 25 日

产品名称	单位	数量	单价	金额
三文鱼	斤	3	38.42	115.26
水鱼	斤	5	22.6	113
鱼头王	斤	5	7.91	39.55
桂鱼	斤	8.8	37.29	328.15
合计：595.96				
合计人民币（大写）：零万零仟伍佰玖拾伍元玖角陆分				

第二版　第二联　客户（红）

核准：李岩　　收货人：王江川

经营范围：鲜冻水产　　订货电话：011-63472283

永盛水产 销货清单

110299

客户名称：华闲大酒店　　09年01月26日

产品名称	单位	数量	单价	金额
中鲜鱿	斤	2	29.38	58.76
大红蟹	斤	10	39.55	395.5
2S北极贝	盒	1	192.1	192.1

合计：646.36

合计人民币（大写）：零万零仟陆佰肆拾陆元叁角陆分

第二版　第二联　客户（红）

核准：李岩　　收货人：王江川

经营范围：鲜冻水产　　订货电话：011-63472283

永盛水产 销货清单

110308

客户名称：华问大酒店　　　　09 年 01 月 27 日

产品名称	单位	数量	单价	金额
三文鱼	斤	3	38.42	115.26
合计人民币（大写）：零万零仟壹佰壹拾伍元贰角陆分				

合计：115.26

第二版　第二联　客户（红）

核准：李岩　　　　收货人：王江川

经营范围：鲜冻水产　　　　订货电话：011-63472283

永盛水产 销货清单

110319

客户名称：华间大酒店　　09 年 01 月 28 日

产品名称	单位	数量	单价	金额
16-20青虾仁	斤	3	20.34	61.02
31-40青虾仁	斤	3	24.86	74.58
多宝鱼	斤	5	40.68	203.4
		合计：339		
合计人民币(大写)：零万零仟叁佰叁拾玖元零角零分				

第二版　第二联　客户（红）

核准：李岩　　收货人：王江川

经营范围：鲜冻水产　　订货电话：011-63472283

永盛水产 销货清单

110330

客户名称：华何大酒店　　09 年 01 月 29 日

产品名称	单位	数量	单价	金额
鲈鱼	斤	12.8	11.3	144.64
鱼头王	斤	10	7.91	79.1

合计：223.74

合计人民币（大写）：零万零仟贰佰贰拾叁元柒角肆分

第二版　第二联　客户（红）

核准：李岩　　收货人：王江川

经营范围：鲜冻水产　　订货电话：011-63472283

永盛水产 销货清单

110342

客户名称：华间大酒店　　09 年 01 月 30 日

产品名称	单位	数量	单价	金额
水鱼	斤	5	22.6	113
合计人民币(大写)：零万零仟壹佰壹拾叁元零角零分				

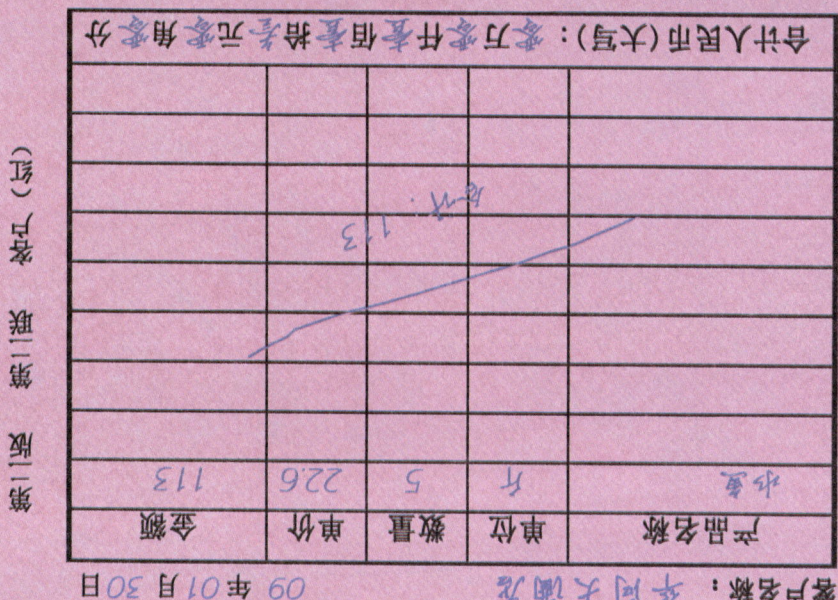

合计：113

第二版　第二联　客户(红)

核准：李岩　　收货人：王江川

经营范围：鲜冻水产　　订货电话：011-63472283

永盛水产 销货清单

110136

客户名称：华问大酒店　　09 年 01 月 09 日

产品名称	单位	数量	单价	金额
25 北极贝	盒	1	192	192.1
16-20 青虾仁	斤	10	20.34	203.4
31-40 青虾仁	斤	5	24.86	124.3
进口青口贝	斤	5	62.15	310.75
三文鱼	斤	5	38.42	192.1
大鲜鱿鱼	斤	5	7.91	39.55
中鲜鱿	斤	5	29.38	146.9
大红蟹	斤	10	39.55	395.5
桂鱼	斤	28.4	37.29	1059.04
合计人民币（大写）： 万 仟 佰 拾 元 角 分				

第二版 第二联 客户（红）

核准：李岩　　收货人：王江川

经营范围：鲜冻水产　　订货电话：011-63472283

永盛水产 销货清单

110159

客户名称：华冈大酒店　　09 年 01 月 11 日

产品名称	单位	数量	单价	金额
进口青口贝	斤	5	62.15	310.75
三文鱼	斤	5	38.42	192.1
中鲜鱿	斤	6	29.38	176.28
基围虾	斤	10	24.86	248.6
鲈鱼	斤	10.8	11.3	122.04
水鱼	斤	5	22.6	113
鱼头王	斤	20	7.91	158.2
		合计：1320.97		
合计人民币（大写）：零万壹仟叁佰贰拾零元玖角柒分				

第二版　第二联　客户（红）

核准：李岩　　收货人：王江川

经营范围：鲜冻水产　　订货电话：011-63472283

永盛水产 销货清单

110148

客户名称：华间大酒店　　09 年 01 月 10 日

产品名称	单位	数量	单价	金额
25北极贝	盒	1	192.1	192.1
31-40青虾仁	斤	5	24.86	124.3
龙虾仔	斤	3	135.6	406.8
鲈鱼	斤	15	11.3	169.5
水鱼	斤	5	22.6	113
		合计：1005.7		
合计人民币（大写）：零万壹仟零佰零拾伍元柒角零分				

第二版　第二联　客户（红）

核准：李岩　　收货人：王江川

经营范围：鲜冻水产　　订货电话：011-63472283

永盛水产 销货清单

110137

客户名称：华冈大酒店　　　　09 年 01 月 09 日

产品名称	单位	数量	单价	金额
多宝鱼	斤	5	40.68	203.4
基围虾	斤	10	24.86	248.6
鲈鱼	斤	4	11.3	45.2
水鱼	斤	5	22.6	113
鱼头	斤	20	7.91	158.2
		合计：	3432.04	

合计人民币（大写）：零万叁仟肆佰叁拾贰元零角肆分

第二版　第二联　客户（红）

核准：李岩　　　　收货人：王江川

经营范围：鲜冻水产　　　　订货电话：011-63472283

北平昌盛食品有限公司

销货单

地址：北平市火炬大街796号

电话：011-83122222

No. 1100377

2019年01月19日

名　称	规格	单位	数量	单价	金额
调料包		包	400.00	2.83	1130.00
真空鲜百合		包	10.00	5.42	54.24
合计 人民币（大写）零萬壹仟壹佰捌拾肆元贰角肆分					￥：1184.24

②客户

开单：黄维德　　核准：李维嘉　　收货人签字：程义

北平昌盛食品有限公司

销货单

地址：北平市火炬大街796号

电话：011-83122222

No. 1100389

2019年01月20日

名称	规格	单位	数量	单价	金额
调料包		包	400.00	2.83	1130.00
东北大米	1*50	斤	100.00	3.39	339.00
真空鲜百合		包	10.00	5.42	54.24
合计人民币（大写）零萬壹仟伍佰贰拾叁元贰角肆分					¥：1523.24

开单：黄维德　　核准：李维嘉　　收货人签字：程义

②客户

北平昌盛食品有限公司

销货单

地址：北平市火炬大街796号

电话：011-83122222

No. 1100399

2019年01月21日

名　称	规格	单位	数量	单价	金额
调料包		包	400.00	2.83	1130.00
合计人民币（大写）零萬壹仟壹佰叁拾零元零角零分					¥: 1130.00

②客户

开单：黄维德　　核准：李维嘉　　收货人签字：程义

北平昌盛食品有限公司　　销货单

地址：北平市火炬大街 796 号

电话：011-83122222

No. 1100352

2019 年 01 月 17 日

名称	规格	单位	数量	单价	金额
调料包		包	400.00	2.83	1130.00
山胡椒油		瓶	10.00	5.65	56.50
鲜花		把	10.00	3.02	30.17
合计 人民币 （大写）零萬 壹 仟 贰 佰 壹 拾 陆 元 陆 角 柒 分					￥：1216.67

②客户

开单：黄维德　　核准：李维嘉　　收货人签字：程义

北平昌盛食品有限公司

销货单

地址：北平市火炬大街796号

电话：011-83122222

No. 1100425

2019年01月23日

名称	规格	单位	数量	单价	金额
调料包		包	400.00	2.83	1130.00
合计人民币（大写）零萬 壹 仟 壹 佰 叁拾 零 元 零角 零 分					¥：1130.00

开单：黄维德　　核准：李维嘉　　收货人签字：程义

②客户

北平昌盛食品有限公司

销货单

地址：北平市火炬大街796号

电话：011-83122222

No. 1100410

2019年01月22日

名称	规格	单位	数量	单价	金额
调料包		包	500.00	2.83	1412.50
真空鲜百合		包	5.00	5.42	27.12
合计人民币（大写）零萬壹仟肆佰叁拾玖元陆角贰分					￥：1439.62

②客户

开单：黄维德　　核准：李维嘉　　收货人签字：程义

北平昌盛食品有限公司

销货单

地址：北平市火炬大街796号

电话：011-83122222

No. 1100364

2019年01月18日

名称	规格	单位	数量	单价	金额
调料包		包	1000.00	2.83	2825.00
鲁花花生油		桶	10.00	114.47	1144.69
真空鲜百合		包	10.00	5.42	54.24
合计人民币（大写）零萬肆仟零佰贰拾叁元玖角叁分					¥：4023.93

②客户

开单：黄维德　　核准：李维嘉　　收货人签字：程义

北平昌盛食品有限公司 **销货单**

地址：北平市火炬大街 796 号

电话：011-83122222

No. 1100340

2019 年 01 月 16 日

名称	规格	单位	数量	单价	金额
调料包		包	300.00	2.83	847.50
佛手味精		桶	1.00	135.60	135.60
东北大米	1*50	斤	100.00	3.39	339.00
合计人民币（大写）零萬壹仟叁佰贰拾贰元壹角零分					¥：1322.10

②客户

开单：黄维德 核准：李维嘉 收货人签字：程义

北平昌盛食品有限公司

销货单

地址：北平市火炬大街 796 号

电话：011-83122222

No. 1100327

2019 年 01 月 15 日

名称	规格	单位	数量	单价	金额
调料包		包	400.00	2.83	1130.00
真空鲜百合		包	10.00	5.42	54.24
合计人民币（大写）零萬 壹 仟 壹 佰 捌拾 肆 元 贰 角 肆 分					¥：1184.24

开单：黄维德　　核准：李维嘉　　收货人签字：程义

②客户

北平昌盛食品有限公司

销货单

地址：北平市火炬大街796号

电话：011-83122222

No. 1100319

2019年01月14日

名称	规格	单位	数量	单价	金额
调料包		包	400.00	2.83	1130.00
真空鲜百合		包	10.00	5.42	54.24
合计 人民币（大写）零萬壹仟壹佰捌拾肆元贰角肆分					￥：1184.24

②客户

开单：黄维德　　核准：李维嘉　　收货人签字：程义

北平昌盛食品有限公司

销货单

地址：北平市火炬大街796号

电话：011-83122222

No. 1100308

2019年01月13日

名称	规格	单位	数量	单价	金额
调料包		包	400.00	2.83	1130.00
真空鲜百合		包	10.00	5.42	54.24
鲜花		把	10.00	3.02	30.16
合计人民币（大写）零萬壹仟贰佰壹拾肆元肆角零分					¥：1214.40

开单：黄维德　　核准：李维嘉　　收货人签字：程义

②客户

招商银行 CHINA MERCHANTS BANK

付款回单

日期：2019年01月08日　　业务类型：网上企业银行支付　　流水号：G12356Q221A5HLP

付款账号：362117211290009

户名：北平华问国际酒店有限公司

开户行：招商银行北平支行

金额（大写）：人民币肆拾壹万元整

（小写）：CNY410,000.00

收款人户名：科美威环保机电设备有限公司

收款人账号：818479683478759808

收款人开户行：招商银行朝阳路支行

凭证种类：记账凭证　　凭证号码：0003　　业务编号：20190108185925

摘要：购买固定资产

经办：G12356　　第1次打印：　　20190108

招商银行股份有限公司
电子回单专用章

回单编号：2019010813022　　回单验证码：7AID2770E2AD6F69

提示：1.电子回单验证码相同表示同一笔业务回单，请勿重复记账使用。

2.已在银行柜台领用业务回单的单位，请注意核对，请勿重复记账使用。

打印时间：2019-01-08　09:09:29

招商银行 CHINA MERCHANTS BANK

付款回单

日期：2019年01月08日　　业务类型：网上企业银行支付　　流水号：G15356Q221A5HLF

付款账号：362117211290009

户名：北平华问国际酒店有限公司

开户行：招商银行北平支行

金额（大写）：人民币肆拾陆万玖仟元整

（小写）：CNY469,000.00

收款人户名：北平瑞丰汽车销售有限公司

收款人账号：75718100160335

收款人开户行：招商银行高新区支行

凭证种类：记账凭证　　凭证号码：0003　　业务编号：20190108185958

摘要：购买固定资产

经办：G15356　　第1次打印：　　20190108

回单编号：2019010813058　　回单验证码：7A1D2850E2AD6F672

提示：1.电子回单验证码相同表示同一笔业务回单，请勿重复记账使用。

2.已在银行柜台领用业务回单的单位，请注意核对，请勿重复记账使用。

打印时间：2019-01-08　　11:40:53

招商银行股份有限公司
电子回单专用章

招商银行
CHINA MERCHANTS BANK

付款回单

日期：2019年01月08日　　业务类型：网上企业银行支付　　流水号：G13356Q221A5HLF

付款账号：362117211290009
户名：北平华问国际酒店有限公司
开户行：招商银行北平支行
金额（大写）：人民币壹万壹仟陆佰捌拾元整
（小写）：CNY11,680.00
收款人户名：北平乐彩办公设备有限公司
收款人账号：3100666620880020848O9
收款人开户行：招商银行南铁支行

凭证种类：记账凭证　　凭证号码：0003　　业务编号：20190108185936
摘要：购买固定资产

经办：G13356　　第1次打印：　　20190108

招商银行股份有限公司
电子回单专用章

回单编号：2019010813033　　回单验证码：7AID2760E2AD6F678

提示：1.电子回单验证码相同表示同一笔业务回单，请勿重复记账使用。
2.已在银行柜台领用业务回单的单位，请注意核对，请勿重复记账使用。

打印时间：2019-01-08　10:30:03

招商银行
CHINA MERCHANTS BANK

付款回单

日期：2019年01月13日　　业务类型：网上企业银行支付　　流水号：G16328Q341C8DGF

付款账号：362117211290009

户名：北平华问国际酒店有限公司

开户行：招商银行北平支行

金额（大写）：人民币叁仟柒佰叁拾陆元整

（小写）：CNY3,736.00

收款人户名：北平水业集团有限责任公司

收款人账号：1501001026300010285

收款人开户行：招行北平支行

凭证种类：记账凭证　　凭证号码：0007　　业务编号：20190113216968

摘要：支付水费

经办：G16328　　第1次打印：　　20190113

回单编号：2019011315338　　回单验证码：8A2D3950E6AD6F172

招商银行股份有限公司
电子回单专用章

提示：1.电子回单验证码相同表示同一笔业务回单，请勿重复记账使用。
2.已在银行柜台领用业务回单的单位，请注意核对，请勿重复记账使用。

打印时间：2019-01-13　　09:30:22

招商银行
CHINA MERCHANTS BANK

付款回单

日期：2019年01月27日　　业务类型：网上企业银行支付　　流水号：G33946Q238C1SAE
付款账号：362117211290009
户名：北平华问国际酒店有限公司
开户行：招商银行北平支行
金额（大写）：人民币叁仟元整
（小写）：CNY3,000.00
收款人户名：北平京师律师事务所
收款人账号：3621178146543868
收款人开户行：招商银行北平市支行
凭证种类：记账凭证　　凭证号码：0054　　业务编号：20190127546574
摘要：支付律师咨询费

经办：G33946　　第1次打印：　　20190127

回单编号：2019012758188　　回单验证码：4A2D8950E6AD6X582

提示：1.电子回单验证码相同表示同一笔业务回单，请勿重复记账使用。
2.已在银行柜台领用业务回单的单位，请注意核对，请勿重复记账使用。

打印时间：2019-01-27　　15:09:18

招商银行股份有限公司
电子回单专用章

招商银行
CHINA MERCHANTS BANK

付款回单

日期：2019年01月13日　　业务类型：网上企业银行支付　　流水号：G190113Q151A6HLJ

付款账号：362117211290009

户名：北平华问国际酒店有限公司

开户行：招商银行北平支行

金额（大写）：人民币贰仟元整

（小写）：CNY2,000.00

收款人户名：真彩文化有限公司

收款人账号：362117358013860

收款人开户行：招商银行海淀分理处

凭证种类：记账凭证　　凭证号码：0014　　业务编号：20190113560

摘要：支付广告费

经办：G25876　　第1次打印：　　20190113

回单编号：201901133788　　回单验证码：9AID353535160

提示：1.电子回单验证码相同表示同一笔业务回单，请勿重复记账使用。
2.已在银行柜台领用业务回单的单位，请注意核对，请勿重复记账使用。

打印时间：2019-01-13　　10:12:13

招商银行股份有限公司
电子回单专用章

招商银行
CHINA MERCHANTS BANK

付款回单

日期：2019年01月20日　　业务类型：网上企业银行支付　　流水号：G12866Q311C1WRH

付款账号：362117211290009

户名：北平华问国际酒店有限公司

开户行：招商银行北平支行

金额（大写）：人民币贰万壹仟玖佰元整

（小写）：CNY21,900.00

收款人户名：北平玄艺服装有限公司

收款人账号：3621196834135423

收款人开户行：招商银行北平市支行

凭证种类：记账凭证　　凭证号码：0033　　业务编号：20190120216985

摘要：购买员工劳保用品

经办：G12866　　第1次打印：　　20190120

回单编号：2019012016835　　回单验证码：6A2D8950E6AD6F208

提示：1.电子回单验证码相同表示同一笔业务回单，请勿重复记账使用。
2.已在银行柜台领用业务回单的单位，请注意核对，请勿重复记账使用。

打印时间：2019-01-20　　10:56:32

招商银行股份有限公司
电子回单专用章

招商银行
CHINA MERCHANTS BANK

付 款 回 单

日期：2019年01月08日　　业务类型：网上企业银行支付　　流水号：G18356Q221A5HLT

付款账号：362117211290009

户名：北平华问国际酒店有限公司

开户行：招商银行北平支行

金额（大写）：人民币捌仟元整

（小写）：CNY8,000.00

收款人户名：北平宜嘉家具有限公司

收款人账号：4000052836145876609

收款人开户行：招商银行站前路支行

凭证种类：记账凭证　　凭证号码：0003　　业务编号：20190108185980

摘要：购买固定资产

经办：G18356　　第1次打印：　　20190108

招商银行股份有限公司
电子回单专用章

回单编号：2019010813097　　回单验证码：77A1D2650E2AD6F166

提示：1.电子回单验证码相同表示同一笔业务回单，请勿重复记账使用。
2.已在银行柜台领用业务回单的单位，请注意核对，请勿重复记账使用。

打印时间：2019-01-08　16:18:07

招商银行
CHINA MERCHANTS BANK

付款回单

日期：2019年01月13日　　业务类型：网上企业银行支付　　流水号：G14326Q311C8DGW

付款账号：362117211290009

户名：北平华问国际酒店有限公司

开户行：招商银行北平支行

金额（大写）：人民币贰拾柒万柒仟伍佰元整

（小写）：CNY277,500.00

收款人户名：北平茂苑物业管理有限公司

收款人账号：3621172112938468

收款人开户行：招商银行北平市支行

凭证种类：记账凭证　　凭证号码：0008　　业务编号：20190113216968

摘要：支付1月份租金

经办：G14326　　第1次打印：　　20190113

招商银行股份有限公司
电子回单专用章

回单编号：2019011315342　　回单验证码：8A2D3950E6AD6F203

提示：1.电子回单验证码相同表示同一笔业务回单，请勿重复记账使用。
2.已在银行柜台领用业务回单的单位，请注意核对，请勿重复记账使用。

打印时间：2019-01-13　　10:18:52

招商银行
CHINA MERCHANTS BANK

付款回单

日期：2019年01月08日　　业务类型：网上企业银行支付　　流水号：G18356Q221A5HLT

付款账号：362117211290009

户名：北平华问国际酒店有限公司

开户行：招商银行北平支行

金额（大写）：人民币肆拾玖万玖仟壹佰柒拾元整

（小写）：CNY499,170.00

收款人户名：北平宜嘉家具有限公司

收款人账号：400005283614587 6609

收款人开户行：招商银行站前路支行

凭证种类：记账凭证　　凭证号码：0003　　业务编号：20190108185980

摘要：购买固定资产

经办：G18356　　第1次打印：　　20190108

招商银行股份有限公司
电子回单专用章

回单编号：2019010813097　　回单验证码：77A1D2650E2AD6F166

提示：1.电子回单验证码相同表示同一笔业务回单，请勿重复记账使用。
2.已在银行柜台领用业务回单的单位，请注意核对，请勿重复记账使用。

打印时间：2019-01-08　16:18:07

招商银行
CHINA MERCHANTS BANK

付款回单

日期：2019年01月08日　　业务类型：网上企业银行支付　　流水号：G18356Q221A5HLT

付款账号：362117211290009

户名：北平华问国际酒店有限公司

开户行：招商银行北平支行

金额（大写）：人民币玖拾贰万贰仟柒佰伍拾元整

（小写）：CNY922,750.00

收款人户名：北平宜嘉家具有限公司

收款人账号：4000052836145876609

收款人开户行：招商银行站前路支行

凭证种类：记账凭证　　凭证号码：0003　　业务编号：20190108185980

摘要：购买固定资产

经办：G18356　　第1次打印：　　20190108

招商银行股份有限公司
电子回单专用章

回单编号：2019010813097　　回单验证码：77A1D2650E2AD6F166

提示：1.电子回单验证码相同表示同一笔业务回单，请勿重复记账使用。
2.已在银行柜台领用业务回单的单位，请注意核对，请勿重复记账使用。

打印时间：2019-01-08　　16:18:07

招商银行
CHINA MERCHANTS BANK

付 款 回 单

日期：2019年01月08日　　业务类型：网上企业银行支付　　流水号：G16356Q221A5HLI

付款账号：362117211290009

户名：北平华问国际酒店有限公司

开户行：招商银行北平支行

金额（大写）：人民币陆拾玖万柒仟捌佰伍拾元整

（小写）：CNY697,850.00

收款人户名：北平亚泰电器有限公司

收款人账号：4220053936145877708

收款人开户行：招商银行民和分理处

凭证种类：记账凭证　　凭证号码：0003　　业务编号：20190108185963

摘要：购买固定资产

经办：G16356　　第1次打印：　　20190108

回单编号：2019010813063　　回单验证码：7A1D2850E2AD6F687

招商银行股份有限公司
电子回单专用章

提示：1.电子回单验证码相同表示同一笔业务回单，请勿重复记账使用。

2.已在银行柜台领用业务回单的单位，请注意核对，请勿重复记账使用。

打印时间：2019-01-08　14:30:49

招商银行 CHINA MERCHANTS BANK

付款回单

日期：2019年01月08日　业务类型：网上企业银行支付　流水号：G18356Q221A5HLT

付款账号：362117211290009

户名：北平华问国际酒店有限公司

开户行：招商银行北平支行

金额（大写）：人民币壹拾壹万伍仟陆佰元整

（小写）：CNY115,600.00

收款人户名：北平宜嘉家具有限公司

收款人账号：4000052836145876609

收款人开户行：招商银行站前路支行

凭证种类：记账凭证　凭证号码：0003　业务编号：20190108185980

摘要：购买固定资产

经办：G18356　第1次打印：　20190108

回单编号：2019010813097　回单验证码：77A1D2650E2AD6F166

招商银行股份有限公司
电子回单专用章

提示： 1.电子回单验证码相同表示同一笔业务回单，请勿重复记账使用。
2.已在银行柜台领用业务回单的单位，请注意核对，请勿重复记账使用。

打印时间：2019-01-08　16:18:07

招商银行
CHINA MERCHANTS BANK

付款回单

日期：2019年01月08日　　业务类型：网上企业银行支付　　流水号：G14356Q221A5HLA

付款账号：362117211290009
户名：北平华问国际酒店有限公司
开户行：招商银行北平支行
金额（大写）：人民币捌万元整
（小写）：CNY80,000.00
收款人户名：江西用友有限责任公司
收款人账号：9551003478798955308
收款人开户行：招商银行高新区支行

凭证种类：记账凭证　　凭证号码：0003　　业务编号：20190108185947
摘要：购买固定资产

经办：G14356　　第1次打印：　　20190108

回单编号：2019010813042　　回单验证码：7AID2750E2AD6F659

提示：1.电子回单验证码相同表示同一笔业务回单，请勿重复记账使用。
2.已在银行柜台领用业务回单的单位，请注意核对，请勿重复记账使用。

招商银行股份有限公司
电子回单专用章

打印时间：2019-01-08　　11:18:46

招商银行 CHINA MERCHANTS BANK

付 款 回 单

日期：2019年01月08日　业务类型：网上企业银行支付　流水号：G15356Q234A5HLF

付款账号：362117211290009

户名：北平华问国际酒店有限公司

开户行：招商银行北平支行

金额（大写）：人民币贰拾壹万陆仟玖佰贰拾壹元整

（小写）：CNY216,921.00

收款人户名：北平瑞丰汽车销售有限公司

收款人账号：75718100160335

收款人开户行：招商银行高新区支行

凭证种类：记账凭证　凭证号码：0003　业务编号：20190108185958

摘要：购买固定资产

经办：G15356　第1次打印：　20190108

招商银行股份有限公司
电子回单专用章

回单编号：2019010813058　回单验证码：7A1D2850E2AD6F672

提示：1.电子回单验证码相同表示同一笔业务回单，请勿重复记账使用。

2.已在银行柜台领用业务回单的单位，请注意核对，请勿重复记账使用。

打印时间：2019-01-08　11:44:11

销货清单

单位：华间大酒店　　　　2019年 01月 28日

编号	品名	单位	数量	单价	金额
1	干椒节	斤	15	5.36	80.34
2	菠菜	斤	5	3.39	16.95
3	花菜	斤	10	3.16	31.64
4	葱肉	斤	5	3.39	16.95
5	腊肠	斤	10	42.94	429.40
6	木瓜汁	瓶	1	65.54	65.54
7					
8					
9					
10					
11					
12					
13					
14					
15					
合计金额（大写）	陆佰肆拾元捌角贰分				640.82

校验：李文华　　　　签收：王文川

销货清单

单位：华问大酒店　　　　　　　　　　2019年 01月16日

编号	品名	单位	数量	单价	金额
1	玉米粒	斤	10	5.09	50.85
2	长豆角	斤	10	4.52	45.20
3	白豆腐	斤	10	4.52	45.20
4	白辣椒	斤	10	3.96	39.55
5	干豆角	斤	10	12.39	123.85
6	干椒节	斤	10	5.36	53.56
7	菠菜	斤	15	3.39	50.85
8	花菜	斤	10	3.16	31.64
9	大青尖椒	斤	10	2.26	22.60
10	青美人椒	斤	10	5.09	50.85
11	朝天椒	斤	5	7.91	39.55
12	大熟木瓜	斤	5	3.62	18.08
13					
14					
15					
合计金额（大写）	伍佰柒拾壹元柒角捌分				571.78

校验：李文华　　　　　　签收：王文川

销货清单

单位：华问大酒店　　　　2019年01月27日

编号	品名	单位	数量	单价	金额
1	玉米粒	斤	10	5.09	50.85
2	阔笋	斤	5	24.58	122.89
3	大红椒	斤	5	7.34	36.71
4	大黑木耳	斤	5	13.56	67.80
5					
6					
7					
8					
9					
10					
11					
12					
13					
14					
15					
合计金额（大写）	贰佰柒拾捌元贰角伍分				278.25

校验：李文华　　　　签收：王文川

销货清单

单位：华同大酒店　　　　2019年 01月 26日

编号	品名	单位	数量	单价	金额
1	攸县香干	斤	5	16.95	84.75
2	菠菜	斤	5	3.39	16.95
3	日本青瓜仔	斤	5	4.52	22.60
4					
5					
6					
7					
8					
9					
10					
11					
12					
13					
14					
15					
合计金额（大写）	壹佰贰拾肆元叁角				124.30

校验：李文华　　　　签收：王文川

销 货 清 单

单位：华闪大酒店　　　　2019年 01月 21 日

编号	品名	单位	数量	单价	金额
1	攸县香干	斤	5	16.95	84.75
2	长豆角	斤	10	4.52	45.20
3	白豆腐	斤	10	4.52	45.20
4	菠菜	斤	15	3.39	50.85
5	花菜	斤	10	3.16	31.64
6	茄子	斤	10	2.03	20.34
7	大青尖椒	斤	5	2.26	11.30
8	日本青瓜仔	斤	10	4.52	45.20
9	青美人椒	斤	10	5.09	50.85
10					
11					
12					
13					
14					
15					
合计金额（大写）	叁佰捌拾伍元叁角叁分			385.33	

校验：李文华　　　　签收：王文川

销货清单

单位：华问大酒店　　　　2019年 01月 22日

编号	品名	单位	数量	单价	金额
1	玉米粒	斤	10	5.09	50.85
2	长豆角	斤	5	4.52	22.60
3	白豆腐	斤	10	4.52	45.20
4	攸县香干	斤	5	16.95	84.75
5	菠菜	斤	10	3.39	33.90
6	花菜	斤	10	3.16	31.64
7	闽笋	斤	5	24.58	122.89
8	芋头	斤	5	1.81	9.04
9	大青尖椒	斤	5	2.26	11.30
10	日本青瓜仔	斤	10	4.52	45.20
11	腊肠	斤	5	42.94	214.70
12					
13					
14					
15					
合计金额（大写）	陆佰柒拾贰元零角柒分				672.07

校验：李文华　　　　签收：王文川

销 货 清 单

单位：华冈大酒店　　　　2019年 01月 25日

编号	品　　名	单　位	数 量	单 价	金 额
1	菠菜	斤	15	3.39	50.85
2	花菜	斤	10	3.16	31.64
3	芋头	斤	10	1.81	18.08
4					
5					
6					
7					
8					
9					
10					
11					
12					
13					
14					
15					
合计金额（大写）	壹佰元伍角柒分			100.57	

校验：李文华　　　　签收：王文川

销 货 清 单

单位：华问大酒店　　　　　　　　　　2019年 01月 24日

编号	品　　名	单　位	数　量	单　价	金　额
1	长豆角	斤	5	4.52	22.60
2	白豆腐	斤	10	4.52	45.20
3	菠菜	斤	15	3.39	50.85
4	闽笋	斤	5	24.58	122.89
5	大青尖椒	斤	5	2.26	11.30
6	日本青瓜仔	斤	10	4.52	45.20
7	腊肠	斤	5	42.94	214.70
8					
9					
10					
11					
12					
13					
14					
15					
合计金额（大写）	伍佰壹拾贰元柒角肆分				512.74

校验：李文华　　　　　　　　签收：王文川

销 货 清 单

单位：华问大酒店　　　　2019年 01月 23日

编号	品　　名	单　位	数　量	单　价	金　额
1	玉米粒	斤	10	5.09	50.85
2	长豆角	斤	5	4.52	22.60
3	白豆腐	斤	10	4.52	45.20
4	菠菜	斤	15	3.39	50.85
5	花菜	斤	5	3.16	15.82
6	芋头	斤	5	1.81	9.04
7	茄子	斤	10	2.03	20.34
8	大青尖椒	斤	5	2.26	11.30
9	青美人椒	斤	10	5.09	50.85
10	日本青瓜仔	斤	10	4.52	45.20
11					
12					
13					
14					
15					
合计金额（大写）	叁佰贰拾贰元零角伍分				322.05

校验：李文华　　　　签收：王文川

销 货 清 单

单位：华问大酒店　　　　　　　　　　　　2019年 01月 18日

编号	品名	单位	数量	单价	金额
1	玉米粒	斤	10	5.09	50.85
2	长豆角	斤	10	4.52	45.20
3	白豆腐	斤	10	4.52	45.20
4	攸县香干	斤	5	16.95	84.75
5	菠菜	斤	20	3.39	67.80
6	花菜	斤	10	3.16	31.64
7	闽笋	斤	10	24.58	245.78
8	芋头	斤	10	1.81	18.08
9	腊肠	斤	10	42.94	429.40
10	九头木瓜	斤	5	4.52	22.60
11					
12					
13					
14					
15					
合计金额（大写）	壹仟零肆拾壹元叁角				1041.30

校验：李文华　　　　　　　　签收：王文川

销货清单

单位：华间大酒店　　　　2019年 01月09日

编号	品　　名	单　位	数 量	单 价	金 额
1	无籽西瓜	斤	56	3.39	189.84
2	有籽西瓜	斤	50	3.39	169.50
3	香蕉	斤	10	1.7	16.95
4	榴莲	斤	12	7.9	94.82
5	木瓜汁	瓶	1	65.54	65.54
6	新的橙汁	瓶	10	33.9	339
7	新的柠檬汁	瓶	10	33.9	339
8					
9					
10					
11					
12					
13					
14					
15					
合计金额（大写）	叁仟零肆拾捌元陆角肆分				3048.64

校验：李文华　　　　签收：王文川

北平昌盛食品有限公司　　销货单

地址：北平市火炬大街796号

电话：011-83122222

No. 1100525

2019年01月31日

名　　称	规格	单位	数量	单价	金额
花旗参		斤	1.00	146.90	146.90
普洱茶		坨	20.00	3.16	63.28
普通绿茶		克	5000.00	0.05	226.00
合计 人民币（大写）零萬零仟肆佰叁拾陆元壹角捌分					￥：436.18

②客户

开单：黄维德　　核准：李维嘉　　收货人签字：程义

北平昌盛食品有限公司

销货单

地址：北平市火炬大街 796 号
电话：011-83122222

No. 1100524
2019 年 01 月 31 日

名称	规格	单位	数量	单价	金额
调料包		包	300.00	2.83	847.50
食盐		包	100.00	1.10	109.61
美玫面粉	45 斤	斤	45.00	2.71	122.04
三花淡奶		瓶	20.00	6.78	135.60
东北大米	1*50	斤	200.00	3.39	678.00
碎干贝		斤	2.00	124.30	248.60
观音王		克	1000.00	0.27	271.20
虫草花		斤	1.00	135.60	135.60
雪蛤		斤	0.50	1446.40	723.20
合计人民币（大写）零萬 叁 仟 贰 佰 柒拾 壹 元 叁 角 伍 分					¥：3271.35

②客户

开单：黄维德　　核准：李维嘉　　收货人签字：程义

北平昌盛食品有限公司

销货单

地址：北平市火炬大街 796 号

电话：011-83122222

No. 1100511

2019 年 01 月 30 日

名称	规格	单位	数量	单价	金额
调料包		包	300.00	2.83	847.50
玉兰片		斤	10.00	20.34	203.40
真空鲜百合		包	10.00	5.42	54.24
甜贡菊		克	1000.00	0.06	56.50
合计人民币（大写）零萬壹仟壹佰陆拾壹元陆角肆分					￥：1161.64

开单：黄维德　　核准：李维嘉　　收货人签字：程义

②客户

北平昌盛食品有限公司　　销货单

地址：北平市火炬大街 796 号　　No. 1100494

电话：011-83122222　　2019 年 01 月 29 日

名称	规格	单位	数量	单价	金额
调料包		包	300.00	2.83	847.50
优果糖	1*2000G	瓶	3.00	50.85	152.55
糯米粉	1*20*500G	包	5.00	5.65	28.25
合计 人民币	（大写）零萬 壹 仟 零 佰 贰 拾 捌 元 叁 角 零 分				￥：1028.30

开单：黄维德　　核准：李维嘉　　收货人签字：程义

②客户

北平昌盛食品有限公司　　销货单

地址：北平市火炬大街 796 号
电话：011-83122222

No. 1100482
2019 年 01 月 28 日

名　称	规 格	单 位	数 量	单 价	金 额
调料包		包	300.00	2.83	847.50
花旗参		斤	1.00	146.90	146.90
合 计 人民币（大写）零 萬 零 仟 玖 佰 玖 拾 肆 元 肆 角 零 分					￥：994.40

开单： 黄维德　　核准： 李维嘉　　收货人签字： 程义

②客户

北平昌盛食品有限公司

销货单

地址：北平市火炬大街 796 号

电话：011-83122222

No. 1100470

2019 年 01 月 27 日

名称	规格	单位	数量	单价	金额
调料包		包	300.00	2.83	847.50
15kg 海天酱油	15kg	桶	3.00	108.48	325.44
海马		斤	1.00	1073.50	1073.50
合计人民币（大写）零萬贰仟贰佰肆拾陆元肆角肆分					¥：2246.44

②客户

开单：黄维德　　核准：李维嘉　　收货人签字：程义

北平昌盛食品有限公司 销货单

地址：北平市火炬大街796号

电话：011-83122222

No. 1100458

2019年01月26日

名称	规格	单位	数量	单价	金额
调料包		包	800.00	2.83	2260.00
东北大米	1*50	斤	200.00	3.39	678.00
碎干贝		斤	1.00	124.30	124.30
合计人民币（大写）零萬 叁仟 零佰 陆拾 贰元 叁角 零分					￥：3062.30

②客户

开单：黄维德　　核准：李维嘉　　收货人签字：程义

北平昌盛食品有限公司

销货单

地址：北平市火炬大街 796 号

电话：011-83122222

No. 1100449

2019 年 01 月 25 日

名称	规格	单位	数量	单价	金额
调料包		包	1000.00	2.83	2825.00
真空鲜百合		包	5.00	5.42	27.12
合计 人民币（大写）零萬 贰 仟 捌 佰 伍 拾 贰 元 壹 角 贰 分					￥：2852.12

②客户

开单：黄维德　　核准：李维嘉　　收货人签字：程义

北平昌盛食品有限公司

销货单

地址：北平市火炬大街 796 号

电话：011-83122222

No. 1100437

2019 年 01 月 24 日

名　称	规 格	单 位	数 量	单 价	金 额
调料包		包	400.00	2.83	1130.00
合 计 人民币（大写）零萬 壹 仟 壹 佰 叁拾 零 元 零 角 零 分					￥：1130.00

②客户

开单：黄维德　　核准：李维嘉　　收货人签字：程义

北平昌盛食品有限公司

销货单

地址：北平市火炬大街 796 号

电话：011-83122222

No. 1100296

2019 年 01 月 12 日

名称	规格	单位	数量	单价	金额
调料包		包	800.00	2.83	2260.00
真空鲜百合		包	10.00	5.42	54.24
合计 人民币（大写）零萬贰仟叁佰壹拾肆元贰角肆分					¥：2314.24

开单：黄维德　　核准：李维嘉　　收货人签字：程义

②客户

北平昌盛食品有限公司

销货单

地址：北平市火炬大街 796 号

电话：011-83122222

No. 1100285

2019 年 01 月 11 日

名称	规格	单位	数量	单价	金额
美玫面粉	45 斤	斤	40.00	2.71	108.48
合计人民币（大写）零萬 零仟 壹佰 零拾 捌元 肆角 捌分					￥：108.48

开单：黄维德　　核准：李维嘉　　收货人签字：程义

②客户

北平昌盛食品有限公司

销货单

地址：北平市火炬大街796号

电话：011-83122222

No. 1100274

2019年01月10日

名称	规格	单位	数量	单价	金额
调料包		包	1000.00	2.83	2825.00
合计人民币（大写）零萬贰仟捌佰贰拾伍元零角零分					￥：2825.00

②客户

开单：黄维德　　核准：李维嘉　　收货人签字：程义

北平昌盛食品有限公司

销货单

地址：北平市火炬大街 796 号

电话：011-83122222

No. 1100255

2019 年 01 月 09 日

名称	规格	单位	数量	单价	金额
虫草花		斤	2.00	135.60	271.20
海马		斤	1.00	1073.50	1073.50
雪蛤		斤	0.50	1446.40	723.20
花旗参		斤	1.00	146.90	146.90
甜贡菊		克	1000.00	0.06	56.50
普洱茶		坨	10.00	3.16	31.63
普通绿茶		克	4000.00	0.05	180.80
鲜花		把	10.00	3.02	30.17
合计人民币（大写）零萬贰仟伍佰壹拾叁元玖角零分					¥：2513.90

②客户

开单：黄维德　　核准：李维嘉　　收货人签字：程义

北平昌盛食品有限公司

销货单

地址：北平市火炬大街 796 号

电话：011-83122222

No. 1100253

2019 年 01 月 09 日

名称	规格	单位	数量	单价	金额
调料包		包	300.00	2.83	847.50
食盐		包	100.00	1.10	109.61
优果粉		斤	10.00	3.39	33.90
优果糖	1*2000G	瓶	3.00	50.85	152.55
糯米粉	1*20*500G	包	6.00	5.65	33.90
美玫面粉	45 斤	斤	40.00	2.71	108.48
南韩幼砂糖	1*60	袋	1.00	216.96	216.96
三花淡奶		瓶	20.00	6.78	135.60
15kg 海天酱油	15kg	桶	4.00	108.48	433.92
合计 人民币（大写）零萬贰仟零佰柒拾贰元肆角贰分					￥：2072.42

开单：黄维德　　核准：李维嘉　　收货人签字：程义

②客户

北平昌盛食品有限公司

销货单

地址：北平市火炬大街 796 号
电话：011-83122222

No. 1100254
2019 年 01 月 09 日

名　　称	规 格	单 位	数 量	单 价	金 额
佛手味精		桶	1.00	135.60	135.60
东北大米	1*50	斤	200.00	3.39	678.00
山胡椒油		瓶	32.00	5.65	180.80
鲁花花生油		桶	10.00	114.47	1144.68
西米	1*60	包	20.00	1.70	33.90
碎干贝		斤	3.00	124.30	372.90
玉兰片		斤	10.00	20.34	203.40
真空鲜百合		包	20.00	5.42	108.48
观音王		克	1000.00	0.27	271.20
合计人民币（大写）零 萬 叁 仟 壹 佰 贰 拾 捌 元 玖 角 陆 分					¥：3128.96

②客户

开单：黄维德　　核准：李维嘉　　收货人签字：程义

招商银行
CHINA MERCHANTS BANK

收款回单

流水号：G90108Q341A5HLJ

日期：2019年01月08日
收款账号：362117211290009
户名：北平华问国际酒店有限公司
开户行：招商银行北平支行
金额（大写）：人民币壹仟贰佰万元整
（小写）：CNY12，000，000，00
付款账号：6225787644164566
付款人户名：华问集团
付款人开户行：招商银行北平支行
摘要：投资款
16RI056050108

经办：G24357

第1次打印： 20190108

回单编号：201901085455 回单验证码：7AID454545848

提示： 1.电子回单验证码相同表示同一笔业务回单，请勿重复记账使用。
2.已在银行柜台领用业务回单的单位，请注意核对，请勿重复记账使用。

打印时间：2019-01-08 11:09:29

招商银行股份有限公司
电子回单专用章

招商银行 CHINA MERCHANTS BANK

收费回单

日期：2019年01月08日　　业务类型：企业银行扣费　　流水号：G36482D2715T0098

扣费账号：362117211290009

户名：北平华问国际酒店有限公司

开户行：招商银行北平市支行

实收金额：CNY15.50

摘要：网银汇款手续费

收费时段：20190108-20190108

第1次打印　　20190108

回单编号：2019010837237　　回单验证码：348YR87811886617

提示：1.电子回单验证码相同表示同一笔业务回单，请勿重复记账使用。

2.已在银行柜台领用业务回单的单位，请注意核对，请勿重复记账使用。

打印时间：2019-01-08 10:09:49

招商银行股份有限公司
电子回单专用章

招商银行
CHINA MERCHANTS BANK

收费回单

日期：2019年01月31日　　业务类型：企业银行扣费　　流水号：G94562F523NBUWT

扣费账号：362117211290009

户名：北平华问国际酒店有限公司

开户行：招商银行北平市支行

实收金额：CNY10.50

摘要：网银汇款手续费

收费时段：20190131-20190131

第1次打印　　20190131

回单编号：2019013194562　　回单验证码：432TU849DE486T59

提示：1.电子回单验证码相同表示同一笔业务回单，请勿重复记账使用。
2.已在银行柜台领用业务回单的单位，请注意核对，请勿重复记账使用。

打印时间：2019-01-31 9:59:38

招商银行股份有限公司
电子回单专用章

招商银行
CHINA MERCHANTS BANK

收费回单

日期：2019年01月08日　　业务类型：企业银行扣费　　流水号：G36482S231ABRTU

扣费账号：362117211290009

户名：北平华问国际酒店有限公司

开户行：招商银行北平市支行

实收金额：CNY15.50

摘要：网银汇款手续费

收费时段：20190108-20190108

第1次打印　　20190108

回单编号：2019010836482　　回单验证码：348YU878DE991C82

提示：1.电子回单验证码相同表示同一笔业务回单，请勿重复记账使用。

2.已在银行柜台领用业务回单的单位，请注意核对，请勿重复记账使用。

打印时间：2019-01-08 09:40:08

招商银行股份有限公司
电子回单专用章

招商银行
CHINA MERCHANTS BANK

收费回单

日期：2019年01月20日　　业务类型：企业银行扣费　　流水号：G78534P789NBUFT

扣费账号：362117211290009

户名：北平华问国际酒店有限公司

开户行：招商银行北平市支行

实收金额：CNY10.50

摘要：网银汇款手续费

收费时段：20190120-20190120

第1次打印　　20190120

回单编号：2019012078534　　回单验证码：858TU849DE486F55

提示：1.电子回单验证码相同表示同一笔业务回单，请勿重复记账使用。
2.已在银行柜台领用业务回单的单位，请注意核对，请勿重复记账使用。

打印时间：2019-01-20 11:25:14

招商银行股份有限公司
电子回单专用章

招商银行
CHINA MERCHANTS BANK

收费回单

日期：2019年01月08日　　业务类型：企业银行扣费　　流水号：G36482S2311253B

扣费账号：362117211290009

户名：北平华问国际酒店有限公司

开户行：招商银行北平市支行

实收金额：CNY10.50

摘要：网银汇款手续费

收费时段：20190108-20190108

第1次打印　　20190108

回单编号：2019010836671　　回单验证码：348YU878DE988601

提示： 1.电子回单验证码相同表示同一笔业务回单，请勿重复记账使用。
2.已在银行柜台领用业务回单的单位，请注意核对，请勿重复记账使用。

打印时间：2019-01-08 09:41:22

招商银行股份有限公司
电子回单专用章

招商银行
CHINA MERCHANTS BANK

收费回单

日期：2019年01月20日　　业务类型：企业银行扣费　　流水号：G85634U324NBTFG

扣费账号：362117211290009

户名：北平华问国际酒店有限公司

开户行：招商银行北平市支行

实收金额：CNY10.50

摘要：网银汇款手续费

收费时段：20190120-20190120

第1次打印　　20190120

回单编号：2019012085634　　回单验证码：458TU849DE486G52

提示：1.电子回单验证码相同表示同一笔业务回单，请勿重复记账使用。
　　　2.已在银行柜台领用业务回单的单位，请注意核对，请勿重复记账使用。

打印时间：2019-01-20 11:08:35

招商银行股份有限公司
电子回单专用章

招商银行
CHINA MERCHANTS BANK

收费回单

日期：2019年01月31日　　业务类型：企业银行扣费　　流水号：G87652P789NBUGY

扣费账号：362117211290009

户名：北平华问国际酒店有限公司

开户行：招商银行北平市支行

实收金额：CNY10.50

摘要：网银汇款手续费

收费时段：20190131-20190131

第1次打印　　20190131

回单编号：2019013187652　　回单验证码：159TU849DE486T46

提示：1.电子回单验证码相同表示同一笔业务回单，请勿重复记账使用。
2.已在银行柜台领用业务回单的单位，请注意核对，请勿重复记账使用。

打印时间：2019-01-31 9:16:22

招商银行股份有限公司
电子回单专用章

招商银行
CHINA MERCHANTS BANK

收费回单

日期：2019年01月08日　　业务类型：企业银行扣费　　流水号：G36482S23112870

扣费账号：362117211290009

户名：北平华问国际酒店有限公司

开户行：招商银行北平市支行

实收金额：CNY10.50

摘要：网银汇款手续费

收费时段：20190108-20190108

第1次打印　　20190108

回单编号：2019010836675　　回单验证码：348YU878DE988685

提示：1.电子回单验证码相同表示同一笔业务回单，请勿重复记账使用。

2.已在银行柜台领用业务回单的单位，请注意核对，请勿重复记账使用。

打印时间：2019-01-08 09:43:19

招商银行股份有限公司
电子回单专用章

招商银行
CHINA MERCHANTS BANK

收费回单

日期：2019年01月08日　　业务类型：企业银行扣费　　流水号：G36482S23113001

扣费账号：362117211290009

户名：北平华问国际酒店有限公司

开户行：招商银行北平市支行

实收金额：CNY15.50

摘要：网银汇款手续费

收费时段：20190108-20190108

第1次打印　　20190108

回单编号：2019010837001　　回单验证码：348YU878DE9887RC

提示：1.电子回单验证码相同表示同一笔业务回单，请勿重复记账使用。
2.已在银行柜台领用业务回单的单位，请注意核对，请勿重复记账使用。

打印时间：2019-01-08 09:55:08

招商银行股份有限公司
电子回单专用章

招商银行
CHINA MERCHANTS BANK

收费回单

日期：2019年01月13日　　业务类型：企业银行扣费　　流水号：G45621U324NBTUB

扣费账号：362117211290009

户名：北平华问国际酒店有限公司

开户行：招商银行北平市支行

实收金额：CNY5.50

摘要：网银汇款手续费

收费时段：20190113-20190113

第1次打印　　20190113

回单编号：2019011345621　　回单验证码：478TU849DE324D10

提示：1.电子回单验证码相同表示同一笔业务回单，请勿重复记账使用。
2.已在银行柜台领用业务回单的单位，请注意核对，请勿重复记账使用。

打印时间：2019-01-13 09:08:11

招商银行股份有限公司
电子回单专用章

招商银行
CHINA MERCHANTS BANK

收 费 回 单

日期：2019年01月08日　　业务类型：企业银行扣费　　流水号：G36748P462CBRTA

扣费账号：362117211290009

户名：北平华问国际酒店有限公司

开户行：招商银行北平市支行

实收金额：CNY10.50

摘要：网银汇款手续费

收费时段：20190108-20190108

第1次打印　　20190108

回单编号：2019010836748　　回单验证码：378YU849DE991D51

提示：1.电子回单验证码相同表示同一笔业务回单，请勿重复记账使用。
2.已在银行柜台领用业务回单的单位，请注意核对，请勿重复记账使用。

打印时间：2019-01-08 10:12:18

招商银行股份有限公司
电子回单专用章

招商银行
CHINA MERCHANTS BANK

收 费 回 单

日期：2019年01月08日　　业务类型：企业银行扣费　　流水号：G36748P462CBRTA

扣费账号：362117211290009

户名：北平华问国际酒店有限公司

开户行：招商银行北平市支行

实收金额：CNY10.50

摘要：网银汇款手续费

收费时段：20190108-20190108

第1次打印　　20190108

回单编号：2019010836748　　回单验证码：378YU849DE991D51

提示：1.电子回单验证码相同表示同一笔业务回单，请勿重复记账使用。

2.已在银行柜台领用业务回单的单位，请注意核对，请勿重复记账使用。

打印时间：2019-01-08 10:12:18

招商银行股份有限公司
电子回单专用章

诚泰商贸 销货单

NO:000420

客户名称：华问大酒店 19 年 01 月 20 日

品名型号	单位	数量	单价	金额
老水鸭	斤	20	18.64	372.89
无骨凤爪	斤	5	15.82	79.1
猪肘	斤	20	10.17	203.4
肉排	斤	5	15.82	79.1
五花肉	斤	20	12.43	248.6

合计：983.09

合计人民币（大写）：零万零仟玖佰捌拾叁元零角玖分

核准：李帆 收货人：石梦

订货电话：011-83837931

第二版

第二联 客户（红）

诚泰商贸 销货单

NO:000327

客户名称：华向大酒店　　　　19 年 01 月 11 日

品名型号	单位	数量	单价	金额
黑土鸡	斤	20	15.82	316.4
鸡腿	斤	10	7.68	76.84
老母鸡	斤	5	11.3	56.5
老水鸭	斤	20	18.65	372.9
无骨凤爪	斤	10	15.82	158.2
猪大肠	斤	10	9.61	96.05
猪耳(新鲜)	斤	5	15.82	79.1
猪肘	斤	20	10.17	203.4
肉排	斤	10	15.82	158.2
五花肉	斤	15	12.43	186.45
一字梅肉	斤	5	12.43	62.15
				1766.19
			合计	
合计人民币（大写）：零万 壹仟 柒佰 陆 拾 陆 元 壹 角 玖 分				

第二版

第二联　客户（红）

核准：李帆　　　　收货人：石梦

订货电话：011-83837931

招商银行
CHINA MERCHANTS BANK

收 款 回 单

日期：2019年01月27日　　　　流水号：22WD045041125

收款账号：362117211290009

户名：北平华问国际酒店有限公司

开户行：招商银行北平支行

金额（大写）：人民币柒万玖仟肆佰肆拾元整

（小写）：CNY79,440.00

付款账号：610260106550802301

付款人户名：易彩旅行社

付款人开户行：工商银行安定门支行

摘要：收到易彩旅行社账款

22WD045041125

经办：G52368　　　　第1次打印：　　　　20190127

招商银行股份有限公司
电子回单专用章

回单编号：2019012752364　　　　回单验证码：08CFB81C7742BD32

提示：1.电子回单验证码相同表示同一笔业务回单，请勿重复记账使用。

2.已在银行柜台领用业务回单的单位，请注意核对，请勿重复记账使用。

打印时间：2019-01-27 11:00:11

招商银行
CHINA MERCHANTS BANK

收费回单

日期：2019年01月31日　　业务类型：企业银行扣费　　流水号：G94562F179NBUWT

扣费账号：362117211290009

户名：北平华问国际酒店有限公司

开户行：招商银行北平市支行

实收金额：CNY8,876.64

摘要：pos刷卡手续费

收费时段：20190101-20190131

第1次打印　　20190131

回单编号：2019013172562　　回单验证码：432TU849DF486T23

提示：1.电子回单验证码相同表示同一笔业务回单，请勿重复记账使用。
2.已在银行柜台领用业务回单的单位，请注意核对，请勿重复记账使用。

打印时间：2019-01-31 11:31:30

招商银行股份有限公司
电子回单专用章

招商银行
CHINA MERCHANTS BANK

收 款 回 单

日期：2019年01月27日　　　　流水号：22WD045042537

收款账号：362117211290009

户名：北平华问国际酒店有限公司

开户行：招商银行北平支行

金额（大写）：人民币伍万叁仟玖佰贰拾捌元整

（小写）：CNY53,928.00

付款账号：610260106550802301

付款人户名：易彩旅行社

付款人开户行：工商银行安定门支行

摘要：收到易彩旅行社账款

22WD045042537

经办：G24868　　　　第1次打印：　　　　20190127

招商银行股份有限公司
电子回单专用章

回单编号：2019012724868　　　　回单验证码：08CFB81C7742BD55

提示：1.电子回单验证码相同表示同一笔业务回单，请勿重复记账使用。

2.已在银行柜台领用业务回单的单位，请注意核对，请勿重复记账使用。

打印时间：2019-01-27 14:12:36

招商银行
CHINA MERCHANTS BANK

收费回单

日期：2019年01月08日　　业务类型：企业银行扣费　　流水号：G36482S2715TP005

扣费账号：362117211290009

户名：北平华问国际酒店有限公司

开户行：招商银行北平市支行

实收金额：CNY20.50

摘要：网银汇款手续费

收费时段：20190108-20190108

第1次打印　　20190108

回单编号：2019010837230　　回单验证码：348YR878114003EM

提示：1.电子回单验证码相同表示同一笔业务回单，请勿重复记账使用。

2.已在银行柜台领用业务回单的单位，请注意核对，请勿重复记账使用。

打印时间：2019-01-08 10:08:22

招商银行股份有限公司
电子回单专用章

招商银行
CHINA MERCHANTS BANK

收 款 回 单

日期：2019年01月20日　　流水号：22RI045041546

收款账号：362117211290009

户名：北平华问国际酒店有限公司

开户行：招商银行北平支行

金额（大写）：人民币贰万肆仟叁佰陆拾元整

（小写）：CNY24,360.00

付款账号：610260106550802301

付款人户名：易彩旅行社

付款人开户行：工商银行安定门支行

摘要：收到易彩旅行社账款

22RI045041546

经办：G12354

第1次打印：　　20190120

回单编号：2019012013028　　回单验证码：08CFB81C7742BD15

招商银行股份有限公司
电子回单专用章

提示：1.电子回单验证码相同表示同一笔业务回单，请勿重复记账使用。

2.已在银行柜台领用业务回单的单位，请注意核对，请勿重复记账使用。

打印时间：2019-01-20 10:09:26

招商银行
CHINA MERCHANTS BANK

收费回单

日期：2019年01月08日　　业务类型：企业银行扣费　　流水号：G36482S751ABRTU

扣费账号：362117211290009

户名：北平华问国际酒店有限公司

开户行：招商银行北平市支行

实收金额：CNY40.50

摘要：网银汇款手续费

收费时段：20190108-20190108

第1次打印　　20190108

回单编号：2019010836572　　回单验证码：348YU878DE871C82

提示：1.电子回单验证码相同表示同一笔业务回单，请勿重复记账使用。
　　　2.已在银行柜台领用业务回单的单位，请注意核对，请勿重复记账使用。

打印时间：2019-01-08 09:30:08

招商银行股份有限公司
电子回单专用章

招商银行
CHINA MERCHANTS BANK

收 费 回 单

日期：2019年01月08日　　业务类型：企业银行扣费　　流水号：G36482D2715YU789

扣费账号：362117211290009

户名：北平华问国际酒店有限公司

开户行：招商银行北平市支行

实收金额：CNY5.50

摘要：网银汇款手续费

收费时段：20190108-20190108

第1次打印　　20190108

回单编号：2019010837660　　回单验证码：348YR878118YT2C6

提示：1.电子回单验证码相同表示同一笔业务回单，请勿重复记账使用。

2.已在银行柜台领用业务回单的单位，请注意核对，请勿重复记账使用。

打印时间：2019-01-08 10:11:05

招商银行股份有限公司
电子回单专用章

诚泰商贸 销货单

NO:000520

客户名称：华问大酒店　　　　19年01月29日

品名型号	单位	数量	单价	金额
无骨凤爪	斤	10	15.82	158.2
牛腩	斤	5	19.78	98.88
牛肉	斤	5	22.6	113
野鸭	斤	10	23.73	237.3
猪肘	斤	10	10.17	101.7
五花肉	斤	10	12.43	124.3
一字梅肉	斤	5	12.43	62.15
野猪	斤	5	15.37	76.84

合计：972.37

合计人民币（大写）：零万零仟玖佰柒拾贰元叁角柒分

核准：李帆　　　　收货人：石梅

订货电话：011-83837931

第二版

第二联 客户（红）

诚泰商贸 销货单

NO:000467

客户名称：华冈大酒店　　　　19 年 01 月 24 日

品名型号	单位	数量	单价	金额
黑土鸡	斤	5	15.82	79.1
老母鸡	斤	5	11.3	56.5
老水鸭	斤	10	18.65	186.45
羊肚	斤	5	16.39	81.93
无骨凤爪	斤	5	15.82	79.1
牛肉	斤	5	22.6	113
猪肘	斤	5	10.17	50.85
五花肉	斤	20	12.43	248.6

合计：895.53

合计人民币（大写）：零万零仟捌佰玖拾伍元伍角叁分

第二版

第二联

客户（红）

核准：李帆　　　　收货人：石梦

订货电话：011-83837931

诚泰商贸 销货单

NO:000368

客户名称：华向大酒店　　　　19 年 01 月 15 日

品名型号	单位	数量	单价	金额
黑土鸡	斤	20	15.82	316.4
无骨凤爪	斤	10	15.82	158.2
野鸭	斤	10	23.73	237.3
猪大肠	斤	10	9.61	96.05
猪耳(新鲜)	斤	10	15.82	158.2
猪肘	斤	10	10.17	101.7
赤肉	斤	5	12.43	62.15
肉排	斤	10	15.82	158.2
五花肉	斤	20	12.43	248.6

合计：1536.8

合计人民币（大写）：零万壹仟伍佰叁拾陆元捌角零分

第二版

第二联 客户（红）

核准：李帆　　　　收货人：石梦

订货电话：011-83837931

诚泰商贸 销货单

NO:000489

客户名称：华问大酒店　　19 年 01 月 26 日

品名型号	单位	数量	单价	金额
猪大肠	斤	10	9.6	96.04
猪肚	斤	10	18.08	180.8
猪肘	斤	20	10.17	203.4
赤肉	斤	5	12.43	62.15
肉排	斤	10	15.82	158.2
五花肉	斤	30	12.43	372.89
野猪	斤	5	15.37	76.84
			合计：1150.32	
合计人民币（大写）：零万壹仟壹佰伍拾零元叁角贰分				

第二版

第二联　客户（红）

核准：李帆　　收货人：石梦

订货电话：011-83837931

诚泰商贸 销货单

NO:000548

客户名称：华问大酒店　　19 年 01 月 31 日

品名型号	单位	数量	单价	金额
老水鸭	斤	10	18.65	186.45
野鸭	斤	5	23.73	118.64
猪大肠	斤	10	9.61	96.05
猪耳(新鲜)	斤	5	15.82	79.1
五花肉	斤	5	12.43	62.14
		合计：542.38		
合计人民币（大写）：零万零仟伍佰肆拾贰元叁角捌分				

第二版

第二联

客户（红）

核准：李帆　　收货人：石梦

订货电话：011-83837931

诚泰商贸 销货单

NO:000379

客户名称：华间大酒店　　19年01月16日

品名型号	单位	数量	单价	金额
土仔鸡	斤	5	9.61	48.03
无骨凤爪	斤	10	15.82	158.2
野鸭	斤	10	23.73	237.3
赤肉	斤	5	12.43	62.15
肉排	斤	10	15.82	158.2
五花肉	斤	20	12.43	248.6

合计：912.48

合计人民币（大写）：零万零仟玖佰壹拾贰元肆角捌分

第二版

第二联

客户（红）

核准：李帆　　收货人：石梦

订货电话：011-83837931

诚泰商贸 销货单

NO:000478

客户名称：华冈大酒店　　19年01月25日

品名型号	单位	数量	单价	金额
黑土鸡	斤	10	15.82	158.2
野鸭	斤	5	23.73	118.65
猪大肠	斤	10	9.61	96.05
猪肘	斤	20	10.17	203.4
五花肉	斤	30	12.43	372.9

合计：949.2

合计人民币（大写）：零万零仟玖佰肆拾玖元贰角零分

第二版

第二联　客户（红）

核准：李帆　　收货人：石梦

订货电话：011-83837931

诚泰商贸 销货单

NO:000495

客户名称：华向大酒店　　　　19 年 01 月 27 日

品名型号	单位	数量	单价	金额
老水鸭	斤	10	18.65	186.45
猪肘	斤	10	10.17	101.7
五花肉	斤	10	12.43	124.3

合计：412.45

合计人民币（大写）：零万零仟肆佰壹拾贰元肆角伍分

核准：李帆　　　　收货人：石梦

订货电话：011-83837931

第三版

第三联　客户（红）

诚泰商贸 销货单

NO:000509

客户名称：华向大酒店　　　　19 年 01 月 28 日

品名型号	单位	数量	单价	金额
老水鸭	斤	10	18.65	186.45
羊肚	斤	5	16.39	81.93
猪大肠	斤	5	9.61	48.03
合计人民币（大写）：零万零仟叁佰壹拾陆元肆角壹分				

合计：316.41

第二版

第三联 客户（红）

核准：李帆　　　　收货人：石梦

订货电话：011-83837931

诚泰商贸 销货单

NO:000536

客户名称：华向大酒店　　19年01月30日

品名型号	单位	数量	单价	金额
土仟鸡	斤	5	9.61	48.03
黑土鸡	斤	10	15.82	158.2
老水鸭	斤	10	18.65	186.45
猪肚	斤	10	18.08	180.8
猪肘	斤	10	10.17	101.7
五花肉	斤	10	12.43	124.3
合计人民币（大写）：零万零仟柒佰玖拾玖元肆角捌分				

合计：799.48

第二版

第二联　客户（红）

核准：李帆　　收货人：石梦

订货电话：011-83837931

诚泰商贸 销货单

NO:000315

客户名称：华问大酒店　　19 年 01 月 10 日

品名型号	单位	数量	单价	金额
老母鸡	斤	10	11.3	113
老水鸭	斤	10	18.65	186.45
无骨凤爪	斤	10	15.82	158.2
五花肉	斤	15	12.43	186.45
合计：644.1				
合计人民币（大写）：零万零仟陆佰肆拾肆元壹角零分				

第二版

第二联 客户（红）

核准：李帆　　收货人：石梦

订货电话：011-83837931

诚泰商贸 销货单

NO:000385

客户名称：华向大酒店　　　　19 年 01 月 17 日

品名型号	单位	数量	单价	金额
土仔鸡	斤	5	9.61	48.03
鸡腿	斤	10	7.68	76.84
毛肚	斤	10	16.39	163.85
牛肉	斤	10	22.6	226
猪大肠	斤	10	9.61	96.05
五花肉	斤	20	12.43	248.6

合计：859.37

合计人民币（大写）：零万 零仟 捌佰 伍拾 玖元 叁角 柒分

第二版

第二联　客户（红）

核准：李帆　　　　收货人：石梦

订货电话：011-83837931

诚泰商贸 销货单

NO:000435

客户名称：华间大酒店　　　　19 年 01 月 21 日

品名型号	单位	数量	单价	金额
无骨凤爪	斤	5	15.82	79.1
牛肉	斤	5	22.6	113
野鸭	斤	5	23.73	118.65
赤肉	斤	5	12.43	62.15
肉排	斤	5	15.82	79.1
五花肉	斤	20	12.43	248.6
合计：700.6				
合计人民币（大写）：零万零仟柒佰零拾零元陆角零分				

第二版

第二联 客户（红）

核准：李帆　　　　收货人：石梦

订货电话：011-83837931

诚泰商贸 销货单

NO:000409

客户名称：华问大酒店　　19 年 01 月 19 日

品名型号	单位	数量	单价	金额
土仔鸡	斤	5	9.61	48.03
黑土鸡	斤	10	15.82	158.2
毛肚	斤	5	16.38	81.92
牛肉	斤	5	22.6	113
野鸭	斤	5	23.73	118.65
猪肘	斤	20	10.17	203.4
五花肉	斤	20	12.43	248.6

合计：971.8

合计人民币（大写）：零万零仟玖佰柒拾壹元捌角零分

第二版

第二联 客户（红）

核准：李帆　　收货人：石梦

订货电话：011-83837931

诚泰商贸 销货单

NO:000447

客户名称：华阿大酒店　　　　19 年 01 月 22 日

品名型号	单位	数量	单价	金额
老水鸭	斤	10	18.65	186.45
无骨凤爪	斤	5	15.82	79.1
牛肉	斤	5	22.6	113
五花肉	斤	20	12.43	248.6
合计：627.15				
合计人民币（大写）：零万零仟陆佰贰拾柒元壹角伍分				

第二版

第二联 客户（红）

核准：李帆　　　　收货人：石梦

订货电话：011-83837931

诚泰商贸 销货单

NO:000354

客户名称：华同大酒店　　　　　　19 年 01 月 14 日

品名型号	单位	数量	单价	金额
黑土鸡	斤	20	15.82	316.4
老水鸭	斤	20	18.65	372.9
无骨凤爪	斤	10	15.82	158.2
猪肚	斤	10	18.08	180.8
肉排	斤	10	15.82	158.2
五花肉	斤	20	12.43	248.6
			合计：1435.1	
合计人民币（大写）：零万壹仟肆佰叁拾伍元壹角零分				

第二版

第二联　客户（红）

核准：李帆　　　　收货人：石梦

订货电话：011-83837931

诚泰商贸 销货单

NO:000338

客户名称：华同大酒店　　　　19 年 01 月 12 日

品名型号	单位	数量	单价	金额
黑土鸡	斤	20	15.82	316.4
鸡腿	斤	5	7.68	38.42
老母鸡	斤	5	11.3	56.5
老水鸭	斤	20	18.65	372.9
无骨凤爪	斤	10	15.82	158.2
牛肉	斤	10	22.6	226
猪耳(新鲜)	斤	5	15.82	79.1
赤肉	斤	5	12.43	62.15
肉排	斤	15	15.82	237.3
				1546.97
			合计	

合计人民币（大写）：零万壹仟伍佰肆拾陆元玖角柒分

第三版

第三联 客户（红）

核准：李帆　　　　收货人：石梦

订货电话：011-83837931

诚泰商贸 销货单

NO:000455

客户名称：华问大酒店　　　　19 年 01 月 23 日

品名型号	单位	数量	单价	金额
老水鸭	斤	15	18.65	279.68
毛肚	斤	5	16.39	81.93
去骨凤爪	斤	5	15.82	79.1
牛肉	斤	5	22.6	113
野鸭	斤	5	23.73	118.65
猪大肠	斤	10	9.61	96.05
猪耳(新鲜)	斤	5	15.82	79.1
猪肘	斤	10	10.17	101.7
肉排	斤	5	15.82	79.1
五花肉	斤	20	12.43	248.6
			合计：	1276.91

合计人民币（大写）：零万壹仟贰佰柒拾陆元玖角壹分

第二版

第二联 客户（红）

核准：李帆　　　　收货人：石梦

订货电话：011-83837931

诚泰商贸 销货单

NO:000397

客户名称：华向大酒店　　19年01月18日

品名型号	单位	数量	单价	金额
土仔鸡	斤	5	9.61	48.03
老母鸡	斤	5	11.3	56.5
老水鸭	斤	20	18.65	372.9
赤肉	斤	10	12.43	124.3
五花肉	斤	20	12.43	248.6
合计：850.33				
合计人民币（大写）：零万零仟捌佰伍拾零元叁角叁分				

核准：李帆　　收货人：石梦

订货电话：011-83837931

第二版

第二联 客户（红）

诚泰商贸 销货单

NO:000349

客户名称：华同大酒店　　19 年 01月 13日

品名型号	单位	数量	单价	金额
土仔鸡	斤	10	9.61	96.05
老母鸡	斤	5	11.3	56.5
老水鸭	斤	20	18.65	372.9
无骨凤爪	斤	10	15.82	158.2
牛腩	斤	10	19.78	197.75
猪肚	斤	10	18.08	180.8
猪耳(新鲜)	斤	10	15.82	158.2
猪肘	斤	20	10.17	203.4
肉排	斤	10	15.82	158.2
五花肉	斤	30	12.43	372.91
				1954.91
			合计	
合计人民币（大写）：零万壹仟玖佰伍拾肆元玖角壹分				

第二版

第二联 客户（红）

核准：李帆　　收货人：石梦

订货电话：011-83837931

诚泰商贸 销货单

NO:000

客户名称：华阳大酒店　　19 年 01 月 09 日

品名型号	单位	数量	单价	金额
一字梅肉	斤	5	12.43	62.15
野猪	斤	10	15.37	153.68

合计：264.33

合计人民币（大写）：零万贰仟陆佰肆拾伍元叁角叁分

核准：李帆　　收货人：石梦

订货电话：011-83837931

第二版

第二联　客户（红）

教学票样

2101191130

北平增值税专用发票

抵扣联

№ 2327804

开票日期： 2019-01-08

校验码 32342 57684 52345 87945

购买方	名称：北平华问国际酒店有限公司 纳税人识别号： 91110168MC001YIDHV 地址、电话：北平市迎丰中路98号 011-86663915 开户行及账号：招商银行北平市支行 362117 211290 009
密码区	>>17675*+2392571319352*931585 5>1/<863>*19-*4<>556012324>47 5310/581++54/*49>3298<>><>

货物或应税劳务名称	规格型号	单位	数量	单价	金额	税率	税额
酒店用品		批	1	37,182.31	37,182.31	17%	6,320.99
合计					¥ 37,182.31		¥ 6,320.99
价税合计（大写）	※肆万叁仟伍佰零叁元叁角				（小写）¥ 43,503.30		

销售方	名称：鑫益酒店用品有限公司 纳税人识别号： 91110525MA5341YU9K 地址、电话：北平市祥云大道198号 011-60573680 开户行及账号：农业银行华南支行 600146 786103 53211
备注	

收款人：李雯　　复核：万子豪　　开票人：梅玫　　销售方：（章）

第二联：抵扣联 购买方扣税凭证

鑫益酒店用品有限公司 91110525MA5341YU9K 发票专用章

全国统一票样监制章 北平 华问教育实训中心

華問 HUAWEN

400-8605646

华问教育实训中心研发 V6.0版

教学票样

2101191130

北平增值税专用发票

全国统一票样监制章 北平 华问教育实训中心

抵扣联

№ 4357886

开票日期：2019-01-08

校验码 37574 67438 37465 48576

购买方	名称：北平华问国际酒店有限公司 纳税人识别号：91110168MC001YIDHV 地址、电话：北平市迎丰中路98号 011-86663915 开户行及账号：招商银行北平市支行 362117 211290 009	密码区	>>13675*+2392576669352*920245 5>1/<863>*19-*4<>446011324>47 5310/521++54/*49>3298<>><>

货物或应税劳务名称	规格型号	单位	数量	单价	金额	税率	税额
打印机Epson	TM-U220B	台	2	1,213.68	2,427.35	17%	412.65
打印机	惠普	台	3	1,606.84	4,820.51	17%	819.49
复印机	佳能	台	2	1,367.52	2,735.04	17%	464.96
合计					¥9,982.90		¥1,697.10
价税合计（大写）	※壹万壹仟陆佰捌拾元整				（小写）¥11,680.00		

销售方	名称：北平乐彩办公设备有限公司 纳税人识别号：910214310054505 地址、电话：北平市二七南路32号 011-806918474 开户行及账号：交通银行南铁支行 610056 662088 002084807	备注	北平乐彩办公设备有限公司 910214310054505 发票专用章

收款人：李非 复核：黄晓莹 开票人：魏巍 销售方：（章）

第二联：抵扣联 购买方扣税凭证

华問 HUAWEN 400-8605646

华问教育实训中心研发 V6.0版

教学票样

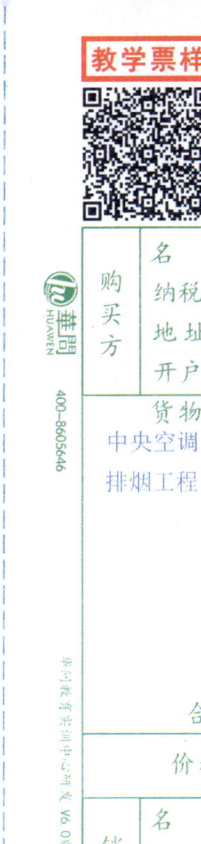

2101191130

北平增值税专用发票

抵扣联

№ 3107198

开票日期：2019-01-08

校验码 25452 57684 52345 21345

购买方	名称：北平华问国际酒店有限公司 纳税人识别号：91110168MC001YIDHV 地址、电话：北平市迎丰中路98号 011-86663915 开户行及账号：招商银行北平市支行 362117 211290 009	密码区	>>37675*+2392576669352*931585 5>1/<863>*19-*4<>446012324>47 5310/521++54/*49>3298<>><>

货物或应税劳务名称	规格型号	单位	数量	单价	金额	税率	税额
中央空调		套	1	350,427.35	350,427.35	17%	59,572.65
排烟工程		套	1	85,470.09	85,470.09	17%	14,529.91
合计					¥435,897.44		¥74,102.56
价税合计（大写）	※伍拾壹万元整				（小写）¥510,000.00		

销售方	名称：科美威环保机电设备有限公司 纳税人识别号：91160100685955837H 地址、电话：北平市桃花路321号 011-87964567 开户行及账号：中国银行朝阳路支行 628479 683478 759737	备注	

收款人：方茴　　复核：李子豪　　开票人：熊艳　　销售方：（章）

第二联：抵扣联 购买方扣税凭证

华問 HUAWEN 400-8605646

华问教育实训中心研发 V6.0版

教学票样

2101191130

北平增值税专用发票

抵扣联

№ 3210389

校验码 25432 57684 52345 23452

开票日期： 2019-01-08

购买方	名　　称：北平华问国际酒店有限公司 纳税人识别号：91110168MC001YIDHV 地址、电话：北平市迎丰中路98号 011-86663915 开户行及账号：招商银行北平市支行 362117 211290 009				密码区	>>17675*+2392576669352*931585 5>1/<863>*19-*4<>556012324>47 5310/521++54/*49>3298<>><>	
货物或应税劳务名称	规格型号	单位	数量	单价	金额	税率	税额
家具		批	1	1,320,957.28	1,320,957.28	17%	224,562.72
合　计					¥ 1,320,957.28		¥ 224,562.72
价税合计（大写）	※壹佰伍拾肆万伍仟伍佰贰拾元整				（小写）¥ 1,545,520.00		
销售方	名　　称：北平宜嘉家具有限公司 纳税人识别号：91120169581728727K 地址、电话：北平市解放西路888号 011-87815218 开户行及账号：工商银行站前路支行 622005 283614 5873378				备注		

收款人：曾倩　　复核：王晓云　　开票人：汪慧　　销售方：（章）

第二联：抵扣联 购买方扣税凭证

全国统一票样监制章 北平 华问教育实训中心

北平宜嘉家具有限公司 91120169581728727K 发票专用章

400-8605646

HUAWEN 華問

教学票样

2101191130

北平增值税专用发票

№ 3125786

抵扣联

校验码 73429 54312 58490 32543

开票日期： 2019-01-13

购买方	名称：北平华问国际酒店有限公司 纳税人识别号：91110168MC001YIDHV 地址、电话：北平市迎丰中路98号 011-86663915 开户行及账号：招商银行北平市支行 362117 211290 009	密码区	>>35876*+2392571419352*931573 3>1/<863>*19-*4<>556012324>52 8310/581++54/*79>3298<>><>

货物或应税劳务名称	规格型号	单位	数量	单价	金额	税率	税额
租金			1	250,000.00	250,000.00	11%	27,500.00
合计					¥ 250,000.00		¥27,500.00
价税合计（大写）	※贰拾柒万柒仟伍佰元整				（小写）¥ 277,500.00		

销售方	名称：北平茂苑物业管理有限公司 纳税人识别号：92680318QF008RPFLX 地址、电话：北平市迎丰路280号 011-86967126 开户行及账号：招商银行北平市支行 362117 211293 8468	备注	

收款人：李伟　　复核：周丽丽　　开票人：钱方圆　　销售方：（章）

第二联：抵扣联 购买方扣税凭证

全国统一票样监制章 北平 华问教育实训中心

北平茂苑物业管理有限公司 92680318QF008RPFLX 发票专用章

400-8605646

华问教育实训中心研发 V6.0版

華問 HUAWEN

教学票样

2101191130

北平增值税专用发票

全国统一票样监制章 北平 华问教育实训中心

抵扣联

№ 2155685

开票日期： 2019-01-08

校验码 37374 67338 53465 42547

购买方	名　　称：北平华问国际酒店有限公司 纳税人识别号：91110168MC001YIDHV 地 址、电 话：北平市迎丰中路98号 011-86663915 开户行及账号：招商银行北平市支行 362117 211290 009	密码区：>>12675*+459257669352*920245 5>1/<863>*19-*4<>446012324>47 5310/521++54/*49>3298<>><>

货物或应税劳务名称	规格型号	单位	数量	单价	金额	税率	税额
帕萨特	280TSI DSG尊荣版	辆	1	185,402.56	185,402.56	17%	31,518.44
别克GL8商务车	3.0XT 旗舰版	辆	1	400,854.70	400,854.70	17%	68,145.30
合计					￥586,257.26		￥99,663.74
价税合计（大写）	※陆拾捌万伍仟玖佰贰拾壹元整				（小写）￥685,921.00		

销售方	名　　称：北平瑞丰汽车销售有限公司 纳税人识别号：936010575951875V3K 地 址、电 话：北平市丰和南大道589号汽车城内 011-88351414 开户行及账号：北平银行高新区支行 657181 001603 1123	备注

北平瑞丰汽车销售有限公司 936010575951875V3K 发票专用章

收款人：李丽　　复核：黄晓娟　　开票人：程宏　　销售方：（章）

第二联：抵扣联 购买方扣税凭证

教学票样

2101191130

北平增值税专用发票

全国统一票样监制章 北平 华问教育实训中心

抵扣联

№ 4216287

开票日期： 2019-01-08

校验码 47294 67354 53465 42347

购买方	名　　称：北平华问国际酒店有限公司 纳税人识别号：91110168MC001YIDHV 地址、电话：北平市迎丰中路98号 011-86663915 开户行及账号：招商银行北平市支行 362117 211290 009	密码区	>>37675*+2392576669352*931585 5>1/<863>*19-*4<>446012324>47 5310/521++54/*49>3298<>><>

货物或应税劳务名称	规格型号	单位	数量	单价	金额	税率	税额
工作台		组	2	870.09	1,740.17	17%	295.83
双头炉灶		台	1	3,247.86	3,247.86	17%	552.14
蒸柜		台	1	1,153.85	1,153.85	17%	196.15
冰箱	六门	台	1	3,991.45	3,991.45	17%	678.55
消毒柜	纳柏顿RTP980-A	台	1	1,954.70	1,954.70	17%	332.30
合　计					¥ 12,088.03		¥ 2,054.97
价税合计（大写）	※壹万肆仟壹佰肆拾叁元整				（小写）¥ 14,143.00		

销售方	名　　称：北平中港厨具有限公司 纳税人识别号：91130710477983412E 地址、电话：北平昌东二路19-20号 011-87768759 开户行及账号：建行昌东城一品支行 660326 503602 11465181	备注	

北平中港厨具有限公司 91130710477983412E 发票专用章

華問 HUAWEN

收款人：欧阳青蕾　　复核：程成橙　　开票人：李艳　　销售方：（章）

第二联：抵扣联 购买方扣税凭证

華問 HUAWEN 400-8605646

华问教育实训中心研发 V6.0版

教学票样

2101191130

北平增值税专用发票

№ 4026087

发 票 联

全国统一票样监制章 江西 华问教育实训中心

开票日期： 2019-01-08

校验码 37374 67338 33465 44558

购买方		密码区
名　　称：	北平华问国际酒店有限公司	>>12675*+239257669352*931586
纳税人识别号：	91110168MC001YIDHV	6>1/<863>*19-*4<>446012324>47
地址、电话：	北平市迎丰中路98号 011-86663915	5310/521++54/*49>3298<>><>
开户行及账号：	招商银行北平市支行 362117 211290 009	

货物或应税劳务名称	规格型号	单位	数量	单价	金额	税率	税额
财务软件		套	1	68,376.07	68,376.07	17%	11,623.93
合　　计					¥ 68,376.07		¥ 11,623.93
价税合计（大写）	※捌万元整				（小写）¥ 80,000.00		

销售方		备注
名　　称：	江西用友有限责任公司	
纳税人识别号：	91160106684971816A	
地址、电话：	江西省南昌市火炬大街187号 0791-83847919	
开户行及账号：	邮政储蓄银行高新区支行 955101 347879 8934312	

江西用友有限责任公司 91160106684971816A 发票专用章

華問 HUAWEN

收款人：王磊　　复核：李文娟　　开票人：方圆　　销售方：（章）

第三联：发票联 购买方记账凭证

華問 HUAWEN 400-8605646

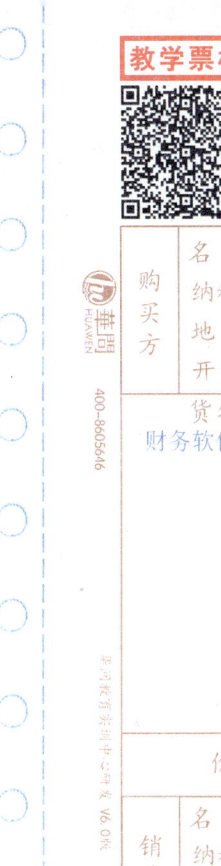

华问教育实训中心研发 V6.0版

教学票样

2101191130

北平增值税专用发票

全国统一票样监制章 北平 华问教育实训中心

发票联

№ 2155685

开票日期：2019-01-08

校验码 37374 67338 53465 42547

购买方	名称：北平华问国际酒店有限公司 纳税人识别号：91110168MC001YIDHV 地址、电话：北平市迎丰中路98号 011-86663915 开户行及账号：招商银行北平市支行 362117 211290 009	密码区	>>12675*+4592576669352*920245 5>1/<863>*19-*4<>446012324>47 5310/521++54/*49>3298<>><>

货物或应税劳务名称	规格型号	单位	数量	单价	金额	税率	税额
帕萨特	280TSI DSG尊荣版	辆	1	185,402.56	185,402.56	17%	31,518.44
别克GL8商务车	3.0XT 旗舰版	辆	1	400,854.70	400,854.70	17%	68,145.30
合计					¥586,257.26		¥99,663.74
价税合计（大写）	※陆拾捌万伍仟玖佰贰拾壹元整				（小写）¥685,921.00		

销售方	名称：北平瑞丰汽车销售有限公司 纳税人识别号：936010575951875V3K 地址、电话：北平市丰和南大道589号汽车城内 011-88351414 开户行及账号：北平银行高新区支行 657181 001603 1123	备注	

北平瑞丰汽车销售有限公司 936010575951875V3K 发票专用章

華問 HUAWEN

收款人：李丽　　复核：黄晓娟　　开票人：程宏　　销售方：（章）

第三联：发票联 购买方记账凭证

400-8605646

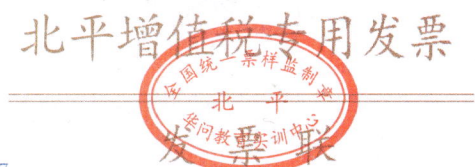

教学票样

2101191130

北平增值税专用发票

发票联

№ 1434295

开票日期：2019-01-08

校验码 37574 67438 37465 48576

购买方
名称：北平华间国际酒店有限公司
纳税人识别号：91110168MC001YIDHV
地址、电话：北平市迎丰中路98号 电话011-86663915
开户行及账号：招商银行北平市支行 362117 211290 009

密码区
>>12675*+4592576669352*920245
5>1/<863>*19-*4<>446012324>47
5310/521++54/*49>3-98<>><>

货物或应税劳务名称	规格型号	单位	数量	单价	金额	税率	税额
装修费			1	6,486,486.49	6,486,486.49	11%	713,513.51
合计					¥6,486,486.49		¥713,513.51

价税合计（大写） ※柒佰贰拾万元整 （小写）¥7,200,000.00

销售方
名称：尚品装饰装修有限公司
纳税人识别号：91110586126R87247K
地址、电话：北平广场南路156号 011-21944685
开户行及账号：建行恒茂理处 440427 503602 33565060

备注

全国统一票样监制章 北平 华问教育实训中心

尚品装饰装修有限公司 91110586126R87247K 发票专用章

華問 HUAWEN

收款人：程学平 复核：李海 开票人：江波 销售方：（章）

第三联：发票联 购买方记账凭证

400-8605646

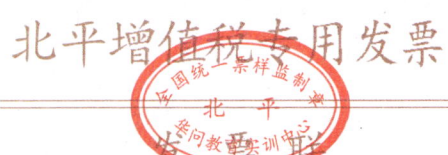

教学票样

2101191130

北平增值税专用发票

全国统一票样监制章 北平 华问教育实训中心

发票联

№ 3210389

开票日期：2019-01-08

校验码 25432 57684 52345 23452

购买方	名称：北平华问国际酒店有限公司 纳税人识别号：91110168MC001YIDHV 地址、电话：北平市迎丰中路98号 011-86663915 开户行及账号：招商银行北平市支行 362117 211290 009	密码区	>>17675*+2392576669352*931585 5>1/<863>*19-*4<>556012324>47 5310/521++54/*49>3298<>><>

货物或应税劳务名称	规格型号	单位	数量	单价	金额	税率	税额
家具		批	1	1,320,957.28	1,320,957.28	17%	224,562.72
合计					¥ 1,320,957.28		¥ 224,562.72
价税合计（大写）	※壹佰伍拾肆万伍仟伍佰贰拾元整				（小写）¥ 1,545,520.00		

销售方	名称：北平宜嘉家具有限公司 纳税人识别号：91120169581728727K 地址、电话：北平市解放西路888号 011-87815218 开户行及账号：工商银行站前路支行 622005 283614 5873378	备注	

北平宜嘉家具有限公司 91120169581728727K 发票专用章

华問 HUAWEN

收款人：曾倩　　复核：王晓云　　开票人：汪慧　　销售方：（章）

第三联：发票联 购买方记账凭证

华問 HUAWEN 400-8605646

华问教育实训中心研发 V6.0版

教学票样

2101191130

北平增值税专用发票

发票联

№ 3107198

开票日期：2019-01-08

校验码 25452 57684 52345 21345

购买方	名称：北平华问国际酒店有限公司 纳税人识别号：91110168MC001YIDHV 地址、电话：北平市迎丰中路98号 011-86663915 开户行及账号：招商银行北平市支行 362117 211290 009	密码区	>>37675*+2392576669352*931585 5>1/<863>*19-*4<>446012324>47 5310/521++54/*49>3298<>><>

货物或应税劳务名称	规格型号	单位	数量	单价	金额	税率	税额
中央空调		套	1	350,427.35	350,427.35	17%	59,572.65
排烟工程		套	1	85,470.09	85,470.09	17%	14,529.91
合计					¥ 435,897.44		¥ 74,102.56
价税合计（大写）	※伍拾壹万元整				（小写）¥ 510,000.00		

销售方	名称：科美威环保机电设备有限公司 纳税人识别号：91160100685955837H 地址、电话：北平市桃花路321号 011-87964567 开户行及账号：中国银行朝阳路支行 628479 683478 759737	备注	

收款人：方尚　　复核：李子豪　　开票人：熊艳　　销售方：（章）

第三联：发票联　购买方记账凭证

全国统一票样监制章 北平 华问教育实训中心

科美威环保机电设备有限公司 91160100685955837H 发票专用章

華問 HUAWEN 400-8605646

教学票样

2101191130

北平增值税专用发票

发票联

№ 2327804

校验码 32342 57684 52345 87945

开票日期：2019-01-08

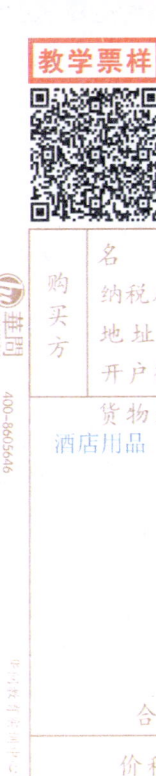

购买方	名称：北平华问国际酒店有限公司 纳税人识别号：91110168MC001YIDHV 地址、电话：北平市迎丰中路98号 011-86663915 开户行及账号：招商银行北平市支行 362117 211290 009			密码区	>>17675*+239257131935 2*931585 5>1/<863>*19-*4<>556012324>47 5310/581++54/*49>3298<>><>		
货物或应税劳务名称	规格型号	单位	数量	单价	金额	税率	税额
酒店用品		批	1	37,182.31	37,182.31	17%	6,320.99
合计					¥37,182.31		¥6,320.99
价税合计（大写）	※肆万叁仟伍佰零叁元叁角				（小写）¥43,503.30		
销售方	名称：鑫益酒店用品有限公司 纳税人识别号：91110525MA5341YU9K 地址、电话：北平市祥云大道198号 011-60573680 开户行及账号：农业银行华南支行 600146 786103 53211			备注			

收款人：李雯　　复核：万子豪　　开票人：梅玫　　销售方：（章）

第三联：发票联 购买方记账凭证

全国统一票样监制章 北平 华问教育培训中心

鑫益酒店用品有限公司 91110525MA5341YU9K 发票专用章

教学票样

2101161680

北平增值税专用发票

全国统一票样监制章 北平 华问教育实训中心

抵扣联

№ 1021842

开票日期：2019-01-13

校验码 73429 54312 58490 32567

购买方	名称：北平华问国际酒店有限公司 纳税人识别号：91110168MC001YIDHV 地址、电话：北平市迎丰中路98号 电话011-86663915 开户行及账号：招商银行北平市支行 362117 211290 009			密码区	>>12675*+4592576669352*920245 5>1/<863>*19-- *4<>446012324>475310/521++54/ *49>3-98<>><>		
货物或应税劳务名称	规格型号	单位	数量	单价	金额	税率	税额
水费		吨	2,365.30	1.35	3,193.16	17%	542.84
合计					¥ 3,193.16		¥ 542.84
价税合计（大写）	※叁仟柒佰叁拾陆元整				（小写）¥ 3,736.00		
销售方	名称：北平水业集团有限责任公司 纳税人识别号：96010000077316855Q 地址、电话：北平市灌婴路99号 96166 开户行及账号：招行北平支行150100 102630 0010285			备注			

北平水业集团有限责任公司 96010000077316855Q 发票专用章

華問 HUAWEN

收款人：程学东　　复核：周方方　　开票人：钱小样　　销售方：（章）

第二联：抵扣联 购买方扣税凭证

華問 HUAWEN 400-8605646

华问教育实训中心研发 V6.0版

教学票样

2101191130

北平增值税专用发票

全国统一票样监制章 北平 华问教育实训中心

抵扣联

№ 1434295

开票日期： 2019-01-08

校验码 37574 67438 37465 48576

购买方	名　　称：北平华问国际酒店有限公司 纳税人识别号： 91110168MC001YIDHV 地址、电话：北平市迎丰中路98号 电话011-86663915 开户行及账号：招商银行北平市支行 362117 211290 009	密码区	>>12675*+4592576669352*920245 5>1/<863>*19-*4<>446012324>47 5310/521++54/*49>3-98<>><>

货物或应税劳务名称	规格型号	单位	数量	单价	金额	税率	税额
装修费			1	6,486,486.49	6,486,486.49	11%	713,513.51
合　计					¥ 6,486,486.49		¥ 713,513.51
价税合计（大写）	※柒佰贰拾万元整				（小写）¥7,200,000.00		

销售方	名　　称：尚品装饰装修有限公司 纳税人识别号：91110586126R87247K 地址、电话：北平广场南路156号 011-21944685 开户行及账号：建行恒茂理处 440427 503602 33565060	备注	尚品装饰装修有限公司 91110586126R87247K 发票专用章

收款人：程学平　　复核：李海　　开票人：江波　　销售方：（章）

第二联：抵扣联 购买方扣税凭证

華問 HUAWEN

400-8605646

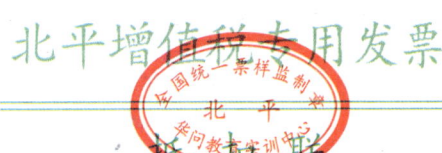

华问教育实训中心研发 V6.0版

教学票样

2101191130

北平增值税专用发票

抵扣联

№ 1134078

开票日期：2019-01-13

校验码 73329 54312 58490 52356

购买方	名称：北平华问国际酒店有限公司 纳税人识别号：91110168MC001YIDHV 地址、电话：北平市迎丰中路98号 011-86663915 开户行及账号：招商银行北平市支行 362117 211290 009
密码区	>>17675*+3181571479352*931573 3>1/<863>*19-*4<>117812324>23 8179/051++54/*49>3018<>><>

货物或应税劳务名称	规格型号	单位	数量	单价	金额	税率	税额
禽肉		批	1	7,573.00	7,573.00	13%	984.50
合计					¥ 7,573.00		¥ 984.50
价税合计（大写）	※捌仟伍佰伍拾柒元伍角				（小写）¥ 8,557.50		

销售方	名称：北平诚泰商贸有限公司 纳税人识别号：911101690055409270 地址、电话：北平市顺外路8号 011-83837931 开户行及账号：邮政储蓄顺外支行 913006 371342 95142
备注	

收款人：李芬芳　　复核：毛方圆　　开票人：方淮　　销售方：（章）

第二联：抵扣联　购买方扣税凭证

（印章：全国统一票样监制章 北平 华问教育实训中心）

（印章：北平诚泰商贸有限公司 911101690055409270 发票专用章）

華問 HUAWEN

400-8605646

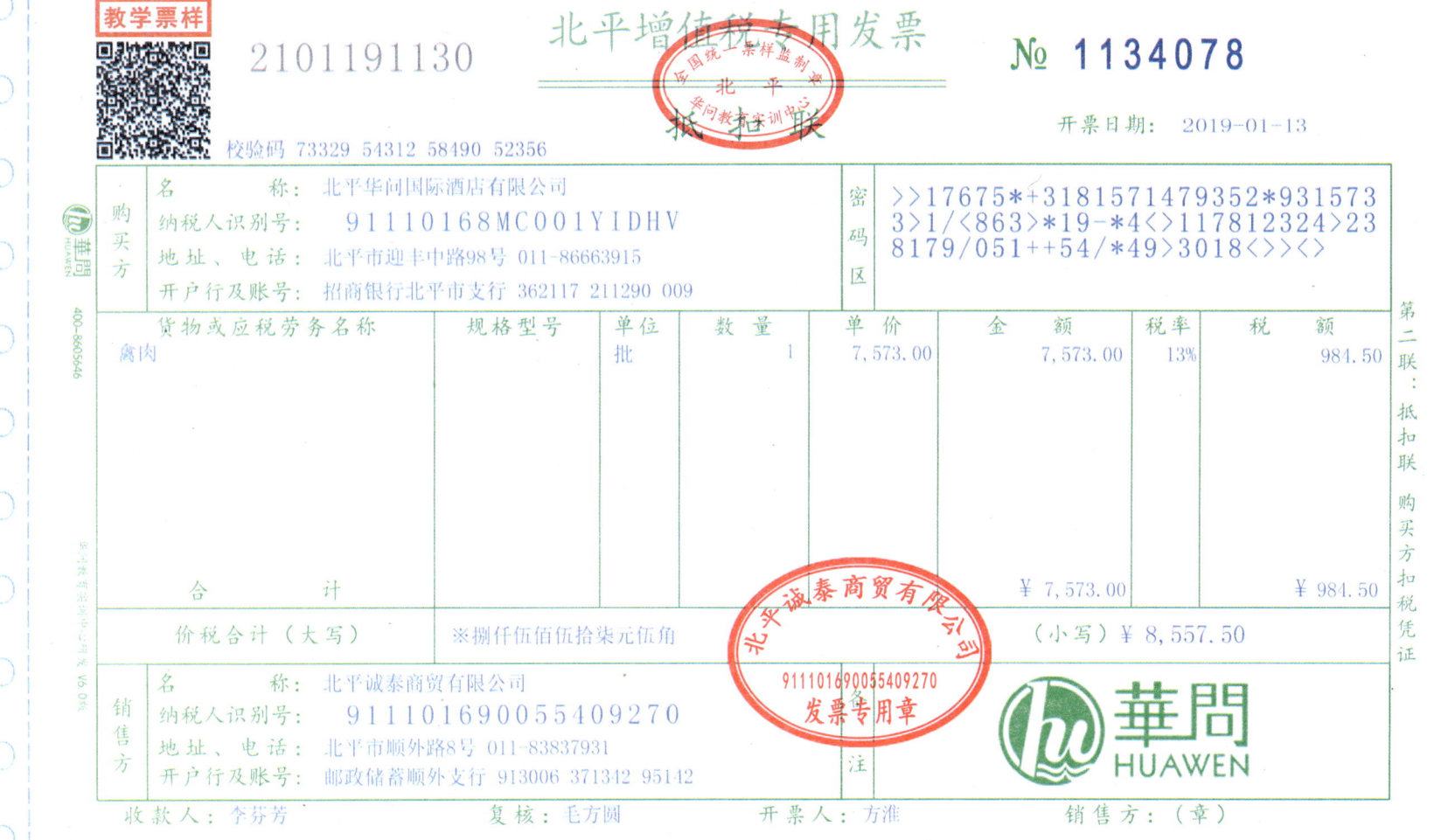

教学票样

2101191130

北平增值税专用发票

№ 2857091

抵扣联

开票日期： 2019-01-13

校验码 73329 52312 58490 52398

(全国统一票样监制章 北平 华问教育实训中心)

购买方
- 名　　　称：北平华问国际酒店有限公司
- 纳税人识别号：91110168MC001YIDHV
- 地 址 、电 话：北平市迎丰中路98号 011-86663915
- 开户行及账号：招商银行北平市支行 362117 211290 009

密码区

>>17675*+2592571479352*931573
3>1/<863>*19-*4<>556012324>23
8179/581++54/*49>1128<>><>

货物或应税劳务名称	规格型号	单位	数量	单价	金额	税率	税额
鲜蔬		批	1	4,008.20	4,008.20	13%	521.00
水果		批	1	1,860.80	1,860.80	13%	241.90
合　　计					¥ 5,869.00		¥ 762.90
价税合计（大写）	※陆仟陆佰叁拾壹元玖角				（小写）¥ 6,631.90		

销售方
- 名　　　称：北平丰盛果蔬批发部
- 纳税人识别号：911101685816258 17K
- 地 址 、电 话：北平市朱桥东路2号 011-62971834
- 开户行及账号：农行佛塔分理处 600037 895044 62133

备注

(北平丰盛果蔬批发部 911101685816258 17K 发票专用章)

收款人：张志远　　复核：朱军　　开票人：汪洋　　销售方：（章）

第二联：抵扣联　购买方扣税凭证

400-8605646

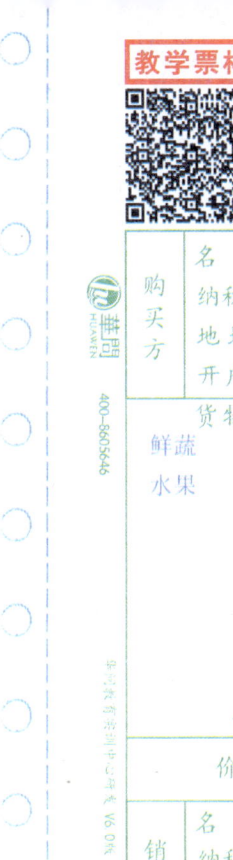

教学票样

北平增值税专用发票

2101191130 № 3267784

抵扣联

全国统一票样监制章 北平 华问教育实训中心

开票日期： 2019-01-08

校验码 43624 57684 52345 42432

购买方	名　　　称： 北平华问国际酒店有限公司 纳税人识别号： 91110168MC001YIDHV 地 址 、 电 话： 北平市迎丰中路98号 011-86663915 开户行及账号： 招商银行北平市支行 362117 211290 009	密码区	>>12675*+2392576669352*920245 5>1/<863>*19-*4<>446012324>47 5310/521++54/*49>3298<>><>

货物或应税劳务名称	规格型号	单位	数量	单价	金额	税率	税额
热水器		台	210	1,324.79	278,205.13	17%	47,294.87
电脑	联想	台	9	2,977.20	26,794.88	17%	4,555.12
洗衣机	三洋	台	1	4,273.50	4,273.50	17%	726.50
电视	创维	台	210	1,025.64	215,384.62	17%	36,615.38
冰箱	富信	台	210	341.88	71,794.87	17%	12,205.13
合　　计					¥ 596,453.00		¥ 101,397.00
价税合计（大写）	※陆拾玖万柒仟捌佰伍拾元整				（小写）¥ 697,850.00		

销售方	名　　　称： 北平亚泰电器有限公司 纳税人识别号： 91131614MA5340YU5K 地 址 、 电 话： 北平市沿江大道21号 011-81127914 开户行及账号： 工商银行民和分理处 622005 393614 2378705	备注	華問 HUAWEN

北平亚泰电器有限公司 91131614MA5340YU5K 发票专用章

收款人：李云　　复核：黄文娟　　开票人：程方　　销售方：（章）

第二联：抵扣联 购买方扣税凭证

教学票样

江西增值税专用发票

抵扣联

2101191130

№ 4026087

校验码 37374 67338 33465 44558

开票日期：2019-01-08

购买方	名　　称：北平华问国际酒店有限公司 纳税人识别号：91110168MC001YIDHV 地址、电话：北平市迎丰中路98号 011-86663915 开户行及账号：招商银行北平市支行 362117 211290 009	密码区	>>12675*+239257669352*931586 6>1/<863>*19-*4<>446012324>47 5310/521++54/*49>3298<>><>

货物或应税劳务名称	规格型号	单位	数量	单价	金额	税率	税额
财务软件		套	1	68,376.07	68,376.07	17%	11,623.93
合　计					¥ 68,376.07		¥ 11,623.93
价税合计（大写）	※捌万元整				（小写）¥ 80,000.00		

销售方	名　　称：江西用友有限责任公司 纳税人识别号：91160106684971816A 地址、电话：江西省南昌市火炬大街187号 0791-83847919 开户行及账号：邮政储蓄银行高新区支行 955101 347879 8934312	备注	

收款人：王磊　　复核：李文娟　　开票人：方圆　　销售方：（章）

第二联：抵扣联 购买方扣税凭证

全国统一票样监制章 江西 华问教育实训中心

江西用友有限责任公司 91160106684971816A 发票专用章

華問 HUAWEN 400-8605646

华问教育实训中心研发 V6.0版

教学票样

2101161680

北平增值税专用发票

全国统一票样监制章 北平 华问教育实训中心

抵扣联

№ 1321814

校验码 75349 53212 58490 32346

开票日期：2019-01-13

购买方	名　　称：北平华问国际酒店有限公司 纳税人识别号：91110168MC001YIDHV 地址、电话：北平市迎丰中路98号 电话011-86663915 开户行及账号：招商银行北平市支行 362117 211290 009			密码区	>>71675*+2392571319352*931585 5>1/<863>*19-*4<>556012324>47 5320/581++54/*49>3298<>><>		
货物或应税劳务名称	规格型号	单位	数量	单价	金额	税率	税额
电费		KW/h	17,094.02	0.99	16,923.08	17%	2,876.92
合计					¥ 16,923.08		¥ 2,876.92
价税合计（大写）	※壹万玖仟捌佰元整				（小写）¥ 19,800.00		
销售方	名　　称：国家电网北平供电总公司 纳税人识别号：96011000089301551A 地址、电话：北平市丰和中大道2号 011-81058866 开户行及账号：招行北平支行 150100 111930 0081012			备注	華問 HUAWEN		

国家电网北平供电总公司 96011000089301551A 发票专用章

收款人：孙凯　　复核：周子瑜　　开票人：李开芯　　销售方：（章）

第二联：抵扣联 购买方扣税凭证

400-8605646

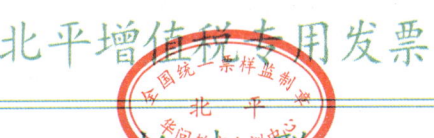

华问教育实训中心研发 V6.0版

教学票样

2101191130

北平增值税专用发票

发票联

№ 3267784

开票日期：2019-01-08

校验码 43624 57684 52345 42432

购买方	名　称：北平华问国际酒店有限公司 纳税人识别号：91110168MC001YIDHV 地址、电话：北平市迎丰中路98号 011-86663915 开户行及账号：招商银行北平市支行 362117 211290 009	密码区	>>12675*+239257669352*920245 5>1/<863>*19-*4<>446012324>47 5310/521++54/*49>3298<>><>

货物或应税劳务名称	规格型号	单位	数量	单价	金额	税率	税额
热水器		台	210	1,324.79	278,205.13	17%	47,294.87
电脑	联想	台	9	2,977.20	26,794.88	17%	4,555.12
洗衣机	三洋	台	1	4,273.50	4,273.50	17%	726.50
电视	创维	台	210	1,025.64	215,384.62	17%	36,615.38
冰箱	富信	台	210	341.88	71,794.87	17%	12,205.13
合计					¥596,453.00		¥101,397.00
价税合计（大写）	※陆拾玖万柒仟捌佰伍拾元整				（小写）¥697,850.00		

销售方	名　称：北平亚泰电器有限公司 纳税人识别号：91131614MA5340YU5K 地址、电话：北平市沿江大道21号 011-81127914 开户行及账号：工商银行民和分理处 622005 393614 2378705	备注	

收款人：李云　　复核：黄文娟　　开票人：程方　　销售方：（章）

第三联：发票联 购买方记账凭证

全国统一票样监制章 北平 华问教育实训中心

北平亚泰电器有限公司 91131614MA5340YU5K 发票专用章

華問 HUAWEN

400-8605646

教学票样

2101191130

北平增值税专用发票

全国统一票样监制章 北平 华问教育实训中心

发票联

№ 4357886

开票日期：2019-01-08

校验码 37574 67438 37465 48576

购买方	名　　称：北平华问国际酒店有限公司 纳税人识别号：91110168MC001YIDHV 地址、电话：北平市迎丰中路98号 011-86663915 开户行及账号：招商银行北平市支行 362117 211290 009	密码区	>>13675*+2392576669352*920245 5>1/<863>*19-*4<>446011324>47 5310/521++54/*49>3298<>><>

货物或应税劳务名称	规格型号	单位	数量	单价	金额	税率	税额
打印机Epson	TM-U220B	台	2	1,213.68	2,427.35	17%	412.65
打印机	惠普	台	3	1,606.84	4,820.51	17%	819.49
复印机	佳能	台	2	1,367.52	2,735.04	17%	464.96
合计					¥ 9,982.90		¥ 1,697.10
价税合计（大写）	※壹万壹仟陆佰捌拾元整				（小写）¥11,680.00		

销售方	名　　称：北平乐彩办公设备有限公司 纳税人识别号：910214310054505 地址、电话：北平市二七南路32号 011-806918474 开户行及账号：交通银行南铁支行 610056 662088 002084807	备注	

北平乐彩办公设备有限公司 910214310054505 发票专用章

收款人：李非　　复核：黄晓莹　　开票人：魏巍　　销售方：（章）

第三联：发票联 购买方记账凭证

華問 HUAWEN 400-8605646

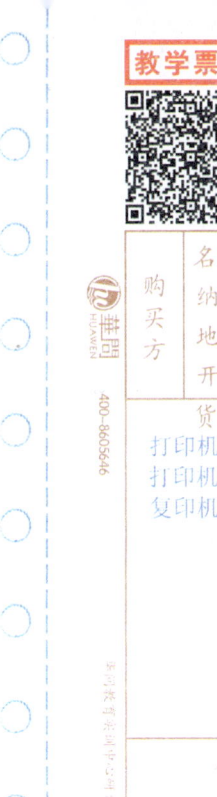

华问教育实训中心研发 V6.0版

教学票样

2101161680

北平增值税专用发票

发票联

№ 1021842

开票日期： 2019-01-13

校验码 73429 54312 58490 32567

购买方	名　　称：北平华问国际酒店有限公司 纳税人识别号：91110168MC001YIDHV 地址、电话：北平市迎丰中路98号 电话011-86663915 开户行及账号：招商银行北平市支行 362117 211290 009	密码区	>>12675*+4592576669352*920245 5>1/<863>*19-- *4<>446012324>475310/521++54/ *49>3-98<>><>

货物或应税劳务名称	规格型号	单位	数量	单价	金额	税率	税额
水费		吨	2,365.30	1.35	3,193.16	17%	542.84
合计					¥ 3,193.16		¥ 542.84
价税合计（大写）	※叁仟柒佰叁拾陆元整				（小写）¥ 3,736.00		

销售方	名　　称：北平水业集团有限责任公司 纳税人识别号：96010000077316855Q 地址、电话：北平市灌婴路99号 96166 开户行及账号：招行北平支行150100 102630 0010285	备注	

收款人：程学东　　复核：周方方　　开票人：钱小样　　销售方：（章）

第三联：发票联　购买方记账凭证

北平水业集团有限责任公司
96010000077316855Q
发票专用章

全国统一票样监制章
北平
华问教育实训中心

華問 HUAWEN

400-8605646

教学票样

2101161680

北平增值税专用发票

№ 1321814

发票联

全国统一票样监制章 北平 华问教育实训中心

开票日期： 2019-01-13

校验码 75349 53212 58490 32346

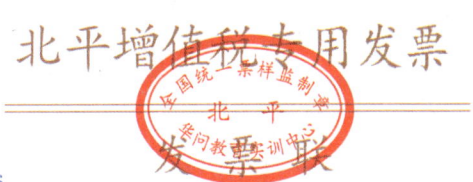

购买方	名　　称：北平华问国际酒店有限公司 纳税人识别号：91110168MC001YIDHV 地址、电话：北平市迎丰中路98号 电话011-86663915 开户行及账号：招商银行北平市支行 362117 211290 009	密码区	>>71675*+2392571319352*931585 5>1/<863>*19-*4<>556012324>47 5320/581++54/*49>3298<>><>

货物或应税劳务名称	规格型号	单位	数量	单价	金额	税率	税额
电费		KW/h	17,094.02	0.99	16,923.08	17%	2,876.92
合　　计					¥ 16,923.08		¥ 2,876.92
价税合计（大写）	※壹万玖仟捌佰元整				（小写）¥ 19,800.00		

销售方	名　　称：国家电网北平供电总公司 纳税人识别号：96011000089301 5S1A 地址、电话：北平市丰和中大道2号 011-81058866 开户行及账号：招行北平支行 150100 111930 0081012	备注	

国家电网北平供电总公司 96011000089301 5S1A 发票专用章

收款人：孙凯　　复核：周子瑜　　开票人：李开芯　　销售方：（章）

第三联：发票联 购买方记账凭证

华问 HUAWEN 400-8605646

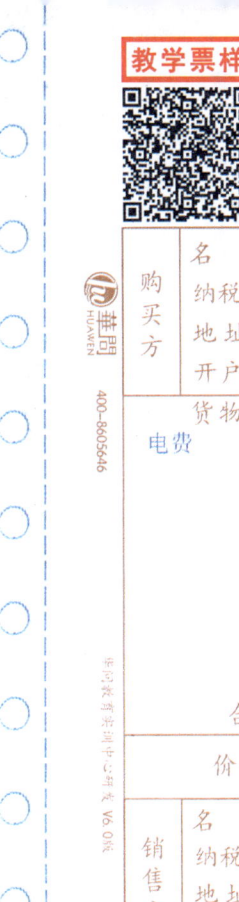

华问教育实训中心研发 V6.0版

教学票样

2101191130

北平增值税专用发票

抵扣联

№ 1240784

开票日期： 2019-01-20

校验码 98366 56564 30090 63510

购买方	名　　称：北平华问国际酒店有限公司 纳税人识别号：91110168MC001YIDHV 地址、电话：北平市迎丰中路98号 011-86663915 开户行及账号：招商银行北平市支行 362117 211290 009	密码区	>>28975*+3181572388252*842469 7>1/<863>*19-*4<>131412324>23 8179/753++13/*84>3018<>><>

货物或应税劳务名称	规格型号	单位	数量	单价	金额	税率	税额
电话费（011-86663919）			1	150.00	150.00	11%	16.50
合　计					¥ 150.00		¥ 16.50
价税合计（大写）	※壹佰陆拾陆元伍角				（小写）¥ 166.50		

销售方	名　　称：中国电信股份有限公司北平分公司 纳税人识别号：93601106687875689S 地址、电话：北平市孺子路112号 10000 开户行及账号：中国银行铁路支行 360112 322181 039	备注	

收款人：李治德　　复核：潘霜　　开票人：熊树琴　　销售方：（章）

第二联：抵扣联　购买方扣税凭证

全国统一票样监制章 北平 华问教育实训中心

中国电信股份有限公司北平分公司 93601106687875689S 发票专用章

400-8605646

华问教育实训中心样表 V6.0版

教学票样

2101191130

北平增值税专用发票

抵扣联

№ 2201435

开票日期：2019-01-13

校验码 73329 54312 58490 57389

购买方	名　　称：北平华问国际酒店有限公司 纳税人识别号：91110168MC001YIDHV 地址、电话：北平市迎丰中路98号 011-86663915 开户行及账号：招商银行北平市支行 362117 211290 009
密码区	>>17675*+3181571479352*931573 3>1/<863>*19-*4<>556012324>23 8179/641++54/*49>2217<>><>

货物或应税劳务名称	规格型号	单位	数量	单价	金额	税率	税额
粮油调料		批	1	9,323.00	9,323.00	13%	1,212.00
干货		批	1	3,223.40	3,223.40	13%	419.00
合　　计					¥ 12,546.40		¥ 1,631.00
价税合计（大写）	※壹万肆仟壹佰柒拾柒元肆角			（小写）¥ 14,177.40			

销售方	名　　称：北平昌盛食品有限公司 纳税人识别号：91110167MA2MQB846G 地址、电话：北平市火炬大街796号 011-83122222 开户行及账号：中国银行青湖支行 4016 7865 4611
备注	

收款人：万里云　　复核：毛柯　　开票人：李毅　　销售方：（章）

第二联：抵扣联　购买方扣税凭证

北平昌盛食品有限公司 91110167MA2MQB846G 发票专用章

全国统一票样监制章 北平 华问教育实训中心

400-8605646

华问教育实训中心研发 V6.0版

華問 HUAWEN

教学票样

2101191130

北平增值税专用发票

№ 3125786

全国统一票样监制章 北平 华问教育实训中心

发票联

校验码 73429 54312 58490 32543

开票日期： 2019-01-13

购买方	名　　称：北平华问国际酒店有限公司 纳税人识别号：91110168MC001YIDHV 地址、电话：北平市迎丰中路98号 011-86663915 开户行及账号：招商银行北平市支行 362117 211290 009			密码区	>>35876*+2392571419352*931573 3>1/<863>*19-*4<>556012324>52 8310/581++54/*79>3298<>><>		
货物或应税劳务名称	规格型号	单位	数量	单价	金额	税率	税额
租金			1	250,000.00	250,000.00	11%	27,500.00
合计					¥250,000.00		¥27,500.00
价税合计（大写）	※贰拾柒万柒仟伍佰元整				（小写）¥277,500.00		
销售方	名　　称：北平茂苑物业管理有限公司 纳税人识别号：92680318QF008RPFLX 地址、电话：北平市迎丰路280号 011-86967126 开户行及账号：招商银行北平市支行 362117 211293 8468			备注			

收款人：李伟　　复核：周丽丽　　开票人：钱方圆　　销售方：（章）

北平茂苑物业管理有限公司 92680318QF008RPFLX 发票专用章

第三联：发票联 购买方记账凭证

華問 HUAWEN 400-8605646

华问教育实训中心研发 V6.0版

教学票样

2101191130

北平增值税专用发票

发票联

№ 4216287

开票日期：2019-01-08

校验码 47294 67354 53465 42347

购买方	名称：北平华问国际酒店有限公司 纳税人识别号：91110168MC001YIDHV 地址、电话：北平市迎丰中路98号 011-86663915 开户行及账号：招商银行北平市支行 362117 211290 009	密码区	>>37675*+2392576669352*931585 5>1/<863>*19-*4<>446012324>47 5310/521++54/*49>3298<>><>

货物或应税劳务名称	规格型号	单位	数量	单价	金额	税率	税额
工作台		组	2	870.09	1,740.17	17%	295.83
双头炉灶		台	1	3,247.86	3,247.86	17%	552.14
蒸柜		台	1	1,153.85	1,153.85	17%	196.15
冰箱	六门	台	1	3,991.45	3,991.45	17%	678.55
消毒柜	纳柏顿RTP980-A	台	1	1,954.70	1,954.70	17%	332.30
合计					¥ 12,088.03		¥ 2,054.97
价税合计（大写）	※壹万肆仟壹佰肆拾叁元整				（小写）¥ 14,143.00		

销售方	名称：北平中港厨具有限公司 纳税人识别号：91130710477983412E 地址、电话：北平昌东二路19-20号 011-87768759 开户行及账号：建行昌东城一品支行 660326 503602 11465181	备注	

收款人：欧阳青蕾　　复核：程成橙　　开票人：李艳　　销售方：（章）

第三联：发票联 购买方记账凭证

北平中港厨具有限公司 91130710477983412E 发票专用章

全国统一票样监制章 北平 华问教育实训中心

华问 HUAWEN 400-8605646

教学票样

2101191130

北平增值税专用发票

抵扣联

№ 4158117

校验码 73329 52312 58490 52765

开票日期：2019-01-13

购买方	名　　称：北平华间国际酒店有限公司 纳税人识别号：91110168MC001YIDHV 地址、电话：北平市迎丰中路98号 011-86663915 开户行及账号：招商银行北平市支行 362117 211290 009	密码区	>>17675*+2392571319352*931573 3>1/<863>*19-*4<>556012324>28 3197/581++54/*49>1128<>><>

货物或应税劳务名称	规格型号	单位	数量	单价	金额	税率	税额
海鲜		批	1	6,022.20	6,022.20	13%	782.90
合　计					¥ 6,022.20		¥ 782.90
价税合计（大写）	※陆仟捌佰零伍元壹角				（小写）¥ 6,805.10		

销售方	名　　称：北平永盛水产有限公司 纳税人识别号：91110168MA6R87FE5K 地址、电话：北平市鑫维大道99号 011-20502923 开户行及账号：交通银行小蓝开发区支行 310066 663099 113201696	备注	

收款人：张莉　　复核：周秀禾　　开票人：于宇　　销售方：（章）

第二联：抵扣联 购买方扣税凭证

华问 HUAWEN 400-8605646

华问教育实训中心研发 V6.0版

教学票样

2101191130

北平增值税专用发票

全国统一票样监制章 北平 华问教育实训中心

抵扣联

№ 3569078

开票日期：2019-01-13

校验码 73329 52312 34490 52765

购买方	名称：北平华问国际酒店有限公司 纳税人识别号：91110168MC001YIDHV 地址、电话：北平市迎丰中路98号 011-86663915 开户行及账号：招商银行北平市支行 362117 211290 009				密码区	>>17675*+3181571479352*842469 7>1/<863>*19-*4<>117812324>23 8179/051++13/*49>3018<>><>		
货物或应税劳务名称	规格型号	单位	数量	单价	金额	税率	税额	
饮料		批	1	5,339.20	5,339.20	17%	907.60	
合计					¥5,339.20		¥907.60	
价税合计（大写）	※陆仟贰佰肆拾陆元捌角				（小写）¥6,246.80			
销售方	名称：北平仲祥商贸有限公司 纳税人识别号：91110166MA5K90EF6D 地址、电话：北平市南京东路166号 011-80671846 开户行及账号：建行恒茂花园分理处 440318 403602 23565059				备注			

北平仲祥商贸有限公司 91110166MA5K90EF6D 发票专用章

華問 HUAWEN

收款人：陈慧娟　复核：吕智森　开票人：秦楚　销售方：（章）

第三联：抵扣联 购买方扣税凭证

華問 HUAWEN 400-8605646

华问教育实训中心研发 V6.0版

教学票样

2101191130

北平增值税专用发票

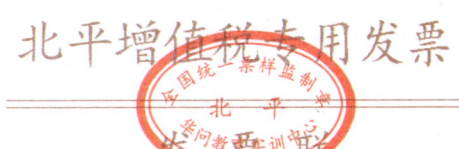

全国统一票样监制章 北平 华问教学实训中心

发票联

№ 1134115

校验码 97558 56764 30090 67667

开票日期： 2019-01-27

购买方	名　　称：北平华问国际酒店有限公司 纳税人识别号：91110168MC001YIDHV 地址、电话：北平市迎丰中路98号 011-86663915 开户行及账号：招商银行北平市支行 362117 211290 009			密码区	>>27675*+318157147935 2*931573 3>1/<863>*19-*4<>117812324>23 8179/051++54/*15>3018<>><>		
货物或应税劳务名称	规格型号	单位	数量	单价	金额	税率	税额
禽肉		批	1	5,320.50	5,320.50	13%	691.66
合计					¥ 5,320.50		¥ 691.66
价税合计（大写）	※陆仟零壹拾贰元壹角陆分				（小写）¥ 6,012.16		
销售方	名　　称：北平诚泰商贸有限公司 纳税人识别号：911101690055409270 地址、电话：北平市顺外路8号 011-83837931 开户行及账号：邮政储蓄顺外支行 913006 371342 95142			备注			

北平诚泰商贸有限公司 911101690055409270 发票专用章

收款人：李芬芳　　复核：毛方圆　　开票人：方淮　　销售方：（章）

第三联：发票联　购买方记账凭证

華問 HUAWEN 400-8605646

华问教育实训中心研发 V6.0%

教学票样

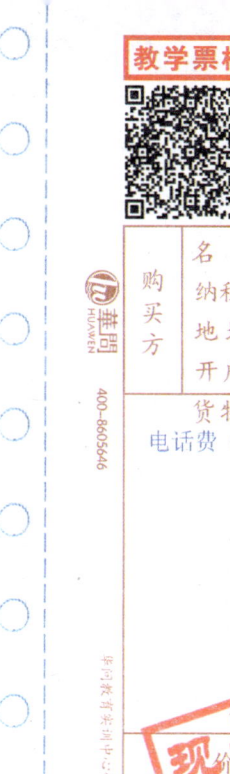

2101191130

北平增值税专用发票

№ 1240783

发票联

全国统一票样监制章 北平 华问教育实训中心

开票日期：2019-01-20

校验码 98366 56564 30090 63569

购买方	名称：北平华问国际酒店有限公司 纳税人识别号：91110168MC001YIDHV 地址、电话：北平市迎丰中路98号 011-86663915 开户行及账号：招商银行北平市支行 362117 211290 009	密码区	>>28975*+3181572388252*842469 7>1/<863>*19-*4<>131412324>23 8179/753++13/*83>3018<>><>

货物或应税劳务名称	规格型号	单位	数量	单价	金额	税率	税额
电话费（011-86663918）			1	370.00	370.00	11%	40.70
合计					¥ 370.00		¥ 40.70
价税合计（大写）	※肆佰壹拾元零柒角				（小写）¥ 410.70		

销售方	名称：中国电信股份有限公司北平分公司 纳税人识别号：93601106687875689S 地址、电话：北平市孺子路112号 10000 开户行及账号：中国银行铁路支行 360112 322181 039	备注	

收款人：李治德　　复核：潘霜　　开票人：熊树琴　　销售方：（章）

现金付讫

中国电信股份有限公司北平分公司 93601106687875689S 发票专用章

第三联：发票联 购买方记账凭证

華問 HUAWEN

400-8605646

华问教育实训中心研发 V6.0版

教学票样

2101191130

北平增值税专用发票

全国统一票样监制章 北平 华问教育实训中心

抵扣联

№ 1120987

开票日期：2019-01-20

校验码 95578 56564 30090 65888

购买方	名称：北平华问国际酒店有限公司 纳税人识别号：91110168MC001YIDHV 地址、电话：北平市迎丰中路98号 011-86663915 开户行及账号：招商银行北平市支行 362117 211290 009	密码区	>>28975*+318157147935 2*842469 7>1/<863>*19-*4<>181812324>23 8179/753++13/*49>3018<>><>

货物或应税劳务名称	规格型号	单位	数量	单价	金额	税率	税额
瓷器		批	1	39,427.35	39,427.35	17%	6,702.65
合计					¥39,427.35		¥6,702.65
价税合计（大写）	※肆万陆仟壹佰叁拾元整				（小写）¥46,130.00		

销售方	名称：福泰日用瓷器公司 纳税人识别号：93605026000 3375Y4K 地址、电话：北平市柳泉路107号 011-81535368 开户行及账号：工商银行柳泉分理处 4220053915158671832	备注	華問 HUAWEN

福泰日用瓷器有限公司 93605026000 3375Y4K 发票专用章

收款人：朱妍　复核：段宏　开票人：潘萌　销售方：（章）

第二联：抵扣联 购买方扣税凭证

華問 HUAWEN 400-8605646

华问教育实训中心印制 V6.0版

教学票样

2101191130

北平增值税专用发票

抵扣联

№ 1134088

开票日期： 2019-01-20

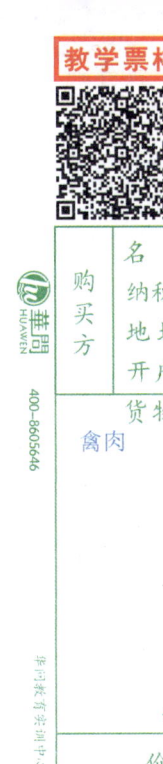

校验码 98300 56934 30090 66567

购买方	名　　称：北平华问国际酒店有限公司 纳税人识别号：91110168MC001YIDHV 地址、电话：北平市迎丰中路98号 011-86663915 开户行及账号：招商银行北平市支行 362117 211290 009	密码区	>>23675*+3181571479352*931573 3>1/<863>*19-*4<>117812324>23 8179/051++54/*49>3018<>><>

货物或应税劳务名称	规格型号	单位	数量	单价	金额	税率	税额
禽肉		批	1	6,680.50	6,680.50	13%	868.47
合　　计					¥ 6,680.50		¥ 868.47
价税合计（大写）	※柒仟伍佰肆拾捌元玖角柒分				（小写）¥ 7,548.97		

销售方	名　　称：北平诚泰商贸有限公司 纳税人识别号：911101690055409270 地址、电话：北平市顺外路8号 011-83837931 开户行及账号：邮政储蓄顺外支行 913006 371342 95142	备注	

收款人：李芬芳　　复核：毛方圆　　开票人：方淮　　销售方：（章）

第二联：抵扣联　购买方扣税凭证

全国统一票样监制章 北平 华问教育实训中心

北平诚泰商贸有限公司 911101690055409270 发票专用章

華問 HUAWEN 400-8605646

华问教育实训中心研发 V6.0版

教学票样

2101191130　　北平增值税专用发票　　№ 2857097

抵扣联

开票日期： 2019-01-20

校验码 98300 56934 30090 66568

购买方	名　　称：北平华问国际酒店有限公司 纳税人识别号：91110168MC001YIDHV 地址、电话：北平市迎丰中路98号 011-86663915 开户行及账号：招商银行北平市支行 362117 211290 009	密码区	>>17675*+2592571479352*931573 3>1/<863>*19-*4<>556012324>23 8179/581++54/*49>2218<>><>

货物或应税劳务名称	规格型号	单位	数量	单价	金额	税率	税额
鲜蔬		批	1	4,952.50	4,952.50	13%	643.83
水果		批	1	166.50	166.50	13%	21.64
合　计					¥ 5,119.00		¥ 665.47
价税合计（大写）	※伍仟柒佰捌拾肆元肆角柒分				（小写）¥ 5,784.47		

销售方	名　　称：北平丰盛果蔬批发部 纳税人识别号：91110168581625817K 地址、电话：北平市朱桥东路2号 011-62971834 开户行及账号：农行佛塔分理处 600037 895044 62133	备注	

收款人：张志远　　复核：朱军　　开票人：汪洋　　销售方：（章）

第二联：抵扣联　购买方扣税凭证

北平丰盛果蔬批发部 91110168581625817K 发票专用章

全国统一票样监制章 北平 华问教育实训中心

教学票样

2101191130

北平增值税专用发票

全国统一票样监制章 北平 华问教育实训中心

抵扣联

№ 1240780

开票日期：2019-01-20

校验码 98300 56554 30090 63568

购买方	名称：北平华问国际酒店有限公司 纳税人识别号：91110168MC001YIDHV 地址、电话：北平市迎丰中路98号 011-86663915 开户行及账号：招商银行北平市支行 362117 211290 009	密码区	>>28975*+3181572388252*842469 7>1/<863>*19-*4<>131412324>23 8179/753++13/*49>3018<>><>

货物或应税劳务名称	规格型号	单位	数量	单价	金额	税率	税额
电话费（011-86663915）			1	2,590.00	2,590.00	11%	284.90
合计					¥ 2,590.00		¥ 284.90
价税合计（大写）	※贰仟捌佰柒拾肆元玖角				（小写）¥ 2,874.90		

销售方	名称：中国电信股份有限公司北平分公司 纳税人识别号：93601106687875689S 地址、电话：北平市孺子路112号 10000 开户行及账号：中国银行铁路支行 360112 322181 039	备注	華問 HUAWEN

中国电信股份有限公司北平分公司 93601106687875689S 发票专用章

收款人：李治德　　复核：潘霜　　开票人：熊树琴　　销售方：（章）

第二联：抵扣联 购买方扣税凭证

華問 HUAWEN 400-8605646

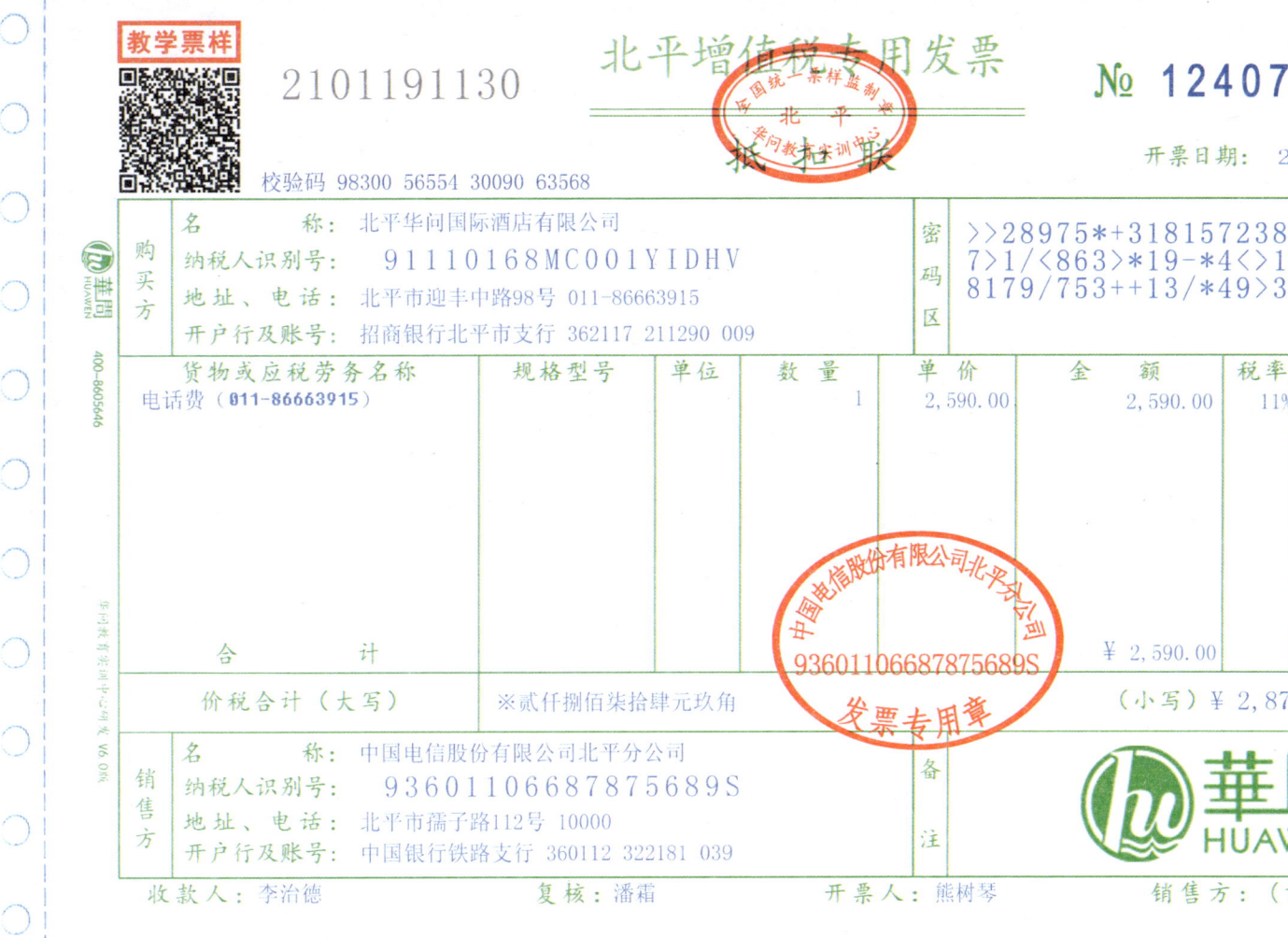

华问教育实训中心研发 V6.0版

教学票样

2101191130

北平增值税专用发票

抵扣联

№ 1240782

校验码 98300 56564 30090 63568

开票日期：2019-01-20

购买方	名　　称：北平华问国际酒店有限公司 纳税人识别号：91110168MC001YIDHV 地址、电话：北平市迎丰中路98号 011-86663915 开户行及账号：招商银行北平市支行 362117 211290 009	密码区	>>28975*+3181572388252*842469 7>1/<863>*19-*4<>131412324>23 8179/753++13/*82>3018<>><>

货物或应税劳务名称	规格型号	单位	数量	单价	金额	税率	税额
电话费（011-86663917）			1	940.00	940.00	11%	103.40
合　　计					¥ 940.00		¥ 103.40
价税合计（大写）	※壹仟零肆拾叁元肆角				（小写）¥ 1043.40		

销售方	名　　称：中国电信股份有限公司北平分公司 纳税人识别号：93601106687875689S 地址、电话：北平市孺子路112号 10000 开户行及账号：中国银行铁路支行 360112 322181 039	备注	

收款人：李治德　　复核：潘霜　　开票人：熊树琴　　销售方：（章）

第二联：抵扣联 购买方扣税凭证

印章：全国统一票样监制章 北平 华问教育实训中心

印章：中国电信股份有限公司北平分公司 93601106687875689S 发票专用章

教学票样

2101191130

北平增值税专用发票

抵扣联

全国统一票样监制章 北平 华问教育实训中心

№ 2201438

开票日期：2019-01-20

校验码 98300 56934 30090 66880

购买方	名称：北平华问国际酒店有限公司 纳税人识别号：91110168MC001YIDHV 地址、电话：北平市迎丰中路98号 011-86663915 开户行及账号：招商银行北平市支行 362117 211290 009	密码区	>>28376*+318157147935 2*931573 3>1/<863>*19-*4<>556012324>23 8179/793++54/*49>2217<>><>

货物或应税劳务名称	规格型号	单位	数量	单价	金额	税率	税额
粮油调料		批	1	10,033.00	10,033.00	13%	1,304.29
干货		批	1	266.70	266.70	13%	34.67
合计					¥ 10,299.70		¥ 1,338.96
价税合计（大写）	※壹万壹仟陆佰叁拾捌元六角六分				（小写）¥ 11,638.66		

销售方	名称：北平昌盛食品有限公司 纳税人识别号：91110167MA2MQB846G 地址、电话：北平市火炬大街796号 011-83122222 开户行及账号：中国银行青湖支行 4016 7865 4611	备注	

北平昌盛食品有限公司 91110167MA2MQB846G 发票专用章

华問 HUAWEN

收款人：万里云　　复核：毛柯　　开票人：李毅　　销售方：（章）

第二联：抵扣联 购买方扣税凭证

400-8605646

华问教育实训中心研发 V6.0版

教学票样

2101191130

北平增值税专用发票

№ 1134127

全国统一票样监制章 北平 华问教育实训中心

发票联

开票日期：2019-01-31

校验码 56738 45167 76553 76535

购买方	名　　称：北平华问国际酒店有限公司 纳税人识别号：91110168MC001YIDHV 地址、电话：北平市迎丰中路98号 011-86663915 开户行及账号：招商银行北平市支行 362117 211290 009	密码区	>>27675*+3181571479352*931573 3>1/<863>*19-*4<>117812324>23 8179/051++54/*27>3018<>><>

货物或应税劳务名称	规格型号	单位	数量	单价	金额	税率	税额
禽肉		批	1	2,328.00	2,328.00	13%	302.64
合　　计					¥2,328.00		¥302.64
价税合计（大写）	※贰仟陆佰叁拾元陆角肆分				（小写）¥2,630.64		

销售方	名　　称：北平诚泰商贸有限公司 纳税人识别号：911101690055409270 地址、电话：北平市顺外路8号 011-83837931 开户行及账号：邮政储蓄顺外支行 913006 371342 95142	备注	北平诚泰商贸有限公司 911101690055409270 发票专用章

收款人：李芬芳　　复核：毛方圆　　开票人：方淮　　销售方：（章）

第三联：发票联 购买方记账凭证

HUAWEN 400-8605646

华问教育实训中心研发 V6.0版

教学票样

2101191130

北平增值税专用发票

全国统一票样监制章 北平 华问教育实训中心

发票联

№ 2857097

开票日期： 2019-01-20

校验码 98300 56934 30090 66568

购买方	名称：北平华问国际酒店有限公司 纳税人识别号： 91110168MC001YIDHV 地址、电话：北平市迎丰中路98号 011-86663915 开户行及账号：招商银行北平市支行 362117 211290 009	密码区	>>17675*+2592571479352*931573 3>1/<863>*19-*4<>556012324>23 8179/581++54/*49>2218<>><>

货物或应税劳务名称	规格型号	单位	数量	单价	金额	税率	税额
鲜蔬		批	1	4,952.50	4,952.50	13%	643.83
水果		批	1	166.50	166.50	13%	21.64
合计					￥5,119.00		￥665.47
价税合计（大写）	※伍仟柒佰捌拾肆元肆角柒分				（小写）￥5,784.47		

销售方	名称：北平丰盛果蔬批发部 纳税人识别号： 91110168581625817K 地址、电话：北平市朱桥东路2号 011-62971834 开户行及账号：农行佛塔分理处 600037 895044 62133	备注	北平丰盛果蔬批发部 91110168581625817K 发票专用章

收款人：张志远　复核：朱军　开票人：汪洋　销售方：（章）

第三联：发票联 购买方记账凭证

華問 HUAWEN 400-8605646

华问教育实训中心印制 V6.0版

教学票样

2101191130

北平增值税专用发票

发票联

№ 1134088

开票日期：2019-01-20

校验码 98300 56934 30090 66567

购买方	名　　称：北平华问国际酒店有限公司 纳税人识别号：91110168MC001YIDHV 地址、电话：北平市迎丰中路98号 011-86663915 开户行及账号：招商银行北平市支行 362117 211290 009	密码区	>>23675*+3181571479352*931573 3>1/<863>*19-*4<>117812324>23 8179/051++54/*49>3018<>><>

货物或应税劳务名称	规格型号	单位	数量	单价	金额	税率	税额
禽肉		批	1	6,680.50	6,680.50	13%	868.47
合　计					¥ 6,680.50		¥ 868.47
价税合计（大写）	※柒仟伍佰肆拾捌元玖角柒分				（小写）¥ 7,548.97		

销售方	名　　称：北平诚泰商贸有限公司 纳税人识别号：91110169005540927 0 地址、电话：北平市顺外路8号 011-83837931 开户行及账号：邮政储蓄顺外支行 913006 371342 95142	备注	

收款人：李芬芳　　复核：毛方圆　　开票人：方淮　　销售方：（章）

北平诚泰商贸有限公司 91110169005540927 0 发票专用章

全国统一票样监制章 北平 华问教育实训中心

第三联：发票联 购买方记账凭证

400-8605646

华问教育实训中心出品 V6.0版

華問 HUAWEN

教学票样

2101191130

北平增值税专用发票

№ 2201438

全国统一票样监制章 北平 华问教育实训中心

发票联

开票日期：2019-01-20

校验码 98300 56934 30090 66880

购买方		密码区
名称：	北平华问国际酒店有限公司	>>28376*+318157147935 2*931573
纳税人识别号：	91110168MC001YIDHV	3>1/<863>*19-*4<>556012324>23
地址、电话：	北平市迎丰中路98号 011-86663915	8179/793++54/*49>2217<>><>
开户行及账号：	招商银行北平市支行 362117 211290 009	

货物或应税劳务名称	规格型号	单位	数量	单价	金额	税率	税额
粮油调料		批	1	10,033.00	10,033.00	13%	1,304.29
干货		批	1	266.70	266.70	13%	34.67
合计					¥ 10,299.70		¥ 1,338.96
价税合计（大写）	※壹万壹仟陆佰叁拾捌元六角六分				（小写）¥ 11,638.66		

销售方		备注
名称：	北平昌盛食品有限公司	
纳税人识别号：	91110167MA2MQB846G	
地址、电话：	北平市火炬大街796号 011-83122222	
开户行及账号：	中国银行青湖支行 4016 7865 4611	

北平昌盛食品有限公司 91110167MA2MQB846G 发票专用章

華問 HUAWEN

收款人：万里云　复核：毛柯　开票人：李毅　销售方：（章）

第三联：发票联 购买方记账凭证

400-8605646

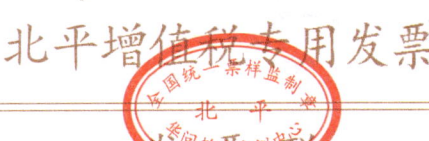

华问教育实训中心研发 V6.0版

教学票样

2101191130

北平增值税专用发票

全国统一票样监制章 北平 华问教育实训中心

发票联

№ 1240780

开票日期：2019-01-20

校验码 98300 56554 30090 63568

购买方	名称：北平华问国际酒店有限公司 纳税人识别号：91110168MC001YIDHV 地址、电话：北平市迎丰中路98号 011-86663915 开户行及账号：招商银行北平市支行 362117 211290 009	密码区	>>28975*+318157238825 2*842469 7>1/<863>*19-*4<>131412324>23 8179/753++13/*49>3018<>><>

货物或应税劳务名称	规格型号	单位	数量	单价	金额	税率	税额
电话费（011-86663915）			1	2,590.00	2,590.00	11%	284.90
合计					¥ 2,590.00		¥ 284.90
价税合计（大写）	※贰仟捌佰柒拾肆元玖角				（小写）¥ 2,874.90		

销售方	名称：中国电信股份有限公司北平分公司 纳税人识别号：93601106687875689S 地址、电话：北平市孺子路112号 10000 开户行及账号：中国银行铁路支行 360112 322181 039	备注	

收款人：李治德 复核：潘霜 开票人：熊树琴 销售方：（章）

中国电信股份有限公司北平分公司 93601106687875689S 发票专用章

现金付讫

第三联：发票联 购买方记账凭证

教学票样

2101191130

北平增值税专用发票

№ 1121102

全国统一票样监制章 北平 华问教育实训中心

抵扣联

开票日期： 2019-01-27

校验码 97556 56764 30090 67080

购买方	名称：北平华问国际酒店有限公司 纳税人识别号： 91110168MC001YIDHV 地址、电话：北平市迎丰中路98号 011-86663915 开户行及账号：招商银行北平市支行 362117 211290 009	密码区	>>28975*+31815714793552*842469 7>1/<863>*19-*4<>181812324>23 8179/753++13/*02>3018<>><>

货物或应税劳务名称	规格型号	单位	数量	单价	金额	税率	税额
瓷器		批	1	61,435.90	61,435.90	17%	10,444.10
合计					¥ 61,435.90		¥ 10,444.10
价税合计（大写）	※柒万壹仟捌佰捌拾元整				（小写）¥ 71,880.00		

销售方	名称：福泰日用瓷器公司 纳税人识别号： 93605026000 3375Y4K 地址、电话：北平市柳泉路107号 011-81535368 开户行及账号：工商银行柳泉分理处 4220053915158671832	备注	

福泰日用瓷器有限公司 936050260003375Y4K 发票专用章

華問 HUAWEN

收款人：朱妍 复核：段宏 开票人：潘萌 销售方：（章）

第二联：抵扣联 购买方扣税凭证

华问 HUAWEN 400-8605646

华问教育实训中心研发 V6.0版

教学票样

2101191130

北平增值税专用发票

№ 4158123

全国统一票样监制章 北平 华问教育实训中心

抵扣联

开票日期：2019-01-20

校验码 98300 56934 30090 63659

购买方	名　称：北平华问国际酒店有限公司 纳税人识别号：91110168MC001YIDHV 地址、电话：北平市迎丰中路98号 011-86663915 开户行及账号：招商银行北平市支行 362117 211290 009	密码区	>>17675*+113557131935 2*931573 3>1/<863>*19-*4<>556012324>17 3197/581++54/*49>1128<>><>

货物或应税劳务名称	规格型号	单位	数量	单价	金额	税率	税额
海鲜		批	1	2,724.40	2,724.40	13%	354.17
合计					¥2,724.40		¥354.17
价税合计（大写）	※叁仟零柒拾捌元伍角柒分				（小写）¥3,078.57		

销售方	名　称：北平永盛水产有限公司 纳税人识别号：91110168MA6R87FE5K 地址、电话：北平市鑫维大道99号 011-20502923 开户行及账号：交通银行小蓝开发区支行 310066 663099 113201696	备注	北平永盛水产有限公司 91110168MA6R87FE5K 发票专用章

收款人：张莉　　复核：周秀禾　　开票人：于宇　　销售方：（章）

第二联：抵扣联 购买方扣税凭证

华问 HUAWEN 400-8605646

华问教育实训中心研发 V6.0%

教学票样

2101191130

北平增值税专用发票

№ 2201465

抵扣联

开票日期： 2019-01-27

校验码 97558 56564 30090 67690

购买方	名　　称：北平华问国际酒店有限公司 纳税人识别号： 91110168MC001YIDHV 地址、电话：北平市迎丰中路98号 011-86663915 开户行及账号：招商银行北平市支行 362117 211290 009	密码区	>>21376*+31815714793552*931573 3>1/<863>*19-*4<>556012324>23 8179/793++54/*65>2217<>><>

货物或应税劳务名称	规格型号	单位	数量	单价	金额	税率	税额
粮油调料		批	1	10,388.00	10,388.00	13%	1,350.44
干货		批	1	1,108.00	1,108.00	13%	144.04
合　　计					¥ 11,496.00		¥ 1,494.48
价税合计（大写）	※壹万贰仟玖佰玖拾元肆角捌分				（小写）¥ 12,990.48		

销售方	名　　称：北平昌盛食品有限公司 纳税人识别号： 91110167MA2MQB846G 地址、电话：北平市火炬大街796号 011-83122222 开户行及账号：中国银行青湖支行 4016 7865 4611	备注	

收款人：万里云　　复核：毛柯　　开票人：李毅　　销售方：（章）

第二联：抵扣联 购买方扣税凭证

北平昌盛食品有限公司 91110167MA2MQB846G 发票专用章

全国统一票样监制章 北平 华问教育实训中心

華問 HUAWEN 400-8605646

华问教育实训中心研发 V6.0版

教学票样

2101191130

北平增值税专用发票

№ 1240783

抵扣联

全国统一票样监制章 北平 华问教育实训中心

开票日期：2019-01-20

校验码 98366 56564 30090 63569

购买方	名　　　称：北平华问国际酒店有限公司 纳税人识别号：91110168MC001YIDHV 地 址 、电 话：北平市迎丰中路98号 011-86663915 开户行及账号：招商银行北平市支行 362117 211290 009	密码区	>>28975*+318157238825 2*842469 7>1/<863>*19-*4<>131412324>23 8179/753++13/*83>3018<>><>

货物或应税劳务名称	规格型号	单位	数量	单价	金额	税率	税额
电话费（011-86663918）			1	370.00	370.00	11%	40.70
合　　计					¥ 370.00		¥ 40.70
价税合计（大写）	※肆佰壹拾元零柒角				（小写）¥ 410.70		

销售方	名　　　称：中国电信股份有限公司北平分公司 纳税人识别号：93601106687875689S 地 址 、电 话：北平市孺子路112号 10000 开户行及账号：中国银行铁路支行 360112 322181 039	备注	華問 HUAWEN

中国电信股份有限公司北平分公司 93601106687875689S 发票专用章

收款人：李治德　　复核：潘霜　　开票人：熊树琴　　销售方：（章）

第二联：抵扣联　购买方扣税凭证

400-8605646

華問 HUAWEN

华问教育实训中心研发 V6.0版

教学票样

2101191130

北平增值税专用发票

（印章：全国统一票样监制章 北平 华问教育实训中心）

抵扣联

№ 1240781

校验码 98300 56554 30090 63569

开票日期：2019-01-20

购买方		密码区	
名称：	北平华问国际酒店有限公司		>>28975*+318157238825 2*842469
纳税人识别号：	91110168MC001YIDHV		7>1/<863>*19-*4<>131412324>23
地址、电话：	北平市迎丰中路98号 011-86663915		8179/753++13/*81>3018<>><>
开户行及账号：	招商银行北平市支行 362117 211290 009		

货物或应税劳务名称	规格型号	单位	数量	单价	金额	税率	税额
电话费（011-86663916）			1	540.00	540.00	11%	59.40
合计					¥ 540.00		¥ 59.40
价税合计（大写）	※伍佰玖拾玖元肆角				（小写）¥ 599.40		

销售方		备注
名称：	中国电信股份有限公司北平分公司	
纳税人识别号：	93601106687875689S	
地址、电话：	北平市孺子路112号 10000	
开户行及账号：	中国银行铁路支行 360112 322181 039	

（印章：中国电信股份有限公司北平分公司 93601106687875689S 发票专用章）

收款人：李治德　　复核：潘霜　　开票人：熊树琴　　销售方：（章）

第二联：抵扣联 购买方扣税凭证

华问 HUAWEN 400-8605646

华问教育实训中心研发 V6.0%

教学票样

2101191130

北平增值税专用发票

No 1134115

抵扣联

全国统一票样监制章 北平 华问教育实训中心

校验码 97558 56764 30090 67667

开票日期：2019-01-27

购买方	名　　称：北平华问国际酒店有限公司 纳税人识别号：91110168MC001YIDHV 地 址 、电 话：北平市迎丰中路98号 011-86663915 开户行及账号：招商银行北平市支行 362117 211290 009	密码区	>>27675*+3181571479352*931573 3>1/<863>*19-*4<>117812324>23 8179/051++54/*15>3018<>><>

货物或应税劳务名称	规格型号	单位	数量	单价	金额	税率	税额
禽肉		批	1	5,320.50	5,320.50	13%	691.66
合　　计					¥ 5,320.50		¥ 691.66
价税合计（大写）	※陆仟零壹拾贰元壹角陆分				（小写）¥ 6,012.16		

销售方	名　　称：北平诚泰商贸有限公司 纳税人识别号：911101690055409270 地 址 、电 话：北平市顺外路8号 011-83837931 开户行及账号：邮政储蓄顺外支行 913006 371342 95142	备注	華問 HUAWEN

北平诚泰商贸有限公司 911101690055409270 发票专用章

收款人：李芬芳　　复核：毛方圆　　开票人：方淮　　销售方：（章）

第二联：抵扣联 购买方扣税凭证

華問 HUAWEN 400-8605646

华问教育实训中心研发 V6.0版

教学票样

2101191130

北平增值税专用发票

全国统一票样监制章 北平 华问教育实训中心

抵扣联

№ 4158134

开票日期：2019-01-27

校验码 97558 56764 30090 67089

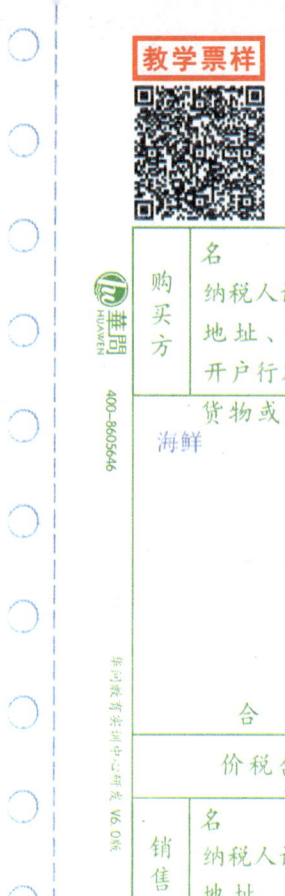

购买方	名称：北平华问国际酒店有限公司 纳税人识别号：91110168MC001YIDHV 地址、电话：北平市迎丰中路98号 011-86663915 开户行及账号：招商银行北平市支行 362117 211290 009	密码区	>>17675*+1135571319352*931573 3>1/<863>*19-*4<>556012324>17 3197/581++34/*49>1128<>><>

货物或应税劳务名称	规格型号	单位	数量	单价	金额	税率	税额
海鲜		批	1	1,606.40	1,606.40	13%	208.83
合计					¥1,606.40		¥208.83
价税合计（大写）	※壹仟捌佰壹拾伍元贰角叁分				（小写）¥1,815.23		

销售方	名称：北平永盛水产有限公司 纳税人识别号：91110168MA6R87FE5K 地址、电话：北平市鑫维大道99号 011-20502923 开户行及账号：交通银行小蓝开发区支行 310066 663099 113201696	备注	

北平永盛水产有限公司 91110168MA6R87FE5K 发票专用章

華問 HUAWEN

收款人：张莉　　复核：周秀禾　　开票人：于宇　　销售方：（章）

第二联：抵扣联 购买方扣税凭证

華問 HUAWEN 400-8605646

华问教育实训中心研发 V6.0版

教学票样

2101191130

北平增值税专用发票

№ 2857124

发票联

开票日期：2019-01-27

校验码 52338 45167 76553 76588

购买方	名　　称：北平华问国际酒店有限公司 纳税人识别号：91110168MC001YIDHV 地址、电话：北平市迎丰中路98号 011-86663915 开户行及账号：招商银行北平市支行 362117 211290 009	密码区	>>27675*+259257147935 2*931573 3>1/<863>*19-*4<>556012324>23 8179/581++54/*24>2218<>><>

货物或应税劳务名称	规格型号	单位	数量	单价	金额	税率	税额
鲜蔬		批	1	1,079.35	1,079.35	13%	140.32
水果		批	1	189.50	189.50	13%	24.64
合　计					¥ 1,268.85		¥ 164.96
价税合计（大写）	※壹仟肆佰叁拾叁元捌角壹分				（小写）¥ 1,433.81		

销售方	名　　称：北平丰盛果蔬批发部 纳税人识别号：91110168581625817K 地址、电话：北平市朱桥东路2号 011-62971834 开户行及账号：农行佛塔分理处 600037 895044 62133	备注	

收款人：张志远　　复核：朱军　　开票人：汪洋　　销售方：（章）

北平丰盛果蔬批发部 91110168581625817K 发票专用章

全国统一票样监制章 北平 华问教育实训中心

第三联：发票联 购买方记账凭证

教学票样

2101191130

北平增值税专用发票

发票联

№ 1240781

校验码 98300 56554 30090 63569

开票日期： 2019-01-20

购买方	名　　称：北平华问国际酒店有限公司 纳税人识别号：91110168MC001YIDHV 地 址 、电 话：北平市迎丰中路98号 011-86663915 开户行及账号：招商银行北平市支行 362117 211290 009	密码区：>>28975*+318157238825 2*842469 7>1/<863>*19-*4<>13141232 4>23 8179/753++13/*81>3018<>><>

货物或应税劳务名称	规格型号	单位	数量	单价	金额	税率	税额
电话费（011-86663916）			1	540.00	540.00	11%	59.40
合　　计					¥540.00		¥59.40
价税合计（大写）	※伍佰玖拾玖元肆角				（小写）¥599.40		

销售方	名　　称：中国电信股份有限公司北平分公司 纳税人识别号：93601106687875689S 地 址 、电 话：北平市孺子路112号 10000 开户行及账号：中国银行铁路支行 360112 322181 039	备注

收款人：李治德　　复核：潘霜　　开票人：熊树琴　　销售方：（章）

第三联：发票联 购买方记账凭证

全国统一票样监制章 北平 华问教育实训中心

中国电信股份有限公司北平分公司 93601106687875689S 发票专用章

现金付讫

華問 HUAWEN

400-8605646

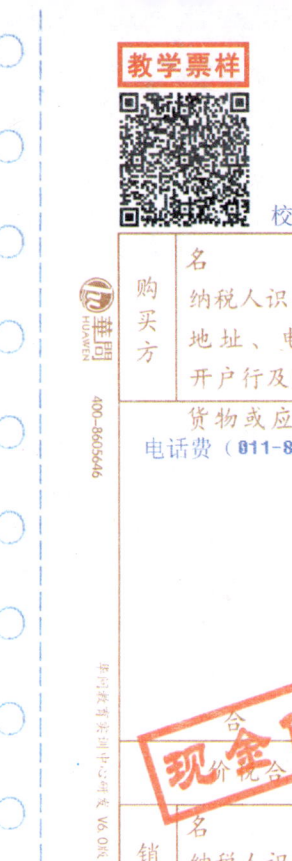

华问教育实训中心研发 V6.0版

教学票样

2101191130

北平增值税专用发票

发票联

№ 1240782

（印章：全国统一票样监制章 北平 华问教育实训中心）

校验码 98300 56564 30090 63568

开票日期： 2019-01-20

购买方	名　　称：北平华问国际酒店有限公司 纳税人识别号：91110168MC001YIDHV 地址、电话：北平市迎丰中路98号 011-86663915 开户行及账号：招商银行北平市支行 362117 211290 009	密码区	>>28975*+3181572388252*842469 7>1/<863>*19-*4<>131412324>23 8179/753++13/*82>3018<>><>

货物或应税劳务名称	规格型号	单位	数量	单价	金额	税率	税额
电话费（011-86663917）			1	940.00	940.00	11%	103.40
合计					¥ 940.00		¥ 103.40
价税合计（大写）	※壹仟零肆拾叁元肆角				（小写）¥ 1043.40		

销售方	名　　称：中国电信股份有限公司北平分公司 纳税人识别号：93601106687875689S 地址、电话：北平市孺子路112号 10000 开户行及账号：中国银行铁路支行 360112 322181 039	备注	華問 HUAWEN

收款人：李治德　　复核：潘霜　　开票人：熊树琴　　销售方：（章）

（印章：现金付讫）

（印章：中国电信股份有限公司北平分公司 93601106687875689S 发票专用章）

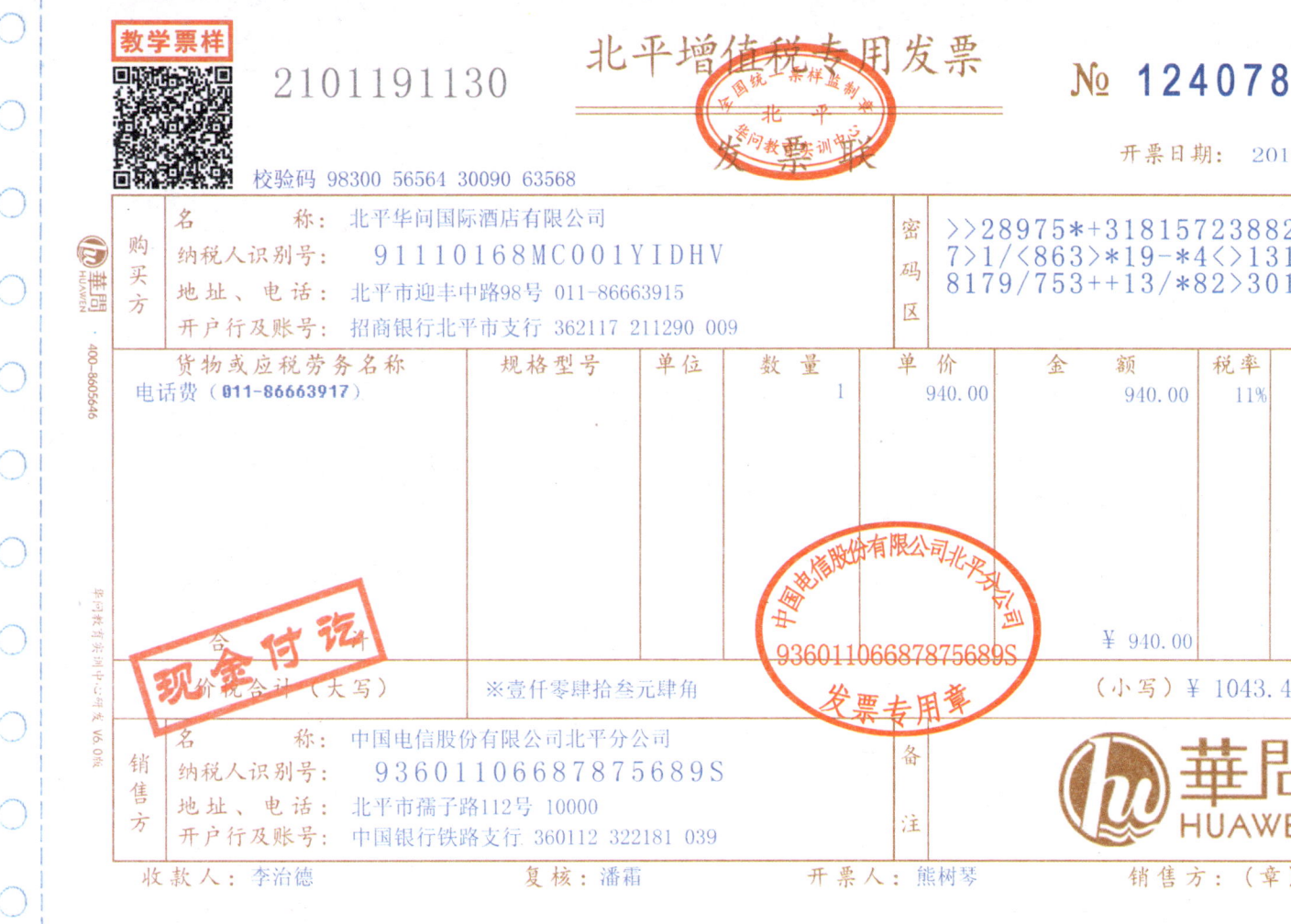

第三联：发票联 购买方记账凭证

教学票样

2101191130

北平增值税专用发票

№ 1120987

发票联

全国统一票样监制章 北平 华问教育实训中心

开票日期：2019-01-20

校验码 95578 56564 30090 65888

购买方	名　　称：北平华问国际酒店有限公司 纳税人识别号：91110168MC001YIDHV 地址、电话：北平市迎丰中路98号 011-86663915 开户行及账号：招商银行北平市支行 362117 211290 009	密码区	>>28975*+3181571479352*842469 7>1/<863>*19-*4<>181812324>23 8179/753++13/*49>3018<>><>

货物或应税劳务名称	规格型号	单位	数量	单价	金额	税率	税额
瓷器		批	1	39,427.35	39,427.35	17%	6,702.65
合　　计					¥39,427.35		¥6,702.65
价税合计（大写）	※肆万陆仟壹佰叁拾元整				（小写）¥46,130.00		

销售方	名　　称：福泰日用瓷器公司 纳税人识别号：936050260003375Y4K 地址、电话：北平市柳泉路107号 011-81535368 开户行及账号：工商银行柳泉分理处 4220053915158671832	备注	

福泰日用瓷器有限公司 936050260003375Y4K 发票专用章

收款人：朱妍　　复核：段宏　　开票人：潘萌　　销售方：（章）

第三联：发票联 购买方记账凭证

教学票样

2101191130

北平增值税专用发票

全国统一票样监制章 北平 华问教育实训中心

发票联

№ 1121102

开票日期： 2019-01-27

校验码 97556 56764 30090 67080

购买方		密码区	
名　　称：	北平华问国际酒店有限公司		>>28975*+3181571479352*842469 7>1/<863>*19-*4<>181812324>23 8179/753++13/*02>3018<>><>
纳税人识别号：	91110168MC001YIDHV		
地址、电话：	北平市迎丰中路98号 011-86663915		
开户行及账号：	招商银行北平市支行 362117 211290 009		

货物或应税劳务名称	规格型号	单位	数量	单价	金额	税率	税额
瓷器		批	1	61,435.90	61,435.90	17%	10,444.10
合　　计					¥ 61,435.90		¥ 10,444.10
价税合计（大写）	※柒万壹仟捌佰捌拾元整				（小写）¥ 71,880.00		

销售方		备注
名　　称：	福泰日用瓷器公司	
纳税人识别号：	93605026000 3375Y4K	
地址、电话：	北平市柳泉路107号 011-81535368	
开户行及账号：	工商银行柳泉分理处 4220053915158671832	

福泰日用瓷器有限公司 936050260003375Y4K 发票专用章

華問 HUAWEN

收款人：朱妍　　复核：段宏　　开票人：潘萌　　销售方：（章）

第三联：发票联 购买方记账凭证

华问 HUAWEN 400-8605646

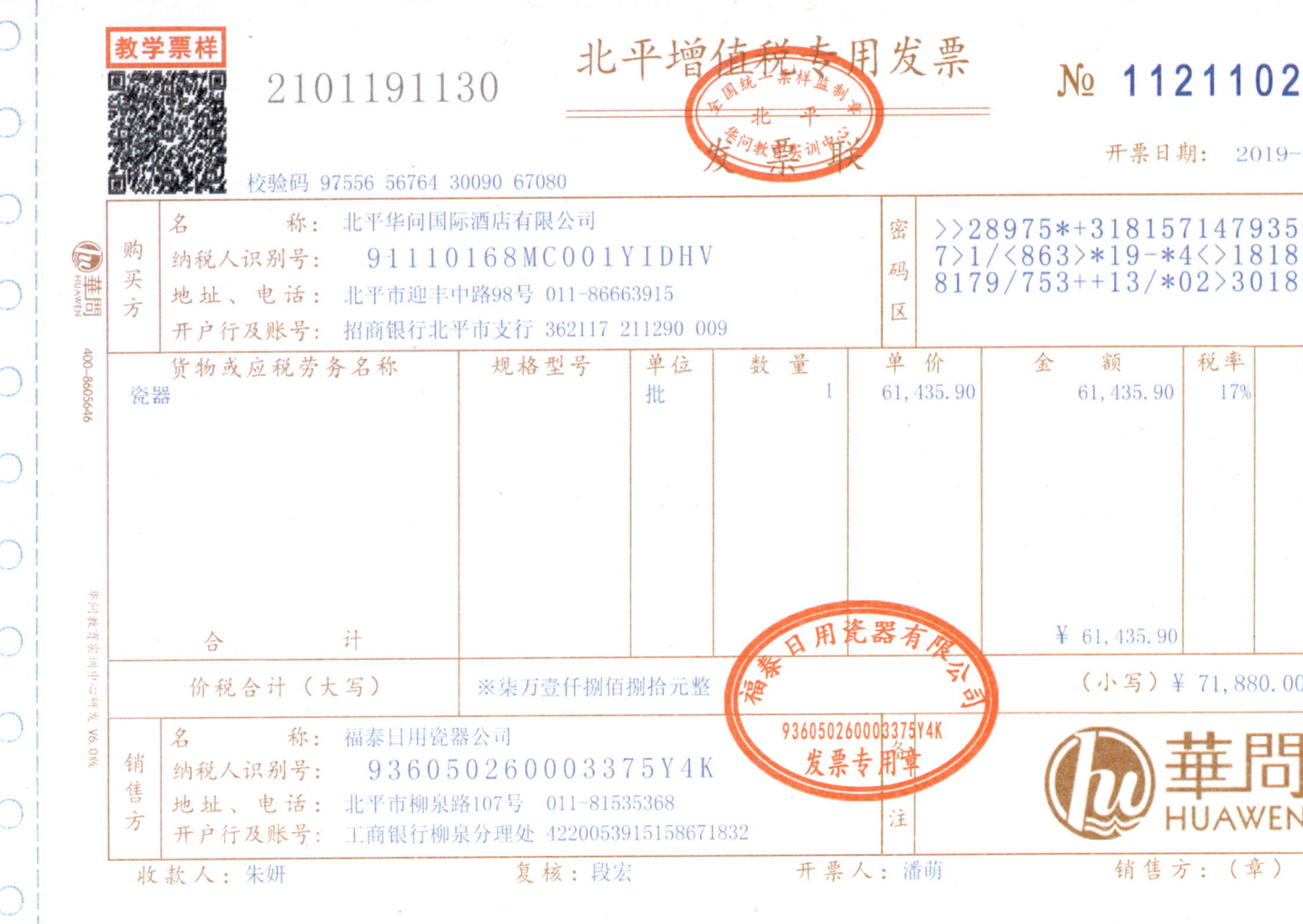

华问教育实训中心研发 V6.0版

教学票样

2101191130

北平增值税专用发票

全国统一发票监制章 北平 华问教育实训中心

发票联

№ 4158134

开票日期：2019-01-27

校验码 97558 56764 30090 67089

购买方	名称：北平华问国际酒店有限公司 纳税人识别号：91110168MC001YIDHV 地址、电话：北平市迎丰中路98号 011-86663915 开户行及账号：招商银行北平市支行 362117 211290 009	密码区	>>17675*+1135571319352*931573 3>1/<863>*19-*4<>556012324>17 3197/581++34/*49>1128<>><>

货物或应税劳务名称	规格型号	单位	数量	单价	金额	税率	税额
海鲜		批	1	1,606.40	1,606.40	13%	208.83
合计					¥ 1,606.40		¥ 208.83
价税合计（大写）	※壹仟捌佰壹拾伍元贰角叁分				（小写）¥ 1,815.23		

销售方	名称：北平永盛水产有限公司 纳税人识别号：91110168MA6R87FE5K 地址、电话：北平市鑫维大道99号 011-20502923 开户行及账号：交通银行小蓝开发区支行 310066 663099 113201696	备注	北平永盛水产有限公司 91110168MA6R87FE5K 发票专用章

收款人：张莉　　复核：周秀禾　　开票人：于宇　　销售方：（章）

第三联：发票联 购买方记账凭证

华问 HUAWEN 400-8605646

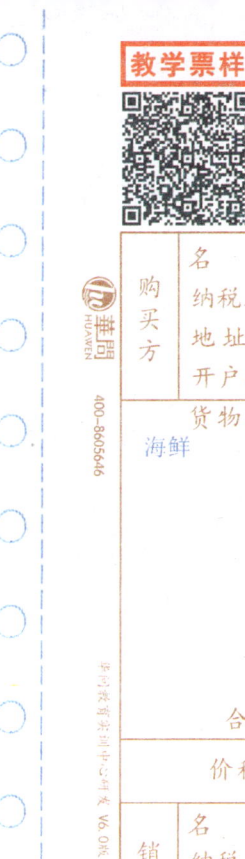

华问教育实训中心研发 V6.0版

教学票样

2101191130

北平增值税专用发票

全国统一票样监制章 北平 华问教育实训中心

发票联

№ 2857113

开票日期： 2019-01-27

校验码 97558 56764 30090 67000

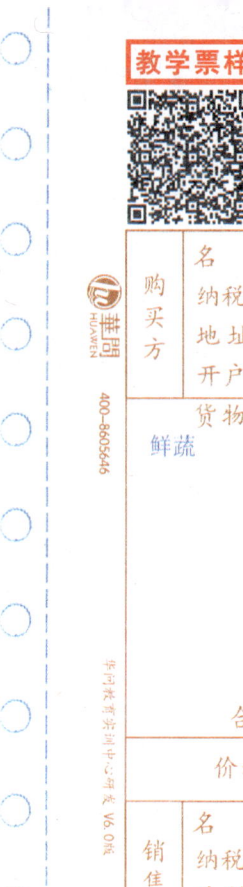

购买方	名称：北平华问国际酒店有限公司 纳税人识别号：91110168MC001YIDHV 地址、电话：北平市迎丰中路98号 011-86663915 开户行及账号：招商银行北平市支行 362117 211290 009			密码区	>>27675*+2592571479352*931573 3>1/<863>*19-*4<>556012324>23 8179/581++54/*49>2218<>><>		
货物或应税劳务名称	规格型号	单位	数量	单价	金额	税率	税额
鲜蔬		批	1	2,119.75	2,119.75	13%	275.56
合计					¥2,119.75		¥275.56
价税合计（大写）	※贰仟叁佰玖拾伍元叁角壹分				（小写）¥2,395.31		
销售方	名称：北平丰盛果蔬批发部 纳税人识别号：911101685816258l7K 地址、电话：北平市朱桥东路2号 011-62971834 开户行及账号：农行佛塔分理处 600037 895044 62133			备注			

北平丰盛果蔬批发部 91110168581625817K 发票专用章

收款人：张志远　　复核：朱军　　开票人：汪洋　　销售方：（章）

第三联：发票联 购买方记账凭证

教学票样

2101191130

北平增值税专用发票

抵扣联

№ 2857124

全国统一票样监制章 北平 华问教育实训中心

开票日期： 2019-01-27

校验码 52338 45167 76553 76588

购买方	名　　称：北平华问国际酒店有限公司 纳税人识别号： 91110168MC001YIDHV 地址、电话：北平市迎丰中路98号 011-86663915 开户行及账号：招商银行北平市支行 362117 211290 009	密码区	>>27675*+2592571479352*931573 3>1/<863>*19-*4<>556012324>23 8179/581++54/*24>2218<>><>

货物或应税劳务名称	规格型号	单位	数量	单价	金额	税率	税额
鲜蔬		批	1	1,079.35	1,079.35	13%	140.32
水果		批	1	189.50	189.50	13%	24.64
合　　计					¥ 1,268.85		¥ 164.96
价税合计（大写）	※壹仟肆佰叁拾叁元捌角壹分				（小写）¥ 1,433.81		

销售方	名　　称：北平丰盛果蔬批发部 纳税人识别号： 91110168581625817K 地址、电话：北平市朱桥东路2号 011-62971834 开户行及账号：农行佛塔分理处 600037 895044 62133	备注	北平丰盛果蔬批发部 91110168581625817K 发票专用章

收款人：张志远　　复核：朱军　　开票人：汪洋　　销售方：（章）

第二联：抵扣联　购买方扣税凭证

教学票样

2101191130

北平增值税专用发票

抵扣联

全国统一票样监制章 北平 华问教育实训中心

№ 2857113

开票日期：2019-01-27

校验码 97558 56764 30090 67000

购买方	名　　称：北平华问国际酒店有限公司 纳税人识别号：91110168MC001YIDHV 地址、电话：北平市迎丰中路98号 011-86663915 开户行及账号：招商银行北平市支行 362117 211290 009	密码区	>>27675*+2592571479352*931573 3>1/<863>*19-*4<>556012324>23 8179/581++54/*49>2218<>><>

货物或应税劳务名称	规格型号	单位	数量	单价	金额	税率	税额
鲜蔬		批	1	2,119.75	2,119.75	13%	275.56
合　　计					¥ 2,119.75		¥ 275.56
价税合计（大写）	※贰仟叁佰玖拾伍元叁角壹分				（小写）¥ 2,395.31		

销售方	名　　称：北平丰盛果蔬批发部 纳税人识别号：91110168581625817K 地址、电话：北平市朱桥东路2号 011-62971834 开户行及账号：农行佛塔分理处 600037 895044 62133	备注	

北平丰盛果蔬批发部 91110168581625817K 发票专用章

收款人：张志远　　复核：朱军　　开票人：汪洋　　销售方：（章）

第二联：抵扣联 购买方扣税凭证

華問 HUAWEN

400-8605646

华问教育实训中心研发 V6.0版

教学票样

2101191130

北平增值税专用发票

№ 4158147

发票联

开票日期：2019-01-31

校验码 52338 45167 76553 76599

购买方	名称：北平华问国际酒店有限公司 纳税人识别号：91110168MC001YIDHV 地址、电话：北平市迎丰中路98号 011-86663915 开户行及账号：招商银行北平市支行 362117 211290 009	密码区	>>17675*+11355713l9352*931573 3>1/<863>*19-*4<>556012324>17 3197/581++34/*47>1128<>><>

货物或应税劳务名称	规格型号	单位	数量	单价	金额	税率	税额
海鲜		批	1	598.00	598.00	13%	77.74
合计					¥ 598.00		¥ 77.74
价税合计（大写）	※陆佰柒拾伍元柒角肆分				（小写）¥ 675.74		

销售方	名称：北平永盛水产有限公司 纳税人识别号：91110168MA6R87FE5K 地址、电话：北平市鑫维大道99号 011-20502923 开户行及账号：交通银行小蓝开发区支行 310066 663099 113201696	备注	

收款人：张莉　　复核：周秀禾　　开票人：于宇　　销售方：（章）

第三联：发票联　购买方记账凭证

全国统一票样监制章 北平 华问教育实训中心

北平永盛水产有限公司 91110168MA6R87FE5K 发票专用章

華問 HUAWEN 400-8605646

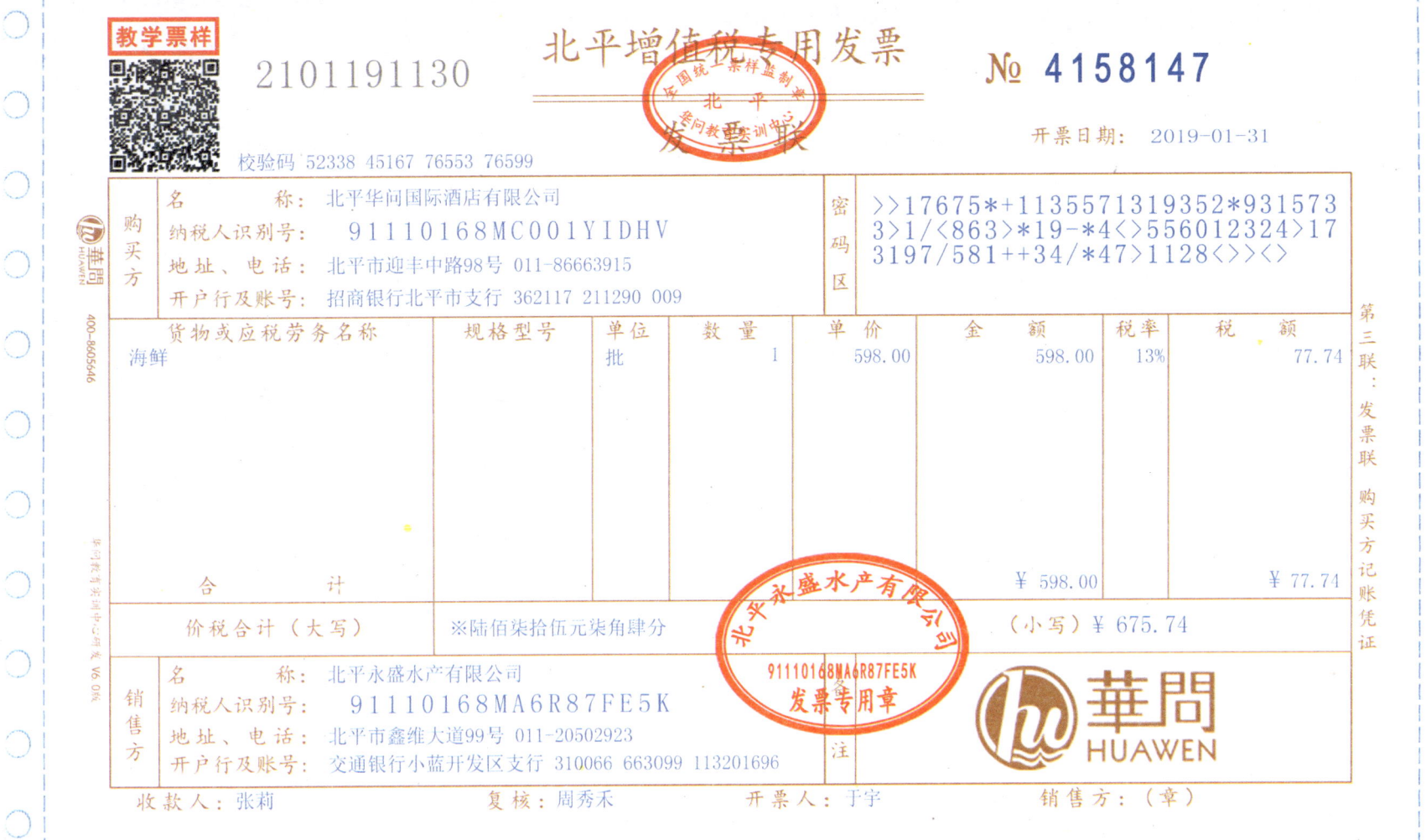

华问教育实训中心研发 V6.0版

教学票样

2101191130

北平增值税专用发票

发票联

№ 3569099

开票日期：2019-01-31

校验码 52338 45167 76553 73408

购买方	名称：北平华问国际酒店有限公司 纳税人识别号：91110168MC001YIDHV 地址、电话：北平市迎丰中路98号 011-86663915 开户行及账号：招商银行北平市支行 362117 211290 009	密码区	>>17675*+318157147935 2*842469 7>1/<863>*19-*4<>117812324>23 8179/051++13/*99>2311<>><>

货物或应税劳务名称	规格型号	单位	数量	单价	金额	税率	税额
饮料		批	1	3,398.60	3,398.60	17%	577.76
合计					¥ 3,398.60		¥ 577.76
价税合计（大写）	※叁仟玖佰柒拾陆元叁角陆分				（小写）¥ 3,976.36		

销售方	名称：北平仲祥商贸有限公司 纳税人识别号：91110166MA5K90EF6D 地址、电话：北平市南京东路166号 011-80671846 开户行及账号：建行恒茂花园分理处 440318 403602 23565059	备注	

收款人：陈慧娟　　复核：吕智森　　开票人：秦楚　　销售方：（章）

第三联：发票联　购买方记账凭证

全国统一票样监制章 北平 华问教育实训中心

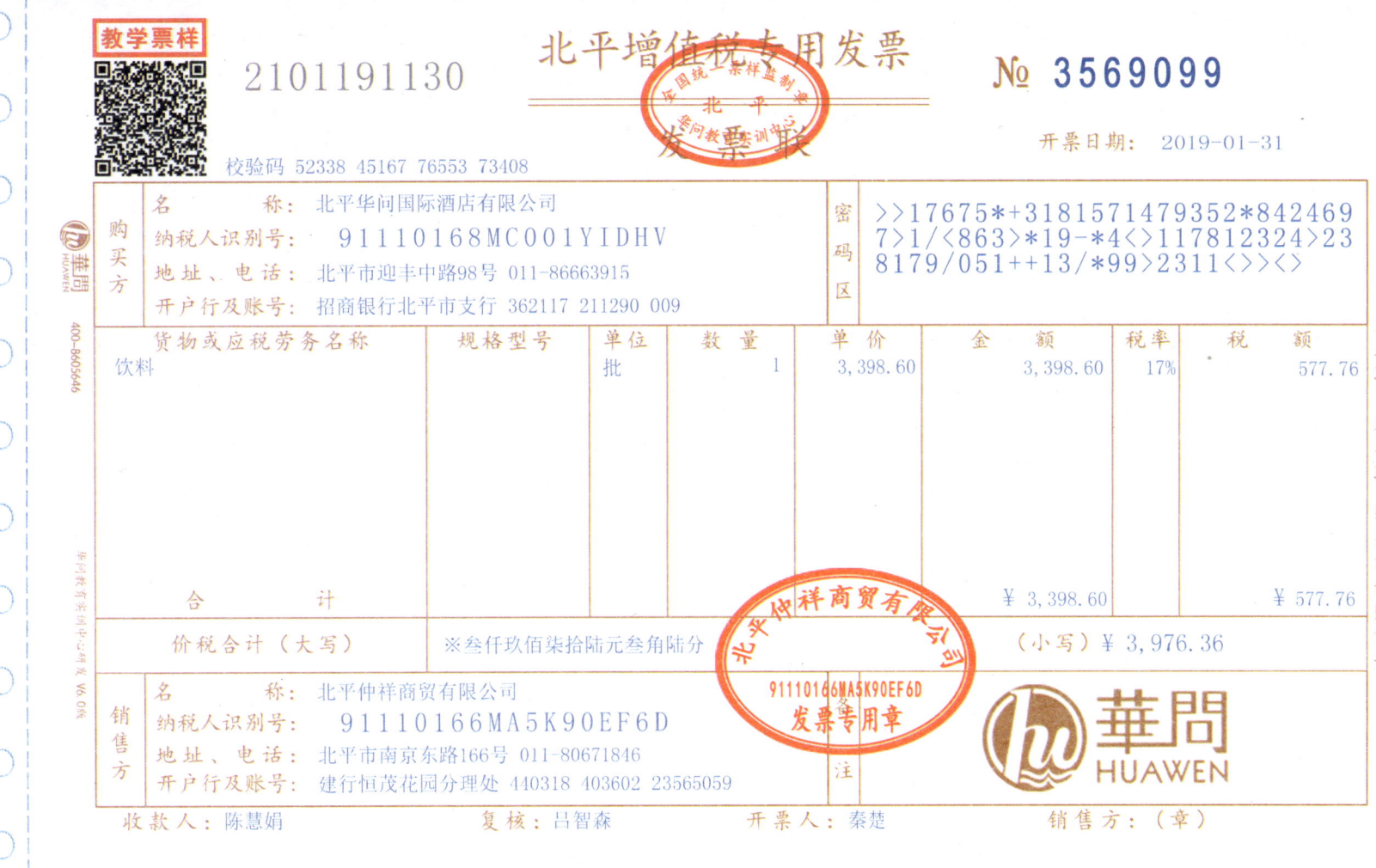

北平仲祥商贸有限公司 91110166MA5K90EF6D 发票专用章

教学票样

2101191130

北平增值税专用发票

№ 4158147

抵扣联

开票日期：2019-01-31

校验码 52338 45167 76553 76599

购买方	名称：北平华问国际酒店有限公司 纳税人识别号：91110168MC001YIDHV 地址、电话：北平市迎丰中路98号 011-86663915 开户行及账号：招商银行北平市支行 362117 211290 009	密码区	>>17675*+11355713193 52*931573 3>1/<863>*19-*4<>556012324>17 3197/581++34/*47>1128<>><>

货物或应税劳务名称	规格型号	单位	数量	单价	金额	税率	税额
海鲜		批	1	598.00	598.00	13%	77.74
合计					¥598.00		¥77.74
价税合计（大写）	※陆佰柒拾伍元柒角肆分				（小写）¥675.74		

销售方	名称：北平永盛水产有限公司 纳税人识别号：91110168MA6R87FE5K 地址、电话：北平市鑫维大道99号 011-20502923 开户行及账号：交通银行小蓝开发区支行 310066 663099 113201696	备注	

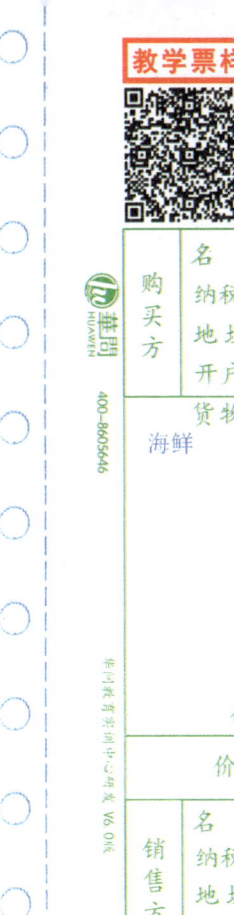

收款人：张莉　复核：周秀禾　开票人：于宇　销售方：（章）

第二联：抵扣联　购买方扣税凭证

400-8605646

华问教育实训中心研发 V6.0版

（印章：全国统一票样监制章 北平 华问教育实训中心）

（印章：北平永盛水产有限公司 91110168MA6R87FE5K 发票专用章）

華問 HUAWEN

教学票样

2101191130

北平增值税专用发票

全国统一票样监制章 北平 华问教育实训中心

抵扣联

№ 3569099

开票日期：2019-01-31

校验码 52338 45167 76553 73408

购买方	名 称：北平华问国际酒店有限公司 纳税人识别号：91110168MC001YIDHV 地址、电话：北平市迎丰中路98号 011-86663915 开户行及账号：招商银行北平市支行 362117 211290 009	密码区	>>17675*+3181571479352*842469 7>1/<863>*19-*4<>117812324>23 8179/051++13/*99>2311<>><>

货物或应税劳务名称	规格型号	单位	数量	单价	金额	税率	税额
饮料		批	1	3,398.60	3,398.60	17%	577.76
合 计					¥ 3,398.60		¥ 577.76
价税合计（大写）	※叁仟玖佰柒拾陆元叁角陆分				（小写）¥ 3,976.36		

销售方	名 称：北平仲祥商贸有限公司 纳税人识别号：91110166MA5K90EF6D 地址、电话：北平市南京东路166号 011-80671846 开户行及账号：建行恒茂花园分理处 440318 403602 23565059	备注	

北平仲祥商贸有限公司 91110166MA5K90EF6D 发票专用章

收款人：陈慧娟 复核：吕智森 开票人：秦楚 销售方：（章）

第二联：抵扣联 购买方扣税凭证

华问 HUAWEN 400-8605646

华问教育实训中心研发 V6.0版

教学票样

2101191130

北平增值税专用发票

抵扣联

№ 2201479

开票日期： 2019-01-31

校验码 56738 42167 76553 76536

购买方	名称：北平华问国际酒店有限公司 纳税人识别号：91110168MC001YIDHV 地址、电话：北平市迎丰中路98号 011-86663915 开户行及账号：招商银行北平市支行 362117 211290 009	密码区	>>21376*+318157147 9352*931573 3>1/<863>*19-*4<>556012324>23 8179/793++54/*79>2217<>><>

货物或应税劳务名称	规格型号	单位	数量	单价	金额	税率	税额
粮油调料		批	1	4,085.00	4,085.00	13%	531.05
干货		批	1	2,014.00	2,014.00	13%	261.82
合计					¥ 6,099.00		¥ 792.87
价税合计（大写）	※陆仟捌佰玖拾壹元捌角柒分				（小写）¥ 6,891.87		

销售方	名称：北平昌盛食品有限公司 纳税人识别号：91110167MA2MQB846G 地址、电话：北平市火炬大街796号 011-83122222 开户行及账号：中国银行青湖支行 4016 7865 4611	备注	

收款人：万里云　　复核：毛柯　　开票人：李毅　　销售方：（章）

第二联：抵扣联 购买方扣税凭证

400-8605646

华问教育实训中心研发 V6.0版

教学票样

2101191130

北平增值税专用发票

全国统一票样监制章 北平 华问教育实训中心

发票联

№ 4158123

开票日期： 2019-01-20

校验码 98300 56934 30090 63659

购买方	名称： 北平华问国际酒店有限公司 纳税人识别号： 91110168MC001YIDHV 地址、电话： 北平市迎丰中路98号 011-86663915 开户行及账号： 招商银行北平市支行 362117 211290 009	密码区	>>17675*+1135571319352*931573 3>1/<863>*19-*4<>556012324>17 3197/581++54/*49>1128<>><>

货物或应税劳务名称	规格型号	单位	数量	单价	金额	税率	税额
海鲜		批	1	2,724.40	2,724.40	13%	354.17
合计					¥ 2,724.40		¥ 354.17
价税合计（大写）	※叁仟零柒拾捌元伍角柒分				（小写）¥ 3,078.57		

销售方	名称： 北平永盛水产有限公司 纳税人识别号： 91110168MA6R87FE5K 地址、电话： 北平市鑫维大道99号 011-20502923 开户行及账号： 交通银行小蓝开发区支行 310066 663099 113201696	备注	北平永盛水产有限公司 91110168MA6R87FE5K 发票专用章

收款人：张莉　　复核：周秀禾　　开票人：于宇　　销售方：（章）

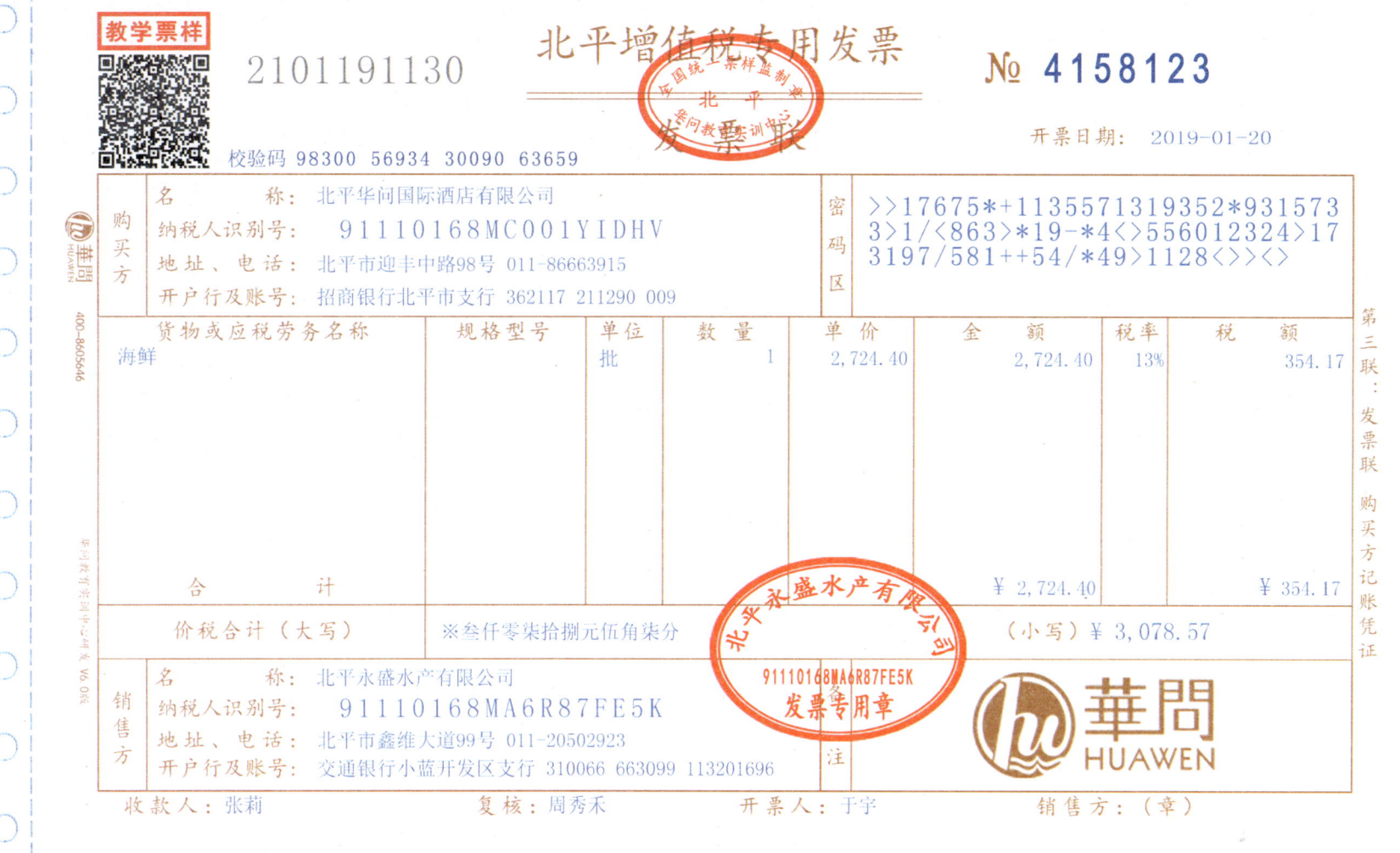

第三联：发票联 购买方记账凭证

教学票样

2101191130

北平增值税专用发票

发票联

№ 2201479

开票日期：2019-01-31

校验码 56738 42167 76553 76536

购买方	名　　称：北平华问国际酒店有限公司 纳税人识别号：91110168MC001YIDHV 地址、电话：北平市迎丰中路98号 011-86663915 开户行及账号：招商银行北平市支行 362117 211290 009	密码区	>>21376*+3181571479352*931573 3>1/<863>*19-*4<>556012324>23 8179/793++54/*79>2217<>><>

货物或应税劳务名称	规格型号	单位	数量	单价	金额	税率	税额
粮油调料		批	1	4,085.00	4,085.00	13%	531.05
干货		批	1	2,014.00	2,014.00	13%	261.82
合　　计					¥ 6,099.00		¥ 792.87
价税合计（大写）	※陆仟捌佰玖拾壹元捌角柒分				（小写）¥ 6,891.87		

销售方	名　　称：北平昌盛食品有限公司 纳税人识别号：91110167MA2MQB846G 地址、电话：北平市火炬大街796号 011-83122222 开户行及账号：中国银行青湖支行 4016 7865 4611	备注	

收款人：万里云　　复核：毛柯　　开票人：李毅　　销售方：（章）

第三联：发票联 购买方记账凭证

全国统一票样监制章 北平 华问教育实训中心

北平昌盛食品有限公司 91110167MA2MQB846G 发票专用章

華問 HUAWEN

400-8605646

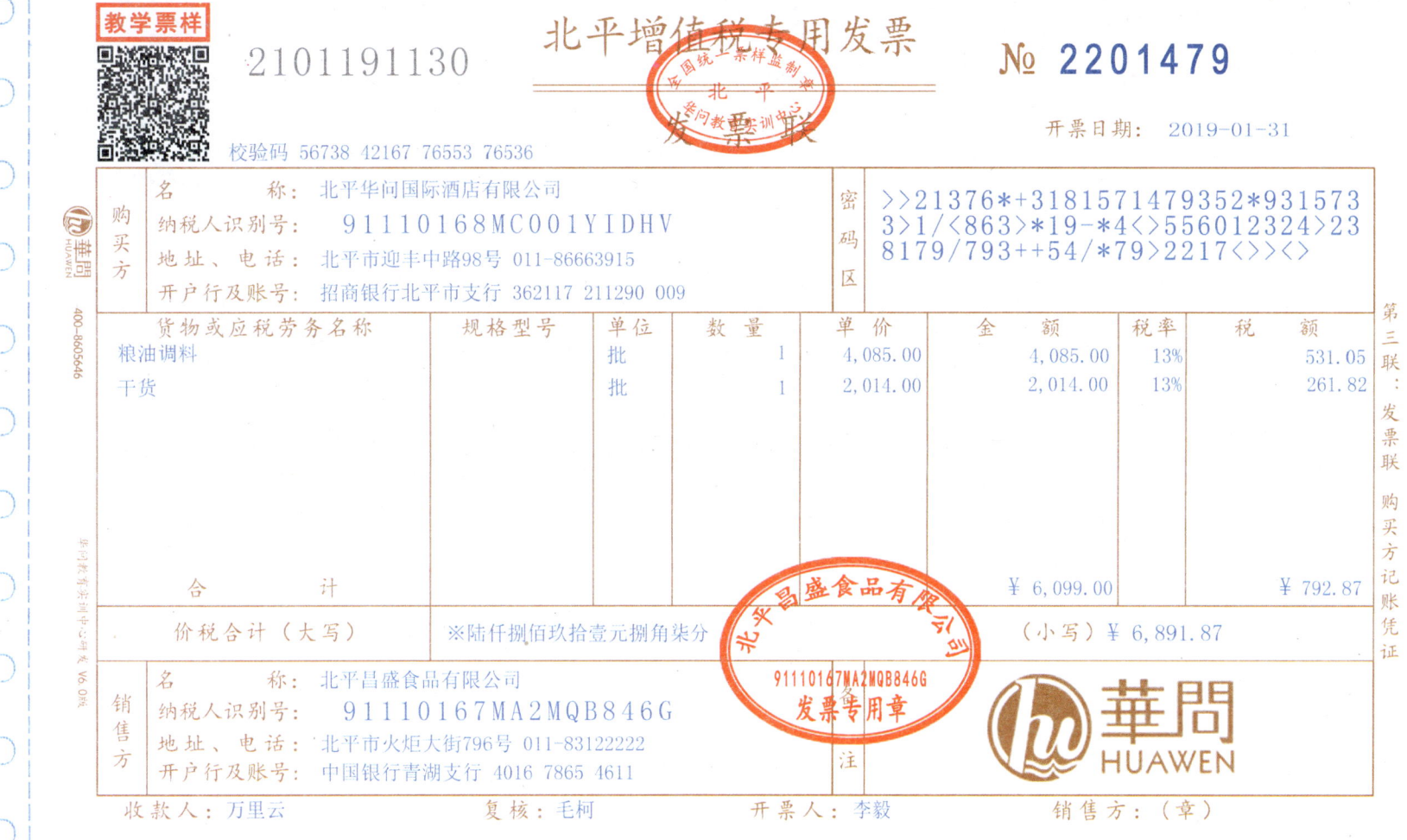

华问教育实训中心研发 V6.0版

教学票样

2101191130

北平增值税专用发票

抵扣联

№ 1134127

全国统一票样监制章 北平 华问教育实训中心

开票日期：2019-01-31

校验码 56738 45167 76553 76535

购买方	名　　称：北平华问国际酒店有限公司 纳税人识别号：91110168MC001YIDHV 地址、电话：北平市迎丰中路98号 011-86663915 开户行及账号：招商银行北平市支行 362117 211290 009	密码区	>>27675*+318157147935 2*931573 3>1/<863>*19-*4<>117812324>23 8179/051++54/*27>3018<>><>

货物或应税劳务名称	规格型号	单位	数量	单价	金额	税率	税额
禽肉		批	1	2,328.00	2,328.00	13%	302.64
合　　计					¥ 2,328.00		¥ 302.64
价税合计（大写）	※贰仟陆佰叁拾元陆角肆分				（小写）¥ 2,630.64		

销售方	名　　称：北平诚泰商贸有限公司 纳税人识别号：911101690055409270 地址、电话：北平市顺外路8号 011-83837931 开户行及账号：邮政储蓄顺外支行 913006 371342 95142	备注	

北平诚泰商贸有限公司 911101690055409270 发票专用章

華問 HUAWEN

收款人：李芬芳　　复核：毛方圆　　开票人：方淮　　销售方：（章）

第二联：抵扣联 购买方扣税凭证

華問 HUAWEN 400-8605646

华问教育实训中心研发 V6.0版

教学票样

2101191130

北平增值税专用发票

№ 2201465

发票联

开票日期：2019-01-27

校验码 97558 56564 30090 67690

购买方	名　　称：北平华问国际酒店有限公司 纳税人识别号：91110168MC001YIDHV 地址、电话：北平市迎丰中路98号 011-86663915 开户行及账号：招商银行北平市支行 362117 211290 009	密码区	>>21376*+3181571479352*931573 3>1/<863>*19-*4<>556012324>23 8179/793++54/*65>2217<>><>

货物或应税劳务名称	规格型号	单位	数量	单价	金额	税率	税额
粮油调料		批	1	10,388.00	10,388.00	13%	1,350.44
干货		批	1	1,108.00	1,108.00	13%	144.04
合计					¥ 11,496.00		¥ 1,494.48
价税合计（大写）	※壹万贰仟玖佰玖拾元肆角捌分				（小写）¥ 12,990.48		

销售方	名　　称：北平昌盛食品有限公司 纳税人识别号：91110167MA2MQB846G 地址、电话：北平市火炬大街796号 011-83122222 开户行及账号：中国银行青湖支行 4016 7865 4611	备注	

收款人：万里云　　复核：毛柯　　开票人：李毅　　销售方：（章）

第三联：发票联　购买方记账凭证

全国统一票样监制章 北平 华问教育实训中心

北平昌盛食品有限公司 91110167MA2MQB846G 发票专用章

400-8605646

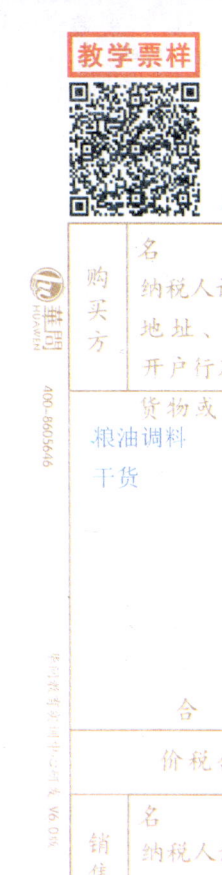

水费分摊

年 01月

分摊部门	办公室	销售部门			应交合计
		餐饮部	客房部	桑拿部	
分摊比率					100%
分摊金额					9,579.49

现金盘点单

公司：北平华问国际酒店有限公司　　　　盘点日期：2019年 01 月 13 日

盘点面值	盘点数量	盘点金额	备注
100元	980	98,000.00	
50元	211	10,550.00	
20元	181	3,620.00	
10元	154	1,540.00	
5元	31	155.00	
1元	45	45.00	
0.5元	12	6.00	
0.1元	13	1.30	
盘点合计金额		113,917.30	
当日现金账面余额	117,827.30		
减：未入账借支单	2,000.00		
减：未入账报销单	1,810.00		
调整后账面余额	114,017.30		
差异金额	-100.00		

审核人：蔡寿权　　　　盘点人：刘云萍　　　　出纳：李义

现金管理要求：

1、出纳每日自盘1次，做到账实相符。

2、主管会计每月应不定期抽查盘点不得少于5次，发现问题当天报告财务经理。财务经理应立即处理事件。

3、财务经理每月应不定期抽查盘点不得少于1次，发现问题及时整改。

库存现金盘点报告单

2019 年 01 月 13 日

单位名称：北平华间国际酒店有限公司

实存金额	账存金额	盈亏情况		备注
		盘盈数	盘亏数	
113917.3	114,017.30		100.00	

处理意见：经查明，出现短款是由于餐厅收银员张小佳收银错误，少收顾客费用，故由员工张小佳个人全额赔付。

财务经理：蔡寿权　　会计：陈美娇　　出纳：李义

备用金拨付单

北平华问国际酒店有限公司

申请部门：餐饮部、客房部、桑拿部、商超部				申请日期：2019年1月9日
申请人员明细	姓名	职位	申请金额	申请用途
	徐娇	收银员	1000	日常收银备用
	王芳	收银员	3000	日常收银备用
	张小佳	收银员	1000	日常收银备用
	李丽	收银员	1000	日常收银备用

申请金额合计：￥6,000（小写金额） 人民币陆仟元整 （人民币大写）

(大写示例：壹、贰、叁、肆、伍、陆、柒、捌、玖、拾、佰、仟、万、元、角、分、零、整)

支付方式：

√ 现金　　领款人签字：徐娇、王芳、张小佳、李丽

□ 银行转账　　收款人：

开户行：

银行账号：

申请部门/负责人（签署部门意见）：核实，同意

部门主管/经理审：刘云萍	财务部核准：李义	运营经理审批：余慧
2019年1月8日	2019年1月9日	2019年1月9日

收银员入账项目日报表

开始日期:2019-01-10 00:00:01　　结束日期:2019-01-11 00:00:00　　业态:客房　　公司:华问国际酒店

收银员	项目	笔数	消费金额	结算金额
1005 王芳		**109**	**0.00**	**27394.00**
	01 现金（押金）	27		10700.00
	01 现金（退押金）	58		-3106.00
	01 现金（备用金）	3		9000.00
	01 现金-[小计]	**88**	**0.00**	**16594.00**
	05 信用卡（押金）	21		10800.00
	05 信用卡-[小计]	**21**	**0.00**	**10800.00**
SYSTEM SYSTEM		**81**	**20888.00**	**0.00**
	000101 夜房费	81	20888.00	
	01 现金-[总计]	**88**		**16594.00**
	05 信用卡-[总计]	**21**		**10800.00**
	[总计]	**190**	**20888.00**	**27394.00**

北平华问国际酒店有限公司财务专用章

见证人：杨欢　　查核员：李义　　收银员：王芳

收银员入账项目日报表

开始日期:2019-01-12 00:00:01　　结束日期:2019-01-13 00:00:00　　业态:客房　　公司:华问国际酒店

收银员	项目	笔数	消费金额	结算金额
1005 王芳		**73**	**0.00**	**12768.00**
	01 现金（押金）	20		8200.00
	01 现金（退押金）	43		-2032.00
	01 现金-[小计]	**63**	**0.00**	**6168.00**
	05 信用卡（押金）	10		6600.00
	05 信用卡-[小计]	**10**	**0.00**	**6600.00**
SYSTEM SYSTEM		**121**	**27948.00**	**0.00**
	000101 夜房费	121	27948.00	
	01 现金-[总计]	**63**		**6168.00**
	05 信用卡-[总计]	**10**		**6600.00**
	[总计]	**194**	**27948.00**	**12768.00**

见证人：杨欢　　查核员：李义　　收银员：王芳

北平华问国际酒店有限公司财务专用章

收银员入账项目日报表

开始日期:2019-01-14 00:00:01　　结束日期;2019-01-15 00:00:00　　业态:客房　　公司:华问国际酒店

收银员	项目	笔数	消费金额	结算金额
1005 王芳		**83**	**3000.00**	**48302.00**
	000114 会议室收入	1	**3000.00**	
	01 现金	**2**		**24360.00**
	01 现金（押金）	25		12100.00
	01 现金（退押金）	38		-1858.00
	01 现金-[小计]	**65**	**0.00**	**34602.00**
	05 信用卡（押金）	17		13700.00
	05 信用卡-[小计]	**17**	**0.00**	**13700.00**
SYSTEM SYSTEM		**74**	**18132.00**	**0.00**
	000101 夜房费	74	18132.00	
	01 现金-[总计]	**65**		**34602.00**
	05 信用卡-[总计]	**17**		**13700.00**
	[总计]	**157**	**21132.00**	**48302.00**

见证人：杨欢　　查核员：李义　　收银员：王芳

北国际平华问酒店有限公司财务专用章

收银员入账项目日报表

开始日期:2019-01-16 00:00:01　　结束日期:2019-01-17 00:00:00　　业态:客房　　公司:华问国际酒店

收银员	项目	笔数	消费金额	结算金额
1005 王芳		**57**	**0.00**	**7756.00**
	01 现金（押金）	10		3000.00
	01 现金（退押金）	36		-1744.00
	01 现金-[小计]	**46**	**0.00**	**1256.00**
	05 信用卡（押金）	11		6500.00
	05 信用卡-[小计]	**11**	**0.00**	**6500.00**
SYSTEM SYSTEM		**46**	**11358.00**	**0.00**
	000101 夜房费	46	11358.00	
	01 现金-[总计]	**46**		**1256.00**
	05 信用卡-[总计]	**11**		**6500.00**
	[总计]	**103**	**11358.00**	**7756.00**

见证人： 杨欢　　**查核员：** 李义　　**收银员：** 王芳

北平华问国际酒店有限公司财务专用章

收银员入账项目日报表

开始日期:2019-01-11 00:00:01　　结束日期:2019-01-12 00:00:00　　业态:客房　　公司:华问国际酒店

收银员	项目	笔数	消费金额	结算金额
1005 王芳		**97**	**0.00**	**18592.00**
	01 现金（押金）	21		8200.00
	01 现金（退押金）	52		-2208.00
	01 现金-[小计]	**73**	**0.00**	**5992.00**
	05 信用卡（押金）	24		12600.00
	05 信用卡-[小计]	**24**	**0.00**	**12600.00**
SYSTEM SYSTEM		**74**	**18532.00**	**0.00**
	000101 夜房费	74	18532.00	
	01 现金-[总计]	**73**		**5992.00**
	05 信用卡-[总计]	**24**		**12600.00**
	[总计]	171	18532.00	18592.00

财务专用章 北平华问国际酒店有限公司

见证人：杨欢　　查核员：李义　　收银员：王芳

收银员入账项目日报表

开始日期:2019-01-13 00:00:01　结束日期:2019-01-14 00:00:00　业态:客房　公司:华问国际酒店

收银员	项目	笔数	消费金额	结算金额
1005 王芳		**77**	**0.00**	**18912.00**
	01 现金（押金）	22		7600.00
	01 现金（退押金）	37		-1488.00
	01 现金-[小计]	**59**	**0.00**	**6112.00**
	05 信用卡（押金）	18		12800.00
	05 信用卡-[小计]	**18**	**0.00**	**12800.00**
SYSTEM SYSTEM		**125**	**28192.00**	**0.00**
	000101 夜房费	125	28192.00	
	01 现金-[总计]	**59**		**6112.00**
	05 信用卡-[总计]	**18**		**12800.00**
	[总计]	**202**	**28192.00**	**18912.00**

见证人：杨欢　查核员：李义　收银员：王芳

北平华问国际酒店有限公司财务专用章

收银员入账项目日报表

开始日期:2019-01-15 00:00:01　　结束日期:2019-01-16 00:00:00　　业态=客房　　公司:华问国际酒店

收银员	项目	笔数	消费金额	结算金额
1005 王芳		**53**	**0.00**	**11990.00**
	01 现金（押金）	15		5500.00
	01 现金（退押金）	28		-1510.00
	01 现金-[小计]	**43**	**0.00**	**3990.00**
	05 信用卡（押金）	10		8000.00
	05 信用卡-[小计]	**10**	**0.00**	**8000.00**
SYSTEM SYSTEM		**61**	**14758.00**	**0.00**
	000101 夜房费	61	14758.00	
	01 现金-[总计]	**43**		**3990.00**
	05 信用卡-[总计]	**10**		**8000.00**
	[总计]	114	14758.00	11990.00

见证人：杨欢　　查核员：李义　　收银员：王芳

北平华问国际酒店有限公司财务专用章

收银员入账项目日报表

开始日期:2019-01-24 00:00:01　　结束日期:2019-01-25 00:00:00　　业态:客房　　公司:华问国际酒店

收银员	项目	笔数	消费金额	结算金额
1005 王芳		**45**	**0.00**	**2156.00**
	01 现金（押金）	4		2800.00
	01 现金（退押金）	36		-2144.00
	01 现金-[小计]	**40**	**0.00**	**656.00**
	05 信用卡（押金）	5		1500.00
	05 信用卡-[小计]	**5**	**0.00**	**1500.00**
SYSTEM SYSTEM		**51**	**13098.00**	**0.00**
	000101 夜房费	51	13098.00	
	01 现金-[总计]	**40**		**656.00**
	05 信用卡-[总计]	**5**		**1500.00**
	[总计]	**96**	**13098.00**	**2156.00**

见证人： 杨欢　　**查核员：** 李义　　**收银员：** 王芳

北平华问国际酒店有限公司财务专用章

收银员入账项目日报表

开始日期;2019-01-23 00:00:01　　结束日期:2019-01-24 00:00:00　　业态:客房　　公司:华问国际酒店

收银员	项目	笔数	消费金额	结算金额
1005 王芳		**76**	**0.00**	**26218.00**
	01 现金（押金）	23		9800.00
	01 现金（退押金）	23		-782.00
	01 现金-[小计]	**46**	**0.00**	**9018.00**
	05 信用卡（押金）	30		17200.00
	05 信用卡-[小计]	**30**	**0.00**	**17200.00**
SYSTEM SYSTEM		78	19834.00	0.00
	000101 夜房费	78	19834.00	
	01 现金-[总计]	**46**		**9018.00**
	05 信用卡-[总计]	**30**		**17200.00**
	[总计]	154	19834.00	26218.00

北平华问国际酒店有限公司财务专用章

见证人：杨欢　　查核员：李义　　收银员：王芳

收银员入账项目日报表

开始日期:2019-01-22 00:00:01　　结束日期:2019-01-23 00:00:00　　业态:客房　　公司:华问国际酒店

收银员	项目	笔数	消费金额	结算金额
1005 王芳		**39**	**0.00**	**10908.00**
	01 现金（押金）	10		4000.00
	01 现金（退押金）	16		-992.00
	01 现金-[小计]	**26**	**0.00**	**3008.00**
	05 信用卡（押金）	13		7900.00
	05 信用卡-[小计]	**13**	**0.00**	**7900.00**
SYSTEM SYSTEM		**48**	**11694.00**	**0.00**
	000101 夜房费	48	11694.00	
	01 现金-[总计]	**26**		**3008.00**
	05 信用卡-[总计]	**13**		**7900.00**
	[总计]	**87**	**11694.00**	**10908.00**

北平国际华问酒店有限公司财务专用章

见证人：杨欢　　查核员：李义　　收银员：王芳

收银员入账项目日报表

开始日期:2019-01-21 00:00:01　　结束日期:2019-01-22 00:00:00　　业态:客房　　公司:华问国际酒店

收银员	项目	笔数	消费金额	结算金额
1005 王芳		**70**	**0.00**	**99696.00**
	01 现金（押金）	23		8500.00
	01 现金（退押金）	27		-1844.00
	01 现金-[小计]	**50**	**0.00**	**6656.00**
	05 信用卡	**2**		**79440.00**
	05 信用卡（押金）	18		13600.00
	05 信用卡-[小计]	**20**	**0.00**	**93040.00**
SYSTEM SYSTEM		**41**	**9878.00**	**0.00**
	000101 夜房费	41	9878.00	
	01 现金-[总计]	**50**		**6656.00**
	05 信用卡-[总计]	**20**		**93040.00**
	[总计]	111	**9878.00**	**99696.00**

北平华问国际酒店有限公司财务专用章

见证人：杨欢　　查核员：李义　　收银员：王芳

收银员入账项目日报表

开始日期:2019-01-19 00:00:01　　结束日期:2019-01-20 00:00:00　　业态:客房　　公司:华问国际酒店

收银员	项目	笔数	消费金额	结算金额
1005 王芳		**28**	**0.00**	**2852.00**
	01 现金（押金）	5		2100.00
	01 现金（退押金）	18		-748.00
	01 现金-[小计]	**23**	**0.00**	**1352.00**
	05 信用卡（押金）	5		1500.00
	05 信用卡-[小计]	**5**	**0.00**	**1500.00**
SYSTEM SYSTEM		185	35350.00	0.00
	000101 夜房费	185	35350.00	
	01 现金-[总计]	**23**		**1352.00**
	05 信用卡-[总计]	**5**		**1500.00**
	[总计]	213	35350.00	2852.00

见证人：杨欢　　查核员：李义　　收银员：王芳

北平华问国际酒店有限公司财务专用章

收银员入账项目日报表

开始日期:2019-01-20 00:00:01　　结束日期:2019-01-21 00:00:00　　业态:客房　　公司:华问国际酒店

收银员	项目	笔数	消费金额	结算金额
1005 王芳		**28**	**0.00**	**1820.00**
	01 现金（押金）	10		3000.00
	01 现金（退押金）	18		-1180.00
	01 现金-[小计]	**28**	**0.00**	**1820.00**
SYSTEM SYSTEM		**177**	**33206.00**	**0.00**
	000101 夜房费	177	33206.00	
	01 现金-[总计]	**28**		**1820.00**
	[总计]	**205**	**33206.00**	**1820.00**

见证人：杨欢　　查核员：李义　　收银员：王芳

北平华问国际酒店有限公司财务专用章

收银员入账项目日报表

开始日期;2019-01-18 00:00:01　　结束日期:2019-01-19 00:00:00　　业态:客房　　公司:华问国际酒店

收银员	项目	笔数	消费金额	结算金额
1005 王芳		**44**	**0.00**	**9986.00**
	01 现金（押金）	10		3000.00
	01 现金（退押金）	24		-2014.00
	01 现金-[小计]	**34**	**0.00**	**986.00**
	05 信用卡（押金）	10		9000.00
	05 信用卡-[小计]	**10**	**0.00**	**9000.00**
SYSTEM SYSTEM		**193**	**37774.00**	**0.00**
	000101 夜房费	193	37774.00	
	01 现金-[总计]	**34**		**986.00**
	05 信用卡-[总计]	**10**		**9000.00**
	[总计]	**237**	**37774.00**	**9986.00**

见证人：杨欢　　查核员：李义　　收银员：王芳

北平华问国际酒店有限公司财务专用章

收银员入账项目日报表

开始日期:2019-01-25 00:00:01　　结束日期:2019-01-26 00:00:00　　业态:客房　　公司:华问国际酒店

收银员	项目	笔数	消费金额	结算金额
1005 王芳		**63**	**0.00**	**5748.00**
	01 现金（押金）	17		5300.00
	01 现金（退押金）	38		-1952.00
	01 现金-[小计]	**55**	**0.00**	**3348.00**
	05 信用卡（押金）	8		2400.00
	05 信用卡-[小计]	**8**	**0.00**	**2400.00**
SYSTEM SYSTEM		**191**	**36858.00**	**0.00**
	000101 夜房费	191	36858.00	
	01 现金-[总计]	**55**		**3348.00**
	05 信用卡-[总计]	**8**		**2400.00**
	[总计]	254	36858.00	5748.00

见证人：杨欢　　查核员：李义　　收银员：王芳

北平华问国际酒店有限公司财务专用章

收银员入账项目日报表

开始日期:2019-01-26 00:00:01　　结束日期:2019-01-27 00:00:00　　业态:客房　　公司:华问国际酒店

收银员	项目	笔数	消费金额	结算金额
1005 王芳		**55**	**0.00**	**9240.00**
	01 现金（押金）	10		5000.00
	01 现金（退押金）	35		-1760.00
	01 现金-[小计]	**45**	**0.00**	**3240.00**
	05 信用卡（押金）	10		6000.00
	05 信用卡-[小计]	**10**	**0.00**	**6000.00**
SYSTEM SYSTEM		**176**	**32738.00**	**0.00**
	000101 夜房费	176	32738.00	
	01 现金-[总计]	**45**		**3240.00**
	05 信用卡-[总计]	**10**		**6000.00**
	[总计]	231	32738.00	9240.00

见证人：杨欢　　查核员：李义　　收银员：王芳

北平国际酒店有限公司财务专用章

收银员入账项目日报表

开始日期:2019-01-28 00:00:01　　结束日期:2019-01-29 00:00:00　　业态:客房　　公司:华问国际酒店

收银员	项目	笔数	消费金额	结算金额
1005 王芳		**73**	**0.00**	**16200.00**
	01 现金（押金）	16		6400.00
	01 现金（退押金）	35		-1700.00
	01 现金-[小计]	**51**	**0.00**	**4700.00**
	05 信用卡（押金）	22		11500.00
	05 信用卡-[小计]	**22**	**0.00**	**11500.00**
SYSTEM SYSTEM		**63**	**15904.00**	**0.00**
	000101 夜房费	63	15904.00	
	01 现金-[总计]	**51**		**4700.00**
	05 信用卡-[总计]	**22**		**11500.00**
	[总计]	**136**	**15904.00**	**16200.00**

见证人：杨欢　　查核员：李义　　收银员：王芳

北平华问国际酒店有限公司财务专用章

收银员入账项目日报表

开始日期:2019-01-27 00:00:01　　结束日期:2019-01-28 00:00:00　　业态:客房　　公司:华问国际酒店

收银员	项目	笔数	消费金额	结算金额
1005 王芳		**45**	**0.00**	**74770.00**
	01 现金（押金）	18		9600.00
	01 现金（退押金）	3		-258.00
	01 现金-[小计]	**21**	**0.00**	**9342.00**
	05 信用卡	**2**		**53928.00**
	05 信用卡（押金）	22		11500.00
	05 信用卡-[小计]	**24**	**0.00**	**65428.00**
SYSTEM SYSTEM		**60**	**14890.00**	**0.00**
	000101 夜房费	60	14890.00	
	01 现金-[总计]	**21**		**9342.00**
	05 信用卡-[总计]	**24**		**65428.00**
	[总计]	105	14890.00	74770.00

见证人：杨欢　　查核员：李义　　收银员：王芳

北平国际酒店有限公司财务专用章

收银员入账项目日报表

开始日期:2019-01-29 00:00:01　　结束日期:2019-01-30 00:00:00　　业态:客房　　公司:华问国际酒店

收银员	项目	笔数	消费金额	结算金额
1005 王芳		**52**	**0.00**	**7566.00**
	01 现金（押金）	8		2400.00
	01 现金（退押金）	30		-1134.00
	01 现金-[小计]	**38**	**0.00**	**1266.00**
	05 信用卡（押金）	14		6300.00
	05 信用卡-[小计]	**14**	**0.00**	**6300.00**
SYSTEM SYSTEM		**55**	**13420.00**	**0.00**
	000101 夜房费	55	13420.00	
	01 现金-[总计]	**38**		**1266.00**
	05 信用卡-[总计]	**14**		**6300.00**
	[总计]	107	13420.00	7566.00

见证人：杨欢　　查核员：李义　　收银员：王芳

北平国际华问酒店有限公司财务专用章

收银员入账项目日报表

开始日期:2019-01-31 00:00:01　　结束日期:2019-02-01 00:00:00　　业态:客房　　公司:华问国际酒店

收银员	项目	笔数	消费金额	结算金额
1005 王芳		**60**	**0.00**	**11740.00**
	01 现金（押金）	12		3600.00
	01 现金（退押金）	31		-1560.00
	01 现金-[小计]	**43**	**0.00**	**2040.00**
	05 信用卡（押金）	17		9700.00
	05 信用卡-[小计]	**17**	**0.00**	**9700.00**
SYSTEM SYSTEM		**63**	**15394.00**	**0.00**
	000101 夜房费	63	15394.00	
	01 现金-[总计]	**43**		**2040.00**
	05 信用卡-[总计]	**17**		**9700.00**
	[总计]	123	**15394.00**	**11740.00**

见证人： 杨欢　　**查核员：** 李义　　**收银员：** 王芳

北平华问国际酒店有限公司财务专用章

收银员入账项目日报表

开始日期:2019-01-30 00:00:01　　结束日期:2019-01-31 00:00:00　　业态:客房　　公司:华问国际酒店

收银员	项目	笔数	消费金额	结算金额
1005 王芳		**129**	**0.00**	**34596.00**
	01 现金（押金）	37		7800.00
	01 现金（退押金）	41		-2404.00
	01 现金-[小计]	**78**	**0.00**	**5396.00**
	05 信用卡（押金）	51		18100.00
	05 信用卡-[小计]	**51**	**0.00**	**18100.00**
SYSTEM SYSTEM		**102**	**16110.00**	**0.00**
	000101 夜房费	102	16110.00	
	01 现金-[总计]	**78**		**5396.00**
	05 信用卡-[总计]	**51**		**18100.00**
	[总计]	231	16110.00	23496.00

北平华问国际酒店有限公司财务专用章

见证人：杨欢　　查核员：李义　　收银员：王芳

教学票样

2101191120

北平增值税普通发票

发票联

№ 2125576

开票日期：2019-01-31

校验码 52338 45167 76553 73567

购买方	名　　称：北平华问国际酒店有限公司 纳税人识别号：91110168MC001YIDHV 地址、电话：北平市迎丰中路98号 011-86663915 开户行及账号：招商银行北平市支行 362117 211290 009	密码区	>>31564*+2172571317441*9314876>1/<863>*19-*4<>885013424>686231/541++76/*49>3298<>><>

货物或应税劳务名称	规格型号	单位	数量	单价	金额	税率	税额
洗涤费			1	19,695.15	19,695.15	3%	590.85
合　计					¥ 19,695.15		¥ 590.85
价税合计（大写）	※贰万零贰佰捌拾陆元整				（小写）¥ 20,286.00		

销售方	名　　称：北平玉洁洗涤有限公司 纳税人识别号：9390RW1219685694XG 地址、电话：北平市咸宁东路232号 010-83569498 开户行及账号：建设银行咸宁路支行 440325 465322 15445541	备注	

收款人：李娜　　复核：谢枫　　开票人：于佳鑫　　销售方：（章）

第二联：发票联　购买方记账凭证

全国统一票样监制章 北平 华问教育实训中心

北平玉洁洗涤有限公司 9390RW1219685694XG 发票专用章

华问 HUAWEN 400-8605646

华问教育实训中心研发 V6.0版

教学票样

2101191120

北平增值税普通发票

发票联

№ 3134112

开票日期：2019-01-13

校验码 98300 58912 30090 66345

购买方	名　　称：北平华问国际酒店有限公司 纳税人识别号：91110168MC001YIDHV 地址、电话：北平市迎丰中路98号 011-86663915 开户行及账号：招商银行北平市支行 362117 211290 009				密码区	>>14564*+2392571319352*9315855>1/<86 3>*19-*4<>556013424>595310/672++73/* 49>3298<>><>	
货物或应税劳务名称	规格型号	单位	数量	单价	金额	税率	税额
消毒服务费			1	1,747.57	1,747.57	3%	52.43
合　　计					¥ 1,747.57		¥ 52.43
价税合计（大写）	※壹仟捌佰元整				（小写）¥ 1,800.00		
销售方	名　　称：长谐企业管理服务有限公司 纳税人识别号：93601065065283875T 地址、电话：北平周家嘴军工路486号 011-80480502 开户行及账号：交通银行军工路支行 310088 862045 382085138				备注		

收款人：万云翔　　复核：连志森　　开票人：余少华　　销售方：（章）

第二联：发票联 购买方记账凭证

长谐企业管理服务有限公司 93601065065283875T 发票专用章

全国统一票样监制章 北平 华问教育实训中心

华问 HUAWEN 400-8605646

华问教育实训中心研发 V6.0版

教学票样

2101191120

北平增值税普通发票

发票联

№ 4137082

校验码 57689 87463 14311 54326

开票日期：2019-01-31

购买方	名称：北平华问国际酒店有限公司 纳税人识别号：91110168MC001YIDHV 地址、电话：北平市迎丰中路98号 011-86663915 开户行及账号：招商银行北平市支行 362117 211290 009	密码区	>>13564*+2172571317441*9314876>1/<863>*19-*4<>885013424>686231/541++82/*49>3298<>><>

货物或应税劳务名称	规格型号	单位	数量	单价	金额	税率	税额
清洗费			1	4,466.02	4,466.02	3%	133.98
合计					¥ 4,466.02		¥ 133.98
价税合计（大写）	※肆仟陆佰元整				（小写）¥ 4,600.00		

销售方	名称：奥康餐具清洁有限公司 纳税人识别号：93601065065361 8KSV 地址、电话：北平市广场南路838号 011-83149608 开户行及账号：招商银行广场支行 360121 346290 078	备注	華問 HUAWEN

收款人：吴梅　　复核：朱晨晨　　开票人：蔡思佳　　销售方：（章）

第二联：发票联 购买方记账凭证

（印章：全国统一票样监制章 北平 华问教育实训中心）

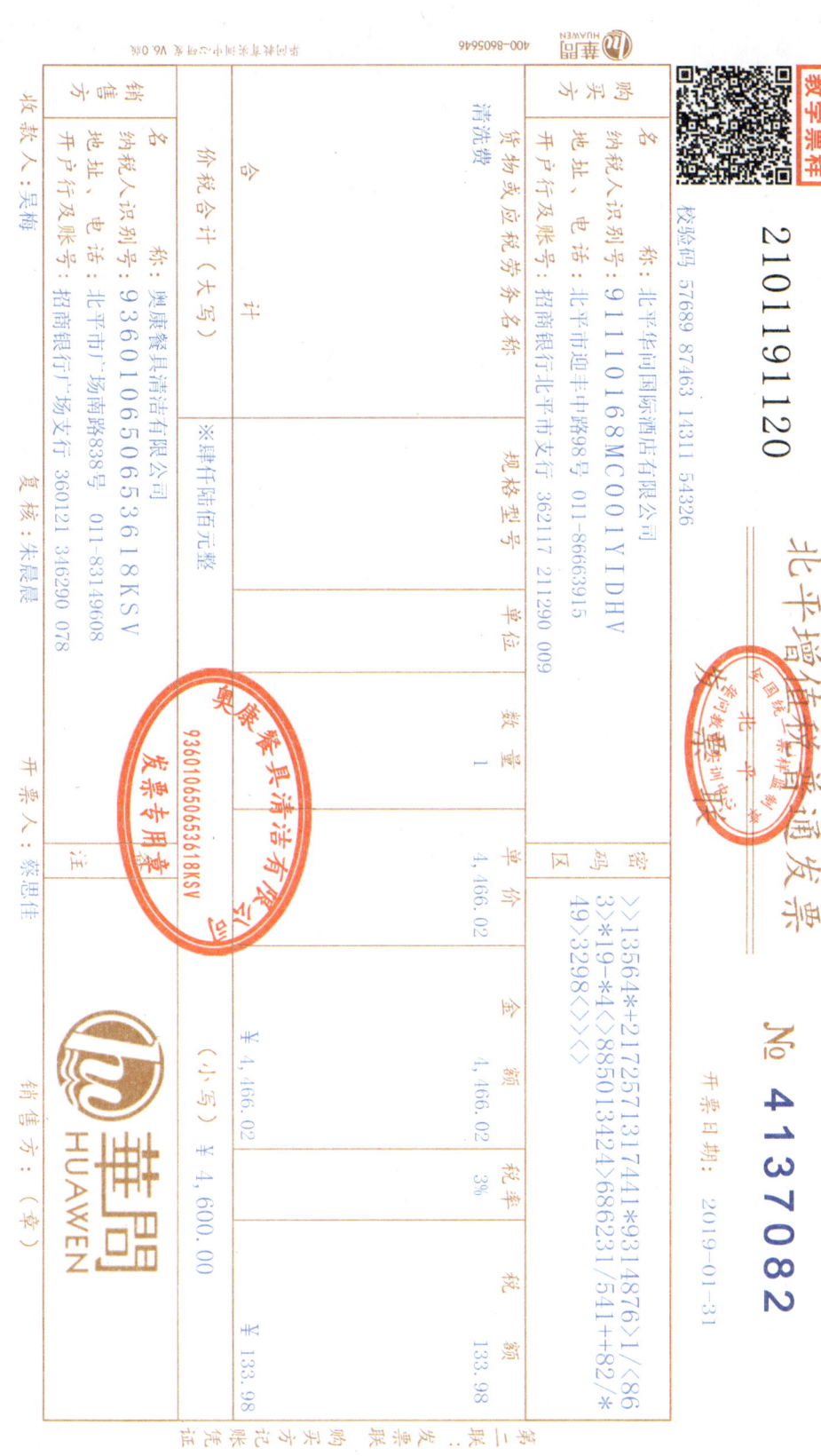

（印章：奥康餐具清洁有限公司 936010650653618KSV 发票专用章）

教学票样

2101191120

北平增值税普通发票

发票联

№ 4157982

开票日期：2019-01-27

校验码 97576 56764 30090 67056

购买方	名　　称：北平华问国际酒店有限公司 纳税人识别号：91110168MC001YIDHV 地址、电话：北平市迎丰中路98号 011-86663915 开户行及账号：招商银行北平市支行 362117 211290 009	密码区	>>15564*+2172571317441*9314876>1/<863>*19-*4<>885013424>686231/541++82/*49>3298<>><>

货物或应税劳务名称	规格型号	单位	数量	单价	金额	税率	税额
咨询费			1	2,912.62	2,912.62	3%	87.38
合计					¥2,912.62		¥87.38
价税合计（大写）	※叁仟元整				（小写）¥3,000.00		

销售方	名　　称：北平京师律师事务所 纳税人识别号：9360000N1D1267595B 地址、电话：北平市解放西路666号 010-50959668 开户行及账号：招商银行北平市支行 362117 814654 3868	注	

收款人：付晓雅　　复核：王斯明　　开票人：李明　　销售方：（章）

第二联：发票联　购买方记账凭证

全国统一票样监制章 北平 华问教育实训中心

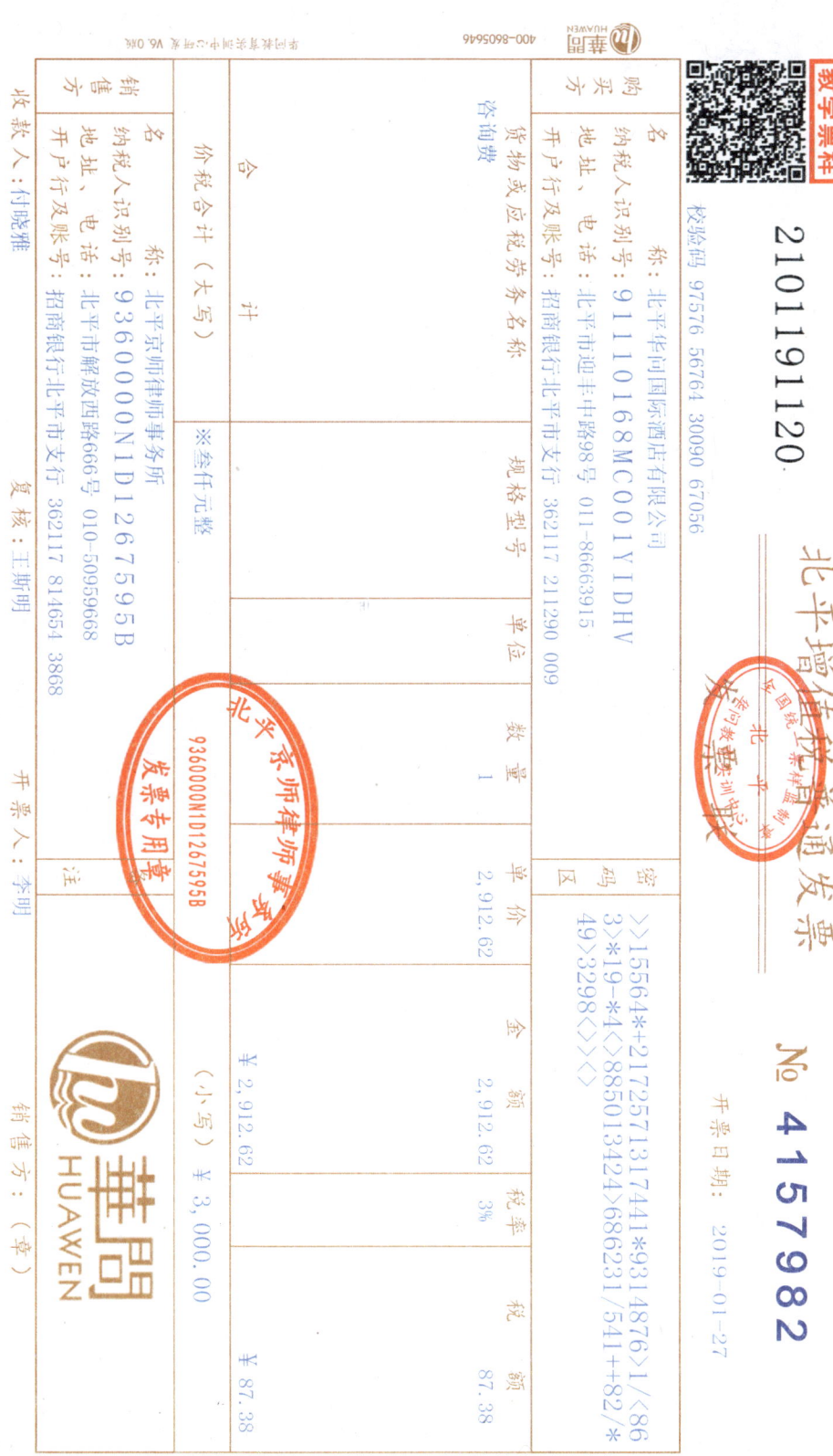

北平京师律师事务所 9360000N1D1267595B 发票专用章

教学票样

2101191120

北平增值税普通发票

发票联

全国统一票样监制章 北平 华问教育实训中心

№ 1022683

校验码 97778 56564 30090 64566

开票日期：2019-01-20

购买方	名称：北平华问国际酒店有限公司 纳税人识别号：91110168MC001YIDHV 地址、电话：北平市迎丰中路98号 011-89740526 开户行及账号：招商银行北平市支行 362117 211290 009			密码区	>>23747*+2392571319352*9315855>1/<863>*19-*4<>556012324>475310/213++83/*49>3298<>><>		
货物或应税劳务名称	规格型号	单位	数量	单价	金额	税率	税额
电磁炉	美的	台	1	290.29	290.29	3%	8.71
合计					¥ 290.29		¥ 8.71
价税合计（大写）	※贰佰玖拾玖元整				（小写）¥ 299.00		
销售方	名称：北平苏宁易购电子商务有限公司 纳税人识别号：932010R2465938756L 地址、电话：北平广场南路205号 011-83219785 开户行及账号：工商银行广场支行 951221 512347 7855715			备注			

现金付讫

北平市苏宁易购电子商务有限公司 932010R2465938756L 发票专用章

華問 HUAWEN

收款人：李文娟　复核：潘晓　开票人：曾倩　销售方：（章）

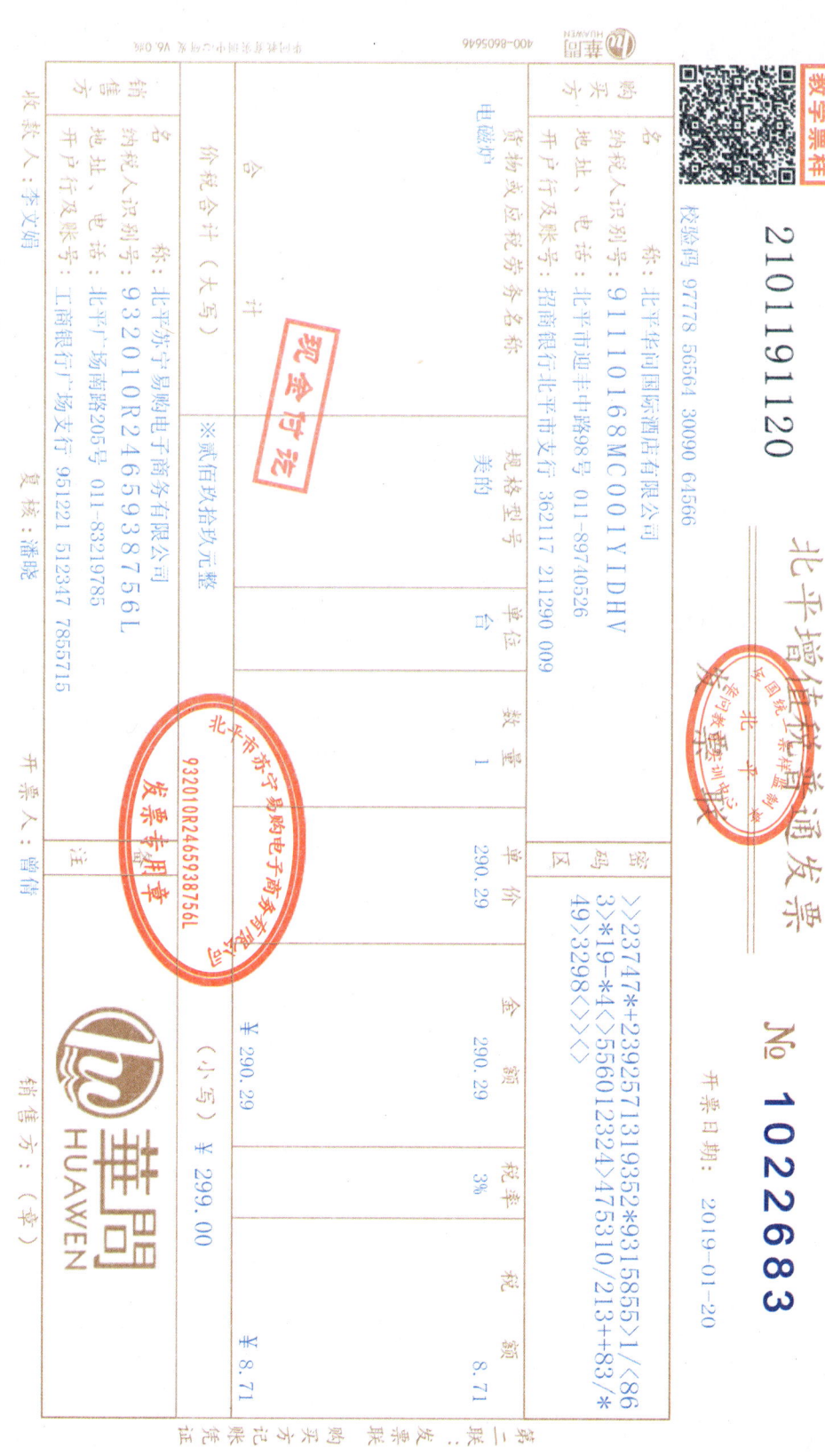

第二联：发票联 购买方记账凭证

教学票样

2101191120

北平增值税普通发票

全国统一票样监制章 北平 华问教育实训中心

发票联

№ 1314708

开票日期： 2019-01-08

校验码 75459 54212 58490 32326

购买方	
名　　称	北平华问国际酒店有限公司
纳税人识别号	91110168MC001YIDHV
地址、电话	北平市迎丰中路98号 011-86663915
开户行及账号	招商银行北平市支行 362117 211290 009

密码区：>>17675*+2392571319352*9315855>1/<863>*19-*4<>556012324>475310/581++54/*49>3298<>><>

货物或应税劳务名称	规格型号	单位	数量	单价	金额	税率	税额
烟花、礼花		箱	1	3,689.32	3,689.32	3%	110.68
合计					¥ 3,689.32		¥ 110.68

价税合计（大写）　※叁仟捌佰元整　（小写）¥ 3,800.00

销售方	
名　　称	利民烟花礼炮商行
纳税人识别号	96012450021275278H
地址、电话	北平洪城路134号 011-89740526
开户行及账号	邮政储蓄银行抚生支行 955112 347879 7866308

备注

现金付讫

利民烟花礼炮商行 96012450021275278H 发票专用章

華問 HUAWEN

收款人：方慧　复核：李文倩　开票人：王云　销售方：（章）

第二联：发票联 购买方记账凭证

華問 HUAWEN 400-8605646

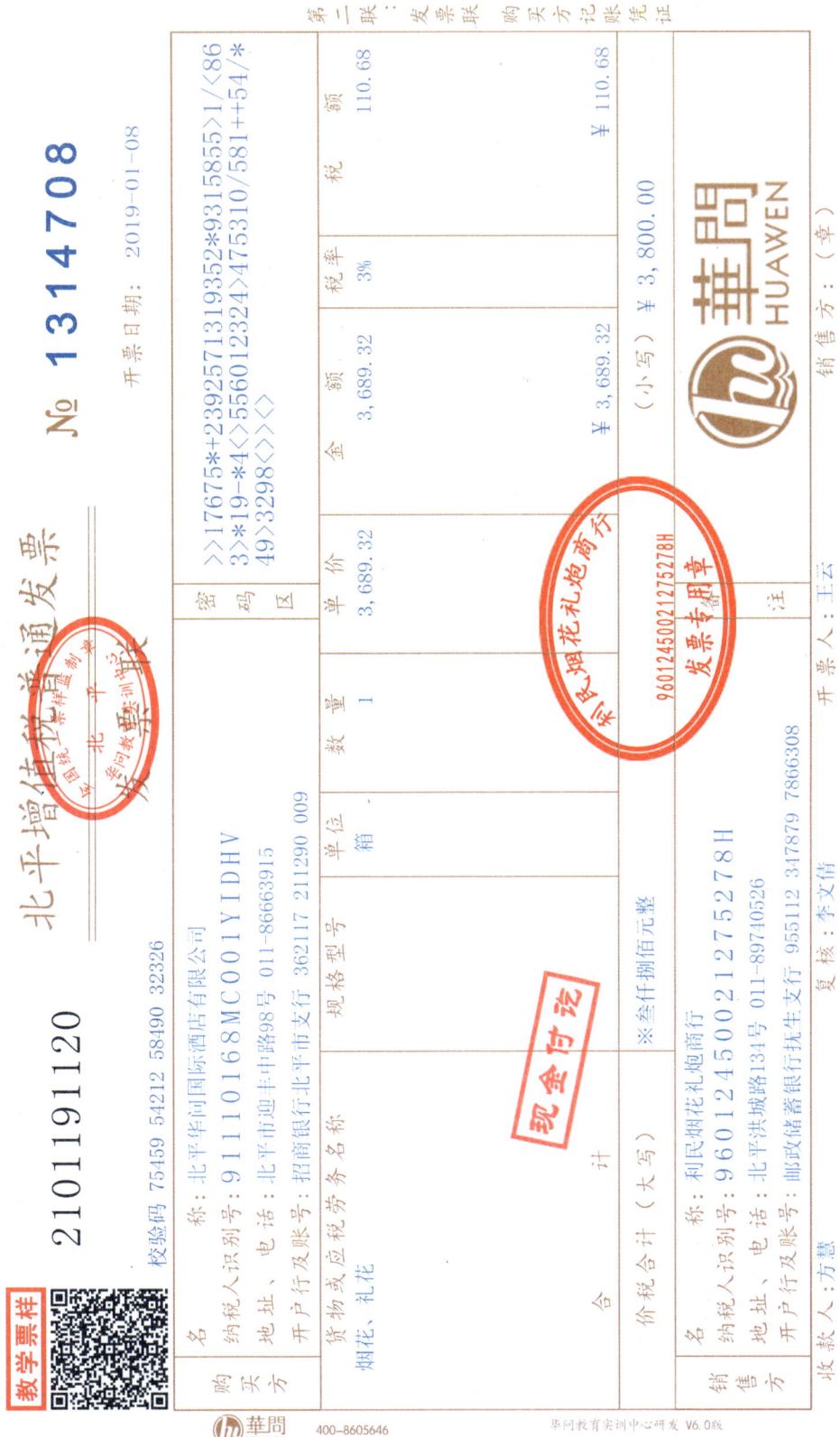

华问教育实训中心研发 V6.0版

教学票样

2101191120

北平增值税普通发票

发票联

№ 1103213

开票日期： 2019-01-20

校验码 95578 56564 30090 64449

购买方	名　　称：北平华问国际酒店有限公司 纳税人识别号：91110168MC001YIDHV 地 址 、电 话：北平市迎丰中路98号 011-86663915 开户行及账号：招商银行北平市支行 362117 211290 009	密码区	>>14564*+2392571819441*9314876>1/<86 3>*19-*4<>885013424>686121/672++73/* 24>3178<>><>

货物或应税劳务名称	规格型号	单位	数量	单价	金额	税率	税额
服务费			1	2,971.70	2,971.70	3%	178.30
合　计					¥ 2,971.70		¥ 178.30
价税合计（大写）	※叁仟壹佰伍拾元整				（小写） ¥ 3,150.00		

销售方	名　　称：欢乐迪娱乐服务有限公司 纳税人识别号：93611314128OF9372P 地 址 、电 话：北平市船山路21号 011-83841882 开户行及账号：工商银行沿江支行 660218 332121 79023	备注	

收款人：曹吉祥　　复核：曾世嘉　　开票人：熊旎　　销售方：（章）

第二联：发票联 购买方记账凭证

现金付讫

欢乐迪娱乐服务有限公司 93611314128OF9372P 发票专用章

全国统一票样监制章 北平 华问教育实训中心

400-8605646

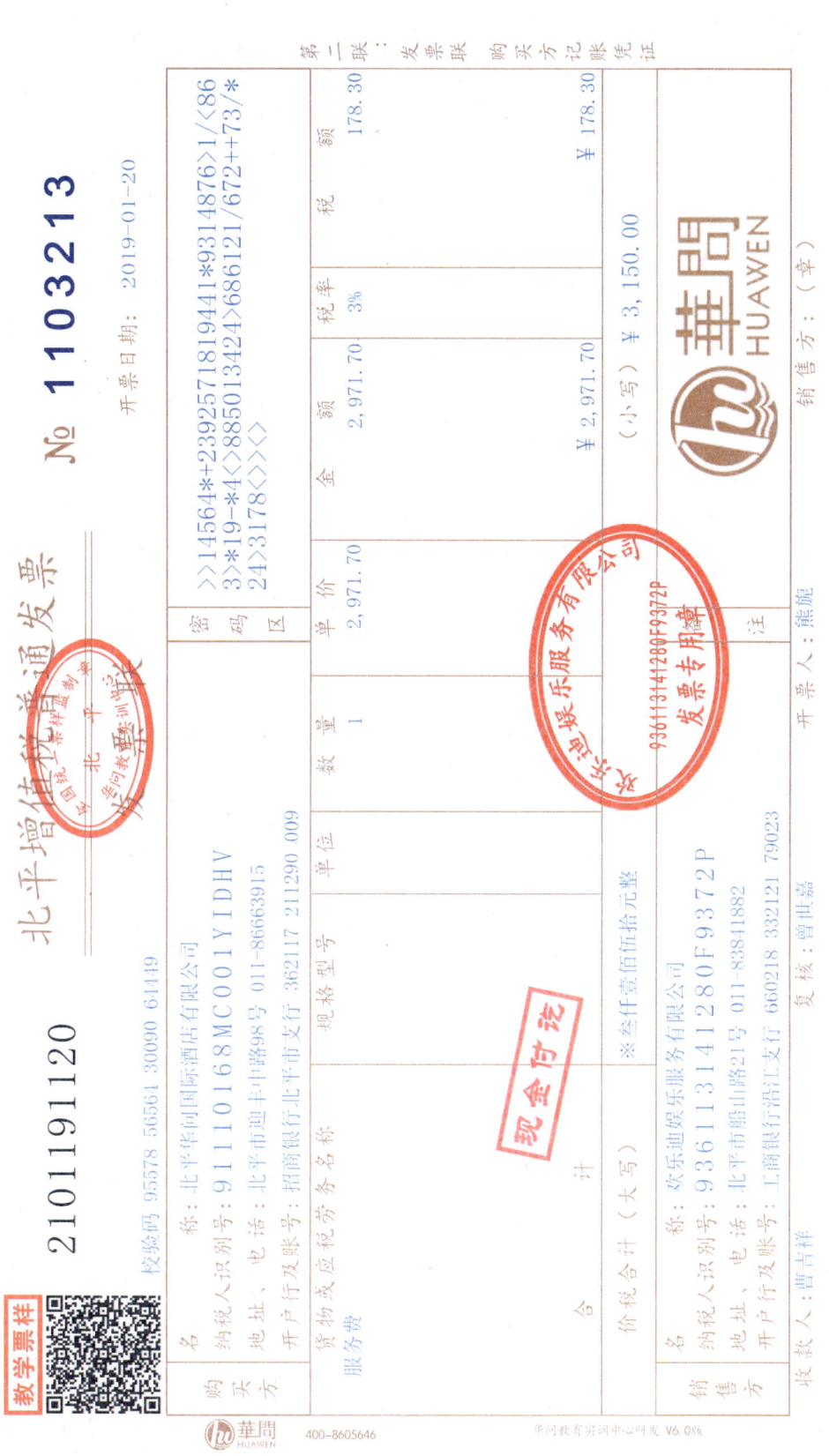

华问教育实训中心研发 V6.0版

教学票样

2101191120

北平增值税普通发票

发票联

№ 2125617

校验码 73329 58912 34490 58953

开票日期：2019-01-13

购买方	名　　称：北平华问国际酒店有限公司 纳税人识别号：91110168MC001YIDHV 地址、电话：北平市迎丰中路98号 011-86663915 开户行及账号：招商银行北平市支行 362117 211290 009			密码区	>>36564*+2392571319352*9315855>1/<863>*19-*4<>556012324>475310/672++54/*49>3298<>><>		
货物或应税劳务名称	规格型号	单位	数量	单价	金额	税率	税额
广告费			1	1,941.75	1,941.75	3%	58.25
合　　计					¥ 1,941.75		¥ 58.25
价税合计（大写）	※贰仟元整				（小写）¥ 2,000.00		
销售方	名　　称：真彩文化有限公司 纳税人识别号：96010221004053 2K84 地址、电话：北平市海淀区38号 011-81128306 开户行及账号：招商银行海淀分理处 362117 358013 860			备注			

收款人：王嘉云　　复核：付甜甜　　开票人：屈志森　　销售方：（章）

第二联：发票联　购买方记账凭证

全国统一票样监制章 北平 华问教育培训中心

真彩文化有限公司 960102210040532K84 发票专用章

华问 HUAWEN 400-8605646

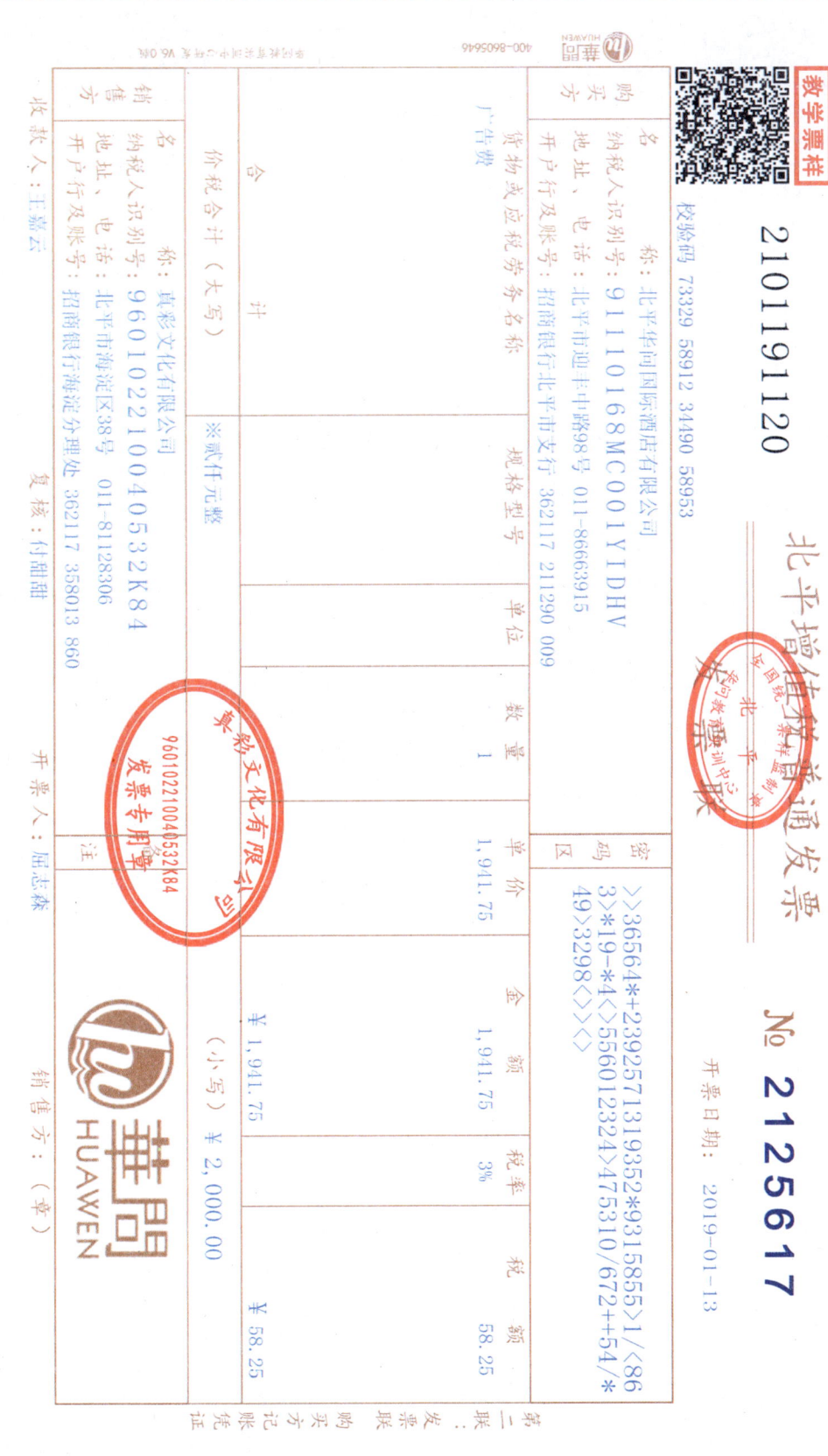

华问教育培训中心样式 V6.0版

教学票样

2101191120　　# 北平增值税普通发票　　№ 3157113

发票联

校验码 95578 56564 30090 65578　　开票日期：2019-01-20

购买方	名称：北平华问国际酒店有限公司 纳税人识别号：91110168MC001YIDHV 地址、电话：北平市迎丰中路98号 011-86663915 开户行及账号：招商银行北平市支行 362117 211290 009				密码区	>>14564*+2392571819441*9314876>1/<863>*19-*4<>885013424>686221/672++73/*49>3178<>><>	
货物或应税劳务名称	规格型号	单位	数量	单价	金额	税率	税额
工衣		套	200	93.59	18,717.95	17%	3182.05
合计					¥ 18,717.95		¥ 3182.05
价税合计（大写）	※贰万壹仟玖佰元整				（小写）¥ 21,900.00		
销售方	名称：北平玄艺服装有限公司 纳税人识别号：936010052000 1468AP 地址、电话：北平市新港中路35号 011-85053671 开户行及账号：招商银行北平市支行 3621178146543868				备注		

收款人：曾倩华　　复核：熊梅竹坛　　开票人：聂云　　销售方：（章）

第二联：发票联　购买方记账凭证

全国统一票样监制章 北平 华问教育实训中心

北平玄艺服装有限公司 936010052000 1468AP 发票专用章

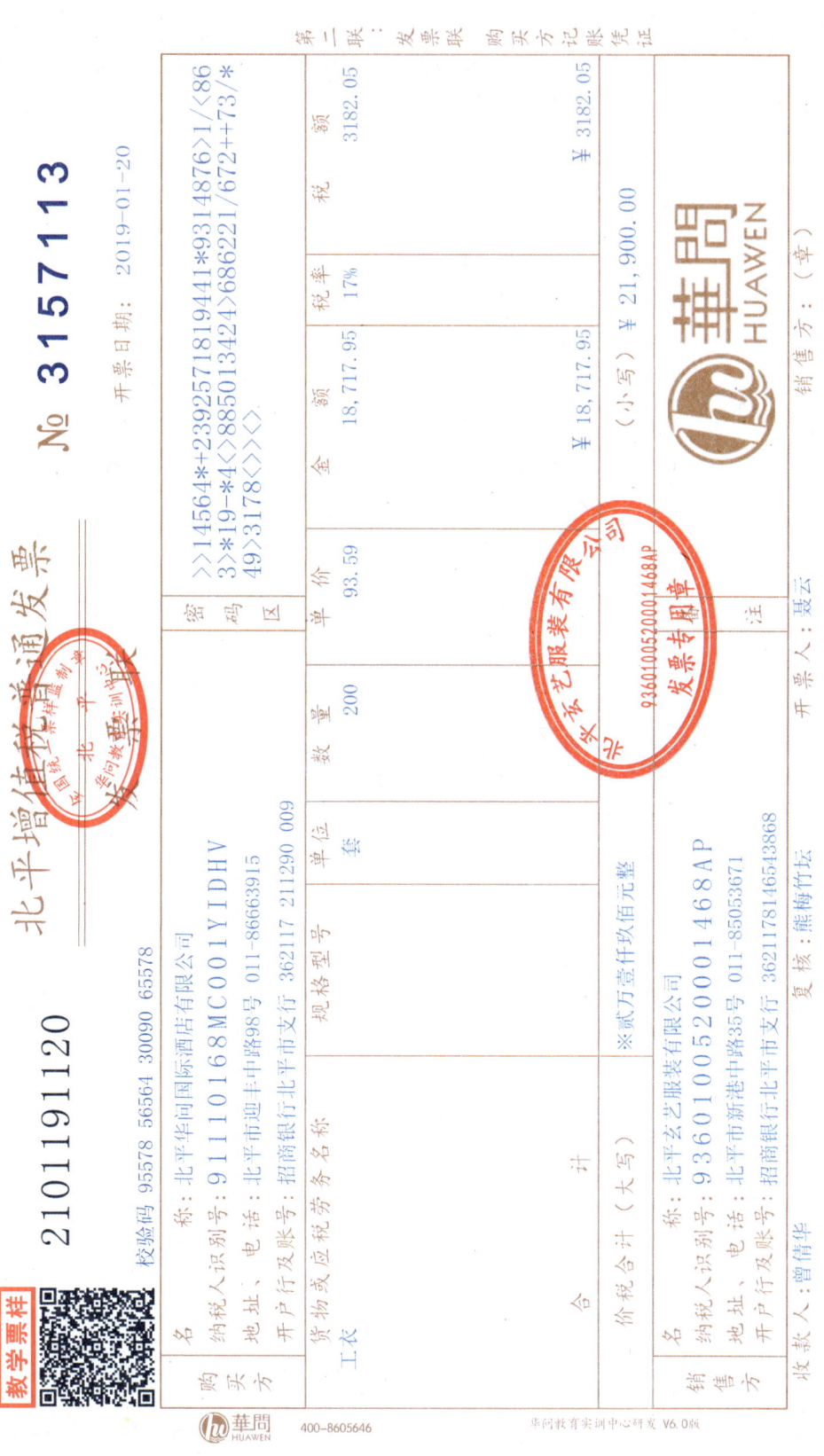

400-8605646　　华问教育实训中心研发 V6.0版

教学票样

2101191120

北平增值税普通发票

发票联

全国统一票样监制章 北平 华问教育实训中心

№ 4012483

开票日期：2019-01-13

校验码 98300 58912 34490 56789

购买方	
名称	北平华问国际酒店有限公司
纳税人识别号	91110168MC001YIDHV
地址、电话	北平市迎丰中路98号 011-86663915
开户行及账号	招商银行北平市支行 362117 211290 009

密码区：
>>36564*+2392571319352*9315855>1/<86
3>*19-*4<>556012324>475310/672++54/*
49>3298<>><>

货物或应税劳务名称	规格型号	单位	数量	单价	金额	税率	税额
蓝宝石 热敏收银纸	80*50	卷	20	3.79	75.73	3%	2.27
金旗舰 复印纸	A4 70G	包	6	24.76	148.54	3%	4.46
齐心 多功能转头型订书机	B3828	个	10	10.29	102.91	3%	3.09
晨光 中性笔K-35	0.5	盒	5	20.39	101.94	3%	3.06
得力 彩色长尾票夹8553	32mm（24只/筒	筒	4	8.54	34.17	3%	1.03
齐心 A4 15MM背宽单强力夹	AB151A/P	箱	1	90.29	90.29	3%	2.71
树德 清新资料册S20AD	20页	个	4	7.23	28.93	3%	0.87
合计					¥582.51		¥17.49
价税合计（大写）	※陆佰元整				（小写）¥600.00		

现金付讫

销售方	
名称	欧树实业有限公司
纳税人识别号	91160501457485671K
地址、电话	北平市子安路211号 011-62571012
开户行及账号	工商银行沿江支行 422006 183614 5879708

备注：

欧树实业有限公司 91160501457485671K 发票专用章

華問 HUAWEN

收款人：李博浩　复核：方振杰　开票人：张芳华　销售方：（章）

第二联：发票联 购买方记账凭证

教学票样

2101191120

北平增值税普通发票

发票联

№ 2140529

开票日期：2019-01-13

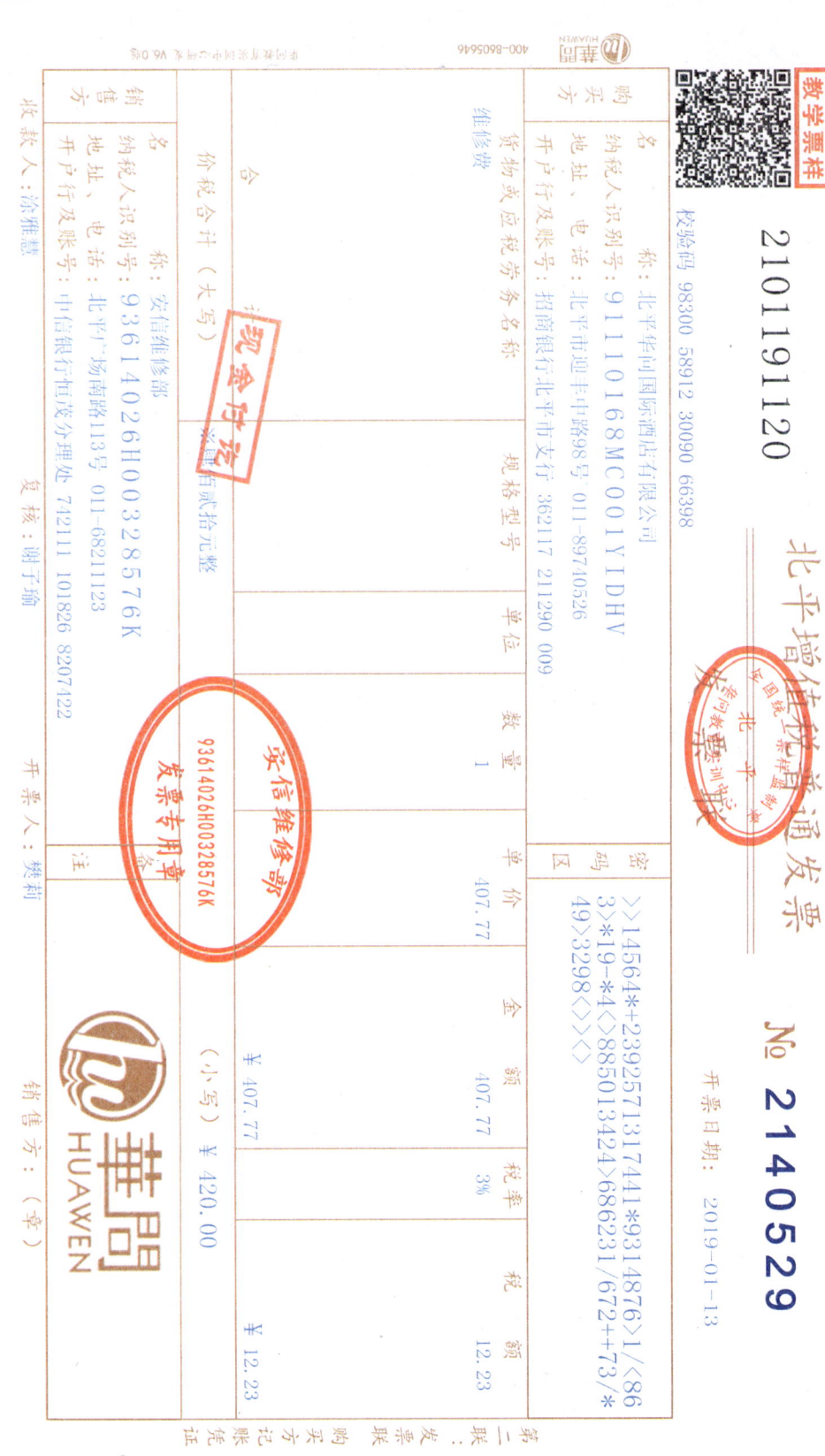

校验码 98300 58912 30090 66398

购买方	名称：北平华问国际酒店有限公司 纳税人识别号：91110168MC001YIDHV 地址、电话：北平市迎丰中路98号 011-89740526 开户行及账号：招商银行北平市支行 362117 211290 009	密码区	>>14564*+2392571317441*9314876>1/<86 3>*19-*4<>885013424>686231/672++73/* 49>3298<>><>

货物或应税劳务名称	规格型号	单位	数量	单价	金额	税率	税额
维修费			1	407.77	407.77	3%	12.23
合计					¥407.77		¥12.23
价税合计（大写）	※肆佰贰拾元整				（小写）¥420.00		

销售方	名称：安信维修部 纳税人识别号：93614026H00328576K 地址、电话：北平广场南路113号 011-68211123 开户行及账号：中信银行恒茂分理处 742111 101826 8207422	备注	

收款人：涂雅慧　复核：谢子瑜　开票人：樊莉　销售方：（章）

第二联：发票联 购买方记账凭证

现金付讫

安信维修部 93614026H00328576K 发票专用章

全国统一票样监制章 北平 华问教育实训中心

教学票样

2101191120

北平增值税普通发票

发票联

№ 3116224

开票日期： 2019-01-27

校验码 97076 56764 30090 67567

购买方	名　　称：北平华问国际酒店有限公司 纳税人识别号：91110168MC001YIDHV 地 址、电 话：北平市迎丰中路98号 011-86663915 开户行及账号：招商银行北平市支行 362117 211290 009	密码区	>>14564*+2392571819441*9314876>1/<86 3>*19-*4<>885013424>686121/672++73/* 24>3178<>><>

货物或应税劳务名称	规格型号	单位	数量	单价	金额	税率	税额
餐费			1	3398.06	3398.06	3%	101.94
合　　计					¥ 3398.06		¥ 101.94
价税合计（大写）	※叁仟伍佰元整				（小写）¥ 3,500.00		

销售方	名　　称：华鑫餐饮服务管理公司 纳税人识别号：93601815M1000012E9 地 址、电 话：北平市沿江北大道39号 011-89897878 开户行及账号：工商银行沿江支行 362121211280007	备注	華問 HUAWEN

收款人：熊李炼　　复核：曹世川　　开票人：聂宝仪　　销售方：（章）

第二联：发票联　购买方记账凭证

现金付讫

全国统一票样监制章 北平 华问教育实训中心

华鑫餐饮服务管理公司 93601815M1000012E9 发票专用章

教学票样

2101191130

北平增值税专用发票

№ 2100017

此联不作报销、扣税凭证使用

开票日期： 2019-01-27

校验码 97558 56564 30090 60678

购买方	名称：光明科技有限公司 纳税人识别号： 913604008520806627 地址、电话：江西省九江市南湖支路16号景丰大厦 电话0792-60573679 开户行及账号：九江银行滨江支行 622307 720100 0175859	密码区	>>1378/1372348979352*9202455>1 /<863>*19-*4<>536012151>475310 /312++54/*49>6-17<>><>

货物或应税劳务名称	规格型号	单位	数量	单价	金额	税率	税额
房费			1	4,712.26	4,712.26	6%	282.74
合计					¥ 4,712.26		¥ 282.74
价税合计（大写）	※肆仟玖佰玖拾伍元整				（小写）¥ 4,995		

销售方	名称：北平华问国际酒店有限公司 纳税人识别号： 91110168MC001YIDHV 地址、电话：北平市迎丰中路98号 电话011-86663915 开户行及账号：招商银行北平市支行 362117 211290 009	备注	

收款人：陈晓冬　　复核：陈美娇　　开票人：李义　　销售方：（章）

第一联：记账联 销售方记账凭证

400-8605646

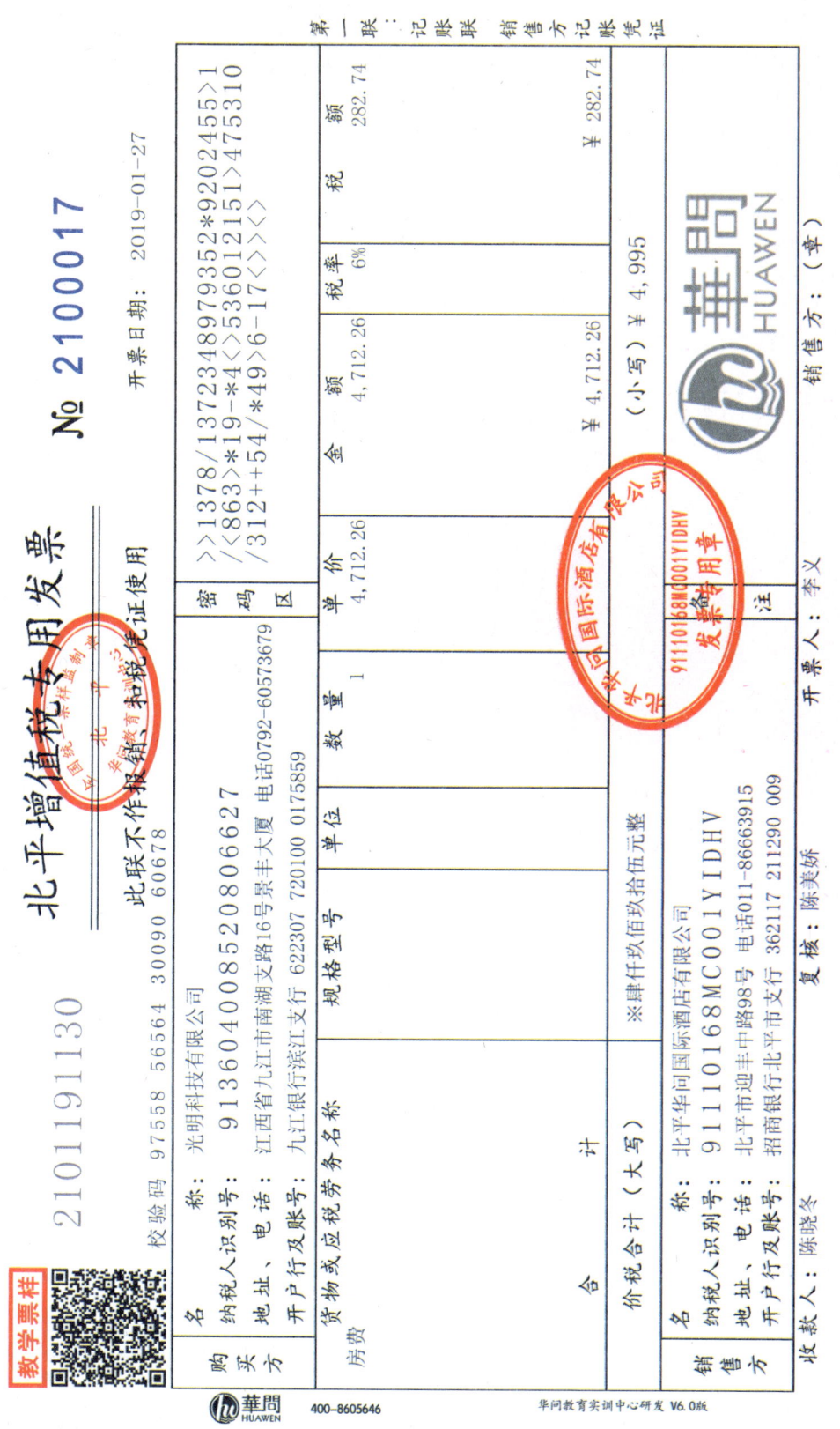

华问教育实训中心研发 V6.0版

教学票样

2101191120

北平增值税普通发票

发票联

№ 3451102

校验码 98300 58912 30090 66324

开票日期： 2019-01-13

购买方	名　称：北平华问国际酒店有限公司 纳税人识别号：91110168MC001YIDHV 地址、电话：北平市迎丰中路98号 011-86663915 开户行及账号：招商银行北平市支行 362117 211290 009	密码区	>>14564*+2392571317441*9315855>1/<863>*19-*4<>556013424>686221/672++73/*49>3298<>><>

货物或应税劳务名称	规格型号	单位	数量	单价	金额	税率	税额
玻璃水	1.82L	瓶	20	18.93	378.64	3%	11.36
拖把		把	15	25.89	388.35	3%	11.65
合　计					¥766.99		¥23.01
价税合计（大写）	※柒佰玖拾元整				（小写）¥790.00		

销售方	名　称：创美百货商行 纳税人识别号：93611235110127512K 地址、电话：北平洪都中大道78号 011-83492112 开户行及账号：中国银行广电支行 402571 453511	备注	

收款人：段瑜　　复核：潘子聪　　开票人：曾祥　　销售方：（章）

第二联：发票联　购买方记账凭证

现金付讫

创美百货商行 93611235110127512K 发票专用章

全国统一票样监制章 北平 华问教育实训中心

華問 HUAWEN 400-8605646

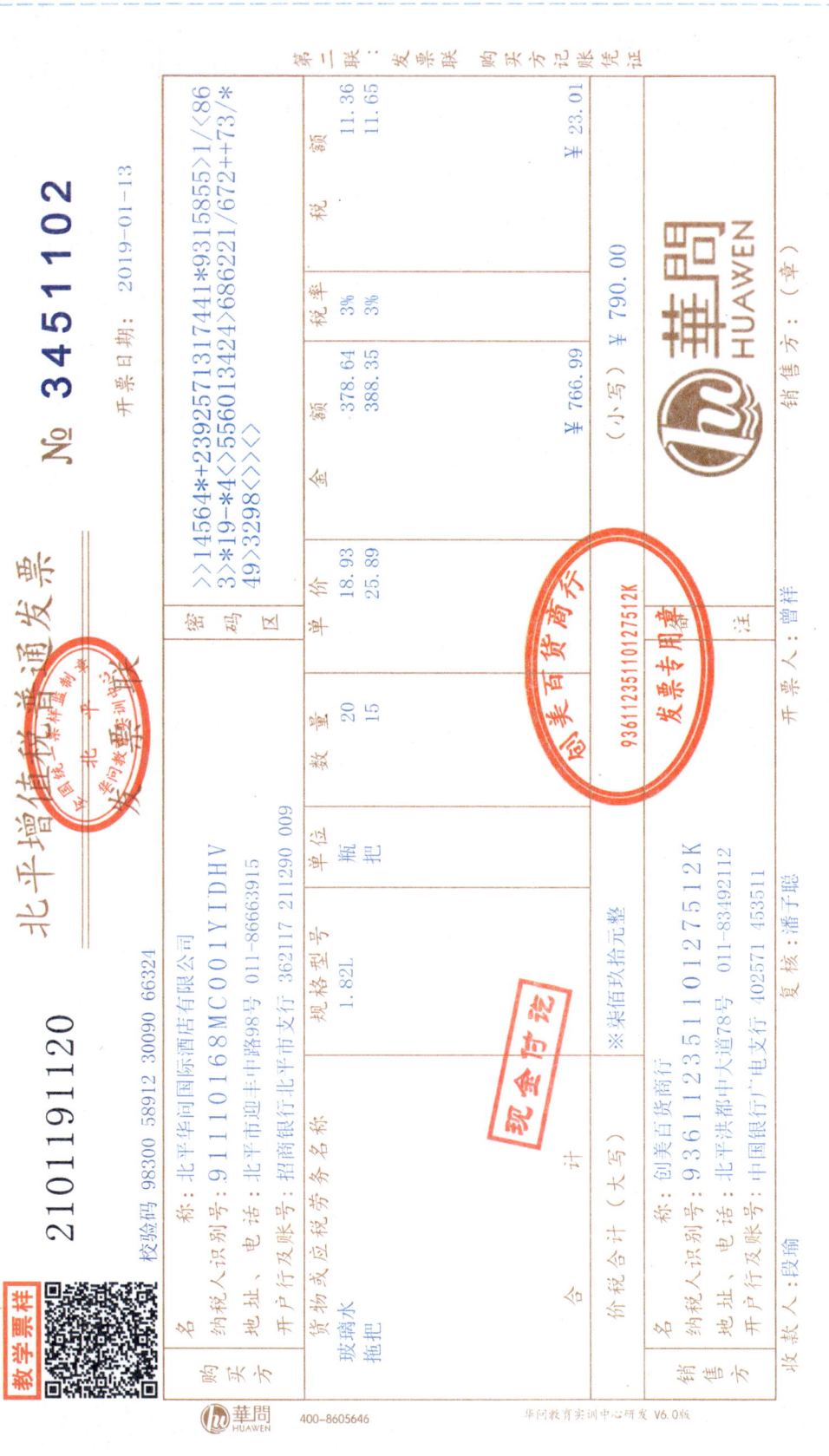

华问教育实训中心研发 V6.0版

教学票样

2101191130

北平增值税专用发票

№ 2100014

此联不作报销、扣税凭证使用

开票日期： 2019-01-20

校验码 98300 56934 30090 66360

购买方	名称：北京易彩旅行社 纳税人识别号：911127220000587036 地址、电话：北京市东城区安定门东大街58号 电话010-61972414 开户行及账号：工商银行安定门支行 601026 010655 0802301				密码区	>>1378/1378578979352*9202455>1 /<863>*19-*4<>446012151>475310 /312++54/*49>6-14<>><>	
货物或应税劳务名称	规格型号	单位	数量	单价	金额	税率	税额
房费			1	74,943.40	74,943.40	6%	4,496.60
合计					￥74,943.40		￥4,496.60
价税合计（大写）	※柒万玖仟肆佰肆拾元整				（小写）￥79,440.00		
销售方	名称：北平华问国际酒店有限公司 纳税人识别号：91110168MC001YIDHV 地址、电话：北平市迎丰中路98号 电话011-86663915 开户行及账号：招商银行北平市支行 362117 211290 009				备注		

收款人：陈晓冬　　复核：陈美娇　　开票人：李义　　销售方：（章）

第一联：记账联 销售方记账凭证

（印章：全国统一票样监制章 北平 华问教育实训中心）

（印章：北平华问国际酒店有限公司 91110168MC001YIDHV 发票专用章）

華問 HUAWEN 400-8605646

华问教育实训中心研发 V6.0版

教学票样

2101191130

北平增值税专用发票

№ 2100013

此联不作报销、扣税凭证使用

开票日期： 2019-01-13

校验码 73329 58912 34490 58678

购买方	名　　称：北京易彩旅行社 纳税人识别号：91111272200000587036 地址、电话：北京市东城区安定门东大街58号 电话010-61972414 开户行及账号：工商银行安定门支行 601026 010655 0802301				密码区	>>2134/1378578979352*9202455>1 /<863>*19-*4<>446012324>475310 /312++54/*49>6-27<>><>	
货物或应税劳务名称	规格型号	单位	数量	单价	金额	税率	税额
房费			1	22,981.13	22,981.13	6%	1,378.87
合计					￥22,981.13		￥1,378.87
价税合计（大写）	※贰万肆仟叁佰陆拾元整				（小写）￥24,360.00		
销售方	名　　称：北平华问国际酒店有限公司 纳税人识别号：91110168MC001YIDHV 地址、电话：北平市迎丰中路98号 电话011-86663915 开户行及账号：招商银行北平市支行 362117 211290 009				备注		

收款人：陈晓冬　　复核：陈美娇　　开票人：李义　　销售方：（章）

第一联：记账联　销售方记账凭证

全国统一票样监制章 北平 华问教育实训中心

北平华问国际酒店有限公司 91110168MC001YIDHV 发票专用章

華問 HUAWEN

华问 HUAWEN 400-8605646

华问教育实训中心研发 V6.0版

教学票样

2101191130

北平增值税专用发票

№ 2100015

此联不作报销、扣税凭证使用

开票日期： 2019-01-20

校验码 98300 56934 30090 66360

购买方	名　　称：北平泰豪贸易有限公司 纳税人识别号： 911121374010897018 地址、电话：北京市朝阳区朝阳门内大街123号 电话010-62334712 开户行及账号：工商银行安定门支行 622201 231584 7553214	密码区	>>1138/1268578979352*9202455>1 /<863>*19-*4<>446012324>987310 /312++54/*49>6-87<>><>

货物或应税劳务名称	规格型号	单位	数量	单价	金额	税率	税额
房费			1	2,830.19	2,830.19	6%	169.81
合　计					¥ 2,830.19		¥ 169.81
价税合计（大写）	※叁仟元整				（小写）¥ 3,000.00		

销售方	名　　称：北平华问国际酒店有限公司 纳税人识别号：91110168MC001YIDHV 地址、电话：北平市迎丰中路98号 电话011-86663915 开户行及账号：招商银行北平市支行 362117 211290 009	备注	

收款人：付云　　复核：陈美娇　　开票人：李义　　销售方：（章）

第一联：记账联 销售方记账凭证

全国统一票样监制章 北平 华问教育实训中心

北平华问国际酒店有限公司 91110168MC001YIDHV 发票专用章

華問 HUAWEN 400-8605646

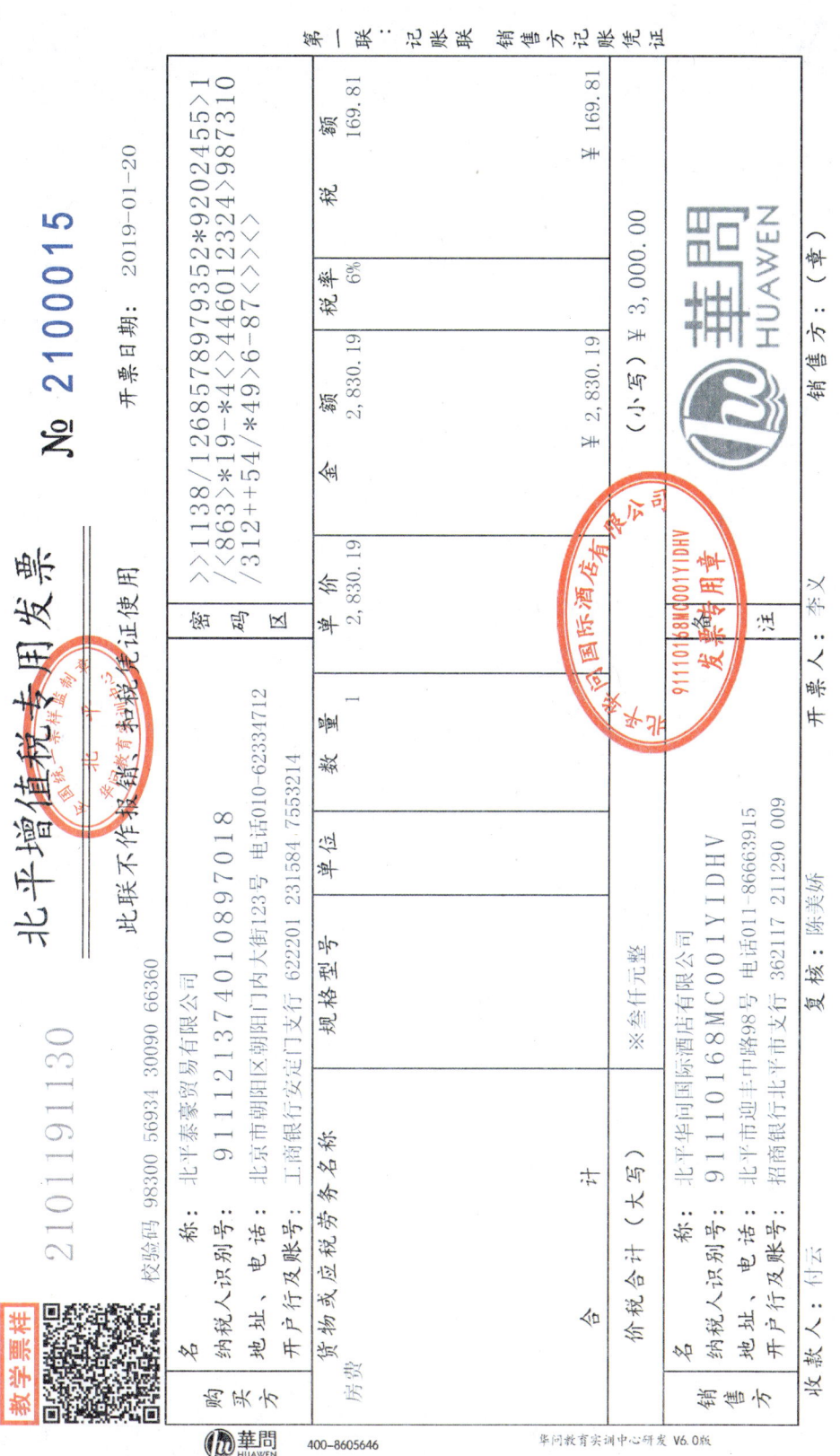

华问教育实训中心研发 V6.0版

教学票样

2101191130

北平增值税专用发票

№ 2100016

此联不作报销、扣税凭证使用

开票日期： 2019-01-20

校验码 98300 56934 30090 66360

购买方	名　　称：北京易彩旅行社 纳税人识别号：911127220000587036 地 址、电 话：北京市东城区安定门东大街58号 电话010-61972414 开户行及账号：工商银行安定门支行 601026 010655 0802301	密码区	>>1378/1378578979352*9202455>1 /<863>*19-*4<>446012151>475310 /312++54/*49>6-14<>><>

货物或应税劳务名称	规格型号	单位	数量	单价	金额	税率	税额
房费			1	50,875.47	50,875.47	6%	3,052.53
合　计					¥ 50,875.47		¥ 3,052.53
价税合计（大写）	※伍万叁仟玖佰贰拾捌元整				（小写）¥ 53,928.00		

销售方	名　　称：北平华问国际酒店有限公司 纳税人识别号：91110168MC001YIDHV 地 址、电 话：北平市迎丰中路98号 电话011-86663915 开户行及账号：招商银行北平市支行 362117 211290 009	备注	

收款人：陈晓冬　　复核：陈美娇　　开票人：李义　　销售方：（章）

第一联：记账联　销售方记账凭证

北平华问国际酒店有限公司 91110168MC001YIDHV 发票专用章

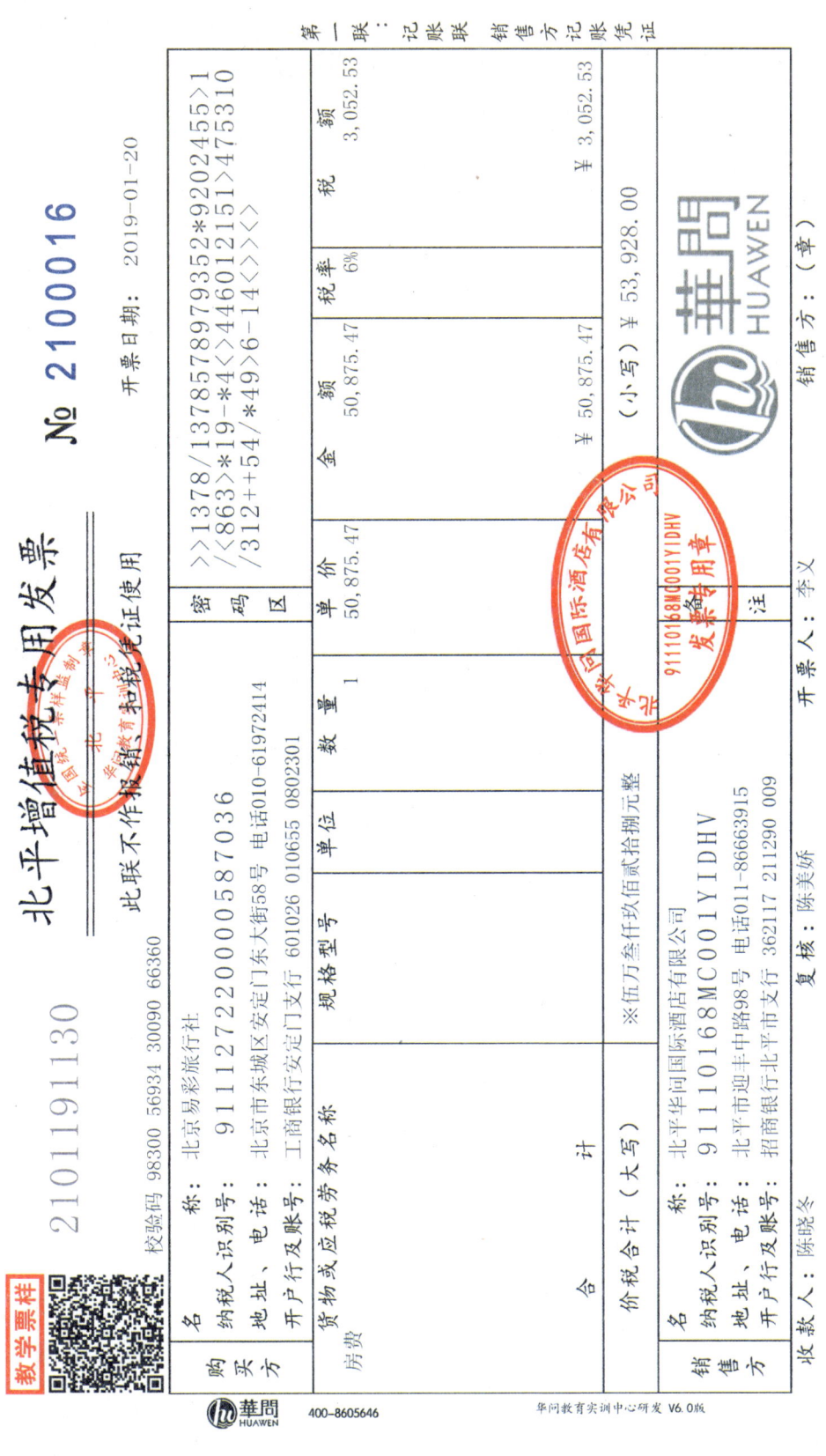

全国统一票样监制章 北平 华问教育实训中心

教学票样

2101191120

北平增值税普通发票

发票联

№ 2140541

校验码 97668 56564 30090 64520

开票日期：2019-01-20

购买方	名称：北平华问国际酒店有限公司 纳税人识别号：91110168MC001YIDHV 地址、电话：北平市迎丰中路98号 011-86663915 开户行及账号：招商银行北平市支行 362117 211290 009			密码区	>>14564*+2172571317441*9314876>1/<863>*19-*4<>885013424>686231/541++73/*49>3298<>><>		
货物或应税劳务名称	规格型号	单位	数量	单价	金额	税率	税额
维修费			1	407.77	407.77	3%	12.23
合计					¥407.77		¥12.23
价税合计（大写）	⊗肆佰贰拾元整				（小写）¥420.00		
销售方	名称：安信维修部 纳税人识别号：93614026H00328576K 地址、电话：北平广场南路113号 011-68211123 开户行及账号：中信银行恒茂分理处 742111 101826 8207422			备注			

收款人：涂雅慧　　复核：谢子瑜　　开票人：樊莉　　销售方：（章）

第二联：发票联　购买方记账凭证

现金付讫

安信维修部 93614026H00328576K 发票专用章

全国统一票样监制章 北平 华问教育实训中心

華問 HUAWEN 400-8605646

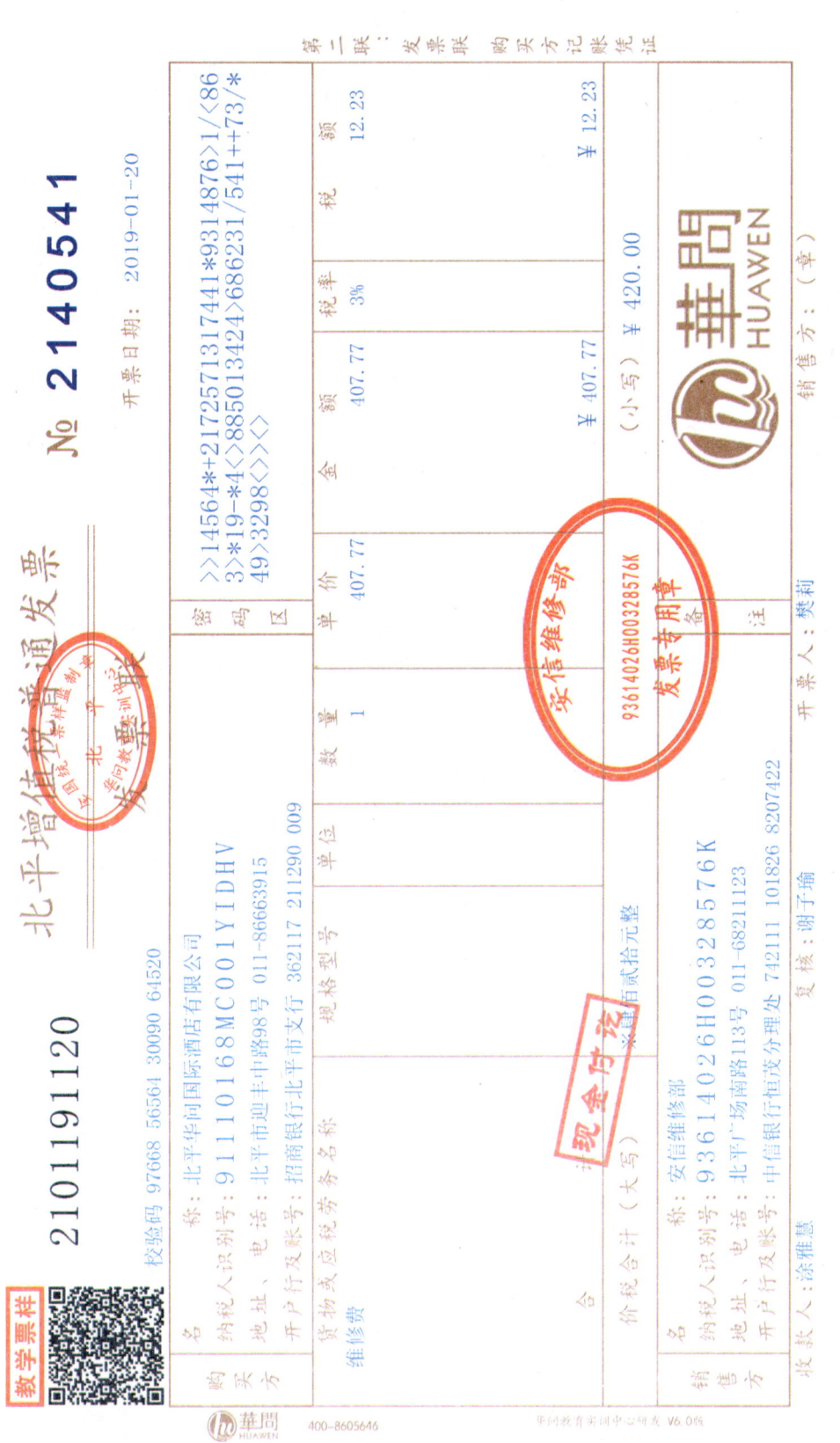

华问教育实训中心研发 V6.0版

招商银行
CHINA MERCHANTS BANK

收 款 回 单

日期：2019年01月08日 流水号：G90108Q352A6HLJ

收款账号：362117211290009
户名：北平华问国际酒店有限公司
开户行：招商银行北平支行
金额（大写）：人民币壹仟捌佰万元整
（小写）：CNY18,000,000.00
付款账号：361006100180000819
付款人户名：北平华问金属制品有限公司
付款人开户行：交通银行市分行营业部
摘要：投资款
16RI056050109

经办：G33468 第1次打印： 20190108

招商银行股份有限公司
电子回单专用章

回单编号：201901083677 回单验证码：7AID464646737

提示：1.电子回单验证码相同表示同一笔业务回单，请勿重复记账使用。
2.已在银行柜台领用业务回单的单位，请注意核对，请勿重复记账使用。

打印时间：2019-01-08 11:10:01

招商银行
CHINA MERCHANTS BANK

付款回单

日期：2019年01月20日　　业务类型：网上企业银行支付　　流水号：G19346Q238C1CFY

付款账号：362117211290009

户名：北平华间国际酒店有限公司

开户行：招商银行北平支行

金额（大写）：人民币叁万陆仟壹佰壹拾伍元捌角玖分

（小写）：CNY37,595.15

收款人户名：中国平安财产保险股份有限公司北平分公司

收款人账号：629050508080160046

收款人开户行：中信银行永叔路支行

凭证种类：记账凭证　　凭证号码：0038　　业务编号：20190120156473

摘要：支付汽车保险费

经办：G19346　　第1次打印：　　20190120

招商银行股份有限公司
电子回单专用章

回单编号：2019012015648　　回单验证码：6B2D8950E6AD6F862

提示：1.电子回单验证码相同表示同一笔业务回单，请勿重复记账使用。
2.已在银行柜台领用业务回单的单位，请注意核对，请勿重复记账使用。

打印时间：2019-01-20　　14:22:09

教学票样

2101191130

北平增值税专用发票

发 票 联

（全国统一票样监制章 北平 华问教育实训中心）

№ 1240784

开票日期： 2019-01-20

校验码 98366 56564 30090 63510

购买方	名 称：北平华问国际酒店有限公司 纳税人识别号： 91110168MC001YIDHV 地 址、电 话：北平市迎丰中路98号 011-86663915 开户行及账号：招商银行北平市支行 362117 211290 009	密码区	>>28975*+3181572388252*842469 7>1/<863>*19-*4<>131412324>23 8179/753++13/*84>3018<>><>

货物或应税劳务名称	规格型号	单位	数量	单价	金额	税率	税额
电话费（011-86663919）			1	150.00	150.00	11%	16.50
合 计					¥ 150.00		¥ 16.50
价税合计（大写）	※壹佰陆拾陆元伍角				（小写）¥ 166.50		

销售方	名 称：中国电信股份有限公司北平分公司 纳税人识别号： 93601106687875689S 地 址、电 话：北平市孺子路112号 10000 开户行及账号：中国银行铁路支行 360112 322181 039	备注	華問 HUAWEN

收款人：李治德　　复核：潘霜　　开票人：熊树琴　　销售方：（章）

（中国电信股份有限公司北平分公司 93601106687875689S 发票专用章）

现金付讫

第三联：发票联 购买方记账凭证

400-8605646

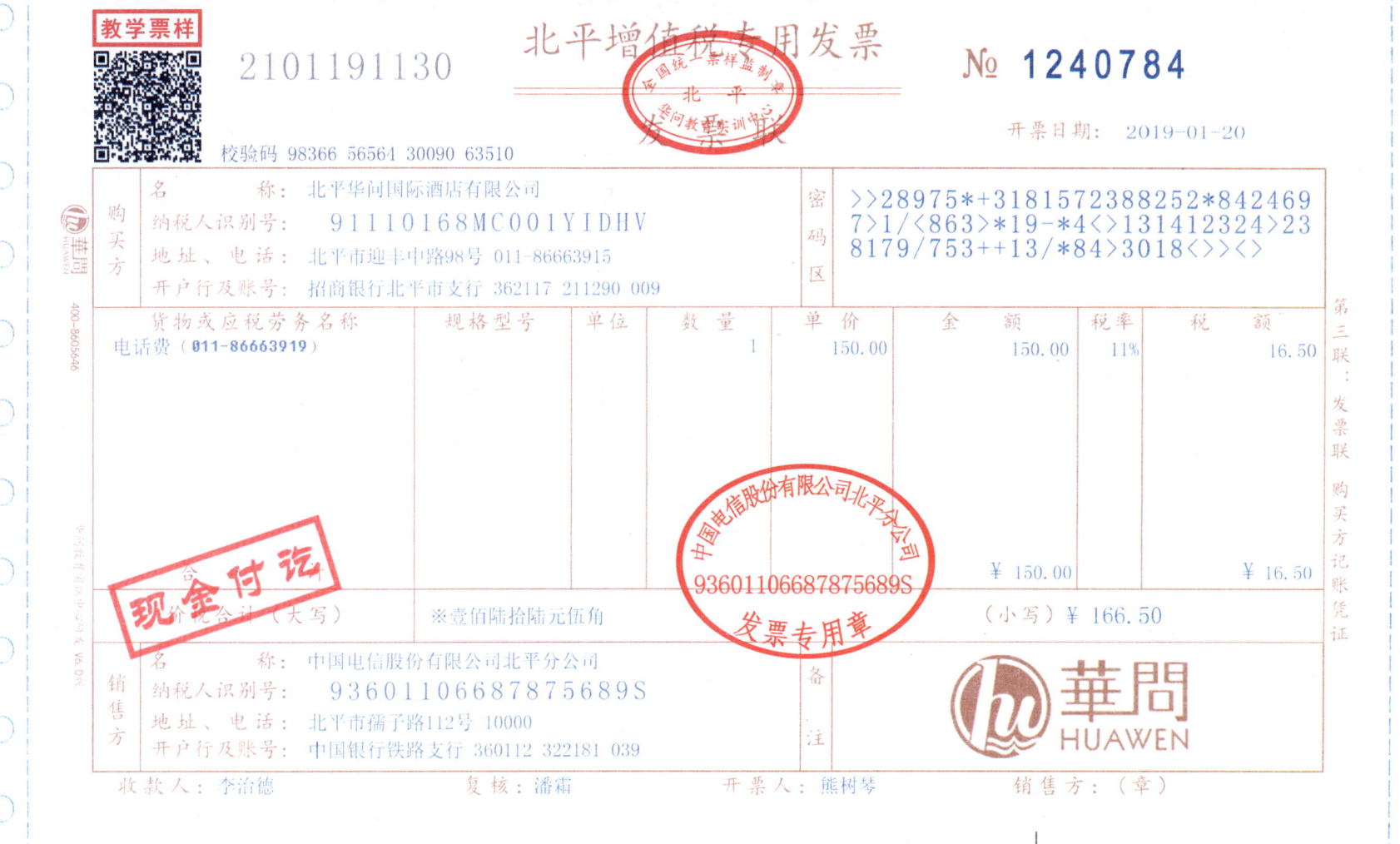

教学票样

2101191130

北平增值税专用发票

№ 4107392

全国统一票样监制章 北平 华问教育实训中心

发票联

开票日期：2019-01-20

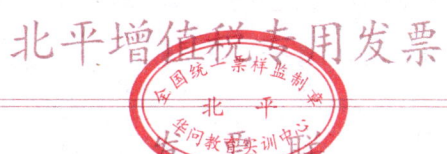

校验码 97778 56564 30090 64455

购买方	名称：北平华间国际酒店有限公司 纳税人识别号：91110168MC001YIDHV 地址、电话：北平市迎丰中路98号 011-86663915 开户行及账号：招商银行北平市支行 362117 211290 009	密码区	>>18975*+318157147935 2*842469 7>1/<863>*19-*4<>191712131>23 8179/753++13/*92>3018<>><>

货物或应税劳务名称	规格型号	单位	数量	单价	金额	税率	税额
保险费			1	25,605.30	25,605.30	6%	1,479.26
合计					¥25,605.30		¥1,479.26
价税合计（大写）	※贰万柒仟零捌拾肆元伍角陆分				（小写）¥27,084.56		

销售方	名称：中国平安财产保险股份有限公司北平分公司 纳税人识别号：93601000310208732W 地址、电话：北平市洪都大道98号华龙国际大厦23层 011-85800018 开户行及账号：中信银行永叔路支行 629050 508080 160046	备注	

中国平安财产保险股份有限公司北平分公司 93601000310208732W 发票专用章

收款人：吴刚　复核：万飞　开票人：陈碧云　销售方：（章）

第三联：发票联 购买方记账凭证

教学票样

2101191130

北平增值税专用发票

发票联

№ 4107393

开票日期：2019-01-20

校验码 97778 56564 30090 64458

购买方	名　　称：北平华问国际酒店有限公司 纳税人识别号：91110168MC001YIDHV 地址、电话：北平市迎丰中路98号 011-86663915 开户行及账号：招商银行北平市支行 362117 211290 009	密码区	>>18975*+318157147935 2*842469 7>1/<863>*19-*4<>191712131>23 8179/753++93/*93>3018<>><>

货物或应税劳务名称	规格型号	单位	数量	单价	金额	税率	税额
保险费			1	9,936.54	9,936.54	6%	574.05
合　计					¥ 9,936.54		¥ 574.05

价税合计（大写） ※壹万零伍佰壹拾元伍角玖分　（小写）¥ 10,510.59

销售方	名　　称：中国平安财产保险股份有限公司北平分公司 纳税人识别号：936010003102087 32W 地址、电话：北平市洪都大道98号华龙国际大厦23层 011-85800018 开户行及账号：中信银行永叔路支行 629050 508080 160046	备注	華問 HUAWEN

收款人：吴刚　　复核：万飞　　开票人：陈碧云　　销售方：（章）

第三联：发票联 购买方记账凭证

400-8605646

华问教育实训中心研发 V6.0版

全国统一票样监制章 北平 华问教育实训中心

中国平安财产保险股份有限公司北平分公司 936010003102087 32W 发票专用章

教学票样

2101191130

北平增值税专用发票

№ 4107393

抵扣联

开票日期： 2019-01-20

校验码 97778 56564 30090 64458

购买方	名称：北平华问国际酒店有限公司 纳税人识别号：91110168MC001YIDHV 地址、电话：北平市迎丰中路98号 011-86663915 开户行及账号：招商银行北平市支行 362117 211290 009			密码区	>>18975*+3181571479352*842469 7>1/<863>*19-*4<>191712131>23 8179/753++93/*93>3018<>><>		
货物或应税劳务名称	规格型号	单位	数量	单价	金额	税率	税额
保险费			1	9,936.54	9,936.54	6%	574.05
合计					¥ 9,936.54		¥ 574.05
价税合计（大写）	※壹万零伍佰壹拾元伍角玖分				（小写）¥ 10,510.59		
销售方	名称：中国平安财产保险股份有限公司北平分公司 纳税人识别号：93601000310208732W 地址、电话：北平市洪都大道98号华龙国际大厦23层 011-85800018 开户行及账号：中信银行永叔路支行 629050 508080 160046			备注			

收款人：吴刚　　复核：万飞　　开票人：陈碧云　　销售方：（章）

第二联：抵扣联 购买方扣税凭证

全国统一票样监制章 北平 华问教育实训中心

中国平安财产保险股份有限公司北平分公司 93601000310208732W 发票专用章

华问 HUAWEN

400-8605646

华问教育实训中心研发 V6.0版

教学票样

2101191130

北平增值税专用发票

№ 4107392

全国统一票样监制章 北平 华问教育实训中心

抵扣联

开票日期：2019-01-20

校验码 97778 56564 30090 64455

购买方	名　　称：北平华问国际酒店有限公司 纳税人识别号：91110168MC001YIDHV 地址、电话：北平市迎丰中路98号 011-86663915 开户行及账号：招商银行北平市支行 362117 211290 009	密码区	>>18975*+31815714793 52*842469 7>1/<863>*19-*4<>191712131>23 8179/753++13/*92>3018<>><>

货物或应税劳务名称	规格型号	单位	数量	单价	金额	税率	税额
保险费			1	25,605.30	25,605.30	6%	1,479.26
合　　计					¥25,605.30		¥1,479.26
价税合计（大写）	※贰万柒仟零捌拾肆元伍角陆分				（小写）¥27,084.56		

销售方	名　　称：中国平安财产保险股份有限公司北平分公司 纳税人识别号：9360100031020873 2W 地址、电话：北平市洪都大道98号华龙国际大厦23层 011-85800018 开户行及账号：中信银行永叔路支行 629050 508080 160046	备注	

中国平安财产保险股份有限公司北平分公司 93601000310208732W 发票专用章

收款人：吴刚　　复核：万飞　　开票人：陈碧云　　销售方：（章）

第二联：抵扣联 购买方扣税凭证

收发存月报表

部门：　　　　　　　　　　　　　　　　　　　　　　　　　　　　　　年　月

商品名称	计量单位	期初结存			本期入库			本期出库			期末结存		
		数量	单价	金额	数量	单价	金额	数量	单价	金额	数量	单价	金额
窑变花瓶三件套	套												
青瓷手绘三件套	套												
青花瓷三件套山水花瓶	套												
现代中式储物罐三件套	套												
水点桃花三件套花瓶 盘子	套												
手绘荷花异形尖口三件套	套												
高档仿古官窑开片花瓶	套												
喜鹊盘+龙架	套												
孔雀盘+龙架	套												
金边和字盘+龙架	套												
百福盘+龙架	套												
60头骨质瓷餐具	套												
60头骨质瓷餐具	套												
60头骨质瓷餐具	套												
60头骨质瓷餐具	套												
60头骨质瓷餐具	套												
56头骨质瓷餐具	套												
合计													

收发存月报表

部门：　　　　　　　　　　　　　　　　　　　　　　　　　　　　　　　　　　　　年　　月

物料编码	物料名称	计量单位	期初结存			本期入库			本期出库			期末结存		
			数量	单价	金额	数量	单价	金额	数量	单价	金额	数量	单价	金额
0900025	无骨凤爪	斤												
0900104	牛腩	斤												
0900130	牛肉	斤												
0900139	野鸭	斤												
0900086	猪大肠	斤												
0900083	猪肚	斤												
0900089	猪耳(新鲜)	斤												
0900076	猪皮	斤												
0900138	猪肘	斤												
0900072	赤肉	斤												
0900074	肉排	斤												
0900075	五花肉	斤												
0900081	一字梅肉	斤												
0900135	野猪	斤												
0105015	1升蒙牛奶	瓶												
0105017	1.25升雪碧	瓶												
0105025	大可口可乐	瓶												
0105019	厅可口可乐	厅												
0105018	厅雪碧	厅												
0105021	王老吉	瓶												
	合计													
0105012	旺仔牛奶	瓶												
0105016	红牛	厅												
0101002	小百威	瓶												
0102015	小红星二锅头	瓶												
0102014	小劲酒	瓶												
0101004	青岛纯生	瓶												
0103013	烟台：长城赤霞珠	瓶												
0102002	五粮液	瓶												
	合计													

收发存月报表

部门：　　　　　　　　　　　　　　　　　　　　　　　　　　　年　月

物料编码	物料名称	计量单位	期初结存			本期入库			本期出库			期末结存		
			数量	单价	金额	数量	单价	金额	数量	单价	金额	数量	单价	金额
0105002	优果糖	瓶												
0301019	糯米粉	包												
0203002	美玫面粉	斤												
0403144	南韩幼砂糖	袋												
0403153	三花淡奶	瓶												
0403007	15kg海天酱油	桶												
0403067	佛手味精	桶												
0201001	东北大米	斤												
0403010	山胡椒油	瓶												
0403001	鲁花花生油	桶												
0301014	西米	包												
0303003	碎干贝	斤												
0301044	玉兰片	斤												
	合计													
0600092	真空鲜百合	包												
0107008	观音王	克												
0302015	虫草花	斤												
0303004	海马	斤												
0303005	雪蛤	斤												
0301055	花旗参	斤												
0107005	甜贡菊	克												
0107010	普洱茶	坨												
0107007	普通绿茶	克												
0600134	鲜花	把												
0900120	土仔鸡	斤												
0900113	黑土鸡	斤												
0900153	鸡腿	斤												
0900116	老母鸡	斤												
0900124	老水鸭	斤												
0900060	毛肚	斤												

收发存月报表

部门：　　　　　　　　　　　　　　　　　　　　　　　　　　　　　　年　　月

物料编码	物料名称	计量单位	期初结存			本期入库			本期出库			期末结存		
			数量	单价	金额	数量	单价	金额	数量	单价	金额	数量	单价	金额
0900012	2S北极贝	盒												
0900005	16-20青虾仁(全干)	斤												
0900006	31-40青虾仁	斤												
0900050	进口青口贝	斤												
0700053	三文鱼	斤												
0900011	大鲜鱿鱼	斤												
0700026	中鲜鱿	斤												
0700041	大红蟹	斤												
0700009	桂鱼	斤												
0700007	多宝鱼	斤												
0700051	基围虾	斤												
0700037	羔蟹	斤												
0700043	龙虾仔	斤												
0700008	鲈鱼	斤												
0700031	水鱼	斤												
0700056	鱼头王	斤												
0900036	玉米粒	斤												
0600121	攸县香干	斤												
0600041	长豆角	斤												
0600133	白豆腐	斤												
0403111	白辣椒	斤												
0301040	干豆角	斤												
0403112	干椒节	斤												
0600039	菠菜	斤												
0600042	花菜	斤												
0600065	金针菇斤)	斤												
0301056	腐竹	斤												
0301042	闽笋	斤												
0600063	鲜口菇	斤												
0600091	芋头	斤												

收发存月报表

部门：　　　　　　　　　　　　　　　　　　　　　　　　　　　　　　　　　　年　　月

物料编码	物料名称	计量单位	期初结存			本期入库			本期出库			期末结存		
			数量	单价	金额	数量	单价	金额	数量	单价	金额	数量	单价	金额
0600018	茄子	斤												
0600011	朝天椒	斤												
0600111	大青尖椒	斤												
0600012	青美人椒	斤												
0600013	红美人椒	斤												
0600015	大红椒	斤												
	合计													
0600024	日本青瓜仔	斤												
0600079	蒜苗	斤												
0600005	蒜肉	斤												
0600004	葱肉	斤												
0301029	大黑木耳	斤												
0900059	腊肠	斤												
0301003	河南粉皮	斤												
0203009	乾中细米粉	包												
0800011	大熟木瓜	斤												
0800010	九头木瓜	斤												
0800029	进口黄柠檬	个												
0800007	国产橙	斤												
0800013	台农芒果	斤												
0800003	无籽西瓜	斤												
0800036	有籽西瓜	斤												
0800015	香蕉	斤												
0800028	榴莲	斤												
0105001	木瓜汁	瓶												
0403082	新的橙汁	瓶												
0403081	新的柠檬汁	瓶												
0403184	调料包	包												
0403125	食盐	包												
0301021	优果粉	斤												

材料盘点表

2019年01月31日

物料编码	物料名称	规格	计量单位	盘存数量	单价	金额	物料编码	物料名称	规格	计量单位	盘存数量	单价	金额
0900012	2S北极贝		盒	1.63	170.00	277.10	0301021	优果粉		斤	7.44	3.00	22.32
0900005	16-20青虾仁(全干)		斤	5.80	18.00	104.40	0105002	优果糖	1*2000G	瓶	4.79	45.00	215.55
0900006	31-40青虾仁		斤	5.80	22.00	127.60	0301019	糯米粉	1*20*500G	包	6.60	5.00	33.00
0900050	进口青口贝		斤	4.80	55.00	264.00	0203002	美玫面粉	45斤	斤	72.65	2.40	174.36
0700053	三文鱼		斤	3.00	34.00	102.00	0403144	南韩幼砂糖	1*60	袋	0.88	192.00	168.96
0900011	大鲜鱿鱼		斤	5.80	7.00	40.60	0403153	三花淡奶		瓶	28.60	6.00	171.60
0700026	中鲜鱿		斤	2.80	26.00	72.80	0403007	15kg海天酱油	15kg	桶	4.00	96.00	384.00
0700041	大红蟹		斤	12.00	35.00	420.00	0403067	佛手味精	2.25KG	桶	1.70	120.00	204.00
0700009	桂鱼		斤	7.60	33.00	250.80	0201001	东北大米	1*50	斤	435.40	3.00	1306.20
0700007	多宝鱼		斤	11.00	36.00	396.00	0403010	山胡椒油		瓶	13.00	5.00	65.00
0700051	基围虾		斤	8.00	22.00	176.00	0403001	鲁花花生油		桶	10.00	101.30	1013.00
0700037	羔蟹		斤	3.00	136.00	408.00	0301014	西米	1*60	包	10.50	1.50	15.71
0700043	龙虾仔		斤	3.00	120.00	360.00	0303003	碎干贝		斤	3.96	110.00	435.60
0700008	鲈鱼		斤	15.30	10.00	153.00	0301044	玉兰片		斤	12.80	18.00	230.40
0700031	水鱼		斤	6.00	20.00	120.00	0600092	真空鲜百合		包	12.40	4.80	59.52
0700056	鱼头王		斤	9.00	7.00	63.00	0107008	观音王		克	1300.00	0.24	312.00
0900036	玉米粒		斤	18.00	4.50	81.00	0302015	虫草花		斤	2.14	120.00	256.80
0600121	攸县香干		斤	8.50	15.00	127.50	0303004	海马		斤	1.33	950.00	1263.50
0600041	长豆角		斤	8.00	4.00	32.00	0303005	雪蛤		斤	0.87	1280.00	1113.60
0600133	白豆腐		斤	6.00	4.00	24.00	0301055	花旗参		斤	2.12	130.00	275.60
0403111	白辣椒		斤	11.30	3.50	39.55	0107005	甜贡菊		克	1168.00	0.05	58.40
0301040	干豆角		斤	10.20	10.96	111.81	0107010	普洱茶		坨	25.00	2.80	70.00
0403112	干椒节		斤	18.10	4.74	85.82	0107007	普通绿茶		克	6072.60	0.04	242.89
0600039	菠菜		斤	9.00	3.00	27.00	0600134	鲜花		把	10.00	2.67	26.70
0600042	花菜		斤	9.80	2.80	27.44	0900120	土仔鸡		斤	7.30	8.50	62.05
0600065	金针菇斤)		斤	4.80	3.50	16.80	0900113	黑土鸡		斤	6.00	14.00	84.00
0301056	腐竹		斤	10.20	20.00	204.00	0900153	鸡腿		斤	11.80	6.80	80.24
0301042	闽笋		斤	6.00	21.75	130.50	0900116	老母鸡		斤	4.20	10.00	42.00

0600063	鲜口菇		斤	3.10	5.50	17.05	0900124	老水鸭		斤	12.50	16.50	206.20
0600091	芋头		斤	12.40	1.60	19.84	0900060	毛肚		斤	6.80	14.50	98.60
0600018	茄子		斤	17.00	1.80	30.60	0900025	无骨凤爪		斤	12.00	14.00	168.00
0600011	朝天椒		斤	7.20	7.00	50.40	0900104	牛腩		斤	9.00	17.50	157.50
0600111	大青尖椒		斤	5.10	2.00	10.20	0900130	牛肉		斤	8.00	20.00	160.00
0600012	青美人椒		斤	15.60	4.50	70.20	0900139	野鸭		斤	7.00	21.00	147.00
0600013	红美人椒		斤	10.10	5.00	50.50	0900086	猪大肠		斤	11.00	8.50	93.50
0600015	大红椒		斤	6.10	6.50	39.65	0900083	猪肚		斤	11.20	16.00	179.20
0600024	日本青瓜仔		斤	13.00	4.00	52.00	0900089	猪耳(新鲜)		斤	10.20	14.00	142.80
0600079	蒜苗		斤	1.00	3.30	3.30	0900076	猪皮		斤	2.60	5.00	13.00
0600005	蒜肉		斤	13.60	1.30	17.68	0900138	猪肘		斤	12.50	9.00	112.50
0600004	葱肉		斤	7.60	3.00	22.80	0900072	赤肉		斤	7.80	11.00	85.80
0301029	大黑木耳		斤	11.10	12.00	133.20	0900074	肉排		斤	10.70	14.00	149.80
0900059	腊肠		斤	11.90	38.00	452.20	0900075	五花肉		斤	8.90	11.00	97.90
0301003	河南粉皮		斤	8.00	6.50	52.00	0900081	一字梅肉		斤	7.80	11.00	85.80
0203009	乾中细米粉	500克/包	包	16.00	5.00	80.00	0900135	野猪		斤	8.00	13.60	108.80
0800011	大熟木瓜		斤	6.82	3.20	21.81	0105015	1升蒙牛奶		瓶	6.00	7.00	42.00
0800010	九头木瓜		斤	10.00	4.00	40.00	0105017	1.25升雪碧		瓶	32.00	4.00	128.00
0800029	进口黄柠檬		个	8.00	2.00	16.00	0105025	大可口可乐	125ML	瓶	33.00	4.00	132.00
0800007	国产橙		斤	5.20	1.80	9.36	0105019	厅可口可乐		厅	69.00	1.70	117.30
0800013	台农芒果		斤	5.20	5.50	28.60	0105018	厅雪碧		厅	60.00	1.70	102.00
0800003	无籽西瓜		斤	34.50	3.00	103.50	0105021	王老吉		瓶	95.00	3.00	285.00
0800036	有籽西瓜		斤	28.00	3.00	84.00	0105012	旺仔牛奶	145ML*20	瓶	20.00	3.00	60.00
0800015	香蕉		斤	9.60	1.50	14.40	0105016	红牛		厅	5.00	3.50	17.50
0800028	榴莲		斤	6.80	7.00	47.60	0101002	小百威	330ML	瓶	114.00	6.00	684.00
0105001	木瓜汁	1*2000G	瓶	1.71	58.00	99.18	0102015	小红星二锅头		瓶	65.00	3.00	195.00
0403082	新的橙汁		瓶	3.94	30.00	118.20	0102014	小劲酒		瓶	39.00	7.00	273.00
0403081	新的柠檬汁		瓶	9.40	30.00	282.00	0101004	青岛纯生		瓶	130.00	6.00	780.00
0403184	调料包		包	953.90	2.50	2384.75	0103013	烟台：长城赤霞珠		瓶	16.00	32.00	512.00
0403125	食盐		包	169.00	0.97	163.89	0102002	五粮液		瓶	4.00	465.00	1860.00

会盘人：陈美娇　　　　　　　　　　　　　　　　　　　　　　　　盘点人：程义

每日收入晨报

营业日期:2019-01-15 公司:华问国际酒店

房间收入

项目	房数			出租率			出租数			平均房价			房费收入		
	本日	本月	本年	本日	本月	本年	本日	本月	本年	本日	本月	本年	本日	本月	本年
豪华大床房	90	630	630	8.89%	19.37%	19.37%	8	122	122	268.00	265.80	265.80	2144.00	32428.00	32428.00
豪华双人房	103	721	721	51.46%	65.74%	65.74%	53	474	474	238.00	229.14	229.14	12614.00	108612.00	108612.00
商务客房	16	112	112	0.00%	23.21%	23.21%	0	26	26	0.00	318.00	318.00	0.00	8268.00	8268.00
商务套房	6	42	42	0.00%	11.90%	11.90%	0	5	5	0.00	498.00	498.00	0.00	2490.00	2490.00
休闲客房															
休闲套房															
合计	215	1505	1505	28.37%	41.66%	41.66%	61	627	627	241.93	242.10	242.10	14758.00	151798.00	151798.00

其它部门收入

部门资源	人数			人均消费			开台数			消费数			挂酒店帐		
	本日	本月	本年	本日	本月	本年	本日	本月	本年	本日	本月	本年	本日	本月	本年
餐饮大厅	80	290	341	58.85	59.74	58.26	8	56	71	4708.00	17325.00	17325.00	0	0	0
餐饮包厢		390	424		69.11	68.13		39	43		26951.00	26951.00	0	0	0
餐饮小计	80	680	765	58.85	65.11	63.73	8	95	114	4708.00	44276.00	44276.00	0	0	0

客房其它收入

项目	本日	本月	本年	项目	本日	本月	本年	项目	本日	本月	本年
客房破损赔偿费				客房杂项				客房商品		7980.00	7980.00
客房其它				客房其它服务费				客房其它折扣			
其它服务费（尾数）				其它折扣（尾数）				会议室收入		3000.00	3000.00
休闲消费	1760.00	26596.00	26596.00	休闲包厢费				休闲服务费			
客房电话收入				公用电话收入				合计	1760.00	37576.00	37576.00
								酒店总收入	21226.00	233650.00	233650.00

收款方式信息

项目	现金收入			POS收入			合计		
	本日	本月	本年	本日	本月	本年	本日	本月	本年
餐饮收入	1620.00	29608.00	29608.00	3088.00	14668.00	14668.00	4708.00	44276.00	44276.00
桑拿收入	1760.00	26596.00	26596.00	0.00	0.00	0.00	1760.00	26596.00	26596.00
商超收入	0.00	7980.00	7980.00	0.00	0.00	0.00	0.00	7980.00	7980.00
合计	3380.00	64184.00	64184.00	3088.00	14668.00	14668.00	6468.00	78852.00	78852.00

每日收入晨报

营业日期:2019-01-16 公司:华问国际酒店

房间收入

项目	房数			出租率			出租数			平均房价			房费收入		
	本日	本月	本年	本日	本月	本年	本日	本月	本年	本日	本月	本年	本日	本月	本年
豪华大床房	90	720	720	5.56%	17.64%	17.64%	5	127	127	268.00	265.89	265.89	1340	33768	33768
豪华双人房	103	824	824	38.83%	62.38%	62.38%	40	514	514	238.00	229.83	229.83	9520	118132	118132
商务客房	16	128	128	0.00%	20.31%	20.31%	0	26	26	0.00	318.00	318.00		8268	8268
商务套房	6	48	48	16.67%	12.50%	12.50%	1	6	6	498.00	498.00	498.00	498	2988	2988
休闲客房															
休闲套房															
合计	215	1720	1720	21.40%	39.13%	39.13%	46	673	673	246.91	242.43	242.43	11358	163156	163156

其它部门收入

部门资源	人数			人均消费			开台数			消费数			挂酒店帐		
	本日	本月	本年	本日	本月	本年	本日	本月	本年	本日	本月	本年	本日	本月	本年
餐饮大厅	82	372	423	56.30	58.98	57.88	10	66	81	4617.00	21942.00	21942.00	0	0	0
餐饮包厢		390	424		69.11	68.13		39	43		26951.00	26951.00	0	0	0
餐饮小计	82	762	847	56.30	64.16	63.01	10	105	124	4617.00	48893.00	48893.00	0	0	0

客房其它收入

项目	本日	本月	本年	项目	本日	本月	本年	项目	本日	本月	本年
客房破损赔偿费				客房杂项				客房商品	2000.00	9980.00	9980.00
客房其它				客房其它服务费				客房其它折扣			
其它服务费（尾数）				其它折扣（尾数）				会议室收入		3000.00	3000.00
休闲消费	2112.00	28708.00	28708.00	休闲包厢费				休闲服务费			
客房电话收入				公用电话收入				合计	4112.00	41688.00	41688.00
								酒店总收入	20087.00	253737.00	253737.00

收款方式信息

项目	现金收入			POS收入			合计		
	本日	本月	本年	本日	本月	本年	本日	本月	本年
餐饮收入	2464.00	32072.00	32072.00	2153.00	16821.00	16821.00	4617.00	48893.00	48893.00
桑拿收入	2112.00	28708.00	28708.00	0.00	0.00	0.00	2112.00	28708.00	28708.00
商超收入	0.00	7980.00	7980.00	2000.00	2000.00	2000.00	2000.00	9980.00	9980.00
合计	4576.00	68760.00	68760.00	4153.00	18821.00	18821.00	8729.00	87581.00	87581.00

每日收入晨报

营业日期:2019-01-17 公司:华问国际酒店

房间收入

项目	房数			出租率			出租数			平均房价			房费收入		
	本日	本月	本年	本日	本月	本年	本日	本月	本年	本日	本月	本年	本日	本月	本年
豪华大床房	90	810	810	5.56%	16.30%	16.30%	5	132	132	268.00	265.97	265.97	1340.00	35108.00	35108.00
豪华双人房	103	927	927	37.86%	59.65%	59.65%	39	553	553	238.00	230.41	230.41	9282.00	127414.00	127414.00
商务客房	16	144	144	6.25%	18.75%	18.75%	1	27	27	318.00	318.00	318.00	318.00	8586.00	8586.00
商务套房	6	54	54	16.67%	12.96%	12.96%	1	7	7	498.00	498.00	498.00	498.00	3486.00	3486.00
休闲客房															
休闲套房															
合计	215	1935	1935	21.40%	37.16%	37.16%	46	719	719	248.65	242.83	242.83	11438.00	174594.00	174594.00

其它部门收入

部门资源	人数			人均消费			开台数			消费数			挂酒店帐		
	本日	本月	本年	本日	本月	本年	本日	本月	本年	本日	本月	本年	本日	本月	本年
餐饮大厅	78	450	501	58.97	58.98	58.05	8	74	89	4600.00	26542.00	26542.00	0	0	0
餐饮包厢		390	424		69.11	68.13		39	43		26951.00	26951.00	0	0	0
餐饮小计	78	840	925	58.97	63.68	62.67	8	113	132	4600.00	53493.00	53493.00	0	0	0

客房其它收入

项目	本日	本月	本年	项目	本日	本月	本年	项目	本日	本月	本年
客房破损赔偿费				客房杂项				客房商品		9980.00	9980.00
客房其它				客房其它服务费				客房其它折扣			
其它服务费（尾数）				其它折扣（尾数）				会议室收入		3000.00	3000.00
休闲消费	1760.00	30468.00	30468.00	休闲包厢费				休闲服务费			
客房电话收入				公用电话收入				合计	1760.00	43448.00	43448.00
								酒店总收入	17798.00	271535.00	271535.00

收款方式信息

项目	现金收入			POS收入			合计		
	本日	本月	本年	本日	本月	本年	本日	本月	本年
餐饮收入	2880.00	34952.00	34952.00	1720.00	18541.00	18541.00	4600.00	53493.00	53493.00
桑拿收入	1760.00	30468.00	30468.00	0.00	0.00	0.00	1760.00	30468.00	30468.00
商超收入	0.00	7980.00	7980.00	0.00	2000.00	2000.00	0.00	9980.00	9980.00
合计	4640.00	73400.00	73400.00	1720.00	20541.00	20541.00	6360.00	93941.00	93941.00

每日收入晨报

营业日期:2019-01-18 公司:华问国际酒店

房间收入

项目	房数			出租率			出租数			平均房价			房费收入		
	本日	本月	本年	本日	本月	本年	本日	本月	本年	本日	本月	本年	本日	本月	本年
豪华大床房	90	900	900	97.78%	24.44%	24.44%	88	220	220	209.82	243.51	243.51	18464.00	53572.00	53572.00
豪华双人房	103	1030	1030	100.00%	63.69%	63.69%	103	656	656	179.55	222.42	222.42	18494.00	145908.00	145908.00
商务客房	16	160	160	6.25%	17.50%	17.50%	1	28	28	318.00	318.00	318.00	318.00	8904.00	8904.00
商务套房	6	60	60	16.67%	13.33%	13.33%	1	8	8	498.00	498.00	498.00	498.00	3984.00	3984.00
休闲客房															
休闲套房															
合计	215	2150	2150	89.77%	42.42%	42.42%	193	912	912	195.72	232.86	232.86	37774.00	212368.00	212368.00

其它部门收入

部门资源	人数			人均消费			开台数			消费数			挂酒店帐		
	本日	本月	本年	本日	本月	本年	本日	本月	本年	本日	本月	本年	本日	本月	本年
餐饮大厅	186	636	687	67.38	61.44	60.58	16	90	105	12533.00	39075.00	39075.00	0	0	0
餐饮包厢		390	424		69.11	68.13		39	43		26951.00	26951.00	0	0	0
餐饮小计	186	1026	1111	67.38	64.35	63.46	16	129	148	12533.00	66026.00	66026.00	0	0	0

客房其它收入

项目	本日	本月	本年	项目	本日	本月	本年	项目	本日	本月	本年
客房破损赔偿费				客房杂项				客房商品	31320.00	41300.00	41300.00
客房其它				客房其它服务费				客房其它折扣			
其它服务费（尾数）				其它折扣（尾数）				会议室收入		3000.00	3000.00
休闲消费	16896.00	47364.00	47364.00	休闲包厢费				休闲服务费			
客房电话收入				公用电话收入				合计	48216.00	91664.00	91664.00
								酒店总收入	98523.00	370058.00	370058.00

收款方式信息

项目	现金收入			POS收入			合计		
	本日	本月	本年	本日	本月	本年	本日	本月	本年
餐饮收入	2880.00	37832.00	37832.00	9653.00	28194.00	28194.00	12533.00	66026.00	66026.00
桑拿收入	1584.00	32052.00	32052.00	15312.00	15312.00	15312.00	16896.00	47364.00	47364.00
商超收入	0.00	7980.00	7980.00	31320.00	33320.00	33320.00	31320.00	41300.00	41300.00
合计	4464.00	77864.00	77864.00	56285.00	76826.00	76826.00	60749.00	154690.00	154690.00

每日收入晨报

营业日期:2019-01-19 公司:华问国际酒店

房间收入

项目	房数			出租率			出租数			平均房价			房费收入		
	本日	本月	本年	本日	本月	本年	本日	本月	本年	本日	本月	本年	本日	本月	本年
豪华大床房	90	990	990	91.11%	30.51%	30.51%	82	302	302	205.56	233.21	233.21	16856.00	70428.00	70428.00
豪华双人房	103	1133	1133	100.00%	66.99%	66.99%	103	759	759	179.55	216.60	216.60	18494.00	164402.00	164402.00
商务客房	16	176	176	0.00%	15.91%	15.91%	0	28	28	0.00	318.00	318.00	0.00	8904.00	8904.00
商务套房	6	66	66	0.00%	12.12%	12.12%	0	8	8	0.00	498.00	498.00	0.00	3984.00	3984.00
休闲客房															
休闲套房															
合计	215	2365	2365	86.05%	46.38%	46.38%	185	1097	1097	191.08	225.81	225.81	35350.00	247718.00	247718.00

其它部门收入

部门资源	人数			人均消费			开台数			消费数			挂酒店帐		
	本日	本月	本年	本日	本月	本年	本日	本月	本年	本日	本月	本年	本日	本月	本年
餐饮大厅	110	746	797	50.91	59.89	59.24	11	101	116	5600.00	44675.00	44675.00	0	0	0
餐饮包厢		390	424		69.11	68.13		39	43		26951.00	26951.00	0	0	0
餐饮小计	110	1136	1221	50.91	63.05	62.33	11	140	159	5600.00	71626.00	71626.00	0	0	0

客房其它收入

项目	本日	本月	本年	项目	本日	本月	本年	项目	本日	本月	本年
客房破损赔偿费				客房杂项				客房商品		41300.00	41300.00
客房其它				客房其它服务费				客房其它折扣			
其它服务费（尾数				其它折扣（尾数）				会议室收入		3000.00	3000.00
休闲消费	1848.00	49212.00	49212.00	休闲包厢费				休闲服务费			
客房电话收入				公用电话收入				合计	1848.00	93512.00	93512.00
								酒店总收入	42798.00	412856.00	412856.00

收款方式信息

项目	现金收入			POS收入			合计		
	本日	本月	本年	本日	本月	本年	本日	本月	本年
餐饮收入	2195.00	40027.00	40027.00	3405.00	31599.00	31599.00	5600.00	71626.00	71626.00
桑拿收入	1848.00	33900.00	33900.00	0.00	15312.00	15312.00	1848.00	49212.00	49212.00
商超收入	0.00	7980.00	7980.00	0.00	33320.00	33320.00	0.00	41300.00	41300.00
合计	4043.00	81907.00	81907.00	3405.00	80231.00	80231.00	7448.00	162138.00	162138.00

每日收入晨报

营业日期:2019-01-20　公司:华问国际酒店

房间收入

项目	房数			出租率			出租数			平均房价			房费收入		
	本日	本月	本年	本日	本月	本年	本日	本月	本年	本日	本月	本年	本日	本月	本年
豪华大床房	90	1080	1080	82.22%	34.81%	34.81%	74	376	376	198.81	226.44	226.44	14712.00	85140.00	85140.00
豪华双人房	103	1236	1236	100.00%	69.74%	69.74%	103	862	862	179.55	212.12	212.18	18494.00	182896.00	182896.00
商务客房	16	192	192	0.00%	14.58%	14.58%	0	28	28	0.00	318.00	318.00	0.00	8904.00	8904.00
商务套房	6	72	72	0.00%	11.11%	11.11%	0	8	8	0.00	498.00	498.00	0.00	3984.00	3984.00
休闲客房															
休闲套房															
合计	215	2580	2580	82.33%	49.38%	49.38%	177	1274	1274	187.60	220.51	220.51	33206.00	280924.00	280924.00

其它部门收入

部门资源	人数			人均消费			开台数			消费数			挂酒店帐		
	本日	本月	本年	本日	本月	本年	本日	本月	本年	本日	本月	本年	本日	本月	本年
餐饮大厅	91	837	888	54.95	59.35	58.80	11	112	127	5000.00	49675.00	49675.00	0	0	0
餐饮包厢		390	424		69.11	68.13		39	43		26951.00	26951.00	0	0	0
餐饮小计	91	1227	1312	54.95	62.45	61.82	11	151	170	5000.00	76626.00	76626.00	0	0	0

客房其它收入

项目	本日	本月	本年	项目	本日	本月	本年	项目	本日	本月	本年
客房破损赔偿费				客房杂项				客房商品	4500.00	45800.00	45800.00
客房其它				客房其它服务费				客房其它折扣			
其它服务费（尾数				其它折扣（尾数）				会议室收入		3000.00	3000.00
休闲消费	1320.00	50532.00	50532.00	休闲包厢费				休闲服务费			
客房电话收入				公用电话收入				合计	5820.00	99332.00	99332.00
								酒店总收入	44026.00	456882.00	456882.00

收款方式信息

项目	现金收入			POS收入			合计		
	本日	本月	本年	本日	本月	本年	本日	本月	本年
餐饮收入	2360.00	42387.00	42387.00	2640.00	34239.00	34239.00	5000.00	76626.00	76626.00
桑拿收入	1320.00	35220.00	35220.00	0.00	15312.00	15312.00	1320.00	50532.00	50532.00
商超收入	4500.00	12480.00	12480.00	0.00	33320.00	33320.00	4500.00	45800.00	45800.00
合计	8180.00	90087.00	90087.00	2640.00	82871.00	82871.00	10820.00	172958.00	172958.00

每日收入晨报

营业日期:2019-01-31 公司:华问国际酒店

房间收入

项目	房数			出租率			出租数			平均房价			房费收入		
	本日	本月	本年	本日	本月	本年	本日	本月	本年	本日	本月	本年	本日	本月	本年
豪华大床房	90	2070	2070	8.89%	30.14%	30.14%	8	624	624	268.00	226.80	226.80	2144.00	141524.00	141524.00
豪华双人房	103	2369	2369	51.46%	62.52%	62.52%	53	1481	1481	238.00	214.46	214.46	12614.00	317618.00	317618.00
商务客房	16	368	368	12.50%	12.50%	12.50%	2	46	46	318.00	318.00	318.00	636.00	14628.00	14628.00
商务套房	6	138	138	0.00%	10.14%	10.14%	0	14	14	498.00	498.00	498.00	0.00	6972.00	6972.00
休闲客房															
休闲套房															
合计	215	4945	4945	29.30%	43.78%	43.78%	63	2165	2165	244.35	222.05	222.05	15394.00	480742.00	480742.00

其它部门收入

部门资源	人数			人均消费			开台数			消费数			挂酒店帐		
	本日	本月	本年	本日	本月	本年	本日	本月	本年	本日	本月	本年	本日	本月	本年
餐饮大厅	108	1764	1815	61.36	66.81	64.93	11	216	231	6627.00	117846.00	117846.00	0	0	0
餐饮包厢		390	424		69.11	68.13		39	43		26951.00	26951.00	0	0	0
餐饮小计	108	2154	2239	61.36	67.22	64.67	11	255	274	6627.00	144797.00	144797.00	0	0	0

客房其它收入

项目	本日	本月	本年	项目	本日	本月	本年	项目	本日	本月	本年
客房破损赔偿费				客房杂项				客房小商品		135800.00	135800.00
客房其它				客房其它服务费				客房其它折扣			
其它服务费（尾数				其它折扣（尾数）				会议室收入		3000.00	3000.00
休闲消费	2552.00	101572.00	101572.00	休闲包厢费				休闲服务费			
客房电话收入				公用电话收入				合计	2552.00	240372.00	240372.00
								酒店总收入	24573.00	865911.00	865911.00

收款方式信息

项目	现金收入			POS收入			合计		
	本日	本月	本年	本日	本月	本年	本日	本月	本年
餐饮收入	3712.00	66526.00	66526.00	2915.00	75036.00	75036.00	6627.00	141562.00	141562.00
桑拿收入	2552.00	71036.00	71036.00	0.00	28776.00	28776.00	2552.00	99812.00	99812.00
商超收入	0.00	12480.00	12480.00	0.00	123320.00	123320.00	0.00	135800.00	135800.00
合计	6264.00	150042.00	150042.00	2915.00	227132.00	227132.00	9179.00	377174.00	377174.00

每日收入晨报

营业日期:2019-01-30 公司:华问国际酒店

房间收入

项目	房数			出租率			出租数			平均房价			房费收入		
	本日	本月	本年	本日	本月	本年	本日	本月	本年	本日	本月	本年	本日	本月	本年
豪华大床房	90	1980	1980	17.78%	31.11%	31.11%	16	616	616	268.00	226.27	226.27	4288.00	139380.00	139380.00
豪华双人房	103	2266	2266	45.63%	63.02%	63.02%	47	1428	1428	238.00	213.59	213.59	11186.00	305004.00	305004.00
商务客房	16	352	352	12.50%	12.50%	12.50%	2	44	44	318.00	318.00	318.00	636.00	13992.00	13992.00
商务套房	6	132	132	0.00%	10.61%	10.61%	0	14	14	498.00	498.00	498.00	0.00	6972.00	6972.00
休闲客房															
休闲套房															
合计	215	4730	4730	30.23%	44.44%	44.44%	65	2102	2102	247.85	221.38	221.38	16110.00	465348.00	465348.00

其它部门收入

部门资源	人数			人均消费			开台数			消费数			挂酒店帐		
	本日	本月	本年	本日	本月	本年	本日	本月	本年	本日	本月	本年	本日	本月	本年
餐饮大厅	85	1741	1792	60.21	63.88	62.06	10	215	230	5118.00	111219.00	111219.00	0	0	0
餐饮包厢		390	424		69.11	68.13		39	43		26951.00	26951.00	0	0	0
餐饮小计	85	2131	2216	60.21	64.84	62.35	10	254	273	5118.00	138170.00	138170.00	0	0	0

客房其它收入

项目	本日	本月	本年	项目	本日	本月	本年	项目	本日	本月	本年
客房破损赔偿费				客房杂项				客房小商品		135800.00	135800.00
客房其它				客房其它服务费				客房其它折扣			
其它服务费（尾数				其它折扣（尾数）				会议室收入		3000.00	3000.00
休闲消费	1584.00	99020.00	99020.00	休闲包厢费				休闲服务费			
客房电话收入				公用电话收入				合计	1584.00	237820.00	237820.00
								酒店总收入	22812.00	841338.00	841338.00

收款方式信息

项目	现金收入			POS收入			合计		
	本日	本月	本年	本日	本月	本年	本日	本月	本年
餐饮收入	1948.00	62814.00	62814.00	3170.00	72121.00	72121.00	5118.00	134935.00	134935.00
桑拿收入	1584.00	68484.00	68484.00	0.00	28776.00	28776.00	1584.00	97260.00	97260.00
商超收入	0.00	12480.00	12480.00	0.00	123320.00	123320.00	0.00	135800.00	135800.00
合计	3532.00	143778.00	143778.00	3170.00	224217.00	224217.00	6702.00	367995.00	367995.00

每日收入晨报

营业日期:2019-01-29 公司:华问国际酒店

房间收入

项目	房数			出租率			出租数			平均房价			房费收入		
	本日	本月	本年	本日	本月	本年	本日	本月	本年	本日	本月	本年	本日	本月	本年
豪华大床	90	1890	1890	3.33%	31.75%	31.75%	3	600	600	268.00	225.15	225.15	804.00	135092.00	135092.00
豪华双人	103	2163	2163	47.57%	63.85%	63.85%	49	1381	1381	238.00	212.76	212.76	11662.00	293818.00	293818.00
商务客房	16	336	336	18.75%	12.50%	12.50%	3	42	42	318.00	318.00	318.00	954.00	13356.00	13356.00
商务套房	6	126	126	0.00%	11.11%	11.11%	0	14	14	498.00	498.00	498.00	0.00	6972.00	6972.00
休闲客房															
休闲套房															
合计	215	4515	4515	25.58%	45.12%	45.12%	55	2037	2037	244.00	220.54	220.54	13420.00	449238.00	449238.00

其它部门收入

部门资源	人数			人均消费			开台数			消费数			挂酒店帐		
	本日	本月	本年	本日	本月	本年	本日	本月	本年	本日	本月	本年	本日	本月	本年
餐饮大厅	65	1721	1772	54.15	61.65	59.88	8	213	228	3520.00	106101.00	106101.00	0	0	0
餐饮包厢		390	424		69.11	68.13		39	43		26951.00	26951.00	0	0	0
餐饮小计	65	2111	2196	54.15	63.03	60.59	8	252	271	3520.00	133052.00	133052.00	0	0	0

客房其它收入

项目	本日	本月	本年	项目	本日	本月	本年	项目	本日	本月	本年
客房破损赔偿费				客房杂项				客房小商品		135800.00	135800.00
客房其它				客房其它服务费				客房其它折扣			
其它服务费（尾数）				其它折扣（尾数）				会议室收入		3000.00	3000.00
休闲消费	1848.00	97436.00	97436.00	休闲包厢费				休闲服务费			
客房电话收入				公用电话收入				合计	1848.00	236236.00	236236.00
								酒店总收入	18788.00	818526.00	818526.00

收款方式信息

项目	现金收入			POS收入			合计		
	本日	本月	本年	本日	本月	本年	本日	本月	本年
餐饮收入	1464.00	60866.00	60866.00	2056.00	68951.00	68951.00	3520.00	129817.00	129817.00
桑拿收入	1848.00	66900.00	66900.00	0.00	28776.00	28776.00	1848.00	95676.00	95676.00
商超收入	0.00	12480.00	12480.00	0.00	123320.00	123320.00	0.00	135800.00	135800.00
合计	3312.00	140246.00	140246.00	2056.00	221047.00	221047.00	5368.00	361293.00	361293.00

每日收入晨报

营业日期:2019-01-28 公司:华问国际酒店

房间收入

项目	房数			出租率			出租数			平均房价			房费收入		
	本日	本月	本年	本日	本月	本年	本日	本月	本年	本日	本月	本年	本日	本月	本年
豪华大床	90	1800	1800	5.56%	33.17%	33.17%	5	597	597	268.00	224.94	224.94	1340.00	134288.00	134288.00
豪华双人	103	2060	2060	51.46%	64.66%	64.66%	53	1332	1332	238.00	211.83	211.83	12614.00	282156.00	282156.00
商务客房	16	320	320	18.75%	12.19%	12.19%	3	39	39	318.00	318.00	318.00	954.00	12402.00	12402.00
商务套房	6	120	120	33.33%	11.67%	11.67%	2	14	14	498.00	498.00	498.00	996.00	6972.00	6972.00
休闲客房															
休闲套房															
合计	215	4300	4300	29.30%	46.09%	46.09%	63	1982	1982	25244.00	219.89	219.89	15904.00	435818.00	435818.00

其它部门收入

部门资源	人数			人均消费			开台数			消费数			挂酒店帐		
	本日	本月	本年	本日	本月	本年	本日	本月	本年	本日	本月	本年	本日	本月	本年
餐饮大厅	83	1656	1707	55.42	59.99	59.99	9	205	220	4600.00	102581.00	102581.00	0	0	0
餐饮包厢		390	424		69.11	68.13		39	43		26951.00	26951.00	0	0	0
餐饮小计	83	2046	2131	55.42	61.73	61.73	9	244	263	4600.00	129532.00	129532.00	0	0	0

客房其它收入

项目	本日	本月	本年	项目	本日	本月	本年	项目	本日	本月	本年
客房破损赔偿费				客房杂项				客房商品		135800.00	135800.00
客房其它				客房其它服务费				客房其它折扣			
其它服务费（尾数）				其它折扣（尾数）				会议室收入		3000.00	3000.00
休闲消费	2640.00	95588.00	95588.00	休闲包厢费				休闲服务费			
客房电话收入				公用电话收入				合计	2640.00	234388.00	234388.00
								酒店总收入	23144.00	799738.00	799738.00

收款方式信息

项目	现金收入			POS收入			合计		
	本日	本月	本年	本日	本月	本年	本日	本月	本年
餐饮收入	1518.00	59402.00	59402.00	3082.00	66895.00	66895.00	4600.00	126297.00	126297.00
桑拿收入	2640.00	65052.00	65052.00	0.00	28776.00	28776.00	2640.00	93828.00	93828.00
商超收入	0.00	12480.00	12480.00	0.00	123320.00	123320.00	0.00	135800.00	135800.00
合计	4158.00	136934.00	136934.00	3082.00	218991.00	218991.00	7240.00	355925.00	355925.00

每日收入晨报

营业日期:2019-01-27 公司:华问国际酒店

房间收入

项目	房数			出租率			出租数			平均房价			房费收入		
	本日	本月	本年	本日	本月	本年	本日	本月	本年	本日	本月	本年	本日	本月	本年
豪华大床	90	1710	1710	16.67%	34.62%	34.62%	15	592	592	268.00	224.57	224.57	4020.00	132948.00	132948.00
豪华双人	103	1957	1957	41.75%	65.36%	65.36%	43	1279	1279	238.00	210.74	210.74	10234.00	269542.00	269542.00
商务客房	16	304	304	12.50%	11.84%	11.84%	2	36	36	318.00	318.00	318.00	636.00	11448.00	11448.00
商务套房	6	114	114	0.00%	10.53%	10.53%	0	12	12	0.00	498.00	498.00		5976.00	5976.00
休闲客房															
休闲套房															
合计	215	4085	4085	27.91%	46.98%	46.98%	60	1919	1919	248.17	218.82	218.82	14890.00	419914.00	419914.00

其它部门收入

部门资源	人数			人均消费			开台数			消费数			挂酒店帐		
	本日	本月	本年	本日	本月	本年	本日	本月	本年	本日	本月	本年	本日	本月	本年
餐饮大厅	57	1573	1624	51.60	60.23	59.91	6	196	211	2941.00	97981.00	97981.00	0	0	0
餐饮包厢		390	424		69.11	68.13		39	43		26951.00	26951.00	0	0	0
餐饮小计	57	1963	2048	51.60	62.00	61.61	6	235	254	2941.00	124932.00	124932.00	0	0	0

客房其它收入

项目	本日	本月	本年	项目	本日	本月	本年	项目	本日	本月	本年
客房破损赔偿费				客房杂项				客房商品	87000.00	135800.00	135800.00
客房其它				客房其它服务费				客房其它折扣			
其它服务费（尾数）				其它折扣（尾数）				会议室收入		3000.00	3000.00
休闲消费	4664.00	92948.00	92948.00	休闲包厢费				休闲服务费			
客房电话收入				公用电话收入				合计	91664.00	231748.00	231748.00
								酒店总收入	109495.00	776594.00	776594.00

收款方式信息

项目	现金收入			POS收入			合计		
	本日	本月	本年	本日	本月	本年	本日	本月	本年
餐饮收入	1125.00	57884.00	57884.00	1816.00	63813.00	63813.00	2941.00	121697.00	121697.00
桑拿收入	4664.00	62412.00	62412.00	0.00	28776.00	28776.00	4664.00	91188.00	91188.00
商超收入	0.00	12480.00	12480.00	87000.00	123320.00	123320.00	87000.00	135800.00	135800.00
合计	5789.00	132776.00	132776.00	88816.00	215909.00	215909.00	94605.00	348685.00	348685.00

每日收入晨报

营业日期:2019-01-21 公司:华问国际酒店

房间收入

项目	房数			出租率			出租数			平均房价			房费收入		
	本日	本月	本年	本日	本月	本年	本日	本月	本年	本日	本月	本年	本日	本月	本年
豪华大床/	90	1170	1170	4.44%	32.48%	32.48%	4	380	380	268.00	226.87	226.87	1072.00	86212.00	86212.00
豪华双人/	103	1339	1339	35.92%	67.14%	67.14%	37	899	899	238.00	213.24	213.24	8806.00	191702.00	191702.00
商务客房	16	208	208	0.00%	13.46%	13.46%	0	28	28	0.00	318.00	318.00	0.00	8904.00	8904.00
商务套房	6	78	78	0.00%	10.26%	10.26%	0	8	8	0.00	498.00	498.00	0.00	3984.00	3984.00
休闲客房															
休闲套房															
合计	215	2795	2795	19.07%	47.05%	47.05%	41	1315	1315	240.93	221.14	221.14	9878.00	290802.00	290802.00

其它部门收入

部门资源	人数			人均消费			开台数			消费数			挂酒店帐		
	本日	本月	本年	本日	本月	本年	本日	本月	本年	本日	本月	本年	本日	本月	本年
餐饮大厅	80	917	968	57.75	59.21	58.72	12	124	139	4620.00	54295.00	54295.00	0	0	0
餐饮包厢		390	424		69.11	68.13		39	43		26951.00	26951.00	0	0	0
餐饮小计	80	1307	1392	57.75	62.16	61.58	12	163	182	4620.00	81246.00	81246.00	0	0	0

客房其它收入

项目	本日	本月	本年	项目	本日	本月	本年	项目	本日	本月	本年
客房破损赔偿费				客房杂项				客房商品	3000.00	48800.00	48800.00
客房其它				客房其它服务费				客房其它折扣			
其它服务费（尾数）				其它折扣（尾数）				会议室收入		3000.00	3000.00
休闲消费	1672.00	52204.00	52204.00	休闲包厢费				休闲服务费			
客房电话收入				公用电话收入				合计	4672.00	104004.00	104004.00
								酒店总收入	19170.00	476052.00	476052.00

收款方式信息

项目	现金收入			POS收入			合计		
	本日	本月	本年	本日	本月	本年	本日	本月	本年
餐饮收入	2588.00	44975.00	44975.00	2032.00	36271.00	36271.00	4620.00	81246.00	81246.00
桑拿收入	1672.00	36892.00	36892.00	0.00	15312.00	15312.00	1672.00	52204.00	52204.00
商超收入	0.00	12480.00	12480.00	3000.00	36320.00	36320.00	3000.00	48800.00	48800.00
合计	4260.00	94347.00	94347.00	5032.00	87903.00	87903.00	9292.00	182250.00	182250.00

每日收入晨报

营业日期:2019-01-22 公司:华问国际酒店

房间收入

项目	房数			出租率			出租数			平均房价			房费收入		
	本日	本月	本年	本日	本月	本年	本日	本月	本年	本日	本月	本年	本日	本月	本年
豪华大床房	90	1260	1260	10.00%	30.87%	30.87%	9	389	389	268.00	227.83	227.83	2412.00	88624.00	88624.00
豪华双人房	103	1442	1442	37.86%	65.05%	65.05%	39	938	938	238.00	214.27	214.27	9282.00	200984.00	200984.00
商务客房	16	224	224	0.00%	12.50%	12.50%	0	28	28	0.00	318.00	318.00	0.00	8904.00	8904.00
商务套房	6	84	84	0.00%	9.52%	9.52%	0	8	8	0.00	498.00	498.00	0.00	3984.00	3984.00
休闲客房															
休闲套房															
合计	215	3010	3010	22.33%	45.28%	45.28%	48	1363	1363	243.63	221.93	221.93	11694.00	302496.00	302496.00

其它部门收入

部门资源	人数			人均消费			开台数			消费数			挂酒店帐		
	本日	本月	本年	本日	本月	本年	本日	本月	本年	本日	本月	本年	本日	本月	本年
餐饮大厅	66	983	1034	47.38	58.42	57.99	10	134	149	6362.00	60657.00	60657.00	0	0	0
餐饮包厢		390	424		69.11	68.13		39	43		26951.00	26951.00	0	0	0
餐饮小计	66	1373	1458	96.39	61.45	60.94	10	173	192	6362.00	87608.00	87608.00	0	0	0

客房其它收入

项目	本日	本月	本年	项目	本日	本月	本年	项目	本日	本月	本年
客房破损赔偿费				客房杂项				客房商品		48800.00	48800.00
客房其它				客房其它服务费				客房其它折扣			
其它服务费（尾数）				其它折扣（尾数）				会议室收入		3000.00	3000.00
休闲消费	3432.00	55636.00	55636.00	休闲包厢费				休闲服务费			
客房电话收入				公用电话收入				合计	3432.00	107436.00	107436.00
								酒店总收入	21488.00	497540.00	497540.00

收款方式信息

项目	现金收入			POS收入			合计		
	本日	本月	本年	本日	本月	本年	本日	本月	本年
餐饮收入	2018.00	46993.00	46993.00	1109.00	37380.00	37380.00	3127.00	84373.00	84373.00
桑拿收入	1672.00	38564.00	38564.00	0.00	15312.00	15312.00	1672.00	53876.00	53876.00
商超收入	0.00	12480.00	12480.00	0.00	36320.00	36320.00	0.00	48800.00	48800.00
合计	3690.00	98037.00	98037.00	1109.00	89012.00	89012.00	4799.00	187049.00	187049.00

每日收入晨报

营业日期:2019-01-23 公司:华问国际酒店

房间收入

项目	房数			出租率			出租数			平均房价			房费收入		
	本日	本月	本年	本日	本月	本年	本日	本月	本年	本日	本月	本年	本日	本月	本年
豪华大床房	90	1350	1350	18.89%	30.07%	30.07%	17	406	406	268.00	229.51	229.51	4556.00	93180.00	93180.00
豪华双人房	103	1545	1545	54.37%	64.34%	64.34%	56	994	994	238.00	215.61	215.61	13328.00	214312.00	214312.00
商务客房	16	240	240	18.75%	12.92%	12.92%	3	31	31	318.00	318.00	318.00	954.00	9858.00	9858.00
商务套房	6	90	90	33.33%	11.11%	11.11%	2	10	10	498.00	498.00	498.00	996.00	4980.00	4980.00
休闲客房															
休闲套房															
合计	215	3225	3225	36.28%	44.68%	44.68%	78	1441	1441	254.28	223.68	223.68	19834.00	322330.00	322330.00

其它部门收入

部门资源	人数			人均消费			开台数			消费数			挂酒店帐		
	本日	本月	本年	本日	本月	本年	本日	本月	本年	本日	本月	本年	本日	本月	本年
餐饮大厅	83	1066	1117	69.86	59.31	58.87	10	144	159	5798.00	66455.00	66455.00	0	0	0
餐饮包厢		390	424		69.11	68.13		39	43		26951.00	26951.00	0	0	0
餐饮小计	83	1456	1541	69.86	61.93	61.42	10	183	202	5798.00	90171.00	90171.00	0	0	0

客房其它收入

项目	本日	本月	本年	项目	本日	本月	本年	项目	本日	本月	本年
客房破损赔偿费				客房杂项				客房商品		48800.00	48800.00
客房其它				客房其它服务费				客房其它折扣			
其它服务费（尾数）				其它折扣（尾数）				会议室收入		3000.00	3000.00
休闲消费	1584.00	57220.00	57220.00	休闲包厢费				休闲服务费			
客房电话收入				公用电话收入				合计	1584.00	109020.00	109020.00
								酒店总收入	27216.00	521521.00	521521.00

收款方式信息

项目	现金收入			POS收入			合计		
	本日	本月	本年	本日	本月	本年	本日	本月	本年
餐饮收入	3948.00	50941.00	50941.00	1850.00	39230.00	39230.00	5798.00	90171.00	90171.00
桑拿收入	1584.00	40148.00	40148.00	0.00	15312.00	15312.00	1584.00	55460.00	55460.00
商超收入	0.00	12480.00	12480.00	0.00	36320.00	36320.00	0.00	48800.00	48800.00
合计	5532.00	103569.00	103569.00	1850.00	90862.00	90862.00	7382.00	194431.00	194431.00

每日收入晨报

营业日期:2019-01-24 公司:华问国际酒店

房间收入

项目	房数			出租率			出租数			平均房价			房费收入		
	本日	本月	本年	本日	本月	本年	本日	本月	本年	本日	本月	本年	本日	本月	本年
豪华大床	90	1440	1440	13.33%	29.03%	29.03%	12	418	418	268.00	230.61	230.61	3216.00	96396.00	96396.00
豪华双人	103	1648	1648	34.95%	62.50%	62.50%	36	1030	1030	238.00	216.39	216.39	8568.00	222880.00	222880.00
商务客房	16	256	256	6.25%	12.50%	12.50%	1	32	32	318.00	318.00	318.00	318.00	10176.00	10176.00
商务套房	6	96	96	33.33%	12.50%	12.50%	1	12	12	498.00	498.00	498.00	996.00	5976.00	5976.00
休闲客房															
休闲套房															
合计	215	3440	3440	23.72%	43.37%	43.37%	51	1492	1492	256.82	224.82	224.82	13098.00	335428.00	335428.00

其它部门收入

部门资源	人数			人均消费			开台数			消费数			挂酒店帐		
	本日	本月	本年	本日	本月	本年	本日	本月	本年	本日	本月	本年	本日	本月	本年
餐饮大厅	88	1154	1205	61.03	59.44	59.03	11	155	170	5371.00	71826.00	71826.00	0	0	0
餐饮包厢		390	424		69.11	68.13		39	43		26951.00	26951.00	0	0	0
餐饮小计	88	1544	1629	61.03	61.88	61.40	11	194	213	5371.00	95542.00	95542.00	0	0	0

客房其它收入

项目	本日	本月	本年	项目	本日	本月	本年	项目	本日	本月	本年
客房破损赔偿费				客房杂项				客房商品		48800.00	48800.00
客房其它				客房其它服务费				客房其它折扣			
其它服务费（尾数）				其它折扣（尾数）				会议室收入		3000.00	3000.00
休闲消费	2112.00	59332.00	59332.00	休闲包厢费				休闲服务费			
客房电话收入				公用电话收入				合计	2112.00	111132.00	111132.00
								酒店总收入	20581.00	542102.00	542102.00

收款方式信息

项目	现金收入			POS收入			合计		
	本日	本月	本年	本日	本月	本年	本日	本月	本年
餐饮收入	2615.00	53556.00	53556.00	2756.00	41986.00	41986.00	5371.00	95542.00	95542.00
桑拿收入	2112.00	42260.00	42260.00	0.00	15312.00	15312.00	2112.00	57572.00	57572.00
商超收入	0.00	12480.00	12480.00	0.00	36320.00	36320.00	0.00	48800.00	48800.00
合计	4727.00	108296.00	108296.00	2756.00	93618.00	93618.00	7483.00	201914.00	201914.00

每日收入晨报

营业日期:2019-01-25 公司:华问国际酒店

房间收入

项目	房数			出租率			出租数			平均房价			房费收入		
	本日	本月	本年	本日	本月	本年	本日	本月	本年	本日	本月	本年	本日	本月	本年
豪华大床	90	1530	1530	95.56%	32.94%	32.94%	86	504	504	209.40	226.99	226.99	18008.00	114404.00	114404.00
豪华双人	103	1751	1751	100.00%	64.71%	64.71%	103	1133	1133	176.84	212.79	212.79	18214.00	241094.00	241094.00
商务客房	16	272	272	12.50%	12.50%	12.50%	2	34	34	318.00	318.00	318.00	636.00	10812.00	10812.00
商务套房	6	102	102	0.00%	11.76%	11.76%	0	12	12	0.00	498.00	498.00		5976.00	5976.00
休闲客房															
休闲套房															
合计	215	3655	3655	88.84%	46.05%	46.05%	191	1683	1683	192.97	221.20	221.20	36858.00	372286.00	372286.00

其它部门收入

部门资源	人数			人均消费			开台数			消费数			挂酒店帐		
	本日	本月	本年	本日	本月	本年	本日	本月	本年	本日	本月	本年	本日	本月	本年
餐饮大厅	163	1317	1368	59.42	59.44	59.08	16	171	186	9685.00	81511.00	81511.00	0	0	0
餐饮包厢		390	424		69.11	68.13		39	43		26951.00	26951.00	0	0	0
餐饮小计	163	1707	1792	59.42	61.64	61.22	16	210	229	9685.00	108462.00	108462.00	0	0	0

客房其它收入

项目	本日	本月	本年	项目	本日	本月	本年	项目	本日	本月	本年
客房破损赔偿费				客房杂项				客房商品		48800.00	48800.00
客房其它				客房其它服务费				客房其它折扣			
其它服务费（尾数）				其它折扣（尾数）				会议室收入		3000.00	3000.00
休闲消费	13464.00	72796.00	72796.00	休闲包厢费				休闲服务费			
客房电话收入				公用电话收入				合计	13464.00	124596.00	124596.00
								酒店总收入	60007.00	605344.00	605344.00

收款方式信息

项目	现金收入			POS收入			合计		
	本日	本月	本年	本日	本月	本年	本日	本月	本年
餐饮收入	685.00	54241.00	54241.00	9000.00	50986.00	50986.00	9685.00	105227.00	105227.00
桑拿收入	13464.00	55724.00	55724.00	0.00	15312.00	15312.00	13464.00	71036.00	71036.00
商超收入	0.00	12480.00	12480.00	0.00	36320.00	36320.00	0.00	48800.00	48800.00
合计	14149.00	122445.00	122445.00	9000.00	102618.00	102618.00	23149.00	225063.00	225063.00

每日收入晨报

营业日期:2019-01-26 公司:华问国际酒店

房间收入

项目	房数			出租率			出租数			平均房价			房费收入		
	本日	本月	本年	本日	本月	本年	本日	本月	本年	本日	本月	本年	本日	本月	本年
豪华大床	90	1620	1620	81.11%	35.62%	35.62%	73	577	577	198.96	223.45	223.45	14524.00	128928.00	128928.00
豪华双人	103	1854	1854	100.00%	66.67%	66.67%	103	1236	1236	176.84	209.80	209.80	18214.00	259308.00	259308.00
商务客房	16	288	288	0.00%	11.81%	11.81%	0	34	34	0.00	318.00	318.00		10812.00	10812.00
商务套房	6	108	108	0.00%	11.11%	11.11%	0	12	12	0.00	498.00	498.00		5976.00	5976.00
休闲客房															
休闲套房															
合计	215	3870	3870	81.86%	48.04%	48.04%	176	1859	1859	186.01	217.87	217.87	32738.00	405024.00	405024.00

其它部门收入

部门资源	人数			人均消费			开台数			消费数			挂酒店帐		
	本日	本月	本年	本日	本月	本年	本日	本月	本年	本日	本月	本年	本日	本月	本年
餐饮大厅	199	1516	1567	67.98	60.56	60.21	19	190	205	13529.00	95040.00	95040.00	0	0	0
餐饮包厢		390	424		69.11	68.13		39	43		26951.00	26951.00	0	0	0
餐饮小计	199	1906	1991	67.98	62.31	61.90	19	229	248	13529.00	121991.00	121991.00	0	0	0

客房其它收入

项目	本日	本月	本年	项目	本日	本月	本年	项目	本日	本月	本年
客房破损赔偿费				客房杂项				客房商品		48800.00	48800.00
客房其它				客房其它服务费				客房其它折扣			
其它服务费（尾数）				其它折扣（尾数）				会议室收入		3000.00	3000.00
休闲消费	15488.00	88284.00	88284.00	休闲包厢费				休闲服务费			
客房电话收入				公用电话收入				合计	15488.00	140084.00	140084.00
								酒店总收入	61755.00	667099.00	667099.00

收款方式信息

项目	现金收入			POS收入			合计		
	本日	本月	本年	本日	本月	本年	本日	本月	本年
餐饮收入	2518.00	56759.00	56759.00	11011.00	61997.00	61997.00	13529.00	118756.00	118756.00
桑拿收入	2024.00	57748.00	57748.00	13464.00	28776.00	28776.00	15488.00	86524.00	86524.00
商超收入	0.00	12480.00	12480.00	0.00	36320.00	36320.00	0.00	48800.00	48800.00
合计	4542.00	126987.00	126987.00	24475.00	127093.00	127093.00	29017.00	254080.00	254080.00

每日收入晨报

营业日期:2019-01-14 公司:华问国际酒店

房间收入

项目	房数			出租率			出租数			平均房价			房费收入		
	本日	本月	本年	本日	本月	本年	本日	本月	本年	本日	本月	本年	本日	本月	本年
豪华大床房	90	540	540	13.33%	21.11%	21.11%	12	114	114	268.00	265.65	265.65	3216.00	30284.00	30284.00
豪华双人房	103	618	618	58.25%	68.12%	68.12%	60	421	421	238.00	228.02	228.02	14280.00	95998.00	95998.00
商务客房	16	96	96	12.50%	27.08%	27.08%	2	26	26	318.00	318.00	318.00	636.00	8268.00	8268.00
商务套房	6	36	36	0.00%	13.89%	13.89%	0	5	5	0.00	498.00	498.00	0.00	2490.00	2490.00
休闲客房															
休闲套房															
合计	215	1290	1290	34.42%	43.88%	43.88%	74	566	566	245.03	242.12	242.12	18132.00	137040.00	137040.00

其它部门收入

部门资源	人数			人均消费			开台数			消费数			挂酒店帐		
	本日	本月	本年	本日	本月	本年	本日	本月	本年	本日	本月	本年	本日	本月	本年
餐饮大厅	69	210	261	60.87	60.08	58.08	12	48	63	4200.00	12617.00	12617.00	0	0	0
餐饮包厢		390	424		69.11	68.13		39	43		26951.00	26951.00		0	0
餐饮小计	69	600	685	60.87	65.95	64.30	12	87	106	4200.00	39568.00	39568.00	0	0	0

客房其它收入

项目	本日	本月	本年	项目	本日	本月	本年	项目	本日	本月	本年
客房破损赔偿费				客房杂项				客房商品		7980.00	7980.00
客房其它				客房其它服务费				客房其它折扣			
其它服务费（尾数				其它折扣（尾数）				会议室收入	3000.00	3000.00	3000.00
休闲消费	1584.00	24836.00	24836.00	休闲包厢费				休闲服务费			
客房电话收入				公用电话收入				合计	4584.00	35816.00	35816.00
								酒店总收入	26916.00	212424.00	212424.00

收款方式信息

项目	现金收入			POS收入			合计		
	本日	本月	本年	本日	本月	本年	本日	本月	本年
餐饮收入	2940.00	27988.00	27988.00	1260.00	11580.00	11580.00	4200.00	39568.00	39568.00
桑拿收入	1584.00	24836.00	24836.00	0.00	0.00	0.00	1584.00	24836.00	24836.00
商超收入	0.00	7980.00	7980.00	0.00	0.00	0.00	0.00	7980.00	7980.00
合计	4524.00	60804.00	60804.00	1260.00	11580.00	11580.00	5784.00	72384.00	72384.00

每日收入晨报

营业日期:2019-01-13 公司:华问国际酒店

房间收入

项目	房数			出租率			出租数			平均房价			房费收入		
	本日	本月	本年	本日	本月	本年	本日	本月	本年	本日	本月	本年	本日	本月	本年
豪华大床房	90	450	450	21.11%	22.67%	22.67%	19	102	102	253.89	265.37	265.37	4824.00	27068.00	27068.00
豪华双人房	103	515	515	100.00%	70.10%	70.10%	103	361	361	217.61	226.37	226.37	22414.00	81718.00	81718.00
商务客房	16	80	80	18.75%	30.00%	30.00%	3	24	24	318.00	318.00	318.00	954.00	7632.00	7632.00
商务套房	6	30	30	0.00%	16.67%	16.67%	0	5	5	0.00	498.00	498.00		2490.00	2490.00
休闲客房															
休闲套房															
合计	215	1075	1075	58.14%	45.77%	45.77%	125	492	492	225.54	241.68	241.68	28192.00	118908.00	118908.00

其它部门收入

部门资源	人数			人均消费			开台数			消费数			挂酒店帐		
	本日	本月	本年	本日	本月	本年	本日	本月	本年	本日	本月	本年	本日	本月	本年
餐饮大厅	24	141	192	47.13	59.70	57.08	5	36	51	1131.00	8417.00	8417.00	0	0	0
餐饮包厢	72	390	424	54.29	69.11	68.13	8	39	43	3909.00	26951.00	26951.00	0	0	0
餐饮小计	96	531	616	52.50	66.61	64.69	13	75	94	5040.00	35368.00	35368.00	0	0	0

客房其它收入

项目	本日	本月	本年	项目	本日	本月	本年	项目	本日	本月	本年
客房破损赔偿费				客房杂项				客房商品	4180.00	7980.00	7980.00
客房其它				客房其它服务费				客房其它折扣			
其它服务费（尾数）				其它折扣（尾数）				会议室收入			
休闲消费	4488.00	23252.00	23252.00	休闲包厢费				休闲服务费			
客房电话收入				公用电话收入				合计	8668.00	31232.00	31232.00
								酒店总收入	41900.00	185508.00	185508.00

收款方式信息

项目	现金收入			POS收入			合计		
	本日	本月	本年	本日	本月	本年	本日	本月	本年
餐饮收入	3528.00	25048.00	25048.00	1512.00	10320.00	10320.00	5040.00	35368.00	35368.00
桑拿收入	4488.00	23252.00	23252.00	0.00	0.00	0.00	4488.00	23252.00	23252.00
商超收入	4180.00	7980.00	7980.00	0.00	0.00	0.00	4180.00	7980.00	7980.00
合计	12196.00	56280.00	56280.00	1512.00	10320.00	10320.00	13708.00	66600.00	66600.00

每日收入晨报

营业日期:2019-01-12 公司:华问国际酒店

房间收入

项目	房数			出租率			出租数			平均房价			房费收入		
	本日	本月	本年	本日	本月	本年	本日	本月	本年	本日	本月	本年	本日	本月	本年
豪华大床房	90	360	360	12.22%	23.06%	23.06%	11	83	83	268.00	268.00	268.00	2948.00	22244.00	22244.00
豪华双人房	103	412	412	100.00%	62.62%	62.62%	103	258	258	217.61	229.86	229.86	22414.00	59304.00	59304.00
商务客房	16	64	64	31.25%	32.81%	32.81%	5	21	21	318.00	318.00	318.00	1590.00	6678.00	6678.00
商务套房	6	24	24	33.33%	20.83%	20.83%	2	5	5	498.00	498.00	498.00	996.00	2490.00	2490.00
休闲客房															
休闲套房															
合计	215	860	860	56.28%	42.67%	42.67%	121	367	367	230.98	247.18	247.18	27948.00	90716.00	90716.00

其它部门收入

部门资源	人数			人均消费			开台数			消费数			挂酒店帐		
	本日	本月	本年	本日	本月	本年	本日	本月	本年	本日	本月	本年	本日	本月	本年
餐饮大厅	4	117	168	59.25	62.27	58.50	1	31	46	237.00	7286.00	7286.00	0	0	0
餐饮包厢	155	318	352	76.41	72.46	70.97	15	31	35	11843.00	23042.00	23042.00	0	0	0
餐饮小计	159	435	520	75.97	69.72	66.94	16	62	81	12080.00	30328.00	30328.00	0	0	0

客房其它收入

项目	本日	本月	本年	项目	本日	本月	本年	项目	本日	本月	本年
客房破损赔偿费				客房杂项				客房商品	3800.00	3800.00	3800.00
客房其它				客房其它服务费				客房其它折扣			
其它服务费（尾数）				其它折扣（尾数）				会议室收入			
休闲消费	6600.00	18764.00	18764.00	休闲包厢费				休闲服务费			
客房电话收入				公用电话收入				合计	10400.00	22564.00	22564.00
								酒店总收入	50428.00	143608.00	143608.00

收款方式信息

项目	现金收入			POS收入			合计		
	本日	本月	本年	本日	本月	本年	本日	本月	本年
餐饮收入	9664.00	21520.00	21520.00	2416.00	8808.00	8808.00	12080.00	30328.00	30328.00
桑拿收入	6600.00	18764.00	18764.00	0.00	0.00	0.00	6600.00	18764.00	18764.00
商超收入	3800.00	3800.00	3800.00	0.00	0.00	0.00	3800.00	3800.00	3800.00
合计	20064.00	44084.00	44084.00	2416.00	8808.00	8808.00	22480.00	52892.00	52892.00

每日收入晨报

营业日期:2019-01-11 公司:华问国际酒店

房间收入

项目	房数			出租率			出租数			平均房价			房费收入		
	本日	本月	本年	本日	本月	本年	本日	本月	本年	本日	本月	本年	本日	本月	本年
豪华大床房	90	270	270	22.22%	26.67%	26.67%	20	72	72	268.00	268.00	268.00	5360.00	19296.00	19296.00
豪华双人房	103	309	309	48.54%	50.16%	50.16%	50	155	155	238.00	238.00	238.00	11900.00	36890.00	36890.00
商务客房	16	48	48	25.00%	33.33%	33.33%	4	16	16	318.00	318.00	318.00	1272.00	5088.00	5088.00
商务套房	6	18	18	0.00%	16.67%	16.67%	0	3	3	0.00	498.00	498.00	0.00	1494.00	1494.00
休闲客房															
休闲套房															
合计	215	645	645	34.42%	38.14%	38.14%	74	246	246	250.43	255.15	255.15	18532.00	62768.00	62768.00

其它部门收入

部门资源	人数			人均消费			开台数			消费数			挂酒店帐		
	本日	本月	本年	本日	本月	本年	本日	本月	本年	本日	本月	本年	本日	本月	本年
餐饮大厅	38	113	164	65.53	62.38	58.48	9	30	45	2490.00	7049.00	7049.00	0	0	0
餐饮包厢	77	163	197	73.74	68.71	66.69	7	16	20	5678.00	11199.00	11199.00	0	0	0
餐饮小计	115	276	361	71.03	66.12	62.96	16	46	65	8168.00	18248.00	18248.00	0	0	0

客房其它收入

项目	本日	本月	本年	项目	本日	本月	本年	项目	本日	本月	本年
客房破损赔偿费				客房杂项				客房商品			
客房其它				客房其它服务费				客房其它折扣			
其它服务费（尾数）				其它折扣（尾数）				会议室收入			
休闲消费	4840.00	12164.00	12164.00	休闲包厢费				休闲服务费			
客房电话收入				公用电话收入				合计	4840.00	12164.00	12164.00
								酒店总收入	31540.00	93180.00	93180.00

收款方式信息

项目	现金收入			POS收入			合计		
	本日	本月	本年	本日	本月	本年	本日	本月	本年
餐饮收入	5808.00	11856.00	11856.00	2360.00	6392.00	6392.00	8168.00	18248.00	18248.00
桑拿收入	4840.00	12164.00	12164.00	0.00	0.00	0.00	4840.00	12164.00	12164.00
商超收入	0.00	0.00	0.00	0.00	0.00	0.00	0.00	0.00	0.00
合计	10648.00	24020.00	24020.00	2360.00	6392.00	6392.00	13008.00	30412.00	30412.00

每日收入晨报

营业日期:2019-01-09 公司:华问国际酒店

房间收入

项目	房数			出租率			出租数			平均房价			房费收入		
	本日	本月	本年	本日	本月	本年	本日	本月	本年	本日	本月	本年	本日	本月	本年
豪华大床房	90	90	90	32.22%	32.22%	32.22%	29	29	29	268.00	268.00	268.00	7772.00	7772.00	7772.00
豪华双人房	103	103	103	52.43%	52.43%	52.43%	54	54	54	238.00	238.00	238.00	12852.00	12852.00	12852.00
商务客房	16	16	16	43.75%	43.75%	43.75%	7	7	7	318.00	318.00	318.00	2226.00	2226.00	2226.00
商务套房	6	6	6	16.67%	16.67%	16.67%	1	1	1	498.00	498.00	498.00	498.00	498.00	498.00
休闲客房															
休闲套房															
合计	215	215	215	42.33%	42.33%	42.33%	91	91	91	256.57	256.57	256.57	23348.00	23348.00	23348.00

其它部门收入

部门资源	人数			人均消费			开台数			消费数			挂酒店帐		
	本日	本月	本年	本日	本月	本年	本日	本月	本年	本日	本月	本年	本日	本月	本年
餐饮大厅	41	41	92	62.00	62.00	55.26	13	13	28	2542.00	2542.00	2542.00	0	0	0
餐饮包厢	30	30	64	64.60	64.60	60.56	3	3	7	1938.00	1938.00	1938.00	0	0	0
餐饮小计	71	71	156	63.10	63.10	57.44	16	16	35	4480.00	4480.00	4480.00	0	0	0

客房其它收入

项目	本日	本月	本年	项目	本日	本月	本年	项目	本日	本月	本年
客房破损赔偿费				客房杂项				客房商品			
客房其它				客房其它服务费				客房其它折扣			
其它服务费（尾数）				其它折扣（尾数）				会议室收入			
休闲消费	3540.00	3540.00	3540.00	休闲包厢费				休闲服务费			
客房电话收入				公用电话收入				合计	3540.00	3540.00	3540.00
								酒店总收入	31368.00	31368.00	31368.00

收款方式信息

项目	现金收入			POS收入			合计		
	本日	本月	本年	本日	本月	本年	本日	本月	本年
餐饮收入	2688.00	2688.00	2688.00	1792.00	1792.00	1792.00	4480.00	4480.00	4480.00
桑拿收入	3540.00	3540.00	3540.00	0.00	0.00	0.00	3540.00	3540.00	3540.00
商超收入	0.00	0.00	0.00	0.00	0.00	0.00	0.00	0.00	0.00
合计	6228.00	6228.00	6228.00	1792.00	1792.00	1792.00	8020.00	8020.00	8020.00

每日收入晨报

营业日期:2019-01-10 公司:华问国际酒店

房间收入

项目	房数			出租率			出租数			平均房价			房费收入		
	本日	本月	本年	本日	本月	本年	本日	本月	本年	本日	本月	本年	本日	本月	本年
豪华大床房	90	180	180	25.56%	28.89%	28.89%	23	52	52	268.00	268.00	268.00	6164.00	13936.00	13936.00
豪华双人房	103	206	206	49.51%	50.97%	50.97%	51	105	105	238.00	238.00	238.00	12138.00	24990.00	24990.00
商务客房	16	32	32	31.25%	37.50%	37.50%	5	12	12	318.00	318.00	318.00	1590.00	3816.00	3816.00
商务套房	6	12	12	33.33%	25.00%	25.00%	2	3	3	498.00	498.00	498.00	996.00	1494.00	1494.00
休闲客房															
休闲套房															
合计	215	430	430	37.67%	40.00%	40.00%	81	172	172	257.88	257.19	257.19	20888.00	44236.00	44236.00

其它部门收入

部门资源	人数			人均消费			开台数			消费数			挂酒店帐		
	本日	本月	本年	本日	本月	本年	本日	本月	本年	本日	本月	本年	本日	本月	本年
餐饮大厅	34	75	126	59.32	60.79	56.36	8	21	36	2017.00	4559.00	4559.00	0	0	0
餐饮包厢	56	86	120	63.98	64.20	62.16	6	9	13	3583.00	5521.00	5521.00	0	0	0
餐饮小计	90	161	246	62.22	62.61	40.98	14	30	49	5600.00	10080.00	10080.00	0	0	0

客房其它收入

项目	本日	本月	本年	项目	本日	本月	本年	项目	本日	本月	本年
客房破损赔偿费				客房杂项				客房商品			
客房其它				客房其它服务费				客房其它折扣			
其它服务费（尾数）				其它折扣（尾数）				会议室收入			
休闲消费	3784.00	7324.00	7324.00	休闲包厢费				休闲服务费			
客房电话收入				公用电话收入				合计	3784.00	7324.00	7324.00
								酒店总收入	30272.00	61640.00	61640.00

收款方式信息

项目	现金收入			POS收入			合计		
	本日	本月	本年	本日	本月	本年	本日	本月	本年
餐饮收入	3360.00	6048.00	6048.00	2240.00	4032.00	4032.00	5600.00	10080.00	10080.00
桑拿收入	3784.00	7324.00	7324.00	0.00	0.00	0.00	3784.00	7324.00	7324.00
商超收入	0.00	0.00	0.00	0.00	0.00	0.00	0.00	0.00	0.00
合计	7144.00	13372.00	13372.00	2240.00	4032.00	4032.00	9384.00	17404.00	17404.00

装修合同

委托方(甲方):王晓华　　　　　　承接方(乙方):尚品装饰装修有限公司

甲、乙双方经友好洽谈和协商，甲方决定委托乙方对房屋进行装修，订立本协议，以共同恪守。

一、　工程名称：酒店装饰工程

二、　工程地点：北平市迎丰中路 98 号

三、形式结构：10 层整栋装修

四、工程期限：工程期限 120 天，开工日期 2018 年 8 月 1 日，竣工日期 2018 年 12 月 28 日。

五、承包方式：甲方按乙方要求必须保证装修期间的所需材料（乙方需提前通知甲方），和施工期间的午餐供应，乙方负责施工。

六、质量标准：施工质量要符合质量要求，装修质量不得低于同一施工类型的装修标准，双方认可。工程竣工验收合格后，3 个月内因乙方施工出现质量问题，乙方负责无偿返工维修。

七、工程造价：材料由甲方提供，甲方支付乙方装修人工费￥7,200,000.00 元人民币。包含乙方为本工程和参与本工程施工作业人员的保险费和为完成本工程所采取的措施费。

八、付款方式：乙方应在完成全部隐蔽工程后，向甲方提供相关质量验收合格记录，经甲方验收，如符合以上施工项目和设计要求，三天内付清款项。

九、甲、乙方不能按合同约定履行自己的各项义务时应承担相应的违约责任，包括支付违约金、赔偿因违约给对方造成的经济损失。甲方不能按时支付工程预付款、工程进度款、竣工结算款的，每延误一日应向乙方支付迟延部分工程款 3‰的违约金。由于乙方责任延误工期的，每延误一日乙方应向甲方支付合同金额 3‰的违约金。

十、因北平华问酒店有限公司尚在注册中，待公司成立之后，由北平华问国际酒店有限公司代王晓华履行合同中的权利义务。

本协议一式两份，甲乙方各执一份，就有相同效应。本协议自双方签字之日起生效。

委托方(甲方):王晓华　　　　　　承接方(乙方):尚品装饰装修有限公司

日期：2018 年 08 月 01 日　　　　　日期：2018 年 08 月 01 日

91110586126R87247K

投资协议书

第一条　共同投资人的姓名及住所

甲方：北平华问金属制品有限公司　住所：高新大道 98 号华问大厦

乙方：　　华问集团　　　　　　　住所：北平市滨江大道 668 号

甲乙双方共同投资人（以下简称“共同投资人”）经友好协商，根据中华人民共和国法律、法规的规定，就各方共同作为发起人参与北平华问国际酒店有限公司的发起设立事宜，达成如下协议。

第二条　共同投资人的投资额和投资方式

共同出资人的出资额为人民币 3000 万元，其中甲方出资 1800 万元，占出资总额的 60%；乙方出资 1200 万元，占出资总额的 40%；

第三条　利润分享和亏损分担

共同投资人按其出资额占出资总额的比例分享共同投资的利润，分担共同投资的亏损。

共同投资人各自以其出资额为限对共同投资承担责任，共同投资人以其出资总额为限对股份有限公司承担责任。

共同投资人的出资形成的股份及其孳生物为共同投资人的共有财产，由共同投资人按其出资比例共有。

若共同投资的股份转让后，各共同投资人有权按其出资比例取得财产。

第四条　事务执行

1. 共同投资人委托甲方代表全体共同投资人执行共同投资的日常事务，包括但不限于：

(1) 在股份公司发起设立阶段，行使及履行作为股份有限公司发起人的权利和义务；

(2) 在股份公司成立后，行使其作为股份公司股东的权利、履行相应义务；

(3) 收集共同投资所产生的孳息，并按照本协议有关规定处置；

2. 其他投资人有权检查日常事务的执行情况，甲方有义务向乙方报告共同投资的经营状况和财务状况；

3. 甲方执行共同投资事务所产生的收益归共同投资人，所产生的亏损或者民事责任，由共同投资人承担；

4. 甲方在执行事务时如因其过失或不遵守本协议而造成共同投资人损失时，应承担赔偿责任。

5. 共同投资人可以对甲方执行共同投资事务提出异议。提出异议时，应暂停该项事务的执行。如果发生争议，由共同投资人共同决定；

6. 共同投资的下列事务必须经共同投资人同意：

(1) 转让共同投资于股份有限公司的股份；

(2) 以上述股份对外出质；

(3) 更换事务执行人。

第五条　投资的转让

1. 共同投资人向共同投资人以外的人转让其在共同投资中的全部或部分出资额时，须经共同投资人同意；

2. 共同投资人之间转让在共同投资中的全部或部分投资额时，应当通知其他共同出资人；

3. 共同投资人依法转让其出资额的，在同等条件下，其他共同投资人有优先受让的权利。

第六条　其他权利和义务

1. 甲方及其他共同投资人不得私自转让或者处分共同投资的股份；

2. 共同投资人在股份有限公司登记之日起三年内，不得转让其持有的股份及出资额；

3. 股份有限公司成立后，任一共同投资人不得从共同投资中抽回出资额；

4. 股份有限公司不能成立时，对设立行为所产生的债务和费用按各共同投资人的出资比例分担。

第七条　违约责任

为保证本协议的实际履行，甲方自愿提供其所有的财产向其他共同投资人提供担保。甲方承诺在其违约并造成其他共同投资人损失的情况下，以上述财产向其他共同投资人承担违约责任。

第八条　其他

1. 本协议未尽事宜由共同投资人协商一致后，另行签订补充协议。

2. 本协议经全体共同投资人签字盖章后即生效。本协议一式两份，共同投资人各执一份。

甲方(签字)：

乙方(签字)：

2019 年 01 月 02 日

2019年1月份工资汇总表

序号	部门	姓名	基本工资	岗位工资	福利补贴	加班	考勤扣款	应发合计	养老保险	失业保险	医疗保险	住房公积金	个人所得税	实发工资
1	办公室	王晓华	8000.00	2,000.00				10000.00	175.20	21.90	43.80	130.00	670.82	8958.28
2	办公室	徐向明	5600.00	1,400.00				7000.00	175.20	21.90	43.80	130.00	207.91	6421.19
3	办公室	郑武	5600.00	1,400.00				7000.00	175.20	21.90	43.80	130.00	207.91	6421.19
4	办公室	余慧	5600.00	1,400.00				7000.00	175.20	21.90	43.80	130.00	207.91	6421.19
5	办公室	李小路	5600.00	1,400.00				7000.00	175.20	21.90	43.80	130.00	207.91	6421.19
6	人事部	段菲	4000.00	1,000.00				5000.00	175.20	21.90	43.80	130.00	33.87	4595.23
7	人事部	潘娇	1600.00	400.00				2000.00	175.20	21.90	43.80	130.00		1629.10
8	财务部	蔡寿权	4000.00	1,000.00				5000.00	175.20	21.90	43.80	130.00	33.87	4595.23
9	财务部	陈科	2800.00	700.00				3500.00	175.20	21.90	43.80	130.00		3129.10
10	财务部	陈美娇	2240.00	560.00				2800.00	175.20	21.90	43.80	130.00		2429.10
11	财务部	李义	1760.00	440.00				2200.00	175.20	21.90	43.80	130.00		1829.10
12	财务部	罗志远	1600.00	400.00				2000.00	175.20	21.90	43.80	130.00		1629.10
13	采购部	程冬冬	1600.00	400.00				2000.00	175.20	21.90	43.80	130.00		1629.10
14	采购部	朱裕	1600.00	400.00				2000.00	175.20	21.90	43.80	130.00		1629.10
15	工程部	熊虎	2800.00	700.00				3500.00	175.20	21.90	43.80	130.00		3129.10
16	工程部	万斌	2800.00	700.00				3500.00	175.20	21.90	43.80	130.00		3129.10
17	保安部	何建	1440.00	360.00				1800.00	175.20	21.90	43.80	130.00		1429.10
18	保安部	吴根生	1440.00	360.00				1800.00	175.20	21.90	43.80	130.00		1429.10
19	餐饮部	刘云萍	4000.00	1,000.00				5000.00	175.20	21.90	43.80	130.00	33.87	4595.23
20	餐饮部	王芬芬	1600.00	400.00				2000.00	175.20	21.90	43.80	130.00		1629.10
21	餐饮部	欧华	1600.00	400.00				2000.00	175.20	21.90	43.80	130.00		1629.10
22	餐饮部	张小佳	1760.00	440.00				2200.00	175.20	21.90	43.80	130.00		1829.10
23	餐饮部	张志远	1600.00	400.00				2000.00	175.20	21.90	43.80	130.00		1629.10
24	餐饮部	李小川	1600.00	400.00				2000.00	175.20	21.90	43.80	130.00		1629.10
25	餐饮部	林志晶	1600.00	400.00				2000.00	175.20	21.90	43.80	130.00		1629.10
26	餐饮部	王宏达	1600.00	400.00				2000.00	175.20	21.90	43.80	130.00		1629.10
27	餐饮部	邵军明	1600.00	400.00				2000.00	175.20	21.90	43.80	130.00		1629.10
28	餐饮部	陈建舟	1600.00	400.00				2000.00	175.20	21.90	43.80	130.00		1629.10
29	餐饮部	刘川	1600.00	400.00				2000.00	175.20	21.90	43.80	130.00		1629.10
30	餐饮部	赖涛	1600.00	400.00				2000.00	175.20	21.90	43.80	130.00		1629.10
31	餐饮部	汪斌	4000.00	1,000.00	200.00			5200.00	175.20	21.90	43.80	130.00	39.87	4789.23
32	餐饮部	李旺旺	2800.00	700.00	200.00			3700.00	175.20	21.90	43.80	130.00		3329.10
33	餐饮部	程义	2800.00	700.00	200.00			3700.00	175.20	21.90	43.80	130.00		3329.10
34	餐饮部	石梦	2800.00	700.00	200.00			3700.00	175.20	21.90	43.80	130.00		3329.10
35	餐饮部	王江川	2400.00	600.00	200.00			3200.00	175.20	21.90	43.80	130.00		2829.10
36	餐饮部	万小兵	2400.00	600.00	200.00			3200.00	175.20	21.90	43.80	130.00		2829.10
37	餐饮部	谢泽刚	1600.00	400.00	200.00			2200.00	175.20	21.90	43.80	130.00		1829.10
38	餐饮部	汪海洋	1600.00	400.00	200.00			2200.00	175.20	21.90	43.80	130.00		1829.10
39	餐饮部	欧俊杰	1200.00	300.00	200.00			1700.00	175.20	21.90	43.80	130.00		1329.10
40	餐饮部	朱义江	1200.00	300.00	200.00			1700.00	175.20	21.90	43.80	130.00		1329.10
41	餐饮部	胡伟强	1200.00	300.00	200.00			1700.00	175.20	21.90	43.80	130.00		1329.10
42	客房部	陈文佳	4000.00	1,000.00				5000.00	175.20	21.90	43.80	130.00	33.87	4595.23
43	客房部	王芳	1760.00	440.00				2200.00	175.20	21.90	43.80	130.00		1829.10
44	客房部	杨欢	1600.00	400.00				2000.00	175.20	21.90	43.80	130.00		1629.10
45	客房部	张媛	1600.00	400.00				2000.00	175.20	21.90	43.80	130.00		1629.10
46	客房部	李香妹	1600.00	400.00				2000.00	175.20	21.90	43.80	130.00		1629.10
47	客房部	李晨	1600.00	400.00				2000.00	175.20	21.90	43.80	130.00		1629.10
48	客房部	杨文琦	1600.00	400.00				2000.00	175.20	21.90	43.80	130.00		1629.10
49	客房部	徐兰	1600.00	400.00				2000.00	175.20	21.90	43.80	130.00		1629.10
50	客房部	徐芳	1600.00	400.00				2000.00	175.20	21.90	43.80	130.00		1629.10
51	桑拿部	郑国平	4000.00	1,000.00				5000.00	175.20	21.90	43.80	130.00	33.87	4595.23
52	桑拿部	李丽	1760.00	440.00				2200.00	175.20	21.90	43.80	130.00		1829.10
53	桑拿部	吴美玲	1600.00	400.00				2000.00	175.20	21.90	43.80	130.00		1629.10
54	桑拿部	欧阳杰	2800.00	700.00				3500.00	175.20	21.90	43.80	130.00		3129.10
55	桑拿部	魏杨	2800.00	700.00				3500.00	175.20	21.90	43.80	130.00		3129.10
56	桑拿部	彭俊杰	2400.00	600.00				3000.00	175.20	21.90	43.80	130.00		2629.10
57	桑拿部	许强	2400.00	600.00				3000.00	175.20	21.90	43.80	130.00		2629.10
58	桑拿部	高文斌	2400.00	600.00				3000.00	175.20	21.90	43.80	130.00		2629.10
59	桑拿部	刘伟	1600.00	400.00				2000.00	175.20	21.90	43.80	130.00		1629.10
60	桑拿部	王俊豪	1600.00	400.00				2000.00	175.20	21.90	43.80	130.00		1629.10
61	桑拿部	刘昊	1600.00	400.00				2000.00	175.20	21.90	43.80	130.00		1629.10
62	桑拿部	张涛	1600.00	400.00				2000.00	175.20	21.90	43.80	130.00		1629.10
63	桑拿部	黄勇	1600.00	400.00				2000.00	175.20	21.90	43.80	130.00		1629.10
64	桑拿部	林荣平	1600.00	400.00				2000.00	175.20	21.90	43.80	130.00		1629.10
65	桑拿部	向阳	1600.00	400.00				2000.00	175.20	21.90	43.80	130.00		1629.10
66	桑拿部	何平	1600.00	400.00				2000.00	175.20	21.90	43.80	130.00		1629.10
67	桑拿部	何军	1600.00	400.00				2000.00	175.20	21.90	43.80	130.00		1629.10
68	桑拿部	赵强	1600.00	400.00				2000.00	175.20	21.90	43.80	130.00		1629.10
69	商超部	徐娇	1760.00	440.00				2200.00	175.20	21.90	43.80	130.00		1829.10
	合计		160,720.00	40,180.00	2,200.00	0.00	0.00	203,100.00	12088.80	1511.10	3022.20	8970.00	1711.68	175796.22

2019年1月社会保险费及住房公积金计算汇总表

序号	部门	姓名	企业						个人				合计					
			养老保险	失业保险	医疗保险	工伤保险	生育保险	住房公积金	养老保险	失业保险	医疗保险	住房公积金	养老保险	失业保险	医疗保险	工伤保险	生育保险	住房公积金
1	办公室	王晓华	438.00	43.80	131.40	17.52	17.52	130.00	175.20	21.90	43.80	130.00	613.20	65.70	175.20	17.52	17.52	260.00
2	办公室	徐向明	438.00	43.80	131.40	17.52	17.52	130.00	175.20	21.90	43.80	130.00	613.20	65.70	175.20	17.52	17.52	260.00
3	办公室	郑武	438.00	43.80	131.40	17.52	17.52	130.00	175.20	21.90	43.80	130.00	613.20	65.70	175.20	17.52	17.52	260.00
4	办公室	余慧	438.00	43.80	131.40	17.52	17.52	130.00	175.20	21.90	43.80	130.00	613.20	65.70	175.20	17.52	17.52	260.00
5	办公室	李小路	438.00	43.80	131.40	17.52	17.52	130.00	175.20	21.90	43.80	130.00	613.20	65.70	175.20	17.52	17.52	260.00
6	人事部	段菲	438.00	43.80	131.40	17.52	17.52	130.00	175.20	21.90	43.80	130.00	613.20	65.70	175.20	17.52	17.52	260.00
7	人事部	潘娇	438.00	43.80	131.40	17.52	17.52	130.00	175.20	21.90	43.80	130.00	613.20	65.70	175.20	17.52	17.52	260.00
8	财务部	蔡寿权	438.00	43.80	131.40	17.52	17.52	130.00	175.20	21.90	43.80	130.00	613.20	65.70	175.20	17.52	17.52	260.00
9	财务部	陈科	438.00	43.80	131.40	17.52	17.52	130.00	175.20	21.90	43.80	130.00	613.20	65.70	175.20	17.52	17.52	260.00
10	财务部	陈美娇	438.00	43.80	131.40	17.52	17.52	130.00	175.20	21.90	43.80	130.00	613.20	65.70	175.20	17.52	17.52	260.00
11	财务部	李义	438.00	43.80	131.40	17.52	17.52	130.00	175.20	21.90	43.80	130.00	613.20	65.70	175.20	17.52	17.52	260.00
12	财务部	罗志远	438.00	43.80	131.40	17.52	17.52	130.00	175.20	21.90	43.80	130.00	613.20	65.70	175.20	17.52	17.52	260.00
13	采购部	程冬冬	438.00	43.80	131.40	17.52	17.52	130.00	175.20	21.90	43.80	130.00	613.20	65.70	175.20	17.52	17.52	260.00
14	采购部	朱裕	438.00	43.80	131.40	17.52	17.52	130.00	175.20	21.90	43.80	130.00	613.20	65.70	175.20	17.52	17.52	260.00
15	工程部	熊虎	438.00	43.80	131.40	17.52	17.52	130.00	175.20	21.90	43.80	130.00	613.20	65.70	175.20	17.52	17.52	260.00
16	工程部	万斌	438.00	43.80	131.40	17.52	17.52	130.00	175.20	21.90	43.80	130.00	613.20	65.70	175.20	17.52	17.52	260.00
17	保安部	何建	438.00	43.80	131.40	17.52	17.52	130.00	175.20	21.90	43.80	130.00	613.20	65.70	175.20	17.52	17.52	260.00
18	保安部	吴根生	438.00	43.80	131.40	17.52	17.52	130.00	175.20	21.90	43.80	130.00	613.20	65.70	175.20	17.52	17.52	260.00
19	餐饮部	刘云萍	438.00	43.80	131.40	17.52	17.52	130.00	175.20	21.90	43.80	130.00	613.20	65.70	175.20	17.52	17.52	260.00
20	餐饮部	王芬芬	438.00	43.80	131.40	17.52	17.52	130.00	175.20	21.90	43.80	130.00	613.20	65.70	175.20	17.52	17.52	260.00
21	餐饮部	欧华	438.00	43.80	131.40	17.52	17.52	130.00	175.20	21.90	43.80	130.00	613.20	65.70	175.20	17.52	17.52	260.00
22	餐饮部	张小佳	438.00	43.80	131.40	17.52	17.52	130.00	175.20	21.90	43.80	130.00	613.20	65.70	175.20	17.52	17.52	260.00
23	餐饮部	张志远	438.00	43.80	131.40	17.52	17.52	130.00	175.20	21.90	43.80	130.00	613.20	65.70	175.20	17.52	17.52	260.00
24	餐饮部	李小川	438.00	43.80	131.40	17.52	17.52	130.00	175.20	21.90	43.80	130.00	613.20	65.70	175.20	17.52	17.52	260.00
25	餐饮部	林志晶	438.00	43.80	131.40	17.52	17.52	130.00	175.20	21.90	43.80	130.00	613.20	65.70	175.20	17.52	17.52	260.00
26	餐饮部	王宏达	438.00	43.80	131.40	17.52	17.52	130.00	175.20	21.90	43.80	130.00	613.20	65.70	175.20	17.52	17.52	260.00
27	餐饮部	邵军明	438.00	43.80	131.40	17.52	17.52	130.00	175.20	21.90	43.80	130.00	613.20	65.70	175.20	17.52	17.52	260.00
28	餐饮部	陈建舟	438.00	43.80	131.40	17.52	17.52	130.00	175.20	21.90	43.80	130.00	613.20	65.70	175.20	17.52	17.52	260.00
29	餐饮部	刘川	438.00	43.80	131.40	17.52	17.52	130.00	175.20	21.90	43.80	130.00	613.20	65.70	175.20	17.52	17.52	260.00
30	餐饮部	赖涛	438.00	43.80	131.40	17.52	17.52	130.00	175.20	21.90	43.80	130.00	613.20	65.70	175.20	17.52	17.52	260.00
31	餐饮部	汪斌	438.00	43.80	131.40	17.52	17.52	130.00	175.20	21.90	43.80	130.00	613.20	65.70	175.20	17.52	17.52	260.00
32	餐饮部	李旺旺	438.00	43.80	131.40	17.52	17.52	130.00	175.20	21.90	43.80	130.00	613.20	65.70	175.20	17.52	17.52	260.00
33	餐饮部	程义	438.00	43.80	131.40	17.52	17.52	130.00	175.20	21.90	43.80	130.00	613.20	65.70	175.20	17.52	17.52	260.00
34	餐饮部	石梦	438.00	43.80	131.40	17.52	17.52	130.00	175.20	21.90	43.80	130.00	613.20	65.70	175.20	17.52	17.52	260.00
35	餐饮部	王江川	438.00	43.80	131.40	17.52	17.52	130.00	175.20	21.90	43.80	130.00	613.20	65.70	175.20	17.52	17.52	260.00
36	餐饮部	万小兵	438.00	43.80	131.40	17.52	17.52	130.00	175.20	21.90	43.80	130.00	613.20	65.70	175.20	17.52	17.52	260.00
37	餐饮部	谢泽刚	438.00	43.80	131.40	17.52	17.52	130.00	175.20	21.90	43.80	130.00	613.20	65.70	175.20	17.52	17.52	260.00
38	餐饮部	汪海洋	438.00	43.80	131.40	17.52	17.52	130.00	175.20	21.90	43.80	130.00	613.20	65.70	175.20	17.52	17.52	260.00
39	餐饮部	欧俊杰	438.00	43.80	131.40	17.52	17.52	130.00	175.20	21.90	43.80	130.00	613.20	65.70	175.20	17.52	17.52	260.00
40	餐饮部	朱义江	438.00	43.80	131.40	17.52	17.52	130.00	175.20	21.90	43.80	130.00	613.20	65.70	175.20	17.52	17.52	260.00
41	餐饮部	胡伟强	438.00	43.80	131.40	17.52	17.52	130.00	175.20	21.90	43.80	130.00	613.20	65.70	175.20	17.52	17.52	260.00
42	客房部	陈文佳	438.00	43.80	131.40	17.52	17.52	130.00	175.20	21.90	43.80	130.00	613.20	65.70	175.20	17.52	17.52	260.00
43	客房部	王芳	438.00	43.80	131.40	17.52	17.52	130.00	175.20	21.90	43.80	130.00	613.20	65.70	175.20	17.52	17.52	260.00
44	客房部	杨欢	438.00	43.80	131.40	17.52	17.52	130.00	175.20	21.90	43.80	130.00	613.20	65.70	175.20	17.52	17.52	260.00
45	客房部	张媛	438.00	43.80	131.40	17.52	17.52	130.00	175.20	21.90	43.80	130.00	613.20	65.70	175.20	17.52	17.52	260.00
46	客房部	李香妹	438.00	43.80	131.40	17.52	17.52	130.00	175.20	21.90	43.80	130.00	613.20	65.70	175.20	17.52	17.52	260.00
47	客房部	李晨	438.00	43.80	131.40	17.52	17.52	130.00	175.20	21.90	43.80	130.00	613.20	65.70	175.20	17.52	17.52	260.00
48	客房部	杨文琦	438.00	43.80	131.40	17.52	17.52	130.00	175.20	21.90	43.80	130.00	613.20	65.70	175.20	17.52	17.52	260.00
49	客房部	徐兰	438.00	43.80	131.40	17.52	17.52	130.00	175.20	21.90	43.80	130.00	613.20	65.70	175.20	17.52	17.52	260.00
50	客房部	徐芳	438.00	43.80	131.40	17.52	17.52	130.00	175.20	21.90	43.80	130.00	613.20	65.70	175.20	17.52	17.52	260.00
51	桑拿部	郑国平	438.00	43.80	131.40	17.52	17.52	130.00	175.20	21.90	43.80	130.00	613.20	65.70	175.20	17.52	17.52	260.00
52	桑拿部	李丽	438.00	43.80	131.40	17.52	17.52	130.00	175.20	21.90	43.80	130.00	613.20	65.70	175.20	17.52	17.52	260.00
53	桑拿部	吴美玲	438.00	43.80	131.40	17.52	17.52	130.00	175.20	21.90	43.80	130.00	613.20	65.70	175.20	17.52	17.52	260.00
54	桑拿部	欧阳杰	438.00	43.80	131.40	17.52	17.52	130.00	175.20	21.90	43.80	130.00	613.20	65.70	175.20	17.52	17.52	260.00
55	桑拿部	魏杨	438.00	43.80	131.40	17.52	17.52	130.00	175.20	21.90	43.80	130.00	613.20	65.70	175.20	17.52	17.52	260.00
56	桑拿部	彭俊杰	438.00	43.80	131.40	17.52	17.52	130.00	175.20	21.90	43.80	130.00	613.20	65.70	175.20	17.52	17.52	260.00
57	桑拿部	许强	438.00	43.80	131.40	17.52	17.52	130.00	175.20	21.90	43.80	130.00	613.20	65.70	175.20	17.52	17.52	260.00
58	桑拿部	高文斌	438.00	43.80	131.40	17.52	17.52	130.00	175.20	21.90	43.80	130.00	613.20	65.70	175.20	17.52	17.52	260.00
59	桑拿部	刘伟	438.00	43.80	131.40	17.52	17.52	130.00	175.20	21.90	43.80	130.00	613.20	65.70	175.20	17.52	17.52	260.00
60	桑拿部	王俊豪	438.00	43.80	131.40	17.52	17.52	130.00	175.20	21.90	43.80	130.00	613.20	65.70	175.20	17.52	17.52	260.00
61	桑拿部	刘昊	438.00	43.80	131.40	17.52	17.52	130.00	175.20	21.90	43.80	130.00	613.20	65.70	175.20	17.52	17.52	260.00
62	桑拿部	张涛	438.00	43.80	131.40	17.52	17.52	130.00	175.20	21.90	43.80	130.00	613.20	65.70	175.20	17.52	17.52	260.00
63	桑拿部	黄勇	438.00	43.80	131.40	17.52	17.52	130.00	175.20	21.90	43.80	130.00	613.20	65.70	175.20	17.52	17.52	260.00
64	桑拿部	林荣平	438.00	43.80	131.40	17.52	17.52	130.00	175.20	21.90	43.80	130.00	613.20	65.70	175.20	17.52	17.52	260.00
65	桑拿部	向阳	438.00	43.80	131.40	17.52	17.52	130.00	175.20	21.90	43.80	130.00	613.20	65.70	175.20	17.52	17.52	260.00
66	桑拿部	何平	438.00	43.80	131.40	17.52	17.52	130.00	175.20	21.90	43.80	130.00	613.20	65.70	175.20	17.52	17.52	260.00
67	桑拿部	何军	438.00	43.80	131.40	17.52	17.52	130.00	175.20	21.90	43.80	130.00	613.20	65.70	175.20	17.52	17.52	260.00
68	桑拿部	赵强	438.00	43.80	131.40	17.52	17.52	130.00	175.20	21.90	43.80	130.00	613.20	65.70	175.20	17.52	17.52	260.00
69	商超部	徐娇	438.00	43.80	131.40	17.52	17.52	130.00	175.20	21.90	43.80	130.00	613.20	65.70	175.20	17.52	17.52	260.00
	合计		30222.00	3022.20	9066.60	1208.88	1208.88	8970.00	12088.80	1511.10	3022.20	8970.00	42310.80	4533.30	12088.80	1208.88	1208.88	17940.00

北平市国家税务局通用机打发票

北平益丰药品有限公司

发票代码：111001275072

发票号码：00082035

密　　码：　　发票联

付款单位名称：北平市华问国际酒店有限公司

开票日期：2019-01-20

收款员：4757701

项目名称	单价	数量	金额
药品	285.00	1.00	285.00

金额合计：￥285.00

金额大写：贰佰捌拾伍元整

现金付讫

北平市益丰药品有限公司
964312114822KYL891
发票专用章

除付款单位外手写无效

此发票系北平市石景山区国家税务局批准印刷

借　款　条

借款日期：2019年 01 月 13 日

借款部门	总经办	借款人签字	郑武
借款金额	大写：零万贰仟零佰零拾零元零角　分 ¥：2,000		
用途	出差天津　现金付讫	预计还款时间	年　月　日
部门负责人意见		领导意见	王晓华

教学票样

2101191130

北平增值税专用发票

№ 2312389

发票联

校验码37586 67438 37455 48768

开票日期： 2019-0

购买方	名　　　称：北平华问国际酒店有限公司 纳税人识别号： 91110168MC001YIDHV 地 址 、 电 话：北平市迎丰中路98号 011-86663915 开户行及账号：招商银行北平市支行 362117 211290 009	密码区	>>23756*+318157238825 2 7>1/<863>*19-*4<>13141 8179/753++13/*49>2389<

货物或应税劳务名称	规格型号	单位	数量	单价	金额	税率	税
房费			1	735.85	735.85	6%	
合计					￥735.85		

天宇酒店有限

检票口22

1001-0000-20■-11K0-039■

和谐号

教学票样

差旅费报销单

报销部门：总经办　　　　填报日期：2019 年 01 月 20 日

姓名	郑武	职别	副总经理	出差事由	学习管理

出差起止日期自 2019年 01 月 17 日起至 2019年 01 月 19 日止共 3 天附单据 15 张

日期 月	日期 日	起讫地点	天数	机票费	车船费	市内交通费	住宿费	出差补助	住宿节约补助	其他	小计
12	7	北平至天津往返	3		201	237	780	1000			2218.00

总计金额（大写）¥ 万 贰 仟 贰 佰 壹 拾 捌 元 零 角 零 分　预支 2000 元 补助 ____ 元

现金付讫

负责人 王晓华　会计　　审核 陈美娇　部门主管　　出差人 郑武

北平市国家税务局通用机打发票
北平中油石油有限公司

北国税（2019）印字第2号

发票代码：134022361301
发票号码：02312018
客户名称：北平华问国际酒店有限公司

现金付讫

开票日期：2019-01-20
收款员：主管操作员

项目名称	单价	数量	金额
93#车用汽油	2,000.00	1.00	2,000.00

除付款单位外手写无效

北平市中油石油有限公司
912484394613KMP128
发票专用章

金额合计：¥2,000.00
金额大写：贰仟元整

教学票样

华问 HUAWEN

差旅费报销单

报销部门：采购部　　　填报日期：2019 年 01 月 20 日

姓名	程冬冬	职别	采购员	出差事由	采购货物

出差起止日期自2019年 01 月 20 日起至2019年 01 月 20 日止共 1 天附单据 1 张

日期 月	日期 日	起讫地点	天数	机票费	车船费	市内交通费	住宿费	出差补助	住宿节约补助	其他	小计
01	20	公司至门店	1			2000					2000.00

总计金额（大写）¥万 贰 仟 零 佰 零 拾 零 元 零 角 零 分　预支＿＿＿＿元 补助＿＿＿＿元

现金付讫

负责人 王晓华　　会计　　审核 陈美娇　　部门主管　　出差人

教学票样

北平市代收罚没收入票据

(2019) № 01205742

日期:2019年 1 月 20日

执收单位	北平市交通警察大队高速支队	处罚决定书号码	62157966
缴款人	蔡寿权	付款方式	

项目	金额	备注
罚没款	1200	超载
滞纳金		
合计		

金额合计(大写)	佰 拾 ¥万 壹 仟 贰 佰 零 拾 零 元 零 角 零 分		
代收银行(盖章)		收款	0157
		复核	

全国统一票样监制章 北平市 华问教育实训中心

现金付讫

招商银行 北平市支行 2019.01.20 业务受理章

福泰瓷器

FU TAI PORCELAIN

砖业至诚　同心同德

福泰瓷器销售单

0001202

2019年01月16日

客户名称	北平华问国际酒店有限公司		联系电话	011-86663915								
序号	名称	规格	单位	数量	单价	金额						
						万	仟	佰	拾	元	角	分
1	百福盘+龙架	35cm	套	19.00	90.00		1	7	1	0	0	0
2	60头骨质瓷餐具	疏影系列	套	15.00	280.00		4	2	0	0	0	0
3	60头骨质瓷餐具	芸阙系列	套	15.00	280.00		4	2	0	0	0	0
4	60头骨质瓷餐具	金边系列	套	14.00	279.99		3	9	1	9	9	0
5	60头骨质瓷餐具	百合系列	套	15.00	280.00		4	2	0	0	0	0
6	60头骨质瓷餐具	鸢尾花系列	套	15.00	280.00		4	2	0	0	0	0
7												
8												
9												
10												
合计金额（大写）：零拾贰万叁仟柒佰零拾零元壹角零分整						￥22，429.90						

第二联：客户（红）

地址：北平市柳泉路107号　　核准：陈红　　收货人：徐娇

福泰瓷器 FU TAI PORCELAIN

砖业至诚 同心同德

0002204

福泰瓷器销售单

2019年01月21日

客户名称	北平华问国际酒店有限公司		联系电话		011-86663915							
序号	名称	规格	单位	数量	单价	金额						
						万	仟	佰	拾	元	角	分
1	百福盘+龙架	35cm	套	20.00	90.00		1	8	0	0	0	0
2	60头骨质瓷餐具	疏影系列	套	20.00	280.00		5	6	0	0	0	0
3	60头骨质瓷餐具	芸阙系列	套	20.00	280.00		5	6	0	0	0	0
4	60头骨质瓷餐具	金边系列	套	20.00	279.99		5	5	9	9	8	0
5	60头骨质瓷餐具	百合系列	套	20.00	280.00		5	6	0	0	0	0
6	60头骨质瓷餐具	鸢尾花系列	套	20.00	280.00		5	6	0	0	0	0
7	56头骨质瓷餐具	青花系列	套	32.00	265.00		8	4	8	0	0	0
8												
9												
10												
合计金额（大写）：零拾叁万捌仟贰佰柒拾玖元捌角零分整					¥ 38,279.80							

第二联：客户（红）

地址：北平市柳泉路107号 核准：陈红 收货人：徐娇

福泰瓷器
FU TAI PORCELAIN

砖业至诚 同心同德

福泰瓷器销售单

0001201

2019年01月16日

客户名称	北平华问国际酒店有限公司		联系电话		011-86663915							
序号	名称	规格	单位	数量	单价	金额						
						万	仟	佰	拾	元	角	分
1	窑变花瓶三件套	GD-013	套	10.00	280.00		2	8	0	0	0	0
2	青瓷手绘三件套	SH-267	套	10.00	280.00		2	8	0	0	0	0
3	青花瓷三件套山水花瓶	SJT-139	套	10.00	280.00		2	8	0	0	0	0
4	现代中式储物罐三件套	CWG-258	套	10.00	280.00		2	8	0	0	0	0
5	水点桃花三件套花瓶盘子	SJT-140	套	10.00	280.00		2	8	0	0	0	0
6	手绘荷花异形尖口三件套	SH-331	套	10.00	280.00		2	8	0	0	0	0
7	高档仿古官窑开片花瓶	FG-015	套	10.00	150.01		1	5	0	0	1	0
8	喜鹊盘+龙架	35cm	套	20.00	90.00		1	8	0	0	0	0
9	孔雀盘+龙架	35cm	套	20.00	90.00		1	8	0	0	0	0
10	金边和字盘+龙架	35cm	套	20.00	90.00		1	8	0	0	0	0
合计金额（大写）：零拾 贰万 叁仟 柒佰 零拾 零元 壹角 零分 整						￥23，700.10						

第二联：客户（红）

地址：北平市柳泉路107号　　核准：陈红　　收货人：徐娇

福泰瓷器
FU TAI PORCELAIN

砖业至诚　同心同德

福泰瓷器销售单

0002203

2019年01月21日

客户名称	北平华问国际酒店有限公司		联系电话	011-86663915								
序号	名称	规格	单位	数量	单价	金额						
						万	仟	佰	拾	元	角	分
1	窑变花瓶三件套	GD-013	套	15.00	280.00		4	2	0	0	0	0
2	青瓷手绘三件套	SH-267	套	15.00	280.00		4	2	0	0	0	0
3	青花瓷三件套山水花瓶	SJT-139	套	15.00	280.00		4	2	0	0	0	0
4	现代中式储物罐三件套	CWG-258	套	15.00	280.00		4	2	0	0	0	0
5	水点桃花三件套花瓶盘子	SJT-140	套	15.00	280.00		4	2	0	0	0	0
6	手绘荷花异形尖口三件套	SH-331	套	15.00	280.00		4	2	0	0	0	0
7	高档仿古官窑开片花瓶	FG-015	套	20.00	150.01		3	5	0	0	2	0
8	喜鹊盘+龙架	35cm	套	20.00	90.00		1	8	0	0	0	0
9	孔雀盘+龙架	35cm	套	20.00	90.00		1	8	0	0	0	0
10	金边和字盘+龙架	35cm	套	20.00	90.00		1	8	0	0	0	0
合计金额（大写）：零拾叁万叁仟陆佰零拾零元贰角零分整　¥33,600.20												

第二联：客户（红）

地址：北平市柳泉路107号　　核准：陈红　　收货人：徐娇

教学票样

北平市代收罚没收入票据

(2019) № 01205742

日期:2019年 1 月 27日

执收单位	北平市消防大队铁路支队	处罚决定书号码	42136189
缴款人	蔡寿权	付款方式	

项目	金额	备注
罚没款	2000	消防措施不完善
滞纳金		
合计		

金额合计(大写)	佰 拾 ¥万 贰仟 零佰 零拾 零元 零角 零分		
代收银行(盖章)		收款	0178
		复核	

全国统一票样监制 北平市 华问教育实训中心

现金付讫

招商银行 北平市支行 2019.01.27 业务受理章

教学票样

北平市医院住院费（结算）收据

(2010)NO:52147210

财政票样监制 北平市 财政部监制

姓名：徐芳　ID号 1018541　2019年 01 月 18 日　№ 10566376

住院日期 2019年01-16日至2019年11-17日　共 1 天　住院床号 外科住院部32床

项目	金额	项目	金额	项目	金额
床位费	132.50	输氧费		西药	132.09
检查费	205.00	接生费		中成药	25.91
放射费		婴儿床位费		中草药	
治疗费	100.50	取暖.降温费		自费药品	
护理费		其他		费用合计	596.00
手术费		特需服务费		住院预交金	1000.00
化验费				出院补交款	
输血费				出院退回款	404.00
费用合计（大写）	伍佰玖拾陆元整			欠费	

医院盖章：北平市第二医院 (08) 收费专用章　复核：　经办人：饶依婷　退款签名：

现金付讫

电脑打印 手写无效

第二联：报销

北平市非税收入一般缴款书（收　据）

日期：2019 年 01 月 20 日　　　　执收单位编码：713130002

单位：北平市疾病预防控制中心　　　　集中汇缴□　减征□　组织机构代码：551626511

收款人	全称		付款人	全称	北平市财政局
	账号			账号	17030000000216200 2
	开户银行			开户银行	国家金库北平市中心支库
金额（大写）			¥：1449.00		

项目编码	收入项目名称	单位	数量	收缴标准	金额
09	预防性体检费（国库）	人	23	63	¥1449

现金付讫

北平市疾病预防控制中心（08）收费专用章

执收单位（盖章）：　　　　经办人（盖章）　　　　备注：

校验码：CAZ1　　　　本缴费书付款期末十天（节假日顺延），过期无效。

现金单 Cash Voucher

☑ 存钱 Deposit　☐ 取现 Withdrawal

日期：2019 年 03 月 25 日
Date ——Year——Month——Day

招商银行 CHINA MERCHANTS BANK

客户编写 Client write						
客户名称 AJC name	北平华问国际酒店有限公司	账号 AJC name	362117211290009			
开户行 Bank account	招商银行北平市支行	币种 Currency	人民币	金额 Arrolnt	75,037.00	
来源用途 Bank account	账款	备注 Remark				

银行填字 Bank fill

收款人账号：362117211290009
收款人户名：北平华问国际酒店有限公司

交易码	收付	金额
115703	收	75,037.00

收入金额：75,037.00　付出金额：

实收金额：75,037.00

交易日期：2019 年 03 月 25 日

经办：011132

招商银行北平市支行 2019.03.25 现金收讫

第二联：客户留存
Second league:Client retained

教学票样

同城特约委托收款凭证（回单） 5

第 01605204 号

北平

委托日期 2019年 03月 15日 单位编号：0100004382

付款人	全称	北平华问金属制品有限公司	收款人	全称	高新区社会保险事业管理局
	账号	362117211290009		账号	11071102090246041861
	开户银行	招商银行北平支行		开户银行	北平工行北京西路支行

		千	百	十	万	千	百	十	元	角	分
金额	人民币（大写）贰仟肆佰壹拾柒元柒角陆分				¥	2	4	1	7	7	6

收费项目名称	社会保险费	债务证明种类		所附单证张数	

备注：201901-201901 工伤保险 生育保险

款项内容	人数	单位交	个人交	滞纳金	手续费
工伤保险费	69	1,208.88		0.00	
生育保险费	69	1,208.88		0.00	

此联是付款人开户银行支付款项后给付款人的回单

中国人民银行北平中心支行结算凭证票样专用章

招商银行 北平市支行 2019.03.15 业务受理章 (21)

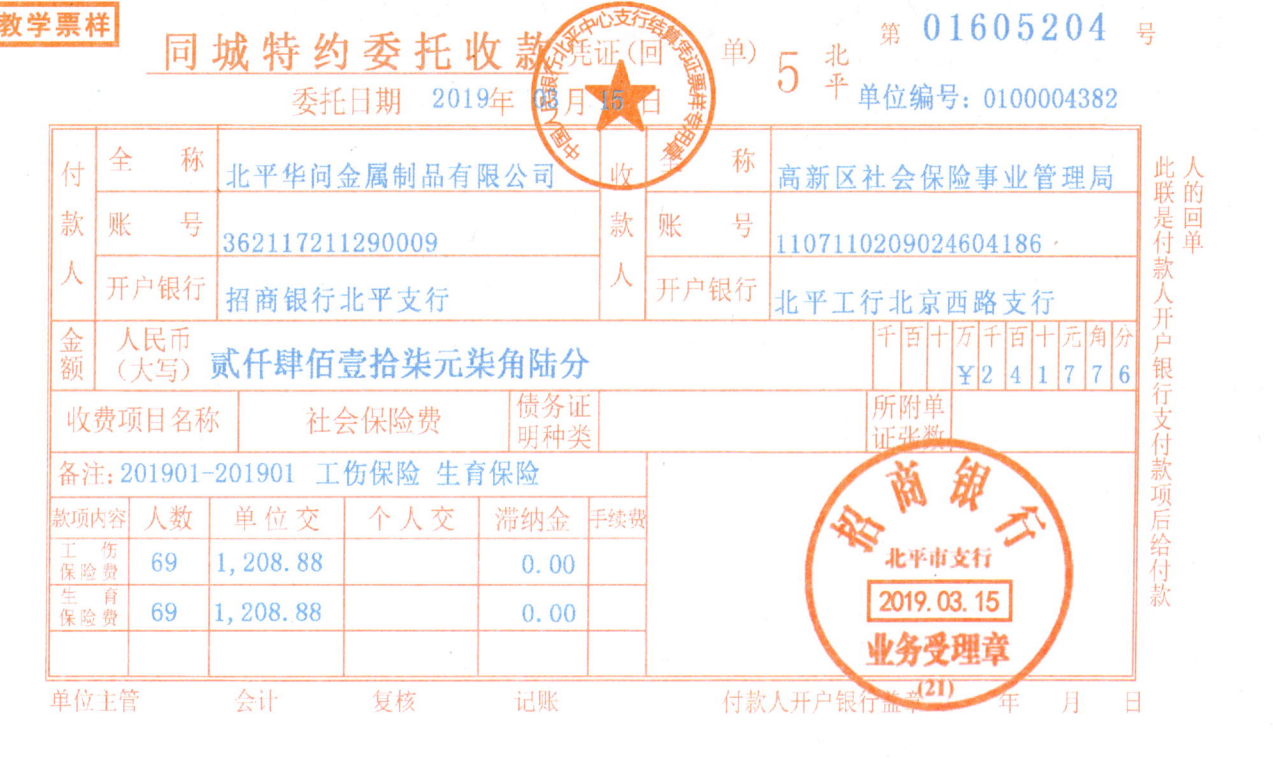

单位主管 会计 复核 记账 付款人开户银行盖章 年 月 日

教学票样

同城特约委托收款凭证(回单)　5

北平

第 01605203 号

委托日期 2019年 03月 15日　　单位编号：0100004382

付款人	全称	北平华问金属制品有限公司	收款人	全称	高新区社会保险事业管理局
	账号	362117211290009		账号	11071102090246O4186
	开户银行	招商银行北平支行		开户银行	北平工行北京西路支行

金额	人民币(大写) 伍万捌仟玖佰叁拾贰元玖角整	千	百	十	万	千	百	十	元	角	分
				¥	5	8	9	3	2	9	0

收费项目名称	社会保险费	债务证明种类		所附单证张数	

备注：201901-201901 养老保险 医疗保险 失业保险

款项内容	人数	单位交	个人交	滞纳金	手续费
养老保险费	69	30,222.00	12,088.80	0.00	
医疗保险费	69	9,066.60	3,022.20	0.00	
失业保险费	69	3,022.20	1,511.10	0.00	

此联是付款人开户银行支付款项后给付款人的回单

招商银行 北平市支行 2019.03.15 业务受理章 (21)

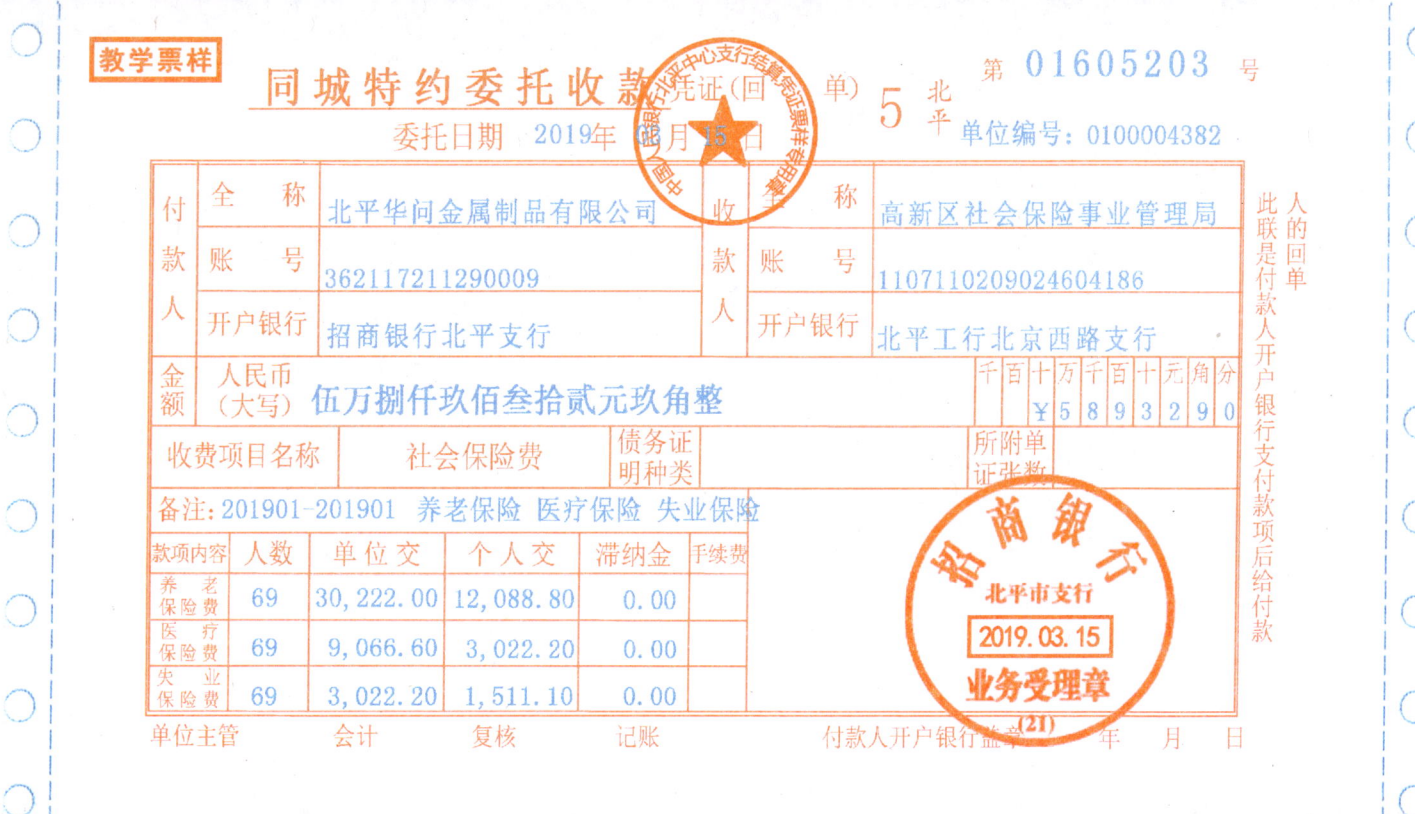

单位主管　　会计　　复核　　记账　　付款人开户银行盖章　　年　月　日

现金单 Cash Voucher

☑ 存钱 Deposit　☐ 取现 Withdrawal

日期：2019 年 03 月 21 日
Date ——Year——Month——Day

招商银行 CHINA MERCHANTS BANK

客户编写 Client write	客户名称 AJC name	北平华问国际酒店有限公司	账号 AJC name	362117211290009		
	开户行 Bank account	招商银行北平市支行	币种 Currency	人民币	金额 Arrolnt	25,051.00
	来源用途 Bank account	账款	备注 Remark			

银行填字 Bank fill

收款人账号：362117211290009
收款人户名：北平华问国际酒店有限公司

交易码	收付	金额
115703	收	25,051.00

收入金额：25.051.00　付出金额：
实收金额：25.051.00

交易日期：2019 年 03 月 21 日

经办：010531

招商银行北平市支行
2019.03.21
现金
收讫

第二联：客户留存
Second league:Client retained

现金单 Cash Voucher

☑ 存钱 Deposit　☐ 取现 Withdrawal

日期：2019 年 03 月 08 日
Date 2019 Year 03 Month 08 Day

招商银行 CHINA MERCHANTS BANK

客户编写 Client write						
	客户名称 AJC name	北平华问国际酒店有限公司	账号 AJC name	362117211290009		
	开户行 Bank account	招商银行北平市支行	币种 Currency	人民币	金额 Arrolnt	27,549.00
	来源用途 Bank account	账款	备注 Remark			

银行填字 Bank fill

收款人账号：362117211290009
收款人户名：北平华问国际酒店有限公司

交易码	收付	金额
115703	收	27,549.00

收入金额：27,549.00　付出金额：
实收金额：27,549.00

交易日期：2019 年 03 月 08 日

经办：014200

招商银行北平市支行 2019.03.08 现金收讫

第二联：客户留存
Second league:Client retained

现金单 Cash Voucher

☑ 存钱 Deposit　☐ 取现 Withdrawal　日期: 2019 年 03 月 11 日 Date ——Year——Month——Day

招商银行 CHINA MERCHANTS BANK

客户编写 Client write	客户名称 AJC name	北平华问国际酒店有限公司	账号 AJC name	362117211290009		
	开户行 Bank account	招商银行北平市支行	币种 Currency	人民币	金额 Arrolnt	83,261.00
	来源用途 Bank account	账款	备注 Remark			

银行填字 Bank fill

收款人账号：362117211290009
收款人户名：北平华问国际酒店有限公司

交易码	收付	金额
115703	收	83,261.00

收入金额：83,261.00　付出金额：
实收金额：83,261.00

交易日期：2019 年 03 月 11 日

经办：014110

招商银行北平市支行 2019.03.11 现金收讫

第二联：客户留存
Second league:Client retained

现金单 Cash Voucher

☑ 存钱 Deposit ☐ 取现 Withdrawal

日期：2019 年 03 月 14 日
Date ——Year——Month——Day

招商银行 CHINA MERCHANTS BANK

客户编写 Client write	客户名称 AJC name	北平华问国际酒店有限公司	账号 AJC name	362117211290009		
	开户行 Bank account	招商银行北平市支行	币种 Currency	人民币	金额 Arrolnt	27,501.00
	来源用途 Bank account	账款	备注 Remark			

银行填字 Bank fill

收款人账号：362117211290009
收款人户名：北平华问国际酒店有限公司

交易码	收付	金额
115703	收	27,501.00

收入金额：27,501.00　　付出金额：
实收金额：27,501.00

交易日期：2019 年 03 月 14 日

经办：010341

招商银行北平市支行
2019.03.14
现金收讫

第二联：客户留存
Second league:Client retained

招商银行 CHINA MERCHANTS BANK

现金单 Cash Voucher

☑ 存钱 Deposit　☐ 取现 Withdrawal

日期: 2019 年 03 月 15 日
Date ——Year——Month——Day

客户编写 Client write						
	客户名称 AJC name	北平华问国际酒店有限公司	账号 AJC name	362117211290009		
	开户行 Bank account	招商银行北平市支行	币种 Currency	人民币	金额 Arrolnt	23,690.00
	来源用途 Bank account	账款	备注 Remark			

银行填字 Bank fill

收款人账号：362117211290009
收款人户名：北平华问国际酒店有限公司

交易码	收付	金额
115703	收	23,690.00

收入金额：23,690.00　付出金额：
实收金额：23,690.00

交易日期：2019 年 03 月 15 日
经办：014121

招商银行北平市支行
2019.03.15
现金收讫

第二联：客户留存
Second league:Client retained

现金单 Cash Voucher ☑ 存钱 Deposit ☐ 取现 Withdrawal

日期：2019 年 03 月 13 日
Date ——Year——Month——Day

招商银行 CHINA MERCHANTS BANK

客户编写 Client write	客户名称 AJC name	北平华问国际酒店有限公司	账号 AJC name	362117211290009		
	开户行 Bank account	招商银行北平市支行	币种 Currency	人民币	金额 Arrolnt	26,819.00
	来源用途 Bank account	账款	备注 Remark			

银行填字 Bank fill

收款人账号：362117211290009
收款人户名：北平华问国际酒店有限公司

交易码	收付	金额
115703	收	26,819.00

收入金额：26,819.00 付出金额：
实收金额：26,819.00

交易日期：2019 年 03 月 13 日

经办：016410

招商银行北平市支行 2019.03.13 现金收讫

第二联：客户留存
Second league:Client retained

招商银行 CHINA MERCHANTS BANK

现金单 Cash Voucher

☑ 存钱 Deposit ☐ 取现 Withdrawal

日期：2019 年 03 月 18 日 Date ——Year——Month——Day

客户编写 Client write	客户名称 AJC name	北平华问国际酒店有限公司	账号 AJC name	362117211290009		
	开户行 Bank account	招商银行北平市支行	币种 Currency	人民币	金额 Arrolnt	85,981.00
	来源用途 Bank account	账款	备注 Remark			
银行填字 Bank fill	收款人账号：362117211290009 收款人户名：北平华问国际酒店有限公司 交易码 收付 金额 115703 收 85,981.00 收入金额：85,981.00 付出金额： 实收金额：85,981.00 交易日期：2019 年 03 月 18 日 经办：010221					

招商银行北平市支行 2019.03.18 现金收讫

第二联：客户留存
Second league:Client retained

招商银行 CHINA MERCHANTS BANK

现金单 Cash Voucher

☑ 存钱 Deposit　☐ 取现 Withdrawal

日期：2019 年 03 月 19 日
Date 2019 Year 03 Month 19 Day

客户编写 Client write						
	客户名称 AJC name	北平华问国际酒店有限公司	账号 AJC name	362117211290009		
	开户行 Bank account	招商银行北平市支行	币种 Currency	人民币	金额 Arrolnt	24,112.00
	来源用途 Bank account	账款	备注 Remark			

银行填字 Bank fill

收款人账号：362117211290009
收款人户名：北平华问国际酒店有限公司

交易码	收付	金额
115703	收	24,112.00

收入金额：24,112.00　付出金额：
实收金额：24,112.00

交易日期：2019 年 03 月 19 日

经办：010203

招商银行北平市支行 2019.03.19 现金收讫

第二联：客户留存
Second league:Client retained

现金单 Cash Voucher

☑ 存钱 Deposit　☐ 取现 Withdrawal　日期：2019 年 03 月 20 日 Date ——Year——Month——Day

招商银行 CHINA MERCHANTS BANK

客户编写 Client write	客户名称 AJC name	北平华问国际酒店有限公司	账号 AJC name	36211721129009		
	开户行 Bank account	招商银行北平市支行	币种 Currency	人民币	金额 Arrolnt	24,036.00
	来源用途 Bank account	账款	备注 Remark			

银行填字 Bank fill

收款人账号：362117211290009
收款人户名：北平华问国际酒店有限公司

交易码	收付	金额
115703	收	24,036.00

收入金额：24,036.00　付出金额：
实收金额：24,036.00

交易日期：2019 年 03 月 20 日

经办：010205

招商银行北平市支行 2019.03.20 现金收讫

第二联：客户留存
Second league:Client retained

现金单 ☑ 存钱 ☐ 取现 日期：2019 年 03 月 29 日 **招商银行**
Cash Voucher Deposit Withdrawal Date ——Year——Month——Day CHINA MERCHANTS BANK

客户编写 Client write	客户名称 AJC name	北平华问国际酒店有限公司	账号 AJC name	3621172112900009		
	开户行 Bank account	招商银行北平市支行	币种 Currency	人民币	金额 Arrolnt	21,631.00
	来源用途 Bank account	账款	备注 Remark			

银行填字 Bank fill

收款人账号：362117211290009
收款人户名：北平华问国际酒店有限公司

交易码	收付	金额
115703	收	21,631.00

收入金额：21,631.00 付出金额：
实收金额：21,631.00

交易日期：2019 年 03 月 29 日
经办：121003

招商银行北平市支行 2019.03.29 现金收讫

第二联：客户留存
Second league:Client retained

现金单 ☑ 存钱 Deposit ☐ 取现 Withdrawal 日期：2019 年 03 月 12 日 招商银行 CHINA MERCHANTS BANK

Cash Voucher Date ——Year——Month——Day

客户编写 Client write	客户名称 AJC name	北平华问国际酒店有限公司	账号 AJC name	362117211290009		
	开户行 Bank account	招商银行北平市支行	币种 Currency	人民币	金额 Arrolnt	26,128.00
	来源用途 Bank account	账款	备注 Remark			

银行填字 Bank fill

收款人账号：362117211290009

收款人户名：北平华问国际酒店有限公司

交易码	收付	金额
115703	收	26,128.00

收入金额：26,128.00 付出金额：

实收金额：26,128.00

交易日期：2019 年 03 月 12 日

经办：010110

招商银行北平市支行 2019.03.12 现金收讫

第二联：客户留存

Second league:Client retained

现金单 Cash Voucher

☑ 存钱 Deposit　☐ 取现 Withdrawal　日期：2019 年 03 月 05 日 Date Year Month Day

招商银行 CHINA MERCHANTS BANK

客户编写 Client write	客户名称 AJC name	北平华问国际酒店有限公司	账号 AJC name	362117211290009		
	开户行 Bank account	招商银行北平市支行	币种 Currency	人民币	金额 Arrolnt	22,164.00
	来源用途 Bank account	账款	备注 Remark			

银行填字 Bank fill

收款人账号：362117211290009
收款人户名：北平华问国际酒店有限公司

交易码	收付	金额
115703	收	22,164.00

收入金额：22,164.00　付出金额：
实收金额：22,164.00

交易日期：2019 年 03 月 05 日

经办：074291

招商银行北平市支行
2019.03.05
现金收讫

第二联：客户留存
Second league:Client retained

销货清单

单位：华同大酒店　　　　2019年 03月 31 日

编号	品名	单位	数量	单价	金额
1	菠菜	斤	15	3.39	50.85
2	大青尖椒	斤	5	2.26	11.30
3	青美人椒	斤	5	5.09	25.43
4					
5					
6					
7					
8					
9					
10					
11					
12					
13					
14					
15					
合计金额（大写）	捌拾柒元伍角捌分			87.58	

校验：李文华　　　　签收：王文川

销货清单

单位：华同大酒店　　　　　　　　2019年 03月 28日

编号	品名	单位	数量	单价	金额
1	菠菜	斤	15	3.39	50.85
2	闽笋	斤	10	24.58	245.77
3	大青尖椒	斤	5	2.26	11.30
4	日本青瓜仔	斤	10	4.52	45.20
5	猪肉	斤	20	1.47	29.38
6					
7					
8					
9					
10					
11					
12					
13					
14					
15					
合计金额（大写）	叁佰捌拾贰元伍角壹分			382.51	

校验：李文华　　　　　　签收：王文川

销货清单

单位：华问大酒店　　　　2019年 03月 12日

编号	品名	单位	数量	单价	金额
1	攸县香干	斤	5	16.95	84.75
2	白豆腐	斤	10	4.52	45.20
3	菠菜	斤	15	3.39	50.85
4	日本青瓜仔	斤	10	4.52	45.20
5	乾中细米粉	包	10	5.65	56.50
6					
7					
8					
9					
10					
11					
12					
13					
14					
15					
合计金额（大写）	贰佰捌拾贰元伍角				282.50

校验：李文华　　　　签收：王文川

销 货 清 单

单位：华同大酒店　　　　2019年 03月 22日

编号	品名	单位	数量	单价	金额
1	长豆角	斤	10	4.52	45.20
2	攸县香干	斤	5	16.95	84.75
3	菠菜	斤	15	3.39	50.85
4	花菜	斤	10	3.16	31.64
5	大青尖椒	斤	5	2.26	11.30
6	青美人椒	斤	5	5.09	25.43
7	日本青瓜仔	斤	10	4.52	45.20
8	蒜苗	斤	5	3.73	18.65
9	腊肠	斤	10	42.94	429.40
10					
11					
12					
13					
14					
15					
合计金额（大写）	柒佰肆拾贰元肆角贰分			742.42	

校验：李文华　　　　签收：王文川

销货清单

单位：华问大酒店　　　　2019年 03月09日

编号	品名	单位	数量	单价	金额
1	长豆角	斤	10	4.52	45.20
2	玉米粒	斤	10	5.09	50.85
3	干椒节	斤	5	5.36	26.78
4	白豆腐	斤	10	4.52	45.20
5	菠菜	斤	15	3.39	50.85
6	花菜	斤	10	3.16	31.64
7	阑笋	斤	10	24.58	245.78
8	茄子	斤	10	2.03	20.34
9	大青尖椒	斤	5	2.26	11.30
10	青美人椒	斤	5	5.09	25.43
11	日本青瓜仔	斤	10	4.52	45.20
12					
13					
14					
15					
合计金额（大写）	伍佰玖拾捌元伍角柒分				598.57

校验：李文华　　　　签收：王文川

销 货 清 单

单位：华同大酒店　　　　2019年 03月04日

编号	品名	单位	数量	单价	金额
1	白豆腐	斤	10	4.52	45.20
2	菠菜	斤	15	3.39	50.85
3	花菜	斤	10	3.16	31.64
4	青美人椒	斤	5	5.09	25.43
5	日本青瓜仔	斤	10	4.52	45.20
6					
7					
8					
9					
10					
11					
12					
13					
14					
15					
合计金额（大写）	壹佰玖拾捌元叁角贰分			198.32	

校验：李文华　　　　签收：王文川

销货清单

单位：华问大酒店　　　　2019年 03月 06日

编号	品名	单位	数量	单价	金额
1	花菜	斤	10	3.16	31.64
2	大青尖椒	斤	5	2.26	11.30
3	青美人椒	斤	5	5.09	25.43
4	日本青瓜仔	斤	10	4.52	45.20
5					
6					
7					
8					
9					
10					
11					
12					
13					
14					
15					
合计金额（大写）	壹佰壹拾叁元伍角柒分				113.57

校验：李文华　　　　签收：王文川

销货清单

单位：华问大酒店　　　　2019年 03月07日

编号	品名	单位	数量	单价	金额
1	长豆角	斤	10	4.52	45.20
2	攸县香干	斤	5	16.95	84.75
3	白豆腐	斤	10	4.52	45.20
4	菠菜	斤	15	3.39	50.85
5	花菜	斤	10	3.16	31.64
6	闽笋	斤	10	24.58	245.78
7	茄子	斤	10	2.03	20.34
8	大青尖椒	斤	5	2.26	11.30
9	青美人椒	斤	5	5.09	25.43
10	日本青瓜仔	斤	10	4.52	45.20
11	蒜苗	斤	5	3.73	18.65
12					
13					
14					
15					
合计金额（大写）	陆佰贰拾肆元叁角肆分				624.34

校验：李文华　　　　签收：王文川

销 货 清 单

单位：华问大酒店　　　　2019年 03月 11 日

编号	品名	单位	数量	单价	金额
1	长豆角	斤	10	4.52	45.20
2	干椒节	斤	5	5.36	26.78
3	菠菜	斤	15	3.39	50.85
4	花菜	斤	10	3.16	31.64
5	闽笋	斤	10	24.58	245.78
6	芋头	斤	10	1.81	18.08
7	茄子	斤	10	2.03	20.34
8	大青尖椒	斤	5	2.26	11.30
9	日本青瓜仔	斤	10	4.52	45.20
10	无籽西瓜	斤	50	3.39	169.50
11	香蕉	斤	10	1.70	16.95
12					
13					
14					
15					
合计金额（大写）	陆佰捌拾壹元陆角贰分				681.62

校验：李文华　　　　签收：王文川

销货清单

单位：华问大酒店　　　　2019年 03月08日

编号	品名	单位	数量	单价	金额
1	玉米粒	斤	10	5.09	50.85
2	攸县香干	斤	5	16.95	84.75
3	菠菜	斤	15	3.39	50.85
4	芋头	斤	10	1.81	18.08
5	茄子	斤	10	2.03	20.34
6	大青实椒	斤	5	2.26	11.30
7	青美人椒	斤	5	5.09	25.43
8	日本青瓜仔	斤	10	4.52	45.20
9					
10					
11					
12					
13					
14					
15					
合计金额（大写）	叁佰零陆元捌角				306.80

校验：李文华　　　　签收：王文川

销货清单

单位：华同大酒店　　　　2019年 03月03日

编号	品名	单位	数量	单价	金额
1	白豆腐	斤	10	4.52	45.20
2	菠菜	斤	15	3.39	50.85
3	花菜	斤	10	3.16	31.64
4	国产橙	斤	20	2.03	40.68
5	无籽西瓜	斤	50	3.39	169.50
6	香蕉	斤	10	1.70	16.95
7					
8					
9					
10					
11					
12					
13					
14					
15					
合计金额（大写）	叁佰伍拾肆元捌角贰分				354.82

校验：李文华　　　　签收：王文川

销货清单

单位：华同大酒店　　　　2019年 03月05日

编号	品名	单位	数量	单价	金额
1	长豆角	斤	10	4.52	45.20
2	攸县香干	斤	5	16.95	84.75
3	玉米粒	斤	10	5.09	50.85
4	白豆腐	斤	10	4.52	45.20
5	菠菜	斤	15	3.39	50.85
6	闽笋	斤	10	24.58	245.78
7	芋头	斤	10	1.81	18.08
8	青美人椒	斤	5	5.09	25.43
9	日本青瓜仔	斤	10	4.52	45.20
10					
11					
12					
13					
14					
15					
合计金额（大写）	陆佰壹拾壹元叁角肆分				611.34

校验：李文华　　　　签收：王文川

销货清单

单位：华间大酒店　　　　　　　　　　　　2019年 03月 30日

编号	品名	单位	数量	单价	金额
1	长豆角	斤	10	4.52	45.20
2	花菜	斤	10	3.16	31.63
3	金针菇	斤	4	3.96	15.82
4	大青尖椒	斤	5	2.26	11.30
5	蒜苗	斤	5	3.73	18.65
6					
7					
8					
9					
10					
11					
12					
13					
14					
15					
合计金额（大写）	壹佰贰拾贰元陆角				122.60

校验：李文华　　　　　　　　签收：王文川

销货清单

单位：华问大酒店　　　　2019年 03月 29日

编号	品名	单位	数量	单价	金额
1	玉米粒	斤	10	5.09	50.85
2	攸县香干	斤	5	16.95	84.75
3	白豆腐	斤	5	4.52	22.60
4	菠菜	斤	15	3.39	50.85
5	花菜	斤	10	3.16	31.63
6	鲜口菇	斤	4	6.22	24.86
7	芋头	斤	10	1.81	18.08
8	朝天椒	斤	5	7.91	39.55
9	青美人椒	斤	5	5.08	25.42
10	日本青瓜仔	斤	10	4.52	45.20
11	葱肉	斤	3	3.39	10.17
12					
13					
14					
15					
合计金额（大写）	肆佰零叁元玖角陆分			403.96	

校验：李文华　　　　签收：王文川

销货清单

单位：华问大酒店　　　　2019年 03月 26日

编号	品名	单位	数量	单价	金额
1	菠菜	斤	15	3.39	50.85
2	花菜	斤	10	3.16	31.64
3	青美人椒	斤	5	5.09	25.43
4	九头木瓜	斤	10	4.52	45.20
5	国产橙	斤	20	2.03	40.68
6	无籽西瓜	斤	50	3.39	169.50
7	香蕉	斤	10	1.70	16.95
8					
9					
10					
11					
12					
13					
14					
15					
合计金额（大写）	叁佰捌拾元贰角伍分				380.25

校验：李文华　　　　签收：王文川

北平昌盛食品有限公司

地址：北平市火炬大街796号

电话：011-83122222

销货单

No. 1107047

2019年03月19日

名称	规格	单位	数量	单价	金额
调料包		包	500.00	2.83	1412.50
合计人民币（大写）零萬壹仟肆佰壹拾贰元伍角零分					￥：1412.50

②客户

开单：黄维德　　核准：李维嘉　　收货人签字：程义

北平昌盛食品有限公司

销货单

地址：北平市火炬大街796号

电话：011-83122222

No. 1106023

2019年03月08日

名称	规格	单位	数量	单价	金额
调料包		包	500.00	2.83	1412.50
合计人民币（大写）零萬 壹仟 肆佰 壹拾 贰元 伍角 零分					￥：1412.50

②客户

开单：黄维德　　核准：李维嘉　　收货人签字：程义

北平昌盛食品有限公司

销货单

地址：北平市火炬大街796号

电话：011-83122222

No. 1107065

2019年03月21日

名称	规格	单位	数量	单价	金额
调料包		包	500.00	2.83	1412.50
合计人民币（大写）零萬壹仟肆佰壹拾贰元伍角零分					￥：1412.50

②客户

开单：黄维德　　核准：李维嘉　　收货人签字：程义

北平昌盛食品有限公司

销货单

地址：北平市火炬大街796号

电话：011-83122222

No. 1107035

2019年03月18日

名称	规格	单位	数量	单价	金额
调料包		包	500.00	2.83	1412.50
合计人民币（大写）零萬 壹 仟 肆 佰 壹 拾 贰 元 伍 角 零 分					￥：1412.50

开单：黄维德　　核准：李维嘉　　收货人签字：程义

②客户

北平昌盛食品有限公司

销货单

地址：北平市火炬大街796号

电话：011-83122222

No. 1107051

2019年03月20日

名称	规格	单位	数量	单价	金额
调料包		包	500.00	2.83	1412.50
合计人民币（大写）零萬 壹 仟 肆 佰 壹 拾 贰 元 伍 角 零 分					￥：1412.50

②客户

开单：黄维德　　核准：李维嘉　　收货人签字：程义

北平昌盛食品有限公司　销货单

地址：北平市火炬大街796号

电话：011-83122222

No. 1107098

2019年03月24日

名称	规格	单位	数量	单价	金额
调料包		包	500.00	2.83	1412.50
合计人民币（大写）零萬 壹 仟 肆 佰 壹 拾 贰 元 伍 角 零 分					¥：1412.50

②客户

开单：黄维德　　核准：李维嘉　　收货人签字：程义

北平昌盛食品有限公司　　销货单

地址：北平市火炬大街 796 号

电话：011-83122222

No. 1107073

2019 年 03 月 22 日

名称	规格	单位	数量	单价	金额
调料包		包	500.00	2.83	1412.50
合计人民币	（大写）零萬 壹 仟 肆 佰 壹 拾 贰 元 伍 角 零 分				￥： 1412.50

②客户

开单：黄维德　　核准：李维嘉　　收货人签字：程义

北平昌盛食品有限公司

销货单

地址：北平市火炬大街 796 号

电话：011-83122222

No. 1105052

2019 年 03 月 02 日

名称	规格	单位	数量	单价	金额
调料包		包	500.00	2.83	1412.50
合计人民币（大写）零萬 壹 仟 肆 佰 壹 拾 贰 元 伍 角 零 分					¥: 1412.50

②客户

开单： 黄维德　　核准： 李维嘉　　收货人签字： 程义

北平昌盛食品有限公司

销货单

地址：北平市火炬大街796号

电话：011-83122222

No. 1108013

2019年03月26日

名称	规格	单位	数量	单价	金额
调料包		包	500.00	2.83	1412.50
合计人民币（大写）零萬壹仟肆佰壹拾贰元伍角零分					￥：1412.50

②客户

开单：黄维德　　核准：李维嘉　　收货人签字：程义

北平昌盛食品有限公司　　销货单

地址：北平市火炬大街 796 号　　No. 1106064

电话：011-83122222　　2019 年 03 月 12 日

名　　称	规 格	单 位	数 量	单 价	金 额
调料包		包	500.00	2.83	1412.50
合计人民币（大写）零萬 壹 仟 肆 佰 壹 拾 贰 元 伍 角 零 分					￥：1412.50

开单：黄维德　　核准：李维嘉　　收货人签字：程义

②客户

北平昌盛食品有限公司

销货单

地址：北平市火炬大街 796 号

电话：011-83122222

No. 1107023

2019 年 03 月 17 日

名 称	规 格	单 位	数 量	单 价	金 额
调料包		包	500.00	2.83	1412.50
合计 人民币（大写）零萬 壹 仟 肆 佰 壹 拾 贰 元 伍 角 零 分					¥: 1412.50

②客户

开单：黄维德　　核准：李维嘉　　收货人签字：程义

北平昌盛食品有限公司 销货单

地址：北平市火炬大街796号

电话：011-83122222

No. 1105063

2019年03月03日

名称	规格	单位	数量	单价	金额
调料包		包	500.00	2.83	1412.50
合计人民币（大写）零萬 壹 仟 肆 佰 壹 拾 贰 元 伍 角 零 分					¥：1412.50

②客户

开单：黄维德　　核准：李维嘉　　收货人签字：程义

北平昌盛食品有限公司

销货单

地址：北平市火炬大街796号

电话：011-83122222

No. 1106032

2019年03月09日

名称	规格	单位	数量	单价	金额
调料包		包	500.00	2.83	1412.50
合计人民币（大写）零萬 壹仟肆佰壹拾贰元伍角零分					¥：1412.50

②客户

开单：黄维德　　核准：李维嘉　　收货人签字：程义

北平昌盛食品有限公司

销货单

地址：北平市火炬大街 796 号

电话：011-83122222

No. 1108025

2019 年 03 月 29 日

名　称	规格	单位	数量	单价	金额
调料包		包	500.00	2.83	1412.50
合计 人民币（大写）零萬 壹 仟 肆 佰 壹 拾 贰 元 伍 角 零 分					￥: 1412.50

②客户

开单： 黄维德　　核准： 李维嘉　　收货人签字： 程义

北平昌盛食品有限公司

销货单

地址：北平市火炬大街 796 号

电话：011-83122222

No. 1106011

2019 年 03 月 07 日

名称	规格	单位	数量	单价	金额
调料包		包	500.00	2.83	1412.50
合计 人民币（大写）零萬壹仟肆佰壹拾贰元伍角零分					¥：1412.50

开单：黄维德　　核准：李维嘉　　收货人签字：程义

②客户

北平昌盛食品有限公司　　销货单

地址：北平市火炬大街 796 号

电话：011-83122222

No. 1105092

2019 年 03 月 06 日

名　称	规格	单位	数量	单价	金额
调料包		包	500.00	2.83	1412.50
合计人民币（大写）零萬 壹 仟 肆 佰 壹 拾 贰 元 伍 角 零 分					￥：1412.50

②客户

开单：黄维德　　核准：李维嘉　　收货人签字：程义

北平昌盛食品有限公司

销货单

地址：北平市火炬大街 796 号

电话：011-83122222

No. 1105043

2019 年 03 月 01 日

名　　称	规 格	单 位	数 量	单 价	金 额
鲜花		把	20.000	3.02	60.34
合　计 人民币（大写）零萬 零 仟 零 佰 陆 拾 零 元 叁 角 肆 分					￥: 60.34

②客户

开单： 黄维德　　核准： 李维嘉　　收货人签字： 程义

北平昌盛食品有限公司

销货单

地址：北平市火炬大街 796 号

电话：011-83122222

No. 1105083

2019 年 03 月 05 日

名称	规格	单位	数量	单价	金额
调料包		包	500.00	2.83	1412.50
合计人民币（大写）零萬 壹 仟 肆 佰 壹 拾 贰 元 伍 角 零 分					￥：1412.50

②客户

开单：黄维德　　核准：李维嘉　　收货人签字：程义

北平昌盛食品有限公司

销货单

地址：北平市火炬大街 796 号

电话：011-83122222

No. 1105042

2019 年 03 月 01 日

名称	规格	单位	数量	单价	金额
碎干贝		斤	5.00	124.30	621.50
玉兰片		斤	10.00	20..34	203.40
真空鲜百合		包	110.00	5.42	596.64
观音王		克	1000.00	0.27	271.20
虫草花		斤	1.00	135.60	135.60
海马		斤	1.00	1073.50	1073.50
花旗参		斤	1.00	146.90	146.90
甜贡菊		克	2000.00	0.06	113.00
普通绿茶		克	2500.00	0.05	113.00
合计人民币（大写）零萬 叁 仟 贰 佰 柒 拾 肆 元 柒 角 肆 分					¥： 3274.74

②客户

开单： 黄维德　　核准： 李维嘉　　收货人签字： 程义

北平昌盛食品有限公司

地址：北平市火炬大街796号

电话：011-83122222

销货单

No. 1105075

2019年03月04日

名称	规格	单位	数量	单价	金额
调料包		包	500.00	2.83	1412.50
合计人民币（大写）零萬壹仟肆佰壹拾贰元伍角零分					￥：1412.50

②客户

开单：黄维德　　核准：李维嘉　　收货人签字：程义

北平昌盛食品有限公司

销货单

地址：北平市火炬大街796号

电话：011-83122222

No. 1105041

2019年03月01日

名称	规格	单位	数量	单价	金额
优果粉		斤	10.00	3.39	33.90
优果糖	1*2000G	瓶	3.00	50.85	152.55
三花淡奶		瓶	20.00	6.78	135.60
15kg 海天酱油	15kg	桶	4.00	108.48	433.92
佛手味精		桶	1.00	135.60	135.60
东北大米	1*50	斤	300.00	3.39	1017.00
山胡椒油		瓶	20.00	5.65	113.00
鲁花花生油		桶	10.00	114.47	1144.69
西米	1*60	包	20.00	1.70	33.90
合计人民币	（大写）零萬 叁仟贰佰零拾零元壹角陆分				￥：3200.16

②客户

开单：黄维德　　核准：李维嘉　　收货人签字：程义

北平昌盛食品有限公司

销货单

地址：北平市火炬大街796号

电话：011-83122222

No. 1106041

2019年03月10日

名称	规格	单位	数量	单价	金额
调料包		包	500.00	2.83	1412.50
合计人民币（大写）零萬 壹仟 肆佰 壹拾 贰元 伍角 零分					¥：1412.50

②客户

开单：黄维德　　核准：李维嘉　　收货人签字：程义

北平昌盛食品有限公司

销货单

地址：北平市火炬大街796号

电话：011-83122222

No. 1106052

2019年03月11日

名称	规格	单位	数量	单价	金额
调料包		包	500.00	2.83	1412.50
合计人民币（大写）零萬壹仟肆佰壹拾贰元伍角零分					¥：1412.50

开单：黄维德　　核准：李维嘉　　收货人签字：程义

②客户

北平昌盛食品有限公司

销货单

地址：北平市火炬大街796号

电话：011-83122222

No. 1106086

2019年03月14日

名　　称	规格	单位	数量	单价	金额
调料包		包	500.00	2.83	1412.50
合计人民币（大写）零萬 壹 仟 肆 佰 壹 拾 贰 元 伍 角 零 分					￥：1412.50

②客户

开单：黄维德　　核准：李维嘉　　收货人签字：程义

北平昌盛食品有限公司　　销货单

地址：北平市火炬大街 796 号　　No. 1107086

电话：011-83122222　　2019 年 03 月 23 日

名称	规格	单位	数量	单价	金额
调料包		包	500.00	2.83	1412.50
合计 人民币（大写）零萬 壹 仟 肆 佰 壹 拾 贰 元 伍 角 零 分					￥：1412.50

开单：黄维德　　核准：李维嘉　　收货人签字：程义

②客户

北平昌盛食品有限公司　　销货单

地址：北平市火炬大街796号　　No. 1106095

电话：011-83122222　　2019年03月15日

名称	规格	单位	数量	单价	金额
调料包		包	500.00	2.83	1412.50
合计人民币（大写）零萬 壹 仟 肆 佰 壹 拾 贰 元 伍 角 零 分					¥：1412.50

②客户

开单：黄维德　　核准：李维嘉　　收货人签字：程义

北平昌盛食品有限公司

销货单

地址：北平市火炬大街796号

电话：011-83122222

No. 1107012

2019年03月16日

名　　称	规格	单位	数量	单价	金额
调料包		包	500.00	2.83	1412.50
合计人民币（大写）零萬壹仟肆佰壹拾贰元伍角零分					￥：1412.50

②客户

开单：黄维德　　核准：李维嘉　　收货人签字：程义

北平昌盛食品有限公司

销货单

地址：北平市火炬大街796号

电话：011-83122222

No. 1106075

2019年03月13日

名　　称	规 格	单 位	数 量	单 价	金 额
调料包		包	500.00	2.83	1412.50
合　计 人民币（大写）零萬 壹 仟 肆 佰 壹 拾 贰 元 伍 角 零 分					￥：1412.50

②客户

开单：黄维德　　核准：李维嘉　　收货人签字：程义

招商银行 CHINA MERCHANTS BANK

付款回单

日期：2019年03月10日　　业务类型：网上企业银行支付　　流水号：G16328E231C8DHT

付款账号：362117211290009

户名：北平华问国际酒店有限公司

开户行：招商银行北平支行

金额（大写）：人民币陆仟零肆拾柒元肆角玖分

（小写）：CNY6,047.49

收款人户名：北平仲祥商贸有限公司

收款人账号：362116322181017

收款人开户行：招商银行恒茂花园分理处

凭证种类：记账凭证　　凭证号码：0007　　业务编号：20190310116328

摘要：支付北平仲祥货款

经办：G16328　　第1次打印：　　20190310

回单编号：2019031016328　　回单验证码：2A3D5320E6AD6F125

招商银行股份有限公司
电子回单专用章

提示：1.电子回单验证码相同表示同一笔业务回单，请勿重复记账使用。
2.已在银行柜台领用业务回单的单位，请注意核对，请勿重复记账使用。

打印时间：2019-03-10　09:25:12

招商银行
CHINA MERCHANTS BANK

收 费 回 单

日期：2019年03月31日　　业务类型：企业银行扣费　　流水号：G46745W524NBTGN

扣费账号：362117211290009

户名：北平华问国际酒店有限公司

开户行：招商银行北平市支行

实收金额：CNY13,408.71

摘要：网银汇款手续费

收费时段：20190301-20190331

第1次打印　　20190331

回单编号：2019033146745　　回单验证码：458RU849DE864T45

招商银行股份有限公司
电子回单专用章

提示：1.电子回单验证码相同表示同一笔业务回单，请勿重复记账使用。
2.已在银行柜台领用业务回单的单位，请注意核对，请勿重复记账使用。

打印时间：2019-03-31　9:30:39

招商银行
CHINA MERCHANTS BANK

收费回单

日期：2019年03月31日　　业务类型：企业银行扣费　　流水号：G18650R618N8TGW

扣费账号：362117211290009

户名：北平华问国际酒店有限公司

开户行：招商银行北平市支行

实收金额：CNY10.50

摘要：网银汇款手续费

收费时段：20190301-20190331

第1次打印　　20190331

回单编号：2019033145796　　回单验证码：348RU849DE864R13

提示：1.电子回单验证码相同表示同一笔业务回单，请勿重复记账使用。

2.已在银行柜台领用业务回单的单位，请注意核对，请勿重复记账使用。

打印时间：2019-03-31　11:07:11

招商银行股份有限公司
电子回单专用章

招商银行
CHINA MERCHANTS BANK

收 费 回 单

日期：2019年03月31日　　业务类型：企业银行扣费　　流水号：G46759W523NBTGP

扣费账号：362117211290009

户名：北平华问国际酒店有限公司

开户行：招商银行北平市支行

实收金额：CNY10.50

摘要：网银汇款手续费

收费时段：20190301-20190331

第1次打印　　20190331

招商银行股份有限公司
电子回单专用章

回单编号：2019033135648　　回单验证码：269TRU849DE864T16

提示：1.电子回单验证码相同表示同一笔业务回单，请勿重复记账使用。
2.已在银行柜台领用业务回单的单位，请注意核对，请勿重复记账使用。

打印时间：2019-03-31　11:11:11

招商银行
CHINA MERCHANTS BANK

付 款 回 单

日期：2019年03月10日　　业务类型：网上企业银行支付　　流水号：G16118E231C5SQA

付款账号：362117211290009

户名：北平华问国际酒店有限公司

开户行：招商银行北平支行

金额（大写）：人民币壹万贰仟陆佰捌拾捌元叁角贰分

（小写）：CNY12,688.32

收款人户名：北平永盛水产有限公司

收款人账号：330066512670206

收款人开户行：招商银行开发区支行

凭证种类：记账凭证　　凭证号码：0007　　业务编号：20190310516118

摘要：支付北平永盛货款

经办：G16118　　第1次打印：　　20190310

回单编号：2019031011611　　回单验证码：2A3D5120E6AD6F222

招商银行股份有限公司
电子回单专用章

提示：1.电子回单验证码相同表示同一笔业务回单，请勿重复记账使用。
2.已在银行柜台领用业务回单的单位，请注意核对，请勿重复记账使用。

打印时间：2019-03-10　09:35:35

招商银行
CHINA MERCHANTS BANK

付款回单

日期：2019年03月31日　　业务类型：网上企业银行支付　　流水号：G14689Q421C8YCG

付款账号：362117211290009

户名：北平华问国际酒店有限公司

开户行：招商银行北平支行

金额（大写）：人民币肆仟柒佰贰拾伍元整

（小写）：　CNY4,725.00

收款人户名：奥康餐具清洁有限公司

收款人账号：310088862045382085138

收款人开户行：交行军工路支行

凭证种类：记账凭证　　凭证号码：0037　　业务编号：20190331124689

摘要：支付餐饮部清洗费

经办：G14689　　第1次打印：　20190331

招商银行股份有限公司
电子回单专用章

回单编号：2019033114689　　回单验证码：8A2F1465E6AF2W998

提示：1.电子回单验证码相同表示同一笔业务回单，请勿重复记账使用。
2.已在银行柜台领用业务回单的单位，请注意核对，请勿重复记账使用。

打印时间：2019-03-31　09:28:10

招商银行 CHINA MERCHANTS BANK

付款回单

日期：2019年03月10日　业务类型：网上企业银行支付　流水号：G14228E231C8SQA

付款账号：362117211290009

户名：北平华问国际酒店有限公司

开户行：招商银行北平支行

金额（大写）：人民币叁万叁仟壹佰陆拾肆元叁角捌分

（小写）：CNY33,164.38

收款人户名：北平诚泰商贸有限公司

收款人账号：332116322891207

收款人开户行：招商银行顺外支行

凭证种类：记账凭证　凭证号码：0007　业务编号：20190310512285

摘要：支付北平诚泰货款

经办：G14228　第1次打印：　20190310

回单编号：2019031014228　回单验证码：2A3D5320E6AD6F134

招商银行股份有限公司
电子回单专用章

提示：1.电子回单验证码相同表示同一笔业务回单，请勿重复记账使用。
2.已在银行柜台领用业务回单的单位，请注意核对，请勿重复记账使用。

打印时间：2019-03-10　09:30:28

招商银行
CHINA MERCHANTS BANK

付 款 回 单

日期：2019年03月17日　　业务类型：网上企业银行支付　　流水号：G14685Q624C8DFE

付款账号：362117211290009

户名：北平华问国际酒店有限公司

开户行：招商银行北平支行

金额（大写）：人民币贰拾柒万柒仟伍佰元整

（小写）：　CNY277,500.00

收款人户名：北平茂苑物业管理有限公司

收款人账号：3621172112938468

收款人开户行：招商银行北平市支行

凭证种类：记账凭证　　凭证号码：0016　　业务编号：20190314146858

摘要：支付3月份租金

经办：G14685　　第1次打印：　20190317

回单编号：2019031744685　　回单验证码：8A0F2465E6AF8T915

招商银行股份有限公司
电子回单专用章

提示：1.电子回单验证码相同表示同一笔业务回单，请勿重复记账使用。
2.已在银行柜台领用业务回单的单位，请注意核对，请勿重复记账使用。

打印时间：2019-03-17　10:32:18

招商银行
CHINA MERCHANTS BANK

付款回单

日期：2019年03月10日　　业务类型：网上企业银行支付　　流水号：G68048Q221A6HPT

付款账号：362117211290009

户名：北平华问国际酒店有限公司

开户行：招商银行北平支行

金额（大写）：人民币叁万贰仟捌佰伍拾元叁角零分

（小写）：CNY32,850.30

收款人户名：福泰日用瓷器公司

收款人账号：4220053915158671832

收款人开户行：招商银行柳泉分理处

凭证种类：记账凭证　　凭证号码：0008　　业务编号：20190310680486

经办：G68048　　第1次打印：　　20190310

回单编号：2019031017216　　回单验证码：2A3D2650E5AD6F651

招商银行股份有限公司
电子回单专用章

提示：1.电子回单验证码相同表示同一笔业务回单，请勿重复记账使用。
2.已在银行柜台领用业务回单的单位，请注意核对，请勿重复记账使用。

打印时间：2019-03-10　10:46:01

招商银行
CHINA MERCHANTS BANK

付款回单

日期：2019年03月10日　　业务类型：网上企业银行支付　　流水号：G17216E231C5SQA

付款账号：362117211290009

户名：北平华问国际酒店有限公司

开户行：招商银行北平支行

金额（大写）：人民币壹万捌仟玖佰伍拾元叁角叁分

（小写）： CNY18,950.33

收款人户名：北平丰盛果蔬批发部

收款人账号：330456211608308

收款人开户行：招商银行佛塔分理处

凭证种类：记账凭证　　凭证号码：0007　　业务编号：20190310517216

摘要：支付北平丰盛果蔬货款

经办：G17216　　第1次打印：　　20190310

招商银行股份有限公司
电子回单专用章

回单编号：2019031017216　　回单验证码：2A3D6015E6AD6F159

提示： 1.电子回单验证码相同表示同一笔业务回单，请勿重复记账使用。
2.已在银行柜台领用业务回单的单位，请注意核对，请勿重复记账使用。

打印时间：2019-03-10　09:40:59

招商银行 CHINA MERCHANTS BANK

付 款 回 单

日期：2019年03月10日　　业务类型：网上企业银行支付　　流水号：G11328A012C8DUO

付款账号：362117211290009

户名：北平华问国际酒店有限公司

开户行：招商银行北平支行

金额（大写）：人民币肆万贰仟伍佰壹拾叁元叁角壹分

（小写）：CNY42,513.31

收款人户名：北平昌盛食品有限公司

收款人账号：360226123270008

收款人开户行：招商银行青湖支行

凭证种类：记账凭证　　凭证号码：0007　　业务编号：20190310113281

摘要：支付北平昌盛货款

经办：G11328　　第1次打印：　　20190310

招商银行股份有限公司
电子回单专用章

回单编号：2019031011328　　回单验证码：5A3D5120R4AD6F119

提示：1.电子回单验证码相同表示同一笔业务回单，请勿重复记账使用。
2.已在银行柜台领用业务回单的单位，请注意核对，请勿重复记账使用。

打印时间：2019-03-10　09:15:22

招商银行
CHINA MERCHANTS BANK

付 款 回 单

日期：2019年03月31日　　业务类型：网上企业银行支付　　流水号：G18845W333C8XDS

付款账号：362117211290009

户名：北平华问国际酒店有限公司

开户行：招商银行北平支行

金额（大写）：人民币贰万柒仟叁佰肆拾贰元整

（小写）：　CNY27,342.00

收款人户名：北平市玉洁洗涤有限公司

收款人账号：440325465322154455541

收款人开户行：建行咸宁路支行

凭证种类：记账凭证　　凭证号码：0036　　业务编号：20190331188456

摘要：支付3月份客房部洗涤费

经办：G18845　　第1次打印：　　20190331

回单编号：2019033118845　　回单验证码：2A0F2465E6AF2W946

提示：1.电子回单验证码相同表示同一笔业务回单，请勿重复记账使用。
2.已在银行柜台领用业务回单的单位，请注意核对，请勿重复记账使用。

打印时间：2019-03-31　09:11:18

招商银行股份有限公司
电子回单专用章

招商银行
CHINA MERCHANTS BANK

付 款 回 单

日期：2019年03月17日　　业务类型：网上企业银行支付　　流水号：G12624R562P2ANP

付款账号：362117211290009

户名：北平华问国际酒店有限公司

开户行：招商银行北平支行

金额（大写）：人民币柒万肆仟捌佰玖拾伍元陆角伍分

（小写）： CNY74,895.65

收款人户名：国家电网北平供电总公司

收款人账号：150100111930008 2012

收款人开户行：招行北平支行

凭证种类：记账凭证　　凭证号码：0016　　业务编号：20190317126245

摘要：支付电费

经办：G12624　　第1次打印：　　20190317

招商银行股份有限公司
电子回单专用章

回单编号：2019031712624　　回单验证码：9A2D3250E6TD6F841

提示： 1.电子回单验证码相同表示同一笔业务回单，请勿重复记账使用。
2.已在银行柜台领用业务回单的单位，请注意核对，请勿重复记账使用。

打印时间：2019-03-17　09:58:02

招商银行
CHINA MERCHANTS BANK

付 款 回 单

日期：2019年03月17日　　业务类型：网上企业银行支付　　流水号：G19624R562P2HIJ

付款账号：362117211290009

户名：北平华问国际酒店有限公司

开户行：招商银行北平支行

金额（大写）：人民币柒仟叁佰贰拾元玖角捌分

（小写）：CNY7,320.98

收款人户名：北平水业集团有限责任公司

收款人账号：150100102630001O285

收款人开户行：招行北平支行

凭证种类：记账凭证　　凭证号码：0014　　业务编号：20190317126245

摘要：支付水费

经办：G19624　　第1次打印：　　20190317

回单编号：2019031719624　　回单验证码：4A1D3950E6AD6F981

招商银行股份有限公司
电子回单专用章

提示：1.电子回单验证码相同表示同一笔业务回单，请勿重复记账使用。
2.已在银行柜台领用业务回单的单位，请注意核对，请勿重复记账使用。

打印时间：2019-03-17　09:48:12

教学票样

同城特约委托收款凭证(回单) 5 北平

第 01605205 号

委托日期 2019年 03 月 15 日　　单位编号：0100004382

付款人	全称	北平华问金属制品有限公司	收款人	全称	高新区住房公积金管理中心
	账号	362117211290009		账号	1107110209024604186
	开户银行	招商银行北平支行		开户银行	北平工行北京西路支行

金额	人民币（大写）壹万柒仟玖佰肆拾元整	千	百	十	万	千	百	十	元	角	分
				¥	1	7	9	4	0	0	0

收费项目名称	社会保险费	债务证明种类		所附单证张数	

备注：201901-201901 住房公积金

款项内容	人数	单位交	个人交	滞纳金	手续费
住房公积金	69	8,970.00	8,970.00	0.00	

中国人民银行北平中心支行结算凭证票样专用章

招商银行 北平市支行 2019.03.15 业务受理章 (21)

单位主管　　会计　　复核　　记账　　付款人开户银行盖章　　年　月　日

此联是付款人开户银行支付款项后给付款人的回单

销货清单

单位：华问大酒店　　　　2019年 03月16日

编号	品名	单位	数量	单价	金额
1	长豆角	斤	10	4.52	45.20
2	干豆角	斤	5	12.38	61.92
3	玉米粒	斤	10	5.09	50.85
4	白豆腐	斤	10	4.52	45.20
5	攸县香干	斤	5	16.95	84.75
6	干椒节	斤	5	5.36	26.78
7	菠菜	斤	15	3.39	50.85
8	青美人椒	斤	5	5.09	25.43
9	大青尖椒	斤	5	2.26	11.30
10	九头木瓜	斤	5	4.52	22.60
11	进口黄柠檬	个	5	2.26	11.30
12	国产橙	斤	10	2.03	20.34
13	无籽西瓜	斤	50	3.39	169.50
14					
15					
合计金额（大写）	陆佰贰拾陆元零贰分			626.02	

校验：李文华　　　　签收：王文川

销 货 清 单

单位：华闻大酒店　　　　2019年 03月 27日

编号	品名	单位	数量	单价	金额
1	长豆角	斤	10	4.52	45.20
2	攸县香干	斤	5	16.95	84.75
3	干豆角	斤	5	12.38	61.92
4	干椒节	斤	5	5.36	26.78
5	白豆腐	斤	10	4.52	45.20
6	玉米粒	斤	10	5.09	50.85
7	花菜	斤	10	3.16	31.64
8	腐竹	斤	5	22.60	113
9	闽笋	斤	10	24.58	245.77
10	芋头	斤	10	1.81	18.08
11	茄子	斤	10	2.03	20.34
12	青美人椒	斤	5	5.09	25.43
13	日本青瓜仔	斤	10	4.52	45.20
14	腊肠	斤	10	42.94	429.40
15	大黑木耳	斤	5	13.56	67.80
合计金额（大写）	壹仟叁佰壹拾壹元叁角柒分			1311.37	

校验：李文华　　　　签收：王文川

销货清单

单位：华问大酒店　　　　　　　　2019年 03月 17日

编号	品名	单位	数量	单价	金额
1	长豆角	斤	10	4.52	45.20
2	菠菜	斤	15	3.39	50.84
3	玉米粒	斤	10	5.08	50.84
4	攸县香干	斤	5	16.95	84.75
5	花菜	斤	10	3.16	31.63
6	闽笋	斤	10	24.58	245.78
7	芋头	斤	10	1.81	18.08
8	茄子	斤	10	2.03	20.33
9	日本青瓜仔	斤	10	4.52	45.20
10	青美人椒	斤	5	5.09	25.43
11	大青尖椒	斤	5	2.26	11.30
12	蒜苗	斤	5	3.73	18.65
13					
14					
15					
合计金额（大写）	陆佰肆拾捌元零叁分				648.03

校验：李文华　　　　签收：王文川

销货清单

单位：华问大酒店　　　　　　　　　　　　　　　　2019年 03月 23日

编号	品名	单位	数量	单价	金额
1	玉米粒	斤	10	5.09	50.85
2	白辣椒	斤	5	3.96	19.78
3	干豆角	斤	5	12.38	61.92
4	菠菜	斤	15	3.39	50.85
5	花菜	斤	10	3.16	31.64
6	芋头	斤	10	1.81	18.08
7	日本青瓜仔	斤	10	4.52	45.20
8	蒜苗	斤	5	3.73	18.65
9					
10					
11					
12					
13					
14					
15					
合计金额（大写）	贰佰玖拾陆元玖角柒分				296.97

校验：李文华　　　　　　　　　　签收：王文川

销 货 清 单

单位：华问大酒店　　　　　　　　　　2019年 03月01日

编号	品　　名	单　位	数 量	单 价	金 额
1	花菜	斤	10	3.16	31.64
2					
3					
4					
5					
6					
7					
8					
9					
10					
11					
12					
13					
14					
15					
合计金额（大写）	叁拾壹元陆角肆分			31.64	

校验：李文华　　　　　　　　签收：王文川

销货清单

单位：华问大酒店　　　　　　2019年 03月 18日

编号	品名	单位	数量	单价	金额
1	玉米粒	斤	10	5.09	50.85
2	攸县香干	斤	5	16.95	84.75
3	白豆腐	斤	10	4.52	45.20
4	阆笋	斤	10	24.58	245.78
5	茄子	斤	10	2.03	20.34
6	大青尖椒	斤	5	2.26	11.30
7	青美人椒	斤	5	5.09	25.43
8	日本青瓜仔	斤	10	4.52	45.20
9	无籽西瓜	斤	50	3.39	169.50
10	香蕉	斤	10	1.70	16.95
11					
12					
13					
14					
15					
合计金额（大写）	柒佰壹拾伍元叁角			715.30	

校验：李文华　　　　　　签收：王文川

销货清单

单位：华问大酒店　　　　2019年 03月 19日

编号	品名	单位	数量	单价	金额
1	长豆角	斤	10	4.52	45.20
2	攸县香干	斤	5	16.95	84.75
3	菠菜	斤	15	3.39	50.85
4	花菜	斤	10	3.16	31.64
5	朝天椒	斤	5	7.91	39.55
6	大青尖椒	斤	5	2.26	11.30
7	青美人椒	斤	5	5.09	25.43
8	蒜肉	斤	20	1.47	29.38
9	大黑木耳	斤	5	13.56	67.80
10					
11					
12					
13					
14					
15					
合计金额（大写）	叁佰捌拾伍元玖角			385.90	

校验：李文华　　　　签收：王文川

销 货 清 单

单位：华问大酒店　　　　2019年 03月 14日

编号	品　　名	单　位	数 量	单 价	金 额
1	长豆角	斤	10	4.52	45.20
2	白豆腐	斤	10	4.52	45.20
3	玉米粒	斤	10	5.09	50.85
4	攸县香干	斤	5	16.95	84.75
5	花菜	斤	10	3.16	31.64
6	茄子	斤	10	2.03	20.34
7	大青尖椒	斤	5	2.26	11.30
8	青美人椒	斤	5	5.09	25.43
9	日本青瓜仔	斤	10	4.52	45.20
10	腊肠	斤	10	42.94	429.40
11					
12					
13					
14					
15					
合计金额（大写）	柒佰捌拾玖元叁角壹分			789.31	

校验：李文华　　　　签收：王文川

销 货 清 单

单位：华问大酒店　　　　　　2019年 03月 20日

编号	品　名	单　位	数　量	单　价	金　额
1	白豆腐	斤	10	4.52	45.20
2	菠菜	斤	15	3.39	50.85
3	花菜	斤	10	3.16	31.64
4	金针菇	斤	4	3.96	15.82
5	阑笋	斤	10	24.58	245.78
6	芋头	斤	10	1.81	18.08
7	青美人椒	斤	5	5.09	25.43
8	日本青瓜仔	斤	10	4.52	45.20
9					
10					
11					
12					
13					
14					
15					
合计金额（大写）	肆佰柒拾捌元整				478.00

校验：李文华　　　　　　签收：王文川

销 货 清 单

单位：华冈大酒店　　　　　　　　　　2019年 03月 15日

编号	品　　名	单　位	数　量	单　价	金　额
1	白豆腐	斤	10	4.52	45.20
2	菠菜	斤	15	3.39	50.85
3	花菜	斤	10	3.16	31.64
4	闽笋	斤	10	24.58	245.78
5	芋头	斤	10	1.81	18.08
6	茄子	斤	10	2.03	20.34
7	大青尖椒	斤	5	2.26	11.30
8	青美人椒	斤	5	5.09	25.43
9	日本青瓜仔	斤	10	4.52	45.20
10					
11					
12					
13					
14					
15					
合计金额（大写）	肆佰玖拾叁元捌角贰分			493.82	

校验：李文华　　　　　　　　签收：王文川

销货清单

单位：华同大酒店　　　　2019年 03月 21 日

编号	品名	单位	数量	单价	金额
1	干椒节	斤	5	5.36	26.78
2	花菜	斤	10	3.16	31.64
3	茄子	斤	10	2.03	20.34
4	日本青瓜仔	斤	10	4.52	45.20
5	九头木瓜	斤	10	4.52	45.20
6	进口黄柠檬	个	5	2.26	11.30
7	国产橙	斤	10	2.03	20.34
8	无籽西瓜	斤	50	3.39	169.50
9	香蕉	斤	10	1.70	16.95
10					
11					
12					
13					
14					
15					
合计金额（大写）	叁佰捌拾柒元贰角伍分				387.25

校验：李文华　　　　签收：王文川

销 货 清 单

单位：华问大酒店 2019年 03月 13日

编号	品　　名	单　位	数 量	单 价	金 额
1	玉米粒	斤	10	5.09	50.85
2	菠菜	斤	15	3.39	50.85
3	花菜	斤	10	3.16	31.64
4	芋头	斤	10	1.81	18.08
5	青美人椒	斤	5	5.09	25.43
6	日本青瓜仔	斤	10	4.52	45.20
7	蒜苗	斤	5	3.73	18.65
8					
9					
10					
11					
12					
13					
14					
15					
合计金额（大写）	贰佰肆拾元柒角			240.70	

校验：李文华 签收：王文川

诚泰商贸 销货单

NO:000996

客户名称：华闲大酒店　　19年03月13日

品名型号	单位	数量	单价	金额
老水鸭	斤	16	18.65	298.32
毛肚	斤	5	16.39	81.93
牛腩	斤	6	19.78	118.65
猪肘	斤	10	10.17	101.7
肉排	斤	10	15.82	158.2
五花肉	斤	20	12.43	248.6
			合计：1007.4	
合计人民币（大写）：零万壹仟零佰零拾柒元肆角零分				

第二版

第二联 客户（红）

核准：李帆　　收货人：石梦

订货电话：011-83837931

诚泰商贸 销货单

NO:001035

客户名称：华问大酒店　　　　19 年 03月 16 日

品名型号	单位	数量	单价	金额
牛肉	斤	5	22.6	113
野鸭	斤	10	23.73	237.3
猪大肠	斤	10	9.61	96.05
猪肘	斤	10	10.17	101.7
牛肉	斤	5	12.43	62.15
肉排	斤	10	15.82	158.2
五花肉	斤	15	12.43	186.45
			合计：	954.85
合计人民币（大写）：零万零仟玖佰伍拾肆元捌角伍分				

第二版

第二联 客户（红）

核准：李帆　　　　收货人：石梦

订货电话：011-83837931

诚泰商贸 销货单 NO:001019

客户名称：华向大酒店 19 年 03月 15日

品名型号	单位	数量	单价	金额
无骨凤爪	斤	10	15.82	158.2
野鸭	斤	10	23.73	237.3
猪大肠	斤	10	9.61	96.05
赤肉	斤	5	12.43	62.15
五花肉	斤	15	12.43	186.45
			合计：740.15	
合计人民币（大写）：零万零仟柒佰肆拾零元壹角伍分				

第二版

第二联 客户（红）

核准：李帆 收货人：石蓉

订货电话：011-83837931

诚泰商贸 销货单

NO:001046

客户名称：华问大酒店　　19 年 03月 17日

品名型号	单位	数量	单价	金额
黑土鸡	斤	15	15.82	237.3
牛腩	斤	6	19.77	118.64
猪肚	斤	10	18.08	180.8
猪肘	斤	10	10.17	101.7
五花肉	斤	20	12.43	248.6
			合计：	887.04
合计人民币（大写）：零万零仟捌佰捌拾柒元零角肆分				

第二版

第二联 客户（红）

核准：李帆　　收货人：石梦

订货电话：011-83837931

诚泰商贸 销货单

NO:000946

客户名称：华问大酒店　　19 年 03月 08 日

品名型号	单位	数量	单价	金额
老水鸭	斤	16	18.65	298.32
牛肉	斤	5	22.6	113
猪肚	斤	10	18.08	180.8
猪耳(新鲜)	斤	10	15.82	158.2
猪肘	斤	10	10.17	101.7
赤肉	斤	5	12.43	62.15
五花肉	斤	15	12.43	186.45
			合计：	1100.62

合计人民币（大写）：零万壹仟壹佰零拾零元陆角贰分

第二版

第二联 客户（红）

核准：李帆　　收货人：石梦

订货电话：011-83837931

诚泰商贸 销货单

NO:000968

客户名称：华同大酒店　　19 年 03月 10日

品名型号	单位	数量	单价	金额
黑土鸡	斤	15	15.82	237.3
老水鸭	斤	16	18.64	298.31
野鸭	斤	10	23.73	237.3
牛肉	斤	5	22.6	113
五花肉	斤	15	12.43	186.45
			合计：	1072.36

合计人民币（大写）：零万壹仟零佰柒拾贰元叁角陆分

第二版

第二联 客户（红）

核准：李帆　　收货人：石梦

订货电话：011-83837931

诚泰商贸 销货单

NO:000913

客户名称：华问大酒店　　　　19 年 03月 05日

品名型号	单位	数量	单价	金额
黑土鸡	斤	15	15.82	237.3
猪大肠	斤	10	9.61	96.05
肉排	斤	10	15.82	158.2
五花肉	斤	15	12.43	186.45

合计：678

合计人民币（大写）：零万零仟陆佰柒拾捌元零角零分

第二版

第二联 客户（红）

核准：李帆　　　　收货人：石梦

订货电话：011-83837931

诚泰商贸 销货单

NO:000897

客户名称：华问大酒店　　19 年 03 月 03 日

品名型号	单位	数量	单价	金额
黑土鸡	斤	15	15.82	237.3
无骨凤爪	斤	10	15.82	158.2
猪大肠	斤	10	9.61	96.05
肉排	斤	10	15.82	158.2

合计：649.75

合计人民币（大写）：零万零仟陆佰肆拾玖元柒角伍分

核准：李帆　　收货人：石梦

订货电话：011-83837931

第二版

第二联 客户（红）

诚泰商贸 销货单

NO:001068

客户名称：华同大酒店　　　　19 年 03 月 19 日

品名型号	单位	数量	单价	金额
鸡腿	斤	5	7.68	38.42
老母鸡	斤	10	11.3	113
牛肉	斤	5	22.6	113
猪肘	斤	10	10.17	101.7
赤肉	斤	5	12.43	62.15
肉排	斤	10	15.82	158.2
五花肉	斤	20	12.43	248.6
			合计：	835.07

合计人民币（大写）：零万零仟捌佰叁拾伍元零角柒分

核准：李帆　　　　收货人：石梦

订货电话：011-83837931

第二版

第二联 客户（红）

诚泰商贸 销货单　　NO:001009

客户名称：华向大酒店　　　　19 年 03月 14日

品名型号	单位	数量	单价	金额
土仔鸡	斤	10	9.61	96.05
黑土鸡	斤	15	15.82	237.3
老水鸭	斤	16	18.65	298.32
猪大肠	斤	10	9.61	96.05
猪耳(新鲜)	斤	10	15.82	158.2
猪肘	斤	10	10.17	101.7
肉排	斤	10	15.82	158.2
五花肉	斤	15	12.43	186.45
			合计：	1332.27
合计人民币（大写）：零万壹仟叁佰叁拾贰元贰角柒分				

第二版

第二联　客户（红）

核准：李帆　　　　收货人：石峰

订货电话：011-83837931

诚泰商贸 销货单

NO:001079

客户名称：华向大酒店　　　　19 年 03月 20日

品名型号	单位	数量	单价	金额
野鸭	斤	10	23.73	237.3
五花肉	斤	20	12.43	248.6
			合计：485.9	
合计人民币（大写）：零万零仟肆佰捌拾伍元玖角零分				

第二版

第二联 客户（红）

核准：李帆　　　　收货人：石梦

订货电话：011-83837931

诚泰商贸 销货单

NO:000985

客户名称：华间大酒店　　19 年 03月 12日

品名型号	单位	数量	单价	金额
鸡腿	斤	5	7.68	38.42
老母鸡	斤	10	11.3	113
无骨凤爪	斤	10	15.82	158.2
赤肉	斤	5	12.43	62.15
五花肉	斤	15	12.43	186.45
野猪	斤	5	15.37	76.84
			合计：	635.06
合计人民币（大写）：零万零仟陆佰叁拾伍元零角陆分				

第二版

第二联

客户（红）

核准：李帆　　收货人：石梦

订货电话：011-83837931

永盛水产 销货清单

110674

客户名称：华阅大酒店　　09 年 03 月 06 日

产品名称	单位	数量	单价	金额
三文鱼	斤	3	38.42	115.26

合计：115.26

合计人民币（大写）：零万零仟壹佰壹拾伍元贰角陆分

第二版　第二联　客户（红）

核准：李岩　　收货人：王江川

经营范围：鲜冻水产　　订货电话：011-63472283

永盛水产 销货清单

110686

客户名称：华同大酒店　　09 年 03 月 07 日

产品名称	单位	数量	单价	金额
水鱼	斤	10	22.6	226
鱼头王	斤	15	7.91	118.65

合计：344.65

合计人民币（大写）：零万零仟叁佰肆拾肆元陆角伍分

第二版　第二联　客户（红）

核准：李岩　　收货人：王江川

经营范围：鲜冻水产　　订货电话：011-63472283

永盛水产 销货清单

110884

客户名称：华冈大酒店　　09 年 03 月 27 日

产品名称	单位	数量	单价	金额
三文鱼	斤	3	38.42	115.26
多宝鱼	斤	3	40.68	122.04
			合计：237.3	

合计人民币（大写）：零万零仟贰佰叁拾柒元叁角零分

第二版　第二联　客户（红）

核准：李岩　　收货人：王江川

经营范围：鲜冻水产　　订货电话：011-63472283

永盛水产 销货清单

110666

客户名称：华间大酒店　　09 年 03 月 05 日

产品名称	单位	数量	单价	金额
鲈鱼	斤	21.3	11.3	240.69

合计：240.69

合计人民币（大写）：零万零仟贰佰肆拾零元陆角玖分

第二版　第二联　客户（红）

核准：李岩　　收货人：王江川

经营范围：鲜冻水产　　订货电话：011-63472283

永盛水产 销货清单

110659

客户名称：华间大酒店　　09 年 03 月 04 日

产品名称	单位	数量	单价	金额
基围虾	斤	10	24.86	248.6
			合计：248.6	

合计人民币（大写）：零万零仟贰佰肆拾捌元陆角零分

第二版　第二联　客户（红）

核准：李岩　　收货人：王江川

经营范围：鲜冻水产　　订货电话：011-63472283

永盛水产 销货清单

110850

客户名称：华冈大酒店　　09 年 03 月 24 日

产品名称	单位	数量	单价	金额
三文鱼	斤	3	38.42	115.26
水鱼	斤	10	22.6	226
鱼头王	斤	10	7.91	79.1
		合计：420.36		

合计人民币（大写）：零万零仟肆佰贰拾零元叁角陆分

第二版　第二联　客户（红）

核准：李岩　　收货人：王江川

经营范围：鲜冻水产　　订货电话：011-63472283

永盛水产 销货清单

110910

客户名称：华问大酒店　　09 年 03 月 29 日

产品名称	单位	数量	单价	金额
大鲜鱿鱼	斤	5	7.91	39.55
水鱼	斤	10	22.6	226
			合计：265.55	

合计人民币（大写）：零万零仟贰佰陆拾伍元伍角伍分

第二版　第二联　客户（红）

核准：李岩　　收货人：王江川

经营范围：鲜冻水产　　订货电话：011-63472283

永盛水产 销货清单

110926

客户名称：华问大酒店　　　　09 年 03 月 30 日

产品名称	单位	数量	单价	金额
三文鱼	斤	3	38.42	115.26
鱼头王	斤	10	7.91	79.1
合计人民币（大写）：零万零仟壹佰玖拾肆元叁角陆分				

合计：194.36

第二版　第二联　客户（红）

核准：李岩　　　　收货人：王江川

经营范围：鲜冻水产　　　　订货电话：011-63472283

永盛水产 销货清单

110876

客户名称：华闻大酒店　　09 年 03 月 26 日

产品名称	单位	数量	单价	金额
鲈鱼	斤	26.1	11.3	294.93
鱼头王	斤	10	7.91	79.1
				合计：374.03

合计人民币（大写）：零万零仟叁佰柒拾肆元零角叁分

第二版　第二联　客户（红）

核准：李岩　　收货人：王江川

经营范围：鲜冻水产　　订货电话：011-63472283

永盛水产 销货清单

110864

客户名称：华向大酒店　　09 年03月25日

产品名称	单位	数量	单价	金额
16-20青虾仁（全干）	斤	5	20.34	101.7
大鲜鱿鱼	斤	5	7.91	39.55
		合计：141.25		

合计人民币（大写）：零万零仟壹佰肆拾壹元贰角伍分

第二版 第二联 客户（红）

核准：李岩　　收货人：王江川

经营范围：鲜冻水产　　订货电话：011-63472283

永盛水产 销货清单

110897

客户名称：华冈大酒店　　09 年 03 月 28 日

产品名称	单位	数量	单价	金额
鱼头王	斤	10	7.91	79.1
			合计：79.1	
合计人民币（大写）：零万零仟零佰柒拾玖元壹角零分				

第二版　第二联　客户（红）

核准：李岩　　收货人：王江川

经营范围：鲜冻水产　　订货电话：011-63472283

永盛水产 销货清单

110836

客户名称：华问大酒店　　09 年 03 月 22 日

产品名称	单位	数量	单价	金额
基围虾	斤	10	24.86	248.6
鲈鱼	斤	24.8	11.3	280.24
鱼头王	斤	10	7.91	79.1
			合计：607.94	

合计人民币（大写）：零万零仟陆佰零拾柒元玖角肆分

第二版　第二联　客户（红）

核准：李岩　　收货人：王江川

经营范围：鲜冻水产　　订货电话：011-63472283

華問 HUAWEN 北平华问国际酒店有限公司

销货单

发货单号：19030001　发货日期：2019-03-31　出库类型：销售出库　部　门：商超部

客户名称：个人　备　注：

收款记录	编　码	商品名称	型号规格	单位	数　量	含税单价	价税合计
		窑变花瓶三件套	GD-013	套	6.00	511.97	3,071.82
		青瓷手绘三件套	SH-267	套	5.00	511.97	2,559.85
		青花瓷三件套山水花瓶	SJT-139	套	5.00	511.97	2,559.85
		现代中式储物罐三件套	CWG-258	套	4.00	511.97	2,047.88
		水点桃花三件套花瓶	SJT-140	套	8.00	511.97	4,095.76
		手绘荷花异形尖口三件套	SH-331	套	7.00	511.97	3,583.79
		高档仿古官窑开片花瓶	FG-015	套	12.00	341.03	4,092.36
		喜鹊盘+龙架	35cm	套	15.00	255.56	3,833.40
		孔雀盘+龙架	35cm	套	13.00	255.56	3,322.28
		金边和字盘+龙架	35cm	套	6.00	255.56	1,533.36
		百福盘+龙架	35cm	套	10.00	255.56	2,555.60
		60头骨质瓷餐具	疏影系列	套	8.00	682.91	5,463.28
		60头骨质瓷餐具	芸阙系列	套	5.00	682.91	3,414.55
		60头骨质瓷餐具	金边系列	套	7.00	682.91	4,780.37
		60头骨质瓷餐具	百合系列	套	10.00	682.91	6,829.10
		60头骨质瓷餐具	鸢尾花系列	套	7.00	682.91	4,780.37
		56头骨质瓷餐具	青花系列	套	18.00	654.41	11,779.46
合　计					146.00		70,303.08

记　账：　复　核：　仓库保管：　销售员：徐娇

华問 HUAWEN 400-8605646 v6.0版

销 货 清 单

单位：华问大酒店　　　　　　　　　　2019年 03月 25日

编号	品　　名	单　位	数 量	单 价	金 额
1	玉米粒	斤	10	5.09	50.85
2	攸县香干	斤	5	16.95	84.74
3	白豆腐	斤	10	4.52	45.20
4	菠菜	斤	15	3.39	50.85
5	花菜	斤	10	3.16	31.64
6	芋头	斤	10	1.81	18.08
7	茄子	斤	10	2.03	20.34
8	大青尖椒	斤	5	2.26	11.30
9	青美人椒	斤	5	5.09	25.43
10	日本青瓜仔	斤	10	4.52	45.20
11					
12					
13					
14					
15					
合计金额（大写）	叁佰捌拾叁元陆角肆分			383.64	

校验：李文华　　　　　　　　签收：王文川

销 货 清 单

单位：华问大酒店　　　　2019年 03月 24日

编号	品名	单位	数量	单价	金额
1	长豆角	斤	10	4.52	45.20
2	攸县香干	斤	5	16.95	84.74
3	白豆腐	斤	10	4.52	45.20
4	干椒节	斤	5	5.35	26.77
5	花菜	斤	10	3.16	31.63
6	闽笋	斤	10	24.58	245.77
7	茄子	斤	10	2.03	20.34
8	大青尖椒	斤	5	2.26	11.30
9	青美人椒	斤	5	5.08	25.42
10	日本青瓜仔	斤	10	4.52	45.20
11	葱肉	斤	3	3.39	10.17
12					
13					
14					
15					
合计金额（大写）	伍佰玖拾壹元柒角肆分				591.74

校验：李文华　　　　签收：王文川

销货清单

单位：华间大酒店　　　　　　　　　　　　2019年 03月 10日

编号	品名	单位	数量	单价	金额
1	长豆角	斤	10	4.52	45.19
2	玉米粒	斤	10	5.09	50.85
3	菠菜	斤	15	3.39	50.84
4	花菜	斤	10	3.16	31.63
5	大青尖椒	斤	5	2.26	11.29
6	青美人椒	斤	5	5.08	25.42
7	日本青瓜仔	斤	10	4.52	45.20
8					
9					
10					
11					
12					
13					
14					
15					
合计金额（大写）	贰佰陆拾元肆角壹分				260.41

校验：李文华　　　　　　　　　　　　签收：王文川

销货清单

单位：华问大酒店　　　　　　　　　　　　2019年 03月02日

编号	品名	单位	数量	单价	金额
1	长豆角	斤	10	4.52	45.20
2	花菜	斤	10	3.16	31.64
3	闽笋	斤	10	24.58	245.78
4					
5					
6					
7					
8					
9					
10					
11					
12					
13					
14					
15					
合计金额（大写）	叁佰贰拾贰元陆角贰分				322.62

校验：李文华　　　　签收：王文川

诚泰商贸 销货单

NO:000935

客户名称：华同大酒店　　　　19 年 03月 07日

品名型号	单位	数量	单价	金额
黑土鸡	斤	15	15.82	237.3
毛肚	斤	5	16.39	81.93
野鸭	斤	10	23.73	237.3
猪肘	斤	10	10.17	101.7
五花肉	斤	15	12.43	186.45
			合计：844.68	
合计人民币（大写）：零万零仟捌佰肆拾肆元陆角捌分				

第二版

第二联 客户（红）

核准：李帆　　　　收货人：石梦

订货电话：011-83837931

[illegible]

诚泰商贸 销货单

NO:001089

客户名称：华司大酒店　　　　19 年 03 月 21 日

品名型号	单位	数量	单价	金额
老水鸭	斤	16	18.65	298.32
毛肚	斤	5	16.39	81.93
无骨凤爪	斤	10	15.82	158.2
猪大肠	斤	10	9.61	96.05
猪耳(新鲜)	斤	10	15.82	158.2
猪肘	斤	10	10.17	101.7
赤肉	斤	5	12.43	62.15
五花肉	斤	20	12.43	248.6
			合计：	1205.15
合计人民币（大写）：零万壹仟贰佰零拾伍元壹角伍分				

第二版

第二联 客户（红）

核准：李帆　　　　收货人：石梦

订货电话：011-83837931

诚泰商贸 销货单

NO:000902

客户名称：华同大酒店　　19 年 03 月 04 日

品名型号	单位	数量	单价	金额
老水鸭	斤	16	18.65	298.32
赤肉	斤	5	12.43	62.15
五花肉	斤	15	12.43	186.45

合计：546.92

合计人民币（大写）：零万零仟伍佰肆拾陆元玖角贰分

核准：李帆　　收货人：石梦

订货电话：011-83837931

第二版

第二联 客户（红）

诚泰商贸 销货单

NO:001057

客户名称：华阿大酒店　　　　19 年 03月 18日

品名型号	单位	数量	单价	金额
土仔鸡	斤	10	9.61	96.05
老水鸭	斤	16	18.65	298.32
无骨凤爪	斤	10	15.82	158.2
猪肘	斤	10	10.17	101.7
五花肉	斤	20	12.43	248.6
一字梅肉	斤	5	12.43	62.15
			合计：965.02	
合计人民币（大写）：零万零仟玖佰陆拾伍元零角贰分				

第二版

第二联　客户（红）

核准：李帆　　　　收货人：石梦

订货电话：011-83837931

诚泰商贸 销货单

NO:000957

客户名称：华向大酒店　　19 年 03月 09 日

品名型号	单位	数量	单价	金额
老水鸭	斤	16	18.65	298.32
毛肚	斤	5	16.39	81.93
无骨凤爪	斤	10	15.82	158.2
牛肉	斤	5	22.6	113
猪肘	斤	10	10.17	101.7
肉排	斤	10	15.82	158.2
五花肉	斤	15	12.43	186.45
			合计：	1097.8
合计人民币（大写）：零万壹仟零佰玖拾柒元捌角零分				

第二版

第二联　客户（红）

核准：李帆　　收货人：石梦

订货电话 :011-83837931

诚泰商贸 销货单

NO:000924

客户名称：华网大酒店　　　　19 年 03月 06 日

品名型号	单位	数量	单价	金额
老水鸭	斤	16	18.65	298.32
毛肚	斤	5	16.39	81.93
无骨凤爪	斤	10	15.82	158.2
牛肉	斤	5	22.6	113
猪大肠	斤	10	9.61	96.05
猪肘	斤	10	10.17	101.7
五花肉	斤	15	12.43	186.45

合计：1035.65

合计人民币（大写）：零万壹仟零佰叁拾伍元陆角伍分

第二版

第二联 客户（红）

核准：李帆　　　　收货人：石岑

订货电话 :011-83837931

诚泰商贸 销货单

NO:000979

客户名称：华向大酒店　　19 年 03月 11 日

品名型号	单位	数量	单价	金额
土仔鸡	斤	10	9.61	96.05
老水鸭	斤	16	18.65	298.32
毛肚	斤	5	16.39	81.93
猪大肠	斤	10	9.61	96.05
五花肉	斤	15	12.43	186.45
一字梅肉	斤	5	12.43	62.15
			合计：	820.95
合计人民币（大写）：零万 零仟 捌佰 贰 拾 零元 玖角 伍分				

第二版

第二联 客户（红）

核准：李帆　　收货人：石梦

订货电话 :011-83837931

现金单 Cash Voucher

☑ 存钱 Deposit　☐ 取现 Withdrawal

日期：2019 年 03 月 26 日
Date ——Year——Month——Day

招商银行 CHINA MERCHANTS BANK

客户编写 Client write	客户名称 AJC name	北平华问国际酒店有限公司	账号 AJC name	362117211290009		
	开户行 Bank account	招商银行北平市支行	币种 Currency	人民币	金额 Arrolnt	22,808.00
	来源用途 Bank account	账款	备注 Remark			

银行填字 Bank fill

收款人账号：362117211290009
收款人户名：北平华问国际酒店有限公司

交易码	收付	金额
115703	收	22,808.00

收入金额：22,808.00　付出金额：
实收金额：22,808.00

交易日期：2019 年 03 月 26 日

经办：011321

招商银行北平市支行
2019.03.26
现金收讫

第二联：客户留存
Second league:Client retained

现金单 Cash Voucher ☑ 存钱 Deposit ☐ 取现 Withdrawal

日期：2019 年 03 月 22 日
Date ——Year——Month——Day

招商银行 CHINA MERCHANTS BANK

客户编写 Client write	客户名称 AJC name	北平华间国际酒店有限公司	账号 AJC name	362117211290009		
	开户行 Bank account	招商银行北平市支行	币种 Currency	人民币	金额 Arrolnt	20,437.00
	来源用途 Bank account	账款	备注 Remark			

银行填字 Bank fill

收款人账号：362117211290009
收款人户名：北平华间国际酒店有限公司

交易码	收付	金额
115703	收	20,437.00

收入金额：20,437.00　付出金额：
实收金额：20,437.00

交易日期：2019 年 03 月 22 日

经办：010052

招商银行北平市支行 2019.03.22 现金收讫

第二联：客户留存
Second league:Client retained

现金单 Cash Voucher

☑ 存钱 Deposit　☐ 取现 Withdrawal

日期：2019 年 03 月 06 日
Date ——Year——Month——Day

招商银行 CHINA MERCHANTS BANK

客户编写 Client write	客户名称 AJC name	北平华问国际酒店有限公司	账号 AJC name	362117211290009		
	开户行 Bank account	招商银行北平市支行	币种 Currency	人民币	金额 ArroInt	23,742.00
	来源用途 Bank account	账款	备注 Remark			
银行填字 Bank fill	收款人账号：362117211290009 收款人户名：北平华问国际酒店有限公司 交易码　收付　金额 115703　收　23,742.00 收入金额：23,742.00　付出金额： 实收金额：23,742.00 交易日期：2019 年 03 月 06 日 经办：014091					

招商银行北平市支行
2019.03.06
现金收讫

第二联：客户留存
Second league:Client retained

招商银行 CHINA MERCHANTS BANK

现金单 Cash Voucher

☑ 存钱 Deposit　☐ 取现 Withdrawal　日期：2019 年 03 月 04 日 Date Year Month Day

客户编写 Client write	客户名称 AJC name	北平华问国际酒店有限公司	账号 AJC name	362117211290009		
	开户行 Bank account	招商银行北平市支行	币种 Currency	人民币	金额 Arrolnt	75,367.00
	来源用途 Bank account	账款	备注 Remark			

银行填字 Bank fill

收款人账号：362117211290009
收款人户名：北平华问国际酒店有限公司

交易码	收付	金额
115703	收	75,367.00

收入金额：75,367.00　付出金额：
实收金额：75,367.00

交易日期：2019年03月04日

经办：074301

招商银行北平市支行 2019.03.04 现金收讫

第二联：客户留存
Second league:Client retained

招商银行 CHINA MERCHANTS BANK

现金单 Cash Voucher

☑ 存钱 Deposit　☐ 取现 Withdrawal

日期: 2019 年 03 月 28 日
Date ——Year——Month——Day

客户编写 Client write						
	客户名称 AJC name	北平华问国际酒店有限公司	账号 AJC name	362117211290009		
	开户行 Bank account	招商银行北平市支行	币种 Currency	人民币	金额 Arrolnt	23,533.00
	来源用途 Bank account	账款	备注 Remark			

银行填字 Bank fill

收款人账号：362117211290009
收款人户名：北平华问国际酒店有限公司

交易码	收付	金额
115703	收	23,533.00

收入金额：23,533.00　付出金额：
实收金额：23,533.00

交易日期：2019 年 03 月 28 日
经办：321000

招商银行北平市支行 2019.03.28 现金收讫

第二联：客户留存
Second league:Client retained

现金单 Cash Voucher

☑ 存钱 Deposit　☐ 取现 Withdrawal　日期: 2019 年 03 月 07 日 Date ——Year——Month——Day

招商银行 CHINA MERCHANTS BANK

客户编写 Client write						
客户名称 AJC name	北平华问国际酒店有限公司	账号 AJC name	362117211290009			
开户行 Bank account	招商银行北平市支行	币种 Currency	人民币	金额 Arrolnt	27,834.00
来源用途 Bank account	账款	备注 Remark			

银行填字 Bank fill

收款人账号：362117211290009
收款人户名：北平华问国际酒店有限公司

交易码	收付	金额
115703	收	27,834.00

收入金额：27,834.00　付出金额：
实收金额：27,834.00

交易日期：2019 年 03 月 07 日

经办：014000

招商银行北平市支行 2019.03.07 现金收讫

第二联：客户留存
Second league:Client retained

现金单 Cash Voucher ☑ 存钱 Deposit ☐ 取现 Withdrawal

日期：2019 年 03 月 27 日
Date ——Year——Month——Day

招商银行 CHINA MERCHANTS BANK

客户编写 Client write	客户名称 AJC name	北平华问国际酒店有限公司	账号 AJC name	362117211290009		
	开户行 Bank account	招商银行北平市支行	币种 Currency	人民币	金额 Arrolnt	22,698.00
	来源用途 Bank account	账款	备注 Remark			

银行填字 Bank fill

收款人账号：362117211290009
收款人户名：北平华问国际酒店有限公司

交易码	收付	金额
115703	收	22,698.00

收入金额：22,698.00　　付出金额：
实收金额：22,698.00

交易日期：2019 年 03 月 27 日

经办：011752

招商银行北平市支行 2019.03.27 现金收讫

第二联：客户留存
Second league:Client retained

永盛水产 销货清单

11

客户名称：华问大酒店　　　　09 年03月09日

产品名称	单位	数量	单价	金额
进口青口贝	斤	5	62.15	310.75
大鲜鱿鱼	斤	5	7.91	39.55
鲈鱼	斤	25.2	11.3	284.76

合计：635.06

合计人民币（大写）：零万零仟陆佰叁拾伍元零角陆分

第二版　第二联　客户（红）

核准：李岩　　　　收货人：王江川

经营范围：鲜冻水产　　　　订货电话：011-63472283

永盛水产 销货清单

110711

客户名称：华向大酒店　　　　09 年03月 10日

产品名称	单位	数量	单价	金额
桂鱼	斤	16.8	37.29	626.47
水鱼	斤	10	22.6	226
鱼头王	斤	15	7.91	118.65

合计：971.12

合计人民币（大写）：零万零仟玖佰柒拾壹元壹角贰分

第二版 第二联 客户（红）

核准：李岩　　　　收货人：王江川

经营范围：鲜冻水产　　　　订货电话：011-63472283

永盛水产 销货清单

110766

客户名称：华同大酒店　　09 年03月 15日

产品名称	单位	数量	单价	金额
基围虾	斤	10	24.86	248.6
鲈鱼	斤	25	11.3	282.5

合计：531.1

合计人民币（大写）：零万零仟伍佰叁拾壹元壹角零分

第二版　第二联　客户（红）

核准：李岩　　收货人：王江川

经营范围：鲜冻水产　　订货电话：011-63472283

永盛水产 销货清单

110757

客户名称：华向大酒店　　　　09 年03月14日

产品名称	单位	数量	单价	金额
25北极贝	斤	1	192.1	192.1
鱼头王	斤	15	7.91	118.65

合计：310.75

合计人民币（大写）：零万零仟叁佰壹拾零元柒角伍分

第二版　第二联　客户（红）

核准：李岩　　　　收货人：王江川

经营范围：鲜冻水产　　　　订货电话：011-63472283

永盛水产 销货清单

110821

客户名称：华向大酒店　　09 年 03 月 21 日

产品名称	单位	数量	单价	金额
进口青口贝	斤	5	62.15	310.75
三文鱼	斤	3	38.42	115.26
大鲜鱿鱼	斤	5	7.91	39.55
大红蟹	斤	5	39.55	197.75
鱼头王	斤	10	7.91	79.1
			合计：742.41	
合计人民币（大写）：零万零仟柒佰肆拾贰元肆角壹分				

第二版　第二联　客户（红）

核准：李岩　　收货人：王江川

经营范围：鲜冻水产　　订货电话：011-63472283

永盛水产 销货清单

110789

客户名称：华问大酒店　　　　09 年 03 月 17 日

产品名称	单位	数量	单价	金额
水鱼	斤	10	22.6	226

合计：226

合计人民币（大写）：零万零仟贰佰贰拾陆元零角零分

第二版 第二联 客户（红）

核准：李岩　　　　收货人：王江川

经营范围：鲜冻水产　　　　订货电话：011-63472283

永盛水产 销货清单

110808

客户名称：华向大酒店　　09 年 03 月 19 日

产品名称	单位	数量	单价	金额
桂鱼	斤	18	37.29	671.22

合计：671.22

合计人民币（大写）：零万零仟陆佰柒拾壹元贰角贰分

第二版　第二联　客户（红）

核准：李岩　　收货人：王江川

经营范围：鲜冻水产　　订货电话：011-63472283

永盛水产 销货清单

110745

客户名称：华问大酒店　　09 年03月13日

产品名称	单位	数量	单价	金额
16-20青虾仁(全干)	斤	5	20.34	101.7
合计人民币(大写)：零万零仟壹佰零拾壹元柒角零分				

合计：101.7

第二版　第二联　客户(红)

核准：李岩　　收货人：王江川

经营范围：鲜冻水产　　订货电话:011-63472283

永盛水产 销货清单

110723

客户名称：华向大酒店　　　　09 年03月11日

产品名称	单位	数量	单价	金额
31-40青虾仁	斤	5	24.86	124.3
		合计：124.3		
合计人民币（大写）：零万零仟壹佰贰拾肆元叁角零分				

第二版　第二联　客户（红）

核准：李岩　　　　收货人：王江川

经营范围：鲜冻水产　　　　订货电话：011-63472283

永盛水产 销货清单

110794

客户名称：华向大酒店　　　09 年 03 月 18 日

产品名称	单位	数量	单价	金额
大鲜鲩鱼	斤	5	7.91	39.55
鱼头王	斤	10	7.91	79.1
		合计：118.65		
合计人民币（大写）：零万零仟壹佰壹拾捌元陆角伍分				

第二版　第二联　客户（红）

核准：李岩　　　收货人：王江川

经营范围：鲜冻水产　　　订货电话：011-63472283

永盛水产 销货清单

110736

客户名称：华间大酒店　　09 年03月 12日

产品名称	单位	数量	单价	金额
三文鱼	斤	3	38.42	115.26

合计：115.26

合计人民币（大写）：零万零仟壹佰壹拾伍元贰角陆分

第二版 第二联 客户（红）

核准：李岩　　收货人：王江川

经营范围：鲜冻水产　　订货电话：011-63472283

永盛水产 销货清单

110778

客户名称：华阳大酒店　　　　09 年 03 月 16 日

产品名称	单位	数量	单价	金额
三文鱼	斤	3	38.42	115.26
鱼头王	斤	10	7.91	79.1
合计人民币（大写）：零万零仟壹佰玖拾肆元叁角陆分				

合计：194.36

第二版　第二联　客户（红）

核准：李岩　　　　收货人：王江川

经营范围：鲜冻水产　　　　订货电话：011-63472283

教学票样

招 商 银 行
转账支票存根

GS/02 02781357

附加信息

出票日期 2019年 3 月15日

收款人：
代发工资

金 额：175,389.56

用 途：代发工资

单位主管　　会计

财务专用章 有限公司

北平市浓德实业有限责任公司·2019年印制

北平仲祥商贸有限公司

地址：北平市南京东路 166 号　　NO. 11878882

电话：011-80671846

客户：北平华问国际酒店有限公司　　日期：2019 年 03 月 01 日

货名	单位	数量	单价	金额
蒙牛奶(1L)	瓶	20	8.19	163.80
百威(330M)	瓶	96	7.02	673.92
劲酒(小)	瓶	60	8.19	491.40
青岛纯生	瓶	48	7.02	336.96
合计		224		1666.08
大写金额（人民币）壹仟陆佰陆拾陆元零捌分				

第二联 客户（红）

核准：王思佳　　收货人：张小佳

如有质量问题，请七天内调换，逾期无效，谢谢合作

福泰瓷器
FU TAI PORCELAIN

砖业至诚　同心同德

福泰瓷器销售单

0001205

2019年03月10日

客户名称	北平华闻国际酒店有限公司		联系电话		011-86663915							
序号	名称	规格	单位	数量	单价	金额						
						万	仟	佰	拾	元	角	分
1	窑变花瓶三件套	GD-013	套	10.00	280.00		2	8	0	0	0	0
2	青瓷手绘三件套	SH-267	套	10.00	280.00		2	8	0	0	0	0
3	青花瓷三件套山水花瓶	SJT-139	套	10.00	280.00		2	8	0	0	0	0
4	现代中式储物罐三件套	CWG-258	套	10.00	280.00		2	8	0	0	0	0
5	水点桃花三件套花瓶盘子	SJT-140	套	10.00	280.00		2	8	0	0	0	0
6	手绘荷花异形尖口三件套	SH-331	套	10.00	280.00		2	8	0	0	0	0
7	高档仿古官窑开片花瓶	FG-015	套	10.00	150.01		1	5	0	0	1	0
8	喜鹊盘+龙架	35cm	套	5.00	90.00			4	5	0	0	0
9	孔雀盘+龙架	35cm	套	5.00	90.00			4	5	0	0	0
10	金边和字盘+龙架	35cm	套	5.00	90.00			4	5	0	0	0
合计金额（大写）：零拾壹万玖仟陆佰伍拾零元壹角零分整					¥ 19,650.10							

第二联：客户（红）

地址：北平市柳泉路107号　　核准：陈红　　收货人：徐娇

福泰瓷器
FU TAI PORCELAIN

砖业至诚　同心同德

福泰瓷器销售单

0001206

2019年03月10日

客户名称	北平华闻国际酒店有限公司			联系电话	011-86663915							
序号	名称	规格	单位	数量	单价	金额						
						万	仟	佰	拾	元	角	分
1	百福盘+龙架	35cm	套	10.00	90.00			9	0	0	0	0
2	60头骨质瓷餐具	疏影系列	套	10.00	280.00		2	8	0	0	0	0
3	60头骨质瓷餐具	芸阙系列	套	5.00	280.00		1	4	0	0	0	0
4	60头骨质瓷餐具	金边系列	套	10.00	280.00		2	8	0	0	0	0
5	56头骨质瓷餐具	青花系列	套	20.00	265.01		5	3	0	0	2	0
6												
7												
8												
9												
10												
合计金额（大写）：零拾壹万叁仟贰佰零拾零元贰角零分整 ¥13,200.20												

第二联：客户（红）

地址：北平市柳泉路107号　核准：陈红　收货人：徐娇

收银员入账项目日报表

开始日期:2019-03-30 00:00:01　　结束日期:2019-03-31 00:00:0　　业态:客房　　公司:华问国际酒店

收银员	项目	笔数	消费金额	结算金额
1005 王芳		**283**	**0.00**	**36654.00**
	01 现金（押金）	91		27700.00
	01 现金（退押金）	138		-7246.00
	01 现金-[小计]	**229**	**0.00**	**20454.00**
	05 信用卡（押金）	54		16200.00
	05 信用卡-[小计]	**54**	**0.00**	**16200.00**
SYSTEM SYSTEM		**145**	**36330.00**	**0.00**
	000101 夜房费	145	36330.00	
	01 现金-[总计]	**229**		**20454.00**
	05 信用卡-[总计]	**54**		**16200.00**
	[总计]	**428**	**36330.00**	**36654.00**

北平华问国际酒店有限公司财务专用章

见证人：杨欢　　查核员：李义　　收银员：王芳

收银员入账项目日报表

开始日期:2019-03-16 00:00:01　　结束日期:2019-03-17 00:00:00　　业态:客房　　公司:华问国际酒店

收银员	项目	笔数	消费金额	结算金额
1005 王芳		**306**	**0.00**	**39616.00**
	01 现金（押金）	97		29900.00
	01 现金（退押金）	152		-7984.00
	01 现金-[小计]	**249**	**0.00**	**21916.00**
	05 信用卡（押金）	57		17700.00
	05 信用卡-[小计]	**57**	**0.00**	**17700.00**
SYSTEM SYSTEM		**154**	**39672.00**	**0.00**
	000101 夜房费	154	39672.00	
	01 现金-[总计]	**249**		**21916.00**
	05 信用卡-[总计]	**57**		**17700.00**
	[总计]	460	39672.00	39616.00

北平华问国际酒店有限公司财务专用章

见证人：杨欢　　查核员：李义　　收银员：王芳

收银员入账项目日报表

开始日期:2019-03-02 00:00:01　　结束日期:2019-03-03 00:00:00　　业态:客房　　公司:华问国际酒店

收银员	项目	笔数	消费金额	结算金额
1005 王芳		**260**	**0.00**	**39532.00**
	01 现金（押金）	91		28300.00
	01 现金（退押金）	114		-6068.00
	01 现金-[小计]	**205**	**0.00**	**22232.00**
	05 信用卡（押金）	55		17300.00
	05 信用卡-[小计]	**55**	**0.00**	**17300.00**
SYSTEM SYSTEM		**146**	**37938.00**	**0.00**
	000101 夜房费	146	37938.00	
	01 现金-[总计]	**205**		**22232.00**
	05 信用卡-[总计]	**55**		**17300.00**
	[总计]	406	37938.00	39532.00

北平国际酒店有限公司财务专用章

见证人：杨欢　　查核员：李义　　收银员：王芳

收银员入账项目日报表

开始日期:2019-03-01 00:00:01　　结束日期:2019-03-02 00:00:00　　业态:客房　　公司:华问国际酒店

收银员	项目	笔数	消费金额	结算金额
1005 王芳		**210**	**0.00**	**29758.00**
	01 现金（押金）	74		22700.00
	01 现金（退押金）	96		-5242.00
	01 现金-[小计]	**170**	**0.00**	**17458.00**
	05 信用卡（押金）	40		12300.00
	05 信用卡-[小计]	**40**	**0.00**	**12300.00**
SYSTEM SYSTEM		**114**	**28932.00**	**0.00**
	000101 夜房费	114	28932.00	
	01 现金-[总计]	**170**		**17458.00**
	05 信用卡-[总计]	**40**		**12300.00**
	[总计]	324	28932.00	29758.00

北平国际酒店有限公司财务专用章

见证人：杨欢　　查核员：李义　　收银员：王芳

收银员入账项目日报表

开始日期:2019-03-31 00:00:01　　结束日期:2019-04-01 00:00:00　　业态:客房　　公司:华问国际酒店

收银员	项目	笔数	消费金额	结算金额
1005 王芳		**303**	**0.00**	**40930.00**
	01 现金（押金）	95		29200.00
	01 现金（退押金）	145		-7570.00
	01 现金-[小计]	**240**	**0.00**	**21630.00**
	05 信用卡（押金）	63		19300.00
	05 信用卡-[小计]	**63**	**0.00**	**19300.00**
SYSTEM SYSTEM		**158**	**40404.00**	**0.00**
	000101 夜房费	158	40404.00	
	01 现金-[总计]	**240**		**21630.00**
	05 信用卡-[总计]	**63**		**19300.00**
	[总计]	461	40404.00	40930.00

北平国际华问酒店有限公司财务专用章

见证人：杨欢　　查核员：李义　　收银员：王芳

收银员入账项目日报表

开始日期:2019-03-06 00:00:01　　结束日期:2019-03-07 00:00:00　　业态:客房　　公司:华问国际酒店

收银员	项目	笔数	消费金额	结算金额
1005 王芳		**273**	**0.00**	**36894.00**
	01 现金（押金）	97		30400.00
	01 现金（退押金）	133		-6806.00
	01 现金-[小计]	**230**	**0.00**	**23594.00**
	05 信用卡（押金）	43		13300.00
	05 信用卡-[小计]	**43**	**0.00**	**13300.00**
SYSTEM SYSTEM		**140**	**36620.00**	**0.00**
	000101 夜房费	140	36620.00	
	01 现金-[总计]	**230**		**23594.00**
	05 信用卡-[总计]	**43**		**13300.00**
	[总计]	413	36620.00	36894.00

北平国际华问酒店有限公司财务专用章

见证人：杨欢　　查核员：李义　　收银员：王芳

收银员入账项目日报表

开始日期:2019-03-04 00:00:01　　结束日期:2019-03-05 00:00:00　　业态:客房　　公司:华问国际酒店

收银员	项目	笔数	消费金额	结算金额
1005 王芳		**243**	**0.00**	**32684.00**
	01 现金（押金）	72		22300.00
	01 现金（退押金）	118		-6116.00
	01 现金-[小计]	**190**	**0.00**	**16184.00**
	05 信用卡（押金）	53		16500.00
	05 信用卡-[小计]	**53**	**0.00**	**16500.00**
SYSTEM SYSTEM		**125**	**32480.00**	**0.00**
	000101 夜房费	125	32480.00	
	01 现金-[总计]	**190**		**16184.00**
	05 信用卡-[总计]	**53**		**16500.00**
	[总计]	**368**	**32480.00**	**32684.00**

北平国际华问酒店有限公司财务专用章

见证人： 杨欢　　查核员：李义　　收银员：王芳

教学票样

2101161680

北平增值税专用发票

抵扣联

№ 2160129

开票日期：2019-03-17

校验码 98300 58912 34490 58909

购买方	名　称：北平华问国际酒店有限公司 纳税人识别号：91110168MC001YIDHV 地址、电话：北平市迎丰中路98号 电话011-86663915 开户行及账号：招商银行北平市支行 362117 211290 009	密码区	>>62045*+239257131 9352*931585 5>1/0763>*19-*4<>556012324>47 5320/061++54/*49>3008<>><>

货物或应税劳务名称	规格型号	单位	数量	单价	金额	税率	税额
电费		KW/h	64,659.98	0.99	64,013.38	17%	10,882.27
合计					¥ 64,013.38		¥ 10,882.27
价税合计（大写）	※柒万肆仟捌佰玖拾伍元陆角伍分				（小写）¥ 74,895.65		

销售方	名　称：国家电网北平供电总公司 纳税人识别号：960110000893015S1A 地址、电话：北平市丰和中大道2号 011-81058866 开户行及账号：招行北平支行 150100 111930 0081012	备注	

收款人：孙凯　　复核：周子瑜　　开票人：李开芯　　销售方：（章）

第二联：抵扣联 购买方扣税凭证

(印章：全国统一票样监制章 北平 华问教育实训中心)

(印章：国家电网北平供电总公司 960110000893015S1A 发票专用章)

華問 HUAWEN

400-8605646

华问教育实训中心研发 V6.0版

教学票样

2101161680

北平增值税专用发票

№ 2206847

发票联

开票日期：2019-03-17

校验码 98329 58912 34490 58912

购买方	名　　称：北平华问国际酒店有限公司 纳税人识别号：91110168MC001YIDHV 地址、电话：北平市迎丰中路98号 电话011-86663915 开户行及账号：招商银行北平市支行 362117 211290 009	密码区	>>02675*+4592575569352*920245 5>1/<863>*19-*5<>440012324>47 5310/421++54/*49>3168<>><>

货物或应税劳务名称	规格型号	单位	数量	单价	金额	税率	税额
水费		吨	4,635.00	1.35	6,257.25	17%	1,063.73
合计					¥ 6,257.25		¥ 1,063.73
价税合计（大写）	※柒仟叁佰贰拾元玖角捌分				（小写）¥ 7,320.98		

销售方	名　　称：北平水业集团有限责任公司 纳税人识别号：960100000773168 55Q 地址、电话：北平市灌婴路99号 96166 开户行及账号：招行北平支行150100 102630 0010285	备注	

收款人：程学东　　复核：周方方　　开票人：钱小样　　销售方：（章）

第三联：发票联　购买方记账凭证

（印章：全国统一票样监制章 北平 华问教学实训中心）

（印章：北平水业集团有限责任公司 960100000773168 55Q 发票专用章）

華問 HUAWEN

400-8605646

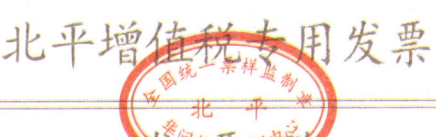

教学票样

2101191130

北平增值税专用发票

全国统一票样监制章 北平 华问教育实训中心

发票联

№ 1254821

开票日期：2019-03-17

校验码 73329 58912 34490 53345

购买方		密码区	
名称：	北平华问国际酒店有限公司		>>34285*+2542571479352*931573
纳税人识别号：	91110168MC001YIDHV		3>1/<863>*16-*4<>356012324>23
地址、电话：	北平市迎丰中路98号 011-86663915		8179/581++83/*49>1318<>><>
开户行及账号：	招商银行北平市支行 362117 211290 009		

货物或应税劳务名称	规格型号	单位	数量	单价	金额	税率	税额
鲜蔬		批	1	2，966.20	2，966.20	13%	385.61
水果		批	1	363.00	363.00	13%	47.19
合计					￥3,329.20		￥432.8
价税合计（大写）	※叁仟柒佰陆拾贰元				（小写）￥3，762.00		

销售方		备注
名称：	北平丰盛果蔬批发部	
纳税人识别号：	91110168581625817K	
地址、电话：	北平市朱桥东路2号 011-62971834	
开户行及账号：	农行佛塔分理处 600037 895044 62133	

北平丰盛果蔬批发部 91110168581625817K 发票专用章

華問 HUAWEN

收款人：张志远　复核：朱军　开票人：汪洋　销售方：（章）

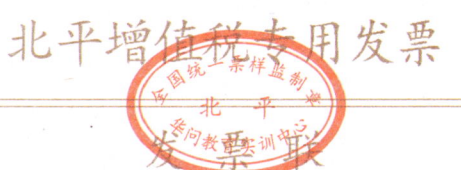

第三联：发票联 购买方记账凭证

教学票样

2101191130

北平增值税专用发票

全国统一票样监制章 北平 华问教育实训中心

抵扣联

№ 1203214

开票日期：2019-03-10

校验码 34349 39103 58490 38542

购买方	名　　称：北平华问国际酒店有限公司 纳税人识别号：91110168MC001YIDHV 地址、电话：北平市迎丰中路98号 011-86663915 开户行及账号：招商银行北平市支行 362117 211290 009	密码区	>>14675*+3181564139352*931573 3>1/<863>*19-*4<>506312324>23 8179/641++54/*49>6217<>><>

货物或应税劳务名称	规格型号	单位	数量	单价	金额	税率	税额
粮油		批	1	14,052.00	14,052.00	13%	1,826.76
干货		批	1	2,981.40	2,981.40	13%	387.58
合　　计					¥17,033.40		¥2,214.34
价税合计（大写）	※壹万玖仟贰佰肆拾柒元柒角肆分				（小写）¥19,247.74		

销售方	名　　称：北平昌盛食品有限公司 纳税人识别号：91110167MA2MQB846G 地址、电话：北平市火炬大街796号 011-83122222 开户行及账号：中国银行青湖支行 4016 7865 4611	备注	北平昌盛食品有限公司 91110167MA2MQB846G 发票专用章

收款人：万里云　　复核：毛柯　　开票人：李毅　　销售方：（章）

第二联：抵扣联 购买方扣税凭证

教学票样

2101191130

北平增值税专用发票

№ 1254821

抵扣联

校验码 73329 58912 34490 53345

开票日期：2019-03-17

购买方	名　　称：北平华问国际酒店有限公司 纳税人识别号：91110168MC001YIDHV 地址、电话：北平市迎丰中路98号 011-86663915 开户行及账号：招商银行北平市支行 362117 211290 009	密码区	>>34285*+254257147935２*931573 3>1/<863>*16-*4<>356012324>23 8179/581++83/*49>1318<>><>

货物或应税劳务名称	规格型号	单位	数量	单价	金额	税率	税额
鲜蔬		批	1	2，966.20	2，966.20	13%	385.61
水果		批	1	363.00	363.00	13%	47.19
合　计					¥ 3,329.20		¥ 432.8
价税合计（大写）	※叁仟柒佰陆拾贰元				（小写）¥ 3，762.00		

销售方	名　　称：北平丰盛果蔬批发部 纳税人识别号：91110168581625817K 地址、电话：北平市朱桥东路2号 011-62971834 开户行及账号：农行佛塔分理处 600037 895044 62133	备注	

收款人：张志远　　复核：朱军　　开票人：汪洋　　销售方：（章）

第二联：抵扣联　购买方扣税凭证

教学票样

2101191130

北平增值税专用发票

№ 2860198

（印章：全国统一票样监制章 北平 华问教育实训中心）

抵扣联

校验码 73329 58912 34490 58753

开票日期：2019-03-17

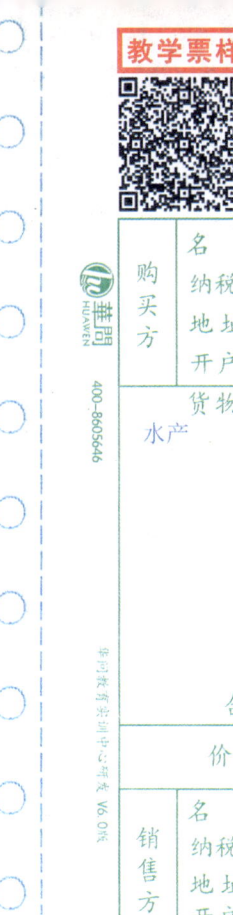

购买方	名　　称：北平华问国际酒店有限公司 纳税人识别号：91110168MC001YIDHV 地址、电话：北平市迎丰中路98号 011-86663915 开户行及账号：招商银行北平市支行 362117 211290 009	密码区	>>32056*+239257131935 2*931573 3>1/<613>*19-*4<>546012324>28 3197/581++84/*49>1128<>><>

货物或应税劳务名称	规格型号	单位	数量	单价	金额	税率	税额
水产		批	1	1,419.00	1,419.00	13%	184.47
合　　计					￥1,419.00		￥184.47
价税合计（大写）	※壹仟陆佰零叁元肆角柒分				（小写）￥1,603.47		

销售方	名　　称：北平永盛水产有限公司 纳税人识别号：91110168MA6R87FE5K 地址、电话：北平市鑫维大道99号 011-20502923 开户行及账号：交通银行小蓝开发区支行 310066 663099 113201696	备注	

（印章：北平永盛水产有限公司 91110168MA6R87FE5K 发票专用章）

華問 HUAWEN

收款人：张莉　　复核：周秀禾　　开票人：于宇　　销售方：（章）

第二联：抵扣联 购买方扣税凭证

400-8605646

华问教育实训中心研发 V6.0版

教学票样

2101191130

北平增值税专用发票

№ 4230173

抵扣联

全国统一票样监制章 北平 华问教育实训中心

校验码 98300 58912 30090 66388

开票日期： 2019-03-17

购买方	
名称：	北平华问国际酒店有限公司
纳税人识别号：	91110168MC001YIDHV
地址、电话：	北平市迎丰中路98号 011-86663915
开户行及账号：	招商银行北平市支行 362117 211290 009

密码区：

>>35876*+2362571419352*931573
3>1/<863>*16-*4<>556012324>52
8310/581++56/*79>2298<>><>

货物或应税劳务名称	规格型号	单位	数量	单价	金额	税率	税额
租金			1	250,000.00	250,000.00	11%	27,500.00
合计					¥ 250,000.00		¥27,500.00
价税合计（大写）	※贰拾柒万柒仟伍佰元整				（小写）¥ 277,500.00		

销售方	
名称：	北平茂苑物业管理有限公司
纳税人识别号：	92680318QF008RPFLX
地址、电话：	北平市迎丰路280号 011-86967126
开户行及账号：	招商银行北平市支行 362117 211293 8468

备注

北平茂苑物业管理有限公司 92680318QF008RPFLX 发票专用章

華問 HUAWEN

收款人：李伟　复核：周丽丽　开票人：钱方圆　销售方：（章）

第二联：抵扣联 购买方扣税凭证

教学票样

2101191120

北平增值税普通发票

全国统一票样监制章 北平 华问教育实训中心

发票联

№ 6201348

开票日期： 2019-03-17

校验码 98300 58912 34490 56890

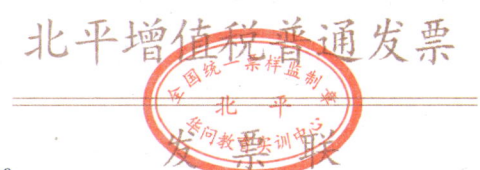

购买方	名　　称：北平华问国际酒店有限公司 纳税人识别号：91110168MC001YIDHV 地址、电话：北平市迎丰中路98号 011-86663915 开户行及账号：招商银行北平市支行 362117 211290 009	密码区	>>30564*+2392571319352*9315855>1/<86 3>*19-*4<>550012324>405310/072++54/* 49>3298<>><>

货物或应税劳务名称	规格型号	单位	数量	单价	金额	税率	税额
蓝宝石 热敏收银纸	80*50	卷	6	3.79	22.69	3%	0.66
金旗舰 复印纸	A4 70G	包	8	24.76	197.99	3%	5.79
齐心 多功能转头型订书机	B3828	个	5	10.29	51.38	3%	1.49
合　　计					¥ 272.06		¥ 7.94
价税合计（大写）	※贰佰捌拾元整				（小写）¥ 280.00		

现金付讫

销售方	名　　称：欧树实业有限公司 纳税人识别号：91160501457485671K 地址、电话：北平市子安路211号 011-62571012 开户行及账号：工商银行沿江支行 422006 183614 5879708	备注	

欧树实业有限公司 91160501457485671K 发票专用章

收款人：李博浩　　复核：方振杰　　开票人：张芳华　　销售方：（章）

第二联：发票联 购买方记账凭证

华问 HUAWEN 400-8605646

教学票样

北平增值税专用发票

2101191130　　№ 2860198

全国统一票样监制章 北平 华问教育实训中心

发票联

开票日期：2019-03-17

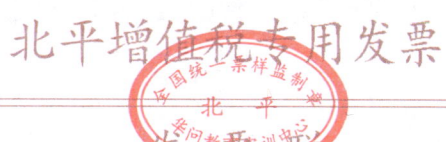

校验码 73329 58912 34490 58753

购买方	名　　称：北平华问国际酒店有限公司 纳税人识别号：91110168MC001YIDHV 地址、电话：北平市迎丰中路98号 011-86663915 开户行及账号：招商银行北平市支行 362117 211290 009	密码区	>>32056*+2392571319352*931573 3>1/<613>*19-*4<>546012324>28 3197/581++84/*49>1128<>><>

货物或应税劳务名称	规格型号	单位	数量	单价	金额	税率	税额
水产		批	1	1，419.00	1，419.00	13%	184.47
合　计					￥1，419.00		￥184.47
价税合计（大写）	※壹仟陆佰零叁元肆角柒分				（小写）￥1，603.47		

销售方	名　　称：北平永盛水产有限公司 纳税人识别号：91110168MA6R87FE5K 地址、电话：北平市鑫维大道99号 011-20502923 开户行及账号：交通银行小蓝开发区支行 310066 663099 113201696	备注	

北平永盛水产有限公司 91110168MA6R87FE5K 发票专用章

收款人：张莉　　复核：周秀禾　　开票人：于宇　　销售方：（章）

第三联：发票联 购买方记账凭证

華問 HUAWEN

教学票样

2101191130

北平增值税专用发票

全国统一票样监制章 北平 华问教育实训中心

发 票 联

№ 1148451

开票日期：2019-03-17

校验码 73329 58912 34490 53678

购买方	名　　称：北平华问国际酒店有限公司 纳税人识别号：91110168MC001YIDHV 地 址 、电 话：北平市迎丰中路98号 011-86663915 开户行及账号：招商银行北平市支行 362117 211290 009			密码区	>>17175*+3181571539352*931573 3>1/<863>*19-*4<>114812324>23 8179/051++54/*49>1018<>><>		
货物或应税劳务名称	规格型号	单位	数量	单价	金额	税率	税额
肉禽		批	1	5,644.00	5,644.00	13%	733.72
合　　计					¥ 5,644.00		¥ 733.72
价税合计（大写）	⊗陆仟叁佰柒拾柒元柒角贰分				（小写）¥ 6，377.72		
销售方	名　　称：北平诚泰商贸有限公司 纳税人识别号：911101690055409270 地 址 、电 话：北平市顺外路8号 011-83837931 开户行及账号：邮政储蓄顺外支行 913006 371342 95142			备注			

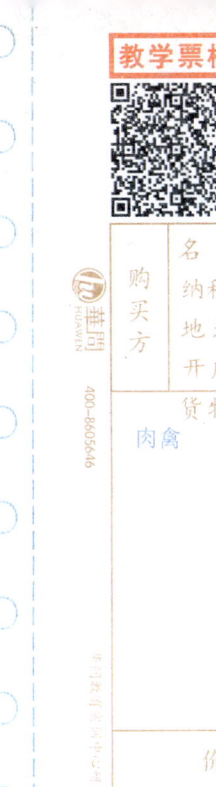

收款人：李芬芳　　复核：毛方圆　　开票人：方淮　　销售方：（章）

北平诚泰商贸有限公司 911101690055409270 发票专用章

第三联：发票联　购买方记账凭证

華問 HUAWEN

400-8605646

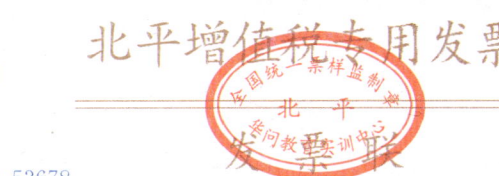

教学票样

北平增值税专用发票

2101161680

№ 2206847

全国统一票样监制章 北平 华问教育实训中心

抵扣联

开票日期： 2019-03-17

校验码 98329 58912 34490 58912

购买方	名称：北平华问国际酒店有限公司 纳税人识别号： 91110168MC001YIDHV 地址、电话：北平市迎丰中路98号 电话011-86663915 开户行及账号：招商银行北平市支行 362117 211290 009			密码区	>>02675*+459257569352*920245 5>1/<863>*19-*5<>440012324>47 5310/421++54/*49>3168<>><>		
货物或应税劳务名称	规格型号	单位	数量	单价	金额	税率	税额
水费		吨	4,635.00	1.35	6,257.25	17%	1,063.73
合计					¥ 6,257.25		¥ 1,063.73
价税合计（大写）	※柒仟叁佰贰拾元玖角捌分				（小写）¥ 7,320.98		
销售方	名称：北平水业集团有限责任公司 纳税人识别号： 96010000077316855Q 地址、电话：北平市灌婴路99号 96166 开户行及账号：招行北平支行150100 102630 0010285			备注	華問 HUAWEN		

收款人：程学东　　复核：周方方　　开票人：钱小样　　销售方：（章）

北平水业集团有限责任公司 96010000077316855Q 发票专用章

第二联：抵扣联 购买方扣税凭证

華問 HUAWEN 400-8605646

华问教育实训中心研发 V6.0版

教学票样

2101161680

北平增值税专用发票

发票联

№ 2160129

校验码 98300 58912 34490 58909

开票日期： 2019-03-17

购买方	名　　称：北平华问国际酒店有限公司 纳税人识别号：91110168MC001YIDHV 地址、电话：北平市迎丰中路98号 电话011-86663915 开户行及账号：招商银行北平市支行 362117 211290 009	密码区	>>62045*+2392571319352*931585 5>1/0763>*19-*4<>556012324>47 5320/061++54/*49>3008<>><>

货物或应税劳务名称	规格型号	单位	数量	单价	金额	税率	税额
电费		KW/h	64,659.98	0.99	64,013.38	17%	10,882.27
合计					¥ 64,013.38		¥ 10,882.27
价税合计（大写）	※柒万肆仟捌佰玖拾伍元陆角伍分				（小写）¥ 74,895.65		

销售方	名　　称：国家电网北平供电总公司 纳税人识别号：96011000089301 5S1A 地址、电话：北平市丰和中大道2号 011-81058866 开户行及账号：招行北平支行 150100 111930 0081012	备注	

收款人：孙凯　　复核：周子瑜　　开票人：李开芯　　销售方：（章）

第三联：发票联 购买方记账凭证

400-8605646

教学票样

2101191130

北平增值税专用发票

抵扣联

№ 1641221

开票日期： 2019-03-24

校验码 98300 56934 30090 66380

购买方	名　　称：北平华问国际酒店有限公司 纳税人识别号：91110168MC001YIDHV 地址、电话：北平市迎丰中路98号 011-86663915 开户行及账号：招商银行北平市支行 362117 211290 009	密码区	>>34285*+2552171479352*931573 3>1/<863>*16-*4<>356012324>23 8179/581++83/*49>1318<>><>

货物或应税劳务名称	规格型号	单位	数量	单价	金额	税率	税额
鲜蔬		批	1	2，785.70	2，785.70	13%	362.14
水果		批	1	398.00	398.00	13%	51.74
合　计					¥ 3,183.70		¥ 413.88
价税合计（大写）	※叁仟伍佰玖拾柒元伍角捌分				（小写）¥ 3,597.58		

销售方	名　　称：北平丰盛果蔬批发部 纳税人识别号：91110168581625817K 地址、电话：北平市朱桥东路2号 011-62971834 开户行及账号：农行佛塔分理处 600037 895044 62133	备注	

收款人：张志远　　复核：朱军　　开票人：汪洋　　销售方：（章）

第二联：抵扣联 购买方扣税凭证

（印章：全国统一票样监制章 北平 华问教育实训中心）

（印章：北平丰盛果蔬批发部 91110168581625817K 发票专用章）

教学票样

2101191130

北平增值税专用发票

抵 扣 联

(全国统一票样监制章 北平 华问教育实训中心)

№ 1363414

开票日期: 2019-03-24

校验码 98300 56934 30090 66345

购买方	名　　称: 北平华问国际酒店有限公司 纳税人识别号: 91110168MC001YIDHV 地 址、电 话: 北平市迎丰中路98号 011-86663915 开户行及账号: 招商银行北平市支行 362117 211290 009	密码区	>>18175*+538856413935 2*931573 3>1/<863>*19-*4<>506312324>23 8179/641++54/*49>8317<>><>

货物或应税劳务名称	规格型号	单位	数量	单价	金额	税率	税额
粮油		批	1	8,750.00	8,750.00	13%	1,137.50
合　　计					¥ 8,750.00		¥ 1,137.50
价税合计（大写）	※玖仟捌佰捌拾柒元伍角				（小写）¥ 9,887.50		

销售方	名　　称: 北平昌盛食品有限公司 纳税人识别号: 91110167MA2MQB846G 地 址、电 话: 北平市火炬大街796号 011-83122222 开户行及账号: 中国银行青湖支行 4016 7865 4611	备注	

(北平昌盛食品有限公司 91110167MA2MQB846G 发票专用章)

华问 HUAWEN

收款人: 万里云　　复核: 毛柯　　开票人: 李毅　　销售方:（章）

第二联: 抵扣联 购买方扣税凭证

400-8605646

华问教育实训中心研发 V6.0版

教学票样

2101191130

北平增值税专用发票

№ 1120987

发票联

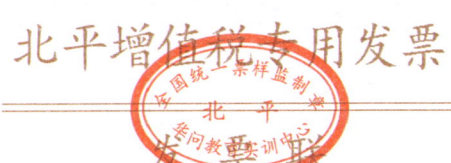

校验码 73329 54312 58490 32545

开票日期：2019-03-10

购买方	名　　称：北平华问国际酒店有限公司 纳税人识别号：91110168MC001YIDHV 地址、电话：北平市迎丰中路98号 011-86663915 开户行及账号：招商银行北平市支行 362117 211290 009	密码区	>>28975*+318157147935 2*842469 7>1/<863>*19-*4<>181000024>23 8179/753++13/*02>3018<>><>

货物或应税劳务名称	规格型号	单位	数量	单价	金额	税率	税额
瓷器		批	1	61,435.90	28,077.18	17%	4,773.12
合计					¥ 28,077.18		¥ 4,773.12
价税合计（大写）	※叁万贰仟捌佰伍拾元零叁角整				（小写）¥ 32,850.30		

销售方	名　　称：福泰日用瓷器公司 纳税人识别号：936050260003375Y4K 地址、电话：北平市柳泉路107号 011-81535368 开户行及账号：工商银行柳泉分理处 4220053915158671832	备注	

收款人：朱妍　　复核：段宏　　开票人：潘萌　　销售方：（章）

第三联：发票联 购买方记账凭证

福泰日用瓷器有限公司 936050260003375Y4K 发票专用章

全国统一票样监制章 北平 华问教学实训中心

华问 HUAWEN 400-8605646

华问教育实训中心研发 V6.0版

教学票样

2101191130

北平增值税专用发票

№ 1374214

全国统一票样监制章 北平 华问教育实训中心

发票联

开票日期：2019-03-17

校验码 73329 58912 34490 53466

购买方	名称：北平华问国际酒店有限公司 纳税人识别号：91110168MC001YIDHV 地址、电话：北平市迎丰中路98号 011-86663915 开户行及账号：招商银行北平市支行 362117 211290 009	密码区	>>18175*+538656413935 2*931573 3>1/<863>*19-*4<>506312324>23 8179/641++54/*49>6217<>><>

货物或应税劳务名称	规格型号	单位	数量	单价	金额	税率	税额
粮油		批	1	8,750.00	8,750.00	13%	1,137.50
合计					¥ 8,750.00		¥ 1,137.50
价税合计（大写）	※玖仟捌佰捌拾柒元伍角				（小写）¥ 9,887.50		

销售方	名称：北平昌盛食品有限公司 纳税人识别号：91110167MA2MQB846G 地址、电话：北平市火炬大街796号 011-83122222 开户行及账号：中国银行青湖支行 4016 7865 4611	备注	

北平昌盛食品有限公司 91110167MA2MQB846G 发票专用章

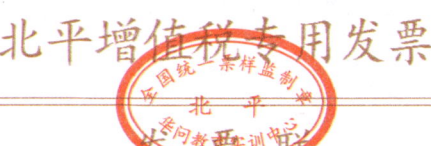

收款人：万里云 复核：毛柯 开票人：李毅 销售方：（章）

第三联：发票联 购买方记账凭证

教学票样

2101191130

北平增值税专用发票

№ 4230173

全国统一票样监制章 北平 华问教育实训中心

发票联

开票日期： 2019-03-17

校验码 98300 58912 30090 66388

购买方	名 称：北平华问国际酒店有限公司 纳税人识别号： 91110168MC001YIDHV 地 址、电 话：北平市迎丰中路98号 011-86663915 开户行及账号：招商银行北平市支行 362117 211290 009			密码区	>>35876*+2362571419352*931573 3>1/<863>*16-*4<>556012324>52 8310/581++56/*79>2298<>><>		
货物或应税劳务名称	规格型号	单位	数量	单价	金额	税率	税额
租金			1	250,000.00	250,000.00	11%	27,500.00
合计					¥ 250,000.00		¥27,500.00
价税合计（大写）	※贰拾柒万柒仟伍佰元整				（小写）¥ 277,500.00		
销售方	名 称：北平茂苑物业管理有限公司 纳税人识别号： 92680318QF008RPFLX 地 址、电 话：北平市迎丰路280号 011-86967126 开户行及账号：招商银行北平市支行 362117 211293 8468			备注			

收款人：李伟　　复核：周丽丽　　开票人：钱方圆　　销售方：（章）

北平茂苑物业管理有限公司 92680318QF008RPFLX 发票专用章

第三联：发票联 购买方记账凭证

400-8605646

华问教育实训中心研发 V6.0版

華問 HUAWEN

教学票样

2101191130

北平增值税专用发票

No 1148451

抵扣联

全国统一票样监制章 北平 华问教育实训中心

校验码 73329 58912 34490 53678

开票日期：2019-03-17

购买方	名　称：北平华问国际酒店有限公司 纳税人识别号：91110168MC001YIDHV 地址、电话：北平市迎丰中路98号 011-86663915 开户行及账号：招商银行北平市支行 362117 211290 009	密码区	>>17175*+318157153935 2*931573 3>1/<863>*19-*4<>114812324>23 8179/051++54/*49>1018<>><>

货物或应税劳务名称	规格型号	单位	数量	单价	金额	税率	税额
肉禽		批	1	5,644.00	5,644.00	13%	733.72
合　计					¥ 5,644.00		¥ 733.72
价税合计（大写）	※陆仟叁佰柒拾柒元柒角贰分				（小写）¥ 6,377.72		

销售方	名　称：北平诚泰商贸有限公司 纳税人识别号：911101690055409270 地址、电话：北平市顺外路8号 011-83837931 开户行及账号：邮政储蓄顺外支行 913006 371342 95142	备注	

北平诚泰商贸有限公司 911101690055409270 发票专用章

華問 HUAWEN

收款人：李芬芳　　复核：毛方圆　　开票人：方淮　　销售方：（章）

第二联：抵扣联 购买方扣税凭证

華問 HUAWEN 400-8605646

华问教育实训中心研发 V6.0版

教学票样

2101191120

北平增值税普通发票

№ 3127041

发 票 联

（印章：全国统一票样监制章 北平 华问教育实训中心）

开票日期：2019-03-31

校验码 95578 56564 30090 64440

购买方	名　　称：北平华问国际酒店有限公司 纳税人识别号：91110168MC001YIDHV 地 址、电 话：北平市迎丰中路98号 011-86663915 开户行及账号：招商银行北平市支行 362117 211290 009	密码区	>>10564*+2142571317441*9314876>1/<86 3>*29-*5<>885013424>676231/521++76/* 49>1098<>><>

货物或应税劳务名称	规格型号	单位	数量	单价	金额	税率	税额
洗涤费			1	23,976.70	26,545.63	3%	796.37
合　　计					￥26,545.63		￥796.37
价税合计（大写）	※贰万柒仟叁佰肆拾贰元整				（小写）￥27,342.00		

销售方	名　　称：北平玉洁洗涤有限公司 纳税人识别号：9390RW1219685694XG 地 址、电 话：北平市咸宁东路232号 010-83569498 开户行及账号：建设银行咸宁路支行 440325 465322 15445541	备注	

（印章：北平玉洁洗涤有限公司 9390RW1219685694XG 发票专用章）

收款人：李娜　　复核：谢枫　　开票人：于佳鑫　　销售方：（章）

第二联：发票联 购买方记账凭证

教学票样

2101191120

北平增值税普通发票

全国统一票样监制章 北平 华问教育实训中心

发票联

№ 4157082

开票日期： 2019-03-31

校验码 95578 56564 30090 64455

购买方	名　　称：北平华问国际酒店有限公司 纳税人识别号：91110168MC001YIDHV 地 址 、电 话：北平市迎丰中路98号 011-86663915 开户行及账号：招商银行北平市支行 362117 211290 009			密码区	>>15064*+2072571317441*9314876>1/<86 3>*19-*4<>685013424>686231/731++82/* 49>3296<>><>		
货物或应税劳务名称	规格型号	单位	数 量	单 价	金 额	税率	税 额
清洗费			1	4,757.28	4,587.38	3%	137.62
合　计					¥ 4,587.38		¥ 137.62
价税合计（大写）	※肆仟柒佰贰拾伍元整				（小写）¥ 4,725.00		
销售方	名　　称：奥康餐具清洁有限公司 纳税人识别号：936010650653618KSV 地 址 、电 话：北平市广场南路838号 011-83149608 开户行及账号：招商银行广场支行 360121 346290 078			备注			

奥康餐具清洁有限公司 936010650653618KSV 发票专用章

收款人：吴梅　　复核：朱晨晨　　开票人：蔡思佳　　销售方：（章）

第二联：发票联 购买方记账凭证

400-8605646

华问教育实训中心研发 V6.0版

華問 HUAWEN

教学票样

2101191130

北平增值税专用发票

发票联

№ 1148312

开票日期：2019-03-24

校验码 98300 56934 30090 66389

购买方	名　　称：北平华问国际酒店有限公司 纳税人识别号：91110168MC001YIDHV 地址、电话：北平市迎丰中路98号 011-86663915 开户行及账号：招商银行北平市支行 362117 211290 009	密码区	>>17175*+318157103935 2*931573 3>1/<863>*19-*4<>114812324>23 8179/051++54/*49>1528<>><>

货物或应税劳务名称	规格型号	单位	数量	单价	金额	税率	税额
肉禽		批	1	5,617.50	5,617.50	13%	730.28
合　　计					¥5,617.50		¥730.28
价税合计（大写）	※陆仟叁佰肆拾柒元柒角捌分				（小写）¥6,347.78		

销售方	名　　称：北平诚泰商贸有限公司 纳税人识别号：911101690055409270 地址、电话：北平市顺外路8号 011-83837931 开户行及账号：邮政储蓄顺外支行 913006 371342 95142	备注	

收款人：李芬芳　　复核：毛方圆　　开票人：方淮　　销售方：（章）

第三联：发票联　购买方记账凭证

全国统一票样监制章 北平 华问教育实训中心

北平诚泰商贸有限公司 911101690055409270 发票专用章

华问 HUAWEN

400-8605646

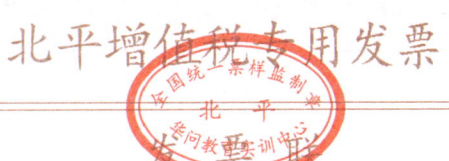

华问教育实训中心研发 V6.0版

教学票样

2101191130

北平增值税专用发票

№ 1203214

发票联

全国统一票样监制章 北平 华问教育实训中心

开票日期：2019-03-10

校验码 34349 39103 58490 38542

购买方	名称：北平华间国际酒店有限公司 纳税人识别号：91110168MC001YIDHV 地址、电话：北平市迎丰中路98号 011-86663915 开户行及账号：招商银行北平市支行 362117 211290 009	密码区	>>14675*+3181564139352*931573 3>1/<863>*19-*4<>506312324>23 8179/641++54/*49>6217<>><>

货物或应税劳务名称	规格型号	单位	数量	单价	金额	税率	税额
粮油		批	1	14,052.00	14,052.00	13%	1,826.76
干货		批	1	2,981.40	2,981.40	13%	387.58
合计					¥ 17,033.40		¥ 2,214.34
价税合计（大写）	※壹万玖仟贰佰肆拾柒元柒角肆分				（小写）¥ 19,247.74		

销售方	名称：北平昌盛食品有限公司 纳税人识别号：91110167MA2MQB846G 地址、电话：北平市火炬大街796号 011-83122222 开户行及账号：中国银行青湖支行 4016 7865 4611	备注	北平昌盛食品有限公司 91110167MA2MQB846G 发票专用章 華問 HUAWEN

收款人：万里云　　复核：毛柯　　开票人：李毅　　销售方：（章）

第三联：发票联 购买方记账凭证

華問 HUAWEN 400-8605646

华问教育实训中心研发 V6.0版

教学票样

2101191130

北平增值税专用发票

抵扣联

№ 1146012

开票日期：2019-03-10

校验码 76349 54103 58490 32456

购买方	名称：北平华问国际酒店有限公司 纳税人识别号：91110168MC001YIDHV 地址、电话：北平市迎丰中路98号 011-86663915 开户行及账号：招商银行北平市支行 362117 211290 009	密码区	>>17175*+318157153935 2*931573 3>1/<863>*19-*4<>114812324>23 8179/051++54/*49>1018<>><>

货物或应税劳务名称	规格型号	单位	数量	单价	金额	税率	税额
肉禽		批	1	6,427.50	6,427.50	13%	835.58
合计					¥6,427.50		¥835.58
价税合计（大写）	※柒仟贰佰陆拾叁元零捌分				（小写）¥7,263.08		

销售方	名称：北平诚泰商贸有限公司 纳税人识别号：91110169005540927 0 地址、电话：北平市顺外路8号 011-83837931 开户行及账号：邮政储蓄顺外支行 913006 371342 95142	备注	

收款人：李芬芳　　复核：毛方圆　　开票人：方淮　　销售方：（章）

第二联：抵扣联 购买方扣税凭证

（印章：全国统一票样监制章 北平 华问教育实训中心）

（印章：北平诚泰商贸有限公司 911101690055409270 发票专用章）

华问 HUAWEN 400-8605646

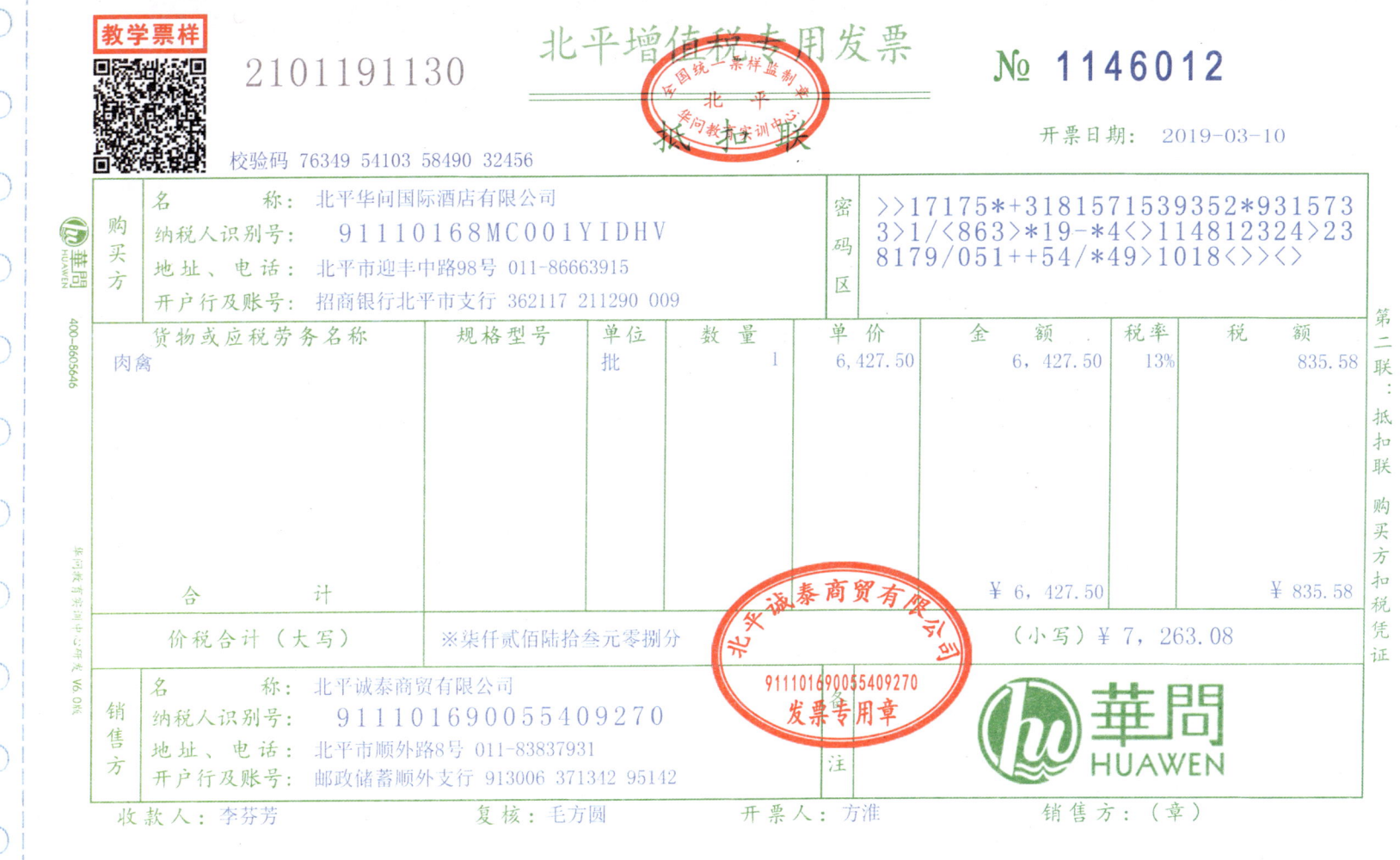

华问教育实训中心研发 V6.0版

教学票样

2101191130

北平增值税专用发票

全国统一票样监制章 北平 华问教育实训中心

发票联

№ 3802638

开票日期： 2019-03-31

校验码 95578 56564 30090 65577

购买方	名称：北平华问国际酒店有限公司 纳税人识别号：91110168MC001YIDHV 地址、电话：北平市迎丰中路98号 011-86663915 开户行及账号：招商银行北平市支行 362117 211290 009	密码区	>>37226*+2337541319352*931573 3>1/<613>*13-*4<>546012324>28 3197/581++84/*49>1128<>><>

货物或应税劳务名称	规格型号	单位	数量	单价	金额	税率	税额
水产		批	1	1，143.00	1，143.00	13%	148.59
合计					¥ 1，143.00		¥ 148.59
价税合计（大写）	※壹仟贰佰玖拾壹元伍角玖分				（小写）¥ 1，291.59		

销售方	名称：北平永盛水产有限公司 纳税人识别号：91110168MA6R87FE5K 地址、电话：北平市鑫维大道99号 011-20502923 开户行及账号：交通银行小蓝开发区支行 310066 663099 113201696	备注	

北平永盛水产有限公司 91110168MA6R87FE5K 发票专用章

華問 HUAWEN

收款人：张莉　复核：周秀禾　开票人：于宇　销售方：（章）

第三联：发票联 购买方记账凭证

華問 HUAWEN 400-8605646

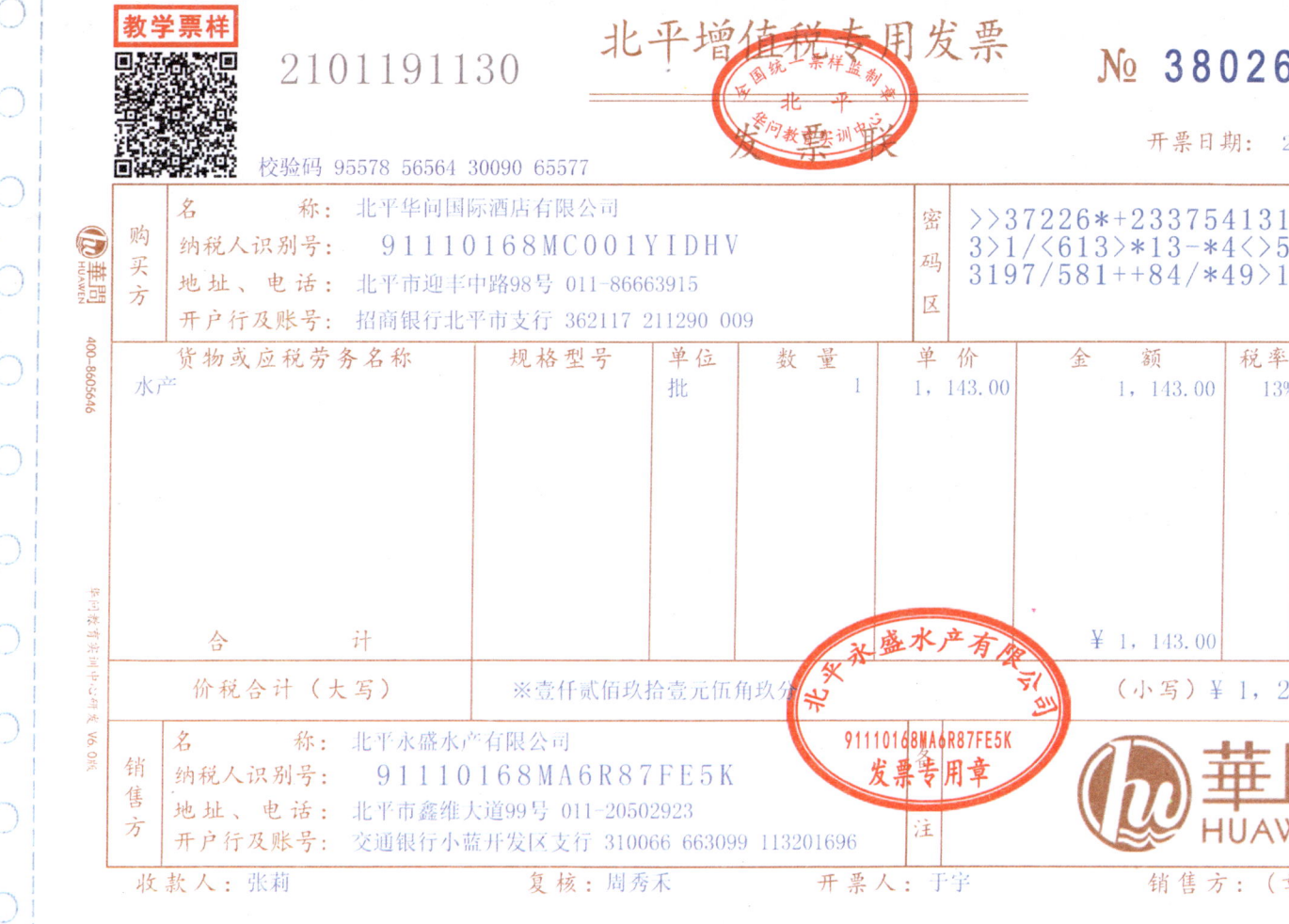

华问教育实训中心研发 V6.0版

教学票样

2101191130

北平增值税专用发票

全国统一票样监制章 北平 华问教育实训中心

发票联

№ 1641221

开票日期：2019-03-24

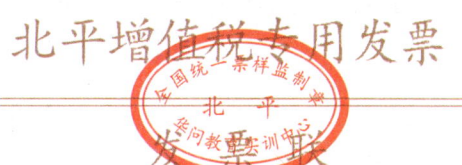

校验码 98300 56934 30090 66380

购买方	名称：北平华问国际酒店有限公司 纳税人识别号：91110168MC001YIDHV 地址、电话：北平市迎丰中路98号 011-86663915 开户行及账号：招商银行北平市支行 362117 211290 009	密码区	>>34285*+2552171479352*931573 3>1/<863>*16-*4<>356012324>23 8179/581++83/*49>1318<>><>

货物或应税劳务名称	规格型号	单位	数量	单价	金额	税率	税额
鲜蔬		批	1	2，785.70	2，785.70	13%	362.14
水果		批	1	398.00	398.00	13%	51.74
合计					¥ 3,183.70		¥ 413.88
价税合计（大写）	※叁仟伍佰玖拾柒元伍角捌分				（小写）¥ 3,597.58		

销售方	名称：北平丰盛果蔬批发部 纳税人识别号：91110168581625817K 地址、电话：北平市朱桥东路2号 011-62971834 开户行及账号：农行佛塔分理处 600037 895044 62133	备注	北平丰盛果蔬批发部 91110168581625817K 发票专用章

收款人：张志远　　复核：朱军　　开票人：汪洋　　销售方：（章）

第三联：发票联 购买方记账凭证

华问 HUAWEN 400-8605646

华问教育实训中心研发 V6.0版

教学票样

2101191130　　北平增值税专用发票　　№ 1363443

抵扣联

开票日期：2019-03-31

校验码 95578 56564 30090 63599

购买方	名　　称：北平华问国际酒店有限公司 纳税人识别号：91110168MC001YIDHV 地址、电话：北平市迎丰中路98号 011-86663915 开户行及账号：招商银行北平市支行 362117 211290 009	密码区	>>18175*+538853113935 2*931573 3>1/<863>*19-*4<>506312324>23 8179/641++54/*49>8817<>><>

货物或应税劳务名称	规格型号	单位	数量	单价	金额	税率	税额
粮油		批	1	2,500.00	2,500.00	13%	325.00
合　　计					¥ 2,500.00		¥ 325.00
价税合计（大写）	※贰仟捌佰贰拾伍元整				（小写）¥ 2,825.00		

销售方	名　　称：北平昌盛食品有限公司 纳税人识别号：91110167MA2MQB846G 地址、电话：北平市火炬大街796号 011-83122222 开户行及账号：中国银行青湖支行 4016 7865 4611	备注	

收款人：万里云　　复核：毛柯　　开票人：李毅　　销售方：（章）

第二联：抵扣联　购买方扣税凭证

全国统一票样监制章 北平 华问教育实训中心

北平昌盛食品有限公司 91110167MA2MQB846G 发票专用章

華問 HUAWEN

400-8605646

华问教育实训中心研发 V6.0版

诚泰商贸 销货单

NO:001146

客户名称：华同大酒店　　　　19 年 03月 26 日

品名型号	单位	数量	单价	金额
老水鸭	斤	16	18.65	298.32
牛腩	斤	6	19.78	118.65
牛肉	斤	5	22.6	113
猪肘	斤	10	10.17	101.7
肉排	斤	10	15.82	158.2
五花肉	斤	20	12.43	248.6
			合计：	1038.47

合计人民币（大写）：零万壹仟零佰叁拾捌元肆角柒分

第二版

第二联 客户（红）

核准：李帆　　　　收货人：石梦

电话：011-83837931

诚泰商贸 销货单

NO:000888

客户名称：华同大酒店　　　　19 年 03 月 02 日

品名型号	单位	数量	单价	金额
黑土鸡	斤	15	15.82	237.3
合计人民币（大写）：零万零仟贰佰叁拾柒元叁角零分				

合计：237.3

第二版

第二联　客户（红）

核准：李帆　　　　收货人：石梦

订货电话：011-83837931

诚泰商贸 销货单

NO:001168

客户名称：华冈大酒店　　　　19 年 03 月 28 日

品名型号	单位	数量	单价	金额
老水鸭	斤	16	18.65	298.32
牛肉	斤	5	22.6	113
猪大肠	斤	10	9.61	96.05
五花肉	斤	20	12.43	248.6
			合计：	755.97
合计人民币（大写）：零万零仟柒佰伍拾伍元玖角柒分				

第二版

第二联 客户（红）

核准：李帆　　　　收货人：石梦

订货电话：011-83837931

诚泰商贸 销货单

NO:001135

客户名称：华冈大酒店　　　　19 年 03 月 25 日

品名型号	单位	数量	单价	金额
老水鸭	斤	16	18.65	298.32
牛肉	斤	5	22.6	113
五花肉	斤	20	12.43	248.6
			合计：	659.92
合计人民币（大写）：零万零仟陆佰伍拾玖元玖角贰分				

第二版

第二联　客户（红）

核准：李帆　　　　收货人：石梦

订货电话：011-83837931

诚泰商贸 销货单

NO:001208

客户名称：华同大酒店　　19年03月31日

品名型号	单位	数量	单价	金额
无骨凤爪	斤	10	15.82	158.2
五花肉	斤	15	12.43	186.45
		合计：344.65		
合计人民币（大写）：零万零仟叁佰肆拾肆元陆角伍分				

第二版

第二联 客户（红）

核准：李帆　　收货人：石梦

订货电话：011-83837931

诚泰商贸 销货单

NO:001179

客户名称：华同大酒店　　　　19 年 03 月 29 日

品名型号	单位	数量	单价	金额
黑土鸡	斤	15	15.82	237.3
鸡腿	斤	5	7.68	38.42
老母鸡	斤	10	11.3	113
老水鸭	斤	16	18.65	298.32
无骨凤爪	斤	10	15.82	158.2
牛肉	斤	5	22.6	113
野鸭	斤	10	23.73	237.3
猪肘	斤	15	10.17	152.55
五花肉	斤	20	12.43	248.6
				1596.69
			合计：	
合计人民币（大写）：零万壹仟伍佰玖拾陆元陆角玖分				

第二版

第二联　客户（红）

核准：李帆　　　　收货人：石梦

订货电话：011-83837931

诚泰商贸 销货单

NO:001157

客户名称：华同大酒店　　　　19 年 03月 27 日

品名型号	单位	数量	单价	金额
老水鸭	斤	16	18.65	298.32
无骨凤爪	斤	10	15.82	158.2
野鸭	斤	10	23.73	237.3
猪大肠	斤	10	9.61	96.05
猪肘	斤	15	10.17	152.55
赤肉	斤	5	12.43	62.15
五花肉	斤	20	12.43	248.6
			合计：	1253.17
合计人民币（大写）：零万壹仟贰佰伍拾叁元壹角柒分				

核准：李帆　　　　收货人：石梦

订货电话：011-83837931

第二版

第二联　客户（红）

诚泰商贸 销货单

NO:001190

客户名称：华问大酒店　　　　19 年 03 月 30 日

品名型号	单位	数量	单价	金额
老水鸭	斤	16	18.65	298.32
毛肚	斤	5	16.39	81.93
猪肘	斤	15	10.17	152.55
赤肉	斤	5	12.43	62.15
肉排	斤	10	15.82	158.2
五花肉	斤	20	12.43	248.6
			合计：	1001.75
合计人民币（大写）：零万壹仟零佰零拾壹元柒角伍分				

第三版

第三联

客户（红）

核准：李帆　　　　收货人：石梦

订货电话：011-83837931

诚泰商贸 销货单

NO:001124

客户名称：华问大酒店　　　　19 年 03 月 24 日

品名型号	单位	数量	单价	金额
土仔鸡	斤	10	9.61	96.05
黑土鸡	斤	15	15.82	237.3
老母鸡	斤	10	11.3	113
无骨凤爪	斤	10	15.82	158.2
猪肘	斤	15	10.17	152.55
赤肉	斤	5	12.43	62.15
五花肉	斤	20	12.43	248.6
			合计：	1067.85
合计人民币（大写）：零万壹仟零佰陆拾柒元捌角伍分				

第二版　第二联　客户（红）

核准：李帆　　　　收货人：石梦

订货电话：011-83837931

诚泰商贸 销货单

NO:001100

客户名称：华向大酒店　　　　19 年 03月 22 日

品名型号	单位	数量	单价	金额
老水鸭	斤	16	18.65	298.32
牛肉	斤	5	22.6	113
猪肚	斤	10	18.08	180.8
			合计：	592.12
合计人民币（大写）：零万零仟伍佰玖拾贰元壹角贰分				

第二版　第二联　客户（红）

核准：李帆　　　　收货人：石梦

订货电话：011-83837931

诚泰商贸 销货单

NO:001111

客户名称：华向大酒店　　　　19 年 03 月 23 日

品名型号	单位	数量	单价	金额
老水鸭	斤	16	18.65	298.32
牛腩	斤	6	19.78	118.65
牛肉	斤	5	22.6	113
猪大肠	斤	10	9.61	96.05
猪肘	斤	10	10.17	101.7
赤肉	斤	5	12.43	62.15
肉排	斤	10	15.82	158.2
五花肉	斤	20	12.43	248.6
				1196.67
			合计：	
合计人民币（大写）：零万壹仟壹佰玖拾陆元陆角柒分				

第二版　第二联　客户（红）

核准：李帆　　　　收货人：石梦

订货电话：011-83837931

收银员入账项目日报表

开始日期:2019-03-13 00:00:01　　结束日期:2019-03-14 00:00:00　　业态:客房　　公司;华问国际酒店

收银员	项目	笔数	消费金额	结算金额
1005 王芳		**296**	**0.00**	**37624.00**
	01 现金（押金）	97		29900.00
	01 现金（退押金）	148		-7876.00
	01 现金-[小计]	**245**	**0.00**	**22024.00**
	05 信用卡（押金）	51		15600.00
	05 信用卡-[小计]	**51**	**0.00**	**15600.00**
SYSTEM SYSTEM		**148**	**37544.00**	**0.00**
	000101 夜房费	148	37544.00	
	01 现金-[总计]	**245**		**22024.00**
	05 信用卡-[总计]	**51**		**15600.00**
	[总计]	**444**	**37544.00**	**37624.00**

北平国际酒店有限公司财务专用章

见证人： 杨欢　**查核员：** 李义　**收银员：** 王芳

收银员入账项目日报表

开始日期:2019-03-08 00:00:01　　结束日期:2019-03-09 00:00:00　　业态:客房　　公司:华问国际酒店

收银员	项目	笔数	消费金额	结算金额
1005 王芳		**295**	**0.00**	**39652.00**
	01 现金（押金）	94		29200.00
	01 现金（退押金）	144		-7348.00
	01 现金-[小计]	**238**	**0.00**	**21852.00**
	05 信用卡（押金）	57		17800.00
	05 信用卡-[小计]	**57**	**0.00**	**17800.00**
SYSTEM SYSTEM		**151**	**39188.00**	**0.00**
	000101 夜房费	151	39188.00	
	01 现金-[总计]	**238**		**21852.00**
	05 信用卡-[总计]	**57**		**17800.00**
	[总计]	**446**	**39188.00**	**39652.00**

北平华问国际酒店有限公司财务专用章

见证人： 杨欢　**查核员：** 李义　**收银员：** 王芳

收银员入账项目日报表

开始日期:2019-03-17 00:00:01　　结束日期:2019-03-18 00:00:00　　业态:客房　　公司:华问国际酒店

收银员	项目	笔数	消费金额	结算金额
1005 王芳		**293**	**0.00**	**34872.00**
	01 现金（押金）	96		29500.00
	01 现金（退押金）	154		-7928.00
	01 现金-[小计]	**250**	**0.00**	**21572.00**
	05 信用卡（押金）	43		13300.00
	05 信用卡-[小计]	**43**	**0.00**	**13300.00**
SYSTEM SYSTEM		**139**	**35582.00**	**0.00**
	000101 夜房费	139	35582.00	
	01 现金-[总计]	**250**		**21572.00**
	05 信用卡-[总计]	**43**		**13300.00**
	[总计]	**432**	**35582.00**	**34872.00**

北平华问国际酒店有限公司财务专用章

见证人： 杨欢　　**查核员：** 李义　　**收银员：** 王芳

收银员入账项目日报表

开始日期:2019-03-09 00:00:01　　结束日期:2019-03-10 00:00:00　　业态:客房　　公司:华问国际酒店

收银员	项目	笔数	消费金额	结算金额
1005 王芳		**306**	**0.00**	**39688.00**
	01 现金（押金）	100		30600.00
	01 现金（退押金）	151		-7812.00
	01 现金-[小计]	**251**	**0.00**	**22788.00**
	05 信用卡（押金）	55		16900.00
	05 信用卡-[小计]	**55**	**0.00**	**16900.00**
SYSTEM SYSTEM		**155**	**39340.00**	**0.00**
	000101 夜房费	155	39340.00	
	01 现金-[总计]	**251**		**22788.00**
	05 信用卡-[总计]	**55**		**16900.00**
	[总计]	**461**	**39340.00**	**39688.00**

北平华问国际酒店有限公司财务专用章

见证人: 杨欢　　**查核员:** 李义　　**收银员:** 王芳

收银员入账项目日报表

开始日期:2019-03-12 00:00:01　　结束日期:2019-03-13 00:00:00　　业态:客房　　公司;华问国际酒店

收银员	项目	笔数	消费金额	结算金额
1005 王芳		**295**	**0.00**	**37596.00**
	01 现金（押金）	91		28000.00
	01 现金（退押金）	147		-7704.00
	01 现金-[小计]	**238**	**0.00**	**20296.00**
	05 信用卡（押金）	57		17300.00
	05 信用卡-[小计]	**57**	**0.00**	**17300.00**
SYSTEM SYSTEM		**148**	**37424.00**	**0.00**
	000101 夜房费	148	37424.00	
	01 现金-[总计]	**238**		**20296.00**
	05 信用卡-[总计]	**57**		**17300.00**
	[总计]	**443**	**37424.00**	**37596.00**

北平国际华问酒店有限公司财务专用章

见证人： 杨欢　　**查核员：** 李义　　**收银员：** 王芳

教学票样

2101191130

北平增值税专用发票

全国统一票样监制章 北平 华问教育实训中心

抵扣联

№ 3780278

校验码 98300 56934 30090 66567

开票日期： 2019-03-24

购买方	名　　称：北平华问国际酒店有限公司 纳税人识别号：91110168MC001YIDHV 地址、电话：北平市迎丰中路98号 011-86663915 开户行及账号：招商银行北平市支行 362117 211290 009	密码区	>>37226*+2392571319352*931573 3>1/<613>*13-*4<>546012324>28 3197/581++84/*49>1128<>><>

货物或应税劳务名称	规格型号	单位	数量	单价	金额	税率	税额
水产		批	1	2，266.00	2，266.00	13%	294.58
合　计					¥ 2，266.00		¥ 294.58
价税合计（大写）	※贰仟伍佰陆拾元伍角捌分				（小写）¥ 2，560.58		

销售方	名　　称：北平永盛水产有限公司 纳税人识别号：91110168MA6R87FE5K 地址、电话：北平市鑫维大道99号 011-20502923 开户行及账号：交通银行小蓝开发区支行 310066 663099 113201696	备注	

北平永盛水产有限公司 91110168MA6R87FE5K 发票专用章

華問 HUAWEN

收款人：张莉　　复核：周秀禾　　开票人：于宇　　销售方：（章）

第二联：抵扣联 购买方扣税凭证

400-8605646

华问教育实训中心研发 V6.0版

教学票样

2101191130

北平增值税专用发票

发票联

№ 1742221

校验码 95578 56564 30090 65666

开票日期： 2019-03-31

购买方	名　　称：北平华问国际酒店有限公司 纳税人识别号： 91110168MC001YIDHV 地址、电话：北平市迎丰中路98号 011-86663915 开户行及账号：招商银行北平市支行 362117 211290 009	密码区	>>34285*+2552177179352*931573 3>1/<863>*16-*4<>358012324>23 8179/581++83/*49>1348<>><>

货物或应税劳务名称	规格型号	单位	数量	单价	金额	税率	税额
鲜蔬		批	1	2，477.50	2，477.50	13%	322.08
水果		批	1	241.00	241.00	13%	31.33
合计					¥ 2，718.50		¥ 353.41
价税合计（大写）	※叁仟零柒拾壹元玖角壹分				（小写）¥ 3，071.91		

销售方	名　　称：北平丰盛果蔬批发部 纳税人识别号： 91110168581625817K 地址、电话：北平市朱桥东路2号 011-62971834 开户行及账号：农行佛塔分理处 600037 895044 62133	备注	

收款人：张志远　　复核：朱军　　开票人：汪洋　　销售方：（章）

第三联：发票联　购买方记账凭证

北平丰盛果蔬批发部 91110168581625817K 发票专用章

全国统一票样监制章 北平 华问教育实训中心

400-8605646

华问教育实训中心研发 V6.0版

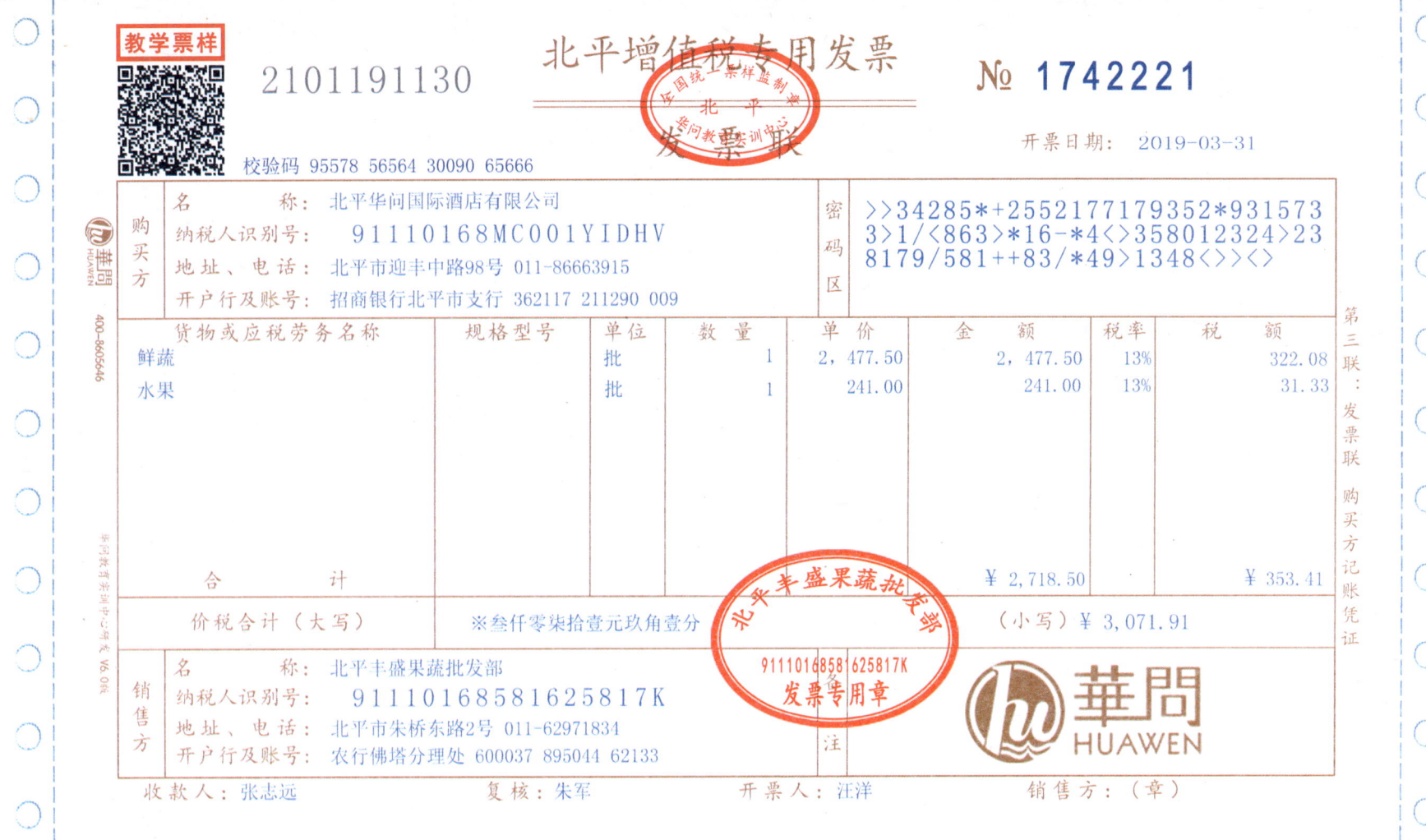

華問 HUAWEN

教学票样

2101191130

北平增值税专用发票

抵扣联

№ 2307361

校验码 75659 54212 58490 32234

开票日期: 2019-03-10

购买方	名称: 北平华问国际酒店有限公司 纳税人识别号: 91110168MC001YIDHV 地址、电话: 北平市迎丰中路98号 011-86663915 开户行及账号: 招商银行北平市支行 362117 211290 009			密码区	>>17685*+318157147935 2*842469 7>1/<843>*19-*4<>117812324>23 8179/041++13/*49>2018<>><>		
货物或应税劳务名称	规格型号	单位	数量	单价	金额	税率	税额
饮料		批	1	2,457.00	1,424.00	17%	242.08
合计					¥1,424.00		¥242.08
价税合计（大写）	※壹仟陆佰陆拾陆元零捌分				（小写）¥1,666.08		
销售方	名称: 北平仲祥商贸有限公司 纳税人识别号: 91110166MA5K90EF6D 地址、电话: 北平市南京东路166号 011-80671846 开户行及账号: 建行恒茂花园分理处 440318 403602 23565059			备注			

收款人: 陈慧娟　　复核: 吕智森　　开票人: 秦楚　　销售方: （章）

第二联: 抵扣联 购买方扣税凭证

全国统一票样监制章 北平 华问教育实训中心

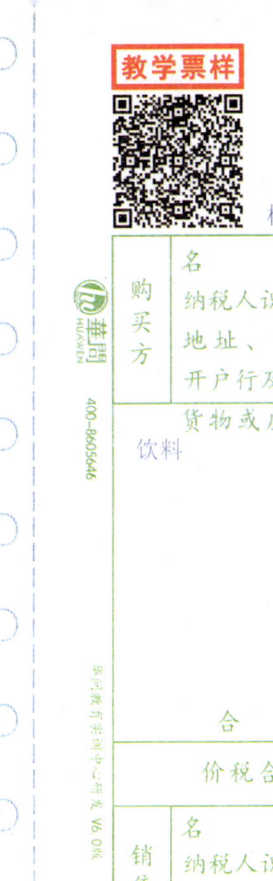

北平仲祥商贸有限公司 91110166MA5K90EF6D 发票专用章

教学票样

北平增值税专用发票

2101191130 发票联 № 3780278

全国统一票样监制章 北平 华问教育实训中心

开票日期： 2019-03-24

校验码 98300 56934 30090 66567

购买方	名　　称：北平华问国际酒店有限公司 纳税人识别号： 91110168MC001YIDHV 地址、电话： 北平市迎丰中路98号 011-86663915 开户行及账号： 招商银行北平市支行 362117 211290 009	密码区	>>37226*+2392571319352*931573 3>1/<613>*13-*4<>546012324>28 3197/581++84/*49>1128<>><>

货物或应税劳务名称	规格型号	单位	数量	单价	金额	税率	税额
水产		批	1	2,266.00	2,266.00	13%	294.58
合计					¥ 2,266.00		¥ 294.58
价税合计（大写）	※贰仟伍佰陆拾元伍角捌分				（小写）¥ 2,560.58		

销售方	名　　称： 北平永盛水产有限公司 纳税人识别号： 91110168MA6R87FE5K 地址、电话： 北平市鑫维大道99号 011-20502923 开户行及账号： 交通银行小蓝开发区支行 310066 663099 113201696	备注	

北平永盛水产有限公司 91110168MA6R87FE5K 发票专用章

收款人：张莉　　复核：周秀禾　　开票人：于宇　　销售方：（章）

第三联：发票联 购买方记账凭证

400-8605646

华问教育实训中心研发 V6.0版

教学票样

2101191130

北平增值税专用发票

发票联

№ 1363443

全国统一票样监制章 北平 华问教育实训中心

开票日期：2019-03-31

校验码 95578 56564 30090 63599

购买方	名　　称：北平华问国际酒店有限公司 纳税人识别号：91110168MC001YIDHV 地址、电话：北平市迎丰中路98号 011-86663915 开户行及账号：招商银行北平市支行 362117 211290 009				密码区	>>18175*+5388531139352*931573 3>1/<863>*19-*4<>506312324>23 8179/641++54/*49>8817<>><>	
货物或应税劳务名称	规格型号	单位	数量	单价	金额	税率	税额
粮油		批	1	2,500.00	2,500.00	13%	325.00
合计					¥ 2,500.00		¥ 325.00
价税合计（大写）	※贰仟捌佰贰拾伍元整				（小写）¥ 2,825.00		
销售方	名　　称：北平昌盛食品有限公司 纳税人识别号：91110167MA2MQB846G 地址、电话：北平市火炬大街796号 011-83122222 开户行及账号：中国银行青湖支行 4016 7865 4611				备注		

北平昌盛食品有限公司 91110167MA2MQB846G 发票专用章

華問 HUAWEN

收款人：万里云　　复核：毛柯　　开票人：李毅　　销售方：（章）

第三联：发票联 购买方记账凭证

華問 HUAWEN 400-8605646 华问教育实训中心研发 V6.0版

教学票样

2101191130

北平增值税专用发票

全国统一票样监制章 北平 华问教育实训中心

抵扣联

№ 1588312

校验码 95578 56564 30090 65678

开票日期：2019-03-31

购买方	
名称：	北平华问国际酒店有限公司
纳税人识别号：	91110168MC001YIDHV
地址、电话：	北平市迎丰中路98号 011-86663915
开户行及账号：	招商银行北平市支行 362117 211290 009

密码区

```
>>17175*+3181571039352*931573
3>1/<863>*19-*4<>114932324>23
8179/051++54/*49>1128<>><>
```

货物或应税劳务名称	规格型号	单位	数量	单价	金额	税率	税额
肉禽		批	1	5,885.50	5,885.50	13%	765.12
合计					¥ 5,885.50		¥765.12

价税合计（大写） ※陆仟陆佰伍拾元陆角贰分 （小写）¥ 6,650.62

销售方	
名称：	北平诚泰商贸有限公司
纳税人识别号：	911101690055409270
地址、电话：	北平市顺外路8号 011-83837931
开户行及账号：	邮政储蓄顺外支行 913006 371342 95142

备注

北平诚泰商贸有限公司 911101690055409270 发票专用章

華問 HUAWEN

收款人：李芬芳　　复核：毛方圆　　开票人：方准　　销售方：（章）

第二联：抵扣联 购买方扣税凭证

教学票样

2101191130

北平增值税专用发票

全国统一票样监制章 北平 华问教育实训中心

发票联

№ 1588312

开票日期： 2019-03-31

校验码 95578 56564 30090 65678

购买方	名　　称：北平华问国际酒店有限公司 纳税人识别号：91110168MC001YIDHV 地址、电话：北平市迎丰中路98号 011-86663915 开户行及账号：招商银行北平市支行 362117 211290 009			密码区	>>17175*+3181571039352*931573 3>1/<863>*19-*4<>114932324>23 8179/051++54/*49>1128<>><>		
货物或应税劳务名称	规格型号	单位	数量	单价	金额	税率	税额
肉禽		批	1	5,885.50	5,885.50	13%	765.12
合　　计					¥ 5,885.50		¥765.12
价税合计（大写）	※陆仟陆佰伍拾元陆角贰分				（小写）¥ 6,650.62		
销售方	名　　称：北平诚泰商贸有限公司 纳税人识别号：911101690055409270 地址、电话：北平市顺外路8号 011-83837931 开户行及账号：邮政储蓄顺外支行 913006 371342 95142			备注			

北平诚泰商贸有限公司 911101690055409270 发票专用章

收款人：李芬芳　　复核：毛方圆　　开票人：方淮　　销售方：（章）

第三联：发票联 购买方记账凭证

400-8605646

华问教育实训中心研发 V6.0版

教学票样

2101191130

北平增值税专用发票

抵扣联

№ 1742221

开票日期：2019-03-31

校验码 95578 56564 30090 65666

购买方	
名称：	北平华问国际酒店有限公司
纳税人识别号：	91110168MC001YIDHV
地址、电话：	北平市迎丰中路98号 011-86663915
开户行及账号：	招商银行北平市支行 362117 211290 009

密码区：
>>34285*+2552177179352*931573
3>1/<863>*16-*4<>358012324>23
8179/581++83/*49>1348<><>

货物或应税劳务名称	规格型号	单位	数量	单价	金额	税率	税额
鲜蔬		批	1	2，477.50	2，477.50	13%	322.08
水果		批	1	241.00	241.00	13%	31.33
合计					¥ 2,718.50		¥ 353.41

价税合计（大写） ※叁仟零柒拾壹元玖角壹分 （小写）¥ 3,071.91

销售方	
名称：	北平丰盛果蔬批发部
纳税人识别号：	911101685816258 17K
地址、电话：	北平市朱桥东路2号 011-62971834
开户行及账号：	农行佛塔分理处 600037 895044 62133

备注

收款人：张志远　复核：朱军　开票人：汪洋　销售方：（章）

第二联：抵扣联 购买方扣税凭证

北平丰盛果蔬批发部 91110168581625817K 发票专用章

全国统一票样监制章 北平 华问教育实训中心

華問 HUAWEN 400-8605646

华问教育实训中心研发 V6.0版

教学票样

2101191130

北平增值税专用发票

№ 3802638

抵扣联

全国统一票样监制章 北平 华问教育实训中心

开票日期：2019-03-31

校验码 95578 56564 30090 65577

购买方	名称：北平华问国际酒店有限公司 纳税人识别号：91110168MC001YIDHV 地址、电话：北平市迎丰中路98号 011-86663915 开户行及账号：招商银行北平市支行 362117 211290 009	密码区	>>37226*+2337541319352*931573 3>1/<613>*13-*4<>546012324>28 3197/581++84/*49>1128<>><>

货物或应税劳务名称	规格型号	单位	数量	单价	金额	税率	税额
水产		批	1	1,143.00	1,143.00	13%	148.59
合计					¥1,143.00		¥148.59
价税合计（大写）	※壹仟贰佰玖拾壹元伍角玖分				（小写）¥1,291.59		

销售方	名称：北平永盛水产有限公司 纳税人识别号：91110168MA6R87FE5K 地址、电话：北平市鑫维大道99号 011-20502923 开户行及账号：交通银行小蓝开发区支行 310066 663099 113201696	备注	

北平永盛水产有限公司 91110168MA6R87FE5K 发票专用章

收款人：张莉　复核：周秀禾　开票人：于宇　销售方：（章）

第二联：抵扣联 购买方扣税凭证

華問 HUAWEN 400-8605646

华问教育实训中心研发 V6.0版

教学票样

2101191130

北平增值税专用发票

抵扣联

№ 2860458

全国统一票样监制章 北平 华问教育实训中心

校验码 75659 54103 58490 32421

开票日期： 2019-03-10

购买方	名　称：北平华间国际酒店有限公司 纳税人识别号：91110168MC001YIDHV 地址、电话：北平市迎丰中路98号 011-86663915 开户行及账号：招商银行北平市支行 362117 211290 009	密码区	>>12056*+239257131935 2*931573 3>1/<813>*19-*4<>556012324>28 3197/581++54/*49>1128<>><>

货物或应税劳务名称	规格型号	单位	数量	单价	金额	税率	税额
水产		批	1	2，261.40	2261.40	13%	293.98
合计					¥ 2，261.40		¥ 293.98
价税合计（大写）	※贰仟伍佰伍拾伍元叁角捌分				（小写）¥ 2，555.38		

销售方	名　称：北平永盛水产有限公司 纳税人识别号：91110168MA6R87FE5K 地址、电话：北平市鑫维大道99号 011-20502923 开户行及账号：交通银行小蓝开发区支行 310066 663099 113201696	备注	北平永盛水产有限公司 91110168MA6R87FE5K 发票专用章

收款人：张莉　　复核：周秀禾　　开票人：于宇　　销售方：（章）

第二联：抵扣联 购买方扣税凭证

教学票样

2101191130

北平增值税专用发票

发票联

№ 2307361

开票日期： 2019-03-10

校验码 75659 54212 58490 32234

购买方	名　　称： 北平华问国际酒店有限公司 纳税人识别号： 91110168MC001YIDHV 地址、电话： 北平市迎丰中路98号 011-86663915 开户行及账号： 招商银行北平市支行 362117 211290 009	密码区	>>17685*+3181571479352*842469 7>1/<843>*19-*4<>117812324>23 8179/041++13/*49>2018<>><>

货物或应税劳务名称	规格型号	单位	数量	单价	金额	税率	税额
饮料		批	1	2,457.00	1,424.00	17%	242.08
合　　计					¥ 1,424.00		¥ 242.08
价税合计（大写）	※壹仟陆佰陆拾陆元零捌分				（小写）¥ 1,666.08		

销售方	名　　称： 北平仲祥商贸有限公司 纳税人识别号： 91110166MA5K90EF6D 地址、电话： 北平市南京东路166号 011-80671846 开户行及账号： 建行恒茂花园分理处 440318 403602 23565059	备注	

北平仲祥商贸有限公司 91110166MA5K90EF6D 发票专用章

收款人：陈慧娟　　复核：吕智森　　开票人：秦楚　　销售方：（章）

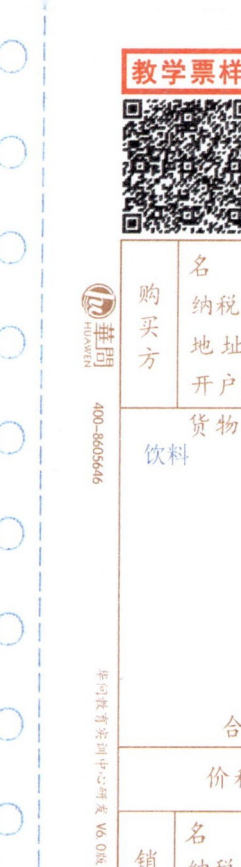

第三联：发票联　购买方记账凭证

教学票样

2101191130

北平增值税专用发票

发票联

全国统一票样监制章 北平 华问教育实训中心

№ 2860458

开票日期：2019-03-10

校验码 75659 54103 58490 32421

购买方	
名称：	北平华问国际酒店有限公司
纳税人识别号：	91110168MC001YIDHV
地址、电话：	北平市迎丰中路98号 011-86663915
开户行及账号：	招商银行北平市支行 362117 211290 009

密码区：
>>12056*+2392571319352*931573
3>1/<813>*19-*4<>556012324>28
3197/581++54/*49>1128<>><>

货物或应税劳务名称	规格型号	单位	数量	单价	金额	税率	税额
水产		批	1	2，261.40	2261.40	13%	293.98
合计					¥ 2，261.40		¥ 293.98

价税合计（大写） ※贰仟伍佰伍拾伍元叁角捌分 （小写）¥ 2，555.38

销售方	
名称：	北平永盛水产有限公司
纳税人识别号：	91110168MA6R87FE5K
地址、电话：	北平市鑫维大道99号 011-20502923
开户行及账号：	交通银行小蓝开发区支行 310066 663099 113201696

备注

北平永盛水产有限公司 91110168MA6R87FE5K 发票专用章

收款人：张莉　复核：周秀禾　开票人：于宇　销售方：（章）

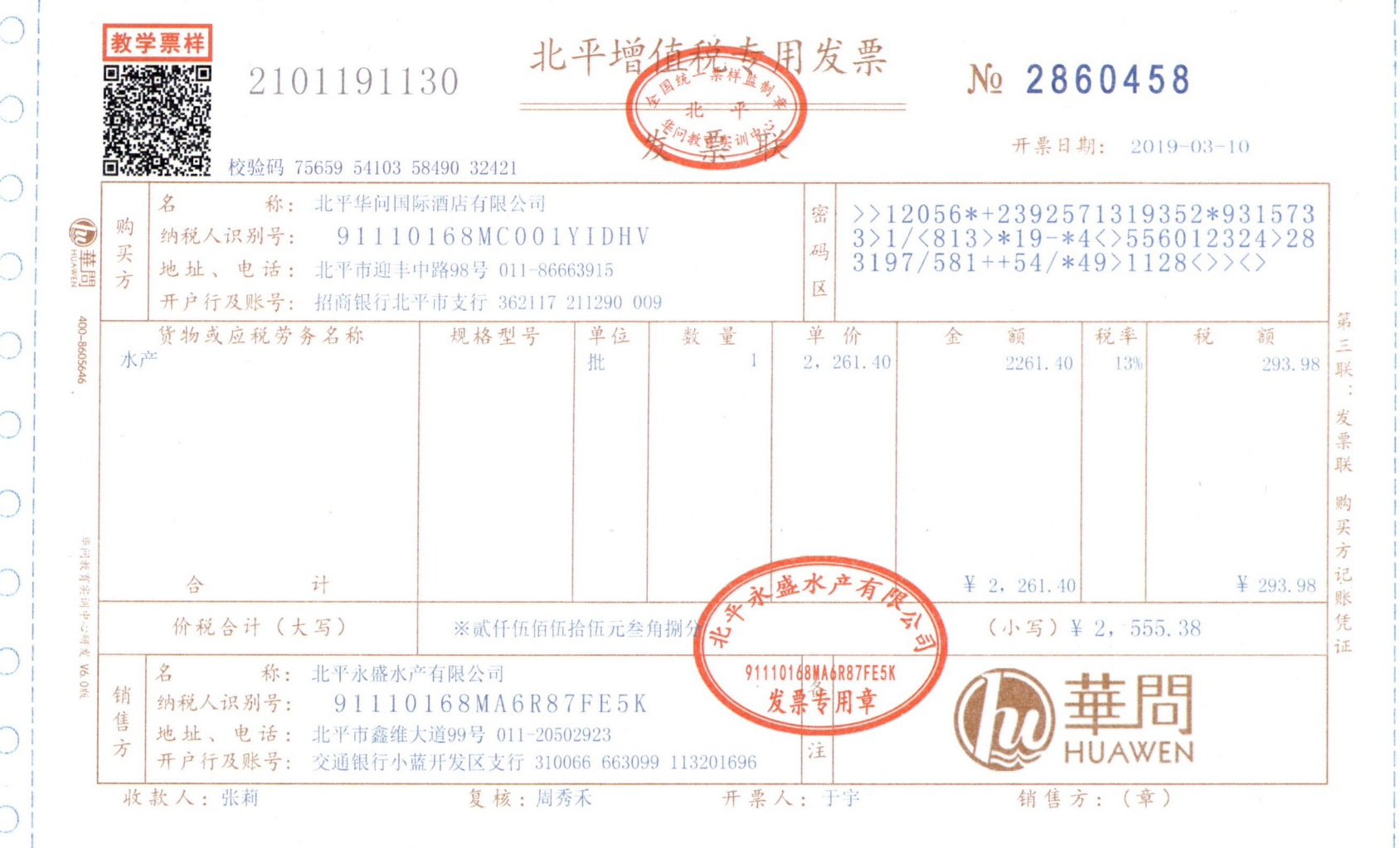

第三联：发票联 购买方记账凭证

教学票样

2101191130

北平增值税专用发票

全国统一票样监制章 北平 华问教育实训中心

发票联

№ 1146012

校验码 76349 54103 58490 32456

开票日期： 2019-03-10

购买方	名称：北平华问国际酒店有限公司 纳税人识别号：91110168MC001YIDHV 地址、电话：北平市迎丰中路98号 011-86663915 开户行及账号：招商银行北平市支行 362117 211290 009	密码区	>>17175*+318157153935 2*931573 3>1/<863>*19-*4<>114812324>23 8179/051++54/*49>1018<>><>

货物或应税劳务名称	规格型号	单位	数量	单价	金额	税率	税额
肉禽		批	1	6,427.50	6,427.50	13%	835.58
合计					¥6,427.50		¥835.58
价税合计（大写）	※柒仟贰佰陆拾叁元零捌分				（小写）¥7,263.08		

销售方	名称：北平诚泰商贸有限公司 纳税人识别号：911101690055409270 地址、电话：北平市顺外路8号 011-83837931 开户行及账号：邮政储蓄顺外支行 913006 371342 95142	备注	

北平诚泰商贸有限公司 911101690055409270 发票专用章

收款人：李芬芳　　复核：毛方圆　　开票人：方淮　　销售方：（章）

第三联：发票联 购买方记账凭证

400-8605646

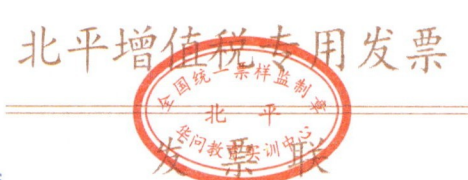

华问教育实训中心印制 V6.0版

教学票样

2101191130

北平增值税专用发票

№ 1374214

全国统一票样监制章 北平 华问教育实训中心

抵扣联

开票日期： 2019-03-17

校验码 73329 58912 34490 53466

购买方	名　　称：北平华问国际酒店有限公司 纳税人识别号： 91110168MC001YIDHV 地址、电话： 北平市迎丰中路98号 011-86663915 开户行及账号：招商银行北平市支行 362117 211290 009	密码区	>>18175*+5386564139352*931573 3>1/<863>*19-*4<>506312324>23 8179/641++54/*49>6217<>><>

货物或应税劳务名称	规格型号	单位	数量	单价	金额	税率	税额
粮油		批	1	8,750.00	8,750.00	13%	1,137.50
合　计					¥ 8,750.00		¥ 1,137.50
价税合计（大写）	※j玖仟捌佰捌拾柒元伍角				（小写）¥ 9,887.50		

销售方	名　　称：北平昌盛食品有限公司 纳税人识别号： 91110167MA2MQB846G 地址、电话： 北平市火炬大街796号 011-83122222 开户行及账号：中国银行青湖支行 4016 7865 4611	备注	

北平昌盛食品有限公司 91110167MA2MQB846G 发票专用章

華問 HUAWEN

收款人：万里云　　复核：毛柯　　开票人：李毅　　销售方：（章）

第二联：抵扣联 购买方扣税凭证

華問 HUAWEN 400-8605646

华问教育实训中心研发 V6.0版

教学票样

2101191130

北平增值税专用发票

№ 1654611

抵扣联

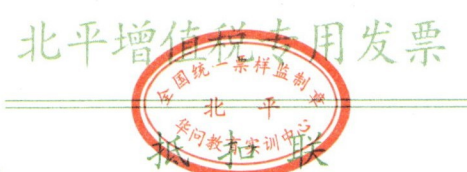

开票日期：2019-03-10

校验码 76459 54103 58490 32434

购买方	名　　称：北平华问国际酒店有限公司 纳税人识别号：91110168MC001YIDHV 地址、电话：北平市迎丰中路98号 011-86663915 开户行及账号：招商银行北平市支行 362117 211290 009	密码区	>>37675*+2542571479352*931573 3>1/<863>*16-*4<>356012324>23 8179/581++83/*49>1128<>><>

货物或应税劳务名称	规格型号	单位	数量	单价	金额	税率	税额
鲜蔬		批	1	2,827.70	2,827.70	13%	367.60
水果		批	1	201.00	201.00	13%	26.13
合　　计					¥3,028.70		¥393.73
价税合计（大写）	※叁仟肆佰贰拾贰元肆角叁分				（小写）¥3,422.43		

销售方	名　　称：北平丰盛果蔬批发部 纳税人识别号：91110168581625817K 地址、电话：北平市朱桥东路2号 011-62971834 开户行及账号：农行佛塔分理处 600037 895044 62133	备注	

收款人：张志远　　复核：朱军　　开票人：汪洋　　销售方：（章）

第二联：抵扣联 购买方扣税凭证

全国统一票样监制章 北平 华问教育实训中心

北平丰盛果蔬批发部 91110168581625817K 发票专用章

華問 HUAWEN

400-8605646

华问教育实训中心研发 V6.0版

教学票样

2101191130

北平增值税专用发票

№ 1120987

抵扣联

全国统一票样监制章 北平 华问教育实训中心

开票日期：2019-03-10

校验码 73329 54312 58490 32545

购买方	名称：北平华问国际酒店有限公司 纳税人识别号：91110168MC001YIDHV 地址、电话：北平市迎丰中路98号 011-86663915 开户行及账号：招商银行北平市支行 362117 211290 009	密码区	>>28975*+3181571479352*842469 7>1/<863>*19-*4<>181000024>23 8179/753++13/*02>3018<>><>

货物或应税劳务名称	规格型号	单位	数量	单价	金额	税率	税额
瓷器		批	1	61,435.90	28,077.18	17%	4,773.12
合计					¥28,077.18		¥4,773.12
价税合计（大写）	※叁万贰仟捌佰伍拾元零叁角整				（小写）¥32,850.30		

销售方	名称：福泰日用瓷器公司 纳税人识别号：936050260003375Y4K 地址、电话：北平市柳泉路107号 011-81535368 开户行及账号：工商银行柳泉分理处 4220053915158671832	备注	

福泰日用瓷器有限公司 936050260003375Y4K 发票专用章

收款人：朱妍　　复核：段宏　　开票人：潘萌　　销售方：（章）

第二联：抵扣联 购买方扣税凭证

華問 HUAWEN

400-8605646

华问教育实训中心研发 V6.0版

教学票样

2101191130

北平增值税专用发票

抵扣联

№ 1148312

开票日期： 2019-03-24

校验码 98300 56934 30090 66389

购买方	名　　称：北平华问国际酒店有限公司 纳税人识别号：91110168MC001YIDHV 地址、电话：北平市迎丰中路98号 011-86663915 开户行及账号：招商银行北平市支行 362117 211290 009	密码区	>>17175*+318157103935 2*931573 3>1/<863>*19-*4<>114812324>23 8179/051++54/*49>1528<>><>

货物或应税劳务名称	规格型号	单位	数量	单价	金额	税率	税额
肉禽		批	1	5,617.50	5,617.50	13%	730.28
合　　计					¥ 5,617.50		¥730.28
价税合计（大写）	※陆仟叁佰肆拾柒元柒角捌分				（小写）¥ 6,347.78		

销售方	名　　称：北平诚泰商贸有限公司 纳税人识别号：91110169005540927 0 地址、电话：北平市顺外路8号 011-83837931 开户行及账号：邮政储蓄顺外支行 913006 371342 95142	备注	

收款人：李芬芳　　复核：毛方圆　　开票人：方淮　　销售方：（章）

第二联：抵扣联　购买方扣税凭证

全国统一票样监制章 北平 华问教育实训中心

北平诚泰商贸有限公司 911101690055409270 发票专用章

華問 HUAWEN

400-8605646

华问教育实训中心出品 V6.0版

教学票样

2101191130

北平增值税专用发票

全国统一票样监制章 北平 华问教育实训中心

发票联

№ 1363414

校验码 98300 56934 30090 66345

开票日期：2019-03-24

购买方	名称：北平华问国际酒店有限公司 纳税人识别号：91110168MC001YIDHV 地址、电话：北平市迎丰中路98号 011-86663915 开户行及账号：招商银行北平市支行 362117 211290 009	密码区	>>18175*+5388564139352*931573 3>1/<863>*19-*4<>506312324>23 8179/641++54/*49>8317<>><>

货物或应税劳务名称	规格型号	单位	数量	单价	金额	税率	税额
粮油		批	1	8,750.00	8,750.00	13%	1,137.50
合计					¥ 8,750.00		¥ 1,137.50
价税合计（大写）	※玖仟捌佰捌拾柒元伍角				（小写）¥ 9,887.50		

销售方	名称：北平昌盛食品有限公司 纳税人识别号：91110167MA2MQB846G 地址、电话：北平市火炬大街796号 011-83122222 开户行及账号：中国银行青湖支行 4016 7865 4611	备注	

北平昌盛食品有限公司 91110167MA2MQB846G 发票专用章

華問 HUAWEN

收款人：万里云　　复核：毛柯　　开票人：李毅　　销售方：（章）

第三联：发票联 购买方记账凭证

華問 HUAWEN 400-8605646

华问教育实训中心研发 V6.0版

教学票样

2101191120

北平增值税普通发票

№ 2601090

发票联

开票日期：2019-03-10

校验码 75459 53212 58490 32345

购买方	名　　称：北平华问国际酒店有限公司 纳税人识别号：91110168MC001YIDHV 地址、电话：北平市迎丰中路98号 011-86663915 开户行及账号：招商银行北平市支行 362117 211290 009	密码区	>>21064*+2392571317441*9315855>1/<86 3>*16-*4<>556013424>686221/672++73/* 49>3018<>><>

货物或应税劳务名称	规格型号	单位	数量	单价	金额	税率	税额
玻璃水	1.82L	瓶	20	18.93	378.64	3%	11.36
拖把		把	15	25.89	388.35	3%	11.65
合　计					¥766.99		¥23.01
价税合计（大写）	※柒佰玖拾元整				（小写）¥790.00		

销售方	名　　称：创美百货商行 纳税人识别号：93611235110127512K 地址、电话：北平洪都中大道78号 011-83492112 开户行及账号：中国银行广电支行 402571 453511	备注	

收款人：段瑜　　复核：潘子聪　　开票人：曾祥　　销售方：（章）

第二联：发票联　购买方记账凭证

现金付讫

创美百货商行 93611235110127512K 发票专用章

全国统一票样监制章 北平 华问教育实训中心

华问教育实训中心印制 V6.0版 400-8605646

教学票样

2101191130

北平增值税专用发票

发票联

全国统一票样监制章 北平 华问教育实训中心

№ 1654611

开票日期： 2019-03-10

校验码 76459 54103 58490 32434

购买方	
名　　称：	北平华问国际酒店有限公司
纳税人识别号：	91110168MC001YIDHV
地址、电话：	北平市迎丰中路98号 011-86663915
开户行及账号：	招商银行北平市支行 362117 211290 009

密码区

>>37675*+2542571479352*931573
3>1/<863>*16-*4<>356012324>23
8179/581++83/*49>1128<>><>

货物或应税劳务名称	规格型号	单位	数量	单价	金额	税率	税额
鲜蔬		批	1	2，827.70	2，827.70	13%	367.60
水果		批	1	201.00	201.00	13%	26.13
合　　计					¥ 3，028.70		¥ 393.73

价税合计（大写）　※叁仟肆佰贰拾贰元肆角叁分　（小写）¥ 3，422.43

销售方	
名　　称：	北平丰盛果蔬批发部
纳税人识别号：	91110168581625817K
地址、电话：	北平市朱桥东路2号 011-62971834
开户行及账号：	农行佛塔分理处 600037 895044 62133

备注

北平丰盛果蔬批发部 91110168581625817K 发票专用章

華問 HUAWEN

收款人：张志远　　复核：朱军　　开票人：汪洋　　销售方：（章）

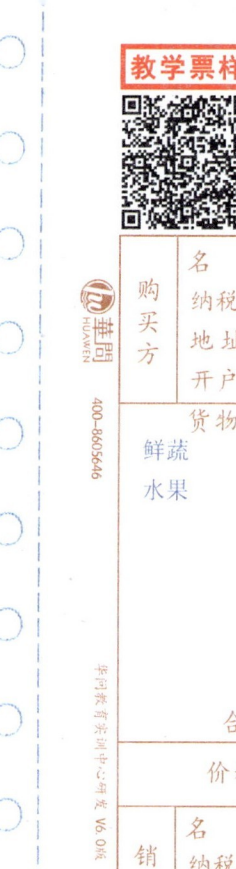

第三联：发票联　购买方记账凭证

華問 HUAWEN 400-8605646

华问教育实训中心研发 V6.0版

电费分摊

年 03月

分摊部门	办公室	销售部门			应交合计
		餐饮部	客房部	桑拿部	
分摊比率					100%
分摊金额					57,818.54

水费分摊					年 03月
分摊部门	办公室	销售部门			应交合计
		餐饮部	客房部	桑拿部	
分摊比率					100%
分摊金额					6,927.71

教学票样

华问 HUAWEN

差旅费报销单

报销部门：财务部　　　　填报日期：2019 年 03 月 24 日

姓名	李义	职别	出纳	出差事由	外出办公

出差起止日期自 2019 年 03 月 24 日起至 2019 年 03 月 24 日止共 1 天附单据 1 张

日期 月	日期 日	起讫地点	天数	机票费	车船费	市内交通费	住宿费	出差补助	住宿节约补助	其他	小计
03	24	公司至银行	1			32					32.00

总计金额（大写） ¥ 万 零 仟 零 佰 叁 拾 贰 元 零 角 零 分　预支＿＿＿＿元　补助＿＿＿＿元

现金付讫

负责人 王晓华　　会计　　审核 陈美娇　　部门主管　　出差人

北平市国家税务局
通用机打发票
发票联

发票代码:
136011453192
发票号码:
28102517

发票查询网站: www.bp-n-tax.gov.cn
发票查询举报电话: 011-12366
北国税征字（2019）年1月印1012号

机打发票　手写无效 [redacted]

单位	第三出租车
电话	86751789
车号	A-3Y109
证号	32010127
日期	2019年03月31日
[redacted] 上车	14:45
下车	15:02
单价	2.10元/公里
里程	12.38公里
等候	00:05.26
金额	32.06元
卡号	

北平市出租汽车 发票专用章

北平市光辉印刷有限公司

教学票样

華問 HUAWEN

差旅费报销单

报销部门：采购部　　填报日期：2019 年 03 月 31 日

姓名	朱裕	职别	采购员	出差事由	采购货物

出差起止日期自2019年03月31日起至2019年03月31日止共 1 天附单据 1 张

日期 月	日期 日	起讫地点	天数	机票费	车船费	市内交通费	住宿费	出差补助	住宿节约补助	其他	小计
03	31	公司至门店	1			1600					1600.00

总计金额（大写）¥ 万 壹 仟 陆 佰 零 拾 零 元 零 角 零 分　预支＿＿＿元　补助＿＿＿元

现金付讫

负责人 王晓华　会计　审核 陈美娇　部门主管　出差人

北平市国家税务局通用机打发票
北 平 中 油 石 油 有 限 公 司
北国税（2019）印字第2号

发票代码：134022315278
发票号码：10312019
客户名称：北平华问国际酒店有限公司

开票日期：2019-01-31
收 款 员：主管操作员

项目名称	单价	数量	金额
93#车用汽油	1,600.00	1.00	1,600.00

除付款单位外手写无效

北平市中油石油有限公司
912484394613KMP128
发票专用章

金额合计：￥1,600.00
金额大写：贰仟陆佰元整

收银员入账项目日报表

开始日期:2019-03-23 00:00:01　　结束日期:2019-03-24 00:00:00　　业态:客房　　公司:华问国际酒店

收银员	项目	笔数	消费金额	结算金额
1005 王芳		**288**	**0.00**	**37368.00**
	01 现金（押金）	85		26000.00
	01 现金（退押金）	141		-7432.00
	01 现金-[小计]	**226**	**0.00**	**18568.00**
	05 信用卡（押金）	62		18800.00
	05 信用卡-[小计]	**62**	**0.00**	**18800.00**
SYSTEM SYSTEM		**147**	**37206.00**	**0.00**
	000101 夜房费	147	37206.00	
	01 现金-[总计]	**226**		**18568.00**
	05 信用卡-[总计]	**62**		**18800.00**
	[总计]	**435**	**37206.00**	**37368.00**

北平华问国际酒店有限公司财务专用章

见证人：杨欢　　查核员：李义　　收银员：王芳

招商银行 北平分行
CHINA MERCHANTS BANK beiping branch

进账单 （回单） 1

2019年 03月 15日

出票人	全称	北平华同国际酒店有限公司	收款人	全称	代发工资
	账号	362117211290009		账号	
	开户银行	招商银行北平市支行		开户银行	招商银行北平市支行
金额	人民币（大写）	壹拾柒万伍仟叁佰捌拾玖元伍角陆分		亿千百十万千百十元角分	￥17538956
票据种类	转账支票	票据依据			
票据号码	02781357				
备注：				复核	

此联是开户银行交给持票人的回单

招商银行 北平市支行 2019.03.15 业务受理章

收银员入账项目日报表

开始日期:2019-03-10 00:00:01　　结束日期:2019-03-11 00:00:00　　业态;客房　　公司;华问国际酒店

收银员	项目	笔数	消费金额	结算金额
1005 王芳		**303**	**0.00**	**37140.00**
	01 现金（押金）	93		28400.00
	01 现金（退押金）	155		-8160.00
	01 现金-[小计]	**248**	**0.00**	**20240.00**
	05 信用卡（押金）	55		16900.00
	05 信用卡-[小计]	**55**	**0.00**	**16900.00**
SYSTEM SYSTEM		**148**	**37434.00**	**0.00**
	000101 夜房费	148	37434.00	
	01 现金-[总计]	**248**		**20240.00**
	05 信用卡-[总计]	**55**		**16900.00**
	[总计]	451	37434.00	37140.00

北平华问国际酒店有限公司财务专用章

见证人：杨欢　　查核员：李义　　收银员：王芳

教学票样

中华人民共和国
税收通用缴款书

地

隶属关系：区属　　(20092)北地缴电 01896099 号

注册类型：其他有限责任公司 填发日期：2019 年 03 月 15 日　征收机关：昭阳区地方税务局

缴款单位（人）	代码	91110168MC001YIDHV	预算科目	编码	101060109
	全称	北平华间国际酒店有限公司		名称	个人所得税
	开户银行	招商银行北平市支行		级次	区级
	账号	362117211290009	收款国库		北平市高新区支库

税款所属时期 2019 年 02 月01至28日　税款限缴时期 2019 年 03 月 15 日

品目名称	课税数量	计税金额或销售收入	税率或单位税额	已缴或扣除额	实缴金额
个人所得税					1,701.68
金额合计	（大写）壹仟柒佰零壹元陆角捌分				￥1,701.68

缴款单位（人） （盖章） 经办人（章）	税务机关 （盖章） 填票人（章） 陈菊平	上列款项已收妥并划转收款单位账户。 国库(银行) 盖章　年　月　日	备注：

无银行收讫章无效

第一联（收据）国库（银行）收款盖章后退缴款单位（人）作完税凭证

逾期不缴按税法规定加收滞纳金。

财务专用章 北平华间国际酒店有限公司

北平市高新区地税局 征税专用章 (26)

交通银行 北平市分行营业部 2019.03.15 业务受理章 (21)

国家税务总局 税收票样监制章

收银员入账项目日报表

开始日期:2019-03-27 00:00:01　　结束日期:2019-03-28 00:00:00　　业态:客房　　公司:华问国际酒店

收银员	项目	笔数	消费金额	结算金额
1005 王芳		**247**	**0.00**	**30750.00**
	01 现金（押金）	77		23600.00
	01 现金（退押金）	125		-6450.00
	01 现金-[小计]	**202**	**0.00**	**17150.00**
	05 信用卡（押金）	45		13600.00
	05 信用卡-[小计]	**45**	**0.00**	**13600.00**
SYSTEM SYSTEM		**122**	**30756.00**	**0.00**
	000101 夜房费	122	30756.00	
	01 现金-[总计]	**202**		**17150.00**
	05 信用卡-[总计]	**45**		**13600.00**
	[总计]	**369**	**30756.00**	**30750.00**

财务专用章　北平华问国际酒店有限公司

见证人：杨欢　　查核员：李义　　收银员：王芳

收银员入账项目日报表

开始日期:2019-03-14 00:00:01　　结束日期:2019-03-15 00:00:00　　业态:客房　　公司:华问国际酒店

收银员	项目	笔数	消费金额	结算金额
1005 王芳		**287**	**0.00**	**35344.00**
	01 现金（押金）	83		25700.00
	01 现金（退押金）	148		-7956.00
	01 现金-[小计]	**231**	**0.00**	**17744.00**
	05 信用卡（押金）	56		17600.00
	05 信用卡-[小计]	**56**	**0.00**	**17600.00**
SYSTEM SYSTEM		**139**	**35962.00**	**0.00**
	000101 夜房费	139	35962.00	
	01 现金-[总计]	**231**		**17744.00**
	05 信用卡-[总计]	**56**		**17600.00**
	[总计]	426	35962.00	35344.00

北平华问国际酒店有限公司财务专用章

见证人：杨欢　　查核员：李义　　收银员：王芳

收银员入账项目日报表

开始日期:2019-03-05 00:00:01　　结束日期:2019-03-06 00:00:00　　业态:客房　　公司:华问国际酒店

收银员	项目	笔数	消费金额	结算金额
1005 王芳		**258**	**0.00**	**34780.00**
	01 现金（押金）	82		25400.00
	01 现金（退押金）	125		-6320.00
	01 现金-[小计]	**207**	**0.00**	**19080.00**
	05 信用卡（押金）	51		15700.00
	05 信用卡-[小计]	**51**	**0.00**	**15700.00**
SYSTEM SYSTEM		133	34294.00	0.00
	000101 夜房费	133	34294.00	
	01 现金-[总计]	207		19080.00
	05 信用卡-[总计]	51		15700.00
	[总计]	391	34294.00	34780.00

北平华问国际酒店有限公司财务专用章

见证人：杨欢　　查核员：李义　　收银员：王芳

收银员入账项目日报表

开始日期:2019-03-15 00:00:01　结束日期:2019-03-16 00:00:00　业态:客房　公司:华问国际酒店

收银员	项目	笔数	消费金额	结算金额
1005 王芳		**291**	**0.00**	**39762.00**
	01 现金（押金）	94		29100.00
	01 现金（退押金）	139		-7338.00
	01 现金-[小计]	**233**	**0.00**	**21762.00**
	05 信用卡（押金）	58		18000.00
	05 信用卡-[小计]	**58**	**0.00**	**18000.00**
SYSTEM SYSTEM		**152**	**39116.00**	**0.00**
	000101 夜房费	152	39116.00	
	01 现金-[总计]	**233**		**21762.00**
	05 信用卡-[总计]	**58**		**18000.00**
	[总计]	**443**	**39116.00**	**39762.00**

北平华问国际酒店有限公司财务专用章

见证人：杨欢　查核员：李义　收银员：王芳

收银员入账项目日报表

开始日期:2019-03-29 00:00:01　　结束日期:2019-03-30 00:00:00　　业态:客房　　公司:华问国际酒店

收银员	项目	笔数	消费金额	结算金额
1005 王芳		**250**	**0.00**	**36776.00**
	01 现金（押金）	76		23400.00
	01 现金（退押金）	112		-5824.00
	01 现金-[小计]	**188**	**0.00**	**17576.00**
	05 信用卡（押金）	62		19200.00
	05 信用卡-[小计]	**62**	**0.00**	**19200.00**
SYSTEM SYSTEM		**138**	**35354.00**	**0.00**
	000101 夜房费	138	35354.00	
	01 现金-[总计]	**188**		**17576.00**
	05 信用卡-[总计]	**62**		**19200.00**
	[总计]	**388**	**35354.00**	**36776.00**

见证人: 杨欢　　**查核员:** 李义　　**收银员:** 王芳

北平华问国际酒店有限公司财务专用章

收银员入账项目日报表

开始日期:2019-03-11 00:00:01　　结束日期:2019-03-12 00:00:00　　业态:客房　　公司:华问国际酒店

收银员	项目	笔数	消费金额	结算金额
1005 王芳		**295**	**0.00**	**37234.00**
	01 现金（押金）	89		27200.00
	01 现金（退押金）	148		-7866.00
	01 现金-[小计]	**237**	**0.00**	**19334.00**
	05 信用卡（押金）	58		17900.00
	05 信用卡-[小计]	**58**	**0.00**	**17900.00**
SYSTEM SYSTEM		**147**	**37396.00**	**0.00**
	000101 夜房费	147	37396.00	
	01 现金-[总计]	**237**		**19334.00**
	05 信用卡-[总计]	**58**		**17900.00**
	[总计]	442	37396.00	37234.00

北平华问国际酒店有限公司财务专用章

见证人：杨欢　　查核员：李义　　收银员：王芳

收银员入账项目日报表

开始日期:2019-03-19 00:00:01　　结束日期:2019-03-20 00:00:00　　业态:客房　　公司:华问国际酒店

收银员	项目	笔数	消费金额	结算金额
1005 王芳		**267**	**0.00**	**34404.00**
	01 现金（押金）	81		24900.00
	01 现金（退押金）	133		-6796.00
	01 现金-[小计]	**214**	**0.00**	**18104.00**
	05 信用卡（押金）	53		16300.00
	05 信用卡-[小计]	**53**	**0.00**	**16300.00**
SYSTEM SYSTEM		**134**	**34032.00**	**0.00**
	000101 夜房费	134	34032.00	
	01 现金-[总计]	**214**		**18104.00**
	05 信用卡-[总计]	**53**		**16300.00**
	[总计]	401	34032.00	34404.00

北平华问国际酒店有限公司财务专用章

见证人：杨欢　　查核员：李义　　收银员：王芳

收银员入账项目日报表

开始日期:2019-03-26 00:00:01　结束日期:2019-03-27 00:00:00　业态:客房　公司:华问国际酒店

收银员	项目	笔数	消费金额	结算金额
1005 王芳		**254**	**0.00**	**31372.00**
	01 现金（押金）	75		22800.00
	01 现金（退押金）	129		-6628.00
	01 现金-[小计]	**204**	**0.00**	**16172.00**
	05 信用卡（押金）	50		15200.00
	05 信用卡-[小计]	**50**	**0.00**	**15200.00**
SYSTEM SYSTEM		**125**	**31550.00**	**0.00**
	000101 夜房费	125	31550.00	
	01 现金-[总计]	**204**		**16172.00**
	05 信用卡-[总计]	**50**		**15200.00**
	[总计]	379	31550.00	31372.00

北平华问国际酒店有限公司财务专用章

见证人：杨欢　查核员：李义　收银员：王芳

收银员入账项目日报表

开始日期:2019-03-25 00:00:01　结束日期:2019-03-26 00:00:00　业态:客房　公司:华问国际酒店

收银员	项目	笔数	消费金额	结算金额
1005 王芳		**275**	**0.00**	**31438.00**
	01 现金（押金）	78		23700.00
	01 现金（退押金）	146		-7662.00
	01 现金-[小计]	**224**	**0.00**	**16038.00**
	05 信用卡（押金）	51		15400.00
	05 信用卡-[小计]	**51**	**0.00**	**15400.00**
SYSTEM SYSTEM		**129**	**32472.00**	**0.00**
	000101 夜房费	129	32472.00	
	01 现金-[总计]	**224**		**16038.00**
	05 信用卡-[总计]	**51**		**15400.00**
	[总计]	404	32472.00	31438.00

北平华问国际酒店有限公司财务专用章

见证人: 杨欢　**查核员:** 李义　**收银员:** 王芳

收银员入账项目日报表

开始日期:2019-03-20 00:00:01　　结束日期:2019-03-21 00:00:00　　业态:客房　　公司:华问国际酒店

收银员	项目	笔数	消费金额	结算金额
1005 王芳		**266**	**0.00**	**33032.00**
	01 现金（押金）	86		26200.00
	01 现金（退押金）	134		-7168.00
	01 现金-[小计]	**220**	**0.00**	**19032.00**
	05 信用卡（押金）	46		14000.00
	05 信用卡-[小计]	**46**	**0.00**	**14000.00**
SYSTEM SYSTEM		**132**	**33226.00**	**0.00**
	000101 夜房费	132	33226.00	
	01 现金-[总计]	**220**		**19032.00**
	05 信用卡-[总计]	**46**		**14000.00**
	[总计]	**398**	**33226.00**	**33032.00**

见证人：杨欢　　查核员：李义　　收银员：王芳

北平国际酒店有限公司财务专用章

收银员入账项目日报表

开始日期:2019-03-03 00:00:01　结束日期:2019-03-04 00:00:00　业态:客房　公司:华问国际酒店

收银员	项目	笔数	消费金额	结算金额
1005 王芳		**264**	**0.00**	**28738.00**
	01 现金（押金）	78		23900.00
	01 现金（退押金）	146		-7662.00
	01 现金-[小计]	**224**	**0.00**	**16238.00**
	05 信用卡（押金）	40		12500.00
	05 信用卡-[小计]	**40**	**0.00**	**12500.00**
SYSTEM SYSTEM		**118**	**30284.00**	**0.00**
	000101 夜房费	118	30284.00	
	01 现金-[总计]	**224**		**16238.00**
	05 信用卡-[总计]	**40**		**12500.00**
	[总计]	382	30284.00	28738.00

北平国际华问酒店有限公司财务专用章

见证人：杨欢　查核员：李义　收银员：王芳

收银员入账项目日报表

开始日期:2019-03-24 00:00:01　　结束日期:2019-03-25 00:00:00　　业态:客房　　公司:华问国际酒店

收银员	项目	笔数	消费金额	结算金额
1005 王芳		**293**	**0.00**	**36606.00**
	01 现金（押金）	83		25100.00
	01 现金（退押金）	147		-7594.00
	01 现金-[小计]	**230**	**0.00**	**17506.00**
	05 信用卡（押金）	63		19100.00
	05 信用卡-[小计]	**63**	**0.00**	**19100.00**
SYSTEM SYSTEM		**146**	**36538.00**	**0.00**
	000101 夜房费	146	36538.00	
	01 现金-[总计]	**230**		**17506.00**
	05 信用卡-[总计]	**63**		**19100.00**
	[总计]	**439**	**36538.00**	**36606.00**

北平国际酒店有限公司财务专用章

见证人：杨欢　　查核员：李义　　收银员：王芳

收银员入账项目日报表

开始日期:2019-03-21 00:00:01　　结束日期:2019-03-22 00:00:00　　业态:客房　　公司:华问国际酒店

收银员	项目	笔数	消费金额	结算金额
1005 王芳		**252**	**0.00**	**29826.00**
	01 现金（押金）	71		21700.00
	01 现金（退押金）	132		-6974.00
	01 现金-[小计]	**203**	**0.00**	**14726.00**
	05 信用卡（押金）	49		15100.00
	05 信用卡-[小计]	**49**	**0.00**	**15100.00**
SYSTEM SYSTEM		**120**	**30480.00**	**0.00**
	000101 夜房费	120	30480.00	
	01 现金-[总计]	203		14726.00
	05 信用卡-[总计]	49		15100.00
	[总计]	372	30480.00	29826.00

北平华问国际酒店有限公司财务专用章

见证人：杨欢　　查核员：李义　　收银员：王芳

收银员入账项目日报表

开始日期:2019-03-28 00:00:01　　结束日期:2019-03-29 00:00:00　　业态:客房　　公司:华问国际酒店

收银员	项目	笔数	消费金额	结算金额
1005 王芳		**234**	**0.00**	**27456.00**
	01 现金（押金）	67		20400.00
	01 现金（退押金）	122		-6444.00
	01 现金-[小计]	**189**	**0.00**	**13956.00**
	05 信用卡（押金）	45		13500.00
	05 信用卡-[小计]	**45**	**0.00**	**13500.00**
SYSTEM SYSTEM		**112**	**28076.00**	**0.00**
	000101 夜房费	112	28076.00	
	01 现金-[总计]	**189**		**13956.00**
	05 信用卡-[总计]	**45**		**13500.00**
	[总计]	**346**	**28076.00**	**27456.00**

北平国际酒店有限公司财务专用章

见证人：杨欢　　查核员：李义　　收银员：王芳

收银员入账项目日报表

开始日期:2019-03-22 00:00:01　　结束日期:2019-03-23 00:00:00　　业态:客房　　公司:华闻国际酒店

收银员	项目	笔数	消费金额	结算金额
1005 王芳		**261**	**0.00**	**37180.00**
	01 现金（押金）	80		24700.00
	01 现金（退押金）	120		-6320.00
	01 现金-[小计]	**200**	**0.00**	**18380.00**
	05 信用卡（押金）	61		18800.00
	05 信用卡-[小计]	**61**	**0.00**	**18800.00**
SYSTEM SYSTEM		141	36068.00	0.00
	000101 夜房费	141	36068.00	
	01 现金-[总计]	200		18380.00
	05 信用卡-[总计]	61		18800.00
	[总计]	402	36068.00	37180.00

见证人：杨欢　　查核员：李义　　收银员：王芳

财务专用章　北平华闻国际酒店有限公司

收银员入账项目日报表

开始日期:2019-03-07 00:00:01　　结束日期:2019-03-08 00:00:00　　业态:客房　　公司:华问国际酒店

收银员	项目	笔数	消费金额	结算金额
1005 王芳		**284**	**0.00**	**37720.00**
	01 现金（押金）	95		29700.00
	01 现金（退押金）	140		-7080.00
	01 现金-[小计]	**235**	**0.00**	**22620.00**
	05 信用卡（押金）	49		15100.00
	05 信用卡-[小计]	**49**	**0.00**	**15100.00**
SYSTEM SYSTEM		**144**	**37452.00**	**0.00**
	000101 夜房费	144	37452.00	
	01 现金-[总计]	**235**		**22620.00**
	05 信用卡-[总计]	**49**		**15100.00**
	[总计]	428	37452.00	37720.00

北平国际酒店有限公司财务专用章

见证人：杨欢　　查核员：李义　　收银员：王芳

收银员入账项目日报表

开始日期:2019-03-18 00:00:01　　结束日期:2019-03-19 00:00:00　　业态:客房　　公司:华问国际酒店

收银员	项目	笔数	消费金额	结算金额
1005 王芳		**272**	**0.00**	**33482.00**
	01 现金（押金）	80		24500.00
	01 现金（退押金）	139		-7218.00
	01 现金-[小计]	**219**	**0.00**	**17282.00**
	05 信用卡（押金）	53		16200.00
	05 信用卡-[小计]	**53**	**0.00**	**16200.00**
SYSTEM SYSTEM		**133**	**33904.00**	**0.00**
	000101 夜房费	133	33904.00	
	01 现金-[总计]	219		17282.00
	05 信用卡-[总计]	53		16200.00
	[总计]	405	33904.00	33482.00

北平国际酒店有限公司财务专用章

见证人：杨欢　　查核员：李义　　收银员：王芳

每日收入晨报

营业日期:2019-03-27 公司:华问国际酒店

房间收入

项目	房数			出租率			出租数			平均房价			房费收入		
	本日	本月	本年	本日	本月	本年	本日	本月	本年	本日	本月	本年	本日	本月	本年
豪华大床房	90	2430	7020	42.22%	49.34%	33.72%	38	1199	2367	268.00	268.00	257.14	10184.00	321332.00	608648.00
豪华双人房	103	2781	8034	76.70%	82.99%	69.37%	79	2308	5573	238.00	238.00	231.74	18802.00	549304.00	1291514.00
商务客房	16	432	1248	25.00%	37.04%	22.28%	4	160	278	318.00	318.00	318.00	1272.00	50880.00	88404.00
商务套房	6	162	468	16.67%	38.89%	22.44%	1	63	105	498.00	498.00	498.00	498.00	31374.00	52290.00
休闲客房															
休闲套房															
合计	215	5805	16770	56.74%	64.25%	49.63%	122	3730	8323	252.10	255.47	245.21	30756.00	952890.00	2040856.00

其它部门收入

部门资源	人数			人均消费			开台数			消费数			挂酒店帐		
	本日	本月	本年	本日	本月	本年	本日	本月	本年	本日	本月	本年	本日	本月	本年
餐饮大厅	77	2178	6665	67.12	67.82	69.83	10	290	869	5168.00	147702.00	450149.00	0	0	0
餐饮包厢			424			68.13			43			26951.00	0	0	0
餐饮小计	77	2178	7089	67.12	67.82	69.73	10	290	912	5168.00	147702.00	477100.00	0	0	0

客房其它收入

项目	本日	本月	本年	项目	本日	本月	本年	项目	本日	本月	本年
客房破损赔偿费				客房杂项				客房商品		82254.60	273616.00
客房其它				客房其它服务费				客房其它折扣			
其它服务费（尾数）				其它折扣（尾数）				会议室收入			3000.00
休闲消费	3784.00	95216.00	282764.00	休闲包厢费				休闲服务费			
客房电话收入				公用电话收入				合计	3784.00	177470.60	559380.00
								酒店总收入	39708.00	1278062.60	3077336.00

收款方式信息

项目	现金收入			POS收入			合计		
	本日	本月	本年	本日	本月	本年	本日	本月	本年
餐饮收入	2599.00	72640.00	219336.00	2569.00	75062.00	254529.00	5168.00	147702.00	473865.00
桑拿收入	3784.00	95216.00	252228.00	0.00	0.00	28776.00	3784.00	95216.00	281004.00
商超收入	0.00	0.00	68041.40	0.00	82255.60	205575.60	0.00	82255.60	273617.00
合计	6383.00	167856.00	539605.40	2569.00	157317.60	488880.60	8952.00	325173.60	1028486.00

每日收入晨报

营业日期:2019-03-24 公司:华问国际酒店

房间收入

项目	房数			出租率			出租数			平均房价			房费收入		
	本日	本月	本年	本日	本月	本年	本日	本月	本年	本日	本月	本年	本日	本月	本年
豪华大床房	90	2160	6750	54.44%	49.81%	33.24%	49	1076	2244	268.00	268.00	256.54	13132.00	288368.00	575684.00
豪华双人房	103	2472	7725	90.29%	83.58%	69.01%	93	2066	5331	238.00	238.00	231.46	22134.00	491708.00	1233918.00
商务客房	16	384	1200	25.00%	39.84%	22.58%	4	153	271	318.00	318.00	318.00	1272.00	48654.00	86178.00
商务套房	6	144	450	0.00%	40.97%	22.44%	0	59	101	498.00	498.00	498.00	0.00	29382.00	50298.00
休闲客房															
休闲套房															
合计	215	5160	16125	67.91%	65.00%	49.28%	146	3354	7947	250.26	255.85	244.88	36538.00	858112.00	1946078.00

其它部门收入

部门资源	人数			人均消费			开台数			消费数			挂酒店帐		
	本日	本月	本年	本日	本月	本年	本日	本月	本年	本日	本月	本年	本日	本月	本年
餐饮大厅	82	1953	6440	67.62	67.90	69.92	10	260	839	5545.00	132607.00	435054.00	0	0	0
餐饮包厢			424			68.13			43			26951.00	0	0	0
餐饮小计	82	1953	6864	67.62	67.90	69.81	10	260	882	5545.00	132607.00	462005.00	0	0	0

客房其它收入

项目	本日	本月	本年	项目	本日	本月	本年	项目	本日	本月	本年
客房破损赔偿费				客房杂项				客房商品		82254.60	273616.00
客房其它				客房其它服务费				客房其它折扣			
其它服务费（尾数）				其它折扣（尾数）				会议室收入			3000.00
休闲消费	3872.00	82984.00	270532.00	休闲包厢费				休闲服务费			
客房电话收入				公用电话收入				合计	3872.00	165238.60	547148.00
								酒店总收入	45955.00	1155957.60	2955231.00

收款方式信息

项目	现金收入			POS收入			合计		
	本日	本月	本年	本日	本月	本年	本日	本月	本年
餐饮收入	2428.00	65193.00	211889.00	3117.00	67414.00	246881.00	5545.00	132607.00	458770.00
桑拿收入	3872.00	82984.00	239996.00	0.00	0.00	28776.00	3872.00	82984.00	268772.00
商超收入	0.00	0.00	68041.40	0.00	82255.60	205575.60	0.00	82255.60	273617.00
合计	6300.00	148177.00	519926.40	3117.00	149669.60	481232.60	9417.00	297846.60	1001159.00

每日收入晨报

营业日期:2019-03-28 公司:华问国际酒店

房间收入

项目	房数			出租率			出租数			平均房价			房费收入		
	本日	本月	本年	本日	本月	本年	本日	本月	本年	本日	本月	本年	本日	本月	本年
豪华大床房	90	2520	7110	40.00%	49.01%	33.80%	36	1235	2403	268.00	268.00	257.30	9648.00	330980.00	618296.00
豪华双人房	103	2884	8137	71.84%	82.59%	69.40%	74	2382	5647	238.00	238.00	231.83	17612.00	566916.00	1309126.00
商务客房	16	448	1264	6.25%	35.94%	22.07%	1	161	279	318.00	318.00	318.00	318.00	51198.00	88722.00
商务套房	6	168	474	16.67%	38.10%	22.36%	1	64	106	498.00	498.00	498.00	498.00	31872.00	52788.00
休闲客房															
休闲套房															
合计	215	6020	16985	52.09%	63.82%	49.66%	112	3842	8435	250.68	255.33	245.28	28076.00	980966.00	2068932.00

其它部门收入

部门资源	人数			人均消费			开台数			消费数			挂酒店帐		
	本日	本月	本年	本日	本月	本年	本日	本月	本年	本日	本月	本年	本日	本月	本年
餐饮大厅	82	2260	6747	66.73	67.78	69.79	10	300	879	5472.00	153174.00	455621.00	0	0	0
餐饮包厢			424			68.13			43			26951.00	0	0	0
餐饮小计	82	2260	7171	66.73	67.78	69.69	10	300	922	5472.00	153174.00	482572.00	0	0	0

客房其它收入

项目	本日	本月	本年	项目	本日	本月	本年	项目	本日	本月	本年
客房破损赔偿费				客房杂项				客房商品		82254.60	273616.00
客房其它				客房其它服务费				客房其它折扣			
其它服务费（尾数）				其它折扣（尾数）				会议室收入			3000.00
休闲消费	4400.00	99616.00	287164.00	休闲包厢费				休闲服务费			
客房电话收入				公用电话收入				合计	4400.00	181870.60	563780.00
								酒店总收入	37948.00	1316010.60	3115284.00

收款方式信息

项目	现金收入			POS收入			合计		
	本日	本月	本年	本日	本月	本年	本日	本月	本年
餐饮收入	3275.00	75915.00	222611.00	2197.00	77259.00	256726.00	5472.00	153174.00	479337.00
桑拿收入	4400.00	99616.00	256628.00	0.00	0.00	28776.00	4400.00	99616.00	285404.00
商超收入	0.00	0.00	68041.40	0.00	82255.60	205575.60	0.00	82255.60	273617.00
合计	7675.00	175531.00	547280.40	2197.00	159514.60	491077.60	9872.00	335045.60	1038358.00

每日收入晨报

营业日期:2019-03-11 公司:华问国际酒店

房间收入

项目	房数			出租率			出租数			平均房价			房费收入		
	本日	本月	本年	本日	本月	本年	本日	本月	本年	本日	本月	本年	本日	本月	本年
豪华大床房	90	990	5580	52.22%	50.71%	29.93%	47	502	1670	268.00	268.00	252.61	12596.00	134536.00	421852.00
豪华双人房	103	1133	6386	89.32%	80.32%	65.38%	92	910	4175	238.00	238.00	229.65	21896.00	216580.00	958790.00
商务客房	16	176	992	37.50%	44.32%	19.76%	6	78	196	318.00	318.00	318.00	1908.00	24804.00	62328.00
商务套房	6	66	372	33.33%	46.97%	19.62%	2	31	73	498.00	498.00	498.00	996.00	15438.00	36354.00
休闲客房															
休闲套房															
合计	215	2365	13330	68.37%	64.31%	45.87%	147	1521	6114	254.39	257.30	241.96	37396.00	391358.00	1479324.00

其它部门收入

部门资源	人数			人均消费		开台数			消费数			挂酒店帐		
	本日	本月	本年	本日	本月	本年	本日	本月	本年	本日	本月	本年	本日	本月	本年
餐饮大厅	76	931	5418	68.08	68.89	70.48	12	123	702	5174.00	64133.00	366580.00	0	0	0
餐饮包厢			424			68.13			43			26951.00	0	0	0
餐饮小计	76	931	5842	68.08	68.89	70.31	12	123	745	5174.00	64133.00	393531.00	0	0	0

客房其它收入

项目	本日	本月	本年	项目	本日	本月	本年	项目	本日	本月	本年
客房破损赔偿费				客房杂项				客房商品		42755.60	234117.00
客房其它				客房其它服务费				客房其它折扣			
其它服务费（尾数）				其它折扣（尾数）				会议室收入			3000.00
休闲消费	3960.00	34320.00	221868.00	休闲包厢费				休闲服务费			
客房电话收入				公用电话收入				合计	3960.00	77075.60	458985.00
								酒店总收入	46530.00	532566.60	2331840.00

收款方式信息

项目	现金收入			POS收入			合计		
	本日	本月	本年	本日	本月	本年	本日	本月	本年
餐饮收入	2834.00	30105.00	176801.00	2340.00	34028.00	213495.00	5174.00	64133.00	390296.00
桑拿收入	3960.00	34320.00	191332.00	0.00	0.00	28776.00	3960.00	34320.00	220108.00
商超收入	0.00	0.00	68041.40	0.00	42756.60	166076.60	0.00	42756.60	234118.00
合计	6794.00	64425.00	436174.40	2340.00	76784.60	408347.60	9134.00	141209.60	844522.00

收发存月报表

部门： 年 月

物料编码	物料名称	计量单位	期初结存			本期入库			本期出库			期末结存		
			数量	单价	金额	数量	单价	金额	数量	单价	金额	数量	单价	金额
0105002	优果糖	瓶												
0301019	糯米粉	包												
0203002	美玫面粉	斤												
0403144	南韩幼砂糖	袋												
0403153	三花淡奶	瓶												
0403007	15kg海天酱油	桶												
0403067	佛手味精	桶												
0201001	东北大米	斤												
0403010	山胡椒油	瓶												
0403001	鲁花花生油	桶												
0301014	西米	包												
0303003	碎干贝	斤												
0301044	玉兰片	斤												
	合计													
0600092	真空鲜百合	包												
0107008	观音王	克												
0302015	虫草花	斤												
0303004	海马	斤												
0303005	雪蛤	斤												
0301055	花旗参	斤												
0107005	甜贡菊	克												
0107010	普洱茶	坨												
0107007	普通绿茶	克												
0600134	鲜花	把												
0900120	土仔鸡	斤												
0900113	黑土鸡	斤												
0900153	鸡腿	斤												
0900116	老母鸡	斤												
0900124	老水鸭	斤												
0900060	毛肚	斤												

收发存月报表

部门：　　　　　　　　　　　　　　　　　　　　　　　　　　　　　　　　　　年　月

物料编码	物料名称	计量单位	期初结存			本期入库			本期出库			期末结存		
			数量	单价	金额	数量	单价	金额	数量	单价	金额	数量	单价	金额
0900025	无骨凤爪	斤												
0900104	牛腩	斤												
0900130	牛肉	斤												
0900139	野鸭	斤												
0900086	猪大肠	斤												
0900083	猪肚	斤												
0900089	猪耳(新鲜)	斤												
0900076	猪皮	斤												
0900138	猪肘	斤												
0900072	赤肉	斤												
0900074	肉排	斤												
0900075	五花肉	斤												
0900081	一字梅肉	斤												
0900135	野猪	斤												
0105015	1升蒙牛奶	瓶												
0105017	1.25升雪碧	瓶												
0105025	大可口可乐	瓶												
0105019	厅可口可乐	厅												
0105018	厅雪碧	厅												
0105021	王老吉	瓶												
	合计													
0105012	旺仔牛奶	瓶												
0105016	红牛	厅												
0101002	小百威	瓶												
0102015	小红星二锅头	瓶												
0102014	小劲酒	瓶												
0101004	青岛纯生	瓶												
0103013	烟台：长城赤霞珠	瓶												
0102002	五粮液	瓶												
	合计													

收发存月报表

部门：　　　　　　　　　　　　　　　　　　　　　　年　　月

商品名称	计量单位	期初结存			本期入库			本期出库			期末结存		
		数量	单价	金额	数量	单价	金额	数量	单价	金额	数量	单价	金额
窑变花瓶三件套	套												
青瓷手绘三件套	套												
青花瓷三件套山水花瓶	套												
现代中式储物罐三件套	套												
水点桃花三件套花瓶 盘子	套												
手绘荷花异形尖口三件套	套												
高档仿古官窑开片花瓶	套												
喜鹊盘+龙架	套												
孔雀盘+龙架	套												
金边和字盘+龙架	套												
百福盘+龙架	套												
60头骨质瓷餐具	套												
60头骨质瓷餐具	套												
60头骨质瓷餐具	套												
60头骨质瓷餐具	套												
60头骨质瓷餐具	套												
56头骨质瓷餐具	套												
合计													

每日收入晨报

营业日期：2019-03-02 公司：华问国际酒店

房间收入

项目	房数			出租率			出租数			平均房价			房费收入		
	本日	本月	本年	本日	本月	本年	本日	本月	本年	本日	本月	本年	本日	本月	本年
豪华大床房	90	180	4770	50.00%	42.78%	26.10%	45	77	1245	268.00	268.00	247.35	12060.00	20636.00	307952.00
豪华双人房	103	206	5459	84.47%	79.13%	62.80%	87	163	3428	238.00	238.00	227.83	20706.00	38794.00	781004.00
商务客房	16	32	848	62.50%	43.75%	15.57%	10	14	132	318.00	318.00	318.00	3180.00	4452.00	41976.00
商务套房	6	12	318	66.67%	50.00%	15.09%	4	6	48	498.00	498.00	498.00	1992.00	2988.00	23904.00
休闲客房															
休闲套房															
合计	215	430	11395	67.91%	60.47%	42.59%	146	260	4853	259.85	257.19	237.96	37938.00	66870.00	1154836.00

其它部门收入

部门资源	人数			人均消费			开台数			消费数			挂酒店帐		
	本日	本月	本年	本日	本月	本年	本日	本月	本年	本日	本月	本年	本日	本月	本年
餐饮大厅	110	203	4690	69.56	70.18	70.78	14	26	605	7652.00	14246.00	316693.00	0	0	0
餐饮包厢			424			68.13			43			26951.00	0	0	0
餐饮小计	110	203	5114	69.56	70.18	70.56	14	26	648	7652.00	14246.00	343644.00	0	0	0

客房其它收入

项目	本日	本月	本年	项目	本日	本月	本年	项目	本日	本月	本年
客房破损赔偿费				客房杂项				客房商品		42755.60	234117.00
客房其它				客房其它服务费				客房其它折扣			
其它服务费（尾数				其它折扣（尾数）				会议室收入			3000.00
休闲消费	3520.00	6600.00	194148.00	休闲包厢费				休闲服务费			
客房电话收入				公用电话收入				合计	3520.00	49355.60	431265.00
								酒店总收入	49110.00	130471.60	1929745.00

收款方式信息

项目	现金收入			POS收入			合计		
	本日	本月	本年	本日	本月	本年	本日	本月	本年
餐饮收入	2186.00	5478.00	152174.00	5466.00	8768.00	188235.00	7652.00	14246.00	340409.00
桑拿收入	3520.00	6600.00	163612.00	0.00	0.00	28776.00	3520.00	6600.00	192388.00
商超收入	0.00	0.00	68041.40	0.00	42756.60	166076.60	0.00	42756.60	234118.00
合计	5706.00	12078.00	383827.40	5466.00	51524.60	383087.60	11172.00	63602.60	766915.00

每日收入晨报

营业日期:2019-03-09 公司:华问国际酒店

房间收入

项目	房数			出租率			出租数			平均房价			房费收入		
	本日	本月	本年	本日	本月	本年	本日	本月	本年	本日	本月	本年	本日	本月	本年
豪华大床房	90	810	5400	61.11%	50.86%	29.26%	55	412	1580	268.00	268.00	251.73	14740.00	110416.00	397732.00
豪华双人房	103	927	6180	87.38%	77.67%	64.48%	90	720	3985	238.00	238.00	229.25	21420.00	171360.00	913570.00
商务客房	16	144	960	62.50%	46.53%	19.27%	10	67	185	318.00	318.00	318.00	3180.00	21306.00	58830.00
商务套房	6	54	360	0.00%	50.00%	19.17%	0	27	69	498.00	498.00	498.00	0.00	13446.00	34362.00
休闲客房															
休闲套房															
合计	215	1935	12900	72.09%	63.36%	45.11%	155	1226	5819	253.81	258.18	241.36	39340.00	316528.00	1404494.00

其它部门收入

部门资源	人数			人均消费			开台数			消费数			挂酒店帐		
	本日	本月	本年	本日	本月	本年	本日	本月	本年	本日	本月	本年	本日	本月	本年
餐饮大厅	85	769	5256	67.91	69.21	70.57	10	100	679	5772.00	53219.00	355666.00	0	0	0
餐饮包厢			424			68.13			43			26951.00	0	0	0
餐饮小计	85	769	5680	67.91	69.21	70.39	10	100	722	5772.00	53219.00	382617.00	0	0	0

客房其它收入

项目	本日	本月	本年	项目	本日	本月	本年	项目	本日	本月	本年
客房破损赔偿费				客房杂项				客房商品		42755.60	234117.00
客房其它				客房其它服务费				客房其它折扣			
其它服务费（尾数）				其它折扣（尾数）				会议室收入			3000.00
休闲消费	3256.00	26752.00	214300.00	休闲包厢费				休闲服务费			
客房电话收入				公用电话收入				合计	3256.00	69507.60	451417.00
								酒店总收入	48368.00	439254.60	2238528.00

收款方式信息

项目	现金收入			POS收入			合计		
	本日	本月	本年	本日	本月	本年	本日	本月	本年
餐饮收入	3217.00	24701.00	171397.00	2555.00	28518.00	207985.00	5772.00	53219.00	379382.00
桑拿收入	3256.00	26752.00	183764.00	0.00	0.00	28776.00	3256.00	26752.00	212540.00
商超收入	0.00	0.00	68041.40	0.00	42756.60	166076.60	0.00	42756.60	234118.00
合计	6473.00	51453.00	423202.40	2555.00	71274.60	402837.60	9028.00	122727.60	826040.00

每日收入晨报

营业日期:2019-03-18 公司:华问国际酒店

房间收入

项目	房数			出租率			出租数			平均房价			房费收入		
	本日	本月	本年	本日	本月	本年	本日	本月	本年	本日	本月	本年	本日	本月	本年
豪华大床房	90	1620	6210	52.22%	50.31%	31.93%	47	815	1983	268.00	268.00	255.04	12596.00	218420.00	505736.00
豪华双人房	103	1854	7107	77.67%	83.39%	67.69%	80	1546	4811	238.00	238.00	230.75	19040.00	367948.00	1110158.00
商务客房	16	288	1104	25.00%	42.36%	21.74%	4	122	240	318.00	318.00	318.00	1272.00	38796.00	76320.00
商务套房	6	108	414	33.33%	47.22%	22.46%	2	51	93	498.00	498.00	498.00	996.00	25398.00	46314.00
休闲客房															
休闲套房															
合计	215	3870	14835	61.86%	65.48%	48.04%	133	2534	7127	254.92	256.73	243.94	33904.00	650562.00	1738528.00

其它部门收入

部门资源	人数			人均消费			开台数			消费数			挂酒店帐		
	本日	本月	本年	本日	本月	本年	本日	本月	本年	本日	本月	本年	本日	本月	本年
餐饮大厅	72	1460	5947	66.21	68.23	70.17	10	196	775	4767.00	99617.00	402064.00	0	0	0
餐饮包厢			424			68.13			43			26951.00	0	0	0
餐饮小计	72	1460	6371	66.21	68.23	70.04	10	196	818	4767.00	99617.00	429015.00	0	0	0

客房其它收入

项目	本日	本月	本年	项目	本日	本月	本年	项目	本日	本月	本年
客房破损赔偿费				客房杂项				客房商品	39499.00	82254.60	273616.00
客房其它				客房其它服务费				客房其它折扣			
其它服务费（尾数）				其它折扣（尾数）				会议室收入			3000.00
休闲消费	4664.00	61424.00	248972.00	休闲包厢费				休闲服务费			
客房电话收入				公用电话收入				合计	44163.00	143678.60	525588.00
								酒店总收入	82834.00	893857.60	2693131.00

收款方式信息

项目	现金收入			POS收入			合计		
	本日	本月	本年	本日	本月	本年	本日	本月	本年
餐饮收入	2166.00	48508.00	195204.00	2601.00	51109.00	230576.00	4767.00	99617.00	425780.00
桑拿收入	4664.00	61424.00	218436.00	0.00	0.00	28776.00	4664.00	61424.00	247212.00
商超收入	0.00	0.00	68041.40	39499.00	82255.60	205575.60	39499.00	82255.60	273617.00
合计	6830.00	109932.00	481681.40	42100.00	133364.60	464927.60	48930.00	243296.60	946609.00

材料盘点表

2019年03月31日

物料编码	物料名称	规格	计量单位	盘存数量	单价	金额	物料编码	物料名称	规格	计量单位	盘存数量	单价	金额
0900012	2S北极贝		盒	1.36	170.00	231.20	0301021	优果粉		斤	11.18	3.00	33.54
0900005	16-20青虾仁(全干)		斤	6.30	18.00	113.40	0105002	优果糖	1*2000G	瓶	4.53	45.00	203.85
0900006	31-40青虾仁		斤	2.40	22.00	52.80	0301019	糯米粉	1*20*500G	包	15.60	5.00	78.00
0900050	进口青口贝		斤	6.40	55.00	352.00	0203002	美玫面粉	45斤	斤	16.05	2.40	38.52
0700053	三文鱼		斤	4.80	34.00	163.20	0403144	南韩幼砂糖	1*60	袋	0.64	192.00	122.88
0900011	大鲜鱿鱼		斤	5.80	7.00	40.60	0403153	三花淡奶		瓶	22.80	6.00	136.80
0700026	中鲜鱿		斤	4.40	26.00	114.40	0403007	15kg海天酱油	15kg	桶	4.30	96.00	412.80
0700041	大红蟹		斤	4.00	35.00	140.00	0403067	佛手味精	2.25KG	桶	2.85	120.00	342.00
0700009	桂鱼		斤	11.00	33.00	363.00	0201001	东北大米	1*50	斤	170.40	3.00	511.20
0700007	多宝鱼		斤	5.00	36.00	180.00	0403010	山胡椒油		瓶	22.00	5.00	110.00
0700051	基围虾		斤	8.00	22.00	176.00	0403001	鲁花花生油		桶	15.00	101.30	1519.50
0700037	羔蟹		斤	2.00	136.00	272.00	0301014	西米	1*60	包	18.94	1.50	28.42
0700043	龙虾仔		斤	2.00	120.00	240.00	0303003	碎干贝		斤	3.87	110.00	425.70
0700008	鲈鱼		斤	10.30	10.00	103.00	0301044	玉兰片		斤	10.30	18.00	185.40
0700031	水鱼		斤	14.00	20.00	280.00	0600092	真空鲜百合		包	12.00	4.80	57.60
0700056	鱼头王		斤	28.00	7.00	196.00	0107008	观音王		克	900.00	0.24	216.00
0900036	玉米粒		斤	20.00	4.50	90.00	0302015	虫草花		斤	1.65	120.00	198.00
0600121	攸县香干		斤	14.00	15.00	210.00	0303004	海马		斤	1.36	950.00	1292.00
0600041	长豆角		斤	12.00	4.00	48.00	0303005	雪蛤		斤	0.48	1280.00	614.40
0600133	白豆腐		斤	12.00	4.00	48.00	0301055	花旗参		斤	1.48	130.00	192.40
0403111	白辣椒		斤	5.00	3.50	17.50	0107005	甜贡菊		克	2212.80	0.05	110.64
0301040	干豆角		斤	7.20	10.97	78.96	0107010	普洱茶		坨	12.00	2.80	33.60
0403112	干椒节		斤	6.00	4.75	28.50	0107007	普通绿茶		克	3075.60	0.04	123.00
0600039	菠菜		斤	24.00	3.00	72.00	0600134	鲜花		把	14.00	2.67	37.38
0600042	花菜		斤	15.80	2.80	44.24	0900120	土仔鸡		斤	6.30	8.50	53.55
0600065	金针菇斤)		斤	4.40	3.50	15.40	0900113	黑土鸡		斤	18.40	14.00	257.60
0301056	腐竹		斤	5.20	20.00	104.00	0900153	鸡腿		斤	7.20	6.80	48.96
0301042	闽笋		斤	13.00	21.75	282.75	0900116	老母鸡		斤	11.80	10.00	118.00

0600063	鲜口菇		斤	3.90	5.50	21.45	0900124	老水鸭		斤	31.50	16.50	519.66
0600091	芋头		斤	12.00	1.60	19.20	0900060	毛肚		斤	7.00	14.50	101.50
0600018	茄子		斤	15.40	1.80	27.72	0900025	无骨凤爪		斤	10.00	14.00	140.00
0600011	朝天椒		斤	6.10	7.00	42.70	0900104	牛腩		斤	7.00	17.50	122.50
0600111	大青尖椒		斤	6.70	2.00	13.40	0900130	牛肉		斤	10.00	20.00	200.00
0600012	青美人椒		斤	10.20	4.50	45.90	0900139	野鸭		斤	13.00	21.00	273.00
0600013	红美人椒		斤	11.90	5.00	59.50	0900086	猪大肠		斤	23.00	8.50	195.50
0600015	大红椒		斤	3.90	6.50	25.35	0900083	猪肚		斤	15.20	16.00	243.20
0600024	日本青瓜仔		斤	19.00	4.00	76.00	0900089	猪耳(新鲜)		斤	8.00	14.00	112.00
0600079	蒜苗		斤	7.50	3.30	24.75	0900076	猪皮		斤	5.10	5.00	25.50
0600005	蒜肉		斤	25.60	1.30	33.28	0900138	猪肘		斤	20.00	9.00	180.00
0600004	葱肉		斤	5.00	3.00	15.00	0900072	赤肉		斤	13.20	11.00	145.20
0301029	大黑木耳		斤	5.50	12.00	66.00	0900074	肉排		斤	9.50	14.00	133.00
0900059	腊肠		斤	7.10	38.00	269.80	0900075	五花肉		斤	26.50	11.00	291.50
0301003	河南粉皮		斤	5.00	6.50	32.50	0900081	一字梅肉		斤	4.30	11.00	47.30
0203009	乾中细米粉	500克/包	包	11.00	5.00	55.00	0900135	野猪		斤	4.00	13.60	54.40
0800011	大熟木瓜		斤	7.24	3.20	23.14	0105015	1升蒙牛奶		瓶	12.00	7.00	84.00
0800010	九头木瓜		斤	11.00	4.00	44.00	0105017	1.25升雪碧		瓶	70.00	4.00	280.00
0800029	进口黄柠檬		个	3.50	2.00	7.00	0105025	大可口可乐	125ML	瓶	61.00	4.00	244.00
0800007	国产橙		斤	15.60	1.80	28.08	0105019	厅可口可乐		厅	62.00	1.70	105.40
0800013	台农芒果		斤	2.60	5.50	14.30	0105018	厅雪碧		厅	38.00	1.70	64.60
0800003	无籽西瓜		斤	72.50	3.00	217.50	0105021	王老吉		瓶	33.00	3.00	99.00
0800036	有籽西瓜		斤	9.00	3.00	27.00	0105012	旺仔牛奶	145ML*20	瓶	32.00	3.00	96.00
0800015	香蕉		斤	16.00	1.50	24.00	0105016	红牛		厅	22.00	3.50	77.00
0800028	榴莲		斤	3.20	7.00	22.40	0101002	小百威	330ML	瓶	112.00	6.00	672.00
0105001	木瓜汁	1*2000G	瓶	1.18	58.00	68.44	0102015	小红星二锅头		瓶	43.00	3.00	129.00
0403082	新的橙汁		瓶	8.42	30.00	252.60	0102014	小劲酒		瓶	81.00	7.00	567.00
0403081	新的柠檬汁		瓶	8.10	30.00	243.00	0101004	青岛纯生		瓶	95.00	6.00	570.00
0403184	调料包		包	881.70	2.50	2204.25	0103013	烟台：长城赤霞珠		瓶	16.00	32.00	512.00
0403125	食盐		包	89.00	0.97	86.29	0102002	五粮液		瓶	3.00	465.00	1395.00

会盘人：陈美娇

盘点人：程义

收发存月报表

部门：　　　　　　　　　　　　　　　　　　　　　　　　　　　　　年　　月

物料编码	物料名称	计量单位	期初结存			本期入库			本期出库			期末结存		
			数量	单价	金额	数量	单价	金额	数量	单价	金额	数量	单价	金额
0900012	2S北极贝	盒												
0900005	16-20青虾仁(全干)	斤												
0900006	31-40青虾仁	斤												
0900050	进口青口贝	斤												
0700053	三文鱼	斤												
0900011	大鲜鱿鱼	斤												
0700026	中鲜鱿	斤												
0700041	大红蟹	斤												
0700009	桂鱼	斤												
0700007	多宝鱼	斤												
0700051	基围虾	斤												
0700037	羔蟹	斤												
0700043	龙虾仔	斤												
0700008	鲈鱼	斤												
0700031	水鱼	斤												
0700056	鱼头王	斤												
0900036	玉米粒	斤												
0600121	攸县香干	斤												
0600041	长豆角	斤												
0600133	白豆腐	斤												
0403111	白辣椒	斤												
0301040	干豆角	斤												
0403112	干椒节	斤												
0600039	菠菜	斤												
0600042	花菜	斤												
0600065	金针菇斤)	斤												
0301056	腐竹	斤												
0301042	闽笋	斤												
0600063	鲜口菇	斤												
0600091	芋头	斤												

收发存月报表

部门：　　　　　　　　　　　　　　　　　　　　　　年　　月

物料编码	物料名称	计量单位	期初结存			本期入库			本期出库			期末结存		
			数量	单价	金额	数量	单价	金额	数量	单价	金额	数量	单价	金额
0600018	茄子	斤												
0600011	朝天椒	斤												
0600111	大青尖椒	斤												
0600012	青美人椒	斤												
0600013	红美人椒	斤												
0600015	大红椒	斤												
	合计													
0600024	日本青瓜仔	斤												
0600079	蒜苗	斤												
0600005	蒜肉	斤												
0600004	葱肉	斤												
0301029	大黑木耳	斤												
0900059	腊肠	斤												
0301003	河南粉皮	斤												
0203009	乾中细米粉	包												
0800011	大熟木瓜	斤												
0800010	九头木瓜	斤												
0800029	进口黄柠檬	个												
0800007	国产橙	斤												
0800013	台农芒果	斤												
0800003	无籽西瓜	斤												
0800036	有籽西瓜	斤												
0800015	香蕉	斤												
0800028	榴莲	斤												
0105001	木瓜汁	瓶												
0403082	新的橙汁	瓶												
0403081	新的柠檬汁	瓶												
0403184	调料包	包												
0403125	食盐	包												
0301021	优果粉	斤												

2019年3月社会保险费及住房公积金计算汇总表

序号	部门	姓名	企业						个人				合计					
			养老保险	失业保险	医疗保险	工伤保险	生育保险	住房公积金	养老保险	失业保险	医疗保险	住房公积金	养老保险	失业保险	医疗保险	工伤保险	生育保险	住房公积金
1	办公室	王晓华	438.00	43.80	131.40	17.52	17.52	130.00	175.20	21.90	43.80	130.00	613.20	65.70	175.20	17.52	17.52	260.00
2	办公室	徐向明	438.00	43.80	131.40	17.52	17.52	130.00	175.20	21.90	43.80	130.00	613.20	65.70	175.20	17.52	17.52	260.00
3	办公室	郑武	438.00	43.80	131.40	17.52	17.52	130.00	175.20	21.90	43.80	130.00	613.20	65.70	175.20	17.52	17.52	260.00
4	办公室	余慧	438.00	43.80	131.40	17.52	17.52	130.00	175.20	21.90	43.80	130.00	613.20	65.70	175.20	17.52	17.52	260.00
5	办公室	李小路	438.00	43.80	131.40	17.52	17.52	130.00	175.20	21.90	43.80	130.00	613.20	65.70	175.20	17.52	17.52	260.00
6	人事部	段菲	438.00	43.80	131.40	17.52	17.52	130.00	175.20	21.90	43.80	130.00	613.20	65.70	175.20	17.52	17.52	260.00
7	人事部	潘娇	438.00	43.80	131.40	17.52	17.52	130.00	175.20	21.90	43.80	130.00	613.20	65.70	175.20	17.52	17.52	260.00
8	财务部	蔡寿权	438.00	43.80	131.40	17.52	17.52	130.00	175.20	21.90	43.80	130.00	613.20	65.70	175.20	17.52	17.52	260.00
9	财务部	陈科	438.00	43.80	131.40	17.52	17.52	130.00	175.20	21.90	43.80	130.00	613.20	65.70	175.20	17.52	17.52	260.00
10	财务部	陈美娇	438.00	43.80	131.40	17.52	17.52	130.00	175.20	21.90	43.80	130.00	613.20	65.70	175.20	17.52	17.52	260.00
11	财务部	李义	438.00	43.80	131.40	17.52	17.52	130.00	175.20	21.90	43.80	130.00	613.20	65.70	175.20	17.52	17.52	260.00
12	财务部	罗志远	438.00	43.80	131.40	17.52	17.52	130.00	175.20	21.90	43.80	130.00	613.20	65.70	175.20	17.52	17.52	260.00
13	采购部	程冬冬	438.00	43.80	131.40	17.52	17.52	130.00	175.20	21.90	43.80	130.00	613.20	65.70	175.20	17.52	17.52	260.00
14	采购部	朱裕	438.00	43.80	131.40	17.52	17.52	130.00	175.20	21.90	43.80	130.00	613.20	65.70	175.20	17.52	17.52	260.00
15	工程部	熊虎	438.00	43.80	131.40	17.52	17.52	130.00	175.20	21.90	43.80	130.00	613.20	65.70	175.20	17.52	17.52	260.00
16	工程部	万斌	438.00	43.80	131.40	17.52	17.52	130.00	175.20	21.90	43.80	130.00	613.20	65.70	175.20	17.52	17.52	260.00
17	保安部	何建	438.00	43.80	131.40	17.52	17.52	130.00	175.20	21.90	43.80	130.00	613.20	65.70	175.20	17.52	17.52	260.00
18	保安部	吴根生	438.00	43.80	131.40	17.52	17.52	130.00	175.20	21.90	43.80	130.00	613.20	65.70	175.20	17.52	17.52	260.00
19	餐饮部	刘云萍	438.00	43.80	131.40	17.52	17.52	130.00	175.20	21.90	43.80	130.00	613.20	65.70	175.20	17.52	17.52	260.00
20	餐饮部	王芬芬	438.00	43.80	131.40	17.52	17.52	130.00	175.20	21.90	43.80	130.00	613.20	65.70	175.20	17.52	17.52	260.00
21	餐饮部	欧华	438.00	43.80	131.40	17.52	17.52	130.00	175.20	21.90	43.80	130.00	613.20	65.70	175.20	17.52	17.52	260.00
22	餐饮部	张小佳	438.00	43.80	131.40	17.52	17.52	130.00	175.20	21.90	43.80	130.00	613.20	65.70	175.20	17.52	17.52	260.00
23	餐饮部	张志远	438.00	43.80	131.40	17.52	17.52	130.00	175.20	21.90	43.80	130.00	613.20	65.70	175.20	17.52	17.52	260.00
24	餐饮部	李小川	438.00	43.80	131.40	17.52	17.52	130.00	175.20	21.90	43.80	130.00	613.20	65.70	175.20	17.52	17.52	260.00
25	餐饮部	林志晶	438.00	43.80	131.40	17.52	17.52	130.00	175.20	21.90	43.80	130.00	613.20	65.70	175.20	17.52	17.52	260.00
26	餐饮部	王宏达	438.00	43.80	131.40	17.52	17.52	130.00	175.20	21.90	43.80	130.00	613.20	65.70	175.20	17.52	17.52	260.00
27	餐饮部	邵军明	438.00	43.80	131.40	17.52	17.52	130.00	175.20	21.90	43.80	130.00	613.20	65.70	175.20	17.52	17.52	260.00
28	餐饮部	陈建舟	438.00	43.80	131.40	17.52	17.52	130.00	175.20	21.90	43.80	130.00	613.20	65.70	175.20	17.52	17.52	260.00
29	餐饮部	刘川	438.00	43.80	131.40	17.52	17.52	130.00	175.20	21.90	43.80	130.00	613.20	65.70	175.20	17.52	17.52	260.00
30	餐饮部	赖涛	438.00	43.80	131.40	17.52	17.52	130.00	175.20	21.90	43.80	130.00	613.20	65.70	175.20	17.52	17.52	260.00
31	餐饮部	汪斌	438.00	43.80	131.40	17.52	17.52	130.00	175.20	21.90	43.80	130.00	613.20	65.70	175.20	17.52	17.52	260.00
32	餐饮部	李旺旺	438.00	43.80	131.40	17.52	17.52	130.00	175.20	21.90	43.80	130.00	613.20	65.70	175.20	17.52	17.52	260.00
33	餐饮部	程义	438.00	43.80	131.40	17.52	17.52	130.00	175.20	21.90	43.80	130.00	613.20	65.70	175.20	17.52	17.52	260.00
34	餐饮部	石梦	438.00	43.80	131.40	17.52	17.52	130.00	175.20	21.90	43.80	130.00	613.20	65.70	175.20	17.52	17.52	260.00
35	餐饮部	王江川	438.00	43.80	131.40	17.52	17.52	130.00	175.20	21.90	43.80	130.00	613.20	65.70	175.20	17.52	17.52	260.00
36	餐饮部	万小兵	438.00	43.80	131.40	17.52	17.52	130.00	175.20	21.90	43.80	130.00	613.20	65.70	175.20	17.52	17.52	260.00
37	餐饮部	谢泽刚	438.00	43.80	131.40	17.52	17.52	130.00	175.20	21.90	43.80	130.00	613.20	65.70	175.20	17.52	17.52	260.00
38	餐饮部	汪海洋	438.00	43.80	131.40	17.52	17.52	130.00	175.20	21.90	43.80	130.00	613.20	65.70	175.20	17.52	17.52	260.00
39	餐饮部	欧俊杰	438.00	43.80	131.40	17.52	17.52	130.00	175.20	21.90	43.80	130.00	613.20	65.70	175.20	17.52	17.52	260.00
40	餐饮部	朱义江	438.00	43.80	131.40	17.52	17.52	130.00	175.20	21.90	43.80	130.00	613.20	65.70	175.20	17.52	17.52	260.00
41	餐饮部	胡伟强	438.00	43.80	131.40	17.52	17.52	130.00	175.20	21.90	43.80	130.00	613.20	65.70	175.20	17.52	17.52	260.00
42	客房部	陈文佳	438.00	43.80	131.40	17.52	17.52	130.00	175.20	21.90	43.80	130.00	613.20	65.70	175.20	17.52	17.52	260.00
43	客房部	王芳	438.00	43.80	131.40	17.52	17.52	130.00	175.20	21.90	43.80	130.00	613.20	65.70	175.20	17.52	17.52	260.00
44	客房部	杨欢	438.00	43.80	131.40	17.52	17.52	130.00	175.20	21.90	43.80	130.00	613.20	65.70	175.20	17.52	17.52	260.00
45	客房部	张媛	438.00	43.80	131.40	17.52	17.52	130.00	175.20	21.90	43.80	130.00	613.20	65.70	175.20	17.52	17.52	260.00
46	客房部	李香妹	438.00	43.80	131.40	17.52	17.52	130.00	175.20	21.90	43.80	130.00	613.20	65.70	175.20	17.52	17.52	260.00
47	客房部	李晨	438.00	43.80	131.40	17.52	17.52	130.00	175.20	21.90	43.80	130.00	613.20	65.70	175.20	17.52	17.52	260.00
48	客房部	杨文琦	438.00	43.80	131.40	17.52	17.52	130.00	175.20	21.90	43.80	130.00	613.20	65.70	175.20	17.52	17.52	260.00
49	客房部	徐兰	438.00	43.80	131.40	17.52	17.52	130.00	175.20	21.90	43.80	130.00	613.20	65.70	175.20	17.52	17.52	260.00
50	客房部	徐芳	438.00	43.80	131.40	17.52	17.52	130.00	175.20	21.90	43.80	130.00	613.20	65.70	175.20	17.52	17.52	260.00
51	桑拿部	郑国平	438.00	43.80	131.40	17.52	17.52	130.00	175.20	21.90	43.80	130.00	613.20	65.70	175.20	17.52	17.52	260.00
52	桑拿部	李丽	438.00	43.80	131.40	17.52	17.52	130.00	175.20	21.90	43.80	130.00	613.20	65.70	175.20	17.52	17.52	260.00
53	桑拿部	吴美玲	438.00	43.80	131.40	17.52	17.52	130.00	175.20	21.90	43.80	130.00	613.20	65.70	175.20	17.52	17.52	260.00
54	桑拿部	欧阳杰	438.00	43.80	131.40	17.52	17.52	130.00	175.20	21.90	43.80	130.00	613.20	65.70	175.20	17.52	17.52	260.00
55	桑拿部	魏杨	438.00	43.80	131.40	17.52	17.52	130.00	175.20	21.90	43.80	130.00	613.20	65.70	175.20	17.52	17.52	260.00
56	桑拿部	彭俊杰	438.00	43.80	131.40	17.52	17.52	130.00	175.20	21.90	43.80	130.00	613.20	65.70	175.20	17.52	17.52	260.00
57	桑拿部	许强	438.00	43.80	131.40	17.52	17.52	130.00	175.20	21.90	43.80	130.00	613.20	65.70	175.20	17.52	17.52	260.00
58	桑拿部	高文斌	438.00	43.80	131.40	17.52	17.52	130.00	175.20	21.90	43.80	130.00	613.20	65.70	175.20	17.52	17.52	260.00
59	桑拿部	刘伟	438.00	43.80	131.40	17.52	17.52	130.00	175.20	21.90	43.80	130.00	613.20	65.70	175.20	17.52	17.52	260.00
60	桑拿部	王俊豪	438.00	43.80	131.40	17.52	17.52	130.00	175.20	21.90	43.80	130.00	613.20	65.70	175.20	17.52	17.52	260.00
61	桑拿部	刘昊	438.00	43.80	131.40	17.52	17.52	130.00	175.20	21.90	43.80	130.00	613.20	65.70	175.20	17.52	17.52	260.00
62	桑拿部	张涛	438.00	43.80	131.40	17.52	17.52	130.00	175.20	21.90	43.80	130.00	613.20	65.70	175.20	17.52	17.52	260.00
63	桑拿部	黄勇	438.00	43.80	131.40	17.52	17.52	130.00	175.20	21.90	43.80	130.00	613.20	65.70	175.20	17.52	17.52	260.00
64	桑拿部	林荣平	438.00	43.80	131.40	17.52	17.52	130.00	175.20	21.90	43.80	130.00	613.20	65.70	175.20	17.52	17.52	260.00
65	桑拿部	向阳	438.00	43.80	131.40	17.52	17.52	130.00	175.20	21.90	43.80	130.00	613.20	65.70	175.20	17.52	17.52	260.00
66	桑拿部	何平	438.00	43.80	131.40	17.52	17.52	130.00	175.20	21.90	43.80	130.00	613.20	65.70	175.20	17.52	17.52	260.00
67	桑拿部	何军	438.00	43.80	131.40	17.52	17.52	130.00	175.20	21.90	43.80	130.00	613.20	65.70	175.20	17.52	17.52	260.00
69	商超部	徐娇	438.00	43.80	131.40	17.52	17.52	130.00	175.20	21.90	43.80	130.00	613.20	65.70	175.20	17.52	17.52	260.00
	合计		29784.00	2978.40	8935.20	1191.36	1191.36	8840.00	11913.60	1489.20	2978.40	8840.00	41697.60	4467.60	11913.60	1191.36	1191.36	17680.00

每日收入晨报

营业日期:2019-03-30 公司:华问国际酒店

房间收入

项目	房数			出租率			出租数			平均房价			房费收入		
	本日	本月	本年	本日	本月	本年	本日	本月	本年	本日	本月	本年	本日	本月	本年
豪华大床房	90	2700	7290	55.56%	49.26%	34.27%	50	1330	2498	268.00	268.00	257.71	13400.00	356440.00	643756.00
豪华双人房	103	3090	8343	88.35%	82.72%	69.77%	91	2556	5821	238.00	238.00	232.01	21658.00	608328.00	1350538.00
商务客房	16	480	1296	25.00%	36.04%	22.45%	4	173	291	318.00	318.00	318.00	1272.00	55014.00	92538.00
商务套房	6	180	486	0.00%	36.67%	22.22%	0	66	108	498.00	498.00	498.00	0.00	32868.00	53784.00
休闲客房															
休闲套房															
合计	215	6450	17415	67.44%	63.95%	50.06%	145	4125	8718	250.55	255.19	245.54	36330.00	1052650.00	2140616.00

其它部门收入

部门资源	人数			人均消费			开台数			消费数			挂酒店帐		
	本日	本月	本年	本日	本月	本年	本日	本月	本年	本日	本月	本年	本日	本月	本年
餐饮大厅	99	2453	6940	69.11	67.82	69.75	11	322	901	6842.00	166371.00	468818.00	0	0	0
餐饮包厢			424			68.13			43			26951.00	0	0	0
餐饮小计	99	2453	7364	69.11	67.82	69.66	11	322	944	6842.00	166371.00	495769.00	0	0	0

客房其它收入

项目	本日	本月	本年	项目	本日	本月	本年	项目	本日	本月	本年
客房破损赔偿费				客房杂项				客房商品		82254.60	273616.00
客房其它				客房其它服务费				客房其它折扣			
其它服务费（尾数）				其它折扣（尾数）				会议室收入			3000.00
休闲消费	2464.00	104632.00	292180.00	休闲包厢费				休闲服务费			
客房电话收入				公用电话收入				合计	2464.00	186886.60	568796.00
								酒店总收入	45636.00	1405907.60	3205181.00

收款方式信息

项目	现金收入			POS收入			合计		
	本日	本月	本年	本日	本月	本年	本日	本月	本年
餐饮收入	3812.00	83289.00	229985.00	3030.00	83082.00	262549.00	6842.00	166371.00	492534.00
桑拿收入	2464.00	104632.00	261644.00	0.00	0.00	28776.00	2464.00	104632.00	290420.00
商超收入	0.00	0.00	68041.40	0.00	82255.60	205575.60	0.00	82255.60	273617.00
合计	6276.00	187921.00	559670.40	3030.00	165337.60	496900.60	9306.00	353258.60	1056571.00

每日收入晨报

营业日期:2019-03-15 公司:华问国际酒店

房间收入

项目	房数			出租率			出租数			平均房价			房费收入		
	本日	本月	本年	本日	本月	本年	本日	本月	本年	本日	本月	本年	本日	本月	本年
豪华大床房	90	1350	5940	53.33%	49.93%	31.01%	48	674	1842	268.00	268.00	254.04	12864.00	180632.00	467948.00
豪华双人房	103	1545	6798	89.32%	83.17%	66.93%	92	1285	4550	238.00	238.00	230.34	21896.00	305830.00	1048040.00
商务客房	16	240	1056	56.25%	44.58%	21.31%	9	107	225	318.00	318.00	318.00	2862.00	34026.00	71550.00
商务套房	6	90	396	50.00%	46.67%	21.21%	3	42	84	498.00	498.00	498.00	1494.00	20916.00	41832.00
休闲客房															
休闲套房															
合计	215	3225	14190	70.70%	65.36%	47.22%	152	2108	6701	257.34	256.83	243.15	39116.00	541404.00	1629370.00

其它部门收入

部门资源	人数			人均消费			开台数			消费数			挂酒店帐		
	本日	本月	本年	本日	本月	本年	本日	本月	本年	本日	本月	本年	本日	本月	本年
餐饮大厅	79	1223	5710	66.39	68.46	70.30	11	165	744	5245.00	83729.00	386176.00	0	0	0
餐饮包厢			424			68.13			43			26951.00	0	0	0
餐饮小计	79	1223	6134	66.39	68.46	70.15	11	165	787	5245.00	83729.00	413127.00	0	0	0

客房其它收入

项目	本日	本月	本年	项目	本日	本月	本年	项目	本日	本月	本年
客房破损赔偿费				客房杂项				客房商品		42755.60	234117.00
客房其它				客房其它服务费				客房其它折扣			
其它服务费（尾数）				其它折扣（尾数）				会议室收入			3000.00
休闲消费	3696.00	48576.00	236124.00	休闲包厢费				休闲服务费			
客房电话收入				公用电话收入				合计	3696.00	91331.60	473241.00
								酒店总收入	48057.00	716464.60	2515738.00

收款方式信息

项目	现金收入			POS收入			合计		
	本日	本月	本年	本日	本月	本年	本日	本月	本年
餐饮收入	3091.00	40582.00	187278.00	2154.00	43147.00	222614.00	5245.00	83729.00	409892.00
桑拿收入	3696.00	48576.00	205588.00	0.00	0.00	28776.00	3696.00	48576.00	234364.00
商超收入	0.00	0.00	68041.40	0.00	42756.60	166076.60	0.00	42756.60	234118.00
合计	6787.00	89158.00	460907.40	2154.00	85903.60	417466.60	8941.00	175061.60	878374.00

每日收入晨报

营业日期：2019-03-03 公司：华问国际酒店

房间收入

项目	房数			出租率			出租数			平均房价			房费收入		
	本日	本月	本年	本日	本月	本年	本日	本月	本年	本日	本月	本年	本日	本月	本年
豪华大床房	90	270	4860	44.44%	43.33%	26.44%	40	117	1285	268.00	268.00	247.99	10720.00	31356.00	318672.00
豪华双人房	103	309	5562	67.96%	75.40%	62.89%	70	233	3498	238.00	238.00	228.03	16660.00	55454.00	797664.00
商务客房	16	48	864	37.50%	41.67%	15.97%	6	20	138	318.00	318.00	318.00	1908.00	6360.00	43884.00
商务套房	6	18	324	33.33%	44.44%	15.43%	2	8	50	498.00	498.00	498.00	996.00	3984.00	24900.00
休闲客房															
休闲套房															
合计	215	645	11610	54.88%	58.60%	42.82%	118	378	4971	256.64	257.02	238.41	30284.00	97154.00	1185120.00

其它部门收入

部门资源	人数			人均消费		开台数			消费数			挂酒店帐		
	本日	本月	本年	本日	本月	本年	本日	本月	本年	本日	本月	本年	本日	本月	本年
餐饮大厅	92	295	4782	71.15	70.48	70.79	12	38	617	6546.00	20792.00	323239.00	0	0	0
餐饮包厢			424			68.13			43			26951.00	0	0	0
餐饮小计	92	295	5206	71.15	70.48	70.57	12	38	660	6546.00	20792.00	350190.00	0	0	0

客房其它收入

项目	本日	本月	本年	项目	本日	本月	本年	项目	本日	本月	本年
客房破损赔偿费				客房杂项				客房商品		42755.60	234117.00
客房其它				客房其它服务费				客房其它折扣			
其它服务费（尾数）				其它折扣（尾数）				会议室收入			3000.00
休闲消费	3608.00	10208.00	197756.00	休闲包厢费				休闲服务费			
客房电话收入				公用电话收入				合计	3608.00	52963.60	434873.00
								酒店总收入	40438.00	170909.60	1970183.00

收款方式信息

项目	现金收入			POS收入			合计		
	本日	本月	本年	本日	本月	本年	本日	本月	本年
餐饮收入	3753.00	9231.00	155927.00	2793.00	11561.00	191028.00	6546.00	20792.00	346955.00
桑拿收入	3608.00	10208.00	167220.00	0.00	0.00	28776.00	3608.00	10208.00	195996.00
商超收入	0.00	0.00	68041.40	0.00	42756.60	166076.60	0.00	42756.60	234118.00
合计	7361.00	19439.00	391188.40	2793.00	54317.60	385880.60	10154.00	73756.60	777069.00

每日收入晨报

营业日期：2019-03-05 公司：华问国际酒店

房间收入

项目	房数			出租率			出租数			平均房价			房费收入		
	本日	本月	本年	本日	本月	本年	本日	本月	本年	本日	本月	本年	本日	本月	本年
豪华大床房	90	450	5040	51.11%	45.78%	27.26%	46	206	1374	268.00	268.00	249.29	12328.00	55208.00	342524.00
豪华双人房	103	515	5768	75.73%	74.56%	63.26%	78	384	3649	238.00	238.00	228.45	18564.00	91392.00	833602.00
商务客房	16	80	896	37.50%	38.75%	16.63%	6	31	149	318.00	318.00	318.00	1908.00	9858.00	47382.00
商务套房	6	30	336	50.00%	50.00%	16.96%	3	15	57	498.00	498.00	498.00	1494.00	7470.00	28386.00
休闲客房															
休闲套房															
合计	215	1075	12040	61.86%	59.16%	43.43%	133	636	5229	257.85	257.75	239.41	34294.00	163928.00	1251894.00

其它部门收入

部门资源	人数			人均消费			开台数			消费数			挂酒店帐		
	本日	本月	本年	本日	本月	本年	本日	本月	本年	本日	本月	本年	本日	本月	本年
餐饮大厅	73	446	4933	70.71	70.17	70.75	9	58	637	5162.00	31295.00	333742.00	0	0	0
餐饮包厢			424			68.13			43			26951.00	0	0	0
餐饮小计	73	446	5357	70.71	70.17	70.54	9	58	680	5162.00	31295.00	360693.00	0	0	0

客房其它收入

项目	本日	本月	本年	项目	本日	本月	本年	项目	本日	本月	本年
客房破损赔偿费				客房杂项				客房商品		42755.60	234117.00
客房其它				客房其它服务费				客房其它折扣			
其它服务费（尾数）				其它折扣（尾数）				会议室收入			3000.00
休闲消费	2552.00	15928.00	203476.00	休闲包厢费				休闲服务费			
客房电话收入				公用电话收入				合计	2552.00	58683.60	440593.00
								酒店总收入	42008.00	253906.60	2053180.00

收款方式信息

项目	现金收入			POS收入			合计		
	本日	本月	本年	本日	本月	本年	本日	本月	本年
餐饮收入	2110.00	14153.00	160849.00	3052.00	17142.00	196609.00	5162.00	31295.00	357458.00
桑拿收入	2552.00	15928.00	172940.00	0.00	0.00	28776.00	2552.00	15928.00	201716.00
商超收入	0.00	0.00	68041.40	0.00	42756.60	166076.60	0.00	42756.60	234118.00
合计	4662.00	30081.00	401830.40	3052.00	59898.60	391461.60	7714.00	89979.60	793292.00

每日收入晨报

营业日期:2019-03-20 公司:华问国际酒店

房间收入

项目	房数			出租率			出租数			平均房价			房费收入		
	本日	本月	本年	本日	本月	本年	本日	本月	本年	本日	本月	本年	本日	本月	本年
豪华大床房	90	1800	6390	45.56%	49.67%	32.27%	41	894	2062	268.00	268.00	255.53	10988.00	239592.00	526908.00
豪华双人房	103	2060	7313	83.50%	83.50%	68.17%	86	1720	4985	238.00	238.00	231.01	20468.00	409360.00	1151570.00
商务客房	16	320	1136	25.00%	41.25%	22.01%	4	132	250	318.00	318.00	318.00	1272.00	41976.00	79500.00
商务套房	6	120	426	16.67%	45.00%	22.54%	1	54	96	498.00	498.00	498.00	498.00	26892.00	47808.00
休闲客房															
休闲套房															
合计	215	4300	15265	61.40%	65.12%	48.43%	132	2800	7393	251.71	256.36	244.26	33226.00	717820.00	1805786.00

其它部门收入

部门资源	人数			人均消费			开台数			消费数			挂酒店帐		
	本日	本月	本年	本日	本月	本年	本日	本月	本年	本日	本月	本年	本日	本月	本年
餐饮大厅	73	1603	6090	66.62	68.06	70.08	10	218	797	4863.00	109100.00	411547.00	0	0	0
餐饮包厢			424			68.13			43			26951.00	0	0	0
餐饮小计	73	1603	6514	66.62	68.06	69.96	10	218	840	4863.00	109100.00	438498.00	0	0	0

客房其它收入

项目	本日	本月	本年	项目	本日	本月	本年	项目	本日	本月	本年
客房破损赔偿费				客房杂项				客房商品		82254.60	273616.00
客房其它				客房其它服务费				客房其它折扣			
其它服务费（尾数）				其它折扣（尾数）				会议室收入			3000.00
休闲消费	3608.00	68376.00	255924.00	休闲包厢费				休闲服务费			
客房电话收入				公用电话收入				合计	3608.00	150630.60	532540.00
								酒店总收入	41697.00	977550.60	2776824.00

收款方式信息

项目	现金收入			POS收入			合计		
	本日	本月	本年	本日	本月	本年	本日	本月	本年
餐饮收入	2411.00	53507.00	200203.00	2452.00	55593.00	235060.00	4863.00	109100.00	435263.00
桑拿收入	3608.00	68376.00	225388.00	0.00	0.00	28776.00	3608.00	68376.00	254164.00
商超收入	0.00	0.00	68041.40	0.00	82255.60	205575.60	0.00	82255.60	273617.00
合计	6019.00	121883.00	493632.40	2452.00	137848.60	469411.60	8471.00	259731.60	963044.00

每日收入晨报

营业日期:2019-03-26 公司:华问国际酒店

房间收入

项目	房数			出租率			出租数			平均房价			房费收入		
	本日	本月	本年	本日	本月	本年	本日	本月	本年	本日	本月	本年	本日	本月	本年
豪华大床房	90	2340	6930	44.44%	49.62%	33.61%	40	1161	2329	268.00	268.00	256.96	10720.00	311148.00	598464.00
豪华双人房	103	2678	7931	79.61%	83.23%	69.27%	82	2229	5494	238.00	238.00	231.65	19516.00	530502.00	1272712.00
商务客房	16	416	1232	6.25%	37.50%	22.24%	1	156	274	318.00	318.00	318.00	318.00	49608.00	87132.00
商务套房	6	156	462	33.33%	39.74%	22.51%	2	62	104	498.00	498.00	498.00	996.00	30876.00	51792.00
休闲客房															
休闲套房															
合计	215	5590	16555	58.14%	64.54%	49.54%	125	3608	8201	252.40	255.58	245.10	31550.00	922134.00	2010100.00

其它部门收入

部门资源	人数			人均消费			开台数			消费数			挂酒店帐		
	本日	本月	本年	本日	本月	本年	本日	本月	本年	本日	本月	本年	本日	本月	本年
餐饮大厅	72	2101	6588	67.25	67.84	69.86	10	280	859	4842.00	142534.00	444981.00	0	0	0
餐饮包厢			424			68.13			43			26951.00	0	0	0
餐饮小计	72	2101	7012	67.25	67.84	69.76	10	280	902	4842.00	142534.00	471932.00	0	0	0

客房其它收入

项目	本日	本月	本年	项目	本日	本月	本年	项目	本日	本月	本年
客房破损赔偿费				客房杂项				客房商品		82254.60	273616.00
客房其它				客房其它服务费				客房其它折扣			
其它服务费（尾数）				其它折扣（尾数）				会议室收入			3000.00
休闲消费	4136.00	91432.00	278980.00	休闲包厢费				休闲服务费			
客房电话收入				公用电话收入				合计	4136.00	173686.60	555596.00
								酒店总收入	40528.00	1238354.60	3037628.00

收款方式信息

项目	现金收入			POS收入			合计		
	本日	本月	本年	本日	本月	本年	本日	本月	本年
餐饮收入	2390.00	70041.00	216737.00	2452.00	72493.00	251960.00	4842.00	142534.00	468697.00
桑拿收入	4136.00	91432.00	248444.00	0.00	0.00	28776.00	4136.00	91432.00	277220.00
商超收入	0.00	0.00	68041.40	0.00	82255.60	205575.60	0.00	82255.60	273617.00
合计	6526.00	161473.00	533222.40	2452.00	154748.60	486311.60	8978.00	316221.60	1019534.00

每日收入晨报

营业日期：2019-03-08 公司:华问国际酒店

房间收入

项目	房数			出租率			出租数			平均房价			房费收入		
	本日	本月	本年	本日	本月	本年	本日	本月	本年	本日	本月	本年	本日	本月	本年
豪华大床房	90	720	5310	58.89%	49.58%	28.72%	53	357	1525	268.00	268.00	251.14	14204.00	95676.00	382992.00
豪华双人房	103	824	6077	81.55%	76.46%	64.09%	84	630	3895	238.00	238.00	229.05	19992.00	149940.00	892150.00
商务客房	16	128	944	68.75%	44.53%	18.54%	11	57	175	318.00	318.00	318.00	3498.00	18126.00	55650.00
商务套房	6	48	354	50.00%	56.25%	19.49%	3	27	69	498.00	498.00	498.00	1494.00	13446.00	34362.00
休闲客房															
休闲套房															
合计	215	1720	12685	70.23%	62.27%	44.65%	151	1071	5664	259.52	258.81	241.02	39188.00	277188.00	1365154.00

其它部门收入

部门资源	人数			人均消费			开台数			消费数			挂酒店帐		
	本日	本月	本年	本日	本月	本年	本日	本月	本年	本日	本月	本年	本日	本月	本年
餐饮大厅	82	684	5171	66.93	69.37	70.62	11	90	669	5488.00	47447.00	349894.00	0	0	0
餐饮包厢			424			68.13			43			26951.00	0	0	0
餐饮小计	82	684	5595	66.93	69.37	70.43	11	90	712	5488.00	47447.00	376845.00	0	0	0

客房其它收入

项目	本日	本月	本年	项目	本日	本月	本年	项目	本日	本月	本年
客房破损赔偿费				客房杂项				客房商品		42755.60	234117.00
客房其它				客房其它服务费				客房其它折扣			
其它服务费（尾数）				其它折扣（尾数）				会议室收入			3000.00
休闲消费	2992.00	23496.00	211044.00	休闲包厢费				休闲服务费			
客房电话收入				公用电话收入				合计	2992.00	66251.60	448161.00
								酒店总收入	47668.00	390886.60	2190160.00

收款方式信息

项目	现金收入			POS收入			合计		
	本日	本月	本年	本日	本月	本年	本日	本月	本年
餐饮收入	2738.00	21484.00	168180.00	2750.00	25963.00	205430.00	5488.00	47447.00	373610.00
桑拿收入	2992.00	23496.00	180508.00	0.00	0.00	28776.00	2992.00	23496.00	209284.00
商超收入	0.00	0.00	68041.40	0.00	42756.60	166076.60	0.00	42756.60	234118.00
合计	5730.00	44980.00	416729.40	2750.00	68719.60	400282.60	8480.00	113699.60	817012.00

每日收入晨报

营业日期:2019-03-17 公司:华问国际酒店

房间收入

项目	房数			出租率			出租数			平均房价			房费收入		
	本日	本月	本年	本日	本月	本年	本日	本月	本年	本日	本月	本年	本日	本月	本年
豪华大床房	90	1530	6120	48.89%	50.20%	31.63%	44	768	1936	268.00	268.00	254.72	11792.00	205824.00	493140.00
豪华双人房	103	1751	7004	84.47%	83.72%	67.55%	87	1466	4731	238.00	238.00	230.63	20706.00	348908.00	1091118.00
商务客房	16	272	1088	31.25%	43.38%	21.69%	5	118	236	318.00	318.00	318.00	1590.00	37524.00	75048.00
商务套房	6	102	408	50.00%	48.04%	22.30%	3	49	91	498.00	498.00	498.00	1494.00	24402.00	45318.00
休闲客房															
休闲套房															
合计	215	3655	14620	64.65%	65.69%	47.84%	139	2401	6994	255.99	256.83	243.73	35582.00	616658.00	1704624.00

其它部门收入

部门资源	人数			人均消费			开台数			消费数			挂酒店帐		
	本日	本月	本年	本日	本月	本年	本日	本月	本年	本日	本月	本年	本日	本月	本年
餐饮大厅	80	1388	5875	67.41	68.34	70.22	11	186	765	5393.00	94850.00	397297.00	0	0	0
餐饮包厢			424			68.13			43			26951.00	0	0	0
餐饮小计	80	1388	6299	67.41	68.34	70.08	11	186	808	5393.00	94850.00	424248.00	0	0	0

客房其它收入

项目	本日	本月	本年	项目	本日	本月	本年	项目	本日	本月	本年
客房破损赔偿费				客房杂项				客房商品		42755.60	234117.00
客房其它				客房其它服务费				客房其它折扣			
其它服务费（尾数）				其它折扣（尾数）				会议室收入			3000.00
休闲消费	4136.00	56760.00	244308.00	休闲包厢费				休闲服务费			
客房电话收入				公用电话收入				合计	4136.00	99515.60	481425.00
								酒店总收入	45111.00	811023.60	2610297.00

收款方式信息

项目	现金收入			POS收入			合计		
	本日	本月	本年	本日	本月	本年	本日	本月	本年
餐饮收入	3164.00	46342.00	193038.00	2229.00	48508.00	227975.00	5393.00	94850.00	421013.00
桑拿收入	4136.00	56760.00	213772.00	0.00	0.00	28776.00	4136.00	56760.00	242548.00
商超收入	0.00	0.00	68041.40	0.00	42756.60	166076.60	0.00	42756.60	234118.00
合计	7300.00	103102.00	474851.40	2229.00	91264.60	422827.60	9529.00	194366.60	897679.00

每日收入晨报

营业日期:2019-03-23 公司:华问国际酒店

房间收入

项目	房数			出租率			出租数			平均房价			房费收入		
	本日	本月	本年	本日	本月	本年	本日	本月	本年	本日	本月	本年	本日	本月	本年
豪华大床房	90	2070	6660	57.78%	49.61%	32.96%	52	1027	2195	268.00	268.00	256.29	13936.00	275236.00	562552.00
豪华双人房	103	2369	7622	86.41%	83.28%	68.72%	89	1973	5238	238.00	238.00	231.34	21182.00	469574.00	1211784.00
商务客房	16	368	1184	31.25%	40.49%	22.55%	5	149	267	318.00	318.00	318.00	1590.00	47382.00	84906.00
商务套房	6	138	444	16.67%	42.75%	22.75%	1	59	101	498.00	498.00	498.00	498.00	29382.00	50298.00
休闲客房															
休闲套房															
合计	215	4945	15910	68.37%	64.87%	49.03%	147	3208	7801	253.10	256.10	244.78	37206.00	821574.00	1909540.00

其它部门收入

部门资源	人数			人均消费			开台数			消费数			挂酒店帐		
	本日	本月	本年	本日	本月	本年	本日	本月	本年	本日	本月	本年	本日	本月	本年
餐饮大厅	86	1871	6358	67.53	67.91	69.95	11	250	829	5808.00	127062.00	429509.00	0	0	0
餐饮包厢			424			68.13			43			26951.00	0	0	0
餐饮小计	86	1871	6782	67.53	67.91	69.84	11	250	872	5808.00	127062.00	456460.00	0	0	0

客房其它收入

项目	本日	本月	本年	项目	本日	本月	本年	项目	本日	本月	本年
客房破损赔偿费				客房杂项				客房商品		82254.60	273616.00
客房其它				客房其它服务费				客房其它折扣			
其它服务费（尾数）				其它折扣（尾数）				会议室收入			3000.00
休闲消费	3960.00	79112.00	266660.00	休闲包厢费				休闲服务费			
客房电话收入				公用电话收入				合计	3960.00	161366.60	543276.00
								酒店总收入	46974.00	1110002.60	2909276.00

收款方式信息

项目	现金收入			POS收入			合计		
	本日	本月	本年	本日	本月	本年	本日	本月	本年
餐饮收入	3793.00	62765.00	209461.00	2015.00	64297.00	243764.00	5808.00	127062.00	453225.00
桑拿收入	3960.00	79112.00	236124.00	0.00	0.00	28776.00	3960.00	79112.00	264900.00
商超收入	0.00	0.00	68041.40	0.00	82255.60	205575.60	0.00	82255.60	273617.00
合计	7753.00	141877.00	513626.40	2015.00	146552.60	478115.60	9768.00	288429.60	991742.00

每日收入晨报

营业日期：2019-03-06 公司：华问国际酒店

房间收入

项目	房数			出租率			出租数			平均房价			房费收入		
	本日	本月	本年	本日	本月	本年	本日	本月	本年	本日	本月	本年	本日	本月	本年
豪华大床房	90	540	5130	53.33%	47.04%	27.72%	48	254	1422	268.00	268.00	249.92	12864.00	68072.00	355388.00
豪华双人房	103	618	5871	77.67%	75.08%	63.52%	80	464	3729	238.00	238.00	228.65	19040.00	110432.00	852642.00
商务客房	16	96	912	43.75%	39.58%	17.11%	7	38	156	318.00	318.00	318.00	2226.00	12084.00	49608.00
商务套房	6	36	342	83.33%	55.56%	18.13%	5	20	62	498.00	498.00	498.00	2490.00	9960.00	30876.00
休闲客房															
休闲套房															
合计	215	1290	12255	65.12%	60.16%	43.81%	140	776	5369	261.57	258.44	239.99	36620.00	200548.00	1288514.00

其它部门收入

部门资源	人数			人均消费			开台数			消费数			挂酒店帐		
	本日	本月	本年	本日	本月	本年	本日	本月	本年	本日	本月	本年	本日	本月	本年
餐饮大厅	76	522	5009	68.37	69.91	70.71	10	68	647	5196.00	36491.00	338938.00	0	0	0
餐饮包厢			424			68.13			43			26951.00	0	0	0
餐饮小计	76	522	5433	68.37	69.91	70.51	10	68	690	5196.00	36491.00	365889.00	0	0	0

客房其它收入

项目	本日	本月	本年	项目	本日	本月	本年	项目	本日	本月	本年
客房破损赔偿费				客房杂项				客房商品		42755.60	234117.00
客房其它				客房其它服务费				客房其它折扣			
其它服务费（尾数）				其它折扣（尾数）				会议室收入			3000.00
休闲消费	1672.00	17600.00	205148.00	休闲包厢费				休闲服务费			
客房电话收入				公用电话收入				合计	1672.00	60355.60	442265.00
								酒店总收入	43488.00	297394.60	2096668.00

收款方式信息

项目	现金收入			POS收入			合计		
	本日	本月	本年	本日	本月	本年	本日	本月	本年
餐饮收入	2568.00	16721.00	163417.00	2628.00	19770.00	199237.00	5196.00	36491.00	362654.00
桑拿收入	1672.00	17600.00	174612.00	0.00	0.00	28776.00	1672.00	17600.00	203388.00
商超收入	0.00	0.00	68041.40	0.00	42756.60	166076.60	0.00	42756.60	234118.00
合计	4240.00	34321.00	406070.40	2628.00	62526.60	394089.60	6868.00	96847.60	800160.00

每日收入晨报

营业日期:2019-03-22 公司:华问国际酒店

房间收入

项目	房数			出租率			出租数			平均房价			房费收入		
	本日	本月	本年	本日	本月	本年	本日	本月	本年	本日	本月	本年	本日	本月	本年
豪华大床房	90	1980	6570	50.00%	49.24%	32.62%	45	975	2143	268.00	268.00	256.00	12060.00	261300.00	548616.00
豪华双人房	103	2266	7519	83.50%	83.14%	68.48%	86	1884	5149	238.00	238.00	231.23	20468.00	448392.00	1190602.00
商务客房	16	352	1168	50.00%	40.91%	22.43%	8	144	262	318.00	318.00	318.00	2544.00	45792.00	83316.00
商务套房	6	132	438	33.33%	43.94%	22.83%	2	58	100	498.00	498.00	498.00	996.00	28884.00	49800.00
休闲客房															
休闲套房															
合计	215	4730	15695	65.58%	64.71%	48.77%	141	3061	7654	255.80	256.25	244.62	36068.00	784368.00	1872334.00

其它部门收入

部门资源	人数			人均消费			开台数			消费数			挂酒店帐		
	本日	本月	本年	本日	本月	本年	本日	本月	本年	本日	本月	本年	本日	本月	本年
餐饮大厅	106	1785	6272	67.22	67.93	69.99	11	239	818	7125.00	121254.00	423701.00	0	0	0
餐饮包厢			424			68.13			43			26951.00	0	0	0
餐饮小计	106	1785	6696	67.22	67.93	69.87	11	239	861	7125.00	121254.00	450652.00	0	0	0

客房其它收入

项目	本日	本月	本年	项目	本日	本月	本年	项目	本日	本月	本年
客房破损赔偿费				客房杂项				客房商品		82254.60	273616.00
客房其它				客房其它服务费				客房其它折扣			
其它服务费（尾数）				其它折扣（尾数）				会议室收入			3000.00
休闲消费	3256.00	75152.00	262700.00	休闲包厢费				休闲服务费			
客房电话收入				公用电话收入				合计	3256.00	157406.60	539316.00
								酒店总收入	46449.00	1063028.60	2862302.00

收款方式信息

项目	现金收入			POS收入			合计		
	本日	本月	本年	本日	本月	本年	本日	本月	本年
餐饮收入	3274.00	58972.00	205668.00	3851.00	62282.00	241749.00	7125.00	121254.00	447417.00
桑拿收入	3256.00	75152.00	232164.00	0.00	0.00	28776.00	3256.00	75152.00	260940.00
商超收入	0.00	0.00	68041.40	0.00	82255.60	205575.60	0.00	82255.60	273617.00
合计	6530.00	134124.00	505873.40	3851.00	144537.60	476100.60	10381.00	278661.60	981974.00

每日收入晨报

营业日期:2019-03-14 公司:华问国际酒店

房间收入

项目	房数			出租率			出租数			平均房价			房费收入		
	本日	本月	本年	本日	本月	本年	本日	本月	本年	本日	本月	本年	本日	本月	本年
豪华大床房	90	1260	5850	44.44%	49.68%	30.67%	40	626	1794	268.00	268.00	253.67	10720.00	167768.00	455084.00
豪华双人房	103	1442	6695	84.47%	82.73%	66.59%	87	1193	4458	238.00	238.00	230.18	20706.00	283934.00	1026144.00
商务客房	16	224	1040	50.00%	43.75%	20.77%	8	98	216	318.00	318.00	318.00	2544.00	31164.00	68688.00
商务套房	6	84	390	66.67%	46.43%	20.77%	4	39	81	498.00	498.00	498.00	1992.00	19422.00	40338.00
休闲客房															
休闲套房															
合计	215	3010	13975	64.65%	64.98%	46.86%	139	1956	6549	258.72	256.79	242.82	35962.00	502288.00	1590254.00

其它部门收入

部门资源	人数			人均消费			开台数			消费数			挂酒店帐		
	本日	本月	本年	本日	本月	本年	本日	本月	本年	本日	本月	本年	本日	本月	本年
餐饮大厅	71	1144	5631	66.93	68.60	70.36	9	154	733	4752.00	78484.00	380931.00	0	0	0
餐饮包厢			424			68.13			43			26951.00	0	0	0
餐饮小计	71	1144	6055	66.93	68.60	70.20	9	154	776	4752.00	78484.00	407882.00	0	0	0

客房其它收入

项目	本日	本月	本年	项目	本日	本月	本年	项目	本日	本月	本年
客房破损赔偿费				客房杂项				客房商品		42755.60	234117.00
客房其它				客房其它服务费				客房其它折扣			
其它服务费（尾数）				其它折扣（尾数）				会议室收入			3000.00
休闲消费	3432.00	44880.00	232428.00	休闲包厢费				休闲服务费			
客房电话收入				公用电话收入				合计	3432.00	87635.60	469545.00
								酒店总收入	44146.00	668407.60	2467681.00

收款方式信息

项目	现金收入			POS收入			合计		
	本日	本月	本年	本日	本月	本年	本日	本月	本年
餐饮收入	2514.00	37491.00	184187.00	2238.00	40993.00	220460.00	4752.00	78484.00	404647.00
桑拿收入	3432.00	44880.00	201892.00	0.00	0.00	28776.00	3432.00	44880.00	230668.00
商超收入	0.00	0.00	68041.40	0.00	42756.60	166076.60	0.00	42756.60	234118.00
合计	5946.00	82371.00	454120.40	2238.00	83749.60	415312.60	8184.00	166120.60	869433.00

每日收入晨报

营业日期:2019-03-31 公司:华问国际酒店

房间收入

项目	房数			出租率			出租数			平均房价			房费收入		
	本日	本月	本年	本日	本月	本年	本日	本月	本年	本日	本月	本年	本日	本月	本年
豪华大床房	90	2790	7380	60.00%	49.61%	34.58%	54	1384	2552	268.00	268.00	257.93	14472.00	370912.00	658228.00
豪华双人房	103	3193	8446	93.20%	83.06%	70.06%	96	2652	5917	238.00	238.00	232.11	22848.00	631176.00	1373386.00
商务客房	16	496	1312	31.25%	35.89%	22.56%	5	178	296	318.00	318.00	318.00	1590.00	56604.00	94128.00
商务套房	6	186	492	50.00%	37.10%	22.56%	3	69	111	498.00	498.00	498.00	1494.00	34362.00	55278.00
休闲客房															
休闲套房															
合计	215	6665	17630	73.49%	64.26%	50.35%	158	4283	8876	255.72	255.21	245.72	40404.00	1093054.00	2181020.00

其它部门收入

部门资源	人数			人均消费			开台数			消费数			挂酒店帐		
	本日	本月	本年	本日	本月	本年	本日	本月	本年	本日	本月	本年	本日	本月	本年
餐饮大厅	90	2543	7030	69.03	67.87	69.74	11	333	912	6213.00	172584.00	475031.00	0	0	0
餐饮包厢			424			68.13			43			26951.00	0	0	0
餐饮小计	90	2543	7454	69.03	67.87	69.65	11	333	955	6213.00	172584.00	501982.00	0	0	0

客房其它收入

项目	本日	本月	本年	项目	本日	本月	本年	项目	本日	本月	本年
客房破损赔偿费				客房杂项				客房商品		82254.60	273616.00
客房　它				客房其它服务费				客房其它折扣			
其它服务费(尾数)				其它折扣(尾数)				会议室收入			3000.00
休闲消费	2376.00	107008.00	294556.00	休闲包厢费				休闲服务费			
客房电话收入				公用电话收入				合计	2376.00	189262.60	571172.00
酒店总收入									48993.00	1454900.60	3254174.00

收款方式信息

项目	现金收入			POS收入			合计		
	本日	本月	本年	本日	本月	本年	本日	本月	本年
餐饮收入	3514.00	86803.00	233499.00	2699.00	85781.00	265248.00	6213.00	172584.00	498747.00
桑拿收入	2376.00	107008.00	264020.00	0.00	0.00	28776.00	2376.00	107008.00	292796.00
商超收入	0.00	0.00	68041.40	0.00	82255.60	205575.60	0.00	82255.60	273617.00
合计	5890.00	193811.00	565560.40	2699.00	168036.60	499599.60	8589.00	361847.60	1065160.00

每日收入晨报

营业日期:2019-03-21 公司:华问国际酒店

房间收入

项目	房数			出租率			出租数			平均房价			房费收入		
	本日	本月	本年	本日	本月	本年	本日	本月	本年	本日	本月	本年	本日	本月	本年
豪华大床房	90	1890	6480	40.00%	49.21%	32.38%	36	930	2098	268.00	268.00	255.75	9648.00	249240.00	536556.00
豪华双人房	103	2163	7416	75.73%	83.13%	68.27%	78	1798	5063	238.00	238.00	231.11	18564.00	427924.00	1170134.00
商务客房	16	336	1152	25.00%	40.48%	22.05%	4	136	254	318.00	318.00	318.00	1272.00	43248.00	80772.00
商务套房	6	126	432	33.33%	44.44%	22.69%	2	56	98	498.00	498.00	498.00	996.00	27888.00	48804.00
休闲客房															
休闲套房															
合计	215	4515	15480	55.81%	64.67%	48.53%	120	2920	7513	254.00	256.27	244.41	30480.00	748300.00	1836266.00

其它部门收入

部门资源	人数			人均消费			开台数			消费数			挂酒店帐		
	本日	本月	本年	本日	本月	本年	本日	本月	本年	本日	本月	本年	本日	本月	本年
餐饮大厅	76	1679	6166	66.17	67.97	70.03	10	228	807	5029.00	114129.00	416576.00	0	0	0
餐饮包厢			424			68.13			43			26951.00	0	0	0
餐饮小计	76	1679	6590	66.17	67.97	69.91	10	228	850	5029.00	114129.00	443527.00	0	0	0

客房其它收入

项目	本日	本月	本年	项目	本日	本月	本年	项目	本日	本月	本年
客房破损赔偿费				客房杂项				客房商品		82254.60	273616.00
客房其它				客房其它服务费				客房其它折扣			
其它服务费（尾数）				其它折扣（尾数）				会议室收入			3000.00
休闲消费	3520.00	71896.00	259444.00	休闲包厢费				休闲服务费			
客房电话收入				公用电话收入				合计	3520.00	154150.60	536060.00
								酒店总收入	39029.00	1016579.60	2815853.00

收款方式信息

项目	现金收入			POS收入			合计		
	本日	本月	本年	本日	本月	本年	本日	本月	本年
餐饮收入	2191.00	55698.00	202394.00	2838.00	58431.00	237898.00	5029.00	114129.00	440292.00
桑拿收入	3520.00	71896.00	228908.00	0.00	0.00	28776.00	3520.00	71896.00	257684.00
商超收入	0.00	0.00	68041.40	0.00	82255.60	205575.60	0.00	82255.60	273617.00
合计	5711.00	127594.00	499343.40	2838.00	140686.60	472249.60	8549.00	268280.60	971593.00

每日收入晨报

营业日期：2019-03-01 公司：华问国际酒店

房间收入

项目	房数			出租率			出租数			平均房价			房费收入		
	本日	本月	本年	本日	本月	本年	本日	本月	本年	本日	本月	本年	本日	本月	本年
豪华大床房	90	90	4680	35.56%	35.56%	25.64%	32	32	1200	268.00	268.00	246.58	8576.00	8576.00	295892.00
豪华双人房	103	103	5356	73.79%	73.79%	62.38%	76	76	3341	238.00	238.00	227.57	18088.00	18088.00	760298.00
商务客房	16	16	832	25.00%	25.00%	14.66%	4	4	122	318.00	318.00	318.00	1272.00	1272.00	38796.00
商务套房	6	6	312	33.33%	33.33%	14.10%	2	2	44	498.00	498.00	498.00	996.00	996.00	21912.00
休闲客房															
休闲套房															
合计	215	215	11180	53.02%	53.02%	42.10%	114	114	4707	253.79	253.79	237.28	28932.00	28932.00	1116898.00

其它部门收入

部门资源	人数			人均消费			开台数			消费数			挂酒店帐		
	本日	本月	本年	本日	本月	本年	本日	本月	本年	本日	本月	本年	本日	本月	本年
餐饮大厅	93	93	4580	70.90	70.90	70.81	12	12	591	6594.00	6594.00	309041.00	0	0	0
餐饮包厢			424			68.13			43			26951.00	0	0	0
餐饮小计	93	93	5004	70.90	70.90	70.58	12	51	634	6594.00	6594.00	335992.00	0	0	0

客房其它收入

项目	本日	本月	本年	项目	本日	本月	本年	项目	本日	本月	本年
客房破损赔偿费				客房杂项				客房商品	42755.60	42755.60	234117.00
客房其它				客房其它服务费				客房其它折扣			
其它服务费（尾数）				其它折扣（尾数）				会议室收入			3000.00
休闲消费	3080.00	3080.00	190628.00	休闲包厢费				休闲服务费			
客房电话收入				公用电话收入				合计	45835.60	45835.60	427745.00
								酒店总收入	81361.60	81361.60	1880635.00

收款方式信息

项目	现金收入			POS收入			合计		
	本日	本月	本年	本日	本月	本年	本日	本月	本年
餐饮收入	3292.00	3292.00	149988.00	3302.00	3302.00	182769.00	6594.00	6594.00	332757.00
桑拿收入	3080.00	3080.00	160092.00	0.00	0.00	28776.00	3080.00	3080.00	188868.00
商超收入	0.00	0.00	68041.40	42756.60	42756.60	166076.60	42756.60	42756.60	234118.00
合计	6372.00	6372.00	378121.40	46058.60	46058.60	377621.60	52430.60	52430.60	755743.00

每日收入晨报

营业日期：2019-03-04 公司：华问国际酒店

房间收入

项目	房数			出租率			出租数			平均房价			房费收入		
	本日	本月	本年	本日	本月	本年	本日	本月	本年	本日	本月	本年	本日	本月	本年
豪华大床房	90	360	4950	47.78%	44.44%	26.83%	43	160	1328	268.00	268.00	248.64	11524.00	42880.00	330196.00
豪华双人房	103	412	5665	70.87%	74.27%	63.04%	73	306	3571	238.00	238.00	228.24	17374.00	72828.00	815038.00
商务客房	16	64	880	31.25%	39.06%	16.25%	5	25	143	318.00	318.00	318.00	1590.00	7950.00	45474.00
商务套房	6	24	330	66.67%	50.00%	16.36%	4	12	54	498.00	498.00	498.00	1992.00	5976.00	26892.00
休闲客房															
休闲套房															
合计	215	860	11825	58.14%	58.49%	43.10%	125	503	5096	259.84	257.72	238.93	32480.00	129634.00	1217600.00

其它部门收入

部门资源	人数			人均消费			开台数			消费数			挂酒店帐		
	本日	本月	本年	本日	本月	本年	本日	本月	本年	本日	本月	本年	本日	本月	本年
餐饮大厅	78	373	4860	68.47	70.06	70.75	11	49	628	5341.00	26133.00	328580.00	0	0	0
餐饮包厢			424			68.13			43			26951.00	0	0	0
餐饮小计	78	373	5284	68.47	70.06	70.54	11	49	671	5341.00	26133.00	355531.00	0	0	0

客房其它收入

项目	本日	本月	本年	项目	本日	本月	本年	项目	本日	本月	本年
客房破损赔偿费				客房杂项				客房商品		42755.60	234117.00
客房其它				客房其它服务费				客房其它折扣			
其它服务费（尾数）				其它折扣（尾数）				会议室收入			3000.00
休闲消费	3168.00	13376.00	200924.00	休闲包厢费				休闲服务费			
客房电话收入				公用电话收入				合计	3168.00	56131.60	438041.00
								酒店总收入	40989.00	211898.60	2011172.00

收款方式信息

项目	现金收入			POS收入			合计		
	本日	本月	本年	本日	本月	本年	本日	本月	本年
餐饮收入	2812.00	12043.00	158739.00	2529.00	14090.00	193557.00	5341.00	26133.00	352296.00
桑拿收入	3168.00	13376.00	170388.00	0.00	0.00	28776.00	3168.00	13376.00	199164.00
商超收入	0.00	0.00	68041.40	0.00	42756.60	166076.60	0.00	42756.60	234118.00
合计	5980.00	25419.00	397168.40	2529.00	56846.60	388409.60	8509.00	82265.60	785578.00

每日收入晨报

营业日期:2019-03-19 公司:华问国际酒店

房间收入

项目	房数			出租率			出租数			平均房价			房费收入		
	本日	本月	本年	本日	本月	本年	本日	本月	本年	本日	本月	本年	本日	本月	本年
豪华大床房	90	1710	6300	42.22%	49.88%	32.08%	38	853	2021	268.00	268.00	255.28	10184.00	228604.00	515920.00
豪华双人房	103	1957	7210	85.44%	83.50%	67.95%	88	1634	4899	238.00	238.00	230.88	20944.00	388892.00	1131102.00
商务客房	16	304	1120	37.50%	42.11%	21.96%	6	128	246	318.00	318.00	318.00	1908.00	40704.00	78228.00
商务套房	6	114	420	33.33%	46.49%	22.62%	2	53	95	498.00	498.00	498.00	996.00	26394.00	47310.00
休闲客房															
休闲套房															
合计	215	4085	15050	62.33%	65.31%	48.25%	134	2668	7261	253.97	256.59	244.12	34032.00	684594.00	1772560.00

其它部门收入

部门资源	人数			人均消费			开台数			消费数			挂酒店帐		
	本日	本月	本年	本日	本月	本年	本日	本月	本年	本日	本月	本年	本日	本月	本年
餐饮大厅	70	1530	6017	66.00	68.13	70.12	12	208	787	4620.00	104237.00	406684.00	0	0	0
餐饮包厢			424			68.13			43			26951.00	0	0	0
餐饮小计	70	1530	6441	66.00	68.13	69.99	12	208	830	4620.00	104237.00	433635.00	0	0	0

客房其它收入

项目	本日	本月	本年	项目	本日	本月	本年	项目	本日	本月	本年
客房破损赔偿费				客房杂项				客房商品		82254.60	273616.00
客房其它				客房其它服务费				客房其它折扣			
其它服务费（尾数）				其它折扣（尾数）				会议室收入			3000.00
休闲消费	3344.00	64768.00	252316.00	休闲包厢费				休闲服务费			
客房电话收入				公用电话收入				合计	3344.00	147022.60	528932.00
								酒店总收入	41996.00	935853.60	2735127.00

收款方式信息

项目	现金收入			POS收入			合计		
	本日	本月	本年	本日	本月	本年	本日	本月	本年
餐饮收入	2588.00	51096.00	197792.00	2032.00	53141.00	232608.00	4620.00	104237.00	430400.00
桑拿收入	3344.00	64768.00	221780.00	0.00	0.00	28776.00	3344.00	64768.00	250556.00
商超收入	0.00	0.00	68041.40	0.00	82255.60	205575.60	0.00	82255.60	273617.00
合计	5932.00	115864.00	487613.40	2032.00	135396.60	466959.60	7964.00	251260.60	954573.00

每日收入晨报

营业日期:2019-03-13 公司:华问国际酒店

房间收入

项目	房数			出租率			出租数			平均房价			房费收入		
	本日	本月	本年	本日	本月	本年	本日	本月	本年	本日	本月	本年	本日	本月	本年
豪华大床房	90	1170	5760	42.22%	50.09%	30.45%	38	586	1754	268.00	268.00	253.34	10184.00	157048.00	444364.00
豪华双人房	103	1339	6592	99.03%	82.60%	66.31%	102	1106	4371	238.00	238.00	230.02	24276.00	263228.00	1005438.00
商务客房	16	208	1024	31.25%	43.27%	20.31%	5	90	208	318.00	318.00	318.00	1590.00	28620.00	66144.00
商务套房	6	78	384	50.00%	44.87%	20.05%	3	35	77	498.00	498.00	498.00	1494.00	17430.00	38346.00
休闲客房															
休闲套房															
合计	215	2795	13760	68.84%	65.01%	46.58%	148	1817	6410	253.68	256.65	242.48	37544.00	466326.00	1554292.00

其它部门收入

部门资源	人数			人均消费			开台数			消费数			挂酒店帐		
	本日	本月	本年	本日	本月	本年	本日	本月	本年	本日	本月	本年	本日	本月	本年
餐饮大厅	72	1073	5560	67.89	68.72	70.40	11	145	724	4888.00	73732.00	376179.00	0	0	0
餐饮包厢			424			68.13			43			26951.00	0	0	0
餐饮小计	72	1073	5984	67.89	68.72	70.24	11	145	767	4888.00	73732.00	403130.00	0	0	0

客房其它收入

项目	本日	本月	本年	项目	本日	本月	本年	项目	本日	本月	本年
客房破损赔偿费				客房杂项				客房商品		42755.60	234117.00
客房其它				客房其它服务费				客房其它折扣			
其它服务费（尾数）				其它折扣（尾数）				会议室收入			3000.00
休闲消费	2816.00	41448.00	228996.00	休闲包厢费				休闲服务费			
客房电话收入				公用电话收入				合计	2816.00	84203.60	466113.00
								酒店总收入	45248.00	624261.60	2423535.00

收款方式信息

项目	现金收入			POS收入			合计		
	本日	本月	本年	本日	本月	本年	本日	本月	本年
餐饮收入	2661.00	34977.00	181673.00	2227.00	38755.00	218222.00	4888.00	73732.00	399895.00
桑拿收入	2816.00	41448.00	198460.00	0.00	0.00	28776.00	2816.00	41448.00	227236.00
商超收入	0.00	0.00	68041.40	0.00	42756.60	166076.60	0.00	42756.60	234118.00
合计	5477.00	76425.00	448174.40	2227.00	81511.60	413074.60	7704.00	157936.60	861249.00

每日收入晨报

营业日期:2019-03-25 公司:华问国际酒店

房间收入

项目	房数			出租率			出租数			平均房价			房费收入		
	本日	本月	本年	本日	本月	本年	本日	本月	本年	本日	本月	本年	本日	本月	本年
豪华大床房	90	2250	6840	50.00%	49.82%	33.46%	45	1121	2289	268.00	268.00	256.77	12060.00	300428.00	587744.00
豪华双人房	103	2575	7828	78.64%	83.38%	69.14%	81	2147	5412	238.00	238.00	231.56	19278.00	510986.00	1253196.00
商务客房	16	400	1216	12.50%	38.75%	22.45%	2	155	273	318.00	318.00	318.00	636.00	49290.00	86814.00
商务套房	6	150	456	16.67%	40.00%	22.37%	1	60	102	498.00	498.00	498.00	498.00	29880.00	50796.00
休闲客房															
休闲套房															
合计	215	5375	16340	60.00%	64.80%	49.42%	129	3483	8076	251.72	255.69	244.99	32472.00	890584.00	1978550.00

其它部门收入

部门资源	人数			人均消费			开台数			消费数			挂酒店帐		
	本日	本月	本年	本日	本月	本年	本日	本月	本年	本日	本月	本年	本日	本月	本年
餐饮大厅	76	2029	6516	66.91	67.86	69.89	10	270	849	5085.00	137692.00	440139.00	0	0	0
餐饮包厢			424			68.13			43			26951.00	0	0	0
餐饮小计	76	2029	6940	66.91	67.86	69.78	10	270	892	5085.00	137692.00	467090.00	0	0	0

客房其它收入

项目	本日	本月	本年	项目	本日	本月	本年	项目	本日	本月	本年
客房破损赔偿费				客房杂项				客房商品		82254.60	273616.00
客房其它				客房其它服务费				客房其它折扣			
其它服务费（尾数）				其它折扣（尾数）				会议室收入			3000.00
休闲消费	4312.00	87296.00	274844.00	休闲包厢费				休闲服务费			
客房电话收入				公用电话收入				合计	4312.00	169550.60	551460.00
								酒店总收入	41869.00	1197826.60	2997100.00

收款方式信息

项目	现金收入			POS收入			合计		
	本日	本月	本年	本日	本月	本年	本日	本月	本年
餐饮收入	2458.00	67651.00	214347.00	2627.00	70041.00	249508.00	5085.00	137692.00	463855.00
桑拿收入	4312.00	87296.00	244308.00	0.00	0.00	28776.00	4312.00	87296.00	273084.00
商超收入	0.00	0.00	68041.40	0.00	82255.60	205575.60	0.00	82255.60	273617.00
合计	6770.00	154947.00	526696.40	2627.00	152296.60	483859.60	9397.00	307243.60	1010556.00

每日收入晨报

营业日期:2019-03-16 公司:华问国际酒店

房间收入

项目	房数			出租率			出租数			平均房价			房费收入		
	本日	本月	本年	本日	本月	本年	本日	本月	本年	本日	本月	本年	本日	本月	本年
豪华大床房	90	1440	6030	55.56%	50.28%	31.38%	50	724	1892	268.00	268.00	254.41	13400.00	194032.00	481348.00
豪华双人房	103	1648	6901	91.26%	83.68%	67.29%	94	1379	4644	238.00	238.00	230.49	22372.00	328202.00	1070412.00
商务客房	16	256	1072	37.50%	44.14%	21.55%	6	113	231	318.00	318.00	318.00	1908.00	35934.00	73458.00
商务套房	6	96	402	66.67%	47.92%	21.89%	4	46	88	498.00	498.00	498.00	1992.00	22908.00	43824.00
休闲客房															
休闲套房															
合计	215	3440	14405	71.63%	65.76%	47.59%	154	2262	6855	257.61	256.89	243.48	39672.00	581076.00	1669042.00

其它部门收入

部门资源	人数			人均消费			开台数			消费数			挂酒店帐		
	本日	本月	本年	本日	本月	本年	本日	本月	本年	本日	本月	本年	本日	本月	本年
餐饮大厅	85	1308	5795	67.39	68.39	70.26	10	175	754	5728.00	89457.00	391904.00	0	0	0
餐饮包厢			424			68.13			43			26951.00	0	0	0
餐饮小计	85	1308	6219	67.39	68.39	70.12	10	175	797	5728.00	89457.00	418855.00	0	0	0

客房其它收入

项目	本日	本月	本年	项目	本日	本月	本年	项目	本日	本月	本年
客房破损赔偿费				客房杂项				客房商品		42755.60	234117.00
客房其它				客房其它服务费				客房其它折扣			
其它服务费（尾数）				其它折扣（尾数）				会议室收入			3000.00
休闲消费	4048.00	52624.00	240172.00	休闲包厢费				休闲服务费			
客房电话收入				公用电话收入				合计	4048.00	95379.60	477289.00
								酒店总收入	49448.00	765912.60	2565186.00

收款方式信息

项目	现金收入			POS收入			合计		
	本日	本月	本年	本日	本月	本年	本日	本月	本年
餐饮收入	2596.00	43178.00	189874.00	3132.00	46279.00	225746.00	5728.00	89457.00	415620.00
桑拿收入	4048.00	52624.00	209636.00	0.00	0.00	28776.00	4048.00	52624.00	238412.00
商超收入	0.00	0.00	68041.40	0.00	42756.60	166076.60	0.00	42756.60	234118.00
合计	6644.00	95802.00	467551.40	3132.00	89035.60	420598.60	9776.00	184837.60	888150.00

每日收入晨报

营业日期:2019-03-12 公司:华问国际酒店

房间收入

项目	房数			出租率			出租数			平均房价			房费收入		
	本日	本月	本年	本日	本月	本年	本日	本月	本年	本日	本月	本年	本日	本月	本年
豪华大床房	90	1080	5670	51.11%	50.74%	30.26%	46	548	1716	268.00	268.00	253.02	12328.00	146864.00	434180.00
豪华双人房	103	1236	6489	91.26%	81.23%	65.79%	94	1004	4269	238.00	238.00	229.83	22372.00	238952.00	981162.00
商务客房	16	192	1008	43.75%	44.27%	20.14%	7	85	203	318.00	318.00	318.00	2226.00	27030.00	64554.00
商务套房	6	72	378	16.67%	44.44%	19.58%	1	32	74	498.00	498.00	498.00	498.00	15936.00	36852.00
休闲客房															
休闲套房															
合计	215	2580	13545	68.84%	64.69%	46.23%	148	1669	6262	252.86	256.91	242.21	37424.00	428782.00	1516748.00

其它部门收入

部门资源	人数			人均消费			开台数			消费数			挂酒店帐		
	本日	本月	本年	本日	本月	本年	本日	本月	本年	本日	本月	本年	本日	本月	本年
餐饮大厅	70	1001	5488	67.30	68.78	70.44	11	134	713	4711.00	68844.00	371291.00	0	0	0
餐饮包厢			424			68.13			43			26951.00	0	0	0
餐饮小计	70	1001	5912	67.30	68.78	70.27	11	134	756	4711.00	68844.00	398242.00	0	0	0

客房其它收入

项目	本日	本月	本年	项目	本日	本月	本年	项目	本日	本月	本年
客房破损赔偿费				客房杂项				客房商品		42755.60	234117.00
客房其它				客房其它服务费				客房其它折扣			
其它服务费（尾数）				其它折扣（尾数）				会议室收入			3000.00
休闲消费	4312.00	38632.00	226180.00	休闲包厢费				休闲服务费			
客房电话收入				公用电话收入				合计	4312.00	81387.60	463297.00
								酒店总收入	46447.00	579013.60	2378287.00

收款方式信息

项目	现金收入			POS收入			合计		
	本日	本月	本年	本日	本月	本年	本日	本月	本年
餐饮收入	2211.00	32316.00	179012.00	2500.00	36528.00	215995.00	4711.00	68844.00	395007.00
桑拿收入	4312.00	38632.00	195644.00	0.00	0.00	28776.00	4312.00	38632.00	224420.00
商超收入	0.00	0.00	68041.40	0.00	42756.60	166076.60	0.00	42756.60	234118.00
合计	6523.00	70948.00	442697.40	2500.00	79284.60	410847.60	9023.00	150232.60	853545.00

每日收入晨报

营业日期:2019-03-29 公司:华问国际酒店

房间收入

项目	房数			出租率			出租数			平均房价			房费收入		
	本日	本月	本年	本日	本月	本年	本日	本月	本年	本日	本月	本年	本日	本月	本年
豪华大床	90	2610	7200	50.00%	49.04%	34.00%	45	1280	2448	268.00	268.00	257.50	12060.00	343040.00	630356.00
豪华双人	103	2987	8240	80.58%	82.52%	69.54%	83	2465	5730	238.00	238.00	231.92	19754.00	586670.00	1328880.00
商务客房	16	464	1280	50.00%	36.42%	22.42%	8	169	287	318.00	318.00	318.00	2544.00	53742.00	91266.00
商务套房	6	174	480	33.33%	37.93%	22.50%	2	66	108	498.00	498.00	498.00	996.00	32868.00	53784.00
休闲客房															
休闲套房															
合计	215	6235	17200	64.19%	63.83%	49.84%	138	3980	8573	256.19	255.36	245.46	35354.00	1016320.00	2104286.00

其它部门收入

部门资源	人数			人均消费			开台数			消费数			挂酒店帐		
	本日	本月	本年	本日	本月	本年	本日	本月	本年	本日	本月	本年	本日	本月	本年
餐饮大厅	94	2354	6841	67.61	67.77	69.76	11	311	890	6355.00	159529.00	461976.00	0	0	0
餐饮包厢			424			68.13			43			26951.00	0	0	0
餐饮小计	94	2354	7265	67.61	67.77	69.67	11	311	933	6355.00	159529.00	488927.00	0	0	0

客房其它收入

项目	本日	本月	本年	项目	本日	本月	本年	项目	本日	本月	本年
客房破损赔偿费				客房杂项				客房商品		82254.60	273616.00
客房其它				客房其它服务费				客房其它折扣			
其它服务费（尾数				其它折扣（尾数）				会议室收入			3000.00
休闲消费	2552.00	102168.00	289716.00	休闲包厢费				休闲服务费			
客房电话收入				公用电话收入				合计	2552.00	184422.60	566332.00
								酒店总收入	44261.00	1360271.60	3159545.00

收款方式信息

项目	现金收入			POS收入			合计		
	本日	本月	本年	本日	本月	本年	本日	本月	本年
餐饮收入	3562.00	79477.00	226173.00	2793.00	80052.00	259519.00	6355.00	159529.00	485692.00
桑拿收入	2552.00	102168.00	259180.00	0.00	0.00	28776.00	2552.00	102168.00	287956.00
商超收入	0.00	0.00	68041.40	0.00	82255.60	205575.60	0.00	82255.60	273617.00
合计	6114.00	181645.00	553394.40	2793.00	162307.60	493870.60	8907.00	343952.60	1047265.00

每日收入晨报

营业日期：2019-03-07 公司：华问国际酒店

房间收入

项目	房数			出租率			出租数			平均房价			房费收入		
	本日	本月	本年	本日	本月	本年	本日	本月	本年	本日	本月	本年	本日	本月	本年
豪华大床房	90	630	5220	55.56%	48.25%	28.20%	50	304	1472	268.00	268.00	250.54	13400.00	81472.00	368788.00
豪华双人房	103	721	5974	79.61%	75.73%	63.79%	82	546	3811	238.00	238.00	228.85	19516.00	129948.00	872158.00
商务客房	16	112	928	50.00%	41.07%	17.67%	8	46	164	318.00	318.00	318.00	2544.00	14628.00	52152.00
商务套房	6	42	348	66.67%	57.14%	18.97%	4	24	66	498.00	498.00	498.00	1992.00	11952.00	32868.00
休闲客房															
休闲套房															
合计	215	1505	12470	66.98%	61.13%	44.21%	144	920	5513	260.08	258.70	240.52	37452.00	238000.00	1325966.00

其它部门收入

部门资源	人数			人均消费			开台数			消费数			挂酒店帐		
	本日	本月	本年	本日	本月	本年	本日	本月	本年	本日	本月	本年	本日	本月	本年
餐饮大厅	80	602	5089	68.35	69.70	70.67	11	79	658	5468.00	41959.00	344406.00	0	0	0
餐饮包厢			424			68.13			43			26951.00	0	0	0
餐饮小计	80	602	5513	68.35	69.70	70.48	11	79	701	5468.00	41959.00	371357.00	0	0	0

客房其它收入

项目	本日	本月	本年	项目	本日	本月	本年	项目	本日	本月	本年
客房破损赔偿费				客房杂项				客房商品		42755.60	234117.00
客房其它				客房其它服务费				客房其它折扣			
其它服务费（尾数）				其它折扣（尾数）				会议室收入			3000.00
休闲消费	2904.00	20504.00	208052.00	休闲包厢费				休闲服务费			
客房电话收入				公用电话收入				合计	2904.00	63259.60	445169.00
								酒店总收入	45824.00	343218.60	2142492.00

收款方式信息

项目	现金收入			POS收入			合计		
	本日	本月	本年	本日	本月	本年	本日	本月	本年
餐饮收入	2025.00	18746.00	165442.00	3443.00	23213.00	202680.00	5468.00	41959.00	368122.00
桑拿收入	2904.00	20504.00	177516.00	0.00	0.00	28776.00	2904.00	20504.00	206292.00
商超收入	0.00	0.00	68041.40	0.00	42756.60	166076.60	0.00	42756.60	234118.00
合计	4929.00	39250.00	410999.40	3443.00	65969.60	397532.60	8372.00	105219.60	808532.00

2019年3月份工资汇总表

序号	部门	姓名	基本工资	岗位工资	福利补贴	加班	考勤扣款	应发合计	养老保险	失业保险	医疗保险	住房公积金	个人所得税	实发工资
1	办公室	王晓华	8000.00	2,000.00				10000.00	175.20	21.90	43.80	130.00	670.82	8958.28
2	办公室	徐向明	5600.00	1,400.00				7000.00	175.20	21.90	43.80	130.00	207.91	6421.19
3	办公室	郑武	5600.00	1,400.00				7000.00	175.20	21.90	43.80	130.00	207.91	6421.19
4	办公室	余慧	5600.00	1,400.00				7000.00	175.20	21.90	43.80	130.00	207.91	6421.19
5	办公室	李小路	5600.00	1,400.00				7000.00	175.20	21.90	43.80	130.00	207.91	6421.19
6	人事部	段菲	4000.00	1,000.00				5000.00	175.20	21.90	43.80	130.00	33.87	4595.23
7	人事部	潘娇	1600.00	400.00		83.33		2083.33	175.20	21.90	43.80	130.00		1712.43
8	财务部	蔡寿权	4000.00	1,000.00				5000.00	175.20	21.90	43.80	130.00	33.87	4595.23
9	财务部	陈科	2800.00	700.00				3500.00	175.20	21.90	43.80	130.00		3129.10
10	财务部	陈美娇	2240.00	560.00		116.67		2916.67	175.20	21.90	43.80	130.00		2545.77
11	财务部	李义	1760.00	440.00				2200.00	175.20	21.90	43.80	130.00		1829.10
12	财务部	罗志远	1600.00	400.00		41.67		2041.67	175.20	21.90	43.80	130.00		1670.77
13	采购部	程冬冬	1600.00	400.00				2000.00	175.20	21.90	43.80	130.00		1629.10
14	采购部	朱裕	1600.00	400.00				2000.00	175.20	21.90	43.80	130.00		1629.10
15	工程部	熊虎	2800.00	700.00				3500.00	175.20	21.90	43.80	130.00		3129.10
16	工程部	万斌	2800.00	700.00				3500.00	175.20	21.90	43.80	130.00		3129.10
17	保安部	何建	1440.00	360.00				1800.00	175.20	21.90	43.80	130.00		1429.10
18	保安部	吴根生	1440.00	360.00				1800.00	175.20	21.90	43.80	130.00		1429.10
19	餐饮部	刘云萍	4000.00	1,000.00				5000.00	175.20	21.90	43.80	130.00	33.87	4595.23
20	餐饮部	王芬芬	1600.00	400.00				2000.00	175.20	21.90	43.80	130.00		1629.10
21	餐饮部	欧华	1600.00	400.00				2000.00	175.20	21.90	43.80	130.00		1629.10
22	餐饮部	张小佳	1760.00	440.00				2200.00	175.20	21.90	43.80	130.00		1829.10
23	餐饮部	张志远	1600.00	400.00				2000.00	175.20	21.90	43.80	130.00		1629.10
24	餐饮部	李小川	1600.00	400.00				2000.00	175.20	21.90	43.80	130.00		1629.10
25	餐饮部	林志晶	1600.00	400.00				2000.00	175.20	21.90	43.80	130.00		1629.10
26	餐饮部	王宏达	1600.00	400.00				2000.00	175.20	21.90	43.80	130.00		1629.10
27	餐饮部	邵军明	1600.00	400.00				2000.00	175.20	21.90	43.80	130.00		1629.10
28	餐饮部	陈建舟	1600.00	400.00				2000.00	175.20	21.90	43.80	130.00		1629.10
29	餐饮部	刘川	1600.00	400.00				2000.00	175.20	21.90	43.80	130.00		1629.10
30	餐饮部	赖涛	1600.00	400.00				2000.00	175.20	21.90	43.80	130.00		1629.10
31	餐饮部	汪斌	4000.00	1,000.00	200.00			5200.00	175.20	21.90	43.80	130.00	39.87	4789.23
32	餐饮部	李旺旺	2800.00	700.00	200.00			3700.00	175.20	21.90	43.80	130.00		3329.10
33	餐饮部	程义	2800.00	700.00	200.00			3700.00	175.20	21.90	43.80	130.00		3329.10
34	餐饮部	石梦	2800.00	700.00	200.00			3700.00	175.20	21.90	43.80	130.00		3329.10
35	餐饮部	王江川	2400.00	600.00	200.00			3200.00	175.20	21.90	43.80	130.00		2829.10
36	餐饮部	万小兵	2400.00	600.00	200.00			3200.00	175.20	21.90	43.80	130.00		2829.10
37	餐饮部	谢泽刚	1600.00	400.00	200.00			2200.00	175.20	21.90	43.80	130.00		1829.10
38	餐饮部	汪海洋	1600.00	400.00	200.00			2200.00	175.20	21.90	43.80	130.00		1829.10
39	餐饮部	欧俊杰	1200.00	300.00	200.00			1700.00	175.20	21.90	43.80	130.00		1329.10
40	餐饮部	朱义江	1200.00	300.00	200.00			1700.00	175.20	21.90	43.80	130.00		1329.10
41	餐饮部	胡伟强	1200.00	300.00	200.00			1700.00	175.20	21.90	43.80	130.00		1329.10
42	客房部	陈文佳	4000.00	1,000.00				5000.00	175.20	21.90	43.80	130.00	33.87	4595.23
43	客房部	王芳	1760.00	440.00				2200.00	175.20	21.90	43.80	130.00		1829.10
44	客房部	杨欢	1600.00	400.00				2000.00	175.20	21.90	43.80	130.00		1629.10
45	客房部	张媛	1600.00	400.00				2000.00	175.20	21.90	43.80	130.00		1629.10
46	客房部	李香妹	1600.00	400.00				2000.00	175.20	21.90	43.80	130.00		1629.10
47	客房部	李晨	1600.00	400.00				2000.00	175.20	21.90	43.80	130.00		1629.10
48	客房部	杨文琦	1600.00	400.00				2000.00	175.20	21.90	43.80	130.00		1629.10
49	客房部	徐兰	1600.00	400.00		66.67		2066.67	175.20	21.90	43.80	130.00		1695.77
50	客房部	徐芳	1600.00	400.00				2000.00	175.20	21.90	43.80	130.00		1629.10
51	桑拿部	郑国平	4000.00	1,000.00				5000.00	175.20	21.90	43.80	130.00	33.87	4595.23
52	桑拿部	李丽	1760.00	440.00				2200.00	175.20	21.90	43.80	130.00		1829.10
53	桑拿部	吴美玲	1600.00	400.00				2000.00	175.20	21.90	43.80	130.00		1629.10
54	桑拿部	欧阳杰	2800.00	700.00				3500.00	175.20	21.90	43.80	130.00		3129.10
55	桑拿部	魏杨	2800.00	700.00				3500.00	175.20	21.90	43.80	130.00		3129.10
56	桑拿部	彭俊杰	2400.00	600.00				3000.00	175.20	21.90	43.80	130.00		2629.10
57	桑拿部	许强	2400.00	600.00				3000.00	175.20	21.90	43.80	130.00		2629.10
58	桑拿部	高文斌	2400.00	600.00				3000.00	175.20	21.90	43.80	130.00		2629.10
59	桑拿部	刘伟	1600.00	400.00				2000.00	175.20	21.90	43.80	130.00		1629.10
60	桑拿部	王俊豪	1600.00	400.00				2000.00	175.20	21.90	43.80	130.00		1629.10
61	桑拿部	刘昊	1600.00	400.00				2000.00	175.20	21.90	43.80	130.00		1629.10
62	桑拿部	张涛	1600.00	400.00				2000.00	175.20	21.90	43.80	130.00		1629.10
63	桑拿部	黄勇	1600.00	400.00				2000.00	175.20	21.90	43.80	130.00		1629.10
64	桑拿部	林荣平	1600.00	400.00				2000.00	175.20	21.90	43.80	130.00		1629.10
65	桑拿部	向阳	1600.00	400.00				2000.00	175.20	21.90	43.80	130.00		1629.10
66	桑拿部	何平	1600.00	400.00				2000.00	175.20	21.90	43.80	130.00		1629.10
67	桑拿部	何军	1600.00	400.00				2000.00	175.20	21.90	43.80	130.00		1629.10
69	商超部	徐娇	1760.00	440.00				2200.00	175.20	21.90	43.80	130.00		1829.10
	合计		159,120.00	39,780.00	2,200.00	308.34	0.00	201,408.34	11913.60	1489.20	2978.40	8840.00	1711.68	174475.46

折旧/摊销统计表

期间：

资产类别	资产	规格型号	入账日期	使用年限	净残值率	原值	累计折旧	净值	折旧/摊销金额
生产设备	中央空调		2019年1月	10年	5%				
生产设备	排烟工程		2019年1月	10年	5%				
器具工具家具	服务台		2019年1月	5年	5%				
器具工具家具	工作台		2019年1月	5年	5%				
器具工具家具	双头炉灶		2019年1月	5年	5%				
器具工具家具	蒸柜		2019年1月	5年	5%				
器具工具家具	冰箱	六门	2019年1月	5年	5%				
器具工具家具	餐桌椅		2019年1月	5年	5%				
器具工具家具	消毒柜		2019年1月	5年	5%				
器具工具家具	沙发	新坐标真皮	2019年1月	5年	5%				
器具工具家具	洗衣机	三洋	2019年1月	5年	5%				
器具工具家具	电视	创维	2019年1月	5年	5%				
器具工具家具	冰箱	富信	2019年1月	5年	5%				
器具工具家具	组合床		2019年1月	5年	5%				
器具工具家具	沙发	贵妃椅	2019年1月	5年	5%				
器具工具家具	卫浴	华帝	2019年1月	5年	5%				
器具工具家具	热水器		2019年1月	5年	5%				
器具工具家具	衣柜		2019年1月	5年	5%				
器具工具家具	马桶		2019年1月	5年	5%				
器具工具家具	洗漱台		2019年1月	5年	5%				
器具工具家具	货柜		2019年1月	5年	5%				
运输工具	小轿车	上海大众帕萨特	2019年1月	4年	5%				
运输工具	商务车	美国通用别克	2019年1月	4年	5%				
电子设备	电脑	联想	2019年1月	3年	5%				
电子设备	打印机	爱普生TM-U220B	2019年1月	3年	5%				
电子设备	打印机	惠普	2019年1月	3年	5%				
电子设备	复印件	佳能	2019年1月	3年	5%				
电子设备	财务软件		2019年1月	3年	5%				
合计：									

制表人：

每日收入晨报

营业日期:2019-03-10 公司:华问国际酒店

房间收入

项目	房数			出租率			出租数			平均房价			房费收入		
	本日	本月	本年	本日	本月	本年	本日	本月	本年	本日	本月	本年	本日	本月	本年
豪华大床房	90	900	5490	47.78%	50.56%	29.56%	43	455	1623	268.00	268.00	252.16	11524.00	121940.00	409256.00
豪华双人房	103	1030	6283	95.15%	79.42%	64.98%	98	818	4083	238.00	238.00	229.46	23324.00	194684.00	936894.00
商务客房	16	160	976	31.25%	45.00%	19.47%	5	72	190	318.00	318.00	318.00	1590.00	22896.00	60420.00
商务套房	6	60	366	33.33%	48.33%	19.40%	2	29	71	498.00	498.00	498.00	996.00	14442.00	35358.00
休闲客房															
休闲套房															
合计	215	2150	13115	68.84%	63.91%	45.50%	148	1374	5967	252.93	257.61	241.65	37434.00	353962.00	1441928.00

其它部门收入

部门资源	人数			人均消费			开台数			消费数			挂酒店帐		
	本日	本月	本年	本日	本月	本年	本日	本月	本年	本日	本月	本年	本日	本月	本年
餐饮大厅	86	855	5342	66.74	68.96	70.51	11	111	690	5740.00	58959.00	361406.00	0	0	0
餐饮包厢			424			68.13			43			26951.00	0	0	0
餐饮小计	86	855	5766	66.74	68.96	70.34	11	111	733	5740.00	58959.00	388357.00	0	0	0

客房其它收入

项目	本日	本月	本年	项目	本日	本月	本年	项目	本日	本月	本年
客房破损赔偿费				客房杂项				客房商品		42755.60	234117.00
客房其它				客房其它服务费				客房其它折扣			
其它服务费（尾数）				其它折扣（尾数）				会议室收入			3000.00
休闲消费	3608.00	30360.00	217908.00	休闲包厢费				休闲服务费			
客房电话收入				公用电话收入				合计	3608.00	73115.60	455025.00
								酒店总收入	46782.00	486036.60	2285310.00

收款方式信息

项目	现金收入			POS收入			合计		
	本日	本月	本年	本日	本月	本年	本日	本月	本年
餐饮收入	2570.00	27271.00	173967.00	3170.00	31688.00	211155.00	5740.00	58959.00	385122.00
桑拿收入	3608.00	30360.00	187372.00	0.00	0.00	28776.00	3608.00	30360.00	216148.00
商超收入	0.00	0.00	68041.40	0.00	42755.60	166075.60	0.00	42755.60	234117.00
合计	6178.00	57631.00	429380.40	3170.00	74443.60	406007.60	9348.00	132074.60	835387.00